中国航空航天法律文库　李乾贵/主编

航空法学

——总论与体系研究

贺富永　著

科学出版社
北京

内 容 简 介

本书内容涉及航空活动领域产生的主要法律问题，包括航空公法和私法，内容新颖且有实用性。本书首先研究航空法学的基本理论，分析了航空法的概念、特征和渊源，为本书随后各章的研究奠定了理论基础。本书以国际航空法和国内航空法为两条主线，通过比较分析，分别研究了领空主权原则、航空器法律制度、航空人员法律制度、民用机场法律制度、空中交通服务法律制度、航空运输合同法律制度、航空承运人责任制度、航空侵权责任法律制度、航空保险法律制度和航空刑事法律制度等内容。

本书可以作为法学和民航相关专业本科生的教学用书，也可作为法学和民航相关专业研究生的教研参考书，还适用于从事航空运输活动的相关人员和司法人员阅读，供他们在实践中参考和借鉴。

图书在版编目（CIP）数据

航空法学：总论与体系研究/贺富永著. —北京：科学出版社，2013.9
（中国航空航天法律文库）
ISBN 978-7-03-038591-8

Ⅰ. 航…　Ⅱ. 贺…　Ⅲ. 航空法学-研究-中国　Ⅳ. D922.296.4

中国版本图书馆 CIP 数据核字（2013）第 212904 号

责任编辑：赵　鹏 / 责任校对：赵桂芬
责任印制：张　伟 / 封面设计：科地亚盟

科 学 出 版 社 出版
北京东黄城根北街 16 号
邮政编码：100717
http://www.sciencep.com

北京九州迅驰传媒文化有限公司 印刷
科学出版社发行　各地新华书店经销

*

2013 年 9 月第　一　版　开本：787×1092 1/16
2022 年 2 月第五次印刷　印张：25 3/4
字数：610 000

定价：55.00 元

（如有印装质量问题，我社负责调换）

总　序

作为法学的一个分支学科，航空航天法学是以航空航天法律现象为其研究对象的一门法学学科，它是随着航空航天活动的出现而产生和发展的。随着航空航天活动的进一步发展，由此产生的法律问题不仅涉及国际法主体之间的纠纷，还涉及国际法主体内部所产生的法律纠纷，传统空间法学的内涵已经不能涵盖各国航空航天活动所产生的各种法律问题，学者们已经将空间法改称为航空航天法，用航空航天法来概括航空航天领域出现的各种法律问题。

航空航天法学的教学和科研工作是从西方学者开始的。欧美一些国家在大学中先后开设了航空法课程，并设立相应的法学硕士学位和博士学位。在欧洲，早在1938年，荷兰莱顿大学的丹尼尔·古德惠斯教授就首先在该校开设了航空法课程。此后，莱顿大学还设置了航空航天法（包括外空法）的研究生课程、国际航空和外空法的硕士学位课程、有关民用航空和外层空间的硕士和管理学学位以及博士学位课程。1987年，法国的国际空间大学，开设了航空研究、航空管理等专业和相关的空间法课程以及航空航天法方面的博士学位课程。在美国，内布拉斯加大学（University of Nebraska）是第一个授予空间法与电信法硕士学位的大学。此外，美国的其他几所大学也教授外空法，如乔治敦大学法律中心、乔治华盛顿大学外空政策研究所、南加利福尼亚大学和麻省理工学院等。

在亚洲，设置航空航天法学硕士学位和博士学位的主要是韩国。在韩国，韩国航空大学专门设有外空法硕士学位和博士学位，并开设了相关的航空航天法学课程。在日本，尚未设立关于空间法的专门研究机构，但是日本设置了航空航天法学的相关课程，部分大学在进行空间法的教学，而且在政府的主导下日益兴盛。

在我国，北京航空航天大学于2007年取得“法律科学与管理”二级学科博士点，2010年取得法学一级学科博士点，增设了国际法（含航空航天法）专业二级学科博士点。中国政法大学于2010年在国际法硕士研究生中，设置航空法与空间法研究方向。南京航空航天大学于2004年开设经济法硕士点航空法研究方向，2007年开设宪法学与行政法学硕士点航空行政法研究方向，2011年经国务院学位委员会办公室批准开设航空航天法学硕士学位专业，并于2013年面向全国正式开始招生。

为方便和更好地研究航空航天法学，西方学者大多将航空法与航天法放在一起进行研究，于是一个新的法学学科——航空航天法学出现了。1958年，美国制定了《航空航天法》。据此，航空航天法学这门学科在世界范围被普遍采用至今。同时，世界上一批航空航天法学研究机构也由此诞生，如荷兰莱顿大学航空和航天法学研究所、德国科隆大学航空和航天法学研究所、芬兰拉普兰德大学航空和航天法学研究所、加拿大麦吉尔大学航空和航天法学研究所、阿根廷萨尔瓦多大学航空和航天法学研究所、墨西哥空间法学院、印度尼西亚航空法和空间法中心等。

在我国，许多院校也高度重视航空航天法学的教学和科研工作，大部分已经相继成立了航空航天法学相关科研机构。例如，北京航空航天大学于2000年设立了外层空间法研究所（2010年改名为航天法研究所），2007年设立了航空法研究所；中国民航干部管理学院于2003年成立航空法研究中心；哈尔滨工业大学于2005年成立了空间法研究所；北京理工大学于2006年成立了国际空间法研究所；中国政法大学于2007年成立了航空与空间法研究中心；南京航空航天大学于2011年成立了航空法与空间法研究所。特别是我国航空航天法学二级学科硕士点经国务院学位委员会办公室批准首次于2011年在南京航空航天大学设立，这属于国内首创，并由此抢占了我国航空航天法学教学和研究的制高点。同时，航空航天法学二级学科硕士点在南京航空航天大学的设立，契合了南京航空航天大学的发展目标，并形成和体现了南京航空航天大学“三航”的学科特色。南京航空航天大学，经过六十多年的建设，已基本形成以工为主，理工结合，工、管、理、经、文、法、哲、教等多学科协调发展，具有航空、航天、民航特色的研究型大学学科体系。现在，南京航空航天大学在航空航天法教学和研究方面已形成团队，且取得较好成绩，团队科研实力较强，行业背景深厚。团队的大多数人员，均有主持或参与航空航天法学科研工作的经历，对航空航天法律事务熟悉，科学研究功底深厚，能结合南京航空航天大学特色专门研究航空航天法。南京航空航天大学法律系（2001年设立）、模拟法庭（1997年建成）、科技与经济法制研究中心（2001年设立）、知识产权研究咨询中心（2006年设立）、法律事务门诊所（2004年设立）、航空法与空间法研究所（2011年设立）、航空航天法知识产权研究生主题创新实验室（2011年设立）的相继成立，为南京航空航天大学研究航空航天法和更好地培养学生的专业理论素养提供了良好的教学与科研平台，并促成了南京航空航天大学航空航天法律研究相关项目的立项和师生一大批学术成果的获奖。在航空航天法律研究方面，南京航空航天大学师生即将出版《航空法教程》《航空法学案例评析》《国防工业管理与运行——国际比较研究》《知识产权原理与制度新论》《航空法学——总论与体系研究》《中国民用飞机产业发展立法研究》《中国民机企业决策机制研究》等一批重要著作。

近年来，南京航空航天大学在航空航天法律的研究方面，已经与国内外相关院校法学院的航空航天法学科研机构加强了学术交流与科研合作，参加了相关的航空航天法学国际论坛，特别是在国务院、中央军委空中交通管制委员会办公室与工业和信息化部政策法规司、装备司的大力支持和指导下，与相关院校专家学者合作参与和主持了“中国航空法立法研究”，“中国民用飞机产业发展立法的必要性、可行性及相关法律关系研究”，“WTO规则与中国民用飞机产业发展立法研究”等国家级重要项目的研究，并取得了丰硕的研究成果。

《中国航空航天法律文库》这套系列丛书，即是南京航空航天大学航空法与空间法研究所在相关项目研究和教学研究成果的基础上，在与国内外相关研究机构进行学术交流和与中国商用飞机有限责任公司法律部进行科研合作的背景下，与科学出版社联袂推出的。

《中国航空航天法律文库》近年内拟将陆续推出《航空航天法学研究》《中国航天法学》《航空行政法研究》《航空经济法研究》《航空民商法研究》《航空运输法研究》《航

空安全法研究》《航空刑法研究》《航空航天知识产权法律研究》《航空仲裁法研究》《航空法案例教程》《国际航空法研究》《比较航空法研究》《中国航空法立法研究》《航空法史研究》《航空法学史研究》《航空企业法律管理研究》等著作。为此，恳切希望与我国法律学界专家学者及相关科研院所、企事业单位加强合作，并欢迎踊跃投稿，以大力支持和顺利完成《中国航空航天法律文库》的编辑出版工作。

编辑出版《中国航空航天法律文库》之目的，主要是与相关研究机构和专家学者加强学术交流与科研合作，以此共同推进我国航空航天事业的发展与进步。相信《中国航空航天法律文库》这套系列丛书的编辑出版，必将对我国航空航天法学学科建设的发展和我国航空航天事业的相关立法有所裨益。

南京航空航天大学航空法与空间法研究所所长、
法律系教授、博士生导师
李乾贵
2012年10月1日

前　言

最近10年，我国的航空运输业取得了举世瞩目的成就，航空运输业经历了发展和不断壮大的演变过程。我国航空管理体制也发生了巨大的变化。2002年，中国民航六大集团公司成立，标志着我国民航改革迈出了重要的实质性的步伐。2004年，机场属地化改革完成，标志着国务院2002年6号文件规定的民航体制改革各项任务圆满完成。2007年，中国民用航空新疆空中交通管理局成立，也标志着全国空中交通管制系统"政事分开、运行一体化"改革工作的圆满结束。与此同时，国际航空运输也发生了巨大变化，航空联盟数量的不断增加，代码共享、因特网和电子客票的迅猛发展，计算机订座系统的广泛采用，飞机租赁业务的大幅增长，信息产业的不断扩大，这些都标志着航空运输自由化已成为一种不可逆转的潮流。在航空运输自由化浪潮的冲击下，许多法律问题已经凸显出来，形成了对传统航空法特别是公法的巨大冲击。如何结合我国国情，消化吸收国内外航空法理论，抓住21世纪头20年的战略机遇期，努力促进中国民航持续、快速、协调、健康发展，为实现中国由民航大国向民航强国的历史性跨越提供理论上的支持，以及为日益复杂的航空运输纠纷的顺利解决提供法律保障，这是我们必须认真思考和对待的问题。"温故而知新"，本书通过比较分析国际航空法和我国航空法的发展轨迹，并结合对特定时期相关国家航空运输法律制度的研习，让读者能够更好地把握国际航空运输法律制度和我国航空运输法律制度的发展方向。基于此，本书受到中央高校基本科研业务费专项科研项目（NR 2013048）资助，对出现的航空法新问题进行了研究，为完善我国的航空法制建设做出了贡献。

我国航空法学研究还处于初级发展阶段，主要还是以介绍和评析国际航空条约和相关国家的航空法制度为主，许多理论问题和一些重大实践问题尚待进一步探索。作者虽已尽力，但囿于相关研究资料缺乏和水平有限，本书难免会有疏漏或不妥之处，恳请学界人士和广大读者批评指正。

目　　录

第 1 章　航空法学的基本理论

1.1　航空法的概念、性质与调整对象

航空法是 20 世纪初随着飞机的发明和航空科技的发展，而逐步形成的一门新兴部门法。经过近一个世纪的发展，已形成了主要以民用航空活动为调整对象的一整套较为完备的原则、规则和制度。特别是现代航空科技不断发展，航空法随着人类极其广泛的航空活动也不断发展。一个国家航空活动的发展状况，不仅是其国家经济发展水平的重要标志，也是其现代化程度的象征。当前，世界各国均加强了对本国航空资源的开发和利用，使得航空活动所涉及的社会关系变得越来越广泛和复杂。随着航空运输全球化的进一步发展，国家间的航空活动也日益增多且凸显出许多航空法律问题。因此，加强航空法制建设，不仅是规范各国国内航空活动的需要，也是规范国际航空活动的迫切要求。

1.1.1　航空法的概念

航空法虽经历了近一个世纪的发展，但目前尚无统一定义。要对航空法进行确切定义，首先要从航空法的研究对象——航空活动入手，准确界定航空活动所能产生的社会关系的范围，进而对航空法进行准确定义。我国著名航空法学者刘伟民教授认为，进行航空活动需要具备四个基本要素：首先，要有场所，即空气空间，也称空域；其次，要有适航的航空器；再次，要有合格的航空人员；最后，要有相关地面设施予以保障[①]。对航空法进行定义，应包括航空活动的基本要素，确定航空法的调整范围和界限，彰显航空法的性质和特征。国内外学者都从这个角度对航空法进行了定义。

1. 国内外学者关于航空法的代表性定义

1）国外学者关于航空法的代表性定义

国外学者关于航空法的代表性定义主要有：维斯舍尔认为，航空法是管理空域及其利用规则的总和[②]。科库兹认为，航空法是调整因利用空气而产生的各种法律关系的规则的综合。安伯罗西尼认为，航空法是研究空中航行所产生的各种关系和确定其实施法律调整的法律分支[③]。勒·果夫认为，航空法是一套关于飞机、空中航行、航空商业运

---

① 刘伟民. 航空法教程. 北京：中国法制出版社，2001：1
② 刘伟民. 航空法教程. 北京：中国法制出版社，2001：3
③ 刘伟民. 航空法教程. 北京：中国法制出版社，2001：4

输，以及由国际国内空中航行所引起的，公法或私法的全部法律关系的国内国际规则①。阿根廷著名航空法学者文斯卡拉达则认为，航空法是一套支配由航空活动引起的或经其修改的制度与法律关系，公法与私法，国际法与国内法的原则与规范②。荷兰航空法专家迪德里克斯·弗斯霍尔把航空法定义为，调整空气空间的利用并使航空、公众和世界各国从中受益的一套规则③。

2）我国学者关于航空法的代表性定义

我国学者对航空法的代表性定义主要有：徐振翼教授认为，航空法是一个国家维护其领空主权、合理和有效地使用空域、管理空中航行、保障飞行安全、促进航空活动经济和有秩序发展的国家基本法律之一④。赵维田教授认为，航空法是一套调整人类航空活动中各种法律关系的规则体系⑤。刘伟民教授认为，航空法是规定领空主权、管理空中航行和民用航空活动的法律规范的总称⑥。

3）简要评析

从国内外学者对航空法的定义来看，他们都力图准确界定航空法的调整对象和范围，均具有一定的借鉴意义。但航空活动涉及的社会关系太广，通过一个定义将航空法的调整对象和范围进行囊括，明晰其界限有一定难度。因此，有些学者回避给航空法下一个综合性的定义，而只谈“航空法的性质”，如彼得·马丁所著的《肖克罗斯和博蒙特航空法》⑦。因此，到目前为止，航空法还缺少一个权威定义。

2. 本书关于航空法的定义

给航空法下一个相对比较确切的定义是有必要的，有助于划定其调整对象和范围。国内外学者对航空法进行定义时，视角有所差异，有的是以国内法为视角进行定义，有的是以国际法为视角进行定义，有的是从国内法和国际法两个视角进行综合定义，都有可取之处。但国际法和国内法毕竟属于两个不同的法律体系，两者的调整对象和适用范围等方面存在着重大差异，加之航空活动又有国内航空活动和国际航空活动之分，规范两者的法律规则有许多不同。给航空法下一个完整的定义时要兼顾国内航空法和国际航空法，因此，综合国内外学者关于航空法的定义，本书将航空法定义为：航空法是规范民用航空活动的国际国内法律规范的总称，包括国内航空法和国际航空法。其中，国内航空法是指由一国制定的，规定领空主权、管理空中航行和民用航空活动的法律规范的总称；国际航空法是指以跨国的航空运输为规范对象的国家与国家之间所形成的有拘束

① 刘伟民．航空法教程．北京：中国法制出版社，2001：3.
② 赵维田．国际航空法．北京：社会科学文献出版社，2000：1.
③ 迪德里克斯·弗斯霍尔．航空法简介．赵维田译．北京：中国对外翻译出版公司，1987：1.
④ 徐振翼．关于航空法的几个主要问题．上海社会科学院学术季刊，1982，(2)：76.
⑤ 赵维田．国际航空法．北京：社会科学文献出版社，2000：2.
⑥ 刘伟民．航空法教程．北京：中国法制出版社，2001：5.
⑦ 彼得·马丁．肖克罗斯和博蒙特航空法．徐克继译．北京：法律出版社，1987：10.

力的原则、规则和制度的总体。

之所以这样进行定义，是因为国内航空法和国际航空法分属于两个不同的法律体系，国际航空法无论是总体还是部分，都不能成为国内航空法的一部分。国内航空法也不是国际航空法的附属物。国内航空法没有权力变更或创立国际航空法的规则，国际航空法也没有权力变更或创立国内航空法的规则。国际航空法只有经过转化后才能在国内具有效力。同时，国际航空法和国内航空法还存在着下列差别。

第一，国际航空法和国内航空法各有不同的主体和调整对象。两者所调整和规范的关系不一样，国内航空法调整的是本国统治下的国内法主体之间的关系，而国际航空法调整的是国家之间、国际社会成员之间关系。

第二，国际航空法和国内航空法的渊源不同。国内航空法的渊源是本国有关机关所制定的法律、法规等，而国际航空法的渊源则是国际社会中形成的习惯和国际社会成员缔结的条约，特别是造法性条约。

第三，就国际航空法和国内航空法的法律实质而言，国内航空法主要是国家对其统治范围内的国内法主体的法律，而国际航空法则不是在各主权国家之上的权力对国家的法律，而是各主权国家之间的法律。

1.1.2　航空法的性质

航空法的性质是理解和运用航空法的基础。《现代汉语词典》中对“性质”的解释为“一种事物区别于其他事物的根本属性”。据此，本书认为，航空法的性质是指航空法的基本属性，包括两个方面：一是航空法是国际法还是国内法；二是航空法是公法还是私法。

1. 兼有国内法和国际法性质

关于航空法是国际法还是国内法的问题，国外学者特别是欧洲学者普遍认为，航空法是国际法，而非国内法，其主要理由是航空活动产生之初，具有明显的国际性特征。到目前为止，欧洲学者仍认为航空法就是国际航空法的同义语。本书认为，虽然欧洲小国林立，航空器特别是飞机在很短时间内就能飞越几个国家的领空，航空活动具有明显的国际性，但不能据此推断航空法就是国际法。因为从欧洲国家的航空立法来看，均有国内航空立法，如法国民航法、德国民航法、英国民航法等。在我国，学者们也基本上赞同航空法是国际法的一个分支，这在他们出版的国际法教材和著作中体现得非常明显，即基本上都将航空法单独作为一章或将其并入空间法中作为空间法的一个组成部分[①]。

---

① 我国目前所出版的《国际法》专著和教材中，基本上都将航空法单列一章或将其与外层空间法一起作为国际空间法或空间法一章的一节。例如，邵津主编的《国际法》（第四版）中，第 6 章是国际航空法；在其他代表性著作中，如程晓霞主编的《国际法》（第四版）中，第 8 章是空间法，邵沙平主编的《国际法》（第二版）中，第 13 章是空间法，梁西、王献枢主编的《国际法》中，第 9 章是空间法，黄亚英主编的《现代国际法学》中，第 8 章是空间法，这些著作均将航空法作为空间法的一节。

本书认为，航空法有国际航空法和国内航空法之分，这种划分并不是人为决定的，而是客观存在的。国际航空法和国内航空法分属于两个不同的法律体系。国际航空法属于国际法一个重要分支，没有任何异议，也就是说，属于航空法之一的国际航空法具有国际法的性质。而就国内航空法来说，它是主权国家所制定的法律、法规和规章的有机统一体，无论其内容中有多少条文是针对涉外航空运输关系的，也无论其条文中直接采纳了多少国际航空公约的具体规定，它归根到底还是国内法。因此，从整体上来看，航空法包含着国内航空法和国际航空法两个组成部分，国际航空法是规范主权国家之间的法律，国内航空法是由主权国家自己制定的航空法律、法规和规章的有机整体。毫无疑问，从整体上而言，航空法兼有国际法和国内法的性质，是国际法和国内法的有机统一体。

2. 兼有公法和私法性质

国际航空法和国内航空法都是航空法的两个基本组成部分，两者分属于不同的法律体系，因此，在分析航空法是公法还是私法时，应分别进行剖析。

1）国际航空法具有国际公法和国际私法的双重属性

之所以说国际航空法具有国际公法和国际私法的双重属性，是因为国际航空法“微观地提出了整个国际法的所有基本问题：主权、管辖权、领土、国家和其他国际法主体的关系、国籍、私法的统一以及冲突法的许多问题等”[①]。

第一，国际航空法主要是国家之间的原则、规则和制度的总称，是主权国家之间的法律。国家之间航空活动的开展，首先要解决领空主权问题，其次要解决航空器的国籍问题，最后要解决管辖权问题。所以，1944 年《国际民用航空公约》（简称《芝加哥公约》）就是为解决航空活动所遇到的公法问题而缔结的[②]。后来，为打击航空犯罪，避免出现航空犯罪没有国家管辖或多重管辖的局面，国际社会先后签订了 1963 年《关于在航空器内犯罪和其他某些行为的公约》（简称《东京公约》），1970 年《关于制止非法劫持航空器的公约》（简称《海牙公约》），以及 1971 年《制止危害民用航空安全的非法行为的公约》（简称 1971 年《蒙特利尔公约》）。这些国际航空公约是国际航空法的重要组成部分，是为解决国际公法中的国家间关系而签订的，具有公法性质。

第二，一些国际航空条约本身就兼有国际私法和国际公法的属性。例如，1929 年《统一国际航空运输某些规则的公约》（简称《华沙公约》）及对《华沙公约》进行修订的相关国际条约，主要是制定或修订航空承运人责任制度，涉及航空承运人对消费者的赔偿范围、归责原则等，后来取代它的是 1999 年《统一国际航空运输某些规则的公约》（简称 1999 年《蒙特利尔公约》），囊括了《华沙公约》及其修订文件的基本内容。上述

---

① 彼得·马丁．肖克罗斯和博蒙特航空法．徐克继译．北京：法律出版社，1987：10.

② 《芝加哥公约》第 1 条规定：“缔约各国承认每一国家对其领土之上的空气空间享有完全的和排他的主权。”第 17 条规定：“航空器具有其登记的国家的国籍。”

这些国际航空条约，调整的是国际航空运输承运人责任制度，具有私法性质。同时，这些国际航空条约在性质上也具有国际公法的性质，因为只有国际法主体（主要是国家）才能加入。这些国际航空公约是国际私法公法化的典型代表①，本身就兼有国际私法和国际公法的属性。

第三，从国际航空法的参与主体来看，既有国际公法主体，也有自然人和法人这些国际私法主体。例如，缔结或加入国际航空条约，只能是国际公法主体（主要是国家）。在国际航空运输的参与主体中，国家是特殊主体，主要参与者是自然人和法人，即承运人和消费者，他们属于国际私法的主体，只要国家参加了相关国际航空条约，这些国际航空条约的规定就直接适用于这些主要参与者。所以，从国际航空法的参与主体来看，国际航空法也兼有国际公法和国际私法的双重属性。

2）国内航空法也兼有公法和私法的双重属性

之所以说国内航空法也兼有公法和私法的双重属性，主要有以下三个方面的理由。

第一，国内航空法具有公法属性。在国内航空法中，空域的管理、航线的审批和备案、航空器国籍的登记、航空器权利的登记、航空器适航标准的制定、航空人员执照的标准制定和颁发、机场的规划和管理、空中交通服务的提供、航空运输企业经营许可证的审批和颁发等都属于公法的范畴。此外，对违反航空法的行为进行行政处罚、刑事处罚等也属于公法的范围。因此，国内航空法具有公法属性。

第二，国内航空法也具有私法属性。在国内航空法中，承运人和消费者之间是合同关系和侵权关系的竞合，无论是合同关系，还是侵权关系，都是属于私法的范畴，两者都可通过当事人的意思自治对权利进行放弃，都可通过协商等途径来解决相互间的航空纠纷。在航空器的买卖、租赁，以及航空器抵押权、优先权的行使等问题上，航空法律关系主体各方均可通过意思自治等方式来解决航空法律问题。在航空器对第三方侵权行为发生时，当事人之间也可通过意思自治的方式来解决航空侵权问题。此外，航空人身意外伤害险等航空保险合同，也是根据当事人自愿的原则来签订的。因此，国内航空法也具有私法属性。

第三，有些国家是将参加或缔结的国际航空条约直接作为国内航空法用于国内，或将国际航空条约通过转化在国内使用，或借鉴国际航空条约的规定结合本国实际情况来制定本国的国内航空法。因此，这些国内航空法都有国际航空条约的身影，而这些国际航空条约属于国际航空法的范畴，国际航空法具有公法和私法的双重属性，因而上述国内航空法也兼有公法和私法的双重性质。

---

①　目前，学者们虽普遍认为，国际私法规范主要表现在国内法律、法规之中，即使有一部分国际私法规范规定在国际条约中，也不是国际私法的基本渊源。但由于航空法产生时间较晚，国内法中缺乏相应的规范和习惯加以约束，因此，《华沙公约》在序言中规定："缔约国认为，国际航空运输的条件，在所用文件和承运人的责任方面，有统一规定的必要。"所以，国际航空运输从一开始，就是以国际航空条约形式对国际航空私法进行公法化，国际航空条约是在航空运输中解决私法问题的基本渊源。国家签署国际航空条约后，再通过各种形式将其转化为国内相关航空立法。

1.1.3 航空法的调整对象

法律的调整对象是指某一法律部门所调整的特定社会关系，它是划分法律部门的基本依据和出发点。不同的法律部门有不同的调整对象。航空法应以哪些社会关系为其调整对象，人们有不同的认识。但从对航空法的定义和性质的论述中，可以看出，航空法的调整对象的范围非常广泛，不仅包括国内航空运输中所产生的各种社会关系，而且包括国际航空运输中所产生的各种国际航空关系；不仅调整航空运输过程中所产生的具有公法性质的航空法律关系，而且调整航空运输过程中所产生的具有私法性质的法律关系。但无论是国际航空法还是国内航空法，两者都以国际国内民用航空活动所产生的社会关系作为其调整的基本对象。基于国内航空法和国际航空法分属于两个不同的法律体系，在研究航空法的调整对象时，应分别进行分析。

1. 国际航空法的调整对象

国际航空法主要调整国家之间民用航空运输活动中所产生的各种社会关系。具体而言，其调整对象主要包括两个方面。

一是调整国家之间的"航空公法关系"。包括领空主权、航空器国籍、空中航行的权利及航空安全等航空公法关系。例如，《芝加哥公约》就是为了保障国际航空活动安全和有秩序地运行而缔结的；《东京公约》《海牙公约》和 1971 年《蒙特利尔公约》就是为保障国际航空运输的安全而签订的。

二是调整国家之间的"航空私法关系"。主要包括航空旅客运输、航空货物运输、航空保险及航空器侵权等航空私法关系。例如，《华沙公约》及后来的修订文件、1999 年《蒙特利尔公约》都是为统一国际航空运输损害赔偿制度而签订的；1952 年的《关于外国航空器对地（水）面上第三者造成损害的公约》（简称 1952 年《罗马公约》）主要为统一飞行中的民用航空器对地（水）面第三者损害赔偿而订立；2009 年《有关航空器对第三方造成损害责任的赔偿的公约》主要为飞行中的民用航空器对第三方造成损害的侵权关系而订立。

另外，在目前的国际航空公法公约和私法公约中，其调整对象是民用航空器，不适用"军事、海关或警察用的航空器"。例如，《芝加哥公约》第 3 条第 1 款和第 2 款规定："一、本公约仅适用于民用航空器，不适用于国家航空器。二、用于军事、海关和警察部门的航空器，应认为是国家航空器。"《东京公约》《海牙公约》和 1971 年《蒙特利尔公约》均规定，不适用军事、海关和警察用的航空器。《华沙公约》及修订文件和 1999 年《蒙特利尔公约》的民用性也非常明显。1952 年《罗马公约》第 26 条规定："本公约不适用于供军事、海关或警察用的航空器所造成的损害。"2009 年《有关航空器对第三方造成损害责任的赔偿的公约》第 2 条第 4 款规定："本公约不适用于国家航空器造成的损害。用于军事、海关和警察服务的航空器应当视为国家航空器。"可见，国际航空法主要调整国家之间民事航空运输产生的各种社会关系。

2. 国内航空法的调整对象

国内航空法主要调整国内民用航空运输活动中所产生的各种社会关系。这些社会关系概括起来主要包括航空民事法律关系、航空行政法律关系、航空刑事法律关系等。

1) 航空民事法律关系

航空民事法律关系是根据国内航空法律规范确立的以航空民事权利义务为内容的社会关系，是由航空法律规范和民事法律规范调整而形成的社会关系。这些社会关系主要包括以下四个方面。

(1) 承运人和消费者之间的航空运输合同关系。主要包括承运人和旅客之间的航空旅客运输合同关系，承运人和托运人形成的航空货物运输合同关系。

(2) 航空侵权法律关系。主要是指航空器在飞行中，因从航空器落下人或物或航空器坠毁给地（水）面第三人造成人身伤亡和财产损失的侵权行为关系，以及航空器在飞行中相撞，给第三人（包括另一架航空器内的旅客）造成人身伤亡和财产损失的侵权行为关系。

(3) 航空器权利法律关系。航空器的权利主要包括航空器的所有权、占有权（租赁权）、抵押权和优先权。围绕着航空器权利所产生的法律关系主要有：因民用航空器买卖所形成的买卖合同关系，因民用航空器租赁所形成的经营租赁和融资租赁合同关系，因民用航空器抵押所形成的抵押合同关系，以及对民用航空享有优先权的债权人对民用航空器所有权人和承租人提出赔偿请求的民事关系。

(4) 航空保险法律关系。航空运输属于高度危险作业，因此在航空运输中，承运人往往通过保险形式来规避航空运输所带来的风险。承运人和保险公司签订的航空保险合同是民事法律行为。另外，旅客和托运人为规避风险，也通常与保险公司签订人身意外伤害险和货物运输险等航空保险合同。这些航空保险法律关系也是航空民事法律关系。

2) 航空行政法律关系

航空行政法律关系是根据国内航空法律规范所确立的因航空行政活动而形成的各种权利和义务关系。在航空行政法律关系中，围绕航空行政主体与航空行政相对人之间的权利义务关系，主要产生了航空行政主体因管理民用航空活动所产生的行政法律关系。对此，《中华人民共和国民用航空法》（简称《民航法》）第 3 条进行了原则性的规定："国务院民用航空主管部门对全国民用航空活动实施统一监督管理，国务院民用航空主管部门设立的地区民用航空管理机构依照国务院民用航空主管部门的授权，监督管理各个地区的民用航空活动。"具体而言，航空行政法律关系主要包括以下三个方面。

(1) 对民用航空器管理所形成的航空行政法律关系。主要有：民用航空主管部门在民用航空器权利登记过程中所形成的行政法律关系①，以及民用航空器适航管理过程中

① 《民航法》第 11 条规定："民用航空器权利人应当就下列权利分别向国务院民用航空主管部门办理权利登记：(一) 民用航空器所有权；(二) 通过购买行为取得并占有民用航空器的权利；(三) 根据租赁期限为六个月以上的租赁合同占有民用航空器的权利；(四) 民用航空器抵押权。"

所形成的各种行政法律法律关系①。

（2）对航空人员执照的颁发和管理所形成的航空行政法律关系。目前，世界各国均对航空人员进入航空运输活动领域实行颁发执照的方式。例如，我国《民航法》第 40 条规定："航空人员应当接受专门训练，经考核合格，取得国务院民用航空主管部门颁发的执照，方可担任其执照载明的工作。空勤人员和空中交通管制员在取得执照前，还应当接受国务院民用航空主管部门认可的体格检查单位的检查，并取得国务院民用航空主管部门颁发的体格检查合格证书。"再如，我国《民航法》中还对航空人员检查和考核工作进行了规定②。

（3）围绕着航空运输所形成的其他航空行政法律关系。这些航空行政法律关系主要包括：航空运输企业经营许可证的申请、审批和颁发，航空运输企业运价的制定，民用机场建设的审批和机场许可证的颁发，以及民用航空管理部门在执法过程中所形成的各种航空行政法律关系。

3）航空刑事法律关系

在航空运输中，安全始终是第一位的，为了确保航空安全，一方面需要加强对航空犯罪的打击力度，另一方也要加强预防工作。在各国国内航空法中，都有对加强航空安全措施、打击犯罪的具体法律规定。例如，我国《民航法》第 15 章对航空刑事法律责任进行了详细规定，1997 年《中华人民共和国刑法》（简称《刑法》）分则编中涉及民用航空安全的有第 116 条、第 117 条、第 119 条、第 121 条、第 123 条、第 131 条。国家有权机关在打击和预防航空犯罪过程中所形成的航空刑事法律关系也是国内航空法调整的主要对象之一。

---

① 《民航法》第 34 条规定："设计民用航空器及其发动机、螺旋桨和民用航空器上设备，应当向国务院民用航空主管部门申请领取型号合格证书。经审查合格的，发给型号合格证书。"

《民航法》第 35 条规定："生产、维修民用航空器及其发动机、螺旋桨和民用航空器上设备，应当向国务院民用航空主管部门申请领取生产许可证书、维修许可证书。经审查合格的，发给相应的证书。"

《民航法》第 36 条规定："外国制造人生产的任何型号的民用航空器及其发动机、螺旋桨和民用航空器上设备，首次进口中国的，该外国制造人应当向国务院民用航空主管部门申请领取型号认可证书。经审查合格的，发给型号认可证书。已取得外国颁发的型号合格证书的民用航空器及其发动机、螺旋桨和民用航空器上设备，首次在中国境内生产的，该型号合格证书的持有人应当向国务院民用航空主管部门申请领取型号认可证书。经审查合格的，发给型号认可证书。"

《民航法》第 37 条规定："具有中华人民共和国国籍的民用航空器，应当持有国务院民用航空主管部门颁发的适航证书，方可飞行。出口民用航空器及其发动机、螺旋桨和民用航空器上设备，制造人应当向国务院民用航空主管部门申请领取出口适航证书。经审查合格的，发给出口适航证书。租用的外国民用航空器，应当经国务院民用航空主管部门对其原国籍登记国发给的适航证书审查认可或者另发适航证书，方可飞行。民用航空器适航管理规定，由国务院制定。"

《民航法》第 38 规定："民用航空器的所有人或者承租人应当按照适航证书规定的使用范围使用民用航空器，做好民用航空器的维修保养工作，保证民用航空器处于适航状态。"

② 《民航法》第 41 条规定："空勤人员在执行飞行任务时，应当随身携带执照和体格检查合格证书，并接受国务院民用航空主管部门的查验。"《民航法》第 42 条规定："航空人员应当接受国务院民用航空主管部门定期或者不定期的检查和考核；经检查、考核合格的，方可继续担任其执照载明的工作。空勤人员还应当参加定期的紧急程序训练。空勤人员间断飞行的时间超过国务院民用航空主管部门规定时限的，应当经过检查和考核；乘务员以外的空勤人员还应当经过带飞。经检查、考核、带飞合格的，方可继续担任其执照载明的工作。"

1.2　航空法的特征

特征是指一种事物异于其他事物的特点。法律特征是指法律区别其他上层建筑的特点，如法律具有规范性、国家意志性和国家强制性等。航空法由于其是国内法和国际法的有机统一体，就国内航空法而言，具有国内法律的一般性特征，就国际航空法而言，又具国际法的一般性特征。因此，作为国际法和国内法有机统一体的航空法，由于其调整对象的特殊性，还表现出不同于一般国内法和国际法的特征。

1.2.1　国际性

无论是国内航空法还是国际航空法，都具有国际性的特征，国际性是航空法的首要特征。具体而言，主要包括以下四个方面。

第一，航空活动的国际性，决定了航空法国际性特征。一般认为，现代意义上的航空活动发源于欧洲，欧洲地区小国林立，航空器（特别是飞机）在短时间内就能穿越几个国家，航空器的国际飞行特点非常明显。因此，一开始的国际航空立法活动，主要是为了解决跨国飞行（即国际飞行），规范国家之间的航行关系。1900 年，法国法学家福希尔就主张，国际法学会应制定一部国际空中航行法典，说明在当时的欧洲，人们就认为航空法是国际法的一个组成部分。虽然目前欧洲国家均颁布本国的航空法，但对于欧洲各国学者而言，至今仍把航空法当成是国际航空法的同义语。受此影响，在目前国内外的国际法著作中，均将航空法作为国际法的一个组成部分。

第二，航空法的国际性特征，也体现为国际航空技术标准的统一性。由于航空活动属于高度危险作业，航空安全始终是第一位的，这就要求有相关的航空技术标准作为保障。基于此，1919 年《巴黎空中航行管理公约》（简称《巴黎公约》）中专门设立了国际空中航行管理委员会，1925 年主要由西方国家成立国际航空法律专家技术委员会，依《芝加哥公约》成立国际民用航空组织（简称国际民航组织），这些组织负责制定国际航空技术标准。目前，国际民航组织已制定了 19 个附件作为国际航空技术的标准，并要求各国在制定航空技术标准时，不得低于附件所制定的标准。这些附件虽不具有国际法的效力，但各国也均在国内航空法中制定了与这些标准一致或高于这些标准的航空技术标准。这对确保航空安全有重要意义，也体现出航空法的国际性特征。

第三，航空法的国际法特征，还表现为国际航空法律规范的统一性。在国际航空运输中，由于各国法律差别较大，若没有统一的法律规范，国际民用航空活动势必会处处遇到障碍，不利于航空运输的发展。特别是在国际航空私法领域，若没有统一的国际航空法律规范，单纯依靠传统国际私法冲突规则来确定法律适用，几无可能。正如 1999 年《蒙特利尔公约》序言所说的那样，“确信国家间采取集体行动，通过制定一项新公约来增进对国际航空运输某些规则的一致化和法典化是获得公平的利益平衡的最适当方法”。实际上，自航空法诞生以来，国际航空条约一直是航空法的主要渊源，适用统一的国际航空法律规范已成了国家间的共识。

第四，国内航空法也具有国际性。主要表现在两个方面：其一，表现为国内航空法基本上都以国际航空法为依据，在立法内容上大同小异，这也是国家履行国际法义务的体现，如《芝加哥公约》第37条规定："缔约各国承允在关于航空器、人员、航路及各种辅助服务的规章、标准、程序及工作组织方面进行合作，凡采取统一办法而能便利、改进空中航行的事项，尽力求得可行的最高程度的一致。"实际上，在国内航空法的内容中，许多法律规范直接来源于国际航空条约的内容，导致各国国内航空法内容大同小异，进而也体现了各国国内航空法的"国际性"。其二，表现为国内航空法具有一定的域外效力。例如，我国《刑法》(2011年修正版)第6条第2款规定："凡是在中华人民共和国船舶或者航空器内犯罪，也适用本法。"1998年6月最高人民法院发布的司法解释进一步指出，在中华人民共和国领域外的中国航空器内犯罪的，由犯罪发生后该航空器在中国最初降落地的人民法院管辖。即使是作为国际航空条约的《东京公约》《海牙公约》和1971年《蒙特利尔公约》中也确认了一国国内航空法的域外效力①。

1.2.2 兼有公法和私法性质

航空法在性质上兼有公法和私法性质，这是航空法和其他部门法相区别的一个重要特征。无论是国内航空运输还是国际航空运输活动，都是一个系统工程，涉及主权、管辖权、国籍、国家相互之间，以及与国际实体之间的关系、统一私法规则及许多法律冲突问题等因素，这些因素决定了航空法必须兼有公法和私法性质。

随着航空运输全球化和一体化的发展，无论是国内法还是国际法，公私法合体已经成为一种重要趋势。近年来，国际私法公法化现象特别明显，各国在国际私法领域缔结了大量的国际条约，同时各国因采取共同的法律冲突解决原则、规则而形成的国际习惯也大量存在，使得这部分的国际私法具有了国际法的性质②。例如，在国际航空私法领域，华沙体制就是一个典型代表。在各国国内航空法中，领空主权、航空器国籍的赋予、航空人员执照的颁发，都属于公法范畴；航空承运人和消费者之间的合同关系，则具有典型的私法特征。各国国内航空法无疑更是公法和私法规则的合成体。本书在论述航空法的性质时，已对此问题做过详细论述，不再赘述。

1.2.3 平时法

平时法是相对于战时法而言的，战时法是指在战争期间所适用的各种法律规范的总称，包括战争中的作战手段、作战方法的使用，对战俘、伤病员及平民的保护等规定。从广义上来说，航空法既是平时法，又是战时法，这和航空器具有多种用途密切相关，它既可在和平时期作为客、货运输的工具，又可在战时作为武器和运载军事物资与人员

---

① 《东京公约》第3条第3款规定："本公约不排斥根据本国法行使刑事管辖权。"《海牙公约》第4条第3款规定："本公约不排斥根据本国法行使任何刑事管辖权。"1971年《蒙特利尔公约》第5条第3款规定："本公约不排斥根据本国法行使任何刑事管辖权。"

② 程晓霞．国际法．北京：中国人民大学出版社，2005：2.

的器械[①]。在航空法的历史发展中，国际社会已将战争时期用于武器和军事目的的一套规则纳入到战争法之中，如《海牙公约》对空战有若干专门的规则，这些规则属于战时法的范畴。狭义上的航空法是平时法，是航空活动在和平时期应遵守的法律。例如，《芝加哥公约》第 89 条规定："如遇战争，本公约的规定不妨碍受战争影响的任一缔约国的行动自由，无论其为交战国或中立国。如遇任何缔约国宣布其处于紧急状态，并将此通知理事会，上述原则同样适用。"但即使在战时，航空法中的一般原则，如领空主权原则、不得对民用航空器使用武力或武力相威胁原则等也应得到遵守。本书所界定的航空法（除本章第 4 节外）是指狭义上的航空法，即平时法。

1.2.4　独立性

对航空法是否具有独立性，学术界主要有两种相反的观点。一种观点认为，航空法根本就不存在或者航空法应无条件地适用海商法的相关规定。有学者认为，航空法没有新的内容，它只是把各种现行法，如国际公法、国际私法、海商法、行政法、刑法、商法等适用于空中航行而已，否认了航空法的独立性，甚至认为航空法根本就不存在。还有学者认为，航空活动应无条件地适用海商法相关规定，他们的理由是：因航空法深受海商法影响，在航空法中至今还残留着海商法的痕迹，如意大利在 1942 年将航空法与海商法合并成一部法典，即《航行法》。另一种观点认为，航空法具有独立性，是由其调整对象和调整方法的特殊性所决定的，它由一套具有典型特征的规则所组成，并不是将各种国际规则和国内规则的简单综合，它有自己的调整对象和调整方法。

本书认为，航空法具有独立性，有以下三个理由。

第一，从国内航空法的规定来看，航空法调整对象的特殊性，决定了国内航空法在国内法中具有自己典型特征的规则，没有相关法律部门能够全部囊括国内航空法的规则。目前，我国法学界一般把法律部门划分为宪法、行政法、民法、商法、经济法、劳动和社会保障法、环境与自然资源法、军事法、刑法和诉讼法。至今，没有一个法律部门能够囊括国内航空法的全部内容，从这个意义上说，国内航空法具有独立性。

第二，就国际航空法而言，其独立性也显而易见。虽然国际航空法的内容比较繁杂，且航空条约之间也可能发生冲突。但是，作为调整特定社会关系的法律部门，国际航空法已逐步发展、演化、形成了适应其特征的具体原则、规则和方法，进而成为现代国际法中的一个独立的法律部门[②]。

第三，从国内航空法和国际航空法之间的关系来看，虽然两者同属于航空法的范畴，但两者分属于不同的法律体系，从而决定了两者之间的相对独立性。

不可否认，法律本身就是一张相互联系的网，法律制度之间存在着某些共性。因此，无论是国际航空法还是国内航空法其独立性都是相对的。国内航空法也要借助国内

① 从第一个气球起飞开始，人们就非常清楚地认识到这种器械不仅可用于民用的运输目的，而且可能用于军事目的，随后气球的优势在很短的时间内就被军事力量发现了，1794 年第一个用于军事目的的气球帮助法国取得了对奥地利联盟和德国军队的胜利。转引自：Marin F. Wonderful Balloon Ascents：or the Conquest of the Skier. A History of Balloons and Balloon Voyages. New York：Charles Scribner & Company，1870：211.

② 邵津．国际法．北京：北京大学出版社，高等教育出版社，2000：8.

法律部门中的某些原则、规则和制度不断地发展和完善自身；国际航空法从产生开始，国际法的一般理论、原则和规则就被运用其中，同时国际航空法又在某些领域突破发展了国际法的一般理论，使得国际法更加完备。因此，国际航空法、国内航空法与航空法之间是一种共性与个性、一般性与特殊性的辩证关系，既有统一又有矛盾。

1.3 航空法的渊源

目前，通说认为法律渊源是指法律的表现形式。依据通说，航空法的渊源是指航空法的表现形式。由于航空法分为国内航空法和国际航空法，分处于两种不同的法律体系中，两者的渊源是不同的。因此，分析航空法的渊源应从国内航空法的渊源和国际航空法的渊源两个方面入手。

1.3.1 国内航空法的渊源

国内航空法的渊源有广义和狭义之分，狭义上的国内航空法渊源是指以航空法（民用航空法）或空中航空法命名的法律。广义上的国内航空法渊源不仅包括以航空法（民用航空法）或空中航空法命名的法律，还包括国家所颁布的和航空活动相关联的法律、法规和规章等。本书所指国内航空法的渊源是指其广义上的渊源。虽然各国国内法的表现形式和法律制度差别较大，但国内航空法的法律渊源差异不是太大，各国基本上都制定了本国的航空法律，另外还有大量的航空行政法规，以及一些规范性文件。

1. 美国航空法的渊源

自20世纪初以来，美国制定了大量的涉及航空活动的成文法，逐步形成了以1958年《联邦航空法》为中心的较为完善的航空法律体系。在这一体系中，法律主要有：1958年《联邦航空法》、1958年《航空航天法》、1967年《交通部法》、1978年《放松航空管制法》、1984年《民用航空委员会落日条款》和2002年《国土安全法》。

1958年《联邦航空法》后经多次修正一直适用至今。其基本框架如下：第1章，一般规定；第2章，民用航空委员会、一般权限；第3章，机构组织和署长职责；第4章，航空承运人的经济管理；第5章，航空器国籍和归属；第6章，民用航空安全管制；第7章，航空事故调查；第8章，其他管理机构；第9章，处罚；第10章，程序；第11章，其他规定；第12章，安全规定；第13章，战争险；第14章，废除和修正；第15章，除外规定和生效日期。

现在，美国相关航空法律已被收入《美国联邦航空法典》第49卷运输第7部分航空秩序（Aviation Programs）中，分为A、B、C、D四个组成部分。其中，A部分为商业航空和安全（Air Commerce and Safety），B部分为机场发展和噪声（Airport Development and Noise），C部分为融资（Financing），D部分为公共机场（Public Airports）①。

---

① 具体内容参见：http://uscode.house.gov/download/title_49.shtml.

除上述航空法律外，美国航空法体系中还含有大量的航空行政法规，主要被收集在《美国联邦航空法规汇编电子版》（截止到2013年4月18日）第14卷航空航天中，共有5章[①]。另外，美国航空法律体制中还包括美国联邦法院有关航空案件的典型判例。

2. 德国航空法的渊源

德国航空法可追溯至一般警察法（治安法）。在专门的航空法出台之前，警察法的一般规定，使得航空行为可能造成的不利于公共安全和秩序的问题不至于限于法律真空。1922年德国颁布了《德国航空法》，至1945年都是有效的，第二次世界大战至1949年前没有发生效力。1949年联邦德国成立后，《德国航空法》，以及以此为基础的相关条例在联邦德国境内恢复法律效力，根据1990年8月31日《两德统一合约》，联邦德国航空法律制度无限制适用于东德地区。20世纪80年代起欧盟法对德国国内法影响重大，私法、公法领域都有反映，20世纪90年代欧洲联盟（简称欧盟）成立了欧洲航空安全局（European Aviation Safety Agency，EASA），该机构不仅具有立法权，还有行政执行权。

德国航空法律主要有：《德国航空法》（1922年颁布）、《禁止执行担保飞行器法》（1935年颁布）、《德国联邦航空局法》（1954年11月30日颁布）、《航空器权利法》（1959年2月26日颁布）、《飞机噪音保护法》（1971年3月30日颁布）、《航空证件安全法》（1997年6月5日颁布）和《民用航空器事故和障碍调查法》（1998年8月26日颁布）。

德国航空行政条例主要有一般性条例、航空飞行安全条例、飞行计划协调条例、航空飞行运动条例及其他条例。

一般性条例主要有：《航空许可条例》（1964年6月19日颁发，主要规定了航空器和设备、航空人员、飞机场，以及航空器使用和经营的许可问题）、《航空交通条例》（1963年8月10日颁发，1999年和2003年两次修订）、《航空人员条例》（1976年1月9日颁发，1984年和2003年两次修订）、《飞行人员考试条例》（1967年颁布）、《航空器材经营条例》（1970年3月4日颁布）、《机场地勤服务条例》（1997年12月颁布）、《航空器材审核条例》（1998年颁布）、《航空管理收费条例》（1984年颁布）、《机场噪音保护条例》（1991年颁布）、《关于经营作为非航空器材之飞机电子设备的管理条例》（1999年颁布）、《飞机广播资格证条例》（1994年颁布）、《设立和执行飞行器质押登记条例》（1999年颁布）、《空中安全条例》（1985年颁布），以及《关于航空交通领域的可靠性检查程序的管理条例》（2001年颁布）。

航空飞行安全条例主要有：《飞行安全企业委托条例》（1992年颁布）、《飞行器飞行安全设备条例》（1992年颁布）、《飞行安全服务单位条例》（1992年颁发）、《关于使用飞行起降安全服务和设施的收费条例》（1984年颁布）、《飞行安全设备和器材标准许可条例》（2001年颁布）、《关于有许可义务的飞行安全员及其培训的管理条例》（1999

① 具体内容参见：http://www.ecfr.gov/cgi-bin/.

年颁布），以及《关于配置飞行安全设施和系统时使用通用的技术说明书的管理条例》（1997 年颁布）。

飞行计划协调条例主要有：《飞行计划协调员委托条例》（1992 年颁布）和《关于执行飞行计划协调工作的条例》（1994 年颁布）。

航空飞行运动条例主要有：《空中运动协会的委托条例》（1993 年颁发）和《关于联邦航空局负责追查和追究空中运动违法行为的条例》（1994 年颁布）。

其他条例主要是指联邦交通、建筑和住房部授权联邦航空局颁发实施的条例，后者在建筑、检查和企业经营方面颁发了了许多条例。例如，根据《航空器材经营条例》的授权制定了六则实施条例①。根据《航空器材审核条例》授权，于 1999 年、2000 年、2001 年先后制定了三则实施条例。2003 年制定了《航空许可条例》的第一则实施条例，以及《航空人员条例》的第一则实施条例。另外，还有其他与航空活动密切的相关规定和其他法律。

3. 俄罗斯航空法的渊源

俄罗斯的航空立法是以 1997 年 2 月 19 日通过，1997 年 4 月 1 日生效的《俄罗斯联邦航空法典》为中心的综合航空法典体系，除《俄罗斯联邦航空法典》外，还包括联邦法律、总统令、联邦政府决议、联邦关于空域开发的条例、联邦飞行规则，以及其他联邦立法②。

《俄罗斯联邦航空法典》共 18 章，137 条，分别包括：第 1 章，总则（General Provisions），第 1～10 条；第 2 章，国家对空域开发的管理（State Regulation of Exploitation of Air Space），第 11～19 条；第 3 章，国家对航空活动的管理（State Regulation of Activity in the Field of Aviation），第 20～26 条；第 4 章，国家对民用航空的管理（State Control Over Activities in the Field of Civil Aviation），第 27～31 条；第 5

---

① 第一则制定于 1970 年，最后一次修订于 2001 年，关于飞机设备、航空企业的飞行事务，第二则制定于 1974 年，1982 年大修，最后一次修订于 2003 年，关于航空企业内部和外部的机组成员与飞行职业相关的劳动时间、飞行时间、间隔和休息时间。第三则制定与 1977 年，最后一次修订于 2001 年，关于非航空企业的航空器材的装备和经营。第四则实施条例制定于 1997 年，关于热气球的装备和经营。第五则制定于 1998 年，最后一次修订于 2003 年，关于如何适用《欧洲联合航空规则》一号文件（商业运输规则）（JAR—OPS1）规定的飞机承运人员和货物的规定。第六则制定于 1998 年，最后修订于 2003 年，关于如何适用《欧洲联合航空规则》三号文件（JAR—OPS3）规定的直升机承运人员和货物的规定。

② 除《俄罗斯联邦航空法典》以外的立法，主要是为执行《俄罗斯联邦航空法典》制定法规和规章，主要有：《从事保证航空器的乘客（乘务人员）随航饮食的机构的必要认证的航空规则之确认》（联邦航空运输署 2000 年第 96 号，2007 年 9 月 7 日修正）、《对航空运输燃料的航空燃料保证机构的认证要求的联邦航空规则》（俄罗斯联邦交通部 2000 年第 89 号）、《认定并实施航空港认证及程序的联邦航空规则》（联邦航空运输署 2000 年第 98 号）、《认定并对关于航空器飞行的机场保障的航空港活动的法人的认证要求的联邦规则》（联邦交通部 2000 年第 121 号）、《关于完善从事检查民用航空器样品工作的机构的命令》（联邦交通监管局 2007 年第 246 号）。除前述法律、规章外，当然也包括主要调整事项为其他事务的法律、法规，但是其规定的事情包括航空事务，如《关于俄罗斯联邦行政机关结构的若干问题》（俄罗斯联邦总统令 2000 年第 649 号）、《关于俄罗斯联邦行政机关的系统和机构的规定》（俄罗斯联邦总统令 2004 年第 314 号）、《关于俄罗斯联邦交通监管局的若干问题》（俄罗斯联邦政府 2004 年第 184 号决议）、《关于俄罗斯联邦航空交通的若干问题》（2004 年第 275 号文件修正）。以上资料具体内容参见：http://www.government.ru/eng/search/? phrase=air.

章，航空器（Aircraft），第32～39条；第6章，机场、空港及单一空中交通管理系统（Aerodromes，Airports and Objects of the Single System of Air Traffic Organisation），第40～51条；第7章，航空人员（Aviation Personnel），第52～55条；第8章，机组（Crew of an Aircraft），第56～60条；第9章，航空运输组织（Aviation Entities），第61～65条；第10章，航空器空中飞行（Flights of Aircraft），第66～78条；第11章，国际空中航行（International Flights of Aircraft），第79～82条；第12章，航空安全（Aviation Security），第83～85条；第13章，搜寻和援救（Search and Rescue），第86～94条；第14章，航空事故与事故调查（Air Accident or Incident Investigation），第95～99条；第15章，航空运输（Air Carriage），第100～113条；第16章，航空作业（Aerial Work），第114～115条；第17章，承运人、经营人和发货人的责任（Liability of the Carrier，Operator and Consignor），第116～135条；第18章，最后声明（Concluding Statements），第136～137条[①]。

4. 我国航空法的渊源

就我国而言，目前航空法的渊源主要有：《民航法》，全国人民代表大会常务委员会（简称全国人大常委会）在需要时就民用航空事项做出的决议和决定，国务院颁布的行政法规和中国民用航空总局[②]颁布的航空行政规章，以及有关航空法的立法、司法和行政解释等。

1）法律

(1)《民航法》。《民航法》是调整我国民用航空活动的基本法律规范，于1995年10月30日第八届全国人大常委会第十六次会议通过，自1996年3月1日起施行，是新中国成立以来的第一部关于民用航空的专项法律，共16章，214条，涉及面相当广泛，内容丰富。

目前，作为规范民用航空活动的基本法律，《民航法》已明显滞后于我国航空运输业的发展。因此，加强对《民航法》的修订工作，或重新制定新的航空法已十分必要。本书认为，在修订或重新制定新的航空法时，要注意以下四点。

第一，立足我国航空运输业的实际情况，提高航空法的实用性。不可否认，我国《民航法》立法质量较高，不仅结合当时我国航空运输业的实际情况，而且许多法律条文直接取源于国际航空条约，并借鉴相关国家航空法的规定。但在实际适用中，缺乏明显实用性，即在一般航空纠纷很少能够适用《民航法》的规定，不得不寻找其他法律加以适用。目前，我国航空运输业所面临的国内外情势已发生巨大变化，修订《民航法》或制定新的航空法时要首先考虑我国航空运输业的现状，并考虑提高航空法的实用性。

---

① 具体内容参见：http://www.avia.ru/english/code/.

② 中国民用航空总局（简称中国民航总局），2008年3月改为中国民用航空局（简称中国民航局）。

第二，进一步加强军用航空和民用航空的协调，充分利用我国有限的空域资源。虽然我国航空运输业已取得了巨大进步，但民用航空对空域资源的实际利用不及军用航空，军民航各自为政，不利于我国有限空域资源的充分利用。因此，在修订或制定新的航空法时，要加强对军民航的协调，以保证我国有限空域资源的最优化利用。

第三，修订《民航法》或重新制定新的航空法时，要充分考虑对消费者权益的保护。目前，我国《民航法》在关于承运人和消费者关系的立法价值取向上，还是以承运人为本位，不利于对消费者权益的保护。从目前国际航空公约的内容及发达国家国内航空立法的内容来看，加强对消费者权益保护已成为共识，而对消费者保护的核心内容就是大幅度提高对消费者的损害赔偿标准。因此，在修订或制定新的航空法时，应注重对消费者权益的保护，提高损害赔偿标准。这是我国在修订《民航法》或制定新的航空法时也应考虑的因素①。

第四，要注意协调与其他法律，特别是 1997 年《刑法》的关系。在现行《民航法》规范中，特别是在法律责任一章中，刑事责任的规定是以 1979 年《刑法》为根据的，而我国在 1997 年重新修订了《刑法》，因此《民航法》中许多内容已与 1997 年《刑法》内容发生了冲突。例如，我国 1997 年《刑法》中已取消了传递虚假情报扰乱正常飞行秩序罪，而在《民航法》中罪名还存在；再如，在现行《民航法》中刑事处罚内容适用的条文还是 1979 年《刑法》的规定等。因此，在修订现行《民航法》或重新制定统一的航空法时要充分协调与其他法律，特别是与 1997 年《刑法》的关系。

(2) 国家颁布的规范航空活动的其他法律。航空活动是社会生活中不可缺少的一个组成部分，并占有一定的重要地位，在我国现行法律的规定中，有许多也适用于航空活动，这些法律也是我国国内航空法的渊源。主要有：1985 年《外国人入境出境管理法》、1987 年《海关法》、1992 年《中华人民共和国领海及毗连区法》、1997 年《刑法》，以及《民法通则》《合同法》《担保法》《公司法》《行政复议法》《行政处罚法》等②。

(3) 全国人大常委会在需要时就航空事项做出的决议和决定。这些决议和决定也是我国航空法的渊源之一。例如，我国于 1980 年 9 月 10 日加入了《海牙公约》，该公约于 1980 年 10 月 10 日对我国生效。为履行条约义务，全国人大常委会于 1987 年 6 月 23 日通过的《关于对中华人民共和国缔结或者参加的国际条约所规定的罪行行使刑事管辖权的决定》中规定："对于中华人民共和国缔结或者参加的国际条约所规定的罪行，中华人民共和国在所承担条约义务的范围内，行使刑事管辖权。"这个决定覆盖了我国缔结的或将要缔结的一切含有类似条款的国际条约，首先达到了《海牙

---

① 贺富永．我国航空运输业发展战略研究．理论探讨，2005，(1)：73.

② 1985 年《外国人入境出境管理法》第 3 条第 2 款规定："外国的交通工具入境、出境、过境，必须从对外国人开放的或者指定的口岸通行，接受边防检查机关的检查和监护"。《中华人民共和国海关法》(1987 年 1 月 22 日第六届全国人大常委会第十九次会议通过，根据 2000 年 7 月 8 日第九届全国人大常委会第十六次会议《关于修改〈中华人民共和国海关法〉的决定》修正）第 8 条规定："进出境运输工具、货物、物品，必须通过设立海关的地点进境或者出境。在特殊情况下，需要经过未设立海关的地点临时进境或者出境的，必须经国务院或者国务院授权的机关批准，并依照本法规定办理海关手续。"1992 年《中华人民共和国领海及毗连区法》第 2 条规定："外国航空器只有根据该国政府与中华人民共和国政府签订的协定、协议，或者经中华人民共和国政府或者授权的机关的批准或者接受，方可进入中华人民共和国领海上空。"

公约》对采取措施实施管辖权的要求。再如，我国 1979 年《刑法》中并无关于劫持航空器罪的专门规定（当时被看成反革命破坏罪的行为之一），1992 年全国人大常委会颁布了《关于惩治劫持航空器罪犯罪分子的决定》，规定劫持航空器罪这个罪名，后来 1997 年修订的《刑法》对此又作了专门规定。2009 年 8 月 27 日第十一届全国人大常委会第十次会议通过《全国人民代表大会常务委员会关于修改部分法律的决定》，其中涉及对我国《民航法》第 192 条、第 193 条、第 195 条和第 197 条的修订。显然，全国人大常委会在需要时就航空事项所做出的决议和决定也是我国国内航空法的渊源。另外，还有相关的航空法立法、司法和行政解释也是我国国内航空法的表现形式。

2）航空行政法规

国务院包括与中央军事委员会（简称中央军委）联合发布的关于航空活动的行政法规，对依法管理我国航空活动意义重大，是我国国内航空法的重要组成部分，也是我国航空法的渊源之一。主要有：1973 年 5 月 20 日国务院、中央军委发布的《关于使用飞机进行人工降水问题的通知》，1979 年 2 月 23 日国务院发布的《外国民用航空器飞行管理规则》，1980 年 3 月 18 日国务院、中央军委发布的《国务院、中央军委批转空军、国家劳动总局、民航总局关于改革民航义务工役制的请示的通知》，1980 年 5 月 17 日国务院、中央军委发布的《关于民航管理体制若干问题的决定》，1981 年 7 月 9 日国务院发布的《国务院批转民航总局、公安部关于组建民航公安机构的请示报告》，1982 年 3 月 12 日国务院、中央军委发布的《关于加强机场地面安全措施的通知》，1982 年 12 月 1 日国务院发布的《国务院关于保障民用航空安全的通告》，1982 年 12 月 11 日国务院、中央军委发布的《关于重新颁发关于保护机场净空的规定的通知》，1984 年 2 月 27 日国务院发布的《国务院批转中国民用航空局关于成立民用机场管理委员会的请示的通知》，1984 年 12 月 24 日国务院、中央军委发布的《关于使用飞机执行各项专业任务的规定》，1985 年国务院、中央军委发布的《关于军民合用机场使用管理的若干暂行规定》的通知，1985 年 7 月 1 日国务院办公厅、中央军委办公厅印发《关于建设机场和合用机场审批程序的若干规定》的通知，1986 年 1 月 8 日国务院发布的《国务院关于通用航空管理的暂行规定》，1987 年 5 月 4 日国务院发布的《中华人民共和国民用航空器适航管理条例》，1988 年 2 月 2 日国务院发布的《国务院关于加强民航安全工作的紧急通知》，1988 年 7 月 24 日国务院发布的《国务院关于加强交通运输安全工作的决定》，1989 年 3 月 2 日国务院发布的《民用航空运输不定期飞行管理暂行规定》，1993 年 12 月 8 日国务院发布的《国务院关于加强民用航空安全工作的通知》，1993 年 1 月 12 日国务院发布的《国务院批转中国民用航空局关于加强民用航空安全管理意见的通知》，1996 年 7 月 6 日国务院发布的《中华人民共和国民用航空安全保卫条例》，1997 年 10 月 21 日国务院发布的《中华人民共和国民用航空器国籍登记条例》，1997 年 10 月 21 日国务院发布的《中华人民共和国民用航空器权利登记条例》，2000 年 7 月 24 日国务院、中央军委发布的《中华人民共和国飞行基本规则》，2001 年 7 月 27 日国务院、中央军事委员会令第 312 号公布的《国务院、中央军委关于修改〈中华人民共和国飞行基本规则〉的决定》，2003年1月10日国务院、中央军委发布的《通用航空飞行管制条例》，2007年10月18日国务院、中央军委发布的《国务院、中央军委关于修改〈中华人民共和国飞行基本规则〉的决定》，以及2009年7月1日施行的《民用机场管理条例》等。

3）航空行政规章

航空行政规章是以国务院直属机构的名义发布的规范航空活动的规定、规则。现行《民航法》第3条规定："国务院民用航空主管部门对全国民用航空活动实施统一监督管理；根据法律和国务院的决定，在本部门的权限内，发布有关民用航空活动的规定、决定。"我国国务院民用航空主管部门是中国民航总局。由中国民航总局局长签署、以"中国民用航空总局令"的形式发布的规范性文件，总称为《中国民用航空规章》，具体执行法律或者国务院的行政法规、决定、命令所规定的事项，对在我国境内进行的各项民用航空活动进行具体规定。主要有：《中华人民共和国搜寻援救民用航空器规定》（1992年12月8日施行）、《民用航空器驾驶员、飞行教员和地面教员合格审定规则》（CCAR－61R2，2002年8月19日施行）、《民用航空飞行签派员执照管理规则》（CCAR－65FS－R2，2010年5月1日施行）、《民用航空器维修人员执照管理规则》（CCAR－66－R1，2005年12月31日施行）、《民用航空情报员执照管理规则》（CCAR－65TM－Ⅲ－R4，2011年1月1日施行）等180多个行政规章（其中53个已经失效）[①]。

4）航空地方性法规

航空地方性法规是由有权机关制定的规范地方航空活动的法规。主要有：《上海市民用机场地区管理条例》（1996年6月1日施行）、《四川省民用机场净空及电磁环境保护条例》（2001年9月22日施行）、《重庆市民用机场保护条例》（2003年10月1日施行）、《深圳市宝安国际机场管理办法》（2006年5月1日施行）、《云南省民用运输机场保护条例》（2011年7月1日施行）等。

1.3.2 国际航空法的渊源

学者们对哪些是国际航空法渊源尚存争议。有学者认为，"多边公约是航空法的主要渊源。由于航空活动的迅速发展，伴随着立法的同步进行，习惯作为法的渊源在很大程度上被绕过去了，导致了今天的航空法主要是成文法"，"国际习惯不再是国际航空法的主要渊源"。还有学者认为，"国际航空法最通常的渊源是公约和条约，多边的或双边的。最有普遍意义的渊源是多边'立法'条约，这些条约宣告各国对法律的理解、建立一个新的体制或具有这两种功能。双边条约只是这种条约当事双方的法律渊源。国际惯例不再是国际航空法的主要渊源。但对于没有条约支配的国际航空法问题，惯例就成为适用规则的渊源。此外，条约本身可成为习惯法的渊源。虽然司

---

① 具体内容参见：http://www.caac.gov.cn/B1/B6/index.html.

法判决是确定法律规则的‘辅助手段’，它们在国际法中具有一定重要性，例如：国内法院对解释华沙公约条款的决定，具有深远的影响并成为重要的渊源。”① 另外，还有学者认为，航空法的渊源包括：多边条约、双边协定、国内法、国家与航空公司之间的合同、各航空公司之间的合同、国际法的一般原则②。虽然学者们对国际航空法的渊源尚存争议，但普遍认为，国际航空法的渊源包括国际航空条约、国际习惯和国际法的一般原则等。

1. 国际航空条约

条约是指国际法主体之间就其权利义务关系缔结的一种书面协议。这种协议作为缔约各方一致的意思表示，是缔约各方为自己创立的法律，其所确立的规则及其所产生的权利和义务对缔约各方具有法律拘束力。正是条约的这种特点，使它居于 1920 年《国际法院规约》第 38 条第 1 款的首位，被列为国际法院首先所应适用的法律。条约又可以按照主体数量的多少分为多边条约和双边条约，多边条约又可分成全球性的多边条约和区域性的多边条约。国际航空条约的分类亦是如此。

1）全球性多边国际航空公约

全球性的多边国际航空条约主要包括以下四个部分。

第一部分是以《芝加哥公约》为中心的国际航空公法公约。包括《芝加哥公约》及其 19 个附件③、1944 年 12 月 7 日制定于芝加哥的《国际航班过境协定》和《国际航空运输协定》等。

第二部分是以《华沙公约》为基础的国际航空私法公约。主要有：《华沙公约》，

---

① 彼得·马丁．肖克罗斯和博蒙特航空法．徐克继译．北京：法律出版社，1987：14.

② 迪德里克斯·弗斯霍尔．航空法简介．赵维田译．北京：中国对外翻译出版公司，1987：5.

③ 这 19 个附件是：附件 1《人员执照的颁发》（国际民航组织理事会 2013 年 2 月 25 日第 171 次修订）；附件 2《空中规则》（国际民航组织理事会 2013 年 2 月 25 日第 44 次修订）；附件 3《国际航行气象服务》（国际民航组织理事会 2013 年 2 月 27 日第 76 次修订）；附件 4《航图》（国际民航组织理事会 2013 年 2 月 27 日第 57 次修订）；附件 5《空中和地面运行中所使用的计量单位》（国际民航组织理事会 2010 年 7 月 12 日第 17 次修订）；附件 6《航空器的运行》（国际民航组织理事会于 2013 年 2 月 25 日审议通过了第Ⅰ部分《国际商业航空运输——飞机》的第 37 次修订、第Ⅱ部分《国际通用航空——飞机》的第 32 次修订、第Ⅲ部分《国际运行——直升机》的第 18 次修订）；附件 7《航空器国籍和登记标志》（国际民航组织理事会 2012 年 3 月 7 日第 6 次修订）；附件 8《航空器的适航性》（国际民航组织理事会 2013 年 2 月 25 日第 104 次修订）；附件 9《简化手续》（国际民航组织理事会 2011 年 3 月 7 日第 22 次修订）；附件 10《航空电信》（国际民航组织理事会 2013 年 2 月 27 日第 88 次修订）；附件 11《空中交通服务》（国际民航组织理事会 2012 年 3 月 7 日第 48 次修订）；附件 12《搜寻和救援》（国际民航组织理事会 2004 年 11 月 25 日第 17 次修订）；附件 13《航空器征候和事故征候调查》（国际民航组织理事会 2013 年 2 月 25 日第 14 次修订）；附件 14《机场》（国际民航组织理事会于 2013 年 2 月 27 日审议通过了第Ⅰ卷《机场计划和运行》的第 11 次修订和第Ⅱ卷《直升机场》的第 5 次修订）；附件 15《航行情报服务》（国际民航组织理事会 2013 年 2 月 27 日和 3 月 1 日第 37 次修订），附件 16《环境保护》（国际民航组织理事会于 2011 年 3 月 4 日审议通过了第Ⅰ卷《航空器噪声》的第 10 次修订和第Ⅱ卷《航空器发动机排放》的第 7 次修订）；附件 17《安全保卫——防止非法干扰国际民用航空的行为》（国际民航组织理事会 2006 年 7 月 1 日第 11 次修订）；附件 18《危险货物航空安全运输》（国际民航组织理事会 2013 年 2 月 27 日第 11 次修订）；附件 19《安全管理》（2013 年 7 月生效）。附件对缔约国不具有强制性的约束力，只具有指导意义，但缔约国应将本国的规章和措施与附件规定的国际标准和程序之间的差异立即通知国际民航组织。下文中只用简称，如附件 1。

1955 年《修改一九二九年在华沙签订的统一国际航空运输某些规则的公约的议定书》（简称《海牙议定书》），1961 年《统一非缔约承运人从事国际航空运输某些规则以补充华沙公约的公约》（简称《瓜达拉哈拉公约》），1971 年《修改一九五五年九月二十八日在海牙签订的议定书修正的一九二九年十月十二日在在华沙签订的统一国际航空运输某些规则的公约议定书》（简称《危地马拉议定书》），1975 年四个蒙特利尔附加议定书，上述公约被统称为华沙体制。还包括将华沙体制进行现代化的 1999 年《蒙特利尔公约》。

第三部分是预防和惩治对民用航空犯罪的多边国际航空条约。主要有：《东京公约》、《海牙公约》、1971 年《蒙特利尔公约》、1988 年《制止在用于国际民用航空的机场发生非法暴力行为以补充一九七一年九月二十三日订于蒙特利尔的制止危害民用航空安全的非法行为的公约的议定书》（简称 1988 年《蒙特利尔补充议定书》），以及 1991 年《关于注标塑性炸药以便探测的公约》（简称 1991 年《蒙特利尔公约》）。

第四部分，其他多边国际航空公约。主要有：1952 年《罗马公约》，1978 年《修改一九五二年十月七日订于罗马的关于外国航空器对地（水）面第三方造成损害的公约的议定书》（简称 1978 年《蒙特利尔议定书》），1948 年《国际承认航空器权利的公约》（简称 1948 年《日内瓦公约》），2001 年《移动设备国际利益公约》（简称《开普敦公约》），2001 年《移动设备国际利益公约关于特定航空器设备问题的议定书》，2009 年《关于因涉及航空器的非法干扰行为而导致对第三方造成损害的赔偿的公约》和《有关航空器对第三方造成损害的赔偿的公约》。

2）区域性多边国际航空条约

区域性多边国际航空条约主要有：1956 年《关于欧洲不定期航空运输商业权利的多边协定》、1959 年《关于成立非洲和马达加斯加空中航行安全设备管理局的公约》、1960 年《关于成立中美洲空中航行服务公司的公约》、1960 年《关于进口航空器适航证的多边协定》、1960 年《关于空中航行合作的公约》、1970 年《关于收取航路费的多边协定》、1982 年《欧洲民用航空委员会——美国谅解备忘录》、1987 年《关于制定欧洲内部定期航班运价程序的国际协定》和 1987 年《关于制定欧洲内部定期航班运价分享国际协定》等。

3）双边航空运输协定

双边航空运输协定在国际航空法中占有重要的地位，目前在 1944 年《芝加哥公约》原则的指导下，国家之间签订了众多的双边航空运输协定。双边航空运输协定主要是交换过境权和营运权，确定航路、运力和运费价格，是国家之间通航的基础，也是国际航空法的基本渊源。

2. 国际习惯和国际法的一般原则

如前所述，国际航空法是国际法的一个组成部分，依《国际法院规约》第 38 条第 1 款（丑）和（寅）的规定，国际习惯作为通例之证明而经接受为法律者，以及一般法律原则为文明国家所承认者也是国际法的渊源。有学者认为，航空法是 20 世纪初的产物，“至于一般法律原则，鉴于现今不可能形成各国普遍接受的共同规则，也就不能成为航空法的渊源”①，因而，否认习惯国际法和一般的法律原则为国际航空法的渊源。

本书认为，国际习惯和国际法的一般原则是航空法的渊源。理由主要有以下两个方面。

第一，虽然航空法是 20 世纪初的产物，但是它的形成和发展不可能完全脱离国际法而发展起来，受到国际法一般原则和国际习惯法的制约。除了在航空国际公约的条款中已按照航空法的特点引入的关于领空主权、国籍、管辖权等外，《联合国宪章》和国际法中有关条约法的规则，如条约的缔结、批准、生效、加入、修改、退出、解释，以及条约的继承及条约的失效和暂停实施等，都对国际航空法具有约束的作用。

第二，与国际航空法有着紧密联系的学科，如海商法、海洋法、外层空间法等对航空法的发展也起到了很大的促进作用，这些法律中所形成的国际习惯和原则无疑也是国际航空法的渊源。例如，在航空法立法初期，许多规则都是从海洋法和海商法中类推或引入的，《巴黎公约》中的“无害通过”制度，适航证与驾驶人员的合格证等规定，《华沙公约》的推定过失责任、限制责任、免责条款等，都是参照或引入海商法中的相关规定。最为明显的例子就是现在仍然在设关的机场保留海关的称呼，这足以说明海商法对航空法的影响至今仍在。另外，航空法中的公海及毗连区、专属经济区上空空气空间的法律地位，用于国际航行的海峡上空的过境通行权等制度，都与海洋法中的原则与规则有着密切联系。所以，国际习惯和一般法律原则也是国际航空法的渊源。

3. 国内航空法和国内法院的航空判例不是国际航空法的渊源

有学者认为，国内航空法是国际航空法的渊源，理由是世界各国的法律传统和制度千差万别，要想在国际航空领域中完全实现统一的或同一的规则是不可能的。国际航空公约在拟订时往往是以某种法系或某些国家的法律原则或规则为其蓝图或基础而制定的。尤其在私法领域，需要对某个公约条款进行解释与适用，主要是参照该国国内法②。因此，国内航空法是国际航空法的渊源。他们进而引申出，国内法院的航空判例也是国际航空法的渊源。

本书认为，国内航空法及国内法院的航空判例不是国际航空法的渊源。理由主要有以下两个方面。

第一，不可否认，国际法是在借鉴国内法理论的基础之上发展起来的，带有某些国内法的印记，但这些理论已发展成为国际条约或者国际习惯法，已成为适用国际法主体之间的法律，而不再是某国的国内法。

第二，同样，从历史上看，国际法的某个规范最初可能是出于某个国家的国内法院

---

① 刘伟民．航空法教程．北京：中国法制出版社，2001：22-23.

② 赵维田．国际航空法．北京：社会科学文献出版社，2000：8.

的判决，或者在解释和适用上，参照某个国家的国内法。但这只能说国内法为国际法的发展作出了贡献，国内法没有权力变更或创立国际法的规则①。

因此，即使在国际航空领域，国际航空条约或公约是以某个法系或某些国家的法律原则或者规则为蓝图或基础而制定的，或者对国际航空条约或公约条款的解释与适用，参照了某国国内法，但不能认为国内法及法院判例就是国际航空法的渊源，最多也只能认为国内法及法院判例是国际航空法的辅助资料。

1.4 航空法的发展历程

航空法学是以航空法为研究对象的一门社会科学，研究航空法的历史发展是航空法学基本理论研究的中心环节。研究航空法的目的，主要是搜寻现行航空法的不足之处，以便有的放矢地进行修订，使之适用航空活动快速发展的需求。“温故而知新”，这就要求我们要对航空法发展的来龙去脉进行梳理，进而找出航空法的发展轨迹和发展规律，合理预测航空法的发展方向，才能制定出符合当今航空活动发展需求的航空法，保证航空活动快速、有序和健康的发展。

1.4.1 1919 年以前航空法的立法状况

航空法是调整航空活动的法律规范，航空法的发展状况和航空活动的发展状况是密切相关的。在第一次世界大战以前，人类进行的航空活动主要是为战争服务的，很少为民用航空运输服务。因此，在第一次世界大战以前，规范航空活动的航空法，主要是国家之间签订的规范空战的国际条约，可划归为战争法的范畴，对民用航空活动的立法也很发达，主要散落于各国的国内法之中。

1. 典型国家的国内航空法立法状况

在第一次世界大战结束前，人类航空活动已经获得了长足的进展，各种航空器，如气球、飞船和简易飞机都已出现。这些航空器飞得高，便于观察敌情，因此被广泛运用于军事战争。民用航空运输极不发达，但人们已经预见到航空器这种运输工具，具有地面运输工具所没有的优势，必然有其广阔的发展前景。这一时期，在国际层面上虽未有统一的国际民用航空公约，但许多国家在国内已对航空活动进行了相应的立法工作。典型的国家主要有法国、德国和英国等。

在这一时期，法国关于航空法的立法主要有以下几项。1783 年 8 月 27 日，为规范放飞气球，法国政府发布公告，要求在放飞气球时不得引起恐慌②。为规范放飞气球的行为，1784 年 4 月 23 日，法国巴黎市政当局发布了治安法令，规定未经警察当局批

① 邵津．国际法．北京：北京大学出版社，高等教育出版社，2000：23.

② 1783 年 8 月 27 日，法国的蒙哥尔菲埃兄弟放飞了一个用氢气填充的氢气球，漂浮到 25 千米外坠落，造成了坠落地农民恐慌，以为是天外怪物，便聚众销毁了该氢气球，法国政府了解这一情况后，于当天发布公告，要求以后再放飞气球时不得引起恐慌。

准，禁止气球升空，该治安法令被誉为是人类历史上的“第一部航空法”，从而真正开创了人类制定航空法的历程。后来，随着航空技术的不断发展，航空器特别是氢气球已发展到载人飞行，为保证飞行安全和地面人员的生命和财产安全，1819 年法国塞纳省制定了一部空中航行安全规章，规定载人气球要配备降落伞才能升空，还规定，在农民收割农作物之前禁止任何气球飞行。1911 年 11 月 21 日法国颁布了《空中航行法令》。1913 年 12 月 17 日又颁布新的《空中航行法令》，并废止前一个法令。

1910 年 8 月 10 日，德国勃兰登堡省首先颁布了《空中航行管理法令》，并于 1910 年 10 月 22 日由普鲁士国王颁布，从而成为德国历史上第一部航空立法。1912 年 12 月 20 日，奥匈帝国仿效英国颁布了空中航行管理法令。

1889 年，英国就出现了一个航空损害判例。1911 年 6 月 2 日英国颁布了《空中航行法令》，建立了对飞越英国领土的管制制度。1913 年 2 月 14 日颁布了第 2 号《空中航行法令》，扩大了国务大臣的权力，以便采取英国防务措施和规定外国航空器必须降落的地点。国务大臣有权禁止航空器在特定区域上空飞行。

总之，这一时期，航空器主要用于作战目的，各国航空法的立法表现出来的主要内容有两个方面：一是规范本国航空器在本国境内的飞行活动；二是在某种程度上宣示着领空主权，对别国航空器飞入本国及在本国境内飞行进行规范①。

2. 国际航空法发展状况

1) 关于空战的国际条约

在第一次世界大战结束前，航空活动主要用于作战②，原因是航空器飞得高，不仅能够观察敌情，而且（主要是飞艇和飞机）还能用于投掷投射物和相关爆炸物。为了减轻战争中对平民的伤害，加强对非军用设施的保护，在国际层面上，签订了一系列关于使用航空器进行作战的一些规则。例如，1899 年第一次海牙和平会议通过了《禁止从气球上或用其他新的类似方法投掷投射物和爆炸物宣言》（简称《海牙第一公约》），虽为空战法规，当属战争法的范畴，但潘树藩认为“追至一八九九年第一次海牙和平会议，始正式讨论航空问题，实为航空立法之萌芽”③。因此，对国际层面上的一些关于使用航空器进行作战的规则的研究具有重要的理论意义和实践意义。这些国际航空条约主要有：1899 年《禁止从气球上或用其他新的类似方法投掷投射物和爆炸物宣言》、1907 年《禁止从气球上投掷投射物和爆炸物宣言》（简称《海牙第十四公约》）和 1907 年《关于战时海军轰击公约》（简称《海牙第九公约》）。

《海牙第一公约》是在 1899 年 7 月 29 日海牙第一次和平会议上通过的，它首次以

---

① 这一时期，美国在 1913 年 5 月 13 日首先在马萨诸塞州颁布了《空中航行法令》；意大利在 1914 年 9 月 22 日颁布了《空中航行法令》。

② 1974 年第一个用于军事目的（侦察、搜索、勘测）的气球帮助法国取得了对奥地利联盟和德国的军队。转引自：Marin F. Wonderful Balloon Ascents：or the Conquest of the Skier. A History of Balloons and Balloon Voyages. New York：Charles Scribner & Company，1870：211.

③ 潘树藩. 航空法大要. 上海：商务印书馆，1934：1.

国际多边条约的方式开创了对航空问题的讨论，被认为是航空法的萌芽。该公约主要有两个方面的内容：第一，条约仅对各缔约国中两个或两个以上国家之间发生战争时具有约束力，在各缔约国之间的战争中，一旦一个非缔约国加入交战一方，宣言即失去约束力。第二，条约要求各缔约国在5年内禁止从气球上或用其他新的类似方式投掷投射物和爆炸物。

《海牙第十四公约》于1907年通过。由于1899年《海牙第一公约》有效期为5年，1907年第二次海牙和平会议时对《海牙第一公约》进行重订，但内容完全相同，有效期规定到第三次海牙和平会议为止。由于第三次海牙和平会议迄今尚未召开，所以这项条约在法律上仍然有效。但第一次世界大战以来，交战国越来越广泛地使用航空器进行轰炸，实际上宣言的规定完全遭到了破坏。

《海牙第九公约》于1907年10月18日通过，制定该条约的主要目的是“为了实现第一届和平会议关于海军轰击不设防港口、城镇和村庄所表示的愿望；考虑到可取的办法是海军轰击应遵守能保证居民的权利和保全较重要的建筑物的一般规则，其方式是尽可能将1899年陆战法规和惯例的章程的原则扩大适用于这种作战行动；渴望能因而有助于人类的利益并减轻战祸的严酷性。”①《关于战时海军轰击公约》有3章，共13条，主要内容有：第1章关于对不设防的港口、城镇、村庄、居民区或建筑物的轰炸，共4条。第1条一般性规定了禁止海军轰炸不设防的港口、城镇、村庄、居民区和建筑物②。第2条和第3条对可攻击目标及责任进行了规定③。第4条规定禁止由于未支付现金捐献而对不设防的港口、城镇、村庄、居住区或建筑物进行轰击。第2章为一般条款，即对攻击时和攻击后的限制性规定，共3条。第5条主要是规定海军轰炸时，不得轰炸非军用用途的目标，并要求要对该目标进行明显的记号标出④。第6条规定，如军事情势许可，海军进攻部队指挥官在进行轰击之前应尽力向当局发出警告。第7条规定，禁止对即使以突击攻克的城市或地方进行抢劫。第3章是最后条款，共6条，对宣言的适用范围、批准程序、生效程序和退出等做出了规定。第8条规定了宣言的适用范

---

① 具体内容可参见公约序言。

② 《关于战时海军轰击公约》第1条规定：“禁止海军轰击不设防的港口、城镇、村庄、居民区和建筑物。一个地方不能仅仅由于其港口外敷设了自动触发水雷而遭到轰击。”

③ 《关于战时海军轰击公约》第2条规定：“军事工程、陆军或海军设施、武器或战争物资仓库、可用于满足敌国舰队或军队需要的车间和设施以及停泊在港口内的军舰不包括在禁止轰击之列。如果任何其他手段均已无能为力，而地方当局也未在规定期限内毁坏上述目标时，海军指挥官得在发出警告的合理期限后，用炮轰摧毁之。在此种情况下，该指挥官对轰击可能造成的无法避免的损失不负任何责任。如因军事理由需要立即行动而不容敌军缓息，在第一款所指的情况下，禁止轰击不设防城市的规定仍然有效，指挥官应采取一切必要措施，尽可能减少对该城市的损害。”

《关于战时海军轰击公约》第3条规定：“如地方当局经正式警告后，拒绝为停泊在该地的海军征集所急需的粮食和供应，则经正式通知后，海军可对该不设防的港口、城镇、村庄、居住区或建筑物进行炮轰。此项征收须与当地的资源成比例，并且只有以有关海军指挥官名义才能提出，并应尽可能用现金偿付；否则须给收据以资证明。”

④ 《关于战时海军轰击公约》第5条规定：“在海军进行轰击时，指挥官必须采取一切必要的措施，尽可能保全宗教建筑、文艺、科学和慈善事业的建筑物、历史纪念碑、医院和伤病员集合场所，但经谅解，上述建筑物不得同时充作军事用途。居民应将这些纪念碑、建筑物或集合场所，用明显的记号标出，即在大的长方形木板上按对角线划分为两个三角形，上面部分为黑色，下面部分为白色。”

围是“应在缔约各国之间、并只有交战各方均为本公约缔约国时才能适用”。第 9 条规定了批准的程序。第 10 条规定了非签署国可加入公约并规定了加入程序。第 11 条规定了公约的生效程序。第 12 条规定了公约的退出程序。第 13 条规定，由荷兰外交部保存的登记簿载明按照第 9 条第 3 款和第 4 款及交存批准书的日期，以及收到加入通知（第 10 条第 2 款）或退出通知（第 12 条第 1 款）的日期。每一缔约国均得查阅该登记簿并可要求提供核证无误的摘录。各全权代表在本公约上签字，以昭信守。1907 年 10 月 18 日订于海牙，正本一份，由荷兰政府档案库保管，经核证无误的副本通过外交途径送交被邀请出席第二届和平会议的各国。

2）国际民用航空立法概况

在第一次世界大战以前，航空器很少被用于运输旅客、行李、货物和邮件，因此，全球性的国际民用航空统一立法并没有实现。但是，许多国家已经意识到航空器这种运输工具在未来应有广泛的民用用途，要求制定统一的国际航空立法的呼声也很高，而制定统一的国际民用航空条约的努力一直没有停止过。

1900 年，法国邀请巴西、美国、英国、俄罗斯、墨西哥等 28 个国家代表在巴黎讨论航空问题，在该会议上，主要围绕民用运输所产生的四个航空法律问题进行了讨论：政府是否应颁发民用航空执照？驾驶员对乘客和地面第三人承担的责任是否需要制定特别法规定，还是适用普通法？救捞航空器残骸是否应适用海事法？对驾驶员的失踪和死亡宣告是否应重新立法①？虽然该次国际航空会议并没有形成公约，但它却是第一次真正涉及了民用航空相关法律问题，为 1910 年巴黎会议的召开提供了素材，也为《巴黎公约》的顺利通过奠定了良好的基础。

1910 年 5 月 18 日～6 月 29 日，在法国政府的召集下，在巴黎召开了第一次国际空中航行会议，会议讨论的主题主要包括：航空器的分类问题，这一问题在 1900 年的巴黎会议已经做出讨论，基本上达成了一致意见，即航空器分为公用航空器和私用航空器，两者的法律地位应有所区别。会后通过了一个决议，承认航空器有两种类型，即公共航空器和私用航空器，公共航空器又包括军事航空器和警察航空器②。另一主要议题是法国和德国所提出的航空自由与英国代表所提出的领空主权之争，飞行空域的法律地位，以及空域所属国是否有对飞越其领陆和领水上空进行管理和限制的权限。虽然会议在航空自由与领空主权方面并没有达成协议，但它触及了航空法立法的核心问题，即领空主权问题，虽然各国由于政治方面的因素并未通过公约，但是不仅会议参加国实际已经接受领空主权，非参加会议国家也已经接受了领空主权的概念。例如，在第一次世界大战期间，欧洲国家基本上都规定，参战国飞机在没有被本国允许的情况下，不得飞越本国空域，法国、德国等一些欧洲大陆坚持航空自由的国家也逐步改变了观点，承认了领空主权原则。虽然在第一次世界大战期间，这些规定都是对作战飞机制定的，民用航空因战争而停顿，但它却为《巴黎公约》的顺利通过提供了直接的推动力。

---

① 刘伟民．航空法教程．北京：法律出版社，1996：35.

② Hornik J. Article 3 of the Chicago convention. Air and Space Law，2002，27（3）：162.

1.4.2 1919～1945年航空法的立法状况

第一次世界大战刺激了航空技术和航空制造业的飞速发展，为第一次世界大战后和平时期的民用航空发展提供了物质条件。民用航空运输得到了飞速发展，这一时期是航空立法的活跃时期，因为第二次世界大战结束以后的数次立法，特别是国际航空立法，基本上都是对这一时期国际航空立法的修订。

1. 国内航空法立法概况

这一时期主要国家都有了自己的航空立法，如苏联人民委员会在1921年1月17日颁布了《航空法令》，主要规定领空主权和管理外国航空器的飞越，在此基础上，1932年4月27日颁布了《苏联航空法典》，1935年经修正颁布了该法的第2版。1924年5月31日法国颁布了《关于航空器及其空中航行的私法规则》。1925年美国颁布了《航空邮政法》，1926年颁布了《航空商业法》，1938年6月23日颁布了《民用航空法》，并根据该法建立了美国联邦航空局。英国于1920年通过了《空中航行法令》，赋予《巴黎公约》以国内法的效力；1932年通过了《航空运输法令》，赋予《华沙公约》以国内法的效力；1933年通过的《空中航行法令》参照了1933年《罗马公约》的相关规定。

这一时期，主要国家国内航空立法的特点有：①航空立法的位阶较高，一般以法律形式出现。②在航空立法中，都明确规定了立法目的是促进本国航空业的发展。③都以《巴黎公约》为基础，在航空法立法中宣示了本国的领空主权。④都在立法中确立了法律适用范围，对空域管理、适航管理、机场的规划与管理、航空运输管理及法律责任等做出了明确规定。可见，这一时期主要国家的航空立法已经涵盖了航空法的基本问题。

2. 国际航空公法立法概况

这一时期，许多国家不仅有内容全面的国内航空立法，而且还为国际航空统一立法作出了许多贡献，真正意义的规范民用航空活动的国际航空条约也已签订。这些国际航空条约主要有以下内容。

1)《巴黎公约》

1919年10月13日，26个国家在巴黎签署了《巴黎公约》，该公约是第一个全球性的多边国际航空公法公约，也是第一部最完整、最重要的国际航空法法典，对于国际航空法的建立和促进国际航空业的发展具有重要作用。《巴黎公约》于1922年7月11日生效，共9章，43条，有8个附件。另外，根据《巴黎公约》的规定，设立了常设管理机构——国际空中航行管理委员会，作为国际航空技术标准的制定机构。《巴黎公约》的核心内容主要有以下七个方面。

(1)《巴黎公约》宣示了领空主权原则。《巴黎公约》第1条规定："缔约各国承认，每一个国家对其领土之上的空气空间享有完全的和排他的主权。"无论是缔约国还是非缔约国对其领空都享有主权，它是国家的自然权利，或固有权利。

(2)《巴黎公约》规定了航空器无害通过的条件。《巴黎公约》第 2 条第 1 款，第 3 条第 1 款、第 4 款，第 15 条第 1～3 款，第 5 章和第 6 章，以及第 32 条和第 33 条对航空器无害通过制度进行了论述①。

(3)《巴黎公约》规定了航空器的国籍及登记制度。《巴黎公约》规定，凡准许飞越本国领土的航空器，必须具有一缔约国的国籍，如不是完全属于一缔约国的国民所有，不得在该国登记或注册。股份公司如没有航空器登记国的国籍，或其总经理及 2/3 以上董事也不具有该国国籍，或该公司不遵守该国法律所规定的其他条件，不得登记为航空器的所有人。航空器只可在一国登记，登记副本须于每月交国际空中航行管理委员会备案。

(4)《巴黎公约》规定了从事国际航行的航空器的权利和义务。《巴黎公约》规定，一缔约国的航空器有飞越其他缔约国不必降落的权利，但须遵循飞越国所指定的航线。为公共安全起见，可以强迫降落。航空器由甲国飞往乙国，应在指定的机场降落。各缔约国为了维护本国的航行权利，得保留并限制其本国境内两地点间运载乘客、货物的营业权。在此情况下，他国也可对该国实行同样的保留和限制。

(5)《巴黎公约》规定了国际航行应备有的证件。从事国际航行的航空器，应备有国籍、登记及适航证书，驾驶长、导航员、机械员、报务员及其他航务人员的胜任证书、乘客名册、货运单及载货清单、各种航行日记等，如装有无线电机，应备有特许证。航空器在国际航行中，不得运载炸药、武器及军火。

(6)《巴黎公约》将航空器分为国有航空器和私有航空器。《巴黎公约》规定，国有航空器包括军用航空器和专供国用的如邮务、警察、海关所用的航空器。凡国有航空器不是有关军事、邮务、警察、海关所用的航空器，也都视为私有（民用）航空器。航空器的驾驶长为军人而受有航空委任的，该航空器就应视为军用航空器。军用航空器未经特许，不得飞越他国国境或在他国境内降落，经过特许的军用航空器，如无特殊规定，可比照外国军舰享有习惯上所许可的治外法权。但军用航空器在他国飞行中，因被强迫

---

① 《巴黎公约》第 2 条第 1 款规定："每一缔约国承允，只要本公约规定的条件得以遵守，在和平时期给予其他缔约国的航空器无害通过其领土上空的自由。"

《巴黎公约》第 3 条第 1 款规定："每一缔约国有权按照其立法规定的处罚，为军事需要和公共安全的利益，禁止其他缔约国的航空器飞越其领土上空的某些区域。但此等规定在其使用航空器和其他缔约国的航空器之间不得有任何差别。"

《巴黎公约》第 3 条第 4 款规定："每一缔约国保留在和平时期的特别情况下，临时地并立即生效地限制或禁止飞越其全部或某一部分领土的权利，但这种限制或禁止应不分国籍地对所有其他缔约国的航空器适用。"

《巴黎公约》第 15 条第 1 款规定："一缔约国的任何航空器有权不降停地飞越另一缔约国的空气空间，但须沿飞越国指定的航路飞行；因通常管理的需要，该航空器当接到按公约附件规定的信号指令时，得以降落。"

《巴黎公约》第 15 条第 2 款规定："一缔约国凡无人驾驶的任何航空器，非经特别许可，不得无人驾驶飞越另一缔约国的领土。"

《巴黎公约》第 15 条第 3 款规定："从一国飞往另一国的任何航空器，如果另一国的规章有所要求，必须在另一国指定的机场降落。"

《巴黎公约》第 32 条规定："除非有相反规定，军用航空器原则上享受通常给予外国军舰的特权，但被强迫降落或者被要求或勒令降落的军用航空器，将因此不得获得这方面的任何特权。"

《巴黎公约》第 33 条规定："至于警察和海关航空器，可由有关国家通过特别协议确定在何种情况准许飞越边境，但这类航空器在任何情况下都不享有上述特权。"

或被要求或被呼唤而降落于他国，不得享有此种权利。

(7)《巴黎公约》设立了国际空中航行管理委员会。《巴黎公约》设立一个永久国际委员会，定名为国际空中航行管理委员会，主要职责是接受缔约国对公约提出的修正建议，以及有关航空资料的收集和传达事宜。

《巴黎公约》于1922年7月11日起生效，加入公约的共38个国家。中国签字，但未批准。《巴黎公约》不适用于美洲各国。美洲国家于1928年签订了《泛美商务航空公约》，也称《哈瓦那公约》，该公约的内容与《巴黎公约》大致相同。所不同的是，《哈瓦那公约》没有附加各种技术上的规定，也未规定设立一个国际民航机构。这两个公约，后来被《芝加哥公约》所取代。

2)《芝加哥公约》

第二次世界大战期间，大量航空器特别是飞机被制造出来并被用于作战，1944年战争形势已经发生了转变，航空器的运载能力被充分证明了。

1944年11月1日～12月7日在美国的芝加哥召开了国际民用航空会议。经英国倡议，美国发起了该会议，向55个同盟国发出了邀请。会议的目的是确立战后世界民用航空的新秩序。1944年12月7日，参加芝加哥会议的国家正式签订了《芝加哥公约》。该公约于1947年4月4日生效，目前，共有191个国家批准或加入了《芝加哥公约》。中国政府参加了芝加哥会议，并于1946年2月20日批准了该公约。新中国于1974年2月15日承认《芝加哥公约》[①]。《芝加哥公约》签订时，当时的航空技术和国际民用航空运输都取得了很大的发展，国际航空法也有了一定的基础，如《巴黎公约》和《哈瓦那公约》都是当时有效的国际公约，为《芝加哥公约》的制定提供了良好的借鉴。但《芝加哥公约》的内容比《巴黎公约》和《哈瓦那公约》更加完善，并且在其生效之后取代了《巴黎公约》和《哈瓦那公约》。

《芝加哥公约》由以下五个部分组成。

(1) 序言。公约签订的目的是为了使国际民用航空按照安全和有秩序的方式发展，并使国际航空运输业务建立在机会均等的基础上，健康地和经济地经营。

(2) 第一部分，空中航行。第1章，公约的一般原则和适用（第1～4条）；第2章，在缔约国领土上空飞行（第5～16条）；第3章，航空器的国籍（第17～21条）；第4章，便利空中航行的措施（第22～28条）；第5章，航空器应具备的条件（第29～36条）；第6章，国际标准及其建议措施（第37～42条）。

(3) 第二部分，国际民用航空组织。第7章，组织（第43～47条）；第8章，大会（第48～49条）；第9章，理事会（第50～55条）；第10章，航行委员会（第56～57条）；第11章，人事（第58～60条）；第12章，财政（第61～63条）；第13章，其他国际协议（第64～66条）。

(4) 第三部分，国际航空运输。第14章，资料和报告（第67条）；第15章，机场及其他航行设施（第68～76条）；第16章，联营组织和合营航班（第77～79条）。

---

① 《芝加哥公约》自1997年7月1日、1999年12月20日起分别适用于香港特别行政区和澳门特别行政区。

(5) 第四部分，最后条款。第 17 章，其他航空协定和协议（第 80～83 条）；第 18 章，争端和违约（第 84～88 条）；第 19 章，战争（第 89 条）；第 20 章，附件（第 90 条）；第 21 章，批准、加入、修正和退出（第 91～95 条）；第 22 章，定义（第 96 条）。

3)《国际航班过境协定》和《国际航空运输协定》

(1)《国际航班过境协定》。1944 年 12 月 7 日签订于芝加哥，也称《两种自由协定》，是在多边框架内为缔约国的定期国际航班交换飞越权和非业务经停权的协定。主要内容有以下四个方面。

第一，两种自由。两种自由是指“每一缔约国给予其他缔约国以下列关于定期国际航班的空中自由：(一) 不降停而飞越其领土的权利；(二) 非运输业务性降停的权利。”（第 1 节）这两种自由不适用于对定期国际航班禁止使用的军用机场。在战争或军事占领地区及战时通往此项地区的补给路线上，这两种权利的行使须经军事主管当局的核准。

第二，确定了生效时间。《国际航班过境协定》第 2 节规定：“上述权利的行使应按照国际民用航空临时协定的规定，在国际民用航空公约生效后，则应按照该公约的规定。协定和公约都是于一九四四年十二月七日在芝加哥制订的。”

第三，两种权利的行使。《国际航班过境协定》第 3 节规定：“一缔约国给予另一缔约国的航空公司以非运输业务性经停权利时，得规定该航空公司在此经停地点提供合理的商业性服务。这一规定在经营同一航线的航空公司之间不得形成差别待遇，应当考虑到航空器的载运能力，而且在执行这一规定时，应不损害有关国际航班的正常经营或一缔约国的权利和义务。每一缔约国在遵守本协定的规定下，可以：(一) 指定任何国际航班在其领土内应该遵循的航线及其可以使用的机场。(二) 对任何此项航班在使用机场及其他设备时征收或准予征收公平合理的费用，此项费用应不高于其本国航空器在从事同样国际航班时使用此项机场及设备所缴纳的费用。但如经一有关缔约国申诉，则对使用机场及其他设备所征收的费用应由根据上述公约设立的国际民用航空组织的理事会予以审核。该理事会应就此事提出报告和建议，以供有关国家考虑。”

第四，行使权利的限制条件。《国际航班过境协定》第 4 节规定：“每一缔约国如对另一缔约国的空运企业的主要所有权和有效管理权属于该缔约国国民存有疑义，或对该空运企业不遵守其飞经国家的法律，或不履行本协定所规定的义务时，保留扣发或撤销其证书或许可证的权利。”

我国分别于 1997 年 6 月 3 日、1999 年 10 月 6 日发布通知，适用于香港、澳门特别行政区的该公约自我国政府对香港、澳门特别行政区行使主权后，该公约将继续适用于我国香港特别行政区、澳门特别行政区。

(2)《国际航空运输协定》。1944 年 12 月 7 日中国政府签署了《国际航空运输协定》，并于 1945 年 6 月 6 日（同日起生效）批准了该协定。但于 1946 年 12 月 11 日废止了该协定，废止自 1947 年 12 月 11 日起生效。中国也是《国际航班过境协定》的当事国。1950 年 5 月 31 日中国台湾因无力缴纳会费，声明退出此公约，后又于 1953 年再次申请加入公约，并于同年 12 月 12 日交存批准书。1971 年 11 月 19 日国际民航组织理事会通过决议，承认中华人民共和国政府是该组织的唯一合法代表。1974 年 2 月 15 日姬鹏飞外长通知国际民航组织秘书长，我国政府决定承认该公约，并从即日起参加国际民航组织的活动，后分别于 1997 年 6 月 3 日、1999 年 10 月 6 日发布通知，适用于香港、澳门特别行政区的该公约自我国政府对香港、澳门特别行政区行使主权后，该公约将适用于我国香港、澳门特别行政区。本书第 2 章中将有详细论述，此处不再赘述。

3. 国际航空私法立法概况

这一时期国际航空私法立法也非常活跃，主要有以下内容。

1）《华沙公约》

《华沙公约》在 1929 年 10 月 12 日签订于华沙，主要规范承运人责任制度，并于 1933 年 11 月 4 日生效。我国在 1958 年 7 月 20 日存交批准书，该公约对我国生效是在 1958 年 10 月 18 日。1997 年 6 月 16 日我国政府通知，我国政府于 1958 年 7 月 20 日交存了加入书的《华沙公约》和我国政府于 1975 年 8 月 20 日交存了加入书的《修订 1929 年 10 月 12 日订于华沙的统一国际航空运输某些规则的公约的议定书》将自 1997 年 7 月 1 日起适用于香港特别行政区。

《华沙公约》的主要内容将在本书第 8 章进行详细论述，此处不再赘述。

2）1933 年《罗马公约》和 1938 年《布鲁塞尔议定书》

1933 年 5 月 29 日签订的《罗马公约》（全称为《统一有关航空器对地（水）面第三方造成损害的某些规则的国际公约》），是针对航空器在飞行中给地面或水面第三方造成损害的赔偿规定，它和《华沙公约》所涉及的损害是不同的。当时各国对此损害的规定差别较大，因此签署国家并不多，后来在 1938 年进行了修订，制定了《布鲁塞尔议定书》（全称为《对统一有关航空器对地（水）面第三方造成损害的某些规则的国际公约的附加议定书》），参加国家仍然很少。直到第二次世界大战以后，对第三方造成损害赔偿问题才真正被国际社会所重视。

1.4.3 1946～1978 年航空法的立法状况

从第二次世界大战结束到 1978 年，是国际航空运输的黄金时期，这一时期，国际航空立法不断发展，各国国内航空立法也取得了长足进步。

1. 国内航空立法概况

这一时期，随着航空运输业的飞速发展，主要国家国内航空立法非常活跃。在上文航空法的渊源中，本书已经列举了美国、德国等国家国内航空法的立法状况，此处不再赘述。

2. 国际航空立法概况

这一时期国际航空立法主要有以下内容。

(1)《华沙公约》的修订文件，包括《海牙议定书》《瓜达拉拉哈拉公约》《危地马拉议定书》，以及1975年四个蒙特利尔附加议定书。

（2）对1933年《罗马公约》的修订，包括1952年《罗马公约》和1978年《蒙特利尔公约》。

（3）国际航空刑法公约，包括《东京公约》《海牙公约》及1971年《蒙特利尔公约》。

（4）国家之间的双边航空运输协定。这一时期，国家之间通航主要是以国家之间签订双边航空运输协定为主。这些双边航空运输协定主要是以1946年英国和美国所签订的《英美航空运输协定》（简称“百慕大协定”）为基础而制定的。

这一时期，国际航空立法的特点主要有以下四个方面。

第一，对承运人赔偿责任制度进行修订，提高对消费者的赔偿限额。《华沙公约》签订时的情况已经发生了变化，修订《华沙公约》已成为国际社会的共识，修订的着力点就是提高对消费者的赔偿标准。

第二，对地（水）面第三人的赔偿问题，成为国际航空条约所关注的重点之一。第二次世界大战后，民用航空运输飞速发展，跨国运输成为常态。外国航空器在本国境内飞行，若发生事故，可能会给地（水）面人员造成巨大损害，且各国对此损害赔偿标准不一，不利于航空运输的发展。因此，修订1933年《罗马公约》和1938年《布鲁塞尔议定书》，保证对地面人员的损害赔偿，成为国际航空条约所关注的重点之一。基于此，1952年《罗马公约》顺利通过并实施。

第三，随着国际航空犯罪的出现，加之各国对航空犯罪的管辖权规定不一，为确保民用航空运输安全，打击航空犯罪成为了国际航空立法所关注的重点之一。

第四，国家间通航主要通过签订双边航空运输协定方式进行。

1.4.4 1978年至今航空法的立法状况

随着国际航空运输业的飞速发展，以及美国放松管理政策的冲击，在国际航空公法领域，围绕着《芝加哥公约》及两个协定中的自由或权利，双边航空运输协定中自由因素增多。而在国际航空私法领域，要求重新制定统一的国际航空私法公约取代传统华沙体制，以满足航空运输现代化需要的呼声较高。这一时期，主要问题是航空运输现代化修改或完善传统国际航空法，并使之现代化。在国内航空法领域，各国也纷纷制定或修订本国航空法，以便适用航空运输飞速发展的需要。

1. 国内航空法立法状况

这一时期，发达国家不断修订国内航空法，使之形成了比较完备的国内航空法律体系，如美国、法国、德国等。而广大发展中国家，为维护领空主权，实现本国航空资源的有效利用，也纷纷制定了国内航空法。到目前为止，几乎所有国家都制定了国内航空法。

2. 国际航空法立法状况

这一时期国际航空立法主要有：1988年《蒙特利尔议定书》、1991年《关于注标塑性炸药以便探测的公约》(国际航空刑法)、1999 年《蒙特利尔公约》、2004 年《开普敦公约》及《移动设备国际利益公约关于航空器设备国际利益公约》(航空器权利)、2008 年《关于因涉及航空器的非法干扰行为而导致对第三方造成损害的赔偿的公约》和《关于航空器对第三方造成损害的赔偿的公约》(航空侵权行为法)等。

1.4.5 我国航空法的发展简史

我国航空法的发展历程，主要划分为两个阶段：新中国成立前和新中国成立后。

1. 新中国成立前我国航空法的发展状况

北洋政府 1919 年筹办航空事宜就曾拟定航空条例草案，到 1922 年成立航空署后，先后公布《京沪航空线京济运输暂行规则》《京济间载客暂行章程》《飞机乘客应守规则》《招商代收及接送客货暂行办法》。当时的中国政府没有加入《巴黎公约》。

民国时期，当时的中国政府于 1935 年 1 月 19 日颁布了《外国民用飞机进入国境暂行办法》。1941 年 1 月 18 日颁布了《空中交通规则》和《航空无线电台设施规则》。1941 年 5 月 30 日颁布了《民用航空法》，但以不符合当时中国实际情况为由，出于国防政策考虑，即被废止。1947 年 1 月 20 日成立交通部民用航空局，陆续颁布了《民用航空驾驶员检定给照暂行规则》《民用航空人员体格标准暂行规则》《空中交通暂行规则》《民用航空器登记暂行规则》《民用航空器标志暂行规则》《空中交通管制员检定给照暂行规则》《航空器灯光及目视信号规则》《外国民用航空器飞航国境机航规则》《民用航空器适航证书请领规则》。在国际航空法方面，当时的中国政府于 1929 年派代表参加并签署了《华沙公约》，但未予以批准；1944 年派代表参加了国际民用航空会议，签署了《芝加哥公约》，并于 1946 年 2 月 20 日送交了批准书。此外，当时的中国政府还签署了 1948 年《国际承认航空器权利的公约》，但未批准。

2. 新中国成立后我国的航空法制建设

1950 年 11 月 1 日，中央人民政府人民革命军事委员会颁布《中华人民共和国飞行基本规则》，中国民航总局公布《外国民用航空器飞行管理规则》；1951 年 4 月 24 日，中央财政经济委员会颁布《旅客意外伤害强制保险条例》；1951 年 5 月 24 日，中央人民政府政务院公布《进出口飞机、机员、旅客、行李检查暂行通则》。这是新中国成立后早期颁行的航空行政法规。此后，中国民航总局根据航行、维修、商务等业务工作的需要，制定了有关的条例、规定、规则、细则、条令、办法、规程、手册等规范性文件，加强了中国民航的规章制度建设，为中国民航的发展起到了积极的作用。但鉴于当时的历史条件，中国民航并未走上法治化道路。1979 年 4 月 4 日，我国决定制定中国航空法。从此，中国民航总局成立了航空法领导小组和起草小组，设置了法制机构，中国民航步入了法治化轨道。

1979～1995 年，除研究起草和反复修改航空法草案之外，还起草或修订发布了关于民用航空的行政法规 11 部、民用航空规章近 130 个，以及大量的规范性文件。中国民航法制建设成绩显著。1995 年 10 月 30 日，第八届全国人大常委会第十六次会议通过了《民航法》，中国民航法制建设步入了崭新的阶段。

1.5　航空法学及与相关学科的关系

1.5.1　航空法学的概念

航空法学，是研究航空法这一特定社会现象及其发展规律的科学，是法学的一个分支学科，属于社会科学。

航空法学和航空法是既有联系又有区别的两个概念。航空法学是以航空法这一特定的社会现象及其发展规律为其研究对象的科学，航空法的发展，必然会促进航空法学的不断繁荣和发展；而航空法学的繁荣和发展，又会促进航空法的立法、执法、守法和法律监督工作。因此，两者是相互依存，相互促进的。但是，航空法学和航空法又分别属于两个不同的范畴，它们之间是有区别的，主要表现为两者的研究对象不同。

第一，航空法学研究的对象具有普遍性。它旨在于揭示航空法的现象矛盾运动及其外在形式的客观规律性；航空法是一部部门法，它的调整对象是现存的航空活动所产生的社会关系，它具有主观性，是一种意志关系，而航空法学则是以揭示航空法的普遍运动规律为主要途径的社会科学。

第二，航空法学研究的对象具有宏观性。它是在一定的世界观和方法论的指导下，以航空法最一般的、重大的宏观性问题为研究对象的。构成航空法学研究对象的航空法问题，是那些能够反映航空法领域普遍规律的宏观性的重大问题，这些重大的宏观性问题处于航空法学的核心范围。这些宏观性问题包括五个方面的航空法问题。第一个问题是航空法的本体和价值。它源自于这样一个基本的事实，即航空活动目前处于一个被规则和原则所统摄的有机社会秩序之中，然而决定这些规则和原则的社会关系究竟是什么，这需要对航空法存在的根据进行追问。第二个问题是航空法的法律调整及其机制。既然航空法有其存在的必然性和正当性，那么就有必要进一步探究作为航空关系调节器的法律调整机制的一般功能特点。第三个问题和第四个问题围绕航空法在现实生活中的运作而展开。第三个问题与航空法的创造机理有关，力图分析航空立法过程的矛盾关系及其物化形态。第四个问题则与航空法的实现密切相关，借以考察书面上的航空法到行动中的航空法转变过程中法律生活的复杂关系，航空法的演化成长过程及其在当代的发展。第五个问题主要研究航空法历史逻辑现象，以及对航空法现代化的关注和思考。

第三，航空法学的研究对象具有基础性。如前所述，既然航空法学的基本任务在于揭示航空法领域的普遍性规律，研究航空法的宏观性问题，那么就必须形成科学的概念和范畴，建立起航空法学理论体系。因此，航空法学的一项重要的使命在于探求其基本概念、范畴和原理之间的内在关联，形成一个具有严格逻辑联系的航空法学理论体系。航空法学要研究反映航空法运动过程的基本概念、范畴之间的有机网络的形成和发展过程。这是航空法成为一门科学的基本标志，也是航空法学与航空法相区别的一项基础性工作。

由于航空运输活动是一项系统工程，在这个大系统中各个组成部分相互联系、相互制约，不可分割。为教学和研究的方便，本书将航空法学分为以下四个序列进行编排。

第一，以《芝加哥公约》及其附件为主线，研究各国国内航空法（主要以我国《民航法》为例）中所规定的空中航行的相关法律制度，主要包括空气空间的法律地位、空域的管理制度、航空器管理制度、航空人员的管理制度、机场的管理制度及空中航行服务的各项法律制度。

第二，以《华沙公约》为主线，包括其后数次对《华沙公约》修正的文件，也包括1999年《蒙特利尔公约》，以及各国国内航空法对商业航空运输的规定，简称为商业航空运输法系列，主要研究航空运输业的管理制度和调整航空运输民商关系的法律规范。

第三，以《东京公约》《海牙公约》及1971年《蒙特利尔公约》为基础的国际航空刑法，以及各国国内航空法（主要是我国航空刑法）对此的规定，研究国际航空刑法的主要内容和我国航空刑法中关于危害航空安全的犯罪和刑罚的规定。

第四，研究其他和航空活动有关的法律问题，如航空保险、航空侵权及国际航空组织等的法律问题。

1.5.2　航空法学学科发展的新特点

自航空法学产生时起，因其具有学科的综合性、研究方法的多样性、广泛的功能性、潜在的创新性、环境的保护性、很强的实用性和巨大的增效性，故受到人们的高度重视。近年来，该学科在发展过程中也出现了一些新的特点，并呈现出较为明显的发展趋势。

第一，航空法学研究已涉及纵深领域。航空法学学科从诞生到现在，已从单纯的对航空法律制度的一般性解释向航空法学的纵深领域研究深入。航空法学研究领域，不仅对传统的承运人责任制度进行深入研究，还出现了航空医学法、航空环境法等新的研究领域。而在我国，这些研究领域还处于空白状态。

第二，航空法学已发展为一门实用性较强的交叉学科。目前，航空法学作为一门交叉性很强的学科，其研究的内容和领域正在和其他学科进行交叉；研究方法也改变单纯的理论研究范式向理论与实践相结合的方向转变。例如，航空法学和哲学、社会学、WTO规则、统计学和其他法学学科相结合，进而形成了航空社会学、航空气象法、空间法和WTO规则等研究领域。2002年，法国巴黎第11大学设立了空间法和电信法研究生学位授权点，这是世界上将空间法和电信法结合在一起研究的第一个研究生学位授权点。随后，美国内布拉斯加大学也设立了空间法与电信法硕士学位授权点。目前，我国对此研究领域尚处于起始阶段，还停留在对国际航空条约的解释和说明阶段，研究方法还比较单一，更谈不上和其他学科进行真正的交叉。但从世界趋势来看，对航空法学的研究已不再是单纯的理论研究，其发展趋势是结合其他学科，运用其他学科的知识、原理和方法，对航空法学进行应用型研究。

第三，更加注重对本国航空资源合理使用和保护的研究。航空运输领域，由于航空自由化浪潮的冲击，开放天空、实行自由化已成为发达国家对外进行航空扩张的主要理由和依据。目前，欧美国家国内航空运输已处于饱和状态，航空法学学者对航空法学研究的旨趣已不再局限于对国内航空运输法的分析，而是为本国航空运力的输出寻找理论上的依据。这样，航空发达国家一方面通过各种方式保护自己的空域资源，另一方面，又要其他国家开放天空，直接或间接地帮助本国航空公司通过纵横联盟等形式，在世界航空运输领域划分“势力范围”。而我国学者对航空自由化的研究还不够深入，对航空运输自由化的本质认识不足，没有完全结合我国实际情况进行研究。因此，在以后的一段时间里，如何通过航空法律法规的制定，合理利用我国的空域资源，以及为我国航空运输企业融入国际航空运输寻找理论依据，必将成为发展方向。

1.5.3　航空法学与相关学科的关系

1. 航空法学与国际法学的关系

传统理论中，人们普遍认为，航空法学是国际法学的一个新兴的分支学科之一。不可否认，航空法学和国际法学之间存在并集的情况，但两者还是存在区别的。

第一，两者的法律性质不同。航空法既具有国际法的性质，也具有国内法的性质；而国际法学没有这一双重属性。

第二，两者的调整对象不同。航空法的调整对象，既包括国家之间进行航空活动时所产生的国际关系，也包括国家内的主体进行航空活动时所产生的国内关系。而国际法的调整对象是主权国家之间的国际关系。

第三，两者所适用的法律不同。在航空活动过程中，所产生的国际关系适用国际条约、国际惯例等国际法的规定；所产生的国内航空关系，可以适用国内法的规定。而国家之间的国际关系只能适用国际条约、国际惯例等国际法的规定，不能适用国内法的规定，也不能以国内法的规定来对抗国际法的规定。

2. 航空法学与经济法学的关系

航空法中存在着相关的经济法律关系，这些经济法律关系和经济法中的经济法律关系有相似之处，同时两者都兼有公法和私法的特征，但航空法学与经济法学也有明显的区别。

第一，两者的法律性质不同。航空法既是国际法，也是国内法，是国际法和国内法的有机统一体；经济法在法律性质上，属于国内法，不具有国际法的法律属性。

第二，两者的调整对象不同。航空法的调整对象，是航空活动过程中所产生的社会关系；而经济法的调整对象，既有宏观的经济关系，也有微观的经济关系，可见，经济法调整的是特定的经济关系，是国家在宏观调控和协调社会经济运行中发生的经济关系。

第三，两者所适用的法律不同。航空过程所产生的社会关系，既可以直接适用国际法的规定，也可直接适用国内法的规定；经济关系所适用的法律是主权国家所制定的国内法。

3. 航空法学与民商法学的关系

航空法中有关民商事纠纷的相关法律规定与民商法的规定有相似之处。但是，两者的区别还是比较明显的。

第一，两者的法律性质不同。航空法就其法律性质而言，既有公法性质，也有私法属性，而民商法属于私法。

第二，两者的调整对象不同。航空法以航空活动中所产生的航空法律关系作为其调整对象，而民商法的调整对象是民商事关系。

第三，两者所适用的法律不同。航空法所适用的法律主要是国际条约、国际惯例，也可能是国内航空法律规范；民商法主要是一个主权国家所制定的调整民商事关系的法律规范，即使产生法律冲突，按照私法冲突的一般规则，最终还是适用某个主权国家的国内法。

4. 航空法学与行政法学的关系

航空法中有关国家航空政策的制定程序、航空执法等方面的规定和行政法有重合部分，但两者还是存在着明显的区别。

第一，两者的法律性质不同。航空法就其法律性质而言，既有公法性质，又有私法属性，而行政法属于公法。

第二，两者的调整对象不同。航空法是以航空活动中所产生的航空法律关系作为其调整对象，而行政法的调整对象是行政关系。

第三，两者所适用的法律不同。航空法所适用的法律主要是国际条约、国际惯例，也可能是国内航空法律规范；行政法主要是一个主权国家所制定的调整行政关系的法律规范。

第四，航空法兼有国际法和国内法的性质，而行政法属于一个国家的国内法。

第 2 章　空气空间法律制度

2.1　领空法律制度

2.1.1　领空的概念和边界

1. 领空的概念

领空是指一个国家领陆和领水之上的空气空间，是国家领土的重要组成部分。一国对其领空享有完全的和排他的主权。

2. 领空的边界

领空是一个立体空间，它和一个国家的领陆和领海的面积密切相关，从水平方向上来看，一国领空的边界就是一国的边界线。从垂直方向来看，一国领空高度是从国家领陆和领海边界向上延伸的一定垂直高度。关于领空垂直边界的高度，主要存在着以下几个方面的争论。

（1）空气存在说。这种学说认为，所谓“空气空间”，即是有空气存在的空间，凡存在有空气的地方都应被认为是“空气空间”。因此，国家领空垂直边界应向上延伸到有空气存在的地方。但依地球物理学家的研究，地球表面的大气层分为五层，即对流层（海平面至约 10 千米）、平流层（同温层，约 10～40 千米）、中间层（外平流层，约 40～80 千米）、热成层（电离层，约 80～370 千米）、外大气层（电离层，约 370 千米以上）。地球上的空气约有 3/4 在对流层内，而随着高度的增加，空气逐渐稀薄。从热成层开始，温度急剧上升，空气密度仅为地球表面的 1%，氧气分子开始分裂，在 1.6 亿千米的高度仍发现有空气粒子。由此可见，以是否有空气存在很难划清一国领空的垂直边界。

（2）航空器升空限度说。该学说认为，凡航空器能上升的最高高度，应是空气空间的上限，也是国家行使领空主权的垂直边界。但由于以飞机为代表的航空器上升的最高高度为 30～40 千米。很显然，愿意将领空主权垂直边界限制在这样低的高度的国家，是为数不多的，所以，该学说在实践中意义不大。

（3）有效控制高度说。这种学说认为，一国领空的垂直边界应根据该国能够有效控制的高度为界。这种学说的弊端是显而易见的，因为各国综合国力和空间技术相差悬殊，且随着科技进步，可制高度也在不断变化，领空的垂直边界就没有任何存在的意义。因此，这种学说被认为是强权政治的体现，每一国家对其领土上空的空气空间享有完全和排他的主权，已成为国际法的基本原则，而不能以一个国家所能够控制的有效高度为限。

(4) 引力平衡说。该学说认为，一国领空垂直边界的高度应以地球的引力和邻近天体的引力之间的平衡点为界限。根据科学计算，地球和月亮之间的平衡点离地球约327 000千米，对太阳而言，为上述数字的6倍。以这样遥远的距离划界，对国家领空主权的行使没有实际意义。1976年12月3日，哥伦比亚、刚果、厄瓜多尔、印尼、肯尼亚、乌干达、扎伊尔和巴西8个赤道国家发表了《波哥大宣言》，声明它们对距地面35 871千米高度的“地球静止轨道”拥有主权，理由是：地球静止轨道是地球引力形成的，但遭到了国际社会的普遍拒绝。

(5) 冯·卡曼线说。这种学说是按地球离心力取代空气作飞行动力的高度作为理论基础。据物理学家冯·卡曼的计算，此高度距地面约83千米。这一界线称为卡曼管辖线。因此，有人主张以此划分国家领空主权行使的垂直边界界线。但各地大气层条件有很大差异，卡曼线的稳定性受到影响，也就难以此标准划界。

(6) 人造地球卫星轨道最低点说。根据这一学说，外层空间的最低界限应以人造地球卫星轨道离地面最低高度为界，这个高度大约为100～110千米。在100～110千米以上是外层空间，各国可利用各种手段对外层空间进行探测活动，到目前为止，最主要的探测活动是利用航天器进行的。在100～110千米以下的国家领土之上的空间是国家领空，国家行使领空主权。该学说被国际社会普遍接受，国际法协会通过决议称：“在海拔约100千米及以上的空间，已日益被各国和从事外空工作的专家们接受为外层空间”。

(7) 功能论。功能论认为，围绕地球的只有一个天空，它逐渐消融在宇宙之中，既不需要也难以划定两个空间。因此，功能论主张，不必人为拟定界线，而只要区分航空活动和航天活动，航空活动受领空主权支配，航天活动则自由飞行。该学说具有一定的理论意义。

领空垂直边界的高度实质上涉及空气空间和外层空间的划界问题。空气空间是航空器的运行场所，外层空间是航天器的活动领域，从出现外层空间的概念到现在，空气空间和外层空间在定界上一直存在分歧。因为国家领陆、领海之上的空气空间属于国家领空，“每一个国家对其领空享有完全的和排他的主权”，这已为各国国内法所肯定，也为国际条约所承认，是国际法的一个基本原则。而外层空间则是全人类所有，是自由进入的领域，国际空间法学界将外空条约的相关规定概括为“共同利益原则”“自然探索和利用原则”和“不得据为己有原则”，这三项原则是外层空间法的最基本的原则，是整个空间法律体系的基石①。正是因为两者的法律性质不同，才导致两者在定界上的争议。

总之，领空主权原则确立时，人类尚未进入外空时代②，而后来制定的几个外层空间条约，又均未能就空气空间与外层空间的界限取得一致意见。2003年6月11～20日联合国和平利用外层空间委员会在维也纳举行的第四十六届会议还将外层空间的定义和

---

① 贺其治．外层空间法．北京：法律出版社，1992：34.

② 外层空间作为一个法律术语始见于20世纪50年代初的一些国际法学者的著述之中，当时被广泛用来指国家主权以外的整个高层空间；1957年1月20日美国总统艾森豪威尔在致国会的国情咨文中表示，美国愿与其他国家“缔结相互控制‘外层空间’的导弹和卫星的研制的任何可靠的协定”，这是在各国的官方文件中使用“外层空间”一词的第一例。

定界列入讨论的议题，但也没有取得一致的意见。至今，空气空间垂直高度终于何处，外层空间高度始于何处，仍无定论。在短时期内，这个问题对航空法与外空法的实施与发展并未构成大的障碍，因此，国际上并不急于做出定论。

2.1.2　领空主权原则的发展历程

地球表面可划分为国家领陆、领海、毗连区和专属经济区、公海，以及不属于任何国家领陆的区域。在航空法尚未诞生以前，人们就思考一个国家领陆和领海上空的空气空间在性质上是否属于一国领土范畴，他国航空器是否有权利不受限制地飞入、飞经、飞离本国领陆和领海的上空。

1. 海洋自由论对领空法律制度的影响

早在古罗马时代，海洋被认为是“共有之物”，各国都有利用海洋的权利。随着罗马势力的扩张，出现了罗马统治者对海洋拥有管辖权的主张。有史料记载，在罗马和迦太基之间曾缔结条约，相互限制对方的船舶在某些海域的航行。进入中世纪以后，封建君主如同对于土地一样，也对海洋提出了领有权或主权主张。自 10 世纪起，英国国王自称为“不列颠海的主权者”“诸海的主权者”，在他控制的海域内，要求外国船舶向英国国旗致敬，征收通行费，甚至控制和禁止外国船舶航行和捕鱼。1493 年西班牙和葡萄牙依罗马教皇的谕旨，瓜分了大西洋，要求在他们控制的海域内航行的外国商船必须得到许可。为了适应封建君主占有海洋的需要，巴托拉斯、真提利斯等法学家对罗马法重新进行了解释，论述了沿海国可对邻近海域享有所有权或主权的思想。真提利斯还明确提出了沿岸海域是沿海国领土延续的观点，并把这种海域称为“领水”，这是国际法历史上第一次出现领水概念。进入资本主义发展时期后，资产阶级提出了海上自由航行和打破海洋被各国君主割据的局面的要求。1609 年荷兰法学家雨果·格劳秀斯为反对西班牙对东印度贸易的垄断，发表了《海洋自由论》，提出了海洋自由原则。他论证说，所有人都有在海上航行和通商的自由，因为海洋是人类共有的，它无边无际，流荡无定，任何人都无法加以占有。海洋也是适合于供大家使用的，因为无论是航行或是捕鱼，都不能使它罄竭。格劳秀斯的海洋自由论提出后，遭到了一些国家的君主和学者的反对①。但因它有利于海上航行和贸易，代表了资本主义的发展方向，所以逐渐赢得了国际社会的普遍支持。至 19 世纪上半叶，法国、英国、美国、俄罗斯等大国都已接受了海洋自由原则。

1912 年法国法学家福希尔在国际法学会的布鲁塞尔年会上提出了第一个航空法典（草案）《浮空器的法律制度》。其中，第 7 条规定：“空气是自由的。国家对空气只享有他们间交往所必需的权利，这种权利源自取缔间谍及海关、卫生、治安以及防务的需要。”福希尔认为：空气按其属性，谁都无法占有，既然无法占有，国家自然就无法控制或统治它，因此，空气空间是自由的。实际上，福希尔关于空气空间自由论的表述深

① 1618 年，塞尔登发表《闭海论》，为英国君主占有英伦三岛周围海域的行为进行辩解。英国国王查尔斯一世下令刊印《闭海论》，甚至通过英国驻荷兰大使，要求荷兰惩罚格劳秀斯。

受“海洋自由论”影响，认为空气空间像海洋一样是自由的。在遭到批判以后，他改变了一些论点，认为这种自由是有限制的，由于空气空间的地面国有重大利益，为自我保护的需要，应赋予该国一定的权利，即自保权。但他又说这种权利不具有领土性质，而是从自保需要延伸出来的。可见，福希尔论点中心是航空自由论，但有所限制，有学者将其归纳为“有限自由论”。而比利时法学家尼斯则认为，空气和海洋一样是人类的共同财富，应当是完全自由的。

英国是一个岛国，依靠对通过其海域的过往船只的收费来获取利益，因此，英国一开始就反对海洋自由论，认为英国对英伦三岛周围海域享有主权，进而引申到对其领土上空的空气空间享有主权。早在 19 世纪中叶，英国的法院曾多次讨论过这样的题目，即一颗子弹穿过土地所有人的上空，是否构成了侵权行为？许多法官引用了一句罗马格言“谁占有土地，就占有土地上空”，认为这是侵权行为，可据以起诉。英国的国际法学者并以此为理论根据，主张一国对其领土上空的空气空间拥有主权，并称之为“公认的国际法原理”。

2. 领空主权原则的确立

1910 年在巴黎召开的第一次国际空中航行会议上，英国代表坚持领空主权说，法国、德国代表则高唱航空自由论。由于冲突太大，未能就制定一个公约达成协议，但英国代表的观点被大多数国家所接受，这从大会最后通过的决议得到明证，决议中规定“俯临领土和领海的大气应当被视为是领土，受国家主权支配”。1911 年 4 月，在马德里举行的国际法学会上，法国、德国等欧洲航空发达国家提出的案文仍然坚持航空自由论，而英国则坚决主张领空主权原则，称“各国对其领土和领水之上的空间拥有绝对的主权权利。每个国家有权自行制定有关空中航行的警察、税务及其他事项的规章”，会议还是无果而终。

在这两个国际航空会议上，虽然并未就一国领陆和领海上空的空气空间的性质达成任何协议，但在实践中，欧洲大陆国家纷纷接受了英国所提出的领空主权原则。例如，1911 年 3 月，德国飞艇飞越比利时领土，比利时议员向其外交部提出了主权问题。1911 年 6 月，荷兰国防部就德国气球在荷兰降落事件也向其内务部提出了类似问题。

1911 年，英国率先颁布了空中航行法令，授权国务秘书禁止航空器在规定区域上空飞行。许多国家纷纷效仿。1913 年 10 月 24 日，法国也颁布法令，规定：“可以在整个领土上空禁止航空器运行。”在随后的第一次世界大战期间，几乎所有国家都不允许外国飞机飞入或飞越本国的领土上空，领空主权原则在实践中得到了确认。这为第二次世界大战结束后《巴黎公约》的通过奠定了基础。

《巴黎公约》第 1 条规定：“缔约各国承认，每一个国家对其领土上空的空气空间具有完全的和排他的主权。”至此，领空主权原则在国际航空法中得以确立，成为航空法的基础，《芝加哥公约》第 1 条与此规定也完全一致。但第二次世界大战结束后，美国凭借其航空技术优势，仍然在国内外政策中坚持航空自由论。

2.1.3　领空主权的法律性质

《芝加哥公约》中规定，国家对其领土上空的空气空间享有完全的和排他的主权。刘伟民教授认为，这一规定具有极其重要的意义：①它明确宣告了领空主权原则。②领空主权是每一国家都享有的，无论是《芝加哥公约》缔约国还是非缔约国。因此，领空主权原则不仅是国际条约法规则，而且是国际习惯法规则，具有普遍的法律约束力。③每一国家享有的领空主权是“完全的”（complete）和“排他的”（excusive）①。随后，无论是《芝加哥公约》缔约国，还是非缔约国，纷纷在国内航空立法中规定本国领空的范围，并无一例外地规定本国对本国领空享有“完全的和排他的主权”。国家对其领空享有的主权主要包括所有权、管理权、管辖权和自保权等。

1. 国家对领空享有所有权

国家对领空享有所有权主要表现在两个方面：一方面为只有国家才能享有占有、使用、收益和支配本国领空的权利，其他任何人、任何机构在没有国家授权或允许的情况下，都没有这些权利。另一方面为国际空中航行中，只有国家有权决定给予外国国家或外国航空器某些空中航行的权利，外国航空器在没有国际航空条约或协定授权的情况下，飞入他国领空都是违反国际法的行为。

2. 国家对领空享有管理权

每一国家都有权制定必要的法律和规章，以维护本国空中航行的正常秩序，保障空中交通安全，维护公众合法权益不受任何外国干涉。任何外国航空器在一国领土上空飞行或在该国领土内运转，都必须遵守当地关于航空器飞行和运转的现行法律制度，航空器所载乘客、机组人员或货物进入或离开一国领土，都必须遵守该国关于入境、放行、移民、护照、海关及检疫等法律制度。我国领空由国家实行统一管理，具体管理办法，由国务院和中央军委联合制定。但鉴于航空法的国际性特点，各国在制定本国领空管理的具体办法时，应尽可能地与国际技术标准和国际法律规范相一致，在执行这些具体管理规定时，也应履行所承担的国际义务，不得实行歧视性的差别待遇。

国家对领空实行管理，主要涉及空域的划分，而空域划分的一般原则是应兼顾民用航空和国防安全的需要及公众的利益，达到合理、充分、有效利用空域。目前，为保障国家安全和航空活动安全，一国对空域的管理主要表现为设置禁区、限制区和危险区。

1）禁区

根据《芝加哥公约》附件 2 的规定，禁区是指在一个国家的陆地或领海上空禁止航空器飞行的一个划定范围的空域。禁区用字母 P 表示，其法律制度主要包括以下三个方面。

---

① 刘伟民．航空法教程．北京：中国法制出版社，2001：64.

第一，禁区设置的范围和位置应当合理，以免空中航行受到不必要的阻碍。《芝加哥公约》附件 2 规定，设置禁区时，各国应考虑民用航空器使用的导航系统的可用性和系统的整体精度及其避开禁区的能力。同时，还要考虑增设必要的导航设备以确保民用航空器能够安全绕飞禁区。

第二，对设置禁区的说明及其随后的任何变更，应予以公布，并尽快通知其他各缔约国及国际民航组织。《芝加哥公约》附件 2 规定，设置禁区应按照《芝加哥公约》附件 15 的规定，清楚地在航行资料汇编（aeronautical information publication，AIP）中予以公布。《芝加哥公约》附件 15 规定，对于一国所划定的每一个禁区在其最初划定时，必须规定有关的识别标志并公布其详细资料。禁区设置后，如发生任何变更，应迅速给予公布，并通知其他缔约国和国际民航组织。

第三，在禁区内应实行不歧视待遇。对本国和外国从事同样性质飞行的民用航空器不得有区别对待；在非常情况下或在紧急时期内，一国关于暂时限制或禁止航空器在其全部或部分领土上空飞行的禁令，应不分国籍适用于所有其他国家的航空器。例如，我国《民航法》第 78 条规定，民用航空器除按照国家规定经特别批准外，不得飞入禁区。

2）限制区

根据《芝加哥公约》附件 2 的规定，限制区是指一个国家陆地领域或领海上空规定范围内，航空器飞行受到某些规定条件限制的空间。限制区的识别标志是字母 R。限制区与禁区一样，非经许可，任何航空器不得进入，但符合限制区规定的特定条件的航空器可以例外。一般来说，限制区是一个立体空间，同时还有时限要求，即在规定时限以外，符合条件的航空器是可以飞越的。例如，我国《民航法》第 78 条规定，民用航空器除遵守规定的限制条件外，不得飞入限制区。

3）危险区

危险区是指一划定范围的空域，在规定时间内可能对航空器的飞行存在危险。危险区又可分为永久性危险区和临时性危险区。危险区的识别标志是字母 D。划定危险区可扩伸到临近的公海上空，危险区必须有时限要求。

对于一国所划定的每一个禁区、限制区或危险区，在其最初划定时，必须规定有关的识别标志并公布其详细资料。对已设危险区、限制区或禁区的启用，以及除紧急行动外需临时限制空域的活动，必须至少提前 7 天通知其他缔约国和国际民航组织。另外，《芝加哥公约》附件 15 还建议，此后任何有关取消此种活动，或者缩减此种活动的时间或空域范围的通知均应该尽早发出（注：尽量提前至少 24 小时发出通知，以便通知程序得以及时完成并便利空域使用规划工作）。介绍禁区、限制区和危险区，连同有关其设立和启用的资料，并在必要时辅以图解，包括：①识别标志、名称。位于管制区/管制地带界线以内的，其侧向界线按度数、分钟和秒钟的地理坐标；位于界线以外的，其侧向界线按度数和分钟的地理坐标。②上、下界线。③备注，包括有关活动的时间，备注栏中必须说明限制类别或发生穿越时的危险性质和遭遇拦截的风险。

3. 国家对领空享有管辖权

管辖权是国家主权最直接的体现。在国际法上，领空是一国领土不可分割的组成部分。国家行使领空管辖权，具有属地最高权的性质。但国家行使管辖权时，也应履行所承担的国际义务，受所缔结或者参加的国际条约规定的限制。

4. 国家对领空享有自保权

在航空法中，国家对领空享有自保权主要体现在国家可以设置防空识别区。防空识别区（air defense identification zone，ADIZ），是指按一定范围专门划定的空域。航空器在此空域内除执行提供空中交通服务（air traffic service，ATS）的有关程序外，还必须遵守特定的识别和/或报告程序。

1950 年和 1951 年，美国和加拿大先后建立了防空识别区，并向大西洋和太平洋延伸几百海里。现在许多国家或地区都建立防空识别区，所建立的防空识别区在杰普逊航图上都有标明。由于防空识别区延伸至领空水平范围之外的公海上空，且是单方面的行为，建立这种空域是否合法，国际上尚存争论。有学者认为，这种没有任何根据的将领空主权向外延伸的单方面行为，是破坏国际法的行为；而有的学者则认为，这如同海洋法中的关于毗连区的学说一样，建立防空识别区是地面国家固有的自卫和自保的权利，因而称这种空域为“毗连空域”。目前，各国普遍认为，建立防空识别区并不被认为是地面国领空范围的扩大，也不意味着其领空主权向外延伸，而建立这种空域能有效将来犯飞机在进入领空之前予以识别，对于加强国防监控、保卫国家领空安全具有重大意义。在实践中，很多国家都建立了自己的防空识别区。

2.1.4　领空主权行使的限制

任何国家对其领空都享有主权，这一权利不是国际航空条约赋予的，而是国家的一种“自然权利”，是国家固有的属性①，因此，《巴黎公约》和《芝加哥公约》对领空主权的规定只是“宣示”，不是“赋予”。国家虽对其领空享有完全的和排他的主权，但对其主权的行使不仅要受国家加入或参加的国际条约义务的约束，还要受到国际习惯法的制约，这些都形成了对领空主权行使的限制，具体内容有以下四个方面。

第一，不得对民用航空器使用武力或以武力相威胁，构成了对领空主权行使的制约。在实践中，民用航空器因天气或技术方面的原因有时会偏航进入另一国的领空，从理论上说，凡是没有经过允许而进入他国领空的民用航空器都是入侵，被入侵国可采取相关措施来进行制止，如拦截，甚至可击落入侵民用航空器，这就会造成民用航空器内的无辜人员伤亡②。1955 年 7 月 27 日，以色列艾尔奥尔航空公司从伦敦经巴黎、伊斯

① 周鲠生．国际法（上册）．北京：商务印书馆，1981：75.

② 1952 年 4 月 29 日法国航空公司从法兰克福飞西柏林航班，在飞经 20 英里宽（1 英里≈1.609 千米）的空中走廊时偏航，被苏联战斗机用机枪击伤，机上两名旅客被子弹击中，其他三人被玻璃碎片擦伤。该飞机在油箱和发动机严重损坏情况下，居然神奇地在机场安全降落。1954 年香港国泰航空公司的航班在飞经海南岛附近上空时，曾被我防空部队误判为国民党飞机而击落。

坦布尔飞往以色列的国际航班，在飞经希腊与保加利亚边界地区时，偏航进入保加利亚国境，被两架保加利亚战斗机击落，机上 51 名旅客（其中有英国人、加拿大人、美国人、法国人、瑞典人等）和 7 名机组人员全部殒命。为此，英国、美国、法国和以色列等国曾联合向国际法院起诉。美国在照会中指出，这是对“国际法所有原则的粗暴违反”。英国在诉状中引用了国际法院在 1949 年科孚海峡案判决中关于谴责“在和平时期没有必要地和粗暴不顾后果地危害他国国民生命”的行为，认为“基本的人命考虑”是国际法准则。“联合王国政府认为，一国使用武力击毁很容易鉴别的从事定期客运航班的外国民用飞机，在国际法上是找不到任何理由的，即使该飞机未经事先批准进入该国领空。”此案因保加利亚拒绝了国际法院的管辖权，国际法院未能审理。但事后，保加利亚承认有失误并赔偿了损失，但否认它有赔偿义务。

1973 年 2 月 21 日，一架利比亚波音 727 客机从的黎波里飞开罗时，迷航误入西奈半岛埃及与以色列交界的以方占领区内，被以色列战斗机击落，机上 108 人全部罹难。埃及外交部声明说，“这不仅是违反国际法的行为，也是无视人类价值背信弃义的野蛮行径”，尽管以色列声称它“有权对此使用武力”，但仍受到国际舆论的普遍谴责。当时国际民航组织正在举行第十九届大会，大会通过决议谴责了以色列的行径。国际民航组织理事会在经过调查后，做出决议说，“确认该行为构成了对国际民用航空安全的严重危害；认为这是一种任意违反芝加哥公约所体现的原则的态度”。

1983 年 9 月 1 日，苏联击落了偏航误入海参崴上空的韩国 KE007 号航班，致使机上 269 名（机组人员 17 名）各国无辜旅客丧生。事件发生后，苏联受到了国际社会的强烈谴责，联合国安理会草拟的一项决议认为，“对国际航空使用武力是不符合有关国际行为和基本人道考虑的规范的”，该决议后被苏联代表否决。随后，国际航空运输驾驶员联合会（International Federation of Air Line Pilots Associations，IFALPA）号召停飞苏联航班 60 天，以示抗议。有些西方国家停止苏联航空公司飞往该国航班两周或 60 天。国际民航组织于 1983 年 9 月 15～16 日召开紧急理事会会议通过的决议也指出，“这样对国际民用航空使用武力是不符合关于国际行为和基本人道考虑的规范的”，并重申“拦截民用飞机不应对之使用武器”。1984 年 5 月 10 日国际民航组织第二十五届（非常）大会通过了对《芝加哥公约》增设第 3 分条的修正案①。该修正案规定不得对民用航空器使用武力或武力相威胁。

至此，在国际航空活动中，对民用航空器不得使用武力或武力相威胁的原则已经被

① 《芝加哥公约》第 3 分条规定：“一、缔约各国承认，每一国家必须避免对飞行中的民用航空器使用武器，如拦截，必须不危及航空器内人员的生命和航空器的安全。此一规定不应被解释为在任何方面修改了联合国宪章所规定的各国的权利和义务。二、缔约各国承认，每一国家在行使其主权时，对未经允许而飞越其领土的民用航空器，或者有合理的根据认为该航空器被用于与本公约宗旨不相符的目的，有权要求该航空器在指定的机场降落；该国也可以给该航空器任何其他指令，以终止此类侵犯。为此目的，缔约各国可采取符合国际法的有关规则，包括本公约的有关规定，特别是本条第一款规定的任何适当手段。每一缔约国同意公布其关于拦截民用航空器的现行规定。三、任何民用航空器必须遵守根据本条第二款发出的命令。为此目的，每一缔约国应在本国法律或规章中作出一切必要的规定，以便在该国登记的、或者在该国有主营业所或永久居所的经营人所使用的任何航空器必须遵守上述命令。每一缔约国应使任何违反此类现行法律或规章的行为受到严厉惩罚，并根据本国法律将这一案件提交其主管当局。”虽然该条并未生效，但一般认为已经形成为国际习惯法。

世界各国所普遍承认，构成了国家对领空主权行使的限制。

第二，航空器国籍国的管辖权构成了对领空主权行使的限制。一国民用航空器在他国领空内发生的犯罪和行为，因领空属于国家领土范畴，他国可行使属地管辖权。但有些国家如大陆法系国家将航空器内的空间作为本国领土看待，因此，航空器国籍国对在本国航空器的犯罪和行为也是行使属地管辖权，这就构成了对航空器飞入国属地管辖权的限制。例如，《东京公约》规定，一国对在本国登记的航空器内发生的犯罪行为有管辖权，即使该航空器正在他国领空飞行。可见，国际航空法中所规定的民用航空器登记国的管辖权构成了领空主权行使的限制。所以，从这个意义上说，飞经国的领空主权既不“完全”也不“排他”。

第三，国家航空器的豁免权也构成了对领空主权行使的制约。《巴黎公约》第 32 条和第 33 条规定，除非有相反的规定，军用航空器原则上享受通常给予外国军舰的特权，但被强迫降落或者被要求或勒令降落的军用航空器，将因此不能获得这方面的任何特权，这种特权在国际法中通常被称为“治外法权”，也即管辖豁免权。《芝加哥公约》取代了《巴黎公约》，现今已不存在这样的国际条约法规则，但在实践中作为国际习惯法规则仍然是存在的。此外，对于外国国家元首、政府首脑和执行特别使命的高级官员乘坐的专机，也享有特权和豁免权。这些都构成了领空主权行使的制约。

第四，航空器群岛海道通过权及在飞越用于国际航行海峡的过境通行权也构成了对领空主权的限制。群岛海道通过权是指按照《联合国海洋法公约》规定，专为航空器和船舶在公海或专属经济区的一部分和公海或专属经济区的另一部分之间继续不停、迅速和无障碍地过境的目的，行使正常方式的航行和飞越的权利。所有国家的船舶和飞机均享有在群岛国指定的海道和其上的空中航道内的群岛海道通过权。另外，航空器飞越用于国际航行海峡的过境通行权也构成了对领空主权的限制。

2.2　国际空中航行法律制度

空中航行分为国内空中航行和国际空中航行。国际空中航行是指航空器经过一个以上国家领空的飞行活动。国内空中航行遵守本国法律规定，不存在法律适用上的任何难题。因此，本书主要对国际空中航行法律制度进行简要介绍。

2.2.1　国际空中航行的法律基础

国际空中航行的法律基础主要有多边国际航空条约、双边航空运输协定及国际法的一般规则。多边国际条约主要有《芝加哥公约》《国际航班过境协定》《国际航空运输协定》及许多区域性国际航空条约，另外还有大量的双边航空运输协定。

1.《芝加哥公约》系列

《芝加哥公约》是规范国际空中航行活动的基本国际法规定，确立了国家之间进行国际空中航行活动的基本原则，即国家间的通航主要是通过签订双边协定的方式进行；

公约所附的两个协定，即《国际航空运输协定》和《国际航班过境协定》对国际空中航行也进行了具体规定。但国际空中航行的实体性法律规范主要体现在《芝加哥公约》的19个附件之中。

2. 双边航空运输协定

世界各国由于航空技术发展水平和空域资源的差异，决定了在全球范围内通过多边公约实现所有国家之间通航是行不通的。因此，在《芝加哥公约》签订以后，各国就依《芝加哥公约》第6条，通过签订双边协定互相授予专门飞行权利。带有典型意义的是美国和英国之间订立的“百慕大协定”。“百慕大协定”推动了一大批双边协定的缔结。在双边协定中，为避免引起误解，常写《芝加哥公约》某些条款的条文。双边航空运输协定，是国家间通航的重要法律依据，是航空器进行国际空中航行的重要法律基础。双边航空运输协定一般由序言、协定正文和附件组成，必要时，双方通过“换文”（即交换外交照会或政府主管当局往来函件）、谅解备忘录、声明等形式予以补充，这些都构成双边协定不可分割的部分。另外，国家签订双边航空运输协定，应遵循“尊重主权、平等互利、合理管理和友好合作”的国际法基本原则。这些原则一般被写入协定的序言中。例如，中美民用航空运输协定中规定：“遵循相互尊重独立和主权、互不干涉内政、平等互利和友好合作的原则。”双边航空运输协定的内容主要包括：确定航线，交换运营权利，指定空运企业，航空运力条款，航空运价条款，行政性条款，争端解决条款，协定生效、修改和终止条款等。目前，我国已与100多个国家签署了双边航空运输协定。

另外，任何从事国际空中航行的航空器还要遵守国际法的一般规则，如遵守飞经国的法律法规和规章制度、在指定的机场降落、不得利用民用航空器进行非民用航空活动等。

2.2.2 国际空中航行的法律制度

根据《芝加哥公约》第96条的定义，“航班”是指以航空器从事乘客、邮件或货物的公共运输的任何定期航班。“国际航班”指经过一个以上国家领土之上的空气空间的航班，包括定期国际航班和不定期国际航班。从事国际空中航行的主要是国际航班，研究国际空中航行的法律制度，主要是指研究定期国际航班和不定期国际航班在从事国际空中航行时的法律制度。

1. 定期国际航班国际空中航行的法律制度

1）定期国际航班的含义

《芝加哥公约》并没对定期国际航班进行确切定义。目前，被普遍接受的是1952年国际民航组织理事会第十届第十九次会议上对定期国际航班所下的定义，认为定期国际航班是指具备下列全部特征的一系列航班飞行：①飞经一个以上国家领土的空域；②用航空器进行取酬性的旅客、货物或邮件运输，每次飞行都对公众开放使用；③经营同样两个地点或两个以上地点之间的运输业务，或者按照公布的班期时刻表飞行，又或者它所从事的飞行是如此有规律或如此频繁，而构成公认的有组织的系列飞行。

2）定期国际航班的权利

《芝加哥公约》不仅没有赋予定期国际航班的任何权利，还在《芝加哥公约》第 6 条中进行了限制[①]。但《国际航班过境协定》和《国际航空运输协定》中对定期国际航班的权利进行了概括性规定，即这两个协定中权利主要由国家以“同意”或“许可”的方式给予。

（1）《国际航班过境协定》规定的定期国际航班有两种自由。一是“不降停而飞越其领土的权利”，一般被称为是过境权。二是“非运输业务性降停的权利”，一般被称为技术性降停的权利。该协定还对定期国际航班行使这两种自由进行了限制，主要内容有以下三个方面。

第一，不适用于对定期国际航班禁止使用的军用机场。在战争或军事占领地区及战时通往此项地区的补给路线上，这两种权利的行使须经军事主管当局的核准。

第二，一缔约国给予另一缔约国的航空公司以非运输业务性经停权利时，得规定该航空公司在此经停地点提供合理的商业性服务。这一规定在经营同一航线的航空公司之间不得形成差别待遇，应当考虑航空器的载运能力，而且在执行这一规定时，应不损害有关国际航班的正常经营或一缔约国的权利和义务。每一缔约国在遵守《国际航班过境协定》的规定下，可指定任何国际航班在其领土内应该遵循的航线及其可以使用的机场。对任何此项航班在使用机场及其他设备时征收或准予征收公平合理的费用，此项费用应不高于其本国航空器在从事同样国际航班时使用此项机场及设备所缴纳的费用。但如经一有关缔约国申诉，则对使用机场及其他设备所征收的费用应由根据上述公约设立的国际民航组织的理事会予以审核。该理事会应就此事提出报告和建议，以供有关国家考虑。

第三，每一缔约国如对另一缔约国的空运企业的主要所有权和有效管理权属于该缔约国国民存有疑义，或该空运企业不遵守其飞经国家的法律，或不履行《国际航班过境协定》所规定的义务时，保留扣发或撤销其证书或许可证的权利。

（2）《国际航空运输协定》规定的定期国际航班的五种自由。这五种自由是：①不降停而飞越其领土的权利（飞越领空自由）；②非运输业务性降停的权利（技术性着陆自由）；③卸下来自航空器所属国领土客、货、邮的权利（经营航空器所属国向降落国的运输自由）；④装载前往航空器所属国领土客、货、邮的权利（经营降落国向航空器所属国的运输自由）；⑤装卸前往与来自任何其他缔约国领土客、货、邮的权利（经营降落国与第三国间的运输自由）。上述前两项自由属过境权，后三项则是运输权[②]。《国

① 《芝加哥公约》第 6 条规定：“定期航班除非经一缔约国特准或其他许可并遵照此项特准或许可的条件，任何定期国际航班不得在该国领土上空飞行或进入该国领土。”

② 这“五种航空自由”由美国提议，但并未获得其他国家一致同意。在这“五种自由”中，前两个“自由”获得与会绝大多数国家的支持。参加芝加哥会议的大多数国家签订了第一个协定，不到一半的国家签订了第二个协定，还有少数国家都未参加。可见，第三个、第四个与第五个“自由”尚未能成为各国普遍接受的国际法规则，加之《国际航空运输协定》的参加国不多，因此它的影响很有限。

际航空运输协定》还对五种自由做出了限制性的规定。

第一，后三项自由是每一缔约国所承允的，仅限于构成来自或前往该航空器所属国本土的、合理的、直接航线上的直达航班。

第二，这些权利不适用于对定期国际航班禁止使用的军用机场。在战争或军事占领地区及战时通往此等地区的补给线上，此项权利的行使须经军事主管当局核准。

第三，这些权利的行使应按照国际民用航空临时协定的规定，在《芝加哥公约》生效后，则应按照该公约的规定。

第四，一缔约国给予另一缔约国的航空公司以非运输业务性经停权利时，得规定该航空公司在此经停地点提供合理的商业性服务。这一规定在经营同一航线的航空公司之间不得形成差别待遇，应当考虑航空器的载运能力，并且在执行此项规定时，应不损害有关国际航班的正常经营或任何缔约国的权利和义务。

第五，每一缔约国有权拒绝其他缔约国的航空器在其领土内为取酬或出租装载运往其领土内另一地点的客、货、邮。缔约各国约定不订立任何协议以特许任何另一国或任何另一国的航空公司以独享为基础的任何此项特权，也不向任何另一国取得任何此项独享的特权。

第六，每一缔约国在遵守协定的规定下，可以：①指定任何国际航班在其领土内应该遵循的航线及其可以使用的机场。②对任何此项航班在使用机场及其他设备时征收或准予征收公平合理的费用，此项费用应不高于其本国航空器在从事同样国际航班时使用此项机场及设备所缴纳的费用。如经一有关缔约国申诉，则此项对使用机场及其设备所征收的费用，应由国际民航组织的理事会予以审核。理事会应就此事提出报告和建议，以供有关国家考虑。

第七，每一缔约国如对另一缔约国的空运企业的主要所有权和有效管理权属于该缔约国国民存有疑义，或该空运企业不遵守其飞经国家的法律，或不履行《国际航空运输协定》所规定的义务时，保留扣发或撤销其证书或许可证的权利。

2. 不定期国际航班国际空中航行的法律制度

1）不定期国际航班的定义

对什么是不定期航班，《芝加哥公约》并没有做出明确定义，但根据该公约第 5 条的规定，不定期国际航班是指定期国际航班以外的航班。本书认为，所谓不定期国际航班是指飞行时刻不固定、时刻不予公布、公众可以乘坐的收费航班。

2）不定期国际航班的权利

对不定期国际航班法律制度的规定主要是《芝加哥公约》第 5 条，该条规定：“缔约各国同意其他缔约国的一切不从事定期国际航班飞行的航空器，在遵守本公约规定的条件下，不需要事先获准，有权飞入或飞经其领土而不降停，或作非商业性降停，但飞经国有权令其降落。为了飞行安全，当航空器所欲飞经的地区不得进入或缺乏适当航行设施时，缔约各国保留令其遵循规定航路或获得特准后方许飞行的权利。此项航空器如为取酬或出租而载运乘客、货物、邮件，但非从事定期国际航班飞行，在遵守第 7 条规定的情况下，亦有上下乘客、货物或邮件的特权，但上下的地点所在国家有权规定其认为需要的规章、条件或限制。”

国际民航组织理事会对该条所规定的权利进行解释时指出：①权利的授予者是指，每一缔约国都是按照《芝加哥公约》第 2 条[①]规定它的所有领土行事。②第 1 款权利接受者是指其他缔约国一切不从事国际航班飞行的航空器。

之所以给予不定期国际航班这些权利，是因为“制定它是为了保证不定期航空运输的自由和灵活性。实际上已给予各国以这样限制的可能性，使这种自由受到一定限制”[②]。

2.2.3　国际空中航行的一般规则

1. 对人员和财产的保护

在进行航空活动时，对人员和财产的保护是必须首先考虑的因素，为此，《芝加哥公约》附件 2 第 3 章对人员和财产的保护做出了具体规定，主要有以下内容。

（1）不得粗心或鲁莽地驾驶航空器，以致危及他人的生命或财产安全。

（2）除因起飞或着陆所必需或经有关当局批准之外，航空器不得在城市、集镇、居住区等人口稠密地区或露天公众集会上空飞越。但在发生紧急情况着陆，航空器飞行的高度不会对地面人员和财产造成危害时除外。

（3）一次飞行或部分飞行应飞的巡航高度层必须按如下表示：①在最低可用飞行高度层或之上的飞行，或适用时在过渡高度之上的飞行，用飞行高度层；②在最低可用飞行高度层之下的飞行，或适用时在过渡高度或之下的飞行，用高度。

（4）除按照有关当局规定的条件和经有关空中交通服务单位以相关资料、通知或许可授意之外，飞行中的航空器不得进行空投和喷洒。

（5）除按照有关当局规定的要求和经有关空中交通服务单位以相关的资料、通知或许可授意之外，航空器不得牵引航空器或其他物体。

（6）除按照有关当局规定的条件下和经有关空中交通服务单位以相关的资料、通知或许可授意之外，不得跳伞。但紧急情况下跳伞除外。

（7）除按照有关当局规定的条件和经有关空中交通服务单位以相关的资料、通知或许可授意之外，航空器不得进行特技飞行。

（8）除按照与参与飞行的机长事先安排和按照有关 ATS 当局规定的条件，在管制空域内编队飞行之外，航空器不得编队飞行。这些条件必须包括：①在导航和位置报告方面，编队飞行作为单机看待；②飞行领队和飞行中的其他航空器机长必须对飞行中航空器的间隔负责，当航空器在编队及加入和脱离编队时，实施机动以期获得各自间隔时，必须包括过渡时间；③每一航空器与飞行领队所保持的横向和纵向距离不得超过 1 千米（0.5 海里），垂直距离不得超过 30 米（100 英尺）。

---

① 《芝加哥公约》第 2 条规定：“本公约所指一国的领土，应认为是在该国主权、宗主权、保护或委任统治下的陆地区域及与其邻接的领水。”

② 迪德里克斯·弗斯霍尔．航空法简介．赵维田译．北京：中国对外翻译出版公司，1987：20.

(9) 无人驾驶自由气球必须按照对人员、财产或其他航空器的危害减至最小的方式并按照《芝加哥公约》附件 2 附录 4 规定的条件飞行。

(10) 航空器不得在对其正式公布有细节的禁区和限制区内飞行，但符合限制条件或经在其领土上空划定此类区域的国家批准时例外。

2. 避免相撞

《芝加哥公约》附件 2 规定，不论飞行类型或航空器飞行的空域类别和在机场活动区内运行时，为了发现潜在相撞之目的，在航空器上保持警惕十分重要。还规定，规则中无任一规定解除航空器机长为避免相撞而采取最有效行动的责任，包括根据机载防撞系统（airborne collision avoidance system，ACAS）设备提供的决断提示而采取的防撞机动飞行。主要有两条规则：①驾驶航空器不得过于靠近其他航空器而导致相撞危险；②享有航行优先权的航空器必须保持其航向和速度。具体包括以下内容。

第一，航空器根据规则为其他航空器让出航路时，除非它能保持足够间隔并顾及航空器尾流的影响，必须避免从对方下方超越或从其前方切过。

第二，两架航空器对头相遇或几乎迎面接近而有相撞危险时，必须各自向右改变航向。

第三，两架航空器几乎在同一高度上交叉相遇时，看见对方在自己右边的航空器必须避让，但下列情况除外：①动力驱动重于空气的航空器必须避让飞艇、滑翔机和气球；②飞艇必须避让滑翔机及气球；③滑翔机必须避让气球；④动力驱动的航空器必须避让看见正在牵引其他航空器或物体的航空器。

第四，从一架航空器的后方，在与该航空器对称面小于 70 度夹角的航线上向其接近者为超越航空器，即超越航空器此时所在位置，若在夜间它不能看见另一航空器的左翼或右翼航行灯。被超越的航空器享有航行优先权，而超越航空器不论是在爬升、下降或平飞时必须向右改变航向给对方让出航路。此后两者相对位置的改变并不解除超越航空器的责任，直至完全飞越对方并有足够间隔时为止。

第五，着陆时的避让。飞行中或在地面、水面上运行的航空器，必须避让正在着陆或处在进近着陆最后阶段的航空器。当两架或两架以上重于空气的航空器为着陆向同一机场进近时，高度较高的航空器必须避让高度较低的航空器，但后者不能利用本规则切入另一正在进入着陆最后阶段航空器的前方或超越该航空器。但是动力驱动重于空气的航空器必须避让滑翔机。当一架航空器得知另一架航空器被迫着陆时，必须避让该航空器。

第六，起飞时的避让。在机场机动区滑行的航空器必须避让正在起飞和即将起飞的航空器。

第七，航空器在地面活动时的避让。两架在机场活动区内滑行的航空器在有相撞危险时，必须按下列情况采取措施：①两架航空器对头相遇或几乎迎面接近时，必须各自停住或在可行时向右改变方向，以保持足够的间隔；②两架航空器交叉相遇时，看见对方在自己右边的航空器必须避让；③被另一架航空器超越的航空器有航行优先权，超越航空器必须与另一架航空器保持足够的间隔。

除经机场管制塔台另行批准之外，在机动区内滑行的航空器必须在各个跑道等待位置停住、等待。航空器在机动区内滑行时，在打开的停止排灯前，必须停住、等待；关灯后，方可前进。

3. 航空器需显示的灯光

1）飞行中的航空器必须显示的灯光

飞行中的所有航空器必须显示：①引起对该航空器注意的防撞灯；②用以向观察员显示该航空器相对路线的航行灯，但不得显示可能对其产生误解的其他灯光。

2）在机场活动区内活动的航空器必须显示的灯光

在机场活动区内活动的航空器必须显示：①在机场活动区内活动的所有航空器，必须显示用以向观察员指示航空器相对路线的航行灯，但不得显示可能对其产生误解的其他灯光；②除非有固定和足够的灯光照明，在机场活动区内的所有航空器必须显示用来表示其结构外端的灯光；③在机场活动区内运行的所有航空器必须显示用来引起对该航空器注意的灯光；④在机场活动区内发动机已开车的所有航空器须显示表明这一事实的灯光。

3）其他规定

如果上述灯光影响或可能影响驾驶员圆满地执行其任务；或使外部观察员处于有害的眩光，必须允许驾驶员关闭为满足上述要求而装设的闪光灯或减弱其光的强度。

4. 模拟仪表飞行

航空器不得在模拟仪表飞行条件下飞行，除非：①航空器装有功能齐备的双套操纵装置；②有一名合格的驾驶员坐在操纵座位上，担任作为模拟仪表条件飞行人员的安全驾驶员。安全驾驶员须具有足够的对航空器前方和两侧的视野，或有一名能与安全驾驶员进行联系的胜任观察员坐在有足够视野的航空器位置上，以弥补安全驾驶员视野的不足。

5. 在机场及其附近的运行

航空器在机场及其附近运行时，不论其是否在机场交通地带，必须：①观察机场其他交通，避免相撞；②遵守或避让其他飞行中的航空器已建立的起落航线；③除非另有指示，在着陆前和起飞后全部作左转弯；④除非因安全、跑道布局或空中交通情况确定另一方向更为有利之外，均作逆风起落。

6. 水上运行

（1）当两架航空器或一架航空器和一艘船舶相互接近并有相撞危险时，航空器在前进中必须仔细考虑现时情况和条件，以及各自的限制，包括以下内容。

第一，交叉相遇时，看见另一架航空器或船舶在自己右侧的航空器必须避让，以保持足够的间隔。

第二，对头相遇时，一架航空器与另一架航空器或一艘船舶对头相遇或几乎迎面接近时，必须向右改变航道以便保持适当间隔。

第三，超越时，被超越的航空器或船舶享有优先权，超越航空器或船舶必须改变航道以保持足够的间隔。

第四，航空器在水上着陆和起飞时，必须尽可能远避船舶，以免妨碍其航行。

（2）在日落至日出之间，或在有关当局规定的日落至日出之外的其他期间，所有航空器在水上必须按照《国际海上避碰规则》（1972 年修订）的要求显示灯光①，无法做到时除外。在这种情况下，航空器必须按照《国际海上避碰规则》的要求显示特征和部位尽可能相似的灯光。

7.《中华人民共和国飞行基本规则》的规定

《中华人民共和国飞行基本规则》中对避让原则也进行了规定，主要有以下内容。

目视飞行时，航空器应当按照下列规定避让：①在同一高度上对头相遇，应当各自向右避让，并保持 500 米以上的间隔。②在同一高度上交叉相遇，飞行员从座舱左侧看到另一架航空器时应当下降高度，从座舱右侧看到另一架航空器时应当上升高度。③在同一高度上超越前航空器，应当从前航空器右侧超越，并保持 500 米以上的间隔。④单机应当主动避让编队或者拖曳飞机，有动力装置的航空器应当主动避让无动力装置的航空器，战斗机应当主动避让运输机。

飞行员开车滑行，必须经空中交通管制员或者飞行指挥员许可。滑行或者牵引时，应当遵守下列规定：①按照规定的或者空中交通管制员、飞行指挥员指定的路线滑行或者牵引。②滑行速度应当按照相应航空器的飞行手册或者飞行员驾驶守则执行；在障碍物附近滑行，速度不得超过每小时 15 千米。③航空器对头相遇，应当各自靠右侧滑行，并且保持必要的安全间隔；航空器交叉相遇，飞行员从座舱左侧看到另一架航空器时应当停止滑行，主动避让。④两架以上航空器跟进滑行，后航空器不得超越前航空器，后航空器与前航空器的距离，不得小于 50 米。⑤夜间滑行或者牵引，应当打开航空器上的航行灯。⑥直升机可以用 1～10 米高度的飞行代替滑行。

水上航空器在滑行或者牵引中，与船只对头或者交叉相遇，应当按照航空器滑行或者牵引时相遇的避让方法避让。

航空器沿航路和固定航线飞行通过中途机场 50～100 千米前，有协议的除外，飞行人员应当向该机场的空中交通管制员或者飞行指挥员报告预计通过的时间和高度。中途机场的空中交通管制员或者飞行指挥员必须指挥在本机场区域内飞行的航空器避让过往航空器，保证其安全通过；无特殊原因，不得改变过往航空器的航线和高度。

2.3 国际空中航行管理体制发展阶段及特点

国家间通航的法律基础如果是双边航空运输协定，那么这种管理体制就是双边模

① 《国际海上避碰规则》规定：自日落至日出之间必须遵守关于灯光的规则。因此，按照规定的日落至日出之间的较短期间，在适用《国际海上避撞规则》的地区，即在公海上，不得适用。

式，如果是多边国际航空条约，那么这种管理体制就是多边模式。从国家间通航的历程来看，自《巴黎公约》签订后至《芝加哥公约》签订前，国家间通航的法律基础主要是多边模式，即以《巴黎公约》为基础，一国给予外国承运人经营前往和来往其领土的定期国际航班的五种自由。《芝加哥公约》签订后，明确了国家间通航主要靠国家之间签订双边航空运输协定的方式进行，管理体制为双边模式。到目前为止，国际航空运输自由化虽已成为不可逆转的国际潮流，多边框架下的全球性、区域性管理模式又重新兴起，但国家之间通航依然是以双边航空运输协定为主。具体来说，自《芝加哥公约》签订到现在，国际航空航行管理体制发展历程大体上可划分为三个阶段①。

2.3.1　第一阶段：1945～1962 年

在这一阶段中，国家间通航主要是以双边航空运输协定为基础，相互间所给予的权利都是围绕着《芝加哥公约》《国际航空运输协定》及《国际航班过境协定》中所规定的权利，但在价格、运力和运费等的制定上，则是以国际航空运输协会（简称国际航协）的建议为主。

这一阶段，国际航空运输中执行的标准基本相同，加之第二次世界大战结束后经济复苏迅速，使得国际航空运输以年均 20%的速度稳步增长，因此，这一阶段被西方国家称为国际航空运输的黄金时代。当然，所谓的黄金时代，仅仅属于西方航空大国，他们几乎垄断了国际航空运输业。

2.3.2　第二阶段：1963～1977 年

在这一阶段中，国际航空运输管理体制基本上是沿用第一阶段的管理模式，即表面上是以双边航空运输协定作为国家间通航的基础，但实际上这些双边航空运输协定的内容基本上和《芝加哥公约》《国际航空运输协定》及《国际航班过境协定》的内容保持一致。但在这一阶段，由于各国经济发展水平不一、空域资源的利用也不尽相同，各国为保护本国的航空运输利益，更好地利用本国航空资源，在双边航空运输协定中都首先对运费、运价或运力进行了规定，加之国际航协是一个非政府间国际组织，它的相关建议仅仅起到建议性作用，通航国家间往往不再接受该组织的建议。后来，国际航协被迫进行改革，只为各国提供指导性建议和进行相关咨询服务，不再对通航国家之间的价格、运力和运费提供指导，从而国家间的通航真正依据通航国家间的实际情况，通过双边谈判、协商、签订双边航空运输协定的方式来进行。这一时期，国家间通航的双边航空运输协定基本上是以英美双边航空运输协定为模板，但因通航国家之间情况各异，导致了国际航空运输领域冲突不断、矛盾较多。

2.3.3　第三阶段：1978 年至今

在这一时期，随着欧洲新自由主义思潮的兴起，美国放松管理政策出台，国际航空

① 刘伟民．航空法教程．北京：中国法制出版社，2001：297.

运输管理体制呈现出自由化的趋势。

1. 不定期国际航班被纳入双边航空运输协定

在《芝加哥公约》签订时，不定期国际航班的数量非常有限，因此，《芝加哥公约》第 5 条规定，不定期国际航班由飞入国进行单方面管理，而定期国际航班则按《芝加哥公约》第 6 条规定，由有关国家签订双边协定予以确定。但随着欧洲经济的发展，人们闲暇时间增多，通过包机旅行这种方式非常方便。于是，不定期国际航班迅速增多，影响了定期国际航班的飞行，协调定期国际航班和不定期国际航班的关系就成为国际社会急需解决的问题。后来，在国家间签订或修订双边航空运输协定时，一般将不定期国际航班也纳入到双边航空运输协定的轨道之中。

2. 双边航空运输协定主要以百慕大协定为模板

1）百慕大第一号协议

《芝加哥公约》签订后，英国、美国等国虽都与别国签订了一批“芝加哥标准式”双边协定，但这种局面没有维持多久，就因为美国和英国这两个当时主要的航空大国之间的冲突动摇了。1945 年，美国许多航空公司要求增加飞伦敦的航班次数，泛美航空公司表示要大幅度降低飞机票价，但这些要求受到英国和法国的强烈抵制。为消除分歧，当时占世界航空运输总量 3/4 的美国和英国，于 1946 年 1 月 15 日在百慕大进行谈判，这次谈判是世界上两大对国际航空运输有重大影响的大国间的谈判，且双方各自代表着两种互相对立或相反的航空主张或政策。例如，在 1944 年芝加哥会议上，美国主张航空自由和自由竞争，而英国则主张“航空秩序”或航空限制。在谈判过程中，美国主张政府不干预运力和价格，一切听任各指定航空公司在市场自由竞争中按实际需求自行决定，而英国则主张由政府实行控制和管理，运力由双方政府事先议定，价格则由国际航协统一拟定并经双方政府批准。经过激烈争论和艰苦谈判，双方都宣称已做出了最大让步，最终于 1946 年 2 月 11 日签订了《英美航空运输协定》，简称“百慕大协定”。由于后来英国和美国在 1976 年又签订了一个新的百慕大协定，因此人们习惯上称第一个协定为“百慕大第一号协议”。

百慕大协定是妥协的产物，在协定中美国放弃了价格由市场竞争决定的主张，接受英国关于价格由国际航协统一拟定，经双方批准的观点；英国放弃了运力由双方政府事先确定的原则，接受了美国关于运力由各航空公司按市场需求自行决定，双方政府可进行“事后检查”的主张。签订协定时，两国相约不与第三方签订任何不同于该协定条款的双边协定。因此，百慕大协定作为一种新的标准模式，一度风行全球。仅美国就与其他国家签订了 50 多个百慕大协定模式的双边航空协定。而非英美国家之间也以这个协定作为标准模式，进行双边航空运输协定的签署。当然，也有例外情况，如 1953 年美国与苏联签订的双边航空协定就没有按照百慕大协定模式①。

---

① 赵维田．国际航空法．北京：社会科学文献出版社，2000：106，107，119.

2）百慕大第二号协议

1976 年 6 月 21 日，英国政府单方面宣布，废止英美 1946 年百慕大协定，废止声明将于 1977 年 6 月 22 日午夜生效。英国政府做出上述决定绝非偶然，英国商业大臣，后来双方谈判中英方首席代表 E. 代尔在废弃通知发出后不久发表谈话说："我们认为，（百慕大协定）这些年来已有若干方面过时了，不能完全适应 70 年代的条件。显然，相当时期以来，百慕大协定给予美国的利益已大大超过了我们从中获得的利益。"由于美国能够从该协定中获得众多第五种"自由"或权利，加上运力上的自由式条款，美国各航空公司的营运量大大超过英国航空公司，据统计两国比例大约是 7∶3，以年收入计美国方面为 6 亿美元，而英国只有 2 亿美元左右。英美双方在一个多月时间内，经过六轮激烈地谈判，双方相互妥协，达成了新的原则协议，并于 1977 年 7 月 23 日在百慕大签署协定，这个协定被称为"百慕大第二号协议"。英美虽然人为地保住了百慕大协定的名称，但两者的内容有较大差异，百慕大第一号协议在运力管理上实行"事后审议法"，使英美之间出现运力上的极大不平衡。百慕大第二号协议废除了这个办法，改成采用"事先审议法"，在增加运力方面有了更多的限制。百慕大第二号协定在国际上引起了连锁反应，使一些国家亦纷纷提出修改以前所订协定，要求平等的权利。鉴于百慕大协定模式在航空法发展历史上占据的地位及其仍存在的影响，我国在与西方国家签订的双边航空协定中仍保留着与该协定相同或类似条款。

3. 双边航空运输协定中自由式协定大量出现

1）美国放松管理政策制定背景

从 1938 年制定第一个"民用航空法"时起，美国遵守的理论就是把民用航空业当成区别于一般自由企业的"公用事业"。因为民航这类公共运输业，同电话、电报和电力一样，很容易被一家公司独占或者被少数公司垄断，且它直接关系到公众利益，所以应该由政府加以控制和管理。为此，1958 年美国《联邦航空法》专门设立两个管理部门对航空运输业进行管理：一是美国联邦航空局（Federal Aviation Administration，FAA）负责空域管制与航空安全等方面的任务，如颁发适航证等方面的行政管理；二是民航委员会，专司民用航空的经济管理，如审核颁发内外航空企业经营许可证，确定和管理航路、运费价格等。民航委员会是由国会设立的有很大司法权力的机构，由五名委员组成，委员会主席要经总统提名、国会批准。总体而言，从 20 世纪 30 年代起，美国民航主管部门对国内航空运输的"经济管理"是相当严格的。企业要想经营航空运输必须先申请许可证，航路开辟要经过民航委员会的核定，一条航空干线上只准有两家航空公司经营，以保持所谓"必要的竞争"。而且，一旦某家航空公司获得某条航路的经营权，几乎可以永远保持下去，这就是所谓"祖父条款"。美国几家最早成立的大航空公司，如联合航空公司、环球航空公司、亚美里亚航空公司等凭借祖荫特权形成了各霸一方的局面。另外，运费价格也需各航空公司报民航管理委员会批准。民航管理委员会对第一个报价的航空公司价格，经市场调查核准后，其他航空公司自动向它看齐。这就形成了美国联邦全国统一价格，排除了市场价格竞争的可能。据美国 1958 年《联邦航空法》第 401 条 G 款：获得某条航路经营权的航空公司，只有当其有意违法、不服从民航当局的管理、不守许可证的规则、经裁定后仍不知悔改者，才可吊销其营业执照。而在美国民航发展史上，尚无这种吊销案例。在 20 世纪 60 年代后期，美国这种民航管理体制的弊端逐渐被揭露出来，放松对航空运输业的管制，改革美国国内民航管理体制的呼声日益增强。

20 世纪 70 年代，西方国家经济出现滞涨并合症，1976 年英国单方面宣布废止 1946 年英美百慕大协定，是美国对航空运输业采取放松管理政策的“催化剂”。但从本质上来看，实际上是美国抓住世界经济的发展趋势，及时调整了其战略和策略的结果。1978 年 6 月 8 日，美国国会通过了 1978 年《航空公司放松管理法》，1980 年 2 月 15 日，美国国会又通过了 1979 年《国际航空运输竞争法》。从而以法律形式固定了“放松管理”政策。为实施 1978 年《航空公司放松管理法》，1984 年 9 月 20 日，美国国会专门通过了《民航委员会撤销法》，从 1985 年 1 月 1 日起，美国民航委员会终止了活动。美国制定对航空运输业放松管理法的本质是政府取消对航空运输业的直接经济控制，通过自由竞争，降低价格，使消费者受益，进而刺激航空运输业的良性发展。1993 年 3 月 8 日，美国增强航空业竞争力国家委员会向总统提交的报告中称：“航空运输体系对于国家的公众和商业来说已成为经济进步的基础。若没有这一体系，我们的国家就无法跻身于全球正在增长的跨国集团和市场。航空运输使数以百万计的人快速往来，以价值数十亿美元的货物进入国际市场。我们需要在国际航空运输市场上有竞争能力而没有其他选择。同样，竞争性的国内经济的增长也越来越依靠我们的航空运输能力。”可见，美国推行放松管理政策，即航空自由化措施，实施竞争战略，主旨是要促进美国航空运输业的快速发展，为美国航空公司提供有利于提高生产力和繁荣经济的条件，以便超过外国竞争对手，进而服务于并保护美国的国家利益。

在概括上述这套新理论时，卡恩①等把政府“经济管理”中的“管理”（regulation）一词前面加上一个有否定含义的字头“de”，创造了一个新词“deregulation”（放松管理）。后来“放松管理”就成了这项新政策的代名词。“放松管理”的实质是用市场机制代替政府的直接行政管理，使各航空运输企业在市场上相互竞争，把政府管理减少到最低限度。不难看出，这是美国在芝加哥会议上所提的“航空自由论”在新历史条件下的翻版。

在放松管理政策通过，并以法律加以固定后，美国迅速将其推向世界，首先找到了一贯主张“航空自由”的荷兰作为突破口，双方一拍即合，迅速于 1978 年 3 月签订了带着鲜明“放松管理”色彩的美荷修订“议定书”。1978 年 7 月、11 月美国又分别与以色列、联邦德国签订了内容基本相同而具体规则更具开放性的修订“议定书”。其后，美国又分别与比利时、菲律宾、新加坡、泰国，以及加勒比地区的牙买加等共 20 多个国家签订同类新的双边航空协定。这些协定都具有一个共同特点，就是在航路、运力和

① 美国经济学家，是放松管理政策的主要倡导者，要求用市场机制代替政府的直接行政管理，1977 年卡特政府上台后，起用卡恩为民航委员会主席，大刀阔斧地对美国国内民航体制进行改革。

运费价格等主要方面，均采取放松管理政策，给予航空运输企业以自由，用市场机制代替原来的政府行政干预，人们习惯上把这一类双边航空运输协定称为“自由式”协定。

2）自由式协定的法律特征

从美国和相关国家所签订的带有放松管理色彩的双边航空运输协定，即自由式协定的内容来看，总体上具有以下五个方面的法律特征。

第一，在同一条航路或市场上，允许双方指定多家航空公司参加营运，以利竞争。例如，1978 年的美荷议定书第 2 条（指定与授权）甲款规定：“为行使本议定书修订的（双边航空运输）协定中的权利，缔约双方有权指定多家航空公司。”这就突破了第二次世界大战之后所形成的传统格局，即在同一条航路上一般只允许双方各指定一家最多两家航空公司营运。这是美国国内航空运输业放松管理的必然结果，主要是为了满足美国日益增多的私营航空公司参与国际运输的需要。

第二，在航路确定和运力提供上，一般不加限制。例如，1978 年美荷议定书规定，美国飞机可从任何美国口岸城市（gateway city）经阿姆斯特丹，再飞往任何地点，而荷方飞机可从对其开放的美国口岸城市飞阿姆斯特丹，再继续飞往欧、亚、非诸国，或返程，这显然属于最容易引起争议的第六种“自由”或权利。但美国对于对方飞美国境内的口岸城市的数目是有限制的，这要视对方所能提供的口岸城市及其航路经济价值而定。依美荷议定书，美国只对荷兰皇家航空公司开放纽约、芝加哥、休斯敦、洛杉矶，后几经交涉才又增加了另外三个城市。而对于西德的汉莎航空公司开放则增加了安科雷奇、亚特兰大、波士顿、迈阿密等共计 13 个口岸城市。

第三，运力由各指定航空公司依市场需求自定。例如，1978 年美荷议定书第 5 条丙款、丁款规定，“缔约一方不限制另一方指定航空公司经营用的飞机型号、容积和航班次数”“缔约一方不得给另一方指定航空公司营运的运力、航班次数、运载量规定应占比例的最高限度”。

第四，在运费价格上，鼓励各指定航空公司依市场需求自定价格，进行竞争，实行始发地国（批准）原则或“双不批准”原则①。由于价格自由使跨北大西洋航线的“票价战”越演越烈，弄得竞争双方两败俱伤，后来以美国为一方，以欧洲民航会议为另一方，双方经过艰苦谈判，于 1981 年达成了《北大西洋运费价格的备忘录》。

第五，将包机运输纳入双方协定之中，并单独对包机规定了“宜包性”（charter worthiness）的始发地国原则。

① “始发地国原则”是美荷议定书采用的，而“双不批准”则是美以议定书后较普遍采用的原则。这两种原则都是相对于百慕大式“双批准”原则而言的。“双批准”原则给予了双方以否决权，只要一方航空当局不批准指定航空公司提出的价格，就足以阻止其实施。“始发地国”原则指，只要该航班始发地国批准即可，对方国赞成与否没有关系；而“双不批准”在反对限制上则更是彻底，即对于航空公司提出的价格，仅一方（不论是指定国与否）不批准还不足以阻止其实行，要双方航空当局商量后都不同意，才有否决效力。“双不批准”的标准条款表述是：“对于任何一方指定航空公司报请的、在双方领土间营运的定期或包机航空运输的运费价格……缔约任何一方不得采取单方面行动阻止其实行或继续有效……除非双方就该运费价格达成停止实行的一致意见，该运费价格应依所报来实行或继续有效。如果双方一致不批准某一运费价格，双方应尽最大努力制止该运费价格的实行或继续有效。”（1978 年美以议定书第 6 条丁款）

自由式协定除各条款本身含有某种限制因素外，还要受到两条总的制约。

其一，限制在双边对等基础上。当时美国民航管理会主席卡恩说："我们的想法是，用放松换取放松，即给外国政府放宽进入我国市场（的机会）以换取运力限制、口岸限制以及对价格竞争的禁止。我认为，这样我们既有'付出'，又有'获得'。"①

其二，有控制地利用市场机制并不是"无限制的竞争"。这些自由式协定是"放松管理"式的，不是"不管制"式的。这类限制在运费条款中最为明显，如在美荷、美以、美（西）德等议定书第 6 条甲款中都含以下内容："双方协议这类运费价格应由各指定航空公司主要依其对市场的商业考虑订出，应把政府的干预限制在制止互相倾轧式的或歧视性的做法，保护消费者费者，防止垄断权力滥用，保护航空公司抵制因政府直接补贴或资助使价格人为的偏低。"这类限制的目的实际上是通过政府之手，为本国航空企业创造"公平竞争"的条件，获取更多的经济利益。所以，从美国所签订的自由式的双边航空运输协定的内容来看，美国显然是宽于待己，严于律人的②。

4. 国际航协航空运输协调职能逐步减弱

1977 年 11 月，国际航协在马德里召开第三十三届年会，面对国际航空运输出现的混乱局面，时任理事长的哈马舍尔德不得不承认："从某种意义上说，我们又如同 40 年代中期那样处在十字路口了。"就在这届年会上，国际航协决定改革，成立以加拿大航空公司总裁泰洛为首的五人小组，负责提出改革方案。1978 年 6 月 8 日，美国民航委员会颁布《陈述理由法令》，以终止给予国际航协豁免《反托拉斯法》相威胁，要求其减少对国际航空运输协调职能。国际航协随即于 1978 年 6 月 21 日和 22 日在蒙特利尔召开特别会议。会议结果是将国际航协的组织机构进行调整，成为两级结构，其活动分成两类：第一类是行业协会活动，涉及技术、法律、财务、运输服务及大多有关代理人事务等协会协调事项，是每个会员必须参加的，具有强制性；第二类是运价协调活动，涉及客、货运价及代理人的协调，为任意性的，协会的成员可自行选择参加。特别是第二类活动，协会的成员是选择性参加，因此，国际航协协调国家间运价已成为历史，国际航协的职能逐步减弱。

5. 国际航空运输管理体制出现了多边化、区域化和全球化倾向

随着经济全球化的兴起和发展，航空运输全球化现象也日益增强，国际航空运输管理体制因此出现了多边化、区域化和全球化倾向。

1）世界贸易组织规则与航空运输管理体制

随着航空运输全球化发展，将航空运输纳入到世界贸易组织（World Trade Organization，WTO）体制内的《服务贸易总协定》（General Agreement on Trade in Serv-

① 赵维田．国际航空法．北京：社会科学文献出版社，2000：134.

② 荷兰报纸 *Algemeen Handelsblad* 抱怨说美国虽然宣布航空自由，但是没有对荷兰适用这个规则，因为美国拒绝荷兰到美国西部海岸运输的权利。荷兰政府对此十分失望。转引自：de Leon P M. Before and after the tenth anniversary of the open skies agreement netherlands-Us of 1992. Air and Space law，2002，28：282.

ice，GATS）的呼声也逐步加强。GATS 的《航空运输服务附件》中规定，“本协定（GATS）适用于影响航空运输服务的措施，不论其为定期或不定期或辅助性服务”。1992 年 4 月专门召开了一次世界航空运输讨论会，对航空运输是否纳入到 GATS 体制之中进行了谈论。会上以美国为首并得到荷兰、新加坡和英国不同程度支持的一派，坚持将国际航空运输纳入 GATS 体制，实行“开放天空”，在市场准入等问题上实行多边贸易自由化制度，认为这是提升航空企业效率和经济效益的唯一途径。而澳大利亚、日本和广大发展中国家在内的多数派则认为，GATS 体制是外在地套给国际航空界的东西，不是从国际航空运输业实践中演化发展出来的制度。他们并不反对自由化的观念，但却认为，在未经谨慎地研究其利弊与风险的情况下，就贸然采取航空市场准入等无节制的多边自由化是不恰当的。在各国幅员大小各异、经济发展水平与实力悬殊的现阶段，仍应坚持《芝加哥公约》下的双边管理体制。

国际民航组织在 1994 年 11 月召开的第四次航空运输会议上，再次讨论并探讨了未来的航空运输政策问题，并达成如下广泛共识：重申《芝加哥公约》的原则，强调了该公约关于所有国家健康地、经济地经营国际航空运输有均等机会的宗旨；同意几种管理制度并存，主张逐渐地、有秩序地和一步一步地在市场准入等问题上做出变更，认为这是一个演化发展的过程。经济发展水平相当的各国，在区域范围订立多边自由化协议，具有推动民航自由化的作用，但在经济发展水平悬殊的各国之间，现阶段仍要实行双边体制[①]。这种共识和意见，也反应在 GATS 的《航空运输服务附件》中，该附件规定：“按本协定承担的任何具体承诺或义务，均不降低或影响一个成员方在 WTO 协定生效之日仍然有效的双边或多边协议中的义务。”并进而具体规定说，“本协定，包括其解决争端程序在内，不适用于：(a) 以任何形式赋予的营运权，或 (b) 与行使营运权有关的直接服务”。对“营运权”，该附件定义为“‘营运权’指定期或不定期航班为取酬或出租而经营和/或运载旅客、货物与邮件的权利，凡其从一个成员方域内始发，到达、飞经一个成员方领土，包括经停地点服务、营运的航路、营运所使用运载飞机型号、所提供的运力、收取的运费及其条件、指定航空公司的标准包括飞机架数、所有权与控制权等”。可见，这里的“营运权”是个含义很宽的概念，包括了芝加哥双边航空协定的所有条款。因此，GATS 不适用于航空营运权，以《芝加哥公约》为基础的双边体制保持不变，简而言之，在现阶段 GATS 基本不适用于国际航空运输服务。

但《航空运输服务附件》在第 3 条还规定：“本协定适用于：(a) 飞机的保养与维修，(b) 航空运输服务的销售与营销，(c) 计算机查询与订座制（CRS）服务的有关措施。”按该附件第 1 条所表述的宗旨，“本协定（GATS）适用于影响航空运输服务的措施，不论其为定期或不定期或辅助性服务”。《航空运输服务附件》第 5 条的规定：“服务贸易理事会应定期，至少五年一次地审议航空运输领域发展情况和本附件运作情况，以考虑把本协定进一步适用到该领域的可能。”这也表明，GATS 把航空运输服务列为例外，只是暂时的，而从长远目标来说，GATS 的规则仍要一步步扩大或延伸适用于航

① Ebdon R. A consideration of GATS and its compatibility with the existing regime for air transport. Air and Space Law，1995，20：71-75.

空运输服务的范围。据国际民航业界的一般看法，在可预见的未来很长一段时期内，GATS 取代现行芝加哥体制的可能性不大[①]。

2）地区经济一体化导致了航空运输管理体制区域化

地区经济一体化可划分为三种类型，一是“制度机制导向型”的深度一体化，如欧盟；二是“增长互补和贸易开放型”的适度一体化，如北美自由贸易区；三是“促进区内贸易、投资自由化和经济技术合作型”的松散一体化，如亚太经济合作组织（Asia-Pacific Economic Cooperation，APEC）。无论是何种类型的地区经济一体化，都不同程度地导致了航空运输管理体制的区域化。

（1）欧洲航空运输自由化。欧盟成立于 1951 年，其前身是欧洲煤钢共同体，总部设在比利时首都布鲁塞尔。在欧洲经济一体化的进程不断地向纵深进行时，欧洲航空运输自由化也逐步展开了。首先是在欧盟成员国之间实现了航空运输自由化，继而依组建欧洲经济区的协定，将这种自由化推向更广泛的欧洲大陆。自 1994 年 1 月 1 日起，欧盟的航空运输规则适用于瑞士之外的所有欧洲自由贸易国家。欧盟航空运输自由化实践，为区域航空运输一体化提供了一个好的模式。它是在原欧洲经济共同体的名义下由欧洲委员会具体主持完成的，先后分三个阶段，其间颁行了诸多规章，构筑了欧洲航空运输自由化的法律框架。

1987 年 12 月 24 日，欧洲理事会通过了被称为第一组自由化方案的决定，迈出了欧共体航空运输自由化的关键的第一步，其间，理事会颁行的文件有：①3975/87 号规章，该文件拟订了竞争规则对航空运输部门企业适用的程序。②3976/87 号规章，关于《罗马公约》第 85 条第 3 款对航空运输部门一些协议和共同做法。③87/601 号决议，关于成员国间定期航班费用。④87/602 决议，关于航空承运人在成员国之间定期航班上的旅客运力共享，以及成员国之间航空承运人对定期航班航线的准入。

1990 年 7 月 24 日，理事会又通过了进一步实现自由化的第二组方案。颁行的文件有：①2342/90 号规章，关于航空运输票价。②3443/90 号规章，关于承运人进入定期航班线路和承运人成员国之间在定期航班共享旅客运力。③2344/90 号规章，修正 3976/87 号规章，关于《罗马公约》第 85 条第 3 款对航空运输部门一些协议和共同做法的适用。第一方案的 3975187 号规章关于竞争规则的适用保持不变。

1992 年 7 月 23 日，欧洲理事会又颁行了如下文件将欧共体航空运输自由化推入第三阶段，这些文件是：①2407/92 号规章，关于航空承运人执照的发放。②2408/92 号规章，关于共同体航空承运人进入共同体境内航路的准许。③2409/92 号规章，关于航班的票价和运费。④2410/92 号规章，修正 3975/87 号规章关于航空运输部门的企业的适用竞争规则的程序。⑤2411/92 号规章，修正 3976/87 号规章关于《罗马公约》第 85 条第 3 款对一些类别的协议和航空运输领域共同做法的适用。这些规章已于 1993 年 1 月 1 日生效。此外，还有 1993 年的 95/93 号规章，关于时间段（间隙）分配的共同规则，至此欧盟成员国之间关于航空运输的运价、运力、市场准入已实现了高度自由化。

---

① 赵维田．国际航空法．北京：社会科学文献出版社，2000：140.

此外，新规则还涉及计算机订座系统、机场准入和执照发放、竞争等航空运输专项。目前，欧盟在航空运输领域中法律上实现了一体化。

(2) 其他地区航空运输区域化。此外，实现航空运输区域化的还有北美自由贸易联盟、拉丁美洲安第斯集团、亚洲东盟、非洲非盟等地区。1999 年 9 月 12～13 日，APEC 领导人在新西兰的奥克兰举行非正式会议，发表《奥克兰挑战》声明，明确表示“支持为使航空运输服务更具竞争性所实施的 8 个步骤[①]，并确认采取进一步的行动促进航空运输服务自由化以符合目标的要求”。APEC 虽规定了其开放和自由化程度的措施应与 WTO 要求相吻合的原则，但在实质上，上述 8 项内容已大大超出了 WTO《服务贸易总协定》关于航空运输附件的范围。因而，有人认为，1999 年《奥克兰挑战》声明可能对航空运输的法律制度产生深刻影响。

3) 航空运输全球化也冲击着现行的航空法律制度

航空运输全球化，是指航空公司面对国际航空运输市场竞争激烈的形势，在航空公司之间纷纷采取跨国直接投资、交叉参股、航班代号共享等合作方式，直接地或间接地结成航空公司联盟，抢占和瓜分复合型的国内和国际空运市场的现象。航空运输的这种全球化趋势，使航空公司可绕过政府间的航空谈判，变相地获取更多的营运权利，从而冲击现行航空运输管理体制。

4) 国际民航组织在国际航空运输领域中的作用和地位稳步增强

国际民航组织是国家间协调航空运输政策及制定未来航空运输政策建议措施的重要国际组织，是联合国的专门机构。随着国际航协在国际航空运输领域中的作用和地位不断下降，国际民航组织的作用和地位在不断增强。在国际航空运输领域，运价问题、运力问题、航空运输安全运营等问题，都成了国际民航组织研究的重点，并通过各种其成员国可以接受的方式，将这些内容转化为国际航空运输的相关建议和措施。这为增强国际航空运输发展，协调国家间航空运输关作出了重要贡献。

---

① 这 8 个自由化步骤涉及：航空承运人所有权和控制权、运价、商务权、航空货物运输、指定多家航空公司、包机服务、航空公司合作协议、市场准入权。

第 3 章　航空器法律制度

3.1　概　　述

3.1.1　航空器的定义

最早对航空器进行定义的国际航空公约是《巴黎公约》附件 1，附件 1 规定“航空器是指可以从空气的反作用而在大气中取得支撑力的任何机器。”《芝加哥公约》附件 2 将航空器定义为“能从空气的反作用而不是从空气对地面的反作用，在大气中获得支撑的任何机器”。附件 2 还对飞机下了一个定义，“由动力驱动的重于空气的航空器，其飞行中的升力主要由作用于翼面上的空气动力的反作用力获得，此翼面在给定飞行条件下保持固定不变”。

许多国家在国内法中也对航空器下过定义，如 1958 年美国《联邦航空法》将航空器定义为：现有的或今后发明、使用或专供用于空中航行、飞行之任何机器。1952 年颁布的《日本航空法》将航空器定义为：可供空中航行用的载有人员的飞机、旋翼机、滑翔机和飞艇，以及内阁命令所规定的可用于空中航行的任何器械。苏联 1983 年《航空法典》将航空器定义为：凡能依靠空气的相互作用在大气中保持运行的任何飞行器械。1997 年 3 月 25 日通过的《俄罗斯联邦航空法典》第 32 条将航空器定义为：航空器是指依靠空气的相互作用，不是依靠地面和水面的反作用而在大气中保持运行的任何飞行器械。

我国《民航法》并未对航空器下定义，但在民航法规、行政规章中对航空器进行了定义，与《芝加哥公约》附件的规定基本相同，如《民用航空器国籍登记规定》（CCAR—45—R1，1998 年 6 月 10 起施行）第 2 条规定：“本规定所称航空器是指任何能够凭借空气的反作用力获得在大气中的支撑力并由所载人员驾驶的飞行器械，包括固定翼航空器，旋翼航空器、载人气球、飞艇以及中国民用航空总局认定的其他飞行器械。”再如，2004 年《民用航空使用空域办法》（CCAR—71，2004 年 6 月 26 日起施行）附件 1“定义”中规定：“航空器，能从空气的反作用而不是从空气对地面的反作用，在大气中获得支撑的任何机器。”

3.1.2　航空器的分类

航空器有两种分类，一种是技术上的分类，如《芝加哥公约》附件 7 规定，航空器在技术上可分为轻于空气的航空器和重于空气的航空器[①]。轻于空气的航空器是指“任何主要由于浮力而支持在空中的航空器”。重于空气的航空器是指“任何在飞行中主要

① 根据《芝加哥公约》附件 7 的规定，轻于空气的航空器主要有非动力驱动气球和动力驱动的飞艇；重于空气的航空器主要有非动力驱动的滑翔机和风筝，以及动力驱动的定翼飞机、旋翼机和扑翼机。

从空气动力获得升力的航空器”。另一种是法律上的分类，如《芝加哥公约》第 3 条将航空器分为民用航空器和国家航空器，还规定了《芝加哥公约》不适用于国家航空器。各国国内航空法中也基本上将航空器分为民用航空器和国家航空器，也都排除了国家航空器作为其调整对象。

1. 国际航空法中对航空器二元分类的发展历程

从第一个气球升空开始，人们就清楚意识到航空器在未来完全能够兼顾民用和军用。气球的优势在很短的时间内就被军事力量发现了，很快地被用于军事目的，但对民用航空器和军用航空器在法律上的区别没有出现，直到飞机被发明。国际上首先提出对航空器进行分类的是法国法学家福希尔，他将航空器分为公共航空器和私有航空器。1910 年在巴黎召开的空中航行国际会议中，大多数国家的代表认为有必要对航空器进行分类，会议最后形成一个决议，承认航空器有两种类型，即公共航空器和私用航空器，公共航空器又包括军事和警察航空器①。虽然，当时人们对航空器划分为公共航空器和私用航空器的标准并不明确，但却是航空器二元分类的开始，并为以后航空器二元论在法律上的确认奠定了基础。《巴黎公约》将航空器划分为私用航空器和国家航空器。《巴黎公约》第 30 条规定，下列航空器应当被认为是国家航空器：军用航空器，航空器被国家唯一雇佣，如邮政、海关和警察。其他任何的航空器都应当被认为是私用航空器。所有除了军事、海关和警察以外的航空器都应当被作为私用航空器，并且都应当受现存公约规定的支配。《巴黎公约》31 条还规定，由委任的军人操纵的任何航空器，均被认为是军用航空器。显然，《巴黎公约》关于航空器分类的标准是来自于 1910 年在巴黎召开的空中航行国际会议上所形成的对航空器二元分类的决议，用国家航空器代替了公共航空器。

《芝加哥公约》对航空器在法律上也采取了二元分类，即航空器分为民用航空器和国家航空器，对国家航空器的表述也更为明确，用民用航空器代替了私用航空器。《芝加哥公约》第 3 条规定：“一、本公约仅适用民用航空器，不适用于国家航空器。二、用于军事、海关和警察的航空器，应认为是国家航空器。”

在随后签订的国际航空条约中，主要是以《芝加哥公约》中关于航空器的分类为基础，将航空器分为民用航空器和国家航空器，并把用于执行军事、海关和警察飞行任务的国家航空器排除在国际航空法的适用范围之外②。

2. 国内航空法的规定

在国内航空立法中，对航空器的分类也都坚持二元论的观点，并且基本上都是参照

---

① Hornik J. Article 3 of the Chicago convention. Air and Space Law，2002，27：162.

② 例如，1948 年《日内瓦公约》第 13 条规定：“本公约不适用于供军事、海关和警察使用的航空器。”1952 年《罗马公约》第 26 条规定：“本公约不适用于供军事、海关和警察使用的航空器。”《东京公约》第 1 条第 4 款规定：“本公约不适用于供军事、海关或警察用的航空器。”《海牙公约》第 3 条第 2 款、1971 年《蒙特利尔公约》第 4 条第 1 款也都做出了这样的规定。2009 年《关于航空器对第三方造成损害的赔偿责任公约》第 2 条范围第 4 款，规定：“本公约不适用于国家航空器造成的损害。用于军事、海关和警察服务的航空器应当视为国家航空器。”

《芝加哥公约》的规定进行制定的，将航空器分为民用/公用航空器、民用/军用航空器和民用/国家航空器等。美国《联邦航空法》第 101 条规定，“民用航空器指除公用航空器以外的航空器”。进而将公用航空器的定义为：“公用航空器是专供合众国任何政府包括一个州、领地、属地、哥伦比亚的政府或者下属政府机关使用的航空器，但不包括政府所有的、任何运载人员或财产进行商业活动的航空器。”《俄罗斯联邦航空法典》第 33 条第 1 款将航空器分为民用航空器和国家航空器，并对两者登记的程序进行了规定。

《罗马尼亚航空法》第 11 条规定：“所有用于空中交通的载运旅客或货物（无论重于或轻于空气的）飞行器为民用航空器，但属于空军拥有和使用的飞行器除外。”

我国《民航法》对航空器的分类也采用二元论，即将航空器分为民用航空器和国家航空器，并用排除法在《民航法》第 5 条规定：“本法所称的民用航空器，是指除用于执行军事、海关和警察飞行任务外的航空器。”

3. 航空器分类的理论学说

航空器二元分类的依据，从国际条约的规定来看主要采用的是特定用途说；但各国国内法和司法实践采用标准不一，既有国家利益标准又有特定用途标准。特别是在司法实践中，法官们对哪些是国家航空器界定不一。在理论上，学者们对国家航空器标准界定也存在分歧，其主要的观点可以分成三类，即国家利益说、特定用途说、国家航空器否定说①，还有学者认为上述三种划分都有弊端，应以民用航空和非民用航空取代，即民用航空和非民用航空说。当然还有其他的学说，如所有权标准说、传统的功能论及折中路线说②。

1）国家利益说

国家利益说认为，判断国家航空器的标准是考查一个特定航空器的服务对象，如果一个航空器的服务对象是国家利益或公共利益，那么这个航空器就是国家航空器。例如，荷兰航空法学家迪德里克斯·弗斯霍尔在其著作《航空法简介》中指出：“在给国家航空器下定义时所用的主要标准是指它用于为公共服务的意思。”③ 按照这个依据，国家航空器可包括海关航空器、警察航空器、军事航空器、邮用航空器、运送国家元首

---

① 黄力华．国家航空器法律问题研究．现代法学，2000，(1)：146.

② 所有权标准说认为：几乎所有的国家都承认了这两个关于所有权的分类——私有的和公共的。因此，这样以所有权作为划分国家航空器和民用航空器的标准，非常清楚和透明。

传统的功能论认为：区分航空器主要看航空器是“民用的”还是“国家的”用途。但是，当该航空器涉及第三方利益的时候，会导致大量不确定的因素。首先，要将哪些活动是国家的活动挑选出来；然后，还要挑选出哪些活动是国家在行使其主权的活动，哪些是国家的商业活动。

折中路线说实际是一种妥协的观点，这种妥协的观点具有下列的特征：第一，民用航空器和国家航空器基本的区别是所有权；第二，有些国家航空器由于是被用于特殊的（商业）活动和私人活动而被当做民用航空器对待；第三，这些特定的（商业的）的活动被界定作为这些活动在履行中国家没有行使它的主权权力；第四，相关联的航空器不得不将履行这些特定的排他的活动作为唯一基础。转引自：Hornik J. Article 3 of the Chicago convention. Air and Space Law，2002，27：172.

③ 迪德里克斯·弗斯霍尔．航空法简介．赵维田译．北京：中国对外翻译出版公司，1987：40.

的专机、运送政府高级官员的专机、负有国家特殊使命的航空器和政府间国际组织的航空器等。我国著名航空法学者赵维田教授认为，判断国家航空器的标准是：主观上来说，是有用于公共服务的意思，而客观上是使该航空器处于公共管理当局（国家机构的部门）的控制、监督、命令之下，国家对之承担责任的航空器①。但也有学者认为，国家利益说有着自身难以克服的缺点②。目前，国家利益说在理论上和实践中被普遍接受。

2）特定用途说

特定用途说认为，执行特定用途的航空器是国家航空器，除此以外都是民用航空器。特定用途说认为，用于执行军事、海关和警察飞行任务的航空器是执行特定用途的，属于国家航空器。特定用途说在一定意义上较国家利益说更为合理，更为准确。但如将民用航空器用作军事用途，或将军用航空器用作民用目的，法律地位难以判断。目前，国际航空条约和各国航空法中关于航空器的分类采用的是特定用途说。

3）国家航空器否定说

国家航空器否定说认为，对国家航空器进行定义是没有必要的，只会增加国际航空公约解释和适用上的不确定性。因为只要涉及国家航空器，便会涉及国家主权问题，便会产生许多争议，进而给国际航空条约的解释和适用带来许多不确定的因素。但持国家航空器否定说的学者们，在某种程度上还是承认了国家航空器的存在。

4）民用航空和非民用航空说

民用航空和非民用航空说认为，无论现在还是将来，航空法学界都不可能对国家航空器的法律地位予以准确定位，其基本原因在于将航空器区分为国家航空器及民用航空器本身就是不正确的，也是不科学的。这种区分方法具有时代局限性，已不能适应现代航空事业的发展需要，如坚持将航空器分为国家航空器和民用航空器，必将严重地制约人们处理航空法律事务的能力。因此，有必要摒弃这种分类方法，为了和华沙体制保持一致，应当代之以民用航空与非民用航空的分类方法③。

这种学说具有一定的合理性，但用民用航空和非民用航空取代传统的民用航空器和国家航空器的分类，在某种程度上否定了航空器的法律人格，从而为航空器的法律适用带来混乱。因为从国际航空条约和国内航空法的规定来看，航空器本身具有法律人格，如果取消航空器的法律人格，国际航空条约和国内航空法中对航空器的规定将无从适

① 赵维田．国际航空法．北京：社会科学文献出版社，2000：59.

② 这些缺点主要有：第一，这种观点本身并不能真正区分国家航空器与民用航空器。第二，这种理论会引起国家航空器外延问题的混乱。第三，国家利益说在国家航空器的构成上也存在着混乱。转引自：黄力华．国家航空器法律问题研究．现代法学，2000，(1)：146-149.

③ 黄力华教授认为：国家利益说这种观点本身就存在着一些难以克服的弱点；但是“特定用途说”仍不能说就是完美无缺的，在某些特殊情况下利用“特定用途说”仍然不能准确判断航空器的法律地位。应以航空活动的性质进行划分，取而代之以民用航空和非民用航空。转引自：黄力华．国家航空器法律问题研究．现代法学，2000，(1)：146-149.

用，从而导致国际航空条约和国内航空法必须重新构建，或将导致航空法解体。

4. 航空器分类的必要性

对民用航空器和国家航空器进行准确划界比较困难，但在法律上是必要的，在实践中是可行的。从《巴黎公约》中首次对航空器在法律上进行分类以来，并没有阻碍航空法的发展，也没有阻碍对航空事务的处理能力。因此，在航空法中对航空器进行分类是必要的，理由主要有以下五个方面。

第一，对航空器进行分类能够促进民用航空事业发展。对航空器分类的目的，正是为了促进民用航空事业的发展，保障民用航空事业安全和有秩序地进行。因此，自航空活动产生初期，人们就开始思考航空器的分类问题，并力图在法律上做出明确的界定。例如，将民用航空器和国家航空器适用同样的法律规则，不仅为国际航空条约的统一适用带来障碍，也会因与传统的国际强行法相冲突而导致无效。在 1919 年航空技术和航空事业尚不发达的情况下，人们通过国际立法对航空器的分类虽然存在瑕疵，但却对促进民用航空事业的发展具有重要意义。

第二，对航空器进行分类能够确保国际航空公约的统一适用。有学者指出，将航空器划分为国家航空器和民用航空器，导致了华沙体制和国际航空公法的对立。恰恰相反，这种分类不仅没有导致华沙体制和国际航空公法之间的对立，而且还加强了国际航空公约的统一适用。在目前现存的国际航空公约中，基本上都明确规定不适用于用于执行军事、海关或警察用的航空器。各国国内航空立法中也排除了国家航空器的适用。如果军事、海关或警察用的航空器，也归属于国际航空公约的统一适用，国际航空公约根本就不能生效，因为这些航空器往往涉及国家主权、国家秘密及习惯国际法，对民用航空安全和有秩序地运行带来很大障碍。所以，对航空器进行法律上的二元分类，能够确保国际航空公约的统一适用。

第三，国际航空法理论的发展，能够弥补航空器划分上的不足。立法本身具有超前性，但也具有滞后性。航空立法也是如此，不能要求立法者们在特定的历史条件制定出以现代人的观点看来完美无缺的法律。而且，关于民用航空器和国家航空器的范围在理论上也不断得到新的诠释。例如，国家利益说已经得到了国际社会的普遍认可，弥补了特定历史时期对航空器分类上的不足。

第四，对航空器进行分类能够促进民用航空器和国家航空器的协调发展。目前，民用航空器和国家航空器是相辅相成的，有了民用航空器才有国家航空器，而且二者是可以相互转化的。例如，第二次世界大战结束后，大量的军用航空器经过改装从事商业用途，有力地推动了民用航空业的发展，改变了以往以军用航空活动为主的局面，促进了民用航空器和国家航空器的协调发展。而民用航空器也具有军事价值，如遇到军事需要或国家处于紧急状态时，民用航空器也可不加改装直接用于军用目的，填补了国家航空器数量上的不足，进而可以动态地协调民用航空器和国家航空器的发展。

第五，国家的存在也为国家航空器的生存提供了必要性。只要国家存在，国家航空器就不会退出历史舞台。因为国家要行使主权，就会出现国家为行使主权而使用航空器，如军用航空器、海关航空器、警察航空器及代表国家行为的主体的专机等，这些航空器无疑就是国家航空器。所以，国家的存在也为国家航空器的生存提供了必要性。

总之，本书认为，对民用航空器和国家航空器的划分还是有必要的，但在划分的依据和标准上，随着航空事业的发展，还有待进一步的研究。

5. 航空器的法律地位

将航空器划分为民用航空器和国家航空器的根本目的，是确定其法律地位，从而为国际公约和国内法对民用航空器的适用奠定法律基础。

1) 民用航空器的法律地位

(1) 民用航空器是合成物。民用航空器是由航空器构架、发动机、螺旋桨、无线电设备和其他一切为了在民用航空器上使用的，无论安装于其上或者暂时拆离的物品等组成的合成物，每一部分都是民用航空器不可或缺的，在法律上均不能脱离民用航空器而单独存在。它们与民用航空器之间被视为从物与主物的关系，民用航空器所有权转移、抵押权设立及优先权的存在等均涉及整个民用航空器。

(2) 民用航空器具有不动产属性。从理论上来说，能够发生位移而不损害其价值的财产是动产，民用航空器理应属于动产范畴。但民用航空器价值较大，使用年限长，各国民法中一般将其当成不动产来对待。例如，我国《民航法》规定，民用航空器所有权的取得、转让和消灭，以及抵押权设立、变更，都应当进行登记，未经登记的，不得对抗第三人。

(3) 民用航空器虽是物，但有拟人性。民用航空器在法律地位上是物，是法律关系的客体。但是，民用航空器却具有法律上自然人或法人的特性，因此，产生法律主体的某些属性。对于民用航空器的拟人性，是拟自然人还是拟法人，学术界存在不同的看法。但在法律规定范围内，民用航空器具有相应的权利能力和行为能力。

第一，法律上赋予了航空器的法律人格，使其成为航空法的适用对象。例如，《芝加哥公约》第 3 条、1952 年《罗马公约》第 26 条、《东京公约》第 1 条、《海牙公约》第 3 条、1971 年《蒙特利尔公约》第 4 条都规定了适用对象是民用航空器。国内航空法也基本上和国际条约的规定一样，如我国《民航法》第 5 条的规定。

第二，在航行中，权利和义务的规定也是针对民用航空器。根据国际条约和国内法的规定，民用航空器应当遵守飞入国的法律和规章，民用航空器在公海和不属于任何国家领土的上空飞行，享有飞越自由，但要遵守国际航空的一般规则，对民用航空器不得使用武力或以武力相威胁。另外，根据 1982 年《联合国海洋法公约》的规定，航空器在公海上空飞越自由，在专属经济区，所有国家（不论沿海国还是内陆国）在有关规定的限制下，享有《联合国海洋法公约》第 87 条所指的航行和飞越自由；民用航空器还享有过境通行权、群岛海岛通过权。

2) 国家航空器的法律地位

《芝加哥公约》第 3 条第 3 款规定："一缔约国的国家航空器，未经特别协定或其他方式的许可并遵照其中的规定，不得在另一缔约国领土上空飞行或在此领土上降落。”但根据国际习惯法规定，有些国家航空器享有管辖豁免权，而有些国家航空器则没有管辖豁免权。

第一，外国国家元首、政府首脑和执行特别使命的高级官员乘坐的专用航空器享有管辖豁免权。学者们对管辖豁免权的根据有不同认识，有人认为这些专用航空器本身就享有管辖豁免权，而有人认为，是因为乘坐该专用航空器的人享有特权和管辖豁免权，从而赋予了该专用航空器管辖豁免权。本书同意第二种意见。

第二，用于执行政府间国际组织任务的航空器也享有管辖豁免权。管辖豁免权的根据，是政府间国际组织自身享有的成员国所赋予的管辖豁免权，从而该航空器也享有相应的管辖豁免权。例如，联合国及专门机构所拥有的航空器在执行任务时的管辖豁免权。

第三，军用航空器原则上享有管辖豁免权。按照国际法的一般规定，军用航空器原则上享有给予外国军舰的管辖豁免权，但不适用于军用航空器从事间谍等敌对行为。

第四，警察和海关航空器，不享有管辖豁免权。根据现有国际法和各国国内法的规定，在任何情况下，警察和海关航空器都不享有管辖豁免权，但有关国家间可通过特别协议确定在何种情况下准许飞越边境，如国家之间打击犯罪而进行合作，对航空器的搜寻和援救进行合作等。

3.2 民用航空器国籍

3.2.1 民用航空器国籍的概念和意义

1. 民用航空器国籍的概念

国籍是表示自然人具有某个国家的公民或国民资格或身份，与该国保持着永久的法律联系，处于该国的属人优越权管辖之下①。民用航空器国籍是指民用航空器在哪国登记，从而处于该国属人优越权管辖之下。严格来说，只有自然人才是各国国籍法的主体，但在19世纪后半叶之后，随着国家间交往的发展，国籍也被扩大到法人、船舶、航空器上。

最早提出应赋予航空器国籍的是法国法学家福希尔，他认为赋予航空器国籍能够更好地促进航空活动的发展。《巴黎公约》第6条首次以国际法形式确立了航空器国籍制度，随后，1926年《伊比利亚——美洲公约》第6条、1928年《哈瓦那公约》第17条、《芝加哥公约》第3章（专门设置，名为航空器国籍），对航空器国籍进行了详细规定。各国国内航空立法中，也都有对航空器国籍的具体规定。

2. 民用航空器国籍的法律意义

民用航空器国籍是国籍国和民用航空器相联系的法律纽带，在国内法、国际公法及国际私法中都具有重要意义②。

---

① 邵津．国际法．北京：北京大学出版社，高等教育出版社，2000：62.

② 贺富永．民用航空器国籍的法理透视．江苏航空，2003，(2)：39-40.

1）国内法意义

民用航空器国籍表明民用航空器与登记国家之间在法律上的隶属关系，民用航空器因此获得国籍国在航空运输方面提供的各种优惠。例如，《芝加哥公约》第 7 条规定："缔约各国有权拒绝准许其他缔约国的航空器为取酬或出租在其领土内载运乘客、邮件和货物前往其领土内另一地点。缔约各国承允不缔结任何协议在排他的基础上特准任何其他国家的空运企业享有任何此项特权，也不向任何其他国家取得任何此项排他的特权。"我国《民航法》第 177 条也规定："外国民用航空器的经营人，不得经营中华人民共和国境内两点之间的航空运输。"

国籍国还要保护航空器所有人、经营人和民用航空器的合法权利，并加强对民用航空器的管理，对有本国国籍标志的民用航空器行使有效的行政、技术及社会事项的管辖和控制，以保证取得该国国籍的民用航空器与国家之间有真正的联系。

取得我国国籍的民用航空器，不仅在航空运输政策、税收优惠等方面享有照顾，必要时可享受我国使领馆的保护与帮助，在公海上或外国领空发生刑事、民事案件时，我国也享有管辖权。

2）国际公法意义

民用航空器国籍在国际公法上具有以下三个方面的意义。

第一，国籍是区分本国民用航空器和外国民用航空器，决定它们不同法律地位的依据。国家根据登记状况来确定本国民用航空器和外国民用航空器。国家有权对本国民用航空器行使属人管辖权，而对外国民用航空器只能行使属地管辖权或国际法上规定的其他管辖权。本国登记的本国民用航空器享有和承担本国法律规定的权利和义务，而外国民用航空器只能在国际法所规定的情况下享有相关权利和义务。

第二，国籍是民用航空器国籍国对其提供保护权的依据。这些保护权包括：搜寻援救的权利、参与事故调查的权利、协助权利等。

第三，国家是民用航空器与国际法联系的纽带。民用航空器具有了登记国的国籍，就可以享受国际法赋予国家的权利和义务给它带来的权益和所应承担的有关义务。

3）国际私法意义

民用航空器国籍在国际法私法中可作为某些法律关系准据法的依据。从国际私法的角度来看，民用航空器的国籍是解决有关民用航空器及其航行的航空纠纷的一个重要连接点。例如，1948 年《日内瓦公约》第 1 条规定的航空器所有权、占有权、租赁期限为 6 个月以上租赁占有民用航空器的权利，以及为担保偿付债务而协议设定的航空器的抵押权、质权及类似权利，必须符合"该航空器进行国籍登记的缔约国在设定该权利时的法律"，"在不同缔约国中进行的连续登记的合法性，按照每次登记时的该航空器进行国籍登记的缔约国的法律予以确定"。我国《民航法》在关于涉外关系的法律适用问题上，也以登记国法作为准据法。例如，我国《民航法》第 185 条规定："民用航空器所有权的取得、转让和消灭，适用民用航空器国籍登记国法律。"第 186 条还规定："民用航空器抵押权适用民用航空器国籍登记国法律。"

3.2.2 民用航空器国籍的法律规定

1. 国际航空公约的规定

《巴黎公约》首次以国际航空条约的方式确立了航空器国籍登记制度，形成了至今还在适用的航空器国籍制度。在《巴黎公约》中，规定了航空器国籍制度的三原则，即航空器具有其登记国的国籍①、航空器只能有一个国籍和航空器国籍登记的具体条件由各国国内法加以规定。该三原则后来被 1926 年《伊比利亚—美洲公约》（第 6 条）、1928 年《哈瓦那公约》（第 17 条）和《芝加哥公约》所采用。

《芝加哥公约》第 17 条规定："航空器具有其登记国的国籍。"该条确立了航空器国籍的基本原则，即航空器具有其登记国的国籍。《芝加哥公约》第 18 条规定："航空器不得具有双重国籍，航空器在一个以上国家登记不得认为有效，但其登记可以由一国转移至另一国。"该条是对航空器国籍的限制性规定，即航空器只能有一个国籍，但航空器的国籍可以由一国转移至另一国。《芝加哥公约》第 19 条规定："航空器在任何缔约国登记或转移登记，应按该国的法律和规章办理。"该条确立了航空器登记的条件，即在不违反前两条的前提下，各国可以根据本国具体情况来制定航空器国籍登记条件。

2. 国内航空法的规定

1）代表性国家国内航空法的规定

航空器具有其登记国的国籍，且只能具有一个国籍已被世界各国普遍接受，但对于登记的具体条件，各国法律的规定不尽相同。例如，法国民航法第 1121-3 条（1996 年 2 月 27 日政府公报第 28 条公布的 1996 年 2 月 26 日第 96-151 号法律）规定，只有属于以下个人或团体所有的飞行器才可在法国登记、注册：属于法国个人或欧洲经济共同体某一成员国侨民或"欧洲经济区协定"成员国国民私人所有的飞行器；或属于某一法人所有，该法人根据欧洲经济共同体某一成员国或"欧洲经济区协定"某一成员国的有关法令建立，并在法国国土内或欧洲经济共同体某一成员国或"欧洲经济区协定"某一成员国国土内设立总部或主要经营、活动场所的。例外条例可由主管当局以"例外"的名义付诸实施。再如，美国《联邦航空法》第 501 条规定"合众国公民或经法律手续准许在合众国长期居住的外国个体公民所有"，或者"为依法组织并按合众国或其所属任一州的法律从事营业的法人（只有一个合众国公民的法人除外）所有，并且该航空器的基地在合众国又主要在合众国内使用者"所拥有的航空器，应在美国登记取得美国国籍。英国法律只允许英国臣民或受英国保护的人所有的或租用的航空器在英国登记。日本航空法规定了四种人员拥有的航空器不得进行登记：未取得国籍者；外国或外国的公共团体或类似的机构；根据外国法令或规章设立的法人或其他团体；任何法人，其代表为前

① 在 1919 年巴黎会议上，英国代表就曾在其提交的《国际空中航行的国际公约草案》第 3 条中建议"航空器的国籍按其所有人的国籍决定"。但登记确定国籍的准则最后在 1919 年巴黎会议上占了上风。最终导致了在《巴黎公约》中确立了以登记确定航空器国籍的原则。

三项所述人员时，其 1/3 以上的高级职员或 1/3 以上的表决权为此等人员所有时。此外，日本航空法还规定，凡具有外国国籍的航空器，均不得登记。另外，俄罗斯、罗马尼亚等国的航空法对航空器的国籍登记问题都做出了类似的规定。

2）我国航空法的规定

我国国内法中对民用航空器国籍登记及其条件不仅在法律中有规定，而且在行政法规和规章中也对登记的具体内容进行了比较详细地规定①，主要有以下内容。

（1）一般性规定，包括登记目的和条件。民用航空器国籍登记的目的是“为加强对民用航空器国籍的管理，保障民用航空活动安全，维护民用航空活动秩序。”② 我国民用航空器国籍登记条件主要包括以下五个方面的内容。

第一，民用航空器只能有一个国籍，不得具有双重国籍。未注销外国国籍的民用航空器不得在中华人民共和国申请国籍登记；未注销中华人民共和国国籍的民用航空器，不得在外国办理国籍登记③。

第二，所有权人或经营人是中国人的民用航空器应当在我国进行国籍登记。具体而言，包括：中华人民共和国国家机构的民用航空器；依照中华人民共和国法律设立的企业法人的民用航空器，企业法人的注册资本中有外商出资的，外商投资公共航空运输企业，中方应当控股，同时一家外商（包括其关联企业）投资比例不得超过 25%④；在我国境内有住所或者主要营业所的中国公民的民用航空器；依照我国法律设立的事业法人的民用航空器；自境外租赁的民用航空器，承租人符合前述登记条件的规定，该民用航空器的机组人员由承租人配备的，可以申请登记我国国籍，但是，必须先注销该民用航空器原国籍登记；国务院民用航空主管部门准予登记的其他民用航空器。

第三，登记机关是国务院民用航空主管部门。经中华人民共和国国务院民用航空主管部门依法进行国籍登记的民用航空器，具有我国国籍，由国务院民用航空主管部门颁发国籍登记证书。国务院民用航空主管部门设立我国民用航空器国籍登记簿，统一记载民用航空器的国籍登记事项。

第四，飞行时应携带相关国籍登记证书或临时登记证书，否则，国务院民用航空主管部门可以禁止该民用航空器起飞。在我国领域内飞行的民用航空器，应当具有规定的

① 我国目前调整民用航空器国籍登记的法律、行政法规和规章主要有：我国《民航法》第 3 章的规定；《中华人民共和国民用航空器国籍登记条例》的规定；《民用航空器国籍登记规定》的规定。

② 《中华人民共和国民用航空器国籍登记条例》和《民用航空器国籍登记规定》均在第 1 条做出了这样的规定。

③ 《民航法》第 9 条规定：“民用航空器不得具有双重国籍。未注销外国国籍的民用航空器不得在中华人民共和国申请国籍登记。”《中华人民共和国民用航空器国籍登记条例》第 4 条和《民用航空器国籍登记规定》第 8 条都规定：“民用航空器不得具有双重国籍。未注销外国国籍的民用航空器，不得在中华人民共和国申请国籍登记；未注销中华人民共和国国籍的民用航空器，不得在外国办理国籍登记。”

④ 中国民航总局、对外贸易经济合作部和发展计划委员会发布的《外商投资民用航空业规定》（CCAR—201，2002 年 8 月 1 日起施行）第 6 条第 2 款规定：“外商投资公共航空运输企业，应当由中方控股，一家外商（包括其关联企业）投资比例不得超过 25%。”《民用航空器国籍登记规定》第 5 条第 2 款规定：“企业法人的注册资本中有外商出资的，外商在该企业法人的注册资本或者实收资本中所占比例不超过 35%，其代表在董事会、股东大会（股东会）的表决权不超过 35%，该企业法人的董事长由中国公民担任。”

国籍标志和登记标志或临时登记标志，并携带国籍登记证书或临时登记证书。民用航空器没有或者未携带民用航空器国籍登记证书的，国务院民用航空主管部门或者其授权的地区民用航空管理机构可以禁止该民用航空器起飞。

第五，民用航空器国籍登记，不得作为民用航空器所有权的证据。民用航空器在我国进行国籍登记，并不能表明该民用航空器的所有权人是中国人。所以，民用航空器国籍登记不得作为民用航空器所有权的证据。

（2）登记程序。民用航空器国籍登记程序包括：申请、审查及颁发证书、变更登记和注销登记。

申请。申请人向国务院民用航空主管部门申请我国民用航空器国籍登记的，应当提交下列文件：证明申请人合法身份的文件；作为取得民用航空器所有权证明的购买合同和交接文书，或者作为占有民用航空器证明的租赁合同和交接文书；未在外国登记国籍或者已注销外国国籍的证明；国务院民用航空主管部门要求提交的其他有关文件。

审查及颁发证书。国务院民用航空主管部门应自收到民用航空器国籍登记申请之日起 7 个工作日内，对申请书及有关证明文件进行审查；经审查，符合规定的，即在我国民用航空器国籍登记簿上登记该民用航空器①，并向申请人颁发我国民用航空器国籍登记证书。

证书的有效期、补发和变更。民用航空器国籍登记证书应当放置于民用航空器内显著位置，以备查验。民用航空器国籍登记证书的有效期自颁发之日起至变更登记或注销登记之日止。民用航空器国籍登记证书不得涂改、伪造或转让。民用航空器国籍登记证书遗失或污损的，应向国务院民用航空主管部门申请补发或者更换民用航空器国籍登记证书，并提交有关说明材料。国务院民用航空主管部门自收到申请之日起 7 个工作日内，对申请书及有关材料进行审查；经审查，符合规定的，即补发或者更换民用航空器国籍登记证书②。

注销登记。取得我国国籍的民用航空器，遇有下列情形之一的，应当向国务院民用航空主管部门申请办理注销登记：民用航空器所有权依法转移境外并已办理出口适航证的；民用航空器退出使用或者报废的；民用航空器失事或者失踪并停止搜寻的；民用航空器租赁合同终止的；其他情形。申请人应当按照国务院民用航空主管部门规定的格式填写民用航空器注销登记申请书，并提交有关证明文件，交回原民用航空器国籍登记证书，但民用航空器所有权依法转移境外并已办理出口适航证的、民用航空器退出使用或者报废的，以及民用航空器失事或者失踪并停止搜寻的情况除外。国务院民用航空主管

① 《民用航空器国籍登记规定》第 12 条规定："民航总局在民用航空器国籍登记簿中载明下列事项：（一）民用航空器国籍标志和登记标志；（二）民用航空器制造人名称；（三）民用航空器型号；（四）民用航空器出厂序号；（五）民用航空器所有人名称及其地址；（六）民用航空器占有人名称及其地址；（七）民用航空器登记日期；（八）民用航空器国籍登记证书签发人姓名；（九）变更登记日期；（十）注销登记日期。"

② 取得我国国籍的民用航空器，遇有下列情形之一时，应当向国务院民用航空主管部门申请办理变更登记：民用航空器所有人或其地址变更；民用航空器占有人或其地址变更；其他情形。申请人应当按照中国民航总局规定的格式填写民用航空器变更登记申请书，并提交有关证明文件，交回原民用航空器国籍登记证书。国务院民用航空主管部门自收到民用航空器国籍登记变更申请之日起 7 个工作日内，对申请书及有关证明文件进行审查；经审查，符合本规定的，即在我国民用航空器国籍登记簿上进行变更登记，并颁发变更后的民用航空器国籍登记证书。

部门自收到申请书之日起 7 个工作日内，对申请书及有关证明文件进行审查；经审查，符合规定的，即注销该民用航空器的国籍登记。民用航空器注销国籍登记的，该航空器上的国籍标志和登记标志应予以覆盖。

（3）国籍标志和登记标志。民用航空器的国籍标志是指识别民用航空器国籍的字母符号。民用航空器的登记标志是指民用航空器登记国在民用航空器登记后给定的数字、字母或两者的组合。

民用航空器国籍标志置于登记标志之前，国籍标志和登记标志之间加一条短横线。我国民用航空器的国籍标志为罗马体大写字母 B，登记标志为阿拉伯数字、罗马体大写字母或者两者的组合。国籍标志和登记标志在民用航空器上的位置、尺寸和字体，由国务院民用航空主管部门规定。取得我国国籍的民用航空器，应将规定的国籍标志和登记标志用漆喷涂在该航空器上或者用其他能够保持同等耐久性的方法附着在该航空器上，并保持清晰可见[①]。

（4）临时登记标志。对未取得民用航空器国籍登记证书的民用航空器，申请人应按照规定，在进行飞行前 30 日内，按照国务院民用航空主管部门规定的格式如实填写申请书，并向国务院民用航空主管部门提交有关证明文件，办理临时登记，包括以下内容。

一是临时登记的适用范围，主要有：验证试验飞行；生产试验飞行；表演飞行；为交付或者出口的调机飞行；其他必要的飞行。

二是临时登记的申请人。申请人是指民用航空器制造人、销售人或者国务院民用航空主管部门认可的其他申请人。

三是登记证书。国务院民用航空主管部门准予临时登记的，应当确定临时登记标志，颁发临时登记证书。临时登记证书在其载明的期限内有效。

四是临时登记标志。临时登记标志应当按照规定在航空器上标明。取得临时登记标志的民用航空器出口的，可以使用易于去除的材料将临时登记标志附着在民用航空器上，并应当完全覆盖外方要求预先喷涂的外国国籍标志和登记标志。

（5）法律责任。违反民用航空器国籍登记的法律法规和规章规定的，国务院民用航空主管部门或其授权的地区管理局可以实施禁止民用航空器起飞、警告、罚款、没收违法所得等处罚。

根据我国法律规定，有下列情形之一的，中国民航局或者其授权的地区管理局可以禁止该民用航空器起飞，并可处以警告；利用该民用航空器从事经营活动，有违法所得的，可以处以违法所得 3 倍以下的罚款（最高不超过 30 000 元），没有违法所得的，可以处以 10 000 元以下的罚款；利用该民用航空器从事非经营活动的，可以处以 1000 元以下罚款。①民用航空器没有或者未携带民用航空器国籍登记证书或临时登记证书。②伪造、涂改或者转让民用航空器国籍登记证书。③载有临时登记标志的民用航空器从事验证试验飞行、生产试验飞行、表演飞行、为交付或者出口的调机飞行和其他必要的

---

① 详见《民用航空器国籍登记规定》第 24 条到第 30 条的规定。具体内容参见：http://www.caac.gov.cn/B1/B6/200612/t20061220.893.html.

飞行以外的飞行活动的。④航空器应当办理变更登记或者注销登记，不申请办理变更登记或者注销登记的。⑤违反规定，不按规定的位置、字体、尺寸在航空器上标明国籍标志和登记标志的。⑥违反规定，在民用航空器上喷涂、粘贴不符合规定或者未经中国民航局批准的图案、标记或者符号的。⑦违反规定，不按规定在每一航空器上标明民用航空器所有人或者占有人的名称和标志的。⑧违反规定，不按规定制作或固定识别牌的。

3.2.3 民用航空器国籍原则的发展

1. 航空器国籍与所有权人、经营人国籍

用登记制度确定航空器的国籍在形式上保证了航空器单一国籍制度，但在实践中，极易造成航空器国籍和所有权人、经营人国籍相分离的状况，给航空器的管理带来不便。例如，《芝加哥公约》第 5 条所规定的对不定期国际航班所赋予的权利，是针对在缔约国登记的航空器，而不是给予缔约国中的航空器所有权人或经营人。但在实践中，缔约国之间所相互给予的权利并不是针对该航空器，而是给予缔约国的所有权人或经营人。为避免航空器国籍国和所有权人国籍国、经营人国籍国相分离的状况，各国国内航空法中，一般都规定，该航空器要在本国进行登记，其所有权或经营人应至少有一个具有本国国籍，从而事实上促使该航空器国籍国和所有权人国籍国、经营人国籍国属于同一国家，或至少要和所有权人或经营人国籍国发生一次重合现象。

2. 联合经营的登记问题

在《芝加哥公约》签订前，人们就对航空器只有一个国籍所造成的弊端有所认识，因此《芝加哥公约》第 77 条采取了比较灵活的态度，赋予了国际民航组织理事会有权决定航空器可采取何种形式进行登记的权利[①]。1946 年，挪威、丹麦和瑞典成立了北欧航空公司，对该航空公司内的机群，国际民航组织理事会建议，按照他们的出资比例分别在三国登记。1961 年，11 个法语系的非洲国家组成了非洲航空公司，就该公司的航空器的登记问题进行请示，国际民航组织法律委员会和理事会在 1967 年对此进行了讨论，最后认为：只要在一国做联合登记，而将该公司在各国登记的航空器填入联合登记簿内，即可成立，但该公司所属机群只涂共同标志而不是某一个国家的标志，各国承担连带责任。1983 年，约旦和伊拉克组成一家联营的阿拉伯航空货运公司，要求国际民航组织理事会解决国籍登记问题，理事会基本上参照 1967 年讨论的意见，做出了答复。

3. 航空器国籍国职权的转移

国际航空运输中，航空器国籍国享有对本国在域外的航空器功能在逐渐地减弱；在国际航空业务中，各国航空企业之间租、包和互换航空器的现象逐渐增多，单纯地用《芝加

---

① 《芝加哥公约》第 77 条规定："本公约不妨碍两个或两个以上缔约国组成航空运输的联营组织或国际性的经营机构，以及在任何航线或地区合营航班。但此项组织或机构的合营航班，应遵守本公约的一切规定，包括关于将协定向理事会登记的规定。理事会应决定本公约关于航空器国籍的规定以何种方式适合于国际经营机构所用的航空器。"

哥公约》的国籍原则难以解决这些活动所产生的许多问题。用航空器登记来捆绑航空器国籍国，使其承担其所有的责任，只会引起他们的不满，同时会对其国内法造成冲击。为了解决这一问题，1980 年 10 月国际民航组织第二十三届大会上专门通过了一项对《芝加哥公约》的修订，增设了第 83 分条的决议，规定："某些职能与责任的转移：（甲）虽有第十二条（空中规则）、第三十条（无线电设备）、第三十一条（适航证）、第三十二条（人员执照）的规定，但当在一缔约国登记的航空器依包、租与互换航空器协议或类似协议由经营者经营，而该经营人的主要营业地或无此种营业地时其常住地在另一缔约国时，登记国可以按照与该国的协议，将第十二条、第三十条、第三十一条、第三十二条（一）款中的全部或部分职能与责任转移。登记国由此解脱其已经转移的职能与责任的责任。"

4. 航空联盟对国籍原则的冲击

一国航空资源属于国家所有，航权的交换主要通过签订双边航空协定的方式进行，并授予航空公司经营，加上对国籍登记条件的主要所有权和有效控制条款的存在，使得航空器的国籍、航空公司国籍和运输权利看起来联系非常紧密；但航空联盟的出现、代码的共享，航空公司能轻而易举地绕过双边政府协定，快速进入别国市场，经营它本来无权经营的国际航线。航空公司联盟、代码共享的出现及航空运输全球化的趋势形成了一股合力，对航空器国籍所产生的反作用，足以使得传统的航空器国籍变成了法律上的一纸空文。

航空器国籍制度在实践中已经不适用甚至阻碍了航空运输业的发展，因此，如何加强对民用航空器国籍制度研究，替代传统航空器国籍制度，成为现在需要迫切解决的问题之一。

3.2.4　航空器登记国的权利和义务

1. 航空器登记国的权利

航空器登记国对在本国登记的航空器享有管辖权、保护权和管理权等权利。

1）管辖权

管辖权是指国家对其领土内的一切人、物和所发生的事件，以及对在其领域外的本国人行使管辖的权利，是国家行使主权的具体体现。包括属地管辖权、属人管辖权、保护管辖权和普遍管辖权[①]。对在域外的本国航空器，航空器登记国享有的管辖权主要是属人管辖权和保护管辖权。在传统国际法领域，大陆法系认为航空器内属于一个国家的领土，因此，大陆法系国家认为，本国对在域外的本国航空器的管辖权是属地管辖权。而英美法系将航空器当成本国的一个人，所以，英美法系国家对在域外的本国航空器的管辖权是属人管辖权。目前，航空器具有拟人性已经被世界各国普遍

---

① 属人管辖权是指各国对具有本国国籍的公民实行管辖的权利。属地管辖权是指国家对领域内的一切人（除享有外交豁免者外）、物和发生的事件具有的管辖权。保护管辖权是指国家对于外国人在该国领域外侵害该国的国家和公民的重大利益的犯罪行为有权行使管辖。普遍管辖权是指根据国际法，国家对于国际犯罪，无论犯罪人的国籍如何，也无论他在何处犯罪均有权实行管辖。

接受，因此，无论大陆法系国家还是英美法系国家一般都认为，对在域外的本国航空器的管辖权是属人管辖权。如果外国人对本国在域外的航空器犯罪，本国行使管辖权的依据则是保护管辖权。

2）保护权

在域外的具有本国国籍的民用航空器，本国享有保护的权利。这些权利主要有采取援救措施、参与事故调查、协助及其他权利。

（1）采取援救措施。当具有本国国籍的航空器在域外遇险时，航空器的登记国有权采取情况所需的援助措施。《芝加哥公约》第25条规定：“缔约各国承允对在其领土内遇险的航空器，在其认为可行的情况下，采取援助措施，并在本国当局管制下准许该航空器所有人或该航空器登记国的当局采取情况所需的援助措施。缔约各国搜寻失踪的航空器时，应在按照公约随时建议的各种协同措施方面进行合作。”

（2）参与事故调查。《芝加哥公约》第26条规定：“一缔约国的航空器如在另一缔约国的领土内发生事故，致有死亡或严重伤害或表明航空器或航行设施有重大技术缺陷时，事故所在地国家应在该国法律许可的范围内，依照国际民用航空组织建议的程序，着手调查事故情形。航空器登记国应有机会指派观察员在调查时到场，而主持调查的国家，应将关于此事的报告及调查结果，通知航空器登记国。”我国《民航法》第183条规定：“外国民用航空器在中华人民共和国境内发生事故，其国籍登记国和其他有关国家可以指派观察员参加事故调查。事故调查报告和调查结果，由中华人民共和国国务院民用航空主管部门告知该外国民用航空器的国籍登记国和其他有关国家。”

（3）协助。民用航空器登记国的领事官员根据双边领事条约规定，在领事辖区内对停留在接受国机场或在空中飞行的本国民用航空器，提供一切必要的协助，可以同本国的机长和机组成员联系，并可要求接受国主管当局提供协助。

（4）当本国的民用航空器或其机组人员被接受国采取任何强制措施进行正式调查时，本国的有关领事官员可以事先得到通知，以便本人或派代表到场，如遇紧急情况事先未得到通知，可以在接受国采取上述行动后立即要求得到通知，并可请求接受国提供所采取行动的一切资料。

3）管理权

民用航空器的登记国对在域外的本国民用航空器享有管理权。这些权利主要包括适航管理和航行管理。《芝加哥公约》第12条、第29～35条，对此做出了具体规定。许多国家国内法也有对在本国登记的民用航空器进行管理和控制的详细规定。例如，对民用航空器的维修和放行，不论是在境内还是在境外，必须由该登记国主管当局发给执照或者证书的合格人员施行。还有一些国家规定了其他一些管理措施，如美国规定，租给外国经营人使用的民用航空器，必须每月两次飞回美国。苏联航空法规定，民用航空器的机组人员必须是该民用航空器登记国的公民。

2. 航空器登记国的义务

根据国际航空公约和国内法的规定，航空器的国籍登记国对在域外的本国航空器所承担的义务主要有管辖义务、保证义务、保护义务及协助义务。

1）管辖义务

航空器登记国对本国在域外的航空器上的行为有管辖的义务，特别是对犯罪行为的管辖，以确保国际民用航空安全和有秩序地进行。航空器登记国应采取必要措施，来确立其作为航空器登记国对在本国登记的航空器上犯罪的管辖权。这是国际公约赋予缔约国的一项义务。例如，《东京公约》第 3 条规定："各缔约国都应采取必要措施，以确立其作为登记国对在该国登记的航空器上犯罪的管辖权。"《海牙公约》第 4 条规定："在该国登记的航空器上发生犯罪；各缔约国应采取必要措施对罪行和被指称的罪犯对旅客或机组所犯的同该罪行有关的任何其他暴力行为，实施管辖权。"我国 1997 年《刑法》第 6 条第 2 款和 1998 年 6 月最高人民法院的司法解释都对此进行了规定。

2）保证义务

航空器登记国对在域外的本国航空器应承担保证义务。第一，国家应采取适当措施，禁止将在该国登记的，或者在该国有主营业所或永久居所的经营人所使用的任何民用航空器肆意用于与《芝加哥公约》宗旨不相符的目的。第二，应当保证本国航空器在从事国际飞行时携带符合规定的文件。第三，保证为其航空器发给的或核准的适航证及执照的标准，不得低于国际最低标准。第四，应当保证在本国登记的航空器无论在何地，都应当遵守当地的法律和规章。

3）保护义务

从国籍制度的产生来看，国籍制度是国家为了保护其国民在国外的合法权利而设立的。当航空器在该国登记时，享有了"国民"的身份，因此，国家对在域外的本国航空器的合法利益有保护的义务。

4）协助义务

《芝加哥公约》第 21 条规定，缔约各国承允，如经要求，应将关于在该国登记的某一航空器的登记及所有权情况提供给任何另一缔约国或国际民航组织。此外，缔约各国应按照国际民航组织制定的规章，向该组织报告有关在该国登记的经常从事国际航行的航空器所有权和控制权的可提供的有关资料。如经要求，国际民航组织应将所得到的资料提供给其他缔约国。

3.3　民用航空器权利

3.3.1　一般规定

民用航空器权利是指以民用航空器为客体而发生的相关民事权利，是航空法律制度的重要内容。民用航空器是民法上重要的物，围绕民用航空器产生了各种法律关系，形成了一系列民用航空器所有权、使用权、抵押权、优先权及权利登记制度。

1. 民用航空器权利的法律基础

1）1948 年《日内瓦公约》

航空法专家国际技术委员会对有关航空器权利的国际承认问题的研究工作早在 1927 年就开始了，并于 1931 年在巴黎召开的该委员会第六次全体会议上最后形成了有关航空器所有权，以及航空器不动产权利登记制度的两个公约草案，但这两个草案当时未被提交到国际会议上讨论，形成正式公约。第二次世界大战后，随着航空业的迅速发展，以航空器为核心的各种融资活动顺利进行，如何在国际范围内对航空器享有权利的人提供最大限度的利益保护，成为当时急需解决的课题。1944 年 12 月召开的国际民用航空会议，建议出席会议的各国政府考虑早日召开有关国际航空私法的国际会议，以便通过处理航空器所有权转移的公约。根据国际民用航空会议的建议，航空法专家国际技术委员会将其早期研究形成的两个公约草案提交给了临时国际民航组织，经过几年的反复研究、补充、完善，于 1948 年 6 月 19 日，国际民航组织大会在日内瓦通过了 1948 年《日内瓦公约》。制定《日内瓦公约》的目的，在于通过为航空器权利人提供尽量多的担保权益和利益的保护，为航空运输企业争取到一种财务支持手段，摆脱无力购买航空器的财务困境，从而促进国际民用航空事业的发展。1948 年《日内瓦公约》共 23 条，其核心内容是解决各国有关航空权利的法律冲突，在各地区法律基础上发展和统一有关民用航空器权利的规则。与航空领域的其他国际公约相比，1948 年《日内瓦公约》自成体系、独成一类。1948 年《日内瓦公约》于 1953 年 9 月 17 日起生效，从其生效至今 60 多年的历史来看，1948 年《日内瓦公约》在实践中显示了其广泛的适用性和普遍的影响力。

2）2001 年《开普敦公约》及《移动设备国际利益公约关于特定航空器设备问题的议定书》

随着世界经济不断发展，卫星、航天器、铁路运输车辆等移动设备在国际间的融资租赁活动已十分普遍。根据传统冲突法规则，财产权适用财产所在地法律，但由于这类高价值移动设备在日常运营中经常穿越或跨越国界，从而使其上设定的担保利益如何适用法律变得十分困难。而法律冲突降低了交易的预见性，增大了交易风险，融资人、出租人不能确信其担保物权可得到法律有效的保护，因而设置资产担保之外的，如政府担保或第三方商业担保等其他保证条件，导致了交易成本增高。投资者和金融机构也不愿为航空公司提供大规模的贷款，原因是他们担心航空公司一旦破产，他们的贷款将无处追回。因而，从 20 世纪开始，航空业内就达成了一个共识：急需建立一套国际统一的调整物上担保、产权保留和租赁利益的法律制度，以给债权人提供必要的保障，同时也保护债务人的利益。基于以上理由，也为了自己的商业利益，空中客车和波音公司的管理人士共同牵头，组织起一个由飞机制造商、发动机制造商、租赁公司和金融界人士等 22 家成员组成的航空工作组，联合国际统一私法协会于 1992 年开始起草《开普敦公约》，这项公约下附带航空器设备、铁路车辆、空间资产三个方面特定问题的议定书。

2001 年，国际统一私法协会和国际民航组织在南非开普敦召开外交会议，68 个国家政府的代表和 14 个国际组织的代表参加了会议。在外交会议的最后一天会议上，共有 26 个国家签署了《开普敦公约》及《移动设备国际利益公约关于特定航空器设备问题的议定书》(中国也是签署国之一)。这两个法律文件创设了航空器国际利益这一担保权利。该权利通过国际登记系统登记而生效，由各国依据这两个法律文件来保护该权利。《开普敦公约》已经于 2004 年 4 月 1 日生效，《移动设备国际利益公约关于特定航空器设备问题的议定书》生效条件是 8 个国家批准，2005 年 11 月 2 日，马来西亚正式认证后，达到法定的生效国家数，于 2006 年 3 月 1 日生效。2008 年 10 月 28 日，我国批准了这两个国际公约。《开普敦公约》共 14 章，62 个条文；《移动设备国际利益公约关于特定航空器设备问题的议定书》共 6 章，37 个条文①。这两个公约旨在促进高价值移动设备的融资租赁交易，通过强化债权人利益，减少债权人、出租人的交易风险来降低购买租赁航空器的国外融资利率和担保费用，同时为融资多样化创造条件。这两个公约弥补了《日内瓦公约》的不足，和《日内瓦公约》一起为保护航空器权利人的利益提供了法律基础，是对《日内瓦公约》的延续和创新。

3) 我国《民航法》的规定

近年来，我国航空运输事业发展迅猛，为满足日益增长的航空市场需求，民用航空活动领域利用多种方式筹措资金，购买、租赁或“购买结合租赁”民用航空器。这就在客观上对我国应如何保护有关民用航空器权利人的利益提出了新的更高的要求，我国航空运输事业发展也对我国航空法提出了新要求，立法者考虑航空活动的国际性，航空器融资活动主体的多样性及主体所处不同法律体系，坚持尽力与国际接轨。我国《民航法》在总结实践经验的基础上，参考、借鉴了 1948 年《日内瓦公约》的主要原则和制度，从实际出发，在《民航法》第 3 章“民用航空器权利”中确立了民用航空器权利制度在我国民航法中的地位和作用，另外还存在着许多的航空行政法规和规章全部或部分地对航空器权利制度进行了规定。加之我国已于 2004 年 4 月 8 日加入《日内瓦公约》，该公约于同年 7 月 27 日对我国生效。这样就更加全面地规定了航空器权利制度，从而为解决相关权利人纠纷奠定了国内和国际的法律基础。

2. 民用航空器权利客体

民用航空器权利客体，是指民用航空器权利所指向的对象。《日内瓦公约》第 10 条

---

① 《开普敦公约》内容是：第 1 章，适用范围和总则（第 1～6 条）；第 2 章，国际利益的构成（第 7 条）；第 3 章，不履行的救济（第 8～15 条）；第 4 章，国际登记制度（第 16～17 条）；第 5 章，有关登记的其他事项（第 18～26 条）；第 6 章，监管机关和登记官的特权与豁免权（第 27 条）；第 7 章，登记官的赔偿责任（第 28 条）；第 8 章，国际利益对抗第三人的效力（第 29～30 条）；第 9 章，相关权利和国际利益的转让，以及代位受偿权（第 31～38 条）；第 10 章，缔约国可做出声明的权利或利益（第 39～40 条）；第 11 章，本公约对销售的适用（第 41 条）；第 12 章，管辖权（第 42～45 条）；第 13 章，与其他公约的关系（第 46 条）；第 14 章，最后条款（第 47～62 条）。

《移动设备国际利益公约特定航空器设备问题的议定书》内容是：第 1 章，适用范围和总则（第 1～8 条）；第 2 章，不履行的救济，优先权和转让（第 9～16 条）；第 3 章，航空器标的物国际利益登记处条款（第 17～20 条）；第 4 章，管辖权（第 21～22 条）；第 5 章，与其他公约的关系（第 23～25 条）；第 6 章，最后条款（第 26～37 条）。具体内容参见：http://www.caac.gov.cn/B1/GJXD/200710/t20071017_8515.html.

规定，民用航空器的权利客体包括对民用航空器构架、发动机、螺旋桨、无线电设备和其他一切为了在民用航空器上使用的，无论安装于其上或者暂时拆离的物品的权利。我国《民航法》第10条对民用航空器权利客体的规定和《日内瓦公约》第10条的规定完全一致。《移动设备国际利益公约关于特定航空器设备问题的议定书》第2条规定，航空器的权利客体是指航空器的标的物，即航空器机身、航空器发动机和直升机①。航空器是指为《芝加哥公约》之目的所定义的航空器，即已安装航空器发动机的航空器机身或直升机。

3.3.2 民用航空器所有权

1. 民用航空器所有权的概念和特征

1）民用航空器所有权的概念

所有权是指所有权人对自己的不动产或者动产，依照法律规定享有占有、使用、收益和处分的权利。民用航空器所有权是指民用航空器的所有权人在法律规定的范围内自由支配民用航空器并排除他人干涉的权利。民用航空器所有权人依法对其民用航空器享有占有、使用、收益和处分的权利。民用航空器所有权的权利主体既可以是自然人，也可以是法人，包括企业法人和事业法人，也可以是国家。我国《民航法》第15条规定："国家所有的民用航空器，由国家授予法人经营管理或者使用的，本法有关民用航空器所有人的规定适用于该法人。"

2）民用航空器所有权的特征

民用航空器所有权是一种财产所有权，它具有一般财产所有权的特征，但和一般财产所有权相比，还具有以下特征。

（1）民用航空器所有权具有合成性。与一般财产权相比，民用航空器所有权具有明显的合成性。包括民用航空器构架、发动机、螺旋桨、无线电设备和其他一切为了在民用航空器上使用的，无论安装于其上或者暂时拆离的物品。航空器所有权的分割仅为量的分割，分割后的所有权与分割前的所有权性质相同，只是范围有所不同②。

---

① 2001年《移动设备国际利益公约关于特定航空器设备问题的议定书》第1条规定："'航空器机身'，是指在安装合适的航空器发动机后，经航空主管机关型号合格审定的机身（用于军事、海关或警察部门的除外），可以运载：(i) 包括机组成员在内至少八（8）人；或（ⅱ）2750公斤以上货物，并连同所有的组件和安装、配备或附加的其他附件、零部件和设备（航空器发动机除外），以及所有相关的数据、手册和记录。'航空器发动机'，是指靠喷气推力、涡轮或活塞技术提供动力的航空器发动机（用于军事、海关或警察部门的除外），并且 (i) 如属喷气推动的航空AA发动机，至少应有1750磅或等值推力；和（ⅱ）如属涡轮或活塞推动的航空器发动机，至少应有550额定的起飞轴马力或等值马力，并连同所有的组件和安装、配备或附加的其他附件、零部件和设备，以及所有相关的数据、手册和记录。'直升机'，是指主要通过空气对基本垂直轴上的一个或几个动力驱动旋翼的反作用而在飞行中得到支持的、重于空气的飞行器（用于军事、海关或警察部门的除外），经航空主管机关型号合格审定可以运载：(i) 包括机组成员在内至少五（5）人；或（ⅱ）450公斤以上货物，并连同所有安装、配备或附加的附件、零部件和设备（包括旋翼），以及所有相关的数据、手册和记录。"

② 郝秀辉．航空器权利研究．中国民航学院学报，2005，(2)：55.

（2）以民用航空器为唯一客体。即民用航空器所有权主体指向的对象是民用航空器，具有单一性。

（3）民用航空器经常处于非所有人的控制之下。民用航空器需要由具有航空执照的人员来进行空中航行活动。因此，当进行航行活动时，它常常处在航空人员的直接控制之下，而不是处于所有人的直接控制之下。

（4）权利主体负有特殊的法定义务。这主要表现在民用航空器所有人或经营人应当按照法律规定，使民用航空器处于适航状态，确保航空器具有适航性，以保证机上人员和地面人员的生命财产安全。例如，我国《民航法》第 38 条规定："民用航空器的所有人或者承租人应当按照适航证书规定的使用范围使用民用航空器，做好民用航空器的维修保养工作，保证民用航空器处于适航状态。"

（5）在航行活动中，机长在遇到特殊情况时享有对民用航空器的最后处分权。当航空器升空以后，形成了一个封闭的空间，在这个空间里，机长享有法律赋予的权力，包括在遇到特殊情况时对航空器的处分权。例如，《芝加哥公约》附件 2 第 2.4 条规定："航空器机长在其负责期间，对航空器的处置有最后决定权。"我国《民航法》第 46 条也规定："飞行中，对于任何破坏民用航空器、扰乱民用航空器内秩序、危害民用航空器所载人员或者财产安全以及其他危及飞行安全的行为，在保证安全的前提下机长有权采取必要的适当措施。飞行中，遇到特殊情况时，为保证民用航空器及其所载人员的安全，机长有权对民用航空器作出处置。"

2. 民用航空器所有权权能

依照法律规定，民用航空器所有权包括占有权、使用权、收益权和处分权四项权能。

1）占有权

占有权是指民用航空器所有人对其财产的实际控制和支配的权利。通常情况下，民用航空器占有权由所有人享有，但也可以由非所有人享有。例如，我国《民航法》第 15 条规定，国家所有的航空器，由国家授予法人经营管理或者使用的，该法人当然享有对民用航空器的占有权。再如包机中，民用航空器的占有权归包机人享有，民用航空器租赁中，承租人依法享有对该民用航空器的占有等。

2）使用权

使用权是指按照民用航空器的性能和用途加以利用的权利。民用航空器使用权属于用益物权的范畴，是民用航空器所有权派生的权利。使用权是民用航空器所有人将民用航空器所有权的部分权能分离出去，由使用权人享有，从而实现所有权人和使用权人的各自利益。民用航空器使用权虽是民用航空器所有权派生的权利，但这并不影响民用航空器使用权作为一种独立权利的存在。民用航空器使用权一旦产生，其使用权人就在设定的范围内不仅可以排除一般人对于其权利行使的干涉，而且在其权利范围内可直接对抗所有人的非法妨害。民用航空器使用权以对民用航空器的使用、收益为主要内容，并以对民用航空器的占有为前提，即必须将民用航空器的占有转移给使用权人，由其在实体上支配航空器，否则，民用航空器使用权设立的目的就无法实现①。例如，在民用航空器租赁中，我国《民航法》第 29 条规定，融资租赁期间，出租人不得干扰承租人依法占有、使用民用航空器。

3）收益权

收益权是指所有人通过对民用航空器的占有、使用、经营、转让而取得的经济效益。民用航空器所有人无论采取何种方式，其根本目的是获得收益，使用不是目的，只是手段，使用民用航空器的最终目的是获得收益。民用航空器收益权既可以归民用航空器的所有权人享有，也可以归合法的非所有权人享有。

4）处分权

民用航空器所有人拥有依法对民用航空器进行处置的权利。处分权通常情况下由航空器所有人行使，但在法律规定或合同约定的情况下，非所有人对他人的财产也可以行使处分权。例如，抵押权人依法对抵押财产的处分权；机长享有法律上赋予的对航空器的处分权等。

3. 民用航空器所有权的取得、转让和消灭

因民用航空器价值较大，国内航空法和国际航空法对其所有权的取得、转让和消灭都做出了严格规定。例如，我国《民航法》第 14 条规定，民用航空器所有权的取得、转让和消灭，应当向国务院民用航空主管部门登记，未经登记的，不得对抗第三人。民用航空器所有权的转让，应当签订书面合同。再如，《移动设备国际利益公约关于特定航空器设备问题的议定书》第 5 条也规定，航空器的销售合同必须要以书面形式订立。

1）民用航空器所有权的取得和转让

我国《民法通则》第 72 条规定："所有权的取得，不得违反法律规定。"民用航空器所有权的取得在形式上必须合法，否则得不到法律的确认和保护。民用航空器所有权的取得分为原始取得和继受取得。原始取得，如航空器制造商对自己建造的航空器所拥有的所有权。继受取得，如航空公司对自己直接购买的航空器所享有的所有权。

民用航空器所有人可以依法转让其民用航空器所有权。我国《民航法》第 14 条规定，民用航空器所有权的转让，应当签订书面合同。《移动设备国际利益公约关于特定航空器设备问题的议定书》第 5 条规定：①为本议定书之目的，销售合同②必须以书面形式订立；涉及卖方有权处置的航空器标的物；使航空器标的物能够按照本议定书加以识别。②销售合同按其条件将航空器标的物卖方的利益转移给买方。③销售合同的登记长期有

① 郝秀辉．航空器权利研究．中国民航学院学报，2005，(2)：55.

② 2001 年《移动设备国际利益公约关于特定航空器设备问题的议定书》第 3 条规定："设定或规定国际利益的协议是指销售合同，国际利益、预期国际利益、债务人和债权人分别是指销售、预期销售、卖方和买方。"

效。除非被撤销或登记中规定了期限且该期限届满，预期销售的登记有效。

2）民用航空器所有权的消灭

民用航空器所有权的消灭是指因出现了某种法律事实，使民用航空器所有人的所有权丧失的一种法律现象。引起民用航空器所有权消灭的原因主要有以下四个方面。

（1）因民用航空器灭失和失踪而消灭。民用航空器的灭失是指经损害的民用航空器已经不复存在，如航空器坠毁。民用航空器失踪是指在官方搜寻工作宣告结束时仍不能确定航空器或其残骸的位置。这两种情况都导致民用航空器作为所有权的客体已经不复存在，从而导致航空器所有权消灭。

（2）因民用航空器转让而消灭。有权转让民用航空器的所有权人，依照法律的规定转让其民用航空器所有权，从而导致原所有权消灭，而产生新的所有权。这主要指通过航空器买卖合同，将民用航空器所有权转让给他人而使原所有权消灭。

（3）因民用航空器报废而消灭。民用航空器有一定的使用年限，超过了规定的使用年限而继续使用，航空安全就没有保障。民用航空器报废以后，其所有权消灭。

（4）因债权人依法行使权利而消灭。这主要发生在民用航空器作为担保物权和民用航空器优先权中，权利人可以请求法院强制拍卖该民用航空器而获得赔偿，从而通过拍卖而使民用航空器所有权丧失。

3.3.3　民用航空器抵押权

1. 民用航空器抵押权的概念

抵押权是指债权人对于债务人或第三人不转移占有而提供担保的财产，在债务人不履行债务时，债权人享有就抵押的财产变价并优先受偿的权利。根据我国《担保法》第 34 条第 2 项规定，抵押人依法有权处分的国有机器、交通工具和其他财产可以用以抵押。同时根据我国《担保法》的规定，以航空器抵押的，应当办理抵押物登记，抵押合同自登记之日起生效。民用航空器抵押权是指债权人对于债务人或第三人不转移占有而提供担保的民用航空器，在债务人不履行债务时，依法享有就担保的民用航空器享有变价并优先受偿的权利。民用航空器抵押权是航空业融资的传统途径，为债权人利益提供了可靠担保，它有利于民用航空业和金融业的发展。

民用航空器抵押权的设立，应符合我国《担保法》对抵押权的一般规定，同时按照特别法与普通法有不同规定优先适用特别法的原则，我国《民航法》中对抵押权的设立规定和《担保法》的规定不同的，应优先适用《民航法》。例如，我国《民航法》第 16 条对设立民用航空器抵押权的规定就做出了与《担保法》不同的规定①，设定民用航空器抵押权，由抵押权人和抵押人共同向国务院民用航空主管部门办理抵押权登记；未经登记的，不得对抗第三人。

① 我国《民航法》第 16 条的规定并没有否定未经登记的抵押合同的效力，只是规定不得对抗第三人，但抵押合同仍然有效。

2. 民用航空器抵押权的法律特征

民用航空器抵押权具有抵押权的一般法律特征，主要表现在以下四个方面。

1）附从性

民用航空器抵押权的附从性，首先，主要表现在民用航空器抵押权设定是以担保债权的存在为前提，债权不存在，抵押权不成立。其次，表现在民用航空器抵押权变化上的附从性，即民用航空器的抵押权将随着被担保债权的变化而变化。最后，表现在消灭上的附从性，即民用航空器抵押权随着被担保债权的消灭而消灭。

2）特定性

民用航空器抵押权的特定性包括两个方面的含义：其一指抵押物——民用航空器特定；其二指所担保的债权特定，一般情况下，以航空器抵押权人的特定债权来进行担保。

3）优先受偿性

抵押权人就民用航空器受清偿时，有优先于对民用航空器享有的其他请求权的受偿权。

4）不移转对民用航空器的占有

抵押人对民用航空器可继续进行使用、收益和处分，不影响航空器使用价值的发挥。

3. 民用航空器抵押权的消灭

民用航空器抵押权在性质上为担保物权，其设定一般有存续期限，为有期物权，并非如所有权那样永恒存续。民用航空器抵押权得因一定法律事实而消灭，消灭原因主要有以下四种。

1）民用航空器灭失或失踪

抵押权标的物灭失为物权消灭的一般原因，所以抵押物——民用航空器灭失或失踪，民用航空器抵押权随之消灭。但民用航空器抵押权是对所抵押的民用航空器拍卖价金有优先受偿权，其在本质上为价值权，具有物上代位性。因此，当民用航空器灭失或失踪时，如果有赔偿金、保险金或补偿金等代位物，由于价值仍存在，抵押权可存在于该赔偿金、保险金或补偿金上，民用航空器抵押权并不消灭。

2）主债权消灭

民用航空器抵押权是为担保主债权实现而存在的从权利，相对于被担保的主债权，民用航空器抵押权具有绝对附从性，主债权消灭，民用航空器抵押权也消灭。

3）民用航空器抵押权实现

民用航空器抵押权实现，抵押担保法律关系消灭，抵押权自然消灭。民用航空器抵押权因实现而消灭，与其所担保的债权是否得到全部清偿无关，并且即使在同一民用航空器上有数个抵押权，其中一个抵押权实现的，该抵押权及其他抵押权均消灭。

4）除斥期间届满

抵押权为担保物权，原则上既不得因所担保的债权罹于时效消灭而消灭，同时也不得因除斥期间的经过而消灭。但近现代民法从确定各种复杂法律关系的实际需要出发，也例外规定抵押权因一定期间的经过而消灭。民用航空器抵押权除斥期间届满，权利消灭。《物权法》第 202 条规定："抵押权人应当在主债权诉讼时效期间行使抵押权；未行使的，人民法院不予保护。"

3.3.4　民用航空器优先权

1. 民用航空器优先权的概念

民用航空器优先权是指债权人依照有关法律规定，向民用航空器所有人、承租人提出赔偿请求，对产生该赔偿请求的民用航空器享有优先受偿的权利。

民用航空器优先权是以民用航空器为标的，以担保特定债权的实现为目的，通过司法程序对民用航空器扣押以至出卖民用航空器，使债权人从民用航空器变卖所得价款中依法定顺序优先受偿的一种法定担保物权[①]。

民用航空器优先权作为一项权利，它是《民航法》赋予某些法定的特殊债权人，对产生该债权的民用航空器所享有的一种以该民用航空器为标的的法定优先受偿权。"法定"权利，是民用航空器优先权的显著特性，只有《民航法》第 19 条规定的两项债权，即援救该民用航空器的报酬和保管维护该民用航空器的必需费用，才具有民用航空器优先权。这种法定权利，不能通过有关双方当事人合同约定产生，也不因民用航空器所有权的私下转让而消灭。

2. 民用航空器优先权的法律特征

民用航空器优先权的法律特征主要表现为法定性、从属性、依附性、时间性和秘密性等方面。

1）法定性

民用航空器优先权的法定性主要表现在两个方面：一方面是指产生的法定性，并非一切债权都能产生民用航空器优先权，在航空法中对民用航空器优先权做出了严格的限

---

① 对于民用航空器优先权的法律性质，主要有以下几种观点：民用航空器优先权是一种物权，具有物权的法定性、追及性、支配性等法律特性；民用航空器优先权是一种债权，其成立既不登记，又不必占有，不属于物权；民用航空器优先权是物权化的债权，民用航空器优先权本质上是债权，但航空法为了实际需要赋予其某些物权的性质，是一种债权的物权化；民用航空器优先权是法律规定的优先受偿的权利，是法定特权；民用航空器优先权是程序权利，民用航空器优先权的实现应通过法院扣押民用航空器从而拍卖民用航空器，并从卖得的价款中债权人优先受偿，因此，属于一种程序性的权利。根据我国《民航法》规定，本书认为，民用航空器优先权是一项担保物权。

制，只有法律规定范围内的债权才能得到航空器优先权的担保；另一方面是指消灭上的法定性，非经法定原因，不会消灭。

2）从属性

民用航空器优先权的从属性是指航空器优先权是伴随着法定债权的产生而产生，并随之而变更和消灭。民用航空器优先权是担保物权，以债权为主权利，优先权为从权利，没有债权，民用航空器优先权就不能独立存在。债权转移消灭，民用航空器优先权也转移消灭。民用航空器优先权不得与债权分离而让与，也不得从债权分离而为其他债权担保。

3）依附性

民用航空器优先权的依附性是指航空器的优先权不因所有权的转移而消灭，只要债务人不履行债务，民用航空器的优先权就依附于民用航空器上，直至民用航空器灭失或被法院拍卖而消失。

4）时间性

虽然民用航空器优先权的产生是随着债务产生之时起自动产生而无需登记。但是，为了督促权利人对权利的行使，并保护第三人的利益，法律中规定了民用航空器优先权的期限，在此期限届满，民用航空器优先权将随之消灭。例如，《日内瓦公约》第 4 条规定："民用航空器优先权应当在援救或保管工作终了之日起三个月内进行登记，三个月的期限届满后，缔约各国即不再承认上述权利。"我国《民航法》第 25 条也做出民用航空器优先权期限为 3 个月的规定。

5）秘密性

民用航空器优先权的产生和设立，不受物权公示性的约束，不以登记为要件，也不以占有为前提，更无需当事人进行约定，只要法定的债权一旦产生，民用航空器优先权就随之产生。我国《民航法》中对民用航空器所有权、抵押权都规定不进行登记，不得对抗第三人，而对民用航空器优先权却没有此规定。

3. 民用航空器优先权的范围与受偿顺序

1）民用航空器优先权的范围

民用航空器优先权的范围包括主体范围和债权范围。

（1）主体范围。享有民用航空器优先权的债权人，必须是针对民用航空器所有人、承租人提出的赔偿请求；向民用航空器所有人、承租人以外的人提出的赔偿请求，不具有民用航空器优先权。因为民用航空器优先权最终要通过扣押并变卖民用航空器来实现，这必然引起民用航空器所有权、处分权状况的变化，而只有民用航空器所有人、承租人才对民用航空器享有所有权、处分权。

（2）债权范围。《日内瓦公约》第 4 条规定，民用航空器优先权的范围是：援救该民用航空器的报酬和保管维护该民用航空器的必需费用。优先权适用于担保的全部债款，但其中所包含的利息，不得超过执行程序开始前 3 年中和执行过程中所产生的利息。我国《民航法》第 19 条对优先权的范围也规定为“援救该民用航空器的报酬和保管维护该民用航空器的必需费用”。

2）民用航空器优先权的受偿顺序

《日内瓦公约》第 4 条规定，优先权的受偿顺序为“按照产生该权利的事件发生日期逆向排列”。我国《民航法》第 19 条也规定民用航空器优先权后发生的先受偿。

民用航空器优先权债权的受偿顺序，采用“时间倒序原则”，或者称“时间在先，权利在后”的原则排列债权的受偿顺序的；其出发点是坚持“为其他债权的受偿创造条件的债权优先于其他债权”的原则。因为这类债权虽然是发生在后，但它为发生在先的、已经存在的债权的受偿起到了保全作用。没有发生在后的债权，发生在前的债权可能也得不到清偿。例如，某民用航空器在海上遇难，某海运公司对其成功施救之后，航空维修公司又对其进行必要的保管和维护，使其恢复适航状态。按照“时间倒序”原则，保管维护该民用航空器的费用应当优先于救助费用得到清偿。因为维修公司对航空器的保管、维护使航空器恢复了原有适航状态和功能，救助效果和价值才得以体现，否则，该航空器可能一文不值，甚至可能因保管不善而废弃。航空器废弃，会导致以航空器为标的、担保发生在前的债权，即救助报酬请求权的民用航空器优先权随之灭失。因此，在法律中对民用航空器优先权债权的受偿顺序，采用“时间倒序原则”。

另外，《日内瓦公约》第 4 条规定：“航空器优先权优先于对该航空器的所有其他权利。”第 7 条规定：“根据拍卖所在地缔约国的法律，为了各债权人的共同利益并在执行过程中产生的合法费用，优先于任何其他权利受偿，包括第四条规定的优先权，并应从拍卖的价金中支付。”

我国《民航法》第 21 条和第 22 条规定了判决和拍卖所产生的费用，以及航空器抵押权与民用航空器优先权的受偿顺序，即判决和拍卖过程中所产生的费用首先拨付，其次是民用航空器优先权，再次是民用航空器抵押权。

4. 民用航空器优先权的转移和消灭

民用航空器优先权作为一种担保物权，决定了它的产生必然以法律规定的债权存在为前提，一旦债权产生，民用航空器优先权同时产生，具有对抗其他权利的效力；其所担保的债权发生转移，优先权就随之转移。我国《民航法》第 23 条规定：“本法第十九条规定的债权转移的，其民用航空器优先权随之转移。”但对于权利客体——民用航空器而言，该优先权仍依附在民用航空器上，不因民用航空器的所有权的转让而消灭。我国《民航法》第 25 条规定：“民用航空器优先权不因民用航空器所有权的转让而消灭。”这也是由民用航空器优先权的从属性和依附性所决定的。

民用航空器优先权的行使主要是通过法院扣押产生优先权的民用航空器行使。优先权人享有航空器优先权，但不能自行扣押和拍卖民用航空器，必须通过向法院申请，由法院来执行。我国《民航法》第 24 条规定：“民用航空器优先权应当通过人民法院扣押产生优先权的民用航空器行使。”

《日内瓦公约》第 6 条规定：“在扣押或者强制拍卖航空器或航空器权利的情况下，被诉人明知正在进行拍卖或执行程序，而设立或转让第一条第一款所列的权利①，不论是有损于施行扣押的债权人或执行债权人，还是有损于买受人，缔约各国均可以不予承认。”

航空器优先权的消灭。根据《日内瓦公约》和我国《民航法》的规定，民用航空器优先权消灭的原因主要有以下三个方面。

(1) 民用航空器优先权的期限已经终结。《日内瓦公约》和我国《民航法》都规定了民用航空器优先权的期限是三个月，自援救或保管工作终了之日起三个月内权利人不去登记的，又没有法律规定的事由，民用航空器优先权消灭。

(2) 民用航空器依法被强制拍卖。民用航空器优先权不因民用航空器所有权的转让而消灭；但是，民用航空器经依法强制拍卖的除外。例如，《日内瓦公约》第 8 条规定，拍卖航空器，产生转移该航空器所有权的效力，买受人不再受未由其负担的权利的影响。我国《民航法》第 25 条也规定，民用航空器经依法强制拍卖的，民用航空器优先权消灭。

(3) 民用航空器灭失或失踪。民用航空器优先权的客体将不复存在，民用航空器优先权消灭。

3.3.5 民用航空器租赁权

民用航空器租赁是指民用航空器出租人与承租人通过签订租赁合同，将民用航空器租给承租人，由承租人支付租金。对民用航空器租赁进行法律规定的国际公约主要有《日内瓦公约》、1988 年《国际统一私法协会国际融资租赁公约》、2001 年《开普敦公约》和《移动设备国际利益公约关于特定航空器设备问题的议定书》。《日内瓦公约》第 1 条规定，缔约各国承允，租赁期限为六个月以上的租赁拥有占有航空器的权利。1988 年《国际统一私法协会国际融资租赁公约》统一了国际融资租赁法律，消除了国际融资租赁的法律障碍，为航空器国际融资租赁提供了法律基础。《移动设备国际利益公约关于特定航空器设备问题的议定书》为航空器的租赁，特别是航空器的融资租赁的权利担保进一步提供了法律上的保障。我国《民航法》第 3 章第 4 节“民用航空器租赁”，用 8 个条文对民用航空器租赁特别是融资租赁进行了具体规定。

根据租赁目的，以与租赁资产所有权有关的风险和报酬归属于出租人或承租人的程度为依据，将民用航空器租赁分为经营租赁和融资租赁两类。

1. 民用航空器经营租赁

1) 民用航空器经营租赁的概念

民用航空器的经营租赁是出租人将民用航空器交付承租人使用、收益，承租人支付

---

① 这几项权利包括：航空器所有权；通过购买并占有行为取得航空器的权利；根据租赁期限为六个月以上的租赁占有航空器的权利；为担保偿付债务而协议设定的航空器抵押权、质权及类似权利。

租金的租赁方式。

2）民用航空器经营租赁的特点

（1）标的物是民用航空器。与其他租赁相比，民用航空器经营租赁的标的物是民用航空器，在法律适用上优先适用我国《民航法》的规定，在其没有规定的情况下，适用我国其他法律法规的相关规定，如《合同法》的相关规定。

（2）转移民用航空器占有权、使用权和收益权。民用航空器经营租赁不转移民用航空器所有权，而是转移其占有权、使用权和收益权，但承租人无权处分民用航空器。无论租赁期限多长，出租人都对民用航空器享有所有权。在租赁期满时，承租人要将民用航空器返还给出租人。

（3）民用航空器经营租赁是有偿行为。承租人使用民用航空器时，应当支付租金。租金是承租人获得民用航空器使用权的代价，也是民用航空器经营租赁合同的必要条款。无租金条款，民用航空器租赁合同不能成立，有偿使用他人财产是租赁法律关系的本质特征之一。

（4）民用航空器经营租赁合同是诺成合同、双务合同。民用航空器经营租赁合同双方当事人达成租赁协议后，合同即告成立，而不以民用航空器的实际交付为合同的生效要件，为诺成合同。民用航空器经营租赁合同当事人双方既负有一定义务，也享有一定权利，双方的权利义务具有对应性、对价性，为双务合同。

3）出租人权利与义务

（1）出租人权利。民用航空器经营租赁合同中出租人享有的权利主要包括两个方面，一是合同解除权，二是收取租金权。

合同解除权。承租人未按照约定的方法或者民用航空器的性质使用民用航空器，致使民用航空器受损耗，出租人对此可解除合同并请求赔偿损失。承租人未经出租人同意转租的，出租人可以解除合同。承租人无正当理由未支付或者延迟支付租金，出租人可以要求承租人在合同期限内支付，承租人逾期不支付的，出租人可以解除合同。以上是民用航空器租赁合同的一般规定，具体规定还要看双方在合同中的约定，以及具体的租赁方式加以判断。

收取租金权。出租人出租民用航空器的目的，就是为了获得收益，出租人可以依照合同规定的时间、地点、约定的币种等收取租金。

（2）出租人义务。民用航空器经营租赁合同中出租人的义务主要有：①出租人应按照约定交付民用航空器并确保其在租赁期间保持符合约定的用途。②对民用航空器有维修义务，保证民用航空器在合同期内正常使用，但当事人另有约定的除外。③返还押金或担保物的义务。租赁合同中如果约定承租人要提供一定的押金或担保，在合同终止时，出租人应当按时返还押金或者担保物。④出租人解除合同时应当在合理的期限内通知承租人。

4）承租人权利和义务

（1）承租人权利。在民用航空器经营租赁中，承租人所享有的权利主要有民用航空器使用权、获取收益权及转租权。①使用权。承租人按照合同的约定或者法律的规定对民用航空器进行使用，既是承租人权利，又是承租人义务。②获得收益权。在租赁期间因占有、使用民用航空器获得的收益，归承租人所有，但当事人另有约定的除外。③转租权。承租人经出租人同意，可以将民用航空器转租给第三人。承租人与出租人之间的原租赁合同继续有效，第三人对民用航空器造成损失的，承租人应当赔偿损失。承租人未经出租人同意转租的，出租人可以解除合同。

（2）承租人义务。承租人的义务主要有支付租金、有关事项的通知及返还民用航空器等。①按照合同的期限支付租金。承租人应当依照合同规定的时间、地点、约定的币种等支付租金。②有关事项的通知义务，包括：民用航空器有修理、防止危害的必要时，承租人应及时通知出租人；第三人主张权利的，承租人应及时通知出租人；民用航空器因不可抗力损毁、灭失或因第三人的侵害受损等，承租人也应及时通知出租人。③租赁期届满，承租人应当返还民用航空器，返还的民用航空器应当符合按照约定或者民用航空器的性质使用后的状态。

2. 民用航空器融资租赁

1）民用航空器融资租赁概念和特征

1988 年《国际统一私法协会国际融资租赁公约》中对融资租赁的定义进行了规定，融资租赁交易是一方（出租人），按照另一方（承租人）的规格要求同某个第三方（供货人）订立一项协议[①]。我国《合同法》第 237 条规定：“融资租赁合同是出租人根据承租人对出卖人、租赁物的选择，向出卖人购买租赁物，提供给承租人使用，承租人支付租金的合同。”

我国《民航法》第 27 条规定：“民用航空器融资租赁，是指出租人按照承租人对供货方和民用航空器的选择，购得民用航空器，出租给承租人使用，由承租人定期交纳租金。”

民用航空器融资租赁不同于传统的租赁方式，它具有融资、担保和使用功能，可以使航空器承租人得到加速折旧和节税的好处，其实质是出租人为支付民用航空器价款而向承租人提供资金融通。

民用航空器的融资租赁主要包括以下五个法律特点。

（1）民用航空器融资租赁涉及三方当事人。这三方当事人包括：为租赁提供资金融

① 1988 年《国际统一私法协会国际融资租赁公约》第 1 条规定，“本公约管辖第 2 款所指融资租赁交易，在交易中，一方（出租人），按照另一方（承租人）的规格要求同某个第三方（供货人）订立一项协议。根据该协议，出租人按承租人就涉及其利益的部分所认可的条件取得成套设备、资本货物或其他设备（设备），并且，同承租人订立一项协议（租赁协议），以承租人支付租金为条件，授予承租人使用设备的权利。前款所指的融资租赁交易是一种包括以下特点的交易：承租人指定设备和选择供货人，并且不主要地依赖出租人的技能和判断；出租人之取得设备是同某一租赁协议相关联的，并且供货人知悉该协议已经或必将在出租人和承租人之间订立，以及该租赁协议项下应付租金的计算是特别考虑了摊提设备的全部或大部分成本的。无论承租人是否已有或随后取得购买该设备或凭另一租期的租赁协议占有该设备的任择权，也无论是支付名义货价还是支付租金，本公约均适用。本公约适用于涉及所有的设备的融资租赁交易，除非该设备将主要供承租人个人、家人或家庭使用。”

通的出租人，选择供货方和民用航空器并向出租人支付租金的承租方，以及为出租方提供民用航空器的供货方。

(2) 民用航空器融资租赁合同包括两个或两个以上的合同。这些合同主要有出租人根据承租人对供货方和民用航空器的选择，与供货方订立的买卖合同，以及民用航空器的出租方和承租方之间的租赁合同。这两个合同中，租赁合同是主合同，买卖合同是从合同或叫辅合同。当然，民用航空器的融资租赁合同还可能涉及抵押合同、保险合同等合同形式。

(3) 民用航空器融资租赁偏重于承租人的义务和责任，而出租人只享有租赁物的名义所有权，其法律地位类似于融资人。出租人以融物的形式，实际是给承租人融资，他并不关心租赁物的使用，而注重于收取租金，得到投资回报。可以说，出租人只是租赁物的名义上的所有人，他不承担租赁物的瑕疵担保责任。供货方交付的民用航空器有瑕疵时，出租人都会把赔偿请求权让渡给承租人，在租赁期间，民用航空器的保养、维修、保险和过时的风险一般都由承租人承担。同时，民用航空器造成第三人的人身和财产损害的，出租人一般不承担责任。

(4) 民用航空器融资租赁合同的当事人“中途不得解约”。因为民用航空器是承租人选定，所以民用航空器融资租赁大多是一次性完全收回的租赁。为保障出租人和承租人双方各自的利益，在租赁合同的有效期内，任何一方不得中途解约。只有当民用航空器失事全损或被证明已经不具适航性，丧失使用效益的情况下，才能终止合同，但要以出租人不受任何经济损失为前提。“当事人中途不得解约”的法律规定，是公平维护民用航空器融资租赁交易中出租人和承租人及其他参与人基本权益的基础之一①。

(5) 民用航空器融资租赁合同应当采用书面形式。由于民用航空器融资租赁合同涉及的主体多，内容复杂，各方当事人的权利义务规定有其特殊性。我国《合同法》第237条规定，融资租赁合同应当采用书面形式，内容应当包括租赁物名称、数量、规格、技术性能、检验方法、租赁期限、租金构成及其支付期限和方式、币种、租赁期间届满租赁物的归属等条款。我国《民航法》第26条规定：“民用航空器租赁合同，包括融资租赁合同和其他租赁合同，应当以书面形式订立。”

2) 民用航空器融资租赁合同的效力

民用航空器融资租赁合同的生效与无效。我国《合同法》第44条规定，依法成立的合同，自成立时生效。法律、行政法规规定应当办理批准、登记等手续生效的，依照其规定。我国《民航法》并没有要求民用航空器的融资租赁合同要办理登记手续，登记并不是其生效要件。民用航空器融资租赁合同生效时间为民用航空器融资租赁合同的成立之时②。

根据我国《合同法》《民法通则》和1996年最高人民法院颁布的《关于审理融资租

① 吴惠祥. 国际飞机租赁的法律探究. 中国民航学院学报，2000，(12)：54.
② 贺富永. 浅析民用航空器融资租赁合同. 江苏航空，2002，(3)：27.

赁合同纠纷案件若干问题的规定》，以及我国《民航法》的规定，民用航空器融资租赁合同的无效主要包括：出租人不具备从事民用航空器融资租赁经营范围的；民用航空器的承租人与供货方恶意串通，骗取出租人资金的；以融资租赁合同形式规避国家有关法律、法规的；依照有关法律、法规应认定为无效的。

3）出租人的权利与义务

（1）出租人的权利。民用航空器出租人对出租的民用航空器所享有的权利主要包括：对民用航空器的所有权、收取租金权、民用航空器瑕疵担保的免责权、民用航空器造成第三人损害时的免责权、承租人破产时民用航空器的收回权、承租人不按约定支付租金时的全部租金请求权或者合同解除权，以及出卖人违约时的索赔权。

一是对出租的民用航空器享有所有权。我国《民航法》第 28 条规定“融资租赁期间，出租人依法享有民用航空器所有权。”具体含义包括：在租赁期间，民用航空器的所有权属于出租人，承租人无权处分民用航空器；在承租人破产时，出租人作为民用航空器的所有人，有权收回民用航空器；作为民用航空器的所有人，出租人可以以民用航空器进行抵押；作为民用航空器的所有人，出租人可以转让该民用航空器的所有权；在租赁期限届满时，如果融资租赁合同中未约定民用航空器归承租人所有的，民用航空器仍归出租人所有。

二是收取租金的权利。出租人可以要求承租人按照约定的时间、地点、币种、数额和约定的方式支付租金。

三是民用航空器瑕疵担保的免责权。1988 年《国际统一私法协会国际融资租赁公约》第 8 条规定：“除非本公约另有约定或租赁协议中另有说明，出租人不应对承租人承担设备方面的任何责任，只要承租人不是由于依赖出租人的技能和判断以及由于出租人干预对供货人的选择或对设备的指定而受到损失。”我国《合同法》第 244 条规定：“租赁物不符合约定或者不符合使用目的的，出租人不承担责任，但承租人依赖出租人的技能确定租赁物或者出租人干预选择租赁物的除外。”我国《民航法》第 27 条规定：“民用航空器的融资租赁，是指出租人按照承租人对供货方和民用航空器的选择，购得民用航空器，出租给承租人使用，由承租人定期交纳租金。”在民用航空器融资租赁中，供货方的选择和民用航空器的选择及对民用航空器的验收都是由承租人来进行的，因此，出租人对民用航空器瑕疵的担保有免责权。

四是民用航空器造成第三人损害时的免责权。1988 年《国际统一私法协会国际融资租赁公约》第 8 条规定：“出租人不应以其出租人身份而对第三方承担因设备所造成的死亡、人身伤害和财产损失的责任。”我国《合同法》第 246 条规定：“承租人占有租赁物期间，租赁物造成第三人的人身伤害或者财产损害的，出租人不承担责任。”在民用航空活动中，对他人造成损害的，民用航空器的出租人享有免责权，但是在航空法中也并不是出租人（所有人）在所有情况下对第三人造成损害都能免责，法律规定其应当承担责任的，出租人就应当承担责任。

五是承租人破产时民用航空器的收回权。1988 年《国际统一私法协会国际融资租赁公约》第 7 条规定：“出租人对设备的物权应可有效地对抗承租人的破产受托人及债权人，包括已得到扣押令状和执行令状的债权人。”《移动设备国际利益公约关于特定航空器设备问题的议定书》第 11 条也规定了出租人在承租人破产时的救济的权利，并提出了两种可供选择的方案①。我国《合同法》第 242 条规定：“出租人享有租赁物的所有权。承租人破产的，租赁物不属于破产财产。”在民用航空器的承租人破产时，民用航空器不是破产财产，其所有权仍然属于出租方。

六是承租人不按约定支付租金时的全部租金请求权或者合同解除权。1988 年《国际统一私法协会国际融资租赁公约》第 13 条规定：“若遇承租人违约，出租人可以收取到期未付租金，连同利息及损失赔偿。若承租人根本违约，则若租赁协议如此规定，则出租人还可以在第 5 款的条件下要求加速支付未到期租金的金额，或可以终止协议，并在该终止后收回对设备的占有；以及收取将使出租人处于如同承租人按租赁协议的条款履行租赁协议时本应取得的地位的损失赔偿。”我国《合同法》第 248 条规定：“承租人应当按照约定支付租金。承租人经催告后在合理期限内仍不支付租金的，出租人可以要求支付全部租金；也可以解除合同，收回租赁物。”我国《合同法》第 249 条规定：“当事人约定租赁期间届满租赁物归承租人所有，承租人已经支付大部分租金，但无力支付剩余租金，出租人因此解除合同收回租赁物的，收回的租赁物的价值超过承租人欠付的租金以及其他费用的，承租人可以要求部分返还。”

七是出卖人违约时的索赔权。1988 年《国际统一私法协会国际融资租赁公约》第

---

① 2001 年《移动设备国际利益公约关于特定航空器设备问题的议定书》第 11 条规定了债权人对债务人在破产时救济的 A 和 B 两个方案。方案 A 较严，而方案 B 则相对较宽。

“方案”A　1. 一旦发生与破产有关的事件，在不影响第 7 款适用的情况下，破产管理人或者一债务人，依其所属，应至迟于下述日期中较早的日期将航空器标的物交由债权人占有：(a) 等待期终止之日；和 (b) 若未适用本条，债权人有权占有航空器标的物的日期。2. 就本条而言，“等待期”为主要破产管辖地缔约国在声明中指明的期间。3. 本条提及的“破产管理人”，是指此人的职务而非个人身份。4. 除非并直到债权人依据第 2 款被给予取得占有的机会：(a) 破产管理人或债务人，依其所属，应根据协议保全、维护航空器标的物并保持其价值；和 (b) 债权人有权申请根据准据法可获得的任何其他形式的临时救济。5. 前款 (a) 项不排除为保全、维护航空器标的物并保持其价值而安排使用该航空器标的物。6. 破产管理人或者一债务人，依其所属，在第 2 款规定的时间之前消除了除因破产程序开始而产生的不履行之外的所有的不履行情况，并同意按照协议履行全部未来义务的，可以保留对航空器标的物的占有。在履行此种未来义务时发生了不履行的，第二个等待期不得适用。7. 关于第 9 条第 1 款规定的救济：(a) 此类救济须由缔约国登记机关和管理机关，依其所属，在债权人通知该机关其根据公约有权获得此类救济的日期之后，不迟于五个工作日内提供；和 (b) 相应主管机关应当根据适用的航空安全法律和规章迅速配合并协助债权人实施此类救济。8. 在第 2 款规定的日期之后，公约或本议定书准许的各项救济一律不得被阻止或拖延实施。9. 未经债权人同意，协议项下债务人的义务一律不得变更。10. 前款规定不得被推定为影响破产管理人根据准据法可能拥有的终止协议的权力。11. 除根据第 39 条第 1 款所做声明中包含的某类非约定权利或利益之外，其他权利或利益在破产程序中一律不得优先于已登记的利益。12. 经本议定书第 9 条修订的公约适用于本条项下任何救济的实施。

方案 B　1. 一旦发生与破产有关的事件，应债权人的要求，破产管理人或者一债务人，依其所属，应在缔约国根据第 30 条第 3 款所做声明中指明的期间内通知债权人，其是否准备：(a) 按照协议及相关交易文件消除除因破产程序开始而产生的不履行以外的所有的不履行情况，并且同意履行所有未来义务；或 (b) 根据准据法给予债权人占有航空器标的物的机会。2. 前款 (b) 项提及的准据法可以准许法院要求采取任何附加措施或者一提供任何附加保证。3. 债权人必须为其主张提供证据并证明其国际利益已经登记。4. 如果破产管理人或者债务人，依其所属，没有根据第 2 款发出通知，或者破产管理人或债务人已经宣布要给予债权人占有航空器标的物的机会，但未实行，法院可以准许债权人按照法院酌情指定的条件取得对航空器标的物的占有，并可以要求采取任何附加措施或者提供任何附加保证。5. 在法院对有关请求和国际利益做出判决之前，不得出售航空器标的物。

11条规定："本条丝毫不影响承租人依第十条而享有的针对供货人的权利。"我国《合同法》第240条规定："出租人、出卖人、承租人可以约定，出卖人不履行买卖合同义务的，由承租人行使索赔的权利。"在航空实践中，为了公平保护民用航空器承租人的利益，有关当事人常在租赁合同中约定，由出租人将其对提供租赁的民用航空器的供货方的索赔权转让给民用航空器的承租人，也可以约定由承租人直接行使索赔权，民用航空器的出租人应当协助。

（2）出租人的义务。根据1988年《国际统一私法协会国际融资租赁公约》和我国《合同法》及《民航法》的规定，出租人的义务主要包括按照承租人对供货方和民用航空器的选择签订租赁物买卖合同、不得擅自变更与承租人有关的民用航空器买卖合同内容、保证承租人对民用航空器占有和使用、不得中途解约，以及对承租人行使索赔权时的协助义务。

一是按照承租人对供货方和民用航空器的选择签订租赁物买卖合同的义务。1988年《国际统一私法协会国际融资租赁公约》第1条对此已经做出明确的规定。我国《合同法》第239条规定："出租人根据承租人对出卖人、租赁物的选择订立的买卖合同，出卖人应当按照约定向承租人交付标的物，承租人享有与受领标的物有关的买受人的权利。"我国《民航法》第27条规定，民用航空器的融资租赁，是指出租人按照承租人对供货方和民用航空器的选择，购得民用航空器。

二是不得擅自变更与承租人有关民用航空器买卖合同内容的义务。1988年《国际统一私法协会国际融资租赁公约》第11条规定："承租人根据本公约的来自供货协议的权利，不得因原先经承租人认可的供货协议的任何条款发生变更而受到影响，除非承租人同意此变更。"我国《合同法》第241条规定："出租人根据承租人对出卖人、租赁物的选择订立的买卖合同，未经承租人同意，出租人不得变更与承租人有关的合同内容。"在民用航空器融资租赁中，变更民用航空器买卖合同的内容不涉及承租人的，即与承租人无关的，出租人完全可以与出卖人自由协商决定变更，如关于民用航空器买卖合同中的价款以什么币种支付的问题，与承租人以什么币种支付租金之间没有必然的联系，纯属出租人与出卖人之间的事情，出租人则可以自由与出卖人协商变更。变更民用航空器买卖合同的内容如果涉及承租人的，即与承租人有关的，如改变民用航空器的规格、型号、技术性能、质量指标、数量等民用航空器本身条件的，或者改变民用航空器的交付时间、交付地点、交付方式等履行条件的，直接关系到承租人签订融资租赁合同的目的能否实现。如果允许出租人擅自与出卖人变更民用航空器买卖合同而不必事先征得承租人的同意，则租赁合同的订立往往与承租人的合同目的相去甚远，甚至背道而驰。所以，出租人不能自由与出卖人协商变更民用航空器买卖合同的内容。如果确实需要变更民用航空器买卖合同的内容的，出租人必须事先征得承租人的同意，方可与出卖人协商变更。因此，不得擅自变更与承租人有关的民用航空器买卖合同的内容，是出租人的又一项重要义务，出租人必须严格履行。

三是保证承租人对民用航空器占有和使用的义务。1988年《国际统一私法协会国际融资租赁公约》第8条规定："出租人担保承租人的平静占有将不受享有优先所有权或权利，或者主张享有优先权或权利并受法院授权行动的人的侵扰，只要这种所有权、权利或主张不是由于承租人的作为或不作为所致。只要这种所有权、权利或主张是由于出租人的故意的或严重疏忽的作为或不作为所致，各方就不得减损或变更前款中的规定的效力。第 2 和 3 款的规定不得影响出租人根据国际私法所规定的适用法律所做出的对平静占有的强制性的更广泛的担保。”我国《合同法》第 245 条规定：“出租人应当保证承租人对租赁物的占有和使用。”我国《民航法》第 28 条规定：“融资租赁期间，出租人依法享有民用航空器所有权，承租人依法享有民用航空器的占有、使用、收益权。”在租赁期间，承租人享有对民用航空器占有和使用的权利，这是承租人在融资租赁合同中的一项主要权利。同时，保证承租人享有对民用航空器占有和使用的权利，这也是出租人的一项主要义务。具体来说，包括以下内容：第一，出租人不得妨碍和影响承租人对民用航空器的独占使用权。第二，保证承租人对民用航空器的占有和使用不受第三人的干扰。第三，出租人在转让民用航空器时不得影响承租人占有和使用民用航空器的权利。第四，出租人在民用航空器上设定抵押权时不得影响承租人占有和使用民用航空器的权利。

四是不得中途解约的义务。民用航空器融资租赁交易机制的最大特点是以承租人对租赁标的——民用航空器的长期使用为前提，其租赁期限较长，该期限通常可接近或达到民用航空器的正常经济寿命的使用年限。由于民用航空器是承租人选定，融资租赁大多是一次性完全收回的租赁。为保障出租人和承租人双方各自的利益，在租赁合同的有效期内，任何一方不得中途解约。“当事人中途不得解约”的法律规定，是公平维护航空器融资租赁交易中出租人和承租人，以及其他参与人基本权益的基础之一。

五是对承租人行使索赔权时的协助义务。1988 年《国际统一私法协会国际融资租赁公约》对此并没有做出明确规定，但依据其第 11 条和第 12 条的规定来看，承租人可以行使索赔权，出租人应当予以协助。我国《合同法》第 240 条规定：“出租人、出卖人、承租人可以约定，出卖人不履行买卖合同义务的，由承租人行使索赔的权利。承租人行使索赔权利的，出租人应当协助。”我国《民航法》中也有类似的暗示条款。

4）承租人的权利与义务

（1）承租人的权利。就民用航空器融资租赁而言，民用航空器承租人除了享有合同法中对承租人权利的规定，如享有出租人擅自变更租赁物买卖合同中与承租人有关内容的抗辩权，享有民用航空器买卖合同中与受领民用航空器有关的买受人的权利、受领租赁物的权利、对租赁物进行检验的权利、拒绝接收不符合约定的租赁物的权利外，民用航空器承租人的权利还包括以下四个方面。

一是选择确定供货方和民用航空器的权利。1988 年《国际统一私法协会国际融资租赁公约》第 1 条规定，供货方和租赁物由承租人选择。我国《合同法》第 237 条也规定，融资租赁合同是出租人根据承租人对出卖人、租赁物的选择，向出卖人购买租赁物，提供给承租人使用，承租人支付租金的合同。我国《民航法》第 27 条规定：“民用航空器融资租赁，是指出租人按照承租人对供货方和民用航空器的选择，购得民用航空器，出租给承租人使用，由承租人定期交纳租金。”

二是享有出卖人不履行租赁物买卖合同义务时的索赔权。1988 年《国际统一私法协会国际融资租赁公约》第10条规定，供货人在供货协议项下的义务也应及于承租人，如同承租人是该协议的一方，如同设备是直接供给承租人的一样。我国《合同法》第240条规定："出租人、出卖人、承租人可以约定，出卖人不履行买卖合同义务的，由承租人行使索赔的权利。承租人行使索赔权利的，出租人应当协助。"

三是享有对民用航空器占有、使用和抗干扰的权利。我国《民航法》第29条规定："融资租赁期间，出租人不得干扰承租人依法占有、使用民用航空器。"在租赁期间，承租人享有对民用航空器占有和使用的权利，这是承租人在融资租赁合同中的一项主要权利，同时也是出租人的一项主要义务。承租人对民用航空器占有和使用的权利，具体来说，包括以下内容：第一，有权要求出租人不得妨碍和影响自己对民用航空器的占有和使用。第二，有权要求出租人保证其所出租的民用航空器不存在权利瑕疵。第三，有权在出租人转让民用航空器时继续享有占有和使用民用航空器的权利。第四，有权在出租人于民用航空器上设定抵押权时继续享有占有和使用民用航空器的权利。

四是转租民用航空器的权利。我国《民航法》第32条规定："融资租赁期间，经出租人同意，在不损害第三人利益的情况下，承租人可以转让其对民用航空器的占有权。"

（2）承租人的义务。在民用航空器的融资租赁中，民用航空器承租人的主要义务有：支付租金、妥善保管民用航空器、租期届满返还民用航空器等义务。

一是支付租金的义务。在融资租赁合同中，承租人在取得民用航空器使用权的同时，负有向出租人支付租金的义务，而且该义务是承租人在融资租赁合同中承担的一项主要义务。承租人应当按照约定支付租金，即按照约定的时间、地点、币种、数额和方式支付租金的义务。

二是妥善保管民用航空器的义务。承租人在租赁期间负有妥善保管租赁物的义务，在这一点上，融资租赁合同与传统租赁合同是相同的。这是因为，承租人使用的是出租人的财产，并通过使用民用航空器取得收益。承租人如果希望民用航空器充分发挥其作用，就应当妥善保管民用航空器。1988年《国际统一私法协会国际融资租赁公约》第9条规定："承租人应妥善照看设备，以合理的方式使用设备并使之保持交付时的状态，但合理损耗及各方商定的对设备的任何改装除外。"我国《合同法》第247条规定："承租人应当妥善保管、使用租赁物。承租人应当履行占有租赁物期间的维修义务。"我国《民航法》第29条规定，融资租赁期间，承租人应当适当地保管民用航空器，使之处于原交付时的状态，但是合理损耗和经出租人同意的对民用航空器的改变除外。

三是租期届满返还民用航空器的义务。民用航空器的融资租赁期满，或出现了法律或者合同约定事由，融资租赁合同终止时，承租人应当返还民用航空器于出租人。1988年《国际统一私法协会国际融资租赁公约》第9条规定，当租赁协议终止时，承租人除非行使购买权或行使凭另一租期的租赁协议而持有设备的权利，否则应以民用航空器交付时的状态退还给出租人。我国《合同法》第235条规定："租赁期间届满，承租人应当返还租赁物。返还的租赁物应当符合按照约定或者租赁物的性质使用后的状态。"我国《民航法》第30条规定："融资租赁期满，承租人应当将符合本法第二十九条规定状态的民用航空器退还出租人；但是，承租人依照合同行使购买民用航空器的权利或者为继续租赁而占有民用航空器的除外。"

5）供货方的权利与义务

（1）供货方的权利。供货方作为融资租赁合同的一方当事人，其主要权利是向出租人收取民用航空器的价款。1988年《国际统一私法协会国际融资租赁公约》第10条规定了供货方不应就同一损害同时对出租人和承租人负责。我国《合同法》中并没有对此做出明确规定，但是一份损害一份赔偿的原则在我国法律中也已经确定，这一项原则在航空法中也被加以确定，即供货方只就同一份损害承担同一份责任。

（2）供货方的义务。供货方负有向承租人交付民用航空器的义务。在民用航空器的融资租赁中，民用航空器及供货方是由承租人加以选择，供货方根据合同约定，应当将民用航空器交付给承租人，由承租人加以验收。

一是供货方对民用航空器承担瑕疵担保责任。供货方不仅要对所交付的航空器承担品质瑕疵担保责任，即保证民航空器的价值、效用或者品质符合法律规定或合同约定；而且还要保证该民用航空器不存在权利瑕疵，即供货方保证航空器上不存在任何第三人的权利，任何第三人都不会向买方主张权利，更不应向民用航空器的承租人主张权利。

二是供货方承担向出租人转移航空器所有权的义务。供货方应按照约定的期限交付给承租人，同时承担向出卖人转移民用航空器所有权并提供相关资料以便转移民用航空器的义务。

3.3.6　民用航空器权利登记制度

民用航空器权利登记制度是航空法律制度不可缺少的重要组成部分。《日内瓦公约》规定，应该登记的航空器权利包括：航空器的所有权、通过购买取得并占有航空器的权利、依据为期六个月以上的飞机租赁合同使用航空器的权利、航空器抵押权、航空器出租人的背书、出租人购买航空器时的贷方作为飞机动产抵押权的持有人和作为租赁受让人的权利、承租人作为用户对飞机使用和享用的权利。

在《开普敦公约》及《移动设备国际利益公约关于特定航空器设备问题的议定书》中，登记制度也是公约体系优先考虑的核心问题。《移动设备国际利益公约关于特定航空器设备问题的议定书》对登记的具体要求有专门表述，主要规定了谁可以办理、更改或撤销登记，并对登记标的物如何单独识别也进行了必须性规定。所有的登记条款都建立在假设整个系统将是电子化的前提下，可以在线检索，因此登记和对检索的回应均通过电脑自动完成，而无需牵涉人为的干预。该议定书还确定了登记的监管机关，登记官将严格负责赔偿由于过错、失职及登记系统发生故障所造成的损失。该公约和议定书中的登记制度能使一项国际利益的存在受到公开关注，并能使债权人维护其优先受偿权，以及在对债务人进行破产程序诉讼时维护该项国际利益的有效性，可以为登记国际利益、预期的国际利益，以及可以登记的非约定权力和利益提供方便，而且也有助于转让国际利益，使某国际利益从属于另一国际利益及其他某些权利。

我国《担保法》和《民航法》也都规定了以航空器为客体的动产物权登记公示制度，这一登记制度的设立不仅丰富和完善了我国航空法律制度体系，而且也是对我国财产权利登记制度的补充和发展。其他法规和规章还有：1997年10月21日国务院发布实施的《中华人民共和国民用航空器权利登记条例》，以及中国民航总局 1999 年 9 月 1 日发布并于 1999 年 11 月 1 日施行的《中华人民共和国民用航空器权利登记条例实施办法》等。

1. 民用航空器权利登记范围

民用航空器权利登记主要包括：所有权登记、通过购买行为取得并占有民用航空器的权利的登记、民用航空器的租赁登记，以及民用航空器的抵押权登记和优先权登记。我国《民航法》第 11 条和《日内瓦公约》第 1 条都做出了相同的规定。

2. 民用航空器权利登记程序

1）申请

我国航空法中，对民用航空器的权利登记采用的是自愿原则。民用航空器权利人认为需要进行权利登记的，可申请办理民用航空器权利登记。根据国外民商法的规定，对价值较大的动产，为了保护权利人及第三人的合法权益，也规定了权利登记制度。

（1）民用航空器权利登记的范围。民用航空器的权利登记是权利人的一种自愿行为，权利人可以申请登记，也可以不申请登记。1999 年 9 月 1 日中国民航总局颁布的《中华人民共和国民用航空器权利登记条例实施办法》第 4 条规定："民用航空器权利人认为需要进行权利登记的，可申请办理民用航空器权利登记"。委托他人办理权利登记或者签署有关文件的，应当向登记部门提交合法申请人的授权委托书或者其他授权证明文件，以及代办人的符合前条规定的合法身份证明文件。同一项交易或者事件产生共同权利的，应当由一个权利代表人向登记部门办理权利登记事项。

（2）办理民用航空器占有权登记的，民用航空器占有人应提交下列文件或经核对无误的复印件：民用航空器国籍登记证书；民用航空器所有权登记证书或者相应的所有权证明文件；民用航空器设定抵押的，还应当提供有关证明文件；符合我国《民航法》第 11 条第 2 项或第 3 项规定的民用航空器买卖合同或者租赁合同；国务院民用航空主管部门要求提交的其他必要的有关文件。

（3）办理民用航空器抵押权登记的，民用航空器抵押权人和抵押人应提交下列文件或者经核对无误的复印件：民用航空器国籍登记证书；民用航空器所有权登记证书或者相应的所有权证明文件；民用航空器抵押合同；国务院民用航空主管部门要求提交的其他必要的有关文件。就两架以上民用航空器设定一项抵押权或者就同一民用航空器设定两项以上抵押权时，民用航空器抵押权人和抵押人应就每一架民用航空器或每一项抵押权分别办理抵押权登记。

（4）办理民用航空器优先权登记的，民用航空器优先权的债权人应自援救或者保管维护工作终了之日起 3 个月内，按国务院民用航空主管部门的规定，填写民用航空器优先权登记申请书，并向国务院民用航空主管部门提交足以证明其合法身份的文件和有关债权证明。

民用航空器权利登记部门在接收申请人提供的有关文件时，应向其出具收件清单，并注明文件接收日期和时间。民用航空器权利登记申请人在办理民用航空器权利登记时，应根据具体情况分别填写符合规定格式的以下权利登记申请书：《民用航空器所有权登记申请书》《民用航空器占有权登记申请书》《民用航空器抵押权登记申请书》和《民用航空器优先权登记申请书》。

2）审查批准

国务院民用航空主管部门应当自收到民用航空器权利登记申请之日起 7 个工作日内，对申请的权利登记事项进行审查。经审查符合规定的，应当向民用航空器权利人颁发相应的民用航空器权利登记证书，并在民用航空器权利登记簿上载明规定的相应事项；经审查不符合规定的，应书面通知民用航空器权利人。

3）权利登记簿

国务院民用航空主管部门设立民用航空器权利登记簿。同一民用航空器的权利登记事项应当记载于同一权利登记簿中。民用航空器权利登记事项，可以供公众查询、复制或者摘录。根据权利的性质不同，记载事项也有差异。

(1) 所有权权利登记记载事项。国务院民用航空主管部门向民用航空器所有人颁发民用航空器所有权登记证书时，应在民用航空器权利登记簿上载明下列事项：民用航空器国籍、国籍标志和登记标志；民用航空器所有人的姓名或者名称、地址及其法定代表人的姓名；民用航空器为数人共有的，载明民用航空器共有人的共有情况；民用航空器所有权的取得方式和取得日期；民用航空器制造人名称、制造日期和制造地点；民用航空器价值、机体材料和主要技术数据；民用航空器已设定抵押的，载明其抵押权的设定情况；民用航空器所有权登记日期；国务院民用航空主管部门规定的其他事项。

(2) 占有权权利登记记载事项。国务院民用航空主管部门向民用航空器占有人颁发民用航空器占有权登记证书时，应在民用航空器权利登记簿上载明下列事项：民用航空器的国籍、国籍标志和登记标志；民用航空器占有人、所有人或者出租人的姓名或者名称、地址及其法定代表人的姓名；民用航空器占有权的取得方式、取得日期和约定的占有条件；民用航空器占有权登记日期；国务院民用航空主管部门规定的其他事项。

(3) 抵押权权利登记记载事项。国务院民用航空主管部门向民用航空器抵押权人颁发民用航空器抵押权登记证书时，应当在民用航空器权利登记簿上载明下列事项：被抵押的民用航空器的国籍、国籍标志和登记标志；抵押权人和抵押人的姓名或者名称、地址及其法定代表人的姓名；民用航空器抵押所担保的债权数额、利息率、受偿期限；民用航空器抵押权登记日期；国务院民用航空主管部门规定的其他事项。

(4) 优先权权利登记记载事项。国务院民用航空主管部门向民用航空器优先权的债权人颁发民用航空器优先权登记证书时，应当在民用航空器权利登记簿上载明下列事项：发生债权的民用航空器的国籍、国籍标志和登记标志；民用航空器优先权的债权人的姓名或者名称、地址及其法定代表人的姓名；发生债权的民用航空器的所有人、经营人或者承租人的姓名或者名称、地址及其法定代表人的姓名；民用航空器优先权的债权人主张的债权数额和债权发生的时间、原因；民用航空器优先权登记日期；国务院民用航空主管部门规定的其他事项。

由申请人提供的申请书及各项文件，登记部门应当妥善保管。民用航空器权利登记簿内所记载的事项，可以供公众查询、复制或者摘录，对于申请人声明涉及商业秘密的事项，登记部门不得向他人泄露。查询、复制或者摘录均应缴纳费用。

4）民用航空器权利变更登记和注销登记

民用航空器权利登记完成后，由于主客观的原因，要对民用航空器权利变更登记或者注销登记。

（1）民用航空器权利变更登记。民用航空器权利登记事项发生变更时，民用航空器权利人应当持有关的民用航空器权利登记证书和变更证明文件，向国务院民用航空主管部门办理变更登记。民用航空器抵押合同变更时，由抵押权人和抵押人共同向国务院民用航空主管部门办理变更登记。

民用航空器权利登记事项发生变更时，民用航空器权利人应当持有关的民用航空器权利登记证书及变更证明文件，向登记部门办理权利变更登记，并应当根据具体情况分别填写符合规定格式的以下权利登记变更申请书：《民用航空器所有权登记变更申请书》《民用航空器占有权登记变更申请书》《民用航空器抵押权登记变更申请书》和《民用航空器优先权登记变更申请书》。

国务院民用航空主管部门应当自收到民用航空器权利变更登记申请之日起 7 个工作日内，对申请的权利变更登记事项进行审查。民用航空器权利人的权利变更登记申请经登记部门依法审查合格后，由登记部门在有关权利登记证书上和民用航空器权利登记簿上注明变更事项，不颁发新的权利登记证书。经审查不符合规定的，应当书面通知民用航空器权利人。

（2）民用航空器权利注销登记。遇有下列情形之一时，民用航空器权利人应当持有关的民用航空器权利登记证书和证明文件，向国务院民用航空主管部门办理注销登记：民用航空器所有权转移；民用航空器灭失或者失踪；民用航空器租赁关系终止或者民用航空器占有人停止占有；民用航空器抵押权所担保的债权消灭；民用航空器优先权消灭；国务院民用航空主管部门规定的其他情形。

国务院民用航空主管部门应当自收到民用航空器注销登记申请之日起 7 个工作日内，对申请的注销登记事项进行审查。收回有关的民用航空器权利登记证书，相应地注销民用航空器权利登记簿上的权利登记，并按规定向民用航空器权利人分别颁发相应的权利登记注销证书。经审查不符合规定的，应当书面通知民用航空器权利人。

5）异议

民用航空器权利的利害关系人对民用航空器权利登记持有异议，或者认为民用航空器权利人应当办理变更登记或者注销登记而未办理的，可以凭人民法院的生效判决、裁定或者仲裁机构的生效裁决，向登记部门办理有关权利登记、变更登记或者注销登记。该判决、裁定或者裁决是由外国法院或者仲裁机构做出的，应当依法先经中华人民共和国人民法院确认。此种登记的其他有关事项，分别适用《中华人民共和国民用航空器权利登记条例》和《中华人民共和国民用航空器权利登记条例实施办法》的有关规定。

6）其他规定

在《中华人民共和国民用航空器权利登记条例》施行之日前设定的民用航空器权利，可自 2000 年 11 月 1 日起补办登记手续。

3. 民用航空器权利登记制度的意义

民用航空器权利登记制度早已成为美国、法国、日本等航空大国的航空法的重要组成部分。我国《民航法》也不例外，民用航空器权利登记制度在法律条文中体现在对民用航空器所有权、抵押权、优先权及租赁等方面的规定上，并且以行政法规和规章的形式对此进行了更加详细的规定。民用航空器权利登记制度不仅对民用航空法律体系的发展起到了丰富和完善的作用，而且对我国财产权利登记制度也具有巨大的促进作用。民用航空器权利登记制度对确认权利、实施管理、公示社会等方面意义重大。

1）确认权利

经权利登记机关登记的民用航空器权利由于“受到法律的确认”得到国家强制力的保护，从而“取得社会公认的权威。”因此，民用航空器权利登记制度可以对抗权利人以外的任何人，不仅给人们的交易活动带来了便利，也为民用航空器的权利交易提供了一个明确基础，使交易人清楚地了解民用航空器的权利归属情况。

2）实施管理

民用航空器是具有重大价值的动产，经常航行于各国领空和公海上空，通过权利登记制度，国家可以掌握与了解其流向，从而有利于国家对航空器权利变动进行管理，维护交易人的正当合法利益。

3）公示社会

通过对航空器权利进行登记，并将登记事项向社会公开，供公众查询、复制或摘录，便于公众了解有关航空器的权利状况并参与监督管理，切实维护自己的合法权益。民用航空器权利登记制度有利于维护航空器的交易安全，并为以航空器为核心开展的各种交易活动提供便利，从而促进了航空事业的发展。

3.4　民用航空器适航管理

3.4.1　民用航空器适航管理的概念及特点

1. 民用航空器适航管理的概念和分类

民用航空器适航管理是以保障航空器的安全为目标的技术管理，是对航空器的设计、制造、使用和维修等环节进行科学的、统一的审查、鉴定、监督和管理。

民用航空器的适航管理包括初始适航管理和持续适航管理，分别对民用航空器的初始适航性和持续适航性进行管理，以便全方位对民用航空器的适航性进行管理。初始适航性是指新生产出来的航空器在投入使用前，应当具备的适航性。持续适航性是指具有适航证的航空器投入使用后继续保持的适航性。

符合法律规定条件的，发给民用航空器适航证书。我国民用航空器的适航证书种类有商业性的客货运输的运输类适航证书、通用航空的专业飞行的专业类适航证书和滑翔机、载人气球、超轻型飞机在规定的限制条件下飞行的初级类适航证书。

2. 民用航空器适航管理的特点

各国对民用航空器的适航管理，基本上都具有五个国际间普遍承认的特点①。

1）权威性

适航管理所依据的标准和审定监督规则，具有国家法律效力；所有的适航规章、标准都是强制性的。作为适航管理管理部门，也要具有权威性，航空器设计、制造、使用和维修的单位、个人，必须服从国家适航管理部门统一的、公正的管理。

2）国际性

航空器既是国际间航空运输的重要工具，也是国际上的重要商品。航空产品的进出口，特别是航空器的生产日趋国际化，决定了各国的适航管理必然具有国际性。各国的适航管理部门为了保证航空的安全和利益，根据本国的适航标准，严格审查各种进口的航空产品。同时各国也要求积极扩大国际交流，制定国际上能够得到普遍承认的适航标准，广泛制定保护本国利益的国际间的适航协议，使本国的航空产品能够更多地进入国际市场。

3）完整性

任何一个国家的适航管理部门，对航空器的设计、制造、使用、维修，直至其退役的全过程，都要实施以安全为目的，统一的闭环式的审查、鉴定、监督和管理。

4）动态的发展性

航空科技的进步和民用航空业的不断发展，要求各国适航管理部门不断改进和增加新的适航标准，适航管理也必然随之变化发展。因此，适航管理不能是静态的、永恒不变的，而应是动态发展的。

5）独立性

适航管理部门的独立性是保证其在立法和执法工作上的公正性和合理性的要求。世界各国适航部门几乎都是在经济和管理体制上独立于航空器的设计、制造、使用和维修等环节之外的政府审查监督机构。只有这样，才能保障航空安全和促进航空运输业及制造业的发展。

---

① 曹三明，夏兴华．民用航空法释义．沈阳：辽宁教育出版社，1996：73-74.

3.4.2　民用航空器适航管理的内容

1. 民用航空器适航管理的法律基础

民用航空器适航管理的特点具有国际性，各国也都需要国际上有统一的适航标准，以保障和促进相关民用航空活动能够正常进行。因此，国际上对民用航空器的适航管理的标准的制定工作早就开始了，突出表现在《芝加哥公约》附件中，同时各国国内的适航管理的标准不得低于国际上的标准；在各国国内，适航管理的标准由其国内法加以规定，我国目前对民用航空器的适航管理已经形成了以《民航法》为核心的一整套完备的法律体系[①]。

2. 民用航空器适航管理的范围

各国对航空器的适航性均进行严格管理。虽在适航管理的范围上略有差异，但一般而言，都包括对民用航空器的初始适航性的管理和持续适航性的管理，其管理范围都围绕民用航空器适航性而产生。

我国适航管理法规主要围绕民用航空器的设计、生产、进出口、使用及维修等内容而制定的。

《民用航空器适航管理条例》第 2 条规定，民用航空器适航管理的范围为，在中华人民共和国境内从事民用航空器（含航空发动机和螺旋桨）的设计、生产、使用和维修的单位或者个人，向中华人民共和国出口民用航空器的单位或者个人，以及在中华人民共和国境外维修在中华人民共和国注册登记的民用航空器的单位或者个人，都必须遵守我国关于适航管理的规定。

1）航空器的设计

设计民用航空器及其发动机、螺旋桨，以及民用航空器上设备，应当向国务院民用航空主管部门申请领取型号合格证书。具有航空产品设计能力的人均可以向中国民航局提出型号合格证书申请。

型号合格证是国务院民用航空主管部门对民用航空器及其发动机、螺旋桨（滑翔机）、载人气球、超轻型飞机或者其他非规定的航空器的设计人颁发的合格凭证。

型号合格证书申请人应当按照中国民航局规定的格式填写型号合格证书申请书并提

---

① 航空行政法规主要有：《中华人民共和国民用航空器适航管理条例》（1987 年 6 月 1 日起施行），《中华人民共和国民用航空器国籍登记条例》（1997 年 10 月 21 日起施行）。航空行政规章主要有：《螺旋桨适航标准》（CCAR—35，1987 年 12 月 17 日起施行），《运输类旋翼航空器适航规定》（CCAR—25—R2，1985 年 12 月 31 日起施行，1990 年 7 月 18 日第一次修订，1995 年 12 月 18 日第二次修订），《中国民用航空总局关于第三次修订〈运输类飞机适航标准〉的决定》（CCAR—25—R3，2001 年 5 月 14 日起施行），《正常类旋翼航空器适航规定》（CCAR—27—R1，2002 年 8 月 1 日起施行），《运输类旋翼航空器适航规定》（CCAR—29—R1，2002 年 8 月 1 日起施行），《民用航空产品和零部件合格审定规定》（CCAR—21—R3，2007 年 4 月 15 日起施行），《航空器型号和适航合格审定噪声规定》（CCAR—36—R1，2007 年 4 月 15 日起施行），《载人自由气球适航规定》（CCAR—31，2007 年 4 月 15 日起施行），《运输类飞机的持续适航和安全改进规定》（CCAR—26，2011 年 12 月 7 日起施行），《运输类飞机适航标准》（CCAR—25—R4，2011 年 12 月 7 日起施行），《航空发动机适航规定》（CCAR—33R2，2012 年 1 月 1 日起施行）等。

交相关文件①。

运输类航空器型号合格证书申请书有效期为 5 年。航空发动机、螺旋桨及其他类别航空器的型号合格证书申请书有效期为 3 年。如果申请人在申请时证明其产品需要更长的设计、发展和试验周期，经中国民航局审查批准后，可获得更长有效期。

具备下列条件的申请人可以取得航空器、航空发动机、螺旋桨的型号合格证书。

（1）申请人提交的型号设计、试验报告和各种计算证明申请型号合格审定的民用航空产品符合适航规章和环境保护要求，以及中国民航局适航部门规定的专用条件。

（2）中国民航局在完成所有试验和检查等审定工作后，认为其型号设计和产品符合适航标准和专用条件及环境保护的要求，或任何未符合这些要求的部分具有中国民航局认可的等效安全水平。

（3）申请人编制的飞行手册（仅适用于航空器）及持续适航性文件的必要内容或指导文件已得到中国民航局的批准。

（4）通用航空用航空器符合相应航空器类别的适航要求中的适用部分或中国民航局认为具有等效安全水平的其他适航要求，并且中国民航局认为按通用航空的使用限制运行时没有不安全的特征或特性。

（5）初级类航空器和其他非常规航空器符合中国民航局认为适用的适航标准中有关的适航要求，或符合中国民航局认为具有等效安全水平的其他适航要求。

（6）军用产品型号合格证书的申请人已提供证实具有实质上相同适航性水平的鉴定验收资料和实际使用记录。对于已利用军方使用经验证明具有等效安全水平，或已规定相应的使用限制保证飞行安全的，中国民航局可同意不必符合会使申请人负担过重的某些适用条款。

（7）中国民航局根据申请人申请型号合格证书的类别，认为其产品没有不安全的特征或特性。

型号合格证书包括对按 CCAR—23、CCAR—25、CCAR—27、CCAR—29、CCAR—33、CCAR—35 进行审定的航空器、航空发动机和螺旋桨颁发的型号合格证，以及对其他航空器颁发的型号设计批准书。航空产品取得了型号合格证，就意味着其设计符合适航标准。

型号合格证书的内容包括型号设计、使用限制、型号合格证书数据单、中国民航局审查确认已符合的有关适航标准，以及对产品所规定的其他条件或限制。

除中国民航局吊扣、吊销或另行规定终止日期外，型号合格证书长期有效。中国民航局认为必要时，型号合格证书持有人应当将型号合格证书提供中国民航局检查。

经中国民航局批准，型号合格证书持有人可以转让其型号合格证书。

2）航空器的生产和维修

生产、维修民用航空器及其发动机、螺旋桨和民用航空器上设备，应当向国务院民

① 这些文件主要有：申请航空器型号合格证书的提交设计特征、三面图和基本数据；申请航空发动机型号合格证书的提交设计特征、工作特性曲线和使用限制说明；申请螺旋桨型号合格证书的提交设计特征、工作原理和使用限制说明；相应的验证计划。

用航空主管部门申请领取生产许可证书、维修许可证书。经审查合格的，发给相应的证书。

生产许可证的申请资格及要求。持有下列文件之一或符合中国民航局认可的其他条件的任何人，均可申请生产许可证：型号合格证书；型号合格证书的权益转让协议书；补充型号合格证书。申请人应当按照中国民航局规定的格式填写生产许可证申请书。获得生产许可证后，持有人对其质量控制系统的更改应当报中国民航局审查，对可能影响产品检验、制造符合性或适航性的任一更改，应当立即书面通知中国民航局。生产许可证长期有效，不能转让。

维修，是指对民用航空器或者民用航空器部件所进行的任何检测、修理、排故、定期检修、翻修和改装工作。民用航空器或者民用航空器部件的制造厂家的保修或者因设计制造原因的索赔修理不属于维修的范围。

维修许可证申请人应当具备下列条件：为依法设立的法人单位或者为其书面授权的单位，具备进行所申请项目维修工作的基本条件；国外或者地区申请人申请的项目应当适用于具有中国登记的航空器或者其部件，并已获得本国或者地区民航当局的批准。

中国民航局或者民航地区管理局在受理申请人的正式申请材料后，以书面或会面的形式与申请人协商确定对申请人的维修设施及其管理状况进行现场审查的日期。除特殊情况并经双方同意改变现场审查的日期外，中国民航局或者民航地区管理局按照双方商定的日期对申请人的维修设施及其管理状况进行现场审查并按规定收取审查费用。

中国民航局对申请人现场审查完成或收到申请人对发现问题的书面改正措施之日起30 个工作日内对符合要求并缴纳了规定审查费用的国外或者地区维修单位颁发维修许可证。民航地区管理局对申请人现场审查完成或收到申请人对发现问题的书面改正措施之日起 20 个工作日内对符合要求并缴纳了规定审查费用的国内维修单位颁发维修许可证。

对于在现场审查发现的问题不能在中国民航局或者民航地区管理局正式通知之日起30 日内提交书面的纠正措施的申请人，将视为自动放弃申请。

除非被放弃、暂停或者吊销，维修许可证的有效期限规定如下：①对于国内维修单位，维修许可证一经颁发长期有效；②对于国外和地区维修单位，维修许可证首次颁发和每次延长的有效期限最长不超过 2 年。维修单位应当在有效期结束前至少 6 个月向中国民航局提出延长维修许可证有效期的书面申请。

除按照其他适用的中国民用航空规章得到批准或认可，或者经中国民航局特殊批准外，未获得或保持有效维修许可证的维修单位，不得从事维修中国登记的航空器及其部件的业务。

维修单位在获得维修许可证后具有下列权利：①在维修许可证限定的维修范围内按照经批准的标准进行民用航空器或者航空器部件的维修工作；②可以在维修许可证限定的地点以外进行应急情况支援和简单的售后服务工作。

除上述情况外，在维修许可证限定的地点以外一次性或短期从事批准范围内的维修工作项目时，应当在其维修单位手册中说明其确保符合要求的程序，并在获得中国民航局或者民航地区管理局的批准后方可进行；维修单位可以对按照经批准的标准完成的某项完整维修工作签发维修放行证明文件；维修单位取得维修许可证后暂时缺少从事批准的某项维修工作所必需的部分厂房设施、工具设备、器材、适航性资料和有关人员等条件，但表明有能力在短期内满足相应条件的，其维修许可证上的有关项目可以不予暂停或者取消，但维修单位在此种情况下不得进行该有关项目维修工作。

3）航空器的进出口

（1）航空器的进口。外国制造人生产的任何型号的民用航空器及其发动机、螺旋桨和民用航空器上的设备，首次进口中国的，该外国制造人应当向国务院民用航空主管部门申请领取型号认可证书。经审查合格的，发给型号认可证书。已取得外国颁发的型号合格证书的民用航空器及其发动机、螺旋桨和民用航空器上的设备，首次在中国境内生产的，该型号合格证书的持有人应当向国务院民用航空主管部门申请领取型号认可证书。经审查合格的，发给型号认可证书。

《民用航空器适航管理条例》规定，中华人民共和国的任何单位或者个人进口外国生产的任何型号的民用航空器，若是首次进口并用于民用活动时，进口民用航空器的单位和个人必须向中国民航局申请型号审查。中国民航局接受申请后，应当按照规定对该型号民用航空器进行型号审查；审查合格的，颁发准予进口的型号认可证书。

型号认可证书，是指各国适航管理部门对进口的航空器及其发动机、螺旋桨的型号合格证及其数据单（由外国适航当局颁发的）认可批准的凭证。适航认可证书的内容主要包括：适航认可证编号；持证人；产品名称和型号、外国颁发型号合格证的适航当局名称及其所发合格证号的数据单号；批准人签署。

外国制造人生产任何型号的民用航空器及其发动机、螺旋桨和民用航空器上的设备，如果是第一次出口中国，我国的适航主管当局要求该外国制造人申请领取型号认可证书。我国的任何单位和个人不得进口未取得我国适航主管当局颁发的型号认可证书的航空器及其发动机、螺旋桨和民用航空器上设备；同时还要求，已经取得外国颁发的型号合格证书的民用航空器及其发动机、螺旋桨和民用航空器上设备，如果是第一次在中国境内生产，该型号合格证书的持有人要向中国适航主管当局申请领取型号认可证。未取得中国适航主管当局的型号认可证是不准生产的。我国适航主管当局即国务院民用航空主管部门收到申请人提交的民用航空产品型号认可证申请书和资料后，经过审查资料，并进行必要的实地检查，确认该产品满足我国的适航要求后，即可对申请人颁发型号认可证。

（2）航空器的出口。出口民用航空器及其发动机、螺旋桨和民用航空器上设备，制造人应当向国务院民用航空主管部门申请领取出口适航证书。经审查合格的，发给出口适航证书。租用的外国民用航空器，应当经国务院民用航空主管部门对其原国籍登记国发给的适航证书审查认可或者另发适航证书，方可飞行。民用航空器适航管理规定，由国务院制定。

3.4.3 违反适航管理规定的法律责任

我国《民航法》第201～205条，以及《民用航空器适航管理条例》第19～26条对违反适航管理规定的法律责任进行了阐述。具体而言，包括行政责任、民事责任和刑事责任三个方面。

1. 行政责任

根据我国《民航法》和《民用航空器适航管理条例》的规定，行政责任主要包括以下六个方面。

1）禁止飞行、没收违法所得和罚款

民用航空器无适航证书而飞行，或者租用的外国民用航空器未经国务院民用航空主管部门对其原国籍登记国发给的适航证书审查认可或者另发适航证书而飞行的，由国务院民用航空主管部门责令停止飞行，没收违法所得，可以并处违法所得 1 倍以上 5 倍以下的罚款，没有违法所得的，处以 10 万元以上 100 万元以下的罚款。

适航证书失效或者超过适航证书规定范围飞行的，由国务院民用航空主管部门责令停止飞行，没收违法所得，可以并处违法所得 1 倍以上 5 倍以下的罚款，没有违法所得的，处以 10 万元以上 100 万元以下的罚款。

2）停止生产、没收违法所得和罚款

将未取得型号合格证书、型号认可证书的民用航空器及其发动机、螺旋桨或者民用航空器上的设备投入生产的，由国务院民用航空主管部门责令停止生产，没收违法所得，可以并处违法所得 1 倍以下的罚款，没有违法所得的，处以 5 万元以上 50 万元以下的罚款。

3）停止生产、维修或者经营活动

未取得生产许可证书、维修许可证书而从事生产、维修活动的，未取得公共航空运输经营许可证或者通用航空经营许可证而从事公共航空运输或者从事经营性通用航空的，国务院民用航空主管部门可以责令停止生产、维修或者经营活动。

4）吊销其生产许可证书或者维修许可证书

已取得生产许可证书、维修许可证书的企业，因生产、维修的质量问题造成严重事故的，国务院民用航空主管部门可以吊销其生产许可证书或者维修许可证书。

5）行政处分

（1）受到处罚的单位的上级主管机关，应当根据中国民航局的建议对受罚单位的主要负责人或者直接责任人员给予行政处分。

（2）民航局因适航管理工作的过失造成人身伤亡或者重大财产损失的，应当承担赔偿责任，并对直接责任人员给予行政处分。

（3）民航局从事适航管理的工作人员，利用职务之便营私舞弊的，应当给予行政处分。

6）其他

未取得航空人员执照、体格检查合格证书而从事相应的民用航空活动的，由国务院民用航空主管部门责令停止民用航空活动，在国务院民用航空主管部门规定的限期内不得申领有关执照和证书，对其所在单位处以 20 万元以下的罚款。

任何单位或者个人中国对民航局做出的罚款决定不服的，可以在接到罚款通知书之日起 15 日内向中国民航局提请复议，也可以直接向人民法院起诉；期满不提请复议也不起诉又不执行的，中国民航局可以申请人民法院强制执行。

2. 民事责任

航空器由于不具有适航性能和标准而进行空中航行，往往会造成机毁人亡，损失巨大。单靠航空承运人和保险公司的赔付是远远不够的。随着航空法的不断完善和发展，对责任赔偿主体的限制也越来越少，受害人完全可以根据自己的选择，起诉相关的责任主体、航空器的产品制造商及相关的政府检测部门。目前规定的民事责任主要有航空器产品制造商和航空器购买人之间的合同责任，民用航空器经营租赁中的航空器的出租人和承租人之间的合同责任，民用航空器融资租赁中的承租人和出卖人之间的合同责任，民用航空器的承运人和消费者之间的合同责任或侵权责任，航空器产品制造商和消费者，以及地面第三人之间的侵权责任等民事责任。承运人和消费者之间的民事责任，本书将在后面的章节中进行论述。

3. 刑事责任

《民用航空器适航管理条例》规定，受到处罚的单位的上级主管机关，应当根据中国民航局的建议对受罚单位的主要负责人或者直接责任人员给予行政处分；情节严重，构成犯罪的，由司法机关依法追究刑事责任。

中国民航局因适航管理工作的过失造成人身伤亡或者重大财产损失的，应当承担赔偿责任，并对直接责任人员给予行政处分；直接责任人员的行为构成犯罪的，由司法机关依法追究刑事责任。

中国民航局从事适航管理的工作人员，利用职务之便营私舞弊的，应当给予行政处分；情节严重，构成犯罪的，由司法机关依法追究刑事责任。

3.5 航空器搜寻援救和事故调查

航空器在空气空间的运行，具有高度的危险性。一旦航空器发生事故或事件，应当对失事的航空器及航空器内的人员实施搜寻和援救工作，将损失降到最低，同时应着手调查航空器失事的原因，以防止此类事故或事件的再次发生。

3.5.1 航空器的搜寻援救

1. 国际航空条约的规定

早在航空法发展初期，《巴黎公约》就在其 23 条中规定："对海上遇难飞机的救助，在无相反协议的条件下，适用海商法的原则。”在此条规定的指导下，1938年在布鲁塞尔缔结了《统一有关海上救助飞机或以飞机救助的若干规则公约》。《芝加哥公约》第25条规定，缔约各国承允对在其领土内遇险的航空器，在其认为可行的情况下，采取援救措施，并在本国当局管制下准许该航空器的所有人或该航空器登记国的当局采取情况所需的援助措施。缔约各国承允在搜寻失踪的航空器时，应按照《芝加哥公约》建议的各种协同措施方面进行合作。依此条的规定，国际民航组织理事会后来制定了附件12“搜寻与援救”，到2004年11月25日，已经进行了17次修订。

1）航空器搜寻援救的概念

根据《芝加哥公约》附件12的规定，搜寻通常由援救协调中心或援救分中心利用现有人员和设施，确定遇险人员位置的工作。援救是指找回遇险人员，为其提供初步的医疗或其他需要，并将其送往安全地点的工作。

2）航空器搜寻与援救服务的组织

（1）搜寻与援救服务一般性规定。搜寻援救服务是指通过利用合作使用航空器、船只和其他航空和水上装置等公共和私人资源，对遇险情况履行监控、联络、协调，以及搜寻与援救、初步医疗援助或医疗转运职能，根据《芝加哥公约》附件12的规定主要包括以下五个方面的内容。

第一，缔约各国必须单独或同其他国家合作，在其领土范围内安排建立并立即提供昼夜24小时的搜寻与援救服务，以确保向遇险人员提供援助（第2.1.1条）。公海或主权尚未确定的区域，必须在地区航行协议的基础上商定建立搜寻与援救服务。缔约各国一经承担在此种区域中提供搜寻与援救服务的责任，必须单独或同其他国家合作，按照本附件各项规定安排建立并提供此种服务（第2.1.1.1条）。搜寻与援救服务的基本要素必须包括一个法律框架、一个主管当局、有组织的可用资源、通信设施及熟悉协调和运行职能的工作人员（第2.1.1.2条）。搜寻与援救服务必须制定改善提供服务的程序，包括计划、国内和国际合作协议和培训的各个方面（第2.1.1.3条）。

第二，在向遇险航空器及航空器事故的幸存者提供援助时，缔约国不应考虑此种人员的国籍或身份或此种人员被发现时所处的情况（第2.1.2条）。

第三，已经接受提供搜寻与援救服务责任的缔约国，必须利用搜寻与援救单位及其他现有设施，帮助任何处于或表明处于紧急状态的航空器或其乘员（第2.1.3条）。

第四，当不同的航空和海上援救协调中心在同一区域运行时，各国必须确保各中心之间最密切可行的协调（第2.1.4条）。

第五，两个建议。建议一是缔约各国应该促进其航空和海上搜寻与援救服务之间的一致与合作（第2.1.5条）。建议二是缔约各国应该根据实际情况建立联合援救协调中心，协调航空和海上搜寻与援救工作（第2.1.6条）。

（2）搜寻与援救区。搜寻与援救（search and rescue region，SAR）区是指同援救协调中心相关的一化定范围的区域，在该区内提供搜寻与援救服务。附件12第2.2.1条规定：“缔约国必须划定搜寻与援救区，并在其内提供搜寻与援救服务。此种区域不得重叠，相邻区域必须连接。”除此以外，设立搜寻与援救区还要注意以下三个方面。

第一，设置搜寻与援救区是为了确保提供充分的通信基础设施、有效的遇险告警路线和适当的运行协调，以有效地支持搜寻与援救服务。相邻各国可以在单一的 SAR 区合作建立搜寻与援救服务。

第二，搜寻与援救区的划分是以技术和运行为基础进行确定，与各国之间的边界划分无关。

第三，搜寻与援救区，只要可能，应该与相应的飞行情报区相一致。如属于公海上空区域，应该与海上搜寻与援救区相一致。

（3）援救协调中心和援救分中心。援救协调中心（Rescue Coordination Center，RCC）是指负责促进有效地组织搜寻与援救服务并协调搜寻与援救区内的搜寻与援救工作的单位。援救分中心（Rescue Sub-Center，RSC）是指按照主管当局的专门规定，为了辅助援救协调中心的工作而设置的单位，它隶属于搜寻与援救中心。附件 12 设立的相关规定包括以下四个方面。

第一，缔约国必须在每一搜寻与援救区中设立一援救协调中心，缔约国可以按照地区航行协议，建立援救协调中心及其相关的扩展至其领空区域之外的搜寻与援救区（第 2.3.1 条）。

第二，救援分中心的设立。当一缔约国全部或部分空域由另一缔约国援救协调中心相关的搜寻与援救区所覆盖，只要能改善其领土内搜寻与援救服务的效率，前者应该建立从属于该援救协调中心的援救分中心（第 2.3.2 条）。

第三，人员的配备。各援救协调中心必须配备、援救分中心必须视情配备受过训练并能熟练使用无线电话通信语言的人员，24 小时全天值守（第 2.3.3 条）。参与进行无线电话通信的援救协调中心人员应该能熟练使用英语（第 2.3.4 条）。

第四，告警站的设立条件。在公共电信设备不能使看到处于紧急情况的航空器的人员直接地、迅速地通知有关援救协调中心的地方，缔约国应该指定适当的公共单位或私人单位担任告警站（第 2.3.5 条）。

（4）搜寻与援救的通信。附件 12 对搜寻与援救服务的通信规定包括以下两个方面。

第一，每个援救协调中心必须有能与下述单位进行迅速可靠的双向通信联络的工具[①]，海上援救协调中心由国际海事组织的相关文件确定。

第二，每个援救分中心还必须有能与下述单位进行迅速可靠的双向通信的工具：相邻的援救分中心；气象室或气象观测室；搜寻与援救单位；告警站。

（5）搜寻与援救单位与设备。搜寻和援救单位是指由受过训练的人员所组成的，并配备有适合迅速从事搜寻与援救工作设备的移动资源。

搜寻与援救单位的指定。缔约国必须指定位于适当地点并有适当设备可做搜寻与援

① 包括：有关的空中交通服务单位；有关的援救分中心；有关的定向和定位台；适当时，能向区内水上船只告警并与其通信的海岸无线电台；区内搜寻与援救单位总部；区内所有海上援救协调中心及毗邻地区航空、海上或联合援救协调中心；指定气象办公室或气象观测办公室；各搜寻与援救单位；各告警站；覆盖该搜寻与援救区的科斯帕斯-搜索救援卫星系统指挥中心。

救工作的公共或私人单位作为搜寻与援救单位（第 2.5.1 条）。在一搜寻与援救区内提供搜寻与援救工作所必需的最少的单位和设备数量，是由地区航行协议决定，并在有关的航行规划和设施及服务实施文件中具体规定的（第 2.5.1 条）。

对于不适合作为搜寻与援救单位但仍能参加搜寻与援救工作的公共或私人单位，缔约国必须指定其作为搜寻与援救工作计划的一部分（第 2.5.2 条）。

搜寻与援救设备的相关规定，附件 12 主要包括以下三个方面的内容。

第一，搜寻与援救单位必须配备有能迅速找到事故现场，并能在现场提供充分援助的装备（第 2.6.1 条）。

第二，每个搜寻与援救单位应该有能与从事同一作业的其他搜寻与援救设施进行迅速可靠的双向通信的工具（第 2.6.2 条）。

第三，对参与搜寻与援救的航空器的要求。每架搜寻与援救航空器必须装备能在航空遇险及现场的频率以及在可能规定的此类其他频率上进行通信的设备（第 2.6.3 条）。每架搜寻与援救航空器必须装备能追寻遇险频率的归航装置①（第 2.6.4条）。每架搜寻与援救航空器在海上进行搜寻与援救工作时，必须装备能与船只进行通信的设备（第 2.6.5 条）。每架搜寻与援救航空器在海上进行搜寻与援救工作时，必须带有国际信号代码本，以便在与船只通信时克服可能遇到的语言上的困难（第 2.6.6 条）。另外，除非已知不需要向幸存者空投供应品，否则至少有一架参与搜寻与援救工作的航空器应该携带可以空投的救生用品（第 2.6.7条）。缔约国应该在适当机场备妥包装适当以供航空器空投之用的救生用品（第 2.6.8 条）。

3）搜寻与援救的合作

搜寻与救援的合作，包括国家之间的合作，搜寻与救援组织与其他非搜寻与援救组织之间的合作，以及资料的发布三个方面。

（1）国家之间的合作。附件 12 主要包括以下五个方面的内容。

第一，国家之间相互协调。缔约国必须使其搜寻与援救组织与邻国的搜寻与援救组织互相协调（第 3.1.1 条）。为此，必要时，缔约国应该使其搜寻与援救工作与邻国的搜寻与援救工作互相协调，尤其当这些工作接近毗邻的搜寻与援救区时（第 3.1.2 条）。并且，只要实际可行，缔约国应该制定共同的搜寻与援救计划和程序以便利与邻国的搜寻与援救工作互相协调（第 3.1.2.1 条）。

第二，一国进入另一国进行搜寻与援救的合作。一缔约国在遵照本国主管当局可能规定的条件下，必须准许另一国搜寻与援救单位为搜寻航空器事故现场并援救事故幸存者之目的，立即进入其领土（第 3.1.3 条）。一缔约国当局为了搜寻与援救的目的，希望其搜寻与援救单位进入另一缔约国领土时，必须向有关国家援救协调中心或经该国指定的此类其他当局提出申请，详细说明计划任务及其必要性（第 3.1.4 条）。缔约国当局必须：立即确认收到这种申请，并尽速说明执行该计划任务的各种条件（如有的话）（第 3.1.4.1 条）。

---

① 携带应急定位发射器的要求载于附件 6 第 Ⅰ、第 Ⅱ 和第 Ⅲ 部分中。应急定位发射器的规范载于附件 10 第 Ⅲ 卷中。

第三，为方便搜寻与援救，缔约国应该与邻国签订协议，加强搜寻与援救的合作与协调，规定对方的搜寻与援救单位进入其各自领土的条件。这些协议还应该规定以可能的最简便手续加快此类单位的入境（第 3.1.5 条）。

第四，为方便搜寻与援救，缔约国应授权其援救协调中心相应的权力。每一缔约国应该授权其援救协调中心：向其他援救协调中心申请可能需要的帮助，包括航空器、船舶、人员或设备；对于此种航空器、船舶、人员或设备进入其领土给予必要的入境许可；为加快此种入境，同有关海关、移民或其他当局做出必要的安排（第 3.1.6 条）。并且，每一缔约国应该授权其援救协调中心，根据请求向其他援救协调中心提供帮助，包括航空器、船舶、人员或设备方面的帮助（第 3.1.7条）。

第五，进行搜寻援救服务的联合训练演习。为了提高搜寻与援救效率，缔约国应该安排涉及其搜寻与援救单位、其他国家的搜寻与援救单位以及经营人的联合训练演习（第 3.1.8 条）。并且，缔约国应该做出安排，使其援救协调中心和分中心的人员定期到邻国的此类中心进行联络参观（第 3.1.9 条）。

（2）与其他服务部门的合作。对航空器进行搜寻与援救服务，不仅需要国家专门搜寻援救部门，而且还需要加强与其他服务部门之间的合作，以便更好地开展搜寻与援救工作。为此，附件 12 在第 3 章中对此做出了如下规定。

第一，缔约国必须做出安排，使所有不属于搜寻与援救组织的航空器、船舶和当地的各种服务与设施，在搜寻与援救工作中充分与搜寻与援救组织合作，对于航空器事故的幸存人员予以任何可能的援助（第 3.2.1 条）。

第二，缔约各国应该确保有关航空和海事当局之间最密切的实际协调，提供最有效果和效率的搜寻与援救服务（第 3.2.2 条）。

第三，缔约国必须确保其搜寻与援救服务部门与负责事故调查的部门和负责照料事故受难者的部门合作（第 3.2.3 条）。

第四，为了便利事故调查，在实际可行时，各援救单位应该由从事航空器事故调查方面的合格人员陪同（第 3.2.4 条）。

第五，各国必须指定搜寻与援救联络点，以接收 Cospas-Sarsat① 遇险数据（第 3.2.5 条）。

（3）资料的散发。在搜寻与援救服务中，各国之间资料的共享非常重要，为此，附件 12 对此国家之间资料的共享做出了相关规定和建议。

第一，每一缔约国必须公布并散发其他国家的搜寻与援救单位进入其领土所需的所有资料，或者将此资料纳入搜寻与援救协议（第 3.3.1 条）。

第二，当缔约国的搜寻与援救工作计划的资料有益于提供搜寻与援救服务时，缔约国应该通过援救协调中心或其他机构提供上述此种资料（第 3.3.2 条）。

第三，当有理由相信一架航空器的紧急情况可能成为公众关注的原因或需要一般紧

① Cospas-Sarsat 系统是由加拿大、法国、美国和苏联联合开发的全球性卫星搜救系统，它是国际海事卫星组织推行的全球海上遇险与安全系统的重要组成部分。该系统使用低高度卫星为全球包括极区在内的海上、陆上和空中提供遇险报警及定位服务，以使遇险者得到及时有效的救助。

急反应时，缔约国应该按需要并在实际可行的范围内向公众和应急反应当局发布关于要采取的行动的信息（第 3.3.3 条）。

4）工作程序

（1）关于紧急情况情报的发送和接收程序。附件 12 第 5 章对航空器处于紧急情况时，关于紧急情况的情报发送和接收程序做了如下规定。

第一，当任何当局或任何搜寻与援救组织的机构有理由相信一架航空器处于紧急情况时，必须向有关援救协调中心立即提供所掌握的所有情报（第 5.1.1 条）。

第二，援救协调中心在收到关于航空器处于紧急情况的情报时，必须立即评估此种情报并评估所需工作的程度（第 5.1.2 条）。

第三，当有关航空器处于紧急情况的情报是由空中交通服务单位以外的机构发来时，援救协调中心必须确定此种情况相当于哪一个紧急阶段，并必须采取适用于该阶段的工作程序（第 5.1.3 条）。

（2）援救协调中心在各个紧急阶段中的工作程序。附件 12 中对此做了如下规定。

第一，情况不明阶段。情况不明阶段是指航空器及其机上人员的安全存在不明的情况。出现情况不明阶段时，援救协调中心必须最大限度地与空中交通服务单位及其他有关机构和服务部门合作，以便对发来的报告迅速进行评审（第 5.2.1 条）。

第二，告警阶段。告警阶段是指航空器及其机上人员的安全有令人担忧的情况。出现告警阶段时，援救协调中心必须立刻向搜寻与援救单位告警，并采取任何必要的行动（第 5.2.2 条）。

第三，遇险阶段。遇险阶段是指有理由确信航空器及其机上人员受到严重和紧急危险的威胁和需要立即援助的情况。出现遇险阶段时，援救协调中心必须：由搜寻与援救单位立即按照有关工作计划开始行动；查明该航空器的位置，推断这个位置的不确切的程度，并在此情报和当时情况的基础上确定搜寻区域范围；可能时，通知经营人并随时告知经营人发展情况；通知可能需要其援助或可能与援助工作有关的其他援救协调中心；当紧急情况的情报来自其他来源时，要通知有关的空中交通服务单位；在早期就要求未具体列在有关工作计划并且有能力援助的航空器、船舶、海岸电台和其他服务部门①（第 5.2.3 条）。除情况不许可外，必须遵循上述行动的顺序。

第四，对于位置不明的航空器进行搜寻与援救行动。当一架位置不明的航空器宣告其处于紧急阶段且位置不明并且可能位于两个或几个搜寻与援救区之一时，必须按下列规定实施。当一个援救协调中心得到有紧急阶段的通知但不了解其他中心在采取适当行动时，必须按照附件 12 第 5.2 条的规定担负启动适当行动的责任，并与邻近各援救协调中心协商，以便指定一援救协调中心此后继续负责。除非有关各援救协调

① 包括：收听由遇险航空器、救生无线电设备、或应急定位发射器所发出的信息（附件 10 第Ⅲ卷关于应急定位发射器的规范所规定的频率为 121.5 兆赫及 406 兆赫）；尽可能地援助遇险航空器；向援救协调中心报告任何发展情况；根据现有情报制定所需的搜寻和/或援救工作的详细行动计划，并将此计划向直接指挥此项工作的当局汇报请示；根据不断变化的情况对详细行动计划进行必要的修改；通知有关的事故调查当局；通知航空器的登记国。

中心另有共同协议决定外，否则进行协调搜寻与援救行动的援救协调中心，必须是负责下述地区者：航空器最后报告位置的地区；或当最后报告的位置是在两个搜寻与援救区的分界线上时，则是航空器前进方向的地区；或当航空器未装备适当的双向无线电通信或无保持无线电通信的义务时，则是该航空器预定飞往的地区；或 Cospas-Sarsat 系统所确定的遇险现场所在地区。宣告遇险阶段后，负责全面协调的援救协调中心必须将全部紧急情况及以后发展的情况通知所有可能参加行动的各援救协调中心。同样，所有各援救协调中心获悉有关紧急情况的任何情报后，必须立即向全面负责的援救协调中心报告（第 5.2.4条）。

第五，向已宣布处于紧急阶段的航空器传送资料。紧急阶段是指根据具体情况可以是情况不明阶段、告警阶段或遇险阶段的通称。凡实际可行，负责搜寻与援救工作的援救协调中心，必须将开始搜寻与援救行动的情报通知该航空器飞行的飞行情报区内的空中交通服务单位，以便将此情报传达给该航空器（第 5.2.5 条）。

（3）两个或两个以上缔约国负责搜救工作的工作程序。如整个搜寻与援救区的工作是由一个以上的缔约国负责，则当该地区援救协调中心有此要求时，每一所涉缔约国必须按照有关的援救工作计划采取行动（第 5.3 条）。

（4）外场当局的工作程序。直接指挥搜救工作（或其中任一部分）的当局必须：向在其指挥下的单位发出指示，并将此种指示通知援救协调中心；随时将发展情况通知援救协调中心（第 5.4 条）。

（5）援救协调中心关于中止或暂停搜救工作的程序。附件 12 规定如下。

第一，搜寻与援救工作必须按实际情况继续进行，直到所有幸存者被送到安全地点或直到失去援救幸存者的全部合理希望为止（第 5.5.1 条）。

第二，负责的援救协调中心通常必须负责确定何时停止继续搜寻与援救工作，缔约各国在做出终止合成口径雷达（synthetic aperture radar，SAR）工作的决定过程中，可能需要其他国家有关当局的意见（第 5.5.2 条）。

第三，当搜寻与援救工作已经取得成功，或当援救协调中心认为或得知紧急情况不复存在时，紧急阶段必须取消，搜寻与援救工作必须终止并立即通知已采取行动或已得到通知的各个当局、设施或服务部门（第 5.5.3 条）。

第四，如果搜寻与援救工作变得无法进行，并且援救协调中心认定可能还有幸存者，该中心必须在情况有进一步发展之前，临时暂停现场活动并立即通知已采取行动或已得到通知的各个当局、设施或服务部门。对随后收到的有关情报必须加以评估，并在认为有理由并可行时，再恢复搜寻工作（第 5.5.4 条）。

（6）事故现场的工作程序。附件 12 规定如下。

第一，当多个设施参与搜寻与援救现场工作时，援救协调中心或援救分中心必须考虑到设备的性能和运行要求，指定一个或多个现场单位协调所有行动，以帮助确保空中和地面工作的安全和有效性（第 5.6.1 条）。

第二，当机长观察到另一架航空器或一艘水上船只遇险时，如果可能并且除非认为不合理或没有必要外，该驾驶员必须采取下述行动：保持该遇险船只或航空器在视界之内，直至被迫离开现场或得到援救协调中心的通知不再需要时为止；确定遇险船只或航空器的位置；视情尽量将下述内容报告援救协调中心或空中交通服务单位①；按照援救协调中心或空中交通服务单位的指示行动（第 5.6.2 条）。如第一架到达事故现场的航空器不是搜寻与援救航空器，则它必须负责领导其他后来的航空器在现场的活动，直到第一架搜寻与援救航空器到达事故现场为止。其间如果这架航空器不能同有关援救协调中心或空中交通服务单位建立通信，必须经互相协商把责任移交给一架能够建立并保持这种通信的航空器，直至第一架搜寻与援救航空器到达时为止（第 5.6.2.1 条）。

第三，当一架航空器有必要向幸存人员或地面援救单位传达情报，而又不具备双向通信时，如实际可行，必须空投能够建立直接联络的通信装置或靠空投硬质信件来传送情报（第 5.6.3 条）。

第四，当有地面信号显示后，该航空器必须用附件 12 第 5.6.3 条中所述的手段表明是否明白这些信号。如果这种办法行不通，则用发出的有关目视信号表示（第 5.6.4 条）。

第五，当一架航空器有必要指挥一艘水上船只前往遇险航空器或船只所在地点时，必须尽其任何可用方法发出准确的指示。如果不能建立无线电通信，则必须发出适当目视信号（第 5.6.5 条）。

（7）截获遇险信号的机长的工作程序。任何时候一架航空器机长截获一则遇险发出的信号时，如果可行，该驾驶员必须：确认收到所发出的遇险信号；记录该遇险航空器或船只的位置（如果已知）；测定发出信号的方位；向有关援救协调中心或空中交通服务单位报告遇险信号并提供所有可能提供的情报；在等待指示时，该驾驶员可自行斟酌飞向遇险信号所给的位置（第 5.7 条）。

2. 国内航空法的规定

各国国内航空法对航空器的搜寻和援救的规定，都与《芝加哥公约》附件 12 规定的标准和建议措施相一致。虽然《芝加哥公约》附件 12 在法律上并不构成对缔约国的强制性的法律效力，但对航空器的救助已经形成了一个习惯国际法规则，各国也应提供搜寻援救的服务工作。我国《民航法》第 151～154 条对此做出了概括性规定②，2007 年 4 月 15 日起施行的《民用航空器事故和飞行事故征候调查规定》（CCAR—395—R1）对此进行了具体规定。

---

① 包括：遇险航空器或船只的型别、其识别标志及状况；其位置（以地理或网格坐标表示，或以距某一显著地标或无线电导航设备的距离和真方位表示）；观察到的时间（以协调世界时的小时和分钟表示）；观察到的人数；是否见到人员离弃遇险航空器或船只；现场气象条件；幸存人员明显的身体情况；进入遇险位置明显的陆地最佳路线。

② 我国《民航法》第 151 条规定："民用航空器遇到紧急情况时，应当发送信号，并向空中交通管制单位报告，提出援救请求，空中交通管制单位应当立即通知搜寻援救协调中心。民用航空器在海上遇到紧急情况时，还应当向船舶和国家海上搜寻援救组织发送信号。"

我国《民航法》第 152 条规定："发现民用航空器遇到紧急情况或者收听到民用航空器遇到紧急情况的信号的单位或者个人，应当立即通知有关的搜寻援救协调中心、海上搜寻援救组织或者当地人民政府。"

我国《民航法》第 153 条规定："收到通知的搜寻援救协调中心、地方人民政府和海上搜寻援救组织，应当立即组织搜寻援救。收到通知的搜寻援救协调中心，应当设法将已经采取的搜寻援救措施通知遇到紧急情况的民用航空器。搜寻援救民用航空器的具体办法，由国务院规定。"

我国《民航法》第 154 条规定："执行搜寻援救任务的单位或者个人，应当尽力抢救民用航空器所载人员，按照规定对民用航空器采取抢救措施并保护现场，保存证据。"

3.5.2 航空器的事故调查

1. 国际航空条约的规定

《芝加哥公约》第 26 条规定："一缔约国的航空器如在另一缔约国的领土内失事，致有死亡或严重伤害或表明航空器或航行设施有重大技术缺陷时，失事所在地国家应在该国法律许可的范围内，依照国际民用航空组织建议的程序，着手调查失事情形。航空器登记国应有机会能派观察员在调查时到场，而主持调查的国家，应将关于此事的报告及调查结果，通知航空器登记国。"《芝加哥公约》附件 13 对此进行了更为详细的规定。

1）航空器事故的概念与调查目的

（1）航空器事故的概念。根据《芝加哥公约》附件 13 第 1 章的规定，航空器事故是指在任何人登上航空器准备飞行直至所有这类人员下了航空器为止的时间内，所发生的与该航空器的运行有关的事件。由于下述情况，人员遭受致命伤①或重伤②：在航空器内，或与航空器的任何部分包括已脱离航空器的部分直接接触，或直接暴露于喷气尾喷，但由于自然原因、由自己或由他人造成的受伤，或对由于藏在通常供旅客和机组使用区域外的偷乘飞机者造成的受伤除外。航空器受到损害或结构故障，包括：对航空器的结构强度、性能或飞行特性造成不利的影响，和通常需要大修或更换有关受损部件，但当损坏仅限于发动机整流罩或附件的损坏造成的发动机故障或损坏除外；或当损坏仅限于螺旋桨、翼尖、天线、轮胎、制动器、整流片、航空器蒙皮的小凹坑或穿孔除外。航空器失踪③或处于完全无法接近的地方。

航空器事故征候是指"不是事故而是与航空器的操作使用有关，会影响或可能影响飞行安全的事件。"

（2）调查的目的。调查事故或事故征候的唯一目的是防止事故或事故征候。这一活动的目的不是为了分摊过失或责任（第 3.1 条）。

2）出事所在国的责任

出事所在国是指在其领土内发生事故或事故征候的国家。《芝加哥公约》附件 13 规定的出事所在国的责任主要包括以下三个方面。

第一，出事所在国须在调查所需的时期内，采取一切合理措施保护证据并安全监护航空器及其内部所有物。保护证据须包括：用拍照或其他方法来保存可能被移动、涂

---

① 根据《芝加哥公约》附件 13 的规定，致命伤是指"仅为统计上的一致，根据国际民航组织规定，凡从事故之日起 30 天内造成死亡的受伤，均作为致命伤。"

② 根据《芝加哥公约》附件 13 的规定，重伤是指："某一人员在事故中受伤而：a）自受伤之日起 7 天内需要住院 48 小时以上；或登记国登记该航空器的国家。b）造成任何骨折（手指、足趾或鼻部单纯折断除外）；或 c）引起严重出血、神经、肌肉或筋腱等损坏的裂伤；或 d）涉及内脏器官受伤；或 e）有二度或三度、或超过全身面积百分之五以上的烧伤；或 f）经证实暴露于传染物质或受到有害辐射。"

③ 根据《芝加哥公约》附件 13 的规定，航空器失踪是指"在官方搜寻工作已结束仍不能找到残骸时，即认为航空器失踪。"

抹、丢失或破坏的任何证据。安全监护须包括防止进一步损坏、未经许可人员的接近、偷窃和变质等（第 3.2 条）。

第二，如接到登记国、经营人所在国、设计国或制造国提出的将航空器及其内部所有物和任何其他证据保持原状以待要求国授权代表检验的要求时，只要这一要求是合理可行并符合正常的调查活动，则出事所在国须采取一切必要步骤满足这一要求。但为了抢救人员、动物、邮件和贵重物品，防止失火或其他原因所造成的毁坏，或为了排除对空中航行、其他运输或公众的危害或妨碍，且只要在航空器可以恢复使用时不会造成不适当的延误，可在必要范围内移动航空器（第 3.3 条）。

第三，在遵守附件 13 第 3.2 条和附件 13 第 3.3 条的情况下，出事所在国对调查中不再需要的航空器及其内部所有物或其任何部分，须尽快解除其监护并根据情况移交给登记国或经营人所在国正式指派的人员。为此，出事所在国须提供接近航空器、其内部所有物或其任何部分的便利。但所在国认为航空器、其内部所有物或其任何部分处于不能接近的地点时，则出事所在国须自行将航空器移至能够接近的地点（第 3.4 条）。

3）一缔约国的航空器在另一缔约国领土内的事故或事故征候

（1）出事所在国的责任。当一缔约国的航空器在另一缔约国领土内发生了事故或事故征候时。出事所在国有按照《芝加哥公约》附件 13 规定的格式、内容、文字向相关国家发出通知和补充资料。具体而言，主要包括以下两个方面。

第一，出事所在国须毫不拖延地用可供利用的最适当和最迅速的方式将事故或严重事故征候的通知发给：登记国；经营人所在国；设计国；制造国；国际民航组织。如果所涉及航空器的最大重量在 2250 千克以上。然而，当出事所在国不知道发生严重事故征候时，登记国或经营人所在国须在适当情况下将这种事故征候的通知发给设计国、制造国和出事所在国（第 4.1 条）。

第二，如果通知有遗漏，出事所在国须尽快将通知中遗漏的细节及其他已知的有关资料发出去（第 4.4 条）。

（2）登记国、经营人所在国、设计国和制造国的责任。根据《芝加哥公约》附件 13 的规定，这些国家的责任主要是提供资料并参加调查。具体有以下三个方面。

第一，登记国、经营人所在国、设计国和制造国应确认收到事故或严重事故征候的通知（第 4.5 条）。

第二，登记国、经营人所在国、设计国和制造国在收到通知后，须尽快将他们所掌握的有关事故或严重事故征候所涉及航空器和机组的资料提供给出事所在国。登记国和经营人所在国也须通知出事所在国是否将任命授权代表，如任命，该授权代表的姓名和详细联系办法；如授权代表前往出事所在国，其预计到达日期（第 4.6 条）。登记国、经营人所在国、设计国和制造国有权任命一名授权代表参加调查。

第三，经营人所在国在收到通知后，须毫不拖延地用可供利用的最适当和最迅速的方式，向出事所在国提供航空器上危险品的详细情况（第 4.7 条）。

4）在登记国领土内、非缔约国领土内或任何国家领土以外的事故或严重事故征候

（1）登记国的责任。当登记国着手对事故或严重事故征候进行调查时，须按《芝加

哥公约》附件 13 所要求的格式、内容和文字及时地用可供利用的最适当和最迅速的方式[①]通知：经营人所在国、设计国、制造国；如果所涉及航空器的最大重量超过 2250 千克，也应通知国际民航组织。

（2）经营人所在国、设计国和制造国的责任。经营人所在国、设计国和制造过的主要责任是提供资料，并参与调查，包括以下内容。

第一，《芝加哥公约》附件 13 建议，经营人所在国、设计国和制造国应确认收到事故或严重事故征候的通知。

第二，经营人所在国、设计国和制造国在收到通知后，须根据要求把他们所掌握的有关事故或严重事故征候所涉及机组和航空器的资料提供给登记国。经营人所在国和制造国还须通知出事所在国是否将任命授权代表，如任命，提供该授权代表的姓名和详细联系办法；如授权代表参加调查，提供其预计到达日期。

经营人所在国、设计国和制造国有权任命一名授权代表参加调查。对于最大重量在 2250 千克以上的航空器事故进行调查的国家，如明确要求上述国家任命一名授权代表时，这三个国家有义务任命一名授权代表参与调查。

第三，经营人所在国在收到通知后，须及时地用可供利用的最适当和最迅速的方式，向登记国提供航空器上危险品的详细情况。

5）调查

根据《芝加哥公约》附件 13 的规定，调查是指为预防事故所进行的某一过程，包括收集和分析资料、做出结论，其中包括确定原因，以及在适宜时提出安全建议。

（1）着手和进行调查的责任，主要包括：发生在缔约国领土内的事故或事故征候、发生在非缔约国领土内的事故或事故征候、发生在任何国家领土以外的事故或事故征候三个方面。

第一，对于发生在缔约国领土内的事故或事故征候，出事所在国须着手对事故情况进行调查并对调查的进行负责，但它可根据相互安排并经同意将全部或部分调查工作委托另一国进行。无论如何，出事所在国须采取一切办法以便利调查。

《芝加哥公约》附件 13 还建议，出事所在国应组织对严重事故征候情况进行调查。该国可根据相互安排并经同意将全部或部分调查工作委托另一国进行。无论如何，出事所在国应采取一切办法以便利调查。

上述规定并不排除其他组织采用的其他业已存在的对事故征候（严重的或不严重的）的调查方式。

如果将全部调查工作委托给另一国进行，该国应对调查的进行负责，包括颁布“最后报告”和事故或事故征候资料报告。如果委托部分调查工作，出事所在国一般保留对调查的进行所负的责任。

第二，对于发生在非缔约国领土内的事故或事故征候，《芝加哥公约》附件 13 建

① 根据《芝加哥公约》附件 13 规定，在多数情况下，电话、传真、电子邮件或航空固定通信网是“可供利用的最适当和最迅速的方式”。

议，如事故或严重事故征候发生在一无意根据《芝加哥公约》附件13进行调查的非缔约国领土内，登记国，或如不能这样做时，经营人所在国、设计国或制造国应力求与出事所在国合作并组织进行调查，但如不能这样合作，登记国应利用一切可用资料自行调查。

第三，对于发生在任何国家领土以外的事故或事故征候，如不能肯定事故或严重事故征候的发生位置是在任一国家的领土内，登记国须对事故或严重事故征候进行必要的调查。但登记国在共同协议和同意下，可将全部或部分调查工作委托另一国进行。

离国际水域上的事故现场最近的国家须提供力所能及的援助，同时还须对登记国的要求做出反应。

《芝加哥公约》附件13还建议，如果登记国是一无意根据《芝加哥公约》附件13进行调查的非缔约国，经营人所在国，或如不能这样做时，设计国或制造国应力求组织进行调查。但是，该国可根据相互协议并经同意将全部或部分调查工作委托另一国进行。

（2）调查的组织和进行，主要包括：主持调查国家的责任、其他国家的责任，以及登记国和经营人所在国的责任三个方面。

一是主持调查国家的责任。《芝加哥公约》附件13规定，附件中所规定的调查方式和内容，并不排除进行调查的国家可以从任何方面求得最好的技术专门知识。具体而言，这些责任主要有以下内容。

第一，事故调查部门在进行调查时必须独立，并且在符合《芝加哥公约》附件13规定的情况下，对其行动无限制的权力。调查包括：收集、记录和分析有关该事故或事故征候的所有可获得的资料；如果适当，颁布安全建议；如有可能，查明原因；完成最后报告。如果可能，须查看事故现场，检查残骸，记录目击者的陈述。

《芝加哥公约》附件13还建议，任何分摊过失或责任的司法或行政程序应与根据附件13规定进行的任何调查区分开。

第二，指定调查负责人。进行调查的国家须指定调查负责人并须立即开始调查。调查负责人必须能接近残骸和所有相关材料，包括飞行记录仪和空中交通服务记录①而不受阻碍，并须能对其予以控制而不受限制，以保证经授权参加调查的人员能及时地进行详细的检查。

第三，及时而全面地进行尸体剖检。对造成死亡的事故进行调查的国家，须根据具体情况安排对因受致命伤而死亡的机组人员、旅客和空中服务员的尸体进行全面尸体剖检，这一检查最好由具有事故调查经验的病理学家进行。

《芝加哥公约》附件13建议，适当时，进行调查的国家应为机组、旅客和所涉及的航空人员安排内科医生进行体检，最好由具有事故调查经验的医生进行。上述体检工作须迅速进行，因为它也可确定出事所直接涉及的飞行机组和其他人员在身体和精神上是否足够强健，以便帮助调查。

第四，与司法部门进行协调。进行调查的国家须认识到调查负责人和司法部门进行

---

① 《芝加哥公约》附件13规定，在事故或事故征候调查中须有效地利用飞行记录仪。进行调查的国家须毫不拖延地安排判读飞行记录仪。并且建议，如果进行事故或事故征候调查的国家没有足够的设备判读飞行记录仪，它应在考虑下列因素的情况下，利用其他国家提供的设备：判读设备的能力；判读的及时性；判读设备的地点。

协调的必要性。为使调查工作取得成功，须特别注意及时记录和分析证据，如对遇难者的检验和辨认，以及对飞行记录仪记录的判读。

第五，通知航空保安部门。在某一调查过程中，已得知或怀疑涉及非法干扰行为时，调查负责人必须立即采取行动，以确保有关国家的航空保安部门获悉这一情况。

第六，不公布记录。对事故或事故征候进行调查的国家不得为了事故或事故征候调查以外的目的公布下列记录，除非该国的有关司法部门断定，公布这些记录的意义超过这样做可能对该次或将来的调查产生的不良国内和国际影响。这些记录包括：调查部门在调查过程中从有关人员那里获取的所有陈述；参加航空器操作的人员之间的所有通信；事故或事故征候所涉及人员的医疗或私人资料；驾驶舱语音记录及此种记录的文本；空中交通管制单位的记录及此种记录的文本；分析资料包括飞行记录仪资料中所表示的意见①。

第七，重新调查。在调查已结束而又发现新的重要证据时，进行调查的国家须重新调查。但如进行调查的国家不是调查的组织者，则该国必须先取得组织调查国家的同意。

二是其他国家的责任。主要是提供事故和事故征候的资料。《芝加哥公约》附件 13 规定，任何国家须根据进行事故或事故征候调查的国家的要求，向其提供所掌握的一切有关的资料。任何国家，其设施或服务，在某一航空器发生事故或事故征候前曾被使用或通常可能被使用，并具有和调查有关的资料时，须向进行调查的国家提供此类资料。

三是登记国和经营人所在国的责任。主要包括提交事故和事故征候的资料，以及组织资料两个方面。

第一，提供事故和事故征候的资料。如事故或发生严重事故征候的航空器在出事所在国以外的国家降落时，则该航空器的登记国或经营人所在国须按进行调查的国家的要求，将飞行记录仪的记录，必要时连同有关的飞行记录仪一并提交后者（第 5.16 条）。

第二，组织资料。登记国和经营人所在国须根据进行调查的国家的要求，提供关于其活动可能直接或间接影响航空器操作的任何组织的有关资料（第 5.17 条）。

（3）参加调查。参加调查的国家主要有：登记国、经营人所在国、设计国和制造国、其他国家和蒙受公民死亡或重伤的国家。

一是登记国、经营人所在国、设计国和制造国参加调查的权利和义务。

权利。登记国、经营人所在国、设计国和制造国有权各任命一名授权代表参加调查。设计或制造航空器动力装置或主要部件的国家也有权利要求参加事故调查。

登记国或经营人所在国须任命一名或多名经营人建议的顾问以协助其授权代表。《芝加哥公约》附件 13 建议，当登记国和经营人所在国均未任命授权代表时，进行调查的国家应在不违反进行调查的国家的程序的情况下，请经营人参加。

设计国和制造国应有权指定一个或多个由负责航空器型号设计和最后组装的机构建议的顾问以协助其授权代表。《芝加哥公约》附件 13 建议，当登记国和经营人所在国均

---

① 《芝加哥公约》附件 13 规定，这些记录仅在与事故或事故征候分析有关时才可纳入“最后报告”或其附录中。记录中与分析无关的部分不得公布。所列记录中载有的资料，包括在事故或事故征候调查过程中被采访人员自愿提供的资料，有可能在随后的纪律处分程序及民事、行政和刑事诉讼程序中被不适当地利用。此种资料如被散发，今后可能再也无人将其公开透露给调查人员。没有渠道得到此种资料会妨碍调查进程并严重影响飞行安全。

未任命授权代表时，进行调查的国家应在不违反进行调查的国家的程序的情况下，邀请负责航空器型号设计和最后组装的机构参加。

义务。当对最大重量在2250千克以上的航空器事故进行调查的国家特别要求登记国、经营人所在国、设计国和制造国参加时，有关的国家须各任命一名授权代表。进行调查的国家不论在什么时候认为对调查能做出有益贡献或参加调查能增进安全时，要求设计或制造航空器动力装置或主要部件的国家任命一名授权代表。

二是其他国家参加调查的权利和义务。

权利。根据要求向进行调查的国家提供资料、设备或专家的任何国家有权任命一名授权代表参加调查，并有权任命一名或多名顾问①以协助其调查。也可请为现场调查提供操作基地、参与搜寻与援救或残骸回收活动或作为经营人代号共享或联盟伙伴国参与的任何国家任命一名授权代表参加调查。

授权代表的权限。为使授权代表更有成效地参加调查，须准许协助其工作的顾问在代表的监督下，参加必要范围的调查。参加调查须有权在调查负责人的管理下参加调查的所有方面，特别是：查看事故现场；检查残骸；获取目击者资料和建议提问范围；尽快完全掌握全部有关证据；接收一切有关文件的副本；参加记录工具的判读；参加现场外调查活动，如部件检查、技术情况简介、检验和模拟；参加调查进度会议，包括关于分析报告、调查结果、原因和安全建议的审议；对调查的各种因素提出意见。

授权代表的义务。授权代表及其顾问，须向进行调查的国家提供他们所掌握的所有相关资料；未获进行调查的国家的明确同意，不得泄露关于调查进度和结果的资料②。

三是蒙受公民死亡或重伤的国家的参加权利和权限。

某一国家对事故因有其公民死亡或受重伤而感到特别关心，要求参加调查时，进行调查的国家须准许该国指派一名专家参加调查，这一专家须有权：查看事故现场；了解有关事实性资料；参加辨认遇难者；协助询问身为专家所属国公民的幸存旅客；接收一份“最后报告”的副本。

6）最后报告

未经进行调查国家的明确同意，任何国家不得散发、发表或让人查阅报告草案或其任一部分，以及在事故或事故征候调查过程所获得的任何文件，除非此类报告或文件已由调查国发表或公布。

（1）进行调查的国家的责任，主要有：协商、向接收国送达最后报告、发布最后调查报告并提出安全建议。

一是协商。进行调查的国家须尽快将“最后报告”的草案副本送交组织调查的国家，以及所有参加调查的国家，并请他们就报告提出重大的实质性意见。调查的“最后

---

① 参加调查的国家从任何渠道约请最好的技术专家并任命这些专家为其授权代表的顾问。授权代表、顾问和设备的入境手续要简化，《芝加哥公约》附件13认为，持官员护照或公务护照可加快入境。

② 《芝加哥公约》附件13规定，本标准并非阻止经进行调查的国家授权后及时公布事实，也不阻止授权代表向其各自国家报告以方便采取适当的安全行动。

报告”草案将送交以下各国征求意见：注册国、经营人所在国、设计国和制造国。

进行调查的国家如果自发信之日起60天内收到意见，要么应修改“最后报告”草案以包括所收到的意见的实质内容，要么，如果提出意见的国家愿意的话，应将意见附在“最后报告”中。进行调查的国家如果在自第一次发信之日起60天内未收到任何意见，须发布“最后报告”，除非有关国家已同意延长这一期限。

《芝加哥公约》附件13建议，进行调查的国家应通过经营人所在国向经营人送交一份“最后报告”草案副本，使经营人能就“最后报告”草案提出意见。

《芝加哥公约》附件13还建议，进行调查的国家应通过设计国和制造国向负责航空器型号设计和最后组装的机构送交一份“最后报告”草案副本，使这些机构能就“最后报告”草案提出意见。

二是向接收国送达最后报告。进行调查的国家须毫不拖延地将事故调查的“最后报告”送交：组织调查的国家；登记国；经营人所在国；设计国；制造国；蒙受公民死亡或重伤的国家；提供有关资料、重要设备或专家的国家。

三是发布最后调查报告。为了预防事故，进行事故或事故征候调查的国家须尽快发布“最后报告”。为此，《芝加哥公约》附件13建议，进行调查的国家应尽早发布“最后报告”，如有可能，应在自出事之日起12个月以内发布。如果不能在12个月以内发布报告，进行调查的国家应在每年的出事周年日发布一份中期报告，详述调查进展及出现的任何安全事项。

对最大重量在5700千克以上的航空器事故或事故征候进行调查的国家，如果已发布“最后报告”，须向国际民航组织送交一份“最后报告”副本。

四是提出安全建议。在对事故或事故征候进行调查的任何阶段，进行调查的国家的事故或事故征候调查部门须向有关部门，包括其他国家的有关部门，建议其认为需要及时采取的任何预防行动，以加强航空安全。对事故或事故征候进行调查的国家须在适当时候将其调查产生的安全建议发送给其他有关国家的事故调查部门，如涉及国际民航组织的文件，还须将此发送给国际民航组织。另外，进行调查的国家还可以提出除安全建议以外的预防行动建议。

（2）收到安全建议的国家的责任。收到安全建议的国家须告知提出建议的国家已采取或已考虑采取的预防行动，或将不采取任何行动的理由。

2. 国内航空法的规定

各国国内法对航空器的事故调查的规定和《芝加哥公约》第26条，以及《芝加哥公约》附件13的规定基本一致，如前面的英国国内法和美国国内法的规定。我国国内法虽在某些方面与其规定不甚一致，但是总的标准、原则与其规定是一致的。

我国《民航法》第156条规定，民用航空器事故调查的组织和程序，由国务院规定。具体体现在《民用航空器事故和飞行事故征候调查规定》之中。

《民用航空器事故和飞行事故征候调查规定》分为7章，共55条。具体篇章结构为第1章，总则（第1～5条）；第2章，调查组织（第6～15条）；第3章，调查员（第16～21条）；第4章，通知（第22～27条）；第5章，调查（第28～34条）；第6章，调查报告（第 35～47 条）；第 7 章，附则（第 48～55 条）。该规定主要参照《芝加哥公约》附件 13 的规定进行的。该规定基本内容与《芝加哥公约》附件 13 没有太大差别，只是在关于民用航空器事故及相关定义上有所差异。具体表现在《民用航空器事故和飞行事故征候调查规定》第 3 条中，该条规定："民用航空器事故，是指民用航空器飞行事故和民用航空地面事故。民用航空器飞行事故，是指民用航空器在运行过程中发生的人员伤亡、航空器损坏的事件。民用航空地面事故，是指在机场活动区内发生航空器、车辆、设备、设施损坏，造成直接经济损失人民币 30 万元以上或导致人员重伤、死亡的事件。民用航空器飞行事故征候，是指航空器飞行实施过程中发生的未构成飞行事故或航空地面事故但与航空器运行有关，影响或者可能影响飞行安全的事件。严重飞行事故征候，是指航空器飞行实施过程中几乎发生事故情况的飞行事故征候。"《民用航空器事故和飞行事故征候调查规定》第 5 条提出我国对事故和事故征候调查应遵循的基本原则，该条规定："事故和事故征候调查应当遵循下列基本原则：（一）独立原则。调查应当由事故调查组织独立进行，任何其他单位和个人不得干扰、阻碍调查工作。（二）客观原则。调查应当坚持实事求是、客观公正、科学严谨，不得带有主观倾向性。（三）深入原则。调查应当查明事故或事故征候发生的各种原因，并深入分析产生这些原因的因素，包括航空器设计、制造、运行、维修和人员训练，以及政府行政规章和企业管理制度及其实施方面的缺陷等。（四）全面原则。调查不仅应当查明和研究与本次事故发生有关的各种原因和产生因素，还应当查明和研究与本次事故或事故征候发生无关，但在事故或事故征候中暴露出来的或者在调查中发现的可能影响飞行安全的问题。"另外，该规定对调查的人员组成、职权、调查程序等都进行了具体规定①。

对于民用航空器飞行事故的等级，我国在《民用航空器飞行事故等级》（GB14648—93）中将飞行事故分为特别重大飞行事故、重大飞行事故和一般飞行事故②。

3.6　对外国民用航空器的特别规定

3.6.1　外国民用航空器的概念

一般认为，外国民用航空器是指不具有本国国籍的民用航空器。但由于航空器只有一个国籍，在现实中可能造成与其所有权或经营人的国籍发生分离，有些国家对外国民用航空器做出了更加严格的界定。例如，我国《民航法》第 173 条规定："外国人经营

① 详细内容参见：http://www.caac.gov.cn/B1/B6/200703/t20070326_1743.html.

② 《民用航空器飞行事故等级》（GB14648—93）第 3.2.1 规定："凡属下列情况之一者为特别重大飞行事故：a. 人员死亡，死亡人数在 40 人及其以上者；b. 航空器失踪，机上人员在 40 人及其以上者。"第 3.2.2 条规定："凡属下列情况之一者为重大飞行事故：a. 人员死亡，死亡人数在 39 人及其以下者；b. 航空器严重损坏或迫降在无法运出的地方（最大起飞重量 5.7t 及其以下的航空器除外）；c. 航空器失踪，机上人员在 39 人及其以下者。"第 3.2.3 规定："凡属下列情况之一者为一般飞行事故：a. 人员重伤，重伤人数在 10 人及其以上者；b. 最大起飞重量 5.7t（含）以下的航空器严重损坏，或迫降在无法运出的地方；c. 最大起飞重量 5.7～50t（含）的航空器一般损坏，其修复费用超过事故当时同型或同类可比新航空器价格的 10%（含）者；d. 最大起飞重量 50t 以上的航空器一般损坏，其修复费用超过事故当时同型或同类可比新航空器价格的 5%（含）者。"

的外国民用航空器，在中华人民共和国境内从事民用航空活动，适用本章规定；本章没有规定的，适用本法其他有关规定。”所以，本节所称外国民用航空器是指外国人经营的外国民用航空器，外国经营人是指依据外国法律设立的航空经营人。

3.6.2 对外国民用航空器特别规定的法律基础

对外国民用航空器的特别规定，主要是对外国民用航空器的权利和义务。规范外国民用航空器权利和义务的法律基础主要有以下两个方面。

（1）国际航空法。主要有：《巴黎公约》《芝加哥公约》《国际航班过境协定》和《国际航空运输协定》等全球性多边国际公约；还包括区域性国际航空条约和双边国际航空协定。

（2）国内航空法。目前，对外国民用航空器权利和义务的规定，各国国内航空法中都有所涉及，如定期国际航班不能享有他国的国内载运权，不定期国际航班在他国飞行要事先经过批准等。我国对外国民用航空器的特别规定，不仅表现在我国和相关国家之间签订的双边航空运输协定中，而且在国内航空法中也有非常详细的规定。我国对外国民用航空器规定的法律已经形成了以《民航法》为核心的一套法律制度①。

3.6.3 对外国民用航空器的一般和特别规定

1. 一般规定

《芝加哥公约》第 1 条规定：“缔约各国承认每一国家对其领土之上的空气空间享有完全的和排他的主权。”我国《民航法》第 2 条也规定：“中华人民共和国的领陆和领水之上的空域为中华人民共和国领空。中华人民共和国对领空享有完全的、排他的主权。”由于领空属于国家的领土主权组成的一部分，国家享有对领空资源进行自主支配的权利。

但由于航空运输国际性的特点，决定了一国领空不可能完全封闭起来，国家之间往往按照互惠互利的原则，通过各国政府之间签订航空运输协定或者其他有关文件，或者经过本国政府的批准，允许外国民用航空器飞入、飞出本国领空和在本国境内飞行、降落。例如，《外国民用航空器飞行管理规则》第 2 条规定：“外国民用航空器只有根据中华人民共和国政府同该国政府签订的航空运输协定或者其他有关文件，或者通过外交途径向中华人民共和国政府申请，在得到答复接受后，才准飞入或者飞出中华人民共和国国界和在中华人民共和国境内飞行。”我国《民航法》第 174 条规定：“外国民用航空器根据其国籍登记国政府与中华人民共和国政府签订的协定、协议的规定，或者经中华人民共和国国务院民用航空主管部门批准或者接受，方可飞入、飞出中华人民共和国领空

① 主要有：我国《民航法》第 13 章对外国民用航空器的特别规定；1979 年 2 月 23 日中国民航总局发布的《外国民用航空器飞行管理规则》；国务院 1989 年 1 月 3 日发布，并于 1989 年 3 月 2 日施行的《民用航空运输不定期飞行管理暂行规定》；中国民航总局发布的于 1998 年 10 月 2 日起施行的《外国民用航空器运行和适航检查规定》；中国民航总局于 2004 年 8 月 23 日颁布，并于 2005 年 1 月 1 日起实施《外国公共航空运输承运人运行合格审定规则》；中国民航总局 2006 年 6 月 21 日颁布，并于 2006 年 7 月 21 日起施行的《外国航空运输企业不定期飞行经营许可细则》等法律、法规和规章。

和在中华人民共和国境内飞行、降落。”《外国民用航空器运行和适航检查规定》第 4 条对此进行了细化[①]。

值得注意的是，《芝加哥公约》第 6 条[②]中只规定了对定期国际航空运输要缔约国的许可或批准，而对不定期航空运输却在《芝加哥公约》第 5 条中规定了缔约各国“同意其他缔约国的一切不从事定期国际航班飞行的航空器，在遵守本公约规定的条件，不需要事先获准，有权飞入或飞经其领土而不降停，或作非商业性降停，但飞经国有权令其降落”。我国法律、法规和航空行政规章明确规定对不定期航空运输要在我国境内飞行需要事先获准。

2. 外国民用航空器入境的法律规定

1）取得责任担保或保险

民用航空运输是一项风险较大的活动，航空器在空中运行，可能会对地面第三人造成损害。为了确保对地面第三人的充分赔偿，1952 年《罗马公约》第 15 条规定了外国民用航空器飞入他国，他国可以要求其提供充分的担保或保险；我国也要求飞入我国的外国民用航空器应当取得责任担保或者保险，以便确保我国地面第三人受到损害时能够获得充分合理的赔偿。例如，我国《民航法》第 175 条规定：“外国民用航空器飞入中华人民共和国领空，其经营人应当提供有关证明书，证明其已经投保地面第三人责任险或者已经取得相应的责任担保；其经营人未提供有关证明书的，中华人民共和国国务院民用航空主管部门有权拒绝其飞入中华人民共和国领空。”《民用航空运输不定期飞行管理暂行规定》第 15 条规定：“从事不定期飞行的外国航空器的经营人，必须投保该航空器在中华人民共和国领域内飞行时对地面第三者造成损害的责任险；如果从事运送旅客、行李、货物和邮件的不定期飞行，还必须投保法定责任险。”

2）携带手册、文件和资料

一国政府是否允许外国民用航空器飞入本国领空，要看该民用航空器所携带的手册、文件和资料是否完备，是否符合《芝加哥公约》及其附件，以及本国法律的规定。这也是确保空中航行安全的基本要求。《芝加哥公约》第 29 条[③]对缔约国的每一航空器

---

① 《外国民用航空器运行和适航检查规定》第 4 条规定：“飞入中华人民共和国境内的外国民用航空器，其营运人应当获得中国民用航空总局颁发的在中华人民共和国境内飞行的运行规范，并按照该运行规范和《芝加哥公约》的有关规定运行。前款所述‘运行规范’应当包括以下内容：（一）使用的航空器（机型、国籍和登记标志）；（二）使用的机场（含起飞、着陆和备降机场）；（三）飞行航路或航线；（四）防止该航空器与其他航空器相撞所必须的运行规则和操作规程；（五）国务院民用航空主管部门认为必要的其他内容。”

② 《芝加哥公约》第 6 条规定：“缔约国特准或其他许可并遵照此项特准或许可的条件，任何定期国际航班不得在该国领土上空飞行或进入该国领土。”

③ 《芝加哥公约》第 29 条规定：“缔约国的每一航空器在从事国际航行时，应按照本公约规定的条件携带下列文件：一、航空器登记证；二、航空器适航证；三、每一机组成员的适当的执照；四、航空器航行记录簿；五、航空器无线电台许可证，如该航空器装有无线电设备；六、列有乘客姓名及其登机地与目的地的清单，如该航空器载有乘客；七、货物舱单及详细的申报单，如该航空器载有货物。”

从事国际航行时携带的文件进行了规定。

我国航空法中对飞入我国境内的外国民用航空器应当携带文件、资料的规定和《芝加哥公约》的规定基本一致。例如，《民用航空运输不定期飞行管理暂行规定》第 6 条、《外国民用航空器运行和适航检查规定》第 5 条和第 6 条，以及《外国公共航空运输承运人运行合格审定规则》第 43 条的规定①。

3. 外国民用航空器在我国境内飞行的法律规定

1）一般规定

《外国民用航空器飞行管理规则》第 3 条规定："外国民用航空器及其空勤组成员和乘客，在中华人民共和国境内飞行或者停留时，必须遵守中华人民共和国的法律和有关入境、出境、过境的法令规章。"我国《民航法》第 173 条规定："外国人经营的外国民用航空器，在中华人民共和国境内从事民用航空活动，适用本章规定；本章没有规定的，适用本法其他有关规定。"我国《民航法》第 177 条规定："外国民用航空器的经营人，不得经营中华人民共和国境内两点之间的航空运输。"这是对国内载运权的规定，主要借鉴《芝加哥公约》第 7 条的规定，该条为"缔约各国有权拒绝准许其他缔约国的航空器为取酬或出租在其领土内载运乘客、邮件和货物前往其领土内另一地点。缔约各国承允不缔结任何协议在排他的基础上特准任何其他国家的空运企业享有任何此项特权，也不向任何其他国家取得任何此项排他的特权。"日本、法国、美国等国家的航空法中也都有类似的规定。

2）经营许可

（1）定期国际航空运输。定期国际航空运输的运营一方面涉及国家领空的主权，另一方面也能给国家带来巨大的经济效益。因此，主权国家往往根据政治、经济等各方面

---

① 《民用航空运输不定期飞行管理暂行规定》第 6 条规定："从事不定期飞行的空勤人员和航空器，必须符合中国民用航空局规定的条件或技术标准，具备机组人员执照、航空器登记证、航空器适航证和按照有关规定应当携带的其他证件和文件。"

《外国民用航空器运行和适航检查规定》第 5 条规定："飞入中华人民共和国境内的外国民用航空器应当携带下列文件（原件）：（一）由该航空器登记国颁发的现行有效的航空器国籍登记证；（二）由该航空器登记国颁发的现行有效的航空器适航证；（三）由该航空器登记国颁发的现行有效的无线电电台执照；（四）载有旅客的民用航空器，其所载旅客姓名及其出发地点和目的地点的清单；（五）载有货物的民用航空器，其所载货物的舱单和明细的申报单。"《外国民用航空器运行和适航检查规定》第 6 条还规定："飞入中华人民共和国境内的外国民用航空器，其飞行机组人员应当携带由该航空器登记国有关当局颁发或认可的、与该航空器相适应的、现行有效的飞行人员执照和体格检查合格证。"

《外国公共航空运输承运人运行合格审定规则》第 43 条规定："（a）运行规范持有人飞入中国境内的航空器上至少应当携带下列文件：（1）航空器的国籍登记证、适航证和无线电电台执照；（2）运行手册中与机组人员所履行的职责相关的部分。其中与飞行的实施直接相关的部分，应当放置在机组成员值勤时易于取用的位置；（3）航空器飞行手册或等效资料；（4）包含航空器维修信息的飞机飞行记录本。（b）除本条（a）款所述文件外，还应当根据运行的实际情况，在航空器上携带与运行的类型和区域相适应的下列文件：（1）装载舱单；（2）飞行计划或包含飞行计划的签派放行单；（3）航行通告、航空信息服务文件和相应的气象资料；（4）装运特殊货物（包括危险品）的通知单；（5）适用于运行区域的航图。（c）飞行机组成员应当携带适用于该次运行的航空人员执照和体检合格证。"

综合考虑决定是否许可外国航空运输企业与本国之间的国际航空运输。这是世界上许多国家法律上的通行规定，也得到了《芝加哥公约》第 6 条[①]的确认。例如，美国《联邦航空法》第 402 条规定："非持有委员会（美国联邦航空委员会）的现行有效的许可证，任何外国航空承运人不得经营国际（美国与外国之间）空运业务。"我国《民航法》第 176条第 1 款规定："外国民用航空器的经营人经其本国政府指定，并取得中华人民共和国国务院民用航空主管部门颁发的经营许可证，方可经营中华人民共和国政府与该外国政府签订的协定、协议规定的国际航班运输。……外国民用航空器经营人，应当依照中华人民共和国法律、行政法规的规定，制定相应的安全保卫方案，报中华人民共和国国务院民用航空主管部门备案。"

（2）不定期航空运输。我国《民航法》第 176 条规定，外国民用航空器的经营人经其本国政府批准，并获得中华人民共和国国务院民用航空主管部门批准，方可经营中华人民共和国境内一地和境外一地之间的不定期航空运输。例如，《外国航空运输企业不定期飞行经营许可细则》第 4 条规定："外航在外国和中华人民共和国之间从事不定期飞行，应当按照本细则向中国民用航空总局（以下简称民航总局）提出申请，取得经营许可并按照《外国公共航空运输承运人运行合格审定规则》完成运行审定后，方可飞行。"《外国航空运输企业不定期飞行经营许可细则》中对不定期飞行的申请、决定、法律责任等都做出了规定。

一是申请。申请不定期飞行经营许可，可直接申请，也可委托代理人提出申请。申请人应当说明拟运营的不定期飞行经营许可的种类；并应按要求提供相应文件[②]。无论是直接申请还是通过代理人申请，申请人应当对其所提交文件的真实性负责。中国民航局有权对可能妨碍或危害公共利益的不定期飞行经营许可规定其他附加条件。

申请不定期飞行经营许可，申请人应在预计飞行日 7 天前向中国民航局提出申请，不符合此时限要求的，中国民航局不予受理，但有关航空运输协定或安排中另有规定的除外。遇灾害运送救援人员或物资等紧急和特殊情况，在说明理由后，申请人一般可在预计飞行日 3 天前向中国民航局提出申请。

二是受理。申请材料齐全、符合法定形式的，中国民航局受理申请；申请材料不齐全或者不符合法定要求的，当场或 3 日内一次告知申请人需要补正的全部内容，逾期不

① 《芝加哥公约》第 6 条规定："定期航班除非经一缔约国特准或其他许可并遵照此项特准或许可的条件，任何定期国际航班不得在该国领土上空飞行或进入该领土。"

② 《外国航空运输企业不定期飞行经营许可细则》第 9 条规定："申请人应提供说明下列情况的文件：（一）航空器所有人和经营人名称及其地址；（二）航空器的无线电通话和通信呼号；（三）航空器上无线电台使用的频率范围；（四）航空器的机型及最大起飞重量和最大落地重量，可利用座位数或者吨位数；（五）航空器预计起飞、到达地点、日期、时刻（UTC 时间）、航路和进出中华人民共和国大陆边境的航路进出点；（六）航班号和飞行架次；（七）包机人、担保人、接待单位的名称、地址、联系人和联系方式；（八）为包机提供代理服务的已获得相应资质的代理人名称、地址、联系人和联系方式；（九）为包机提供地面服务的机场地面服务公司的名称、地址、联系人和联系方式；（十）包机合同。"《外国航空运输企业不定期飞行经营许可细则》第 10 条规定："首次申请不定期飞行经营许可，除提交本细则第九条规定的文件外，还应当同时提供下列文件：（一）该航空运输企业所在国（地区）有关主管部门为其颁发的可从事公共航空运输的航空运输营业许可证及运行规范复印件；（二）航空器国籍登记证、适航证、航空器上无线电台使用许可证及噪音证书复印件；（三）投保机身、旅客、货物、对地面第三者责任等险种的保险证明复印件。"

告知申请人的，自收到申请材料之日起即为受理。

三是决定。中国民航局自受理申请之日起 4 日内进行审查，并做出许可或不许可的书面决定。申请人的申请符合规定的条件和标准的，中国民航局应当依法做出许可的决定；若申请人的申请不符合规定的条件和标准的，中国民航局应做出不许可决定，当场应说明理由，并告知该申请人享有依法申请行政复议或者提起行政诉讼的权利。

四是限制条件。《外国航空运输企业不定期飞行经营许可细则》第 16～22 条对不定期飞行的计划、禁止运输的行为、危险物品的运输、湿租航空器的运输、国内载运权和费用等做出了限制性的规定①。

五是法律责任。中国民航局受理申请的部门及其工作人员在办理申请人不定期飞行经营许可中，违反有关规定，有下列情形之一，情节严重的，对直接负责的主管人员和其他直接责任人员依法给予行政处分：对符合法定条件的申请不予受理的；对符合许可条件的申请人不予许可或不按法定期限许可的；申请人提交的申请材料不齐全或不符合法定形式，未一次告知申请人应当补正的全部材料内容的；未依法说明不受理申请或不予许可的理由的。

中国民航局受理申请部门的工作人员在不定期飞行经营许可过程中，索取、收受财物或者谋取其他利益，构成犯罪的，依法追究刑事责任；尚不构成犯罪的，依法给予行政处分。

申请人隐瞒有关情况或者提供虚假文件申请不定期飞行经营许可的，中国民航局不予受理或者不予许可，并给予警告，该申请人自警告之日起 6 个月之内提交的不定期飞行经营许可申请不予受理。

申请人以欺骗、贿赂等不正当手段取得不定期飞行经营许可的，中国民航局应当撤

---

① 《外国航空运输企业不定期飞行经营许可细则》第 16 条规定："申请人应按照民航总局所许可的飞行计划经营不定期飞行，不得随意更改。"《外国航空运输企业不定期飞行经营许可细则》第 17 条规定："除民航总局根据对外关系、经济贸易、公众需求或其他原因特别批准的外，一般情况下，申请人不得从事不定期飞行中的下列行为：（一）在中华人民共和国大陆境内两点之间进行不定期飞行；（二）在中华人民共和国大陆境内两点或多点之间进行组合飞行；（三）在中华人民共和国大陆境内与任何第三国（地区）之间进行不定期飞行；（四）在有定期航班服务的航线或航段上进行不定期飞行；（五）在不定期货运包机上载运旅客；（六）使用湿租航空器经营不定期飞行；（七）将包用的座位或舱位通过计算机分销系统向普通公众零售或向其他包机人转售；（八）经营客货混合包机；（九）运输作战武器和作战物资。"《外国航空运输企业不定期飞行经营许可细则》第 18 条规定："申请人经营运输危险品货物的不定期飞行经营许可前，应当按照《中国民用航空运输危险品管理规定》向民航总局提出申请，只有在获得许可后方可运输危险品货物。"《外国航空运输企业不定期飞行经营许可细则》第 19 条规定："特殊情况下，申请人申请使用湿租航空器从事不定期飞行，应事先向民航总局陈述理由。民航总局认为其理由成立的，申请人应不迟于预计飞行日十五天前提出书面申请。除提交第九条、第十条所述文件外，还应提供以下文件：（一）航空器湿租协议；（二）出租方与承租方就履行对该湿租航空器安全责任的协议；（三）航空器出租方所在国（地区）有关主管部门为其颁发的可从事国际航空运输的营业许可证。"《外国航空运输企业不定期飞行经营许可细则》第 20 条规定："申请人从中华人民共和国大陆境内始发载运旅客或货物前往外国地点，应由已获得相应资质的空运代理人统一办理。"《外国航空运输企业不定期飞行经营许可细则》第 21 条规定："申请人在中华人民共和国大陆境内从事不定期飞行，应当接受已获得相应资质的有关服务部门提供的地面服务并与其签订地面服务代理协议，不得接受由在中华人民共和国大陆境内的外国企业或个人提供的地面服务，除非该申请人经营的定期航班已获准自办地面服务或者已获准使用其他外航或台港澳航提供的地面服务。"《外国航空运输企业不定期飞行经营许可细则》第 22 条规定："申请人从事不定期飞行，应当按照有关规定交纳航路费、起降费等各项费用。"

销该项许可，并处以 1 万元以上 3 万元以下的罚款，该申请人自被撤销许可或者受到罚款之日起 1 年之内提交的不定期飞行经营许可申请不予受理。

被许可从事不定期飞行的申请人有下列行为之一的，中国民航局可酌情给予警告或处以 1 万元以上 3 万元以下的罚款：任意改动中国民航局所批准的飞行计划的；倒卖、出租、转让不定期飞行经营许可的；超越不定期飞行经营许可范围进行经营活动的；向负责监督检查的民航行政机关隐瞒有关情况、提供虚假材料或者拒绝提供反映其活动情况的真实材料的；法律、法规规定的其他违法行为。

3）外国民用航空器在我国境内运行的规定

外国民用航空器在我国境内运行的规定主要包括班期时刻或飞行计划的遵守、空中交通规章的遵照等。

（1）班期时刻或飞行计划的遵守。遵守班期时刻或飞行计划，对充分利用空域资源，保证飞行安全，提高航班正常率等意义重大。例如，日本《航空法》第 129-(3) 条规定："除因天气或其他不得已的原因外，任何外国的国际航空运输企业主在营业时，均须遵照营业计划规定""任何外国的国际航空运输企业主欲更改营业计划时，均须获得运输相的批准。但对于运输省法令所规定能够的轻微事项予以更改，则不受此限""任何外国的国际航空运输企业主当更改了有关前款单数所述事项的营业计划时，须立即将其结果申报运输相。"我国航空法中规定，外国民用航空器在我国运行时要遵守班期时刻表或飞行计划。我国《民航法》第 178 条规定："外国民用航空器，应当按照中华人民共和国国务院民用航空主管部门批准的班期时刻或者飞行计划飞行；变更班期时刻或者飞行计划的，其经营人应当获得中华人民共和国国务院民用航空主管部门的批准；因故变更或者取消飞行的，其经营人应当及时报告中华人民共和国国务院民用航空主管部门。"《外国民用航空器飞行管理规则》第 5 条和第 6 条做了更为详细的规定，第 5 条为："外国民用航空器根据中华人民共和国政府同该国政府签订的航空运输协定，可以在中华人民共和国境内按照协定中规定的航线进行定期航班飞行和加班飞行。定期航班飞行，应当按照班期时刻表进行。班期时刻表必须由同中华人民共和国政府签订协定的对方政府指定的航空运输企业，预先提交中国民用航空总局，并且征得同意。加班飞行，由同中华人民共和国政府签订协定的对方政府指定的航空运输企业，最迟要在预计飞行开始前五天或者按照协定所规定的时间，向中国民用航空总局提出，获得许可后，才能进行。"《外国民用航空器飞行管理规则》第 6 条是："外国民用航空器在中华人民共和国境内进行定期航班飞行和加班飞行以外的一切不定期飞行，必须预先提出申请，在得到答复接受后，才能进行。不定期飞行的申请，最迟要在预计飞行开始前十天通过外交途径提出。如果双边航空运输协定中另有规定的，依照规定。"

（2）空中交通规章的遵照。《芝加哥公约》第 11 条规定："在遵守本公约各规定的条件下，一缔约国关于从事国际航行的航空器进入或离开其领土或关于此种航空器在其领土内操作或航行的法律和规章，应不分国籍，适用于所有缔约国的航空器，此种航空器在进入或离开该国领土或在其领土内时，都应该遵守此项法律和规章。"这就明确规定了外国航空器在他国境内运行时，都应遵守他国的空中交通规章。我国《民航法》第

173 条[①]也进行了类似规定，《外国民用航空器飞行管理规则》第 3 条明确规定："外国民用航空器及其空勤组成员和乘客，在中华人民共和国境内飞行或者停留时，必须遵守中华人民共和国的法律和有关入境、出境、过境的法令规章。"《外国民用航空器飞行管理规则》第 4 条进一步规定："外国民用航空器飞入或者飞出中华人民共和国国界和在中华人民共和国境内飞行，必须服从中国民用航空总局各有关的空中交通管制部门的管制，并且遵守有关飞行的各项规章。"

4. 其他规定

除了上述对外国民用航空器特别以外，我国法律中对外国民用航空器的搜寻援救和事故调查，在设关机场起飞或降落等都做出了规定。

1）搜寻援救和事故调查

《芝加哥公约》第 25 条、第 26 条规定，航空器遇险时，一国应在其认为可行情况下给以援助，并准许航空器所有人或登记国采取情况所需的援助措施，但要在该国当局的管制下进行。航空器失事，由失事所在地国家主持调查，但允许航空器登记国派观察员在调查时到场。调查报告和调查结果要通知航空器登记国。我国《民航法》第 182 条和第 183 条遵循这些规定，对外国民用航空器在我国遇险及发生事故时的搜寻搜救和事故调查进行了具体规定。我国《民航法》第 182 条为："外国民用航空器在中华人民共和国搜寻援救区内遇险，其所有人或者国籍登记国参加搜寻援救工作，应当经中华人民共和国国务院民用航空主管部门批准或者按照两国政府协议进行。"我国《民航法》第 183 条规定："外国民用航空器在中华人民共和国境内发生事故，其国籍登记国和其他有关国家可以指派观察员参加事故调查。事故调查报告和调查结果，由中华人民共和国国务院民用航空主管部门告知该外国民用航空器的国籍登记国和其他有关国家。"

2）在设关机场起飞或降落

我国《民航法》第 79 条规定："外国民用航空器应当在中华人民共和国国务院民用航空主管部门指定的设关机场起飞或者降落。"另外，我国《民航法》第 180 条规定："中华人民共和国国务院民用航空主管部门和其他主管机关，有权在外国民用航空器降落或者飞出时查验本法第九十条规定的文件。外国民用航空器及其所载人员、行李、货物，应当接受中华人民共和国有关管机关依法实施的入境出境、海关、检疫等检查。实施前两款规定的查验、检查、应当避免不必要的延误。"

3）不因专利权的主张而被扣押

外国民用航空器，被准许进入或通过我国领土时，不论降停与否，其与航空器的构造、机构、零件、附件或操作有侵犯我国依法发给或登记的任何专利权、设计或模型的

---

① 我国《民航法》第 173 条规定："外国人经营的外国民用航空器，在中华人民共和国境内从事民用航空活动，适用本章规定；本章没有规定的，适用本法其他有关规定。"

情形，我国不扣押或扣留该航空器，或对该航空器的所有人或经营人提出任何权利主张，或进行任何其他干涉，且不要求缴付保证金。

另外，在中华人民共和国境内飞行的外国民用航空器，除遇险情况下的跳伞外，只有得到中国民航局有关的空中交通管制部门的许可，并且在指定的条件下，才可以向地面投掷物品、喷洒液体和使用降落伞。

第 4 章　航空人员法律制度

4.1　一般规定

4.1.1　航空人员的概念和分类

国际航空条约中对“航空人员”并没有统一定义。《芝加哥公约》及附件中并没有使用“航空人员”这一术语，只是在《芝加哥公约》附件 1 中，就相关人员颁发执照制定了国际标准和建议措施。《芝加哥公约》附件 1 将相关人员执照分为两大类：一是飞行组人员，包括私用飞机驾驶员、商用飞机驾驶员、高级商用飞机驾驶员、航班运输飞机驾驶员、滑翔机驾驶员、自由气球驾驶员、私用直升机驾驶员、商用直升机驾驶员、航班运输直升机驾驶员、飞行领航员飞行工程师及飞行无线电报务员。二是其他人员，包括航空器维护人员（技术员、工程师或机械员）、空中交通管制员、航务管理员及航空电台报务员。

各国国内航空法对航空人员的定义也不尽相同，总体上来看，都力图与《芝加哥公约》附件 1 中相关人员的定义保持一致。例如，《俄罗斯联邦航空法典》第 7 章第 52 条第 1 款对航空人员进行的界定为：航空人员是指通过特殊培训，取得执照并能够保证航空器飞行安全和空中航行安全的人所组成，除此之外，还包括为航空运输、航空器航行、高空作业、使用空域的组织、提供空中交通服务的组织等。《俄罗斯联邦航空法典》第 7 章第 52 条第 2 款规定：航空人员包括民用航空飞行人员、国家航空飞行人员及实验航空人员。再如，美国 1958 年《联邦航空法》第 101 条第 7 款中对航空人员的界定为，“从事于非系留状态下航空器运行之任何人员，如机长、飞行员、机械人员或空勤组之任何成员；直接担任航空器、航空器发动机、螺旋桨或机上设备的检查、维护、翻修或修理之任何人员（在合众国外所雇用的人员除外，局长对之得另行规定），以及担任航空器调度或塔台工作的任何人员”。后来，美国《联邦航空法》又将航空人员分为空勤人员和地勤人员两大类。另外，《日本航空法》使用了“航空人员”术语，但定义却是“航空人员一词在本法中系指获得第 20 条所述航空人员技术证明的人员”（第 2 条第 2 款）。而要取得“技术证明的人员”基本上与《芝加哥公约》附件 1 的规定相同。

我国《民航法》也使用了“航空人员”一词，并在第 39 条中对航空人员采取了列举式定义，“本法所称航空人员，是指下列从事民用航空活动的空勤人员和地面人员：（一）空勤人员，包括驾驶员、领航员、飞行机械人员、飞行通信员、乘务员，（二）地面人员，包括民用航空器维修人员、空中交通管制员、飞行签派员、航空电台通信员”。

4.1.2　航空人员的资格和条件

1. 国际航空法的规定

人员执照颁发的标准和建议措施是国际民航组织理事会于 1948 年 4 月 14 日根据《芝加哥公约》第 37 条的规定首次通过的，并定为《芝加哥公约》附件 1，在 1948 年年 9 月 15 日生效。它是国际民航组织作为航空人员执照颁发的最低标准和建议措施，适用于附件规定的所有执照与等级的申请人和执照与等级更新后的持有人。国际民航组织理事会决定，影响现行颁照规定的修订，原则上适用于所有执照申请人和持有人，但是对现有执照持有人的适用问题，必要时通过重新考核个别执照持有人的知识、经历和技术熟练程度对其进行评定事宜，由各缔约国酌情处理。另外，《芝加哥公约》第 38 条规定："任何国家如认为对任何上述国际标准和程序，不能在一切方面遵行，或在任何国际标准和程序修改后，不能使其本国的规章和措施完全符合此项国际标准和程序，或该国认为有必要采用在某方面不同于国际标准所规定的规章和措施时，应立即将其本国的措施和国际标准所规定的措施之间的差别，通知国际民航组织。任何国家如在国际标准修改以后，对其本国规章或措施不作相应修改，应于国际标准修正案通过后六十天内通知理事会，或表明它拟采取的行动，在上述情况下，理事会应立即将国际标准和该国措施间在一项或几项上存在差别通知所有其他各国。"《芝加哥公约》附件 1 中对航空人员执照颁发的规定有以下内容。

1）一般规则

（1）担任飞行机组成员的授权。除非持有符合《芝加哥公约》附件 1 规范并与其职务相适应的有效执照，否则任何人不得担任航空器飞行机组成员。所持执照必须是由航空器登记国签发的执照，或由任何其他缔约国签发并由航空器登记国认可有效的执照（附件 1 第 1.2.1 条）。

（2）认可执照有效的方法。当一缔约国认可另一缔约国颁发的执照有效的代替自己颁发执照时，必须在原执照上加注相应的认可证书建立其有效性，承认其等效于自己颁发的执照。当一国对认可证书限于某种特定权利时，认可证书必须明确说明承认其作为等效执照的权利。认可证书的有效期不得超过原执照的有效期。如果颁发认可证书所依据的执照被取消或吊销，则认可证书不再有效（附件 1 第 1.2.2.1 条）。

（3）执照持有人的权利。一缔约国不得允许执照持有人行使其所持执照未赋予的权利（附件 1 第 1.2.3 条）。

（4）《芝加哥公约》附件 1 在关于执照的一般规则中，还对体检要求（第 1.2.4 条）、执照的有效性（第 1.2.5 条①）、身体状况的下降（第 1.2.6 条）、作用于精神物

---

① 私用（飞机、飞艇、直升机和动力升空器）驾驶员执照 60 个月；商用（飞机、飞艇、直升机和动力升空器）驾驶员执照 12 个月；多机组（飞机）驾驶员执照 12 个月；航线运输（飞机、直升机和动力升空器）驾驶员执照 12 个月；滑翔机驾驶员执照 60 个月；自由气球驾驶员执照 60 个月；飞行领航员执照 12 个月；飞行机械员执照 12 个月；空中交通管制员执照 48 个月。

品的使用（第 1.2.7 条）、批准的训练和批准的培训机构（第 1.2.8 条）和语言能力（第 1.2.9 条）等进行了详细规定。

2）驾驶员的执照和等级

（1）关于驾驶员执照和等级的一般规则。包括：一般执照规范、类别等级、级别和型别等级、需要级别和型别等级的情况、颁发级别和型别等级的要求、使用飞行模拟训练装置获得经历并演示技能、需要仪表等级的情况、需要授权实施教学的情况、飞行时间的计算、年满 60 周岁驾驶员的权利限制和年满 65 周岁驾驶员的权利削减等。

（2）飞行学员。《芝加哥公约》附件 1 对飞行学员的规定，包括以下三个方面。

第一，飞行学员必须符合有关缔约国规定的要求。规定此类要求时，缔约国必须确保所赋予的权利不致使飞行学员对空中航行安全构成危险。

第二，除非在授权的飞行教员的监视下或经其授权，否则飞行学员不得单飞（第 2.2.2条）。除非有关缔约国之间有特定的或一般的协议，否则飞行学员不得在飞国际航班的航空器上单飞。

第三，对飞行学员的体检要求。除非飞行学员持有现行有效的二级体检合格证，否则缔约国不得允许该飞行学员单飞。

（3）私用驾驶员执照。《芝加哥公约》附件 1 对私用驾驶员执照的规定，包括以下三个方面。

第一，颁发与飞机、飞艇、直升机和动力升空器类别相应执照的一般要求。包括：年龄（申请人必须年满 17 周岁）、知识、技能、体检要求。

第二，执照持有人的权利与行使此种权利应遵守的条件。在符合规定的条件下，私用驾驶员执照持有人的权利必须是在从事非营利飞行的航空器类别相应的航空器上不以取酬为目的担任机长或副驾驶。在夜间行使权利之前，执照持有人必须在与航空器类别相应的航空器上接受过夜航带飞训练，包括夜间起飞、着陆和航行。

第三，颁发飞机类别、直升机类别、动力生空器类别和飞艇类别等级的特殊要求。包括经历和飞行训练的相关要求①。

（4）商用驾驶员执照。《芝加哥公约》附件 1 对商用驾驶员执照的规定，包括以下两个方面。

第一，颁发与飞机、飞艇、直升机和动力升空器类别相应执照的一般要求。附件 1 从年龄（申请人必须年满 18 周岁）、知识、技能和体检要求四个方面做出了一般规定。

第二，附件 1 对执照持有人的权利与行使权利应遵守的条件、颁发飞机类别等级的特殊要求、颁发动力升空器类别等级的特定要求，以及颁发飞艇类别等级的特殊要求，从经历和飞行训练两个方面做了具体规定②。

（5）与飞机类别相应的多机组驾驶员执照。《芝加哥公约》附件 1 对与飞机类别相应的多机组驾驶员执照的规定，包括以下两个方面。

---

① 具体内容参见：http://www.docin.com/p-242062884.html.

② 具体内容参见：http://wenku.baidu.com/view/13c3ea32ee06eff9aef8070f.html.

第一，颁发执照的一般要求。从年龄（申请人必须年满18周岁）、知识、技能和体检要求四个方面做出了一般规定。

第二，对执照持有人的权利与行使权利应遵守的条件、经历和飞行训练三个方面进行了具体规定①。

（6）航线运输驾驶员执照。《芝加哥公约》附件1对航线运输驾驶员执照的规定，包括以下三个方面。

第一，颁发与飞机、直升机和动力升空器类别相应执照的一般要求。从年龄（申请人必须年满21周岁）、知识、技能和体检要求四个方面做出了一般规定。

第二，对执照持有人的权利与行使权利应遵守的条件、颁发飞机类别等级的特殊要求、颁发直升机类别等级的特殊要求、颁发动力升空器类别等级的特殊要求，从经历和飞行训练两个方面做出了具体规定①。

第三，还对仪表等级，与飞机、飞艇、直升机和动力升空器相应的飞行教员等级，滑翔机驾驶员执照，以及自由气球驾驶员执照做出了详细规定①。

3）驾驶员执照以外的其他飞行机组成员的执照

（1）关于飞行领航员和飞行机械员执照的一般规则。在颁发飞行领航员执照或飞行机械员执照之前，申请人必须满足为取得这些执照所规定的年龄、知识、经历、技能及体检合格方面的要求。飞行领航员或飞行机械员执照申请人必须以颁照当局规定的方式表现出满足为取得这些执照而制定的知识和技能要求。

（2）飞行领航员执照。《芝加哥公约》附件1从颁发执照要求、执照持有人的权利，以及行使权利应遵守的条件三个方面进行了规定。颁发执照的要求主要从年龄（申请人必须年满18周岁）、知识、经历、技能及体检合格方面进行了规定。

（3）飞行机械员和飞行无线电报务员执照。《芝加哥公约》附件1从颁发执照要求、执照持有人的权利，以及行使权利应遵守的条件三个方面进行了规定。颁发执照的要求主要从年龄（申请人必须年满18周岁）、知识、经历、技能及体检合格方面进行了规定。

4）其他人员执照

《芝加哥公约》附件1中还对其他人员执照，包括航空器维护人员（技术员、工程师或机械员）、空中交通管制员、航务管理员和航空电台报务员执照做了具体规定①。

2. 我国航空法的规定

取得执照方能从事航空活动，许多国家的国内航空法中都这样规定。例如，美国1958年《联邦航空法》第602条中规定："局长有权颁发航空人员证书，在证书中载明其持有人获准作为航空人员在航空器上工作的身份。任何人均得向局长呈请发给航空人员证书，局长在调查之后，如果认为此人具有他所申请的航空人员证书上的职位的适当

① 具体内容参见：http://wenku.baidu.com/view/13c3ea32ee06eff9aef8070f.html.

资格，且体格上也适合履行该职位的职责时，应发给此项证书。”另外，法国《航空法典》第 4 卷第 1 篇总则中规定：“机长、驾驶员、机械员以及负责航空器运行的其他任何人员，都必须持有符合条件的合格证书，其条件由负责民航的部长确定。”

我国《民航法》第 40 条规定：“航空人员应当接受专门训练，经考核合格，取得国务院民用航空主管部门颁发的执照，方可担任其执照载明的工作。空勤人员和空中交通管制员在取得执照前，还应当接受国务院民用航空主管部门认可的体格检查单位的检查，并取得国务院民用航空主管部门颁发的体格检查合格证书。”

1）航空人员资格和条件的法律规定

目前，我国航空法中对航空人员资格的取得和丧失进行规范的法律基础除了我国《民航法》（只进行了一般性规定）外，还有航空行政法规和行政规章。航空行政法规主要有：2007 年 10 月 18 日《国务院、中央军委关于修改〈中华人民共和国飞行基本规则〉的决定》；航空行政规章主要有：《民用航空器驾驶员和飞行教员审定规则》（1996 年 8 月 1 日颁布），《民用航空器领航员、飞行机械员、飞行通信员审定规则》（CCAR—63FS，1996 年 8 月 1 日颁布），《民用航空器驾驶员、飞行教员和地面教员合格审定规则》《民用航空飞行签派员执照管理规则》《民用航空器维修人员执照管理规则》《民用航空器维修单位合格审定规定》（CCAR—145R3，2005 年 9 月 27 日颁布），《民用航空情报员执照管理规则》《民用航空空中交通管制员执照管理规则》（CCAR—66TM—I—R4，2010 年 8 月 31 日颁布），《中国民用航空总局关于修订〈民用航空器驾驶员、飞行教员和地面教员合格审定规则〉、〈大型飞机公共航空运输承运人运行合格审定规则〉的决定》（2006 年 10 月 30 日颁布），《民用航空电信人员执照管理规则》（CCAR—65TM—I—R3，2010 年 8 月 31 日颁布）和《航空安全员合格审定规则》（CCAR—69，2007 年 4 月 1 日颁布）等。

2）航线运输驾驶员资格和条件的法律规定

（1）一般规定。在中国进行国籍登记的航空器上担任飞行机组必需成员的驾驶员，必须持有我国颁发或认可的有效驾驶员执照，并且在行使相应权利时随身携带该执照。当中国登记的航空器在外国境内运行时，可以使用该航空器运行所在国颁发或认可的有效驾驶员执照。在中国境内运行的外国登记的航空器上担任飞行机组必需成员的驾驶员，必须持有我国颁发或认可的有效驾驶员执照，或持有由航空器登记国颁发或认可的有效驾驶员执照，并且在行使相应权利时随身携带该执照。

（2）驾驶员执照的类别及资格条件。根据《民用航空器驾驶员、飞行教员和地面教员合格审定规则》第 61.13 条的规定，驾驶员执照包括：学生驾驶员执照、私用驾驶员执照、商用驾驶员执照和航线运输驾驶员执照。

第一，学生驾驶员执照的资格要求。主要有：①年满 16 周岁，但仅申请操作滑翔机或自由气球的为年满 14 周岁。②有良好的道德品质。③能正确读、听、说、写汉语，无影响双向无线电对话的口音和口吃。申请人因某种原因不能满足部分要求的，中国民航局应当在其执照上签注必要的运行限制。④持有中国民航局颁发的现行有效Ⅱ级或者Ⅰ级体检合格证。

第二，私用驾驶员执照的资格要求。主要有：①年满17周岁，但仅申请滑翔机或自由气球等级的为年满16周岁。②有良好的道德品质。③能正确读、听、说、写汉语，无影响双向无线电对话的口音和口吃。申请人因某种原因不能满足部分要求的，中国民航局应当在其执照上签注必要的运行限制。④具有初中或者初中以上文化程度。⑤持有中国民航局颁发的现行有效Ⅱ级或者Ⅰ级体检合格证。⑥完成了规定的相应航空器等级的航空知识训练，并由提供训练或者评审其自学情况的授权教员在其飞行经历记录本上签字，证明该申请人可以参加规定的理论考试。⑦通过了所要求航空知识的理论考试。⑧完成了规定的相应航空器等级的飞行技能训练，并由提供训练的授权教员在其飞行经历记录本上签字，证明该申请人可以参加规定的实践考试。⑨在申请实践考试之前，满足所申请航空器等级的飞行经历要求。⑩通过了所要求飞行技能的实践考试。⑪符合对所申请航空器类别和级别等级的相应条款要求。

第三，商用驾驶员执照的资格要求。主要有：①年满18周岁。②有良好的道德品质。③能正确读、听、说、写汉语，无影响双向无线电对话的口音和口吃。申请人因某种原因不能满足部分要求的，中国民航局应当在其执照上签注必要的运行限制。④具有高中或者高中以上文化程度。⑤持有中国民航局颁发的有效Ⅰ级体检合格证。⑥完成了所要求的相应航空器等级的航空知识训练，并由提供训练或评审其自学情况的授权教员在其飞行经历记录本上签字，证明该申请人可以参加规定的理论考试。⑦通过了所要求航空知识的理论考试。⑧完成了要求的相应航空器等级的飞行技能训练，并由提供训练的授权教员在其飞行经历记录本上签字，证明该申请人可以参加规定的实践考试。⑨在申请实践考试之前，满足所申请航空器等级的飞行经历要求。⑩通过了所要求飞行技能的实践考试。⑪至少持有按规定颁发的私用驾驶员执照，或满足相关要求。⑫符合对所申请航空器类别和级别等级的相应条款要求。

第四，航线运输驾驶员执照的资格要求。符合下列条件的申请人，中国民航局可以为其颁发航线运输驾驶员执照：①年满21周岁。②有良好的道德品质。③能正确读、听、说、写汉语，无影响双向无线电对话的口音和口吃。申请人因某种原因不能满足部分要求的，中国民航局应当在其执照上签注必要的运行限制。④具有高中或者高中以上文化程度。⑤持有中国民航局颁发的有效Ⅰ级体检合格证。⑥持有按规定颁发的商用驾驶员执照和仪表等级。⑦在申请实践考试之前，满足适用于所申请航空器等级的飞行经历要求。⑧通过了所要求航空知识的理论考试。⑨通过了所要求飞行技能的实践考试。⑩符合适用于所申请航空器类别和级别等级的相应条款的要求。

（3）其他规定，包括以下内容。

第一，执照的有效期。《民用航空器驾驶员、飞行教员和地面教员合格审定规则》第61.21条对执照的有效期进行了规定，主要有：①注明有效期限的执照持有人，在执照有效期满后不得继续行使该执照所赋予的权利。②学生驾驶员执照和飞行教员执照在颁发月份之后第24个日历月结束时有效期满。飞行教员执照的持有人在同时持有与该执照相适应的现行有效的驾驶员执照和体检合格证时，方可行使该飞行教员执照所赋予的权利。③除学生驾驶员执照外，按本规则颁发的其他驾驶员执照不规定特定的有效期限。但是，仅当执照持有人满足本规则和有关中国民用航空运行规章的相应训练与检查要求时，方可行使其执照所赋予的相应权利。依据外国驾驶员执照颁发的执照或者认可证书的持有人，仅当该执照或者认可证书所依据的外国驾驶员执照和体检合格证有效时，方可行使该执照或者认可证书所赋予的权利。

第二，临时执照。《民用航空器驾驶员、飞行教员和地面教员合格审定规则》第61.19条对临时执照进行了规定，主要有两个方面。一方面是中国民航局可以为下列申请人颁发有效期不超过120天的驾驶员临时执照、飞行教员临时执照或者地面教员临时执照：已经审定合格的执照申请人，在等待颁发执照期间；在执照上更改姓名的申请人，在等待更改执照期间；因执照遗失或损坏而申请补发执照的申请人，在等待补发执照期间。另一方面是出现下列情况之一时，按第一方面颁发的临时执照失效：临时执照上签注的日期期满；收到所申请的执照；收到被拒发执照的通知。

第三，对外国驾驶员执照或中国香港、澳门特别行政区执照持有人的规定。《民用航空器驾驶员、飞行教员和地面教员合格审定规则》第61.93条规定，外国驾驶员执照或中国香港、澳门特别行政区执照持有人申请按本规则颁发驾驶员执照。①外国驾驶员执照或中国香港、澳门特别行政区执照持有人可以申请按本规则颁发的驾驶员执照和等级。申请人的驾驶员执照如果是国际民航公约缔约国或中国香港、澳门特别行政区颁发的，并且没有不符合国际民航组织标准的签注，则可以作为满足所申请执照和等级飞行经历要求的证明，并认为其具有参加相应理论考试和实践考试的资格。该申请人不需符合所申请执照资格要求中有关申请人必须持有某种执照的规定，以及有关申请人必须具有授权教员推荐其参加理论考试和实践考试的签字的规定。除此以外，申请人必须满足本规则对其所申请执照的其他要求，包括通过相应的理论考试和实践考试。但是，对于符合②条件的私用驾驶员执照的申请人无需满足上述要求。②外国驾驶员执照或中国香港、澳门特别行政区执照持有人申请按本规则颁发私用驾驶员执照和等级时，只要符合以下条件，中国民航局可以为其颁发私用驾驶员执照和等级：持有现行有效的外国或中国香港、澳门特别行政区私用、商用或航线运输驾驶员执照，没有不符合国际民航组织标准的签注；持有中国颁发或者认可的体检合格证；能正确读、听、说、写汉语，无影响双向无线电对话的口音和口吃。如果申请人因某种原因不能完全满足本要求，中国民航局应当在该申请人的执照上签注必要的运行限制；通过中国民用航空规章有关驾驶员权利与限制、空中交通规则和一般运行规则等部分的理论考试。③按本条②颁发的执照上应当注明所依据的外国执照或中国香港、澳门特别行政区执照编号和颁发地。外国或中国香港、澳门特别行政区驾驶员执照上的航空器等级和仪表等级，以及按本规则规定在考试后颁发的等级，中国民航局可以签注在该执照上。该执照的持有人可以行使本规则私用驾驶员执照的权利，但必须遵守执照上签注的限制。当其外国驾驶员执照或中国香港、澳门特别行政区执照被暂扣或吊销时，不得行使中国私用驾驶员执照的权利。④经中国民航局批准或者认可的外国飞行学校完成训练的中国公民，通过本规则要求的中国民用航空规章有关驾驶员权利与限制、空中交通规则和一般运行规则等部分的理论考试后，可以持训练学校所在地民航当局颁发的驾驶员执照和等级，申请换发本规则中相应的驾驶员执照和等级。《民用航空器驾驶员、飞行教员和地面教员合格审定规则》第61.95条规定，依据外国驾驶员执照或中国香港、澳门特别行政区驾驶员执照颁发认可证书。

第四，对具有军用航空器驾驶员经历的人员的特殊规定。《民用航空器驾驶员、飞行教员和地面教员合格审定规则》第 61.91 条规定，具有军用航空器驾驶员经历的人员申请按本规则颁发驾驶员执照。①具有军用航空器驾驶员经历的人员可以按本条要求申请颁发私用或商用驾驶员执照和等级。②具有军用航空器驾驶员经历的人员出示具有航空经历记录的军方技术档案资料，中国民航局可以承认其航空经历，用于满足按本规则颁发相应执照和等级的航空经历要求。③满足下列要求的具有军用航空器驾驶员经历的申请人，中国民航局可为其颁发私用驾驶员执照：除要求的相应考试和签字证明外，满足本规则第 61.123条资格要求；出示有关技术档案资料，证明其满足本规则第 61.129～61.137 条一个航空器等级的航空经历要求；申请执照和等级前 24 个日历月内仍在飞行的，必须通过本规则第 61.123 条第 7 款要求的理论考试；申请执照和等级前 24 个日历月内已不参加飞行的，还必须通过本规则第 61.123 条第 10 款要求的实践考试。④满足下列要求的具有军用航空器驾驶员经历的申请人，中国民航局可以为其颁发商用驾驶员执照：除要求的考试和签字证明外，满足本规则第 61.153 条资格要求；出示有关技术档案资料，证明其满足本规则第 61.159～61.169 条一个航空器等级的航空经历要求；申请执照和等级前 12 个日历月内仍在飞行的，必须通过本规则第 61.153 条第 7 款要求的理论考试；申请执照和等级前 12 个日历月内已不参加飞行的，必须通过本规则第 61.153 条第 7 款和第 10 款要求的理论考试和实践考试。⑤对于按本条③、④颁发的执照，按③、④审定合格或经考试合格的航空器等级，中国民航局可以签注在相应的执照上。原军用航空器驾驶员申请航空器等级按下列规定办理：原军用单发飞机和歼击机驾驶员，可以申请飞机类别单发陆地等级；含轰炸机、运输机在内的原军用多发飞机驾驶员，可申请飞机类别多发陆地等级；原军用运输飞机驾驶员所飞机型符合本规则颁发型别等级要求的，该驾驶员可以申请相应的型别等级，但需通过该型别等级的实践考试；原军用直升机驾驶员可以申请旋翼机类别直升机级别等级和所飞直升机的型别等级，但需通过该型别等级的实践考试。⑥具有复杂气象标准的原军用航空器驾驶员，符合本规则第 61.83 条第 5 款航空经历要求的，可以申请在其驾驶员执照上增加仪表等级，但必须通过本规则第 61.83 条要求的理论考试和实践考试。

3）民用航空器维修人员的资格要求

民用航空器维修人员资格要求主要规定在《民用航空器维修人员执照管理规则》（CCAR—66—R1）之中，具体包括以下内容。

（1）民用航空器维修人员执照，包括民用航空器维修人员执照的分类及代码，执照的申请与注销三个方面。

第一，民用航空器维修人员执照的分类及代码。民用航空器维修人员执照（简称维修人员执照）包括基础部分和机型部分。维修人员执照申请人经考试合格获得维修人员执照基础部分。维修人员执照基础部分可以在没有机型签署的情况下颁发。申请维修人员执照机型部分的申请人应当首先取得维修人员执照基础部分。维修人员执照基础部分包括航空机械和航空电子两个专业。航空机械专业，其英文代码为 ME；航空电子专业，其英文代码为 AV。维修人员执照基础部分航空机械专业划分为以下类别：①涡轮式飞机，其英文代码为 TA；②活塞式飞机，其英文代码为 PA；③涡轮式直升机，其英文代码为 TH；④活塞式直升机，其英文代码为 PH。

第二，民用航空器维修人员执照的申请。维修人员执照基础部分申请人，应当具备下列条件。①年满 18 周岁，身体健康。②至少具备下列任一经历：具有中专（含）以上航空技术相关专业学历，并且独立从事所申请专业的航空器维修工作累计在 2 年（含）以上，其中在申请之日前 1 年应当持续从事所申请专业的民用航空器维修工作；独立从事所申请专业的航空器维修工作累计在 3 年（含）以上，其中在申请之日前 1 年应当持续从事所申请专业的民用航空器维修工作；经过中国民航局批准的培训机构培训并获得其颁发的所申请专业基础培训合格证书。③能正确读、写申请专业相关技术文件和管理程序使用的文字。维修人员执照基础部分由中国民航局授权人员签署。

维修人员执照机型部分的签署划分为Ⅰ类和Ⅱ类，申请人应分别满足下列要求。①申请机型Ⅰ类签署，应已获得维修人员执照基础部分，并取得具有相应机型培训资格的中国民航局批准的培训机构颁发的Ⅰ类机型培训合格证书或通过中国民航局认可的培训机构对其进行的相应机型培训。其工作经历应当符合相应要求。②申请机型Ⅱ类签署，应已获得维修人员执照基础部分，并获得具有相应机型培训资格的中国民航局批准的培训机构颁发的Ⅱ类机型培训合格证书或通过中国民航局认可的培训机构对其进行的相应机型培训。其工作经历应符合相应要求。③已向所申请的民航地区管理局提交下列证明文件：按照本规则附件 3 填写的《民用航空器维修人员执照机型签署申请书》(F66—3)；机型培训合格证书的复印件；维修人员执照基础部分。

维修人员执照机型部分签署的申请人应具备下列维修经历：①机型Ⅰ类签署的申请人在民用航空器上累计有至少 3 年的维修经历。②机型Ⅱ类签署的申请人在民用航空器上累计有至少 5 年的维修经历，其中从事Ⅱ类维修工作累计至少 2 年。③Ⅰ类和Ⅱ类机型签署的申请人，在最近 2 年内应当累计至少有 1 年在所申请的航空器机型和专业上工作，且在该 1 年内应当累计至少有 6 个月是在申请执照机型签署前 1 年内获得的。当不同机型的机身、发动机系统、电子系统的构造和操作在技术上相似时，在此类机型上的维修经历可以视为是在同一机型上的维修经历。④申请人在最近 2 年内无严重维修差错。民航管理部门认为申请人在非民用航空器上的维修经历等效于上述四项经历要求的，视为有效维修经历。维修人员执照机型部分申请人应向民航地区管理局提出申请。

第三，民用航空器维修人员执照的注销。被放弃、吊扣、吊销的民用航空器维修人员执照应当在 5 个工作日内交还中国民航局。逾期不交还的，中国民航局予以公告注销。

(2) 民用航空器部件修理人员执照。民用航空器部件修理人员执照包括基础部分和项目部分。部件修理人员应经考试获得部件修理人员执照基础部分。部件修理人员执照基础部分可以在没有项目签署的情况下颁发。申请部件修理人员执照项目部分的申请人应首先取得部件修理人员执照基础部分。

第一，基础部分申请条件。民用航空器部件修理人员执照申请人应当符合下列条件。①年满 18 周岁，身体健康。②至少具备下列任一经历：具有中专（含）以上航空技术相关专业学历，并且独立从事所申请专业的航空器部件修理工作累计在 2 年（含）以上，其中在申请之日前 1 年应当持续从事所申请专业的民用航空器部件修理工作；独立从事所申请专业的航空器部件修理工作累计在 3 年（含）以上，其中在申请之日前 1

年应当持续从事所申请专业的民用航空器部件修理工作；经过中国民航局批准的培训机构培训并获得其颁发的所申请专业基础培训合格证书。③能正确读、写申请专业相关技术文件和管理程序使用的文字。

部件修理人员执照基础部分按照下列程序申请：①申请人通过考试后，可填写并向中国民航局提交《民用航空器部件修理人员执照初次颁发/续签申请书》（F66—4）及申请书要求提供的材料。②中国民航局根据规定审查申请人的资格、申请书，以及申请书要求提供的材料。对于符合规定的申请人，应在收到申请书之日起 30 个工作日内颁发《民用航空器部件修理人员执照》（F66—5）。材料不齐全、不符合法律形式的应当当场或在 5 个工作日内一次告知申请人需要补正的全部内容；对于不符合规定的，应在 20 个工作日内做出不予颁发执照的书面通知，退回其申请材料、说明理由并告知申请人享有的法律权利。③申请人按照规定缴纳相关费用。部件修理人员执照基础部分由中国民航局授权人员签署。

第二，项目部分申请条件。部件修理人员执照项目部分应当按照下列规定签署。①部件修理人员执照项目部分签署的申请人应当具备下列条件：已经获得部件修理人员执照基础部分；取得具有相应部件修理项目培训资格的中国民航局批准的培训机构颁发的项目培训合格证书或通过中国民航局认可的培训机构进行的项目培训；最近 2 年内至少累计有 1 年从事所申请项目的修理工作。②部件修理人员执照项目部分的签署按《航空器部件项目通用代码表》（F66—8）规定的项目划分。③部件修理人员执照项目部分由民航地区管理局授权人员签署。部件修理人员执照有效期为自颁发部件修理人员执照基础部分起 5 年，保证部件修理人员执照连续有效应当在有效期满前获得中国民航局授权人员对执照有效性的续签。

部件修理人员执照续签应当符合下列条件：①持照人每 2 年内有累计至少 6 个月的航空器部件修理经历或者从事与航空器部件修理有关的工作累计至少 6 个月；②持照人每 2 年至少完成一次有关工作程序和有关专项工作内容的再培训；③持照人应当在执照失效前 60 天内按照《民用航空器部件修理人员执照初次颁发/续签申请书》（F66—4）的要求向中国民航局提交执照续签申请书。

部件修理人员执照项目部分获得签署后，可对执照签署项目类别范围内的修理项目具有签字放行权，但不得跨项目放行。被放弃、吊扣、吊销的民用航空器部件修理人员执照应当在 5 个工作日内交还中国民航局。逾期不交还的，中国民航局予以公告注销。

部件修理人员执照持有人应当遵守下列规定：①按照部件修理人员执照签署并在授权的工作范围内实施工作；②保证部件修理人员执照的完整和有效性；③在部件修理人员的生理或者心理状况不适合行使放行权时，不得行使这种放行权。

（3）民用航空器维修管理人员资格证书申请条件。民用航空器维修管理人员资格证书申请人应当具备下列条件：①具有航空技术相关专业大专（含）以上学历或者同等学力，身体健康；②从事航空器或者航空器部件维修相关工作不少于 5 年，其中包括不少于 2 年的维修管理工作；③具有听、说、读、写并正确理解工作中所使用中文的能力。配备翻译可视为满足本项要求的一种方式。

（4）其他规定。《民用航空器维修人员执照管理规则》实施前，按照《民用航空器维修人员合格审定的规定》颁发的民用航空器维修人员执照到 2008 年 1 月 1 日废止。相关的执照持有人在废止日期之前通过相应专业类别的基础知识差异考试，可以换领本规则规定的执照。基础知识差异部分考试由中国民航局组织实施。在规定期限内未更新原有执照，申请颁发本规则所规定执照的，应当按照 CCAR—66—R1 的相关规定办理。执照认可持有外国，以及中国香港、澳门特别行政区、台湾地区民用航空器维修人员执照或者资格证书，需要中国民航局认可的，按照中国民航局与该执照或者资格证书颁发国或者地区的民用航空当局签订的协议执行。从事体育运动航空器维修工作的维修人员，按照国家体育总局航空体育运动适航委任代表组的规定办理体育运动航空器维修人员合格证件。

4）其他航空人员的资格要求

《中国民用航空空中交通管制员执照管理规则》规定，执照申请人应当具备下列条件：①中华人民共和国公民；②年龄在 20 周岁（含）以上 60 周岁（含）以下；③品德良好；④在中国民航局认可的训练机构，经过空中交通管制专业课程学习并考试及格；⑤身体健康，口齿清楚，不得有口吃、难以听懂的口音或其他语言缺陷；⑥具有大专（含）以上学历，但在本规则施行前已经取得执照的人员不受此限制。

航空情报员执照申请人应当具备下列条件：①具有中华人民共和国国籍；②热爱民航事业，具有良好的品行；③年满 21 周岁；④具有大学专科（含）以上文化程度；⑤能正确读、听、说、写汉语，口齿清楚，无色盲等缺陷；⑥符合本规则规定的申请人经历要求；⑦持有效理论考试合格证明；⑧持有效技能考核合格证明。

飞行签派员的执照资格详见《民用航空飞行签派员执照管理规则》的规定①，《民用航空电信人员执照管理规则》及《航空安全员合格审定规则》对航空电信人员和航空安全员资格进行了详细的规定。

4.1.3 航空人员的工作时限

我国航空运输业的不断发展，客观上造成了社会需求与民用航空承受能力不相适应的矛盾。为了确保飞行安全，防止飞行人员疲劳，保护航空人员的身体健康，我国法律中对航空人员的工作时限进行了严格规定。例如，中国民航总局于 1993 年 8 月 25 日发布了《民航运输飞行人员飞行时间、值勤时间和休息时间的规定》，此规定适用于所有在中华人民共和国登记的、经营航空运输业务的航空承运人和从事航空运输飞行的飞行人员。再如，我国《民航法》第 77 条第 1 款规定："民用航空器机组人员的飞行时间、执勤时间不得超过国务院民用航空主管部门规定的时限。"《大型飞机公共航空运输承运人运行合格审定规则》（CCAR—121—R4，2010 年 3 月起施行）第 P 章和 Q 章对机组

---

① 《民用航空飞行签派员执照管理规则》第 65.53 条资格要求：第一，参加飞行签派员执照理论考试的人员应当年满 21 周岁。第二，参加飞行签派员执照实践考试的人员应当通过第 65.55 条规定的理论考试，并满足第 65.57 条规定的经历要求。第三，获得飞行签派员执照资格应当符合年满 23 周岁。第四，具有大学专科（含）以上学历；能够读、说、写并且理解汉语；通过了规定的实践考试；按照 CCAR67 部规定的体检标准体检，并取得体检合格证。

成员值勤期限制、飞行时间限制和休息要求和飞行签派员的值勤时间限制进行了较为详细的规定①。

4.1.4　航空人员的法律责任

航空人员对保障飞行安全负有重大的责任。应当严格履行职责，恪尽职守，保护民用航空器及其所载人员和财产的安全。否则，要承担法律责任。根据航空法律、法规和相关规章的规定，航空人员的法律责任主要有两个方面。

1. 刑事责任

我国《民航法》第 199 条规定："航空人员玩忽职守，或者违反规章制度，导致发生重大飞行事故，造成严重后果的，分别依照、比照刑法第 187 条或者第 114 条规定追究刑事责任。"即是说，根据 1979 年《刑法》② 的规定，对有关航空人员追究刑事责任，将判处 3 年以下的有期徒刑或者拘役；情节特别严重的，将判处 3 年以上 7 年以下有期徒刑。

1997 年《刑法》中对航空人员的具体犯罪情形进行了详细规定。本书将在第 13 章中进行详述。

2. 行政责任

1）吊销或吊扣执照

我国《民航法》第 204 条规定："已取得本法第三十五条③规定的生产许可证书、维修许可证书的企业，因生产、维修的质量问题造成严重事故的，国务院民用航空主管部门可以吊销其生产许可证书或者维修许可证书。"

我国《民航法》第 206 条规定，"有下列违法情形之一的，由国务院民用航空主管部门对民用航空器的机长给予警告或者吊扣执照一个月至六个月的处罚，情节较重的，可以给予吊销执照的处罚：（一）机长违反本法第四十五条第一款的规定，未对民用航空器实施检查而起飞；（二）民用航空器违反本法第七十五条的规定，未按照空中交通管制单位指定的航路和飞行高度飞行，或者违反本法第七十九条的规定飞越城市上空的"。

我国《民航法》第 207 条规定："违反本法第七十四条的规定，民用航空器未经空中交通管制单位许可进行飞行活动的，由国务院民用航空主管部门责令停止飞行，对该民用航空器所有人或者承租人处以一万元以上十万元以下的罚款，对该民用航空器的机长给予警告或者吊扣执照一个月至六个月的处罚，情节较重的，可以给予吊销执照的处罚。"

---

① 具体规定参见：http://www.caac.gov.cn/B1/B6/201003/P020100319354818141147.pdf.

② 这里是指 1979 年《刑法》。1997 年进行了重大修改，第 131 条规定，航空人员违反规章制度，致使发生重大飞行事故、造成严重后果的对有关航空人员追究刑事责任，处 3 年以下的有期徒刑或者拘役；造成飞机坠毁或者人员伤亡的，处 3 年以上 7 年以下有期徒刑。因此，上述民航法的有关规定与之发生了冲突。

③ 我国《民航法》第 35 条规定："生产、维修民用航空器及其发动机、螺旋桨和民用航空器上设备，应当向国务院民用航空主管部门申请领取生产许可证书、维修许可证书。经审查合格的，发给相应的证书。"

我国《民航法》第208条规定，“民用航空器的机长或者机组其他人员有下列行为之一的，由国务院民用航空主管部门给予警告或者吊扣执照一个月至六个月的处罚，有第（二）项或者第（三）项所列行为的，可以给予吊销执照的处罚：（一）在执行飞行任务时，不按照本法第四十一条的规定携带执照和体格检查合格证书的，（二）民用航空器遇险时，违反本法第四十八条的规定离开民用航空器的，（三）违反本法第七十七条第二款的规定执行飞行任务的”。

2）罚款

我国《民航法》第205条规定：“违反本法第四十条的规定，未取得航空人员执照、体格检查合格证书而从事相应的民用航空活动的，由国务院民用航空主管部门责令停止民用航空活动，在国务院民用航空主管部门规定的限期内不得申领有关执照和证书，对其所在单位处以二十万元以下的罚款。”我国《民航法》第207条规定：“违反本法第七十四条的规定，民用航空器未经空中交通管制单位许可进行飞行活动的，由国务院民用航空主管部门责令停止飞行，对该民用航空器所有人或者承租人处以一万元以上十万元以下的罚款。”

另外，《中华人民共和国飞行基本规则》第11章“法律责任”中对航空人员的处罚措施进行了更为详细的规定①。国务院、中央军委在2007年10月18日发布的《关于修改〈中华人民共和国飞行基本规则〉的决定》第116～120条中也进行了相同的规定。

4.2 机组法律制度

4.2.1 机组的组成

机组是指由航空器经营人委派在飞行期间的航空器内担任职务的人员组成。机组人员指飞行期间在航空器上执行任务的航空人员，包括飞行机组成员和客舱乘务员。飞行机组成员是指飞行期间在航空器驾驶舱内执行任务的驾驶员、领航员、飞行通信员和飞行机械员。客舱乘务员是指出于对旅客安全的考虑，受运营人指派在客舱执行值勤任务的机组成员。机组人员必须持有有效执照。例如，《芝加哥公约》附件1第1.2.1条规定：“除非持有该航空器登记国或者任何其他缔约国鉴定的、由该航空器登记国认可的符合本附件的规格并与其事务相适应的有效执照，任何人不得充任航空器飞行组成员”。

---

① 《中华人民共和国飞行基本规则》第116条规定：“违反本规则规定，我国民航法及有关法规对其处罚有明确规定的，从其规定；无明确规定的，适用本章规定。”第117条规定：“未按本规则规定履行审批、备案或者其他手续的，由有关部门按照职责分工责令改正；情节严重的，对直接负责的主管人员和其他直接责任人员依法给予行政处分或者纪律处分；构成犯罪的，依法追究刑事责任。”第118条规定：“飞行人员未按本规则规定履行职责的，由有关部门依法给予行政处分或者纪律处分；情节严重的，依法给予吊扣执照一个月至六个月的处罚，或者责令停飞一个月至三个月；构成犯罪的，依法追究刑事责任。”第119条规定：“空中交通管制员、飞行指挥员未按本规则规定履行职责的，由有关部门视情节给予批评教育、警告、记过、降职或者取消资格，免除职务的处分；构成犯罪的，依法追究刑事责任。”第120条规定：“飞行保障部门及其人员未按本规则规定履行职责的，由有关航空管理部门视情节给予通报批评；对直接负责的主管人员或者其他责任人员依法给予行政处分或者纪律处分；构成犯罪的，依法追究刑事责任。”

我国《民航法》第 43 条规定："民用航空器机组由机长和其他空勤人员组成。机长应当由具有独立驾驶该型号民用航空器的技术和经验的驾驶员担任。机组的组成和人员数额，应当符合国务院民用航空主管部门的规定。"《一般运行和飞行规则》（CCAR—91—R2，2007 年 9 月 10 日颁布，同年 11 月 22 日起施行）第 91.8 条规定："（a）飞行机组的组成和人数不得少于飞行手册或其他与适航证有关的文件所规定的标准。（b）机长必须保证每个飞行机组成员持有登记国颁发或认可的、具有适当等级并且现行有效的执照，并且机长必须对飞行机组成员保持其胜任能力表示满意。"

4.2.2　机长的资格

机长是航空器机组的负责人，应由具有独立驾驶该型号民用航空器的技术和经验的驾驶员担任。在执行飞行任务期间，机长负责领导机组的一切活动，保证航空器遵守关于航空器飞行和运转的现行规则和规章，并对航空器及其所载人员和财产的安全负责。航空器内全体人员服从机长命令，听从机长指挥，维持航空器内严明纪律和正常秩序，以保障机长履行职责，果断采取一切必要的合理措施，正确处理意外事故和突发事件，全面地完成所肩负的任务。正因为机长在飞行中的重要地位，无论是国内航空法，还是国际航空法都对机长的资格进行了非常严格的规定。

1. 国际航空法的规定

《芝加哥公约》附件 1 将机长分为机长和监督下的机长两类。机长是指由经营人（如系通用航空则由所有人）指定的指挥飞行并负责飞行安全操作的驾驶员。副驾驶按照颁照当局接受的监督方法在机长的监督之下履行机长的职责和工作，被称为是监督下的机长。另外，《芝加哥公约》附件 1 第 2.1.10.1 条规定："如执照持有人年满 60 周岁，或者在有一名以上驾驶员参加飞行且其他驾驶员年龄不满 60 岁而执照持有人年满 65 周岁时，颁发驾驶员执照的缔约国不得允许该执照持有人在从事国际商业航空运输的航空器上担任机长。"同时，《芝加哥公约》附件 1 第 2.1.10.1 条还建议："执照持有人年满 65 周岁时，颁发驾驶员执照的缔约国不得允许该执照持有人在从事国际商业航空运输的航空器上担任副驾驶。"在《芝加哥公约》附件 1 中，对在不同类型的航空器上担任机长的驾驶员的资格，主要从技术、经历等方面进行了比较详细的规定。

2. 我国航空法的规定

根据我国航空法的规定，机长应具备以下几个方面的资格。

1）一般规定

我国《民航法》第 44 条规定："民用航空器的操作由机长负责，机长应当严格履行职责，保护民用航空器及其所载人员和财产的安全。机长在其职权范围内发布的命令，民用航空器所载人员都应当执行。"第 51 条规定："飞行中，机长因故不能履行职务的，由仅次于机长职务的驾驶员代理机长；在下一个经停地起飞前，民用航空器所有人或者承租人应当指派新机长接任。”① 第52条规定：“只有一名驾驶员，不需配备其他空勤人员的民用航空器，本节对机长的规定，适用于该驾驶员。”《一般运行和飞行规则》第91.5条第1款规定：“民用航空器的机长对民用航空器的运行直接负责，并具有最终决定权。(1) 飞机上的机长：机长在舱门关闭后必须对机上所有机组成员、旅客和货物的安全负责。机长还必须在从飞机为起飞目的准备移动时起到飞行结束最终停止移动和作为主要推进部件的发动机停车时止的时间内，对飞机的运行和安全负责，并具有最终决定权。(2) 旋翼机上的机长：从发动机启动时起，直至旋翼机结束飞行最终停止移动并且发动机关闭，旋翼叶片停止转动时为止机长必须对旋翼机的运行和安全及机上所有机组成员、乘客和货物的安全负责。”

2) 机长的资格要求

我国《民航法》第43条第1款规定：“机长应当由具有独立驾驶该型号民用航空器的技术和经验的驾驶员担任。”可见，我国对航空器机长资格的要求主要界定在技术领域。目前，对机长资格进行规范的航空行政规章主要有：《中国民用航空飞行规则》(1990年2月3日颁布)、《民用航空器驾驶员、飞行教员和地面教员合格审定规则》《大型飞机公共航空运输承运人运行合格审定规则》和《一般运行和飞行规则》。这几个规章之间有许多重叠之处，概括而言，我国航空法中对机长的资格主要有以下三个方面。

(1) 机长在技术水平上必须已经达到独立驾驶该型号民用航空器的要求。《民用航空器驾驶员、飞行教员和地面教员合格审定规则》第61.9条对此进行了具体规定。

第一，在仪表飞行规则条件下或在低于目视飞行规则规定的最低标准的气象条件下担任航空器的机长，必须符合下列要求之一：①持有飞机或直升机驾驶员执照，并具有适合于所飞航空器的类别、级别、型别（如适用）和仪表等级；②持有航线运输驾驶员执照，并具有适合于所飞航空器的类别、级别和型别等级（如适用）；③对于滑翔机机长，持有附带滑翔机类别等级和飞机仪表等级的驾驶员执照；④对于飞艇机长，持有附带轻于空气航空器类别等级和飞艇级别等级的商用驾驶员执照；⑤对于初级飞机机长，持有附带初级飞机类别等级和飞机仪表等级的驾驶员执照。

第二，除按CCAR—121执行Ⅱ类运行的驾驶员外，实施Ⅱ类仪表运行的驾驶员必须符合下列条件：①在Ⅱ类仪表运行中担任航空器的机长，必须持有适合该型航空器的现行Ⅱ类仪表运行许可；或者，对于在外国登记的航空器，取得登记国对其在Ⅱ类仪表运行中担任该型航空器机长的许可。②在Ⅱ类仪表运行中担任航空器的副驾驶，必须持有带有适合该型航空器的类别和级别等级的有效驾驶员执照和适合该型航空器的仪表等级，或持有带有适合该型航空器的类别和级别等级的航线运输驾驶员执照；或者，对于

① 根据该条的规定，只有在飞行中，机长因故不能履行职务时，才发生该条规定的情况。“由仅次于机长职务的驾驶员代理机长”的意思是有正驾驶员资格的驾驶员先于有副驾驶员资格的驾驶员作为机长的代理人。“下一个经停地”是指发生机长因故不能履行职务情况后的第一个经停地。“在下一个经停地”，民用航空器所有人或者承租人未指派新机长接任机长职务之前，该航空器不得再次起飞。租赁的民用航空器，由承租人指派新机长接任机长职务；民用航空器所有人直接经营的民用航空器，由民用航空器所有人指派新机长接任机长职务。

在外国登记的航空器，满足登记国对其在Ⅱ类仪表运行中担任该型航空器副驾驶的条件。

第三，除按 CCAR—121 执行Ⅲ类运行的驾驶员外，实施Ⅲ类仪表运行的驾驶员必须符合下列条件：①在Ⅲ类仪表运行中担任航空器的机长，必须持有适合该型航空器的现行Ⅲ类仪表运行许可；或者，对于在外国登记的航空器，取得登记国对其在Ⅲ类仪表运行中担任该型航空器机长的许可。②在Ⅲ类仪表运行中担任航空器的副驾驶，必须持有带有适合该型航空器的类别和级别等级的有效驾驶员执照和适合该型航空器的仪表等级，或持有适合该型航空器的航线运输驾驶员执照；或者，对于在外国登记的航空器，满足登记国对其在Ⅲ类仪表运行中担任该型航空器副驾驶的条件。

（2）机长在飞行经验上必须已经达到独立驾驶该型号民用航空器的要求。这些要求，主要体现在《一般运行和飞行规则》第 91.959 条中，该条规定："在 VFR（Visual Flight Rules，目视飞行规则）飞行中担任机长的驾驶员，其总飞行经历时间应当不少于 500 小时；在 IFR（Instrument Flight Rules，仪表飞行规则）飞行中担任机长的驾驶员，其总飞行经历时间应当不少于 1200 小时。代管航空器的机长和副驾驶应当至少持有商用驾驶员执照、相应的航空器等级和仪表等级。对于具备型别等级的航空器，航空器的机长应当持有型别等级。"

（3）年龄上的限制。《民用航空器驾驶员、飞行教员和地面教员合格审定规则》第 61.9 条对特定运行的年龄限制规定，年满 60 周岁的驾驶员执照持有人，不得在从事国际商业航空运输的航空器上担任驾驶员。《大型飞机公共航空运输承运人运行合格审定规则》第 121.381 条中规定，合格证持有人不得使用已满 60 周岁的人员在实施本规则运行的飞机上担任飞行机组必需成员。任何已满 60 周岁的人员，也不得在按照本规则运行的飞机上担任飞行机组必需成员。

4.2.3　机长的法律地位

在航空法律结构中，航空器机长占有特殊地位，因为他对航空运输的安全至关重要。明确机长的法律地位对确保机长行使权利和权力，维护航空器内的安全和秩序意义重大。因此，国际上对机长法律地位的研究就没有停止过，自 1926 年以来，先是"国际航空法专家技术委员会"，后是国际民航组织，都对机长法律地位进行过仔细研究。在第二次世界大战前，"国际航空法专家技术委员会"曾提出过两个初步草案：第一个是关于机长法律地位的，第二个是关于机组人员地位的。后来人们倾向于将两个草案合为一个。第二次世界大战结束后的 1946 年"国际航空法专家技术委员会"又提出了一个新草案，供国际社会进行讨论，但一直未获通过。在机长的法律地位中，人们一般认为，核心是机长的权利与责任。海商法中船长的权利和责任规定得比较全面，因此有人提出，海商法中关于船长的权利与责任完全可适用于机长。但通过对航空器机长的地位和船长地位的比较，不难发现机长和船长的法律地位具有某些共性，但区别也是比较明显的，即航空器航行时间较短，旅客与机组成员的人数较少，机长的活动余地受到限制。直到现在，对机长的法律地位国际上并没有专门公约进行规定。

一般认为，机长的法律地位主要有以下四个方面。

第一，机长首先是航空器的技术首脑，首要职责是驾驶好民用航空器，确保航行安全。在空中航行中，安全是第一要素，要确保飞行安全，首先要求机长要有过硬的驾驶技术，只有具有过硬的驾驶技术，在突发情况发生时，才能驾驶好民用航空器，确保航行安全。因此，机长的主要精力应该用在从技术上保证航行安全上。

第二，机长应遵守空中交通规则。航空运输是一个系统工程，每一个环节都非常重要，这不仅要求机长具有较高的驾驶技术，更要求机长遵守空中交通规则，服从空中交通管制部门所发布的指令。但在遇到紧急情况时，机长享有自主权利，可根据判断，做出最后决定，甚至可拒绝听从指令。

第三，在民事责任方面，机长是航空公司的受雇人或代理人。机长是由航空公司（承运人）任命，属于航空公司的受雇人。同时，在空中航行过程中，机长根据航空公司的授权行为，代表着航空公司从事民事行为，如货物的交付等行为，这些民事行为可归因于航空公司，因此，机长还是航空公司的代理人。

第四，机长还享有国际航空公约和国内航空法所赋予的行政权力。机长虽然是航空公司的雇员，但机长也要对飞行过程中航空器，以及航空器人员和财产的安全负责。因此，国际航空条约中，如《东京公约》赋予了机长的某些行政权力，包括对犯罪人员或严重违反机上秩序的人员使用包括看管在内的措施，以便保障飞行安全。各国国内航空法中，也赋予机长这种行政权力，如我国《民航法》第 44 条的规定。

4.2.4 机长的权力和职责

1. 概述

在理论上一般认为，航空器机长的权力和职责主要有以下五个方面。

第一，对航空器的完善状况、机组人员福利、飞行计划的准备及其顺利完成等方面的责任。还包含机长应有飞行证件、填具运货单，起飞前检查校对等职责。

第二，机长对机组人员与旅客发布严格命令的权利。“这一点特别重要。鲁韦德尔认为，对旅客行使这种权力的根据是旅客与航空公司之间的默示协议。至于机组人员的地位，鲁韦德尔认为，雇主（航空公司）授予了机长一部分权力，因而机长对机组人员有管理权力。”①

第三，机长有为安全地完成飞行任务而采取一切必要措施的权力。例如，机长有权在必要时修理飞机，并代表公司安排新鲜食品供应。再如，在一个特定国家无公司官员，机长有权以公司正式代表资格办事。由于这类权力与职责是由公司酌情授予的，国际法上理应制定出解决这类问题的规则，以使各缔约国在本国立法中采取相应的措施。

第四，机长的管理职责，包括：生育与死亡的登记、充作结婚证明人、扮演立遗嘱主管当局的角色。

第五，遇有航空事故发生时，机长应按照公约规定来判断要不要，以及用什么样的方式来提供搜寻和援救。

---

① 迪德里克斯·弗斯霍尔. 航空法简介. 赵维田译. 北京：中国对外翻译出版公司，1987：34.

2. 国际航空法的规定

1）机长的权力

在《芝加哥公约》附件及《东京公约》中，对航空器机长权力的规定有以下内容。

第一，《芝加哥公约》附件 2 第 2.4 条规定，航空器机长在领导飞行期间，有权对航空器处置做出最后决定。

第二，《芝加哥公约》附件 2 第 2.3.1 条规定，为了安全绝对必要偏离规则的情况，机长可以偏离这些规则。

第三，《芝加哥公约》附件 9 第 7.4.1 条规定，如果航空器显然将实际延误不能继续飞行时，机长在等待有关政府当局指示时，或者当他的机组无法与该政府当局取得联系时，机长有权采取他认为对旅客和机组的健康和安全，以及为避免或最大限度减少对航空器本身及其载荷的损失或毁坏所需的紧急措施。

第四，《芝加哥公约》附件 12 中规定，在飞行期间，如遇其他航空器或船舶发生事故，机长还有权依有关国际规定决定提供搜寻和援救的措施。

第五，《东京公约》中对机长的权力做出了更为具体的规定，且规定了机长行使这些权利的免责要件。本书将在第 13 章中对此做详细论述。

2）机长的职责

根据《芝加哥公约》及其附件的规定，机长的职责主要有以下内容。

第一，机长应保证按规定的飞行检查制度进行详细的检查。包括在飞行前、飞行中、飞行后，以及在紧急情况下使用而建立的检查制度，以保证航务手册、航空器飞行手册或其他与适航证有关文件中所规定的操作程序得到遵守。

第二，飞行开始前，航空器机长必须熟悉与计划飞行有关的全部现有资料。场外飞行及所有 IFR 飞行的飞行前准备，必须仔细研究所掌握的现行天气报告和预报，并考虑如不能按计划实施飞行时所需的油量和备用行动方案。

第三，机长在飞行时必须对飞机的运行和安全及机上所有人员的安全负责。在发生飞行非法干扰行为后，机长应立即向指定的地方当局递交这一行为的报告。

第四，航空器机长，不论其是否操纵航空器，航空器的运行须遵守空中规则负责。但为了安全，绝对必要偏离规则的情况下，机长可以偏离这些规则。

第五，机长应对“飞行日志”或“总报告单”负责。国际民航组织建议，“航行记录簿”应包括下列各项：①航空器国籍和登记；②日期；③机组成员名单；④机组各成员担任的职务；⑤起飞地点；⑥到达地点；⑦起飞时间；⑧到达时间；⑨飞行小时；⑩飞行性质（私人飞行、作业飞行、定期或不定期飞行）；⑪意外事件观察情况；⑫负责人签字。

第六，机长应负责将涉及航空器而使任何人员受伤或死亡，或使航空器或财产遭受重大损失的任何事故，以可利用的最迅速的方法通知最近的有关当局。

第七，当机长看到另一架航空器或一艘船舶遇险时，除非他没有能力或根据当时情况考虑不合理或没有必要外，必须采取下列行动：保持该遇险船舶或航空器在其视界之内，直至不再需要在场为止；如果不能确定其本身位置，采取行动以利于确定其位置；将所见遇险情况报告援救协调中心交通服务单位；按照援救协调中心或空中交通单位的指示办事。

第八，任何一架航空器的机长在无线电或无线电话上截获一则遇险信号或类似的信号时，必须：记录该遇险航空器或船舶的位置（如已说明）；如有可能，测定所发信号的方位；向有关援救协调中心或空中交通管制服务单位报告遇险通信并提供一切有用的情况；在等待指示时，可自行斟酌飞向遇险信号所给的位置。

3. 我国航空法的规定

1）机长的权力

我国民航法和相关民航行政规章中对机长的权力主要规定包括以下三个方面。

（1）对机长行使权力的一般原则。我国《民航法》第 44 条第 2 款规定："机长在其职权范围内发布的命令，民用航空器所载人员都应当执行。"《一般运行和飞行规则》第 91.5 条规定，民用航空器的机长对民用航空器的运行直接负责，并具有最终决定权。该条还规定了机长行使权力的时间范围。飞机上的机长：机长在舱门关闭后必须对机上所有机组成员、旅客和货物的安全负责。机长还必须在从飞机为起飞目的准备移动时起到飞行结束最终停止移动和作为主要推进部件的发动机停车时止的时间内，对飞机的运行和安全负责，并具有最终决定权。旋翼机上的机长：从发动机启动时起，直至旋翼机结束飞行最终停止移动并且发动机关闭，旋翼叶片停止转动时为止机长必须对旋翼机的运行和安全及机上所有机组成员、乘客和货物的安全负责。

（2）机长在飞行前的权力。我国《民航法》第 45 条规定："飞行前，机长应当对民用航空器实施必要的检查；未经检查，不得起飞。机长发现民用航空器、机场、气象条件等不符合规定，不能保证飞行安全的，有权拒绝起飞。"我国《民航法》第 47 条规定："机长发现机组人员不适宜执行飞行任务的，为保证飞行安全，有权提出调整。"

（3）机长在飞行中的权力。我国《民航法》规定主要包括以下五个方面。

第一，飞行中，对于任何破坏民用航空器、扰乱民用航空器内秩序、危害民用航空器所载人员或者财产安全以及其他危及飞行安全的行为，在保证安全的前提下机长有权采取必要的适当措施。飞行中，遇到特殊情况时，在保证安全，机长有权对民用航空器做出处置（第 46 条）。《大型飞机公共航空运输承运人运行合格审定规则》第 121.573 条规定，在飞行期间，当机长发现存在电子干扰并怀疑该干扰来自机上乘员使用的便携式电子设备时，机长和机长授权人员应当要求其关闭这些便携式电子设备；情节严重的应当在飞机降落后移交地面公安机关依法处置，并在事后向中国民航局报告。

第二，民用航空器遇险时，机长有权采取一切必要措施，并指挥机组人员和航空器上其他人员采取抢救措施。在必须撤离遇险民用航空器的紧急情况下，机长必须采取措施，首先组织旅客安全离开民用航空器，未经机长允许，机组人员不得擅自离开民用航空器，机长应当最后离开民用航空器（第 48 条）。

第三，民用航空器发生事故，机长应当直接或者通过空中交通管制单位，如实将事故情况及时报告国务院民用航空主管部门（第 49 条）。

第四，机长收到船舶或者其他航空器的遇险信号，或者发现遇险的船舶、航空器及其人员，应当将遇险情况及时报告就近的空中交通管制单位并给予可能的合理的援助（第 50 条）。

第五，机长行使权力没有限制。《大型飞机公共航空运输承运人运行合格审定规则》第 121.532 条规定，在飞行期间，机长负责控制飞机和指挥机组，并负责旅客、机组成员、货物和飞机的安全。在飞行期间，对于飞机的运行拥有完全的控制权和管理权。这种权力没有限制，可以超越机组其他成员及他们的职责，无论机长是否持有执行其他机组成员职责的有效证件。

另外，《一般运行和飞行规则》第 91.5 条规定，在飞行中遇有紧急情况时：①机长必须保证在飞行中遇有紧急情况时，指示所有机上人员采取适合当时情况的应急措施。②在飞行中遇到需要立即处置的紧急情况时，机长可以在保证航空器和人员安全所需要的范围内偏离本规则的任何规定。《大型飞机公共航空运输承运人运行合格审定规则》第 121.556 条也规定，国内、国际定期载客运行的紧急情况：在需要立即决断和处置的紧急情况下，机长可以采取他认为在此种情况下为保证飞行安全应当采取的任何行动。在此种情况下，机长可以在保证安全所需要的范围内偏离规定的运行程序与方法、天气最低标准和其他规定。

2）机长的职责

上述权力也是机长的职责，另外，在《一般运行和飞行规则》和《大型飞机公共航空运输承运人运行合格审定规则》中还对机长的职责进行了进一步的规定，主要有以下六个方面。

第一，机长必须负责确保：如果飞行机组任何成员因受伤、患病、疲劳、酒精或药物的影响而无法履行其职责时，不得开始飞行；当飞行机组成员由于疲劳、患病、缺氧等原因造成的功能性损害导致执行任务的能力显著降低时，不得越过最近的合适机场继续飞行。

第二，航空器的机长负责确认航空器是否处于可实施安全飞行的状态。当航空器的机械、电子或结构出现不适航状态时，机长应当中断该次飞行。

第三，如果在危及航空器或人员安全的紧急情况下必须采取违反当地规章或程序的措施，机长必须毫不迟疑地通知有关地方当局。如果事故征候发生地所在国提出要求，机长必须向该国有关当局提交关于违章情况的报告；同时，机长也必须向登记国提交这一报告的副本。此类报告必须尽早提交，通常应在十天以内。

第四，机长必须负责以可用的最迅速的方法将导致人员严重受伤或死亡、航空器或财产的重大损坏的任何航空器事故通知最近的有关当局。

第五，民用航空器的机长不得允许从飞行中的航空器上投放任何可能对人员或财产造成危害的物体。但是如果已经采取了合理的预防措施，能够避免对人员或财产造成危害，不禁止此种投放。

第六，在操作航空器时不得粗心大意和盲目蛮干，以免危及他人的生命或财产安全。

第 5 章　民用机场法律制度

5.1　民用机场的概念和分类

5.1.1　民用机场的概念

《芝加哥公约》附件 14 规定，机场是指“全部或部分供航空器进场、离场和场面活动使用的陆上或水上的一个划定区域（包括所有建筑物、设施和设备）”。

各国航空法中对民用机场的定义不尽相同，有的称之为民用机场，有的分为“机场”和“航空港（站）”。我国《民航法》第 6 章章名为民用机场，第 53 条规定：“本法所称民用机场，是指专供民用航空器起飞、降落、滑行、停放以及进行其他活动使用的划定区域，包括附属的建筑物、装置和设施。本法所称民用机场不包括临时机场。军民合用机场由国务院、中央军事委员会另行制定管理办法。”苏联和罗马尼亚航空法中有“机场”和“航空港（站）”两个概念，把只为航空器起降和停放并具有相应设施的指定区域称为机场，而把为旅客、托运人提供客货运输服务的机场称为航空港（站）。美国《联邦航空法》中也有“着陆区”和“航空港”两个概念，其着陆区与苏联和罗马尼亚的机场类似，它把供客货运输服务的着陆区称为航空港。

5.1.2　民用机场的分类

机场按其性质可分为民用机场、军用机场和军民合用机场。航空法中所称的机场是指民用机场。

1. 国际上对民用机场的分类

1）直升机场、短距起降机场和常规机场

按照机场可以接纳的机型，可将民用机场分为直升机场、短距起降机场和常规机场。直升机场是指全部或部分供直升机进场、离场及场面活动使用的机场，或在建筑物上划定的区域。短距起降机场是指专门为短距起降飞机设计与常规机场设施分开的机场。常规机场就是指一般意义上的机场。

2）商业机场和私人机场

按照机场的活动类型，可将民用机场分为商业机场和私人机场。商业机场是指供公众使用的机场，它包括处理旅客、办理货运和为商业飞机服务的设施；而私人机场则主要是指为属于私人的小型飞机、飞行俱乐部等服务的机场。

3）国际机场、国内机场和地区机场

按照机场的运营范围，可将民用机场分为国际机场、国内机场和地区机场。国际机场是指为国际航班出入境而指定的机场，一般要办理海关、移民、公共卫生、动植物检疫和类似程序方面的手续，而一个国家在国际航班方面第一个抵达地点和最后一个始发地点的国际机场又被称为门户机场。国内机场是指只供国内航班使用的机场。地区机场则主要是指短程地区航班经营的中小城市的机场，一般也是国内机场。

4）轴心机场和辐条机场

按照机场在整个机场网络中所处的地位和作用，可将民用机场分为轴心机场和辐条机场。轴心机场是指在一般范畴使用时，具有众多进出港航班和高额比例的衔接业务量的机场；而从经营轴心航空承运人的角度编排航班和促销的范畴来讲，轴心机场意味着以为旅客、货物和邮件提供最为方便的衔接或转运机会为目标，协调进出港班期时刻的机场；即同一机场可供多于一家的航空承运人作为轴心来经营。轴心机场又有主要轴心、地区轴心、联运轴心、航线轴心、昆轴、巨型轴心（超级辐条）、第二轴心之分。就业务来讲，这些轴心绝大多数为旅客轴心；但同时又伴有其他类型的轴心，如货运轴心、邮政轴心、互联模式轴心（或多种模式轴心）等。辅条机场是指围绕着轴心机场在某一区域内向外伸展的机场。

5）拥挤机场和备用机场

根据民用机场的容量不同，还可将民用机场分为拥挤机场和备用机场。拥挤机场是指业务处理的容量不能满足需求的机场。为解决拥挤问题，国家可指定替代机场（即转移主要商业机场业务的机场）或辅助机场（即把通用航空业务从繁忙机场转移出去），来缓解特定市场的拥挤问题。备用机场是指由于技术原因不能前往预定机场降落，而在另外预先指定降落的机场。

此外，按照机场是否获得了机场许可证，可分为获证机场和未获证机场。

2. 我国对民用机场的分类

1）国际机场和国内机场

按照是否对外国民用航空器开放，可将民用机场分为国际机场和国内机场。国际机场是指向国际民航组织登记并对外开放，可以接受外国航空器起降或备降的机场。我国的国际机场又可分为国际定期航班机场（含国家门户机场）、国际定期航班备降机场、国际不定期飞行机场、国际不定期飞行备降机场和国际通用航空机场（我国暂时没设）。国内机场是指我国国际机场以外的一切其他机场，包括中国香港、澳门特别行政区及中国台湾地区航线机场、国内航空干线机场和国内航空支线机场及国内通用航空机场。

2）大型枢纽机场、国内干线机场和支线机场

依据机场所服务的航线和规模，可分为大型枢纽机场、国内干线机场和支线机场。

大型枢纽机场是指国际和国内航线密集的机场。例如，北京首都机场、上海虹桥机场、广州白云机场、香港赤腊角机场、澳门机场等，这些机场是中国最主要的国际门户机场。国内干线机场是指以国内航线为主，航空运输吞吐量较为集中的机场，这类机场主要是指省、自治区、直辖市首府及重要工业、旅游、开放城市的机场。支线机场又称为地方航线机场，这类机场大多分布在各省、自治区地面交通欠发达地区，机场规模较小，等级也较低。

3）运输机场和通用航空机场

根据是否提供公共航空运输活动，可将民用机场分为运输机场和通用机场。运输机场是指为从事旅客、货物运输等公共航空运输活动的民用航空器提供起飞、降落等服务的机场。通用机场是指为从事工业、农业、林业、渔业和建筑业的作业飞行，以及医疗卫生、抢险救灾、气象探测、海洋监测、科学实验、教育训练、文化体育等飞行活动的民用航空器提供起飞、降落等服务的机场。

5.1.3 民用机场的法律基础

民用机场作为保障航行安全的重要基础设施，如何布局、建设、经营和管理，都需要以法律的形式加以规范，以此作为民用机场进行相关活动的依据和保障。《巴黎公约》及附件 H 第一次对机场进行了国际法意义上的规定，《芝加哥公约》对国际民用机场做出了一些原则性的规定，附件 14 为各国机场制定了统一的标准，作为指导性的建议。但由于各国国内法的差异，从有利于发展航空运输业的角度出发，应在国际层面上对民用机场的技术标准达成尽可能的一致，无疑《芝加哥公约》附件 14 满足了这个要求。

我国的民用机场管理法律非常健全，已形成了以民航法为基础的、航空行政法规和规章进行细化的一整套法律制度。例如，我国《民航法》第 6 章“民用机场”共 17 条，对民用机场的概念、规划布局、安全保卫、机场的收费制度及机场的环境保护等都做了概括性规定。民用机场建设还涉及国家颁布的其他法律，也应参照执行。另外，我国还颁布了大量关于机场管理的行政法规和民用航空规章。航空行政法规主要是 2009 年 4 月 1 日国务院第 55 次常务会议通过，自 2009 年 7 月 1 日起施行的《民用机场管理条例》（2009 年 7 月 1 日起施行）。民用航空规章主要有：《民用机场建设管理规定》（CCAR—158，2004 年 12 月 1 日起施行），《民用机场专用设备使用管理规定》（CCAR—137CA—R2，2005 年 9 月 14 日起施行），《民用机场使用许可规定》（CCAR—139CA—R1，2005 年 11 月 8 日起施行），《民用机场航空器活动区道路交通安全管理规则》（CCAR—331SB—R1，2006 年 8 月 12 日起施行），《民用机场运行安全管理规定》（CCAR—140，2008 年 2 月 1 日起施行），《民用运输机场突发事件应急救援管理规则》（CCAR—139—Ⅱ—R1，2011 年 9 月 9 日起施行），《民用机场建设管理规定》（CCAR—158—R1，2013 年 2 月 1 日起施行）等。

5.1.4 民用机场的法律特征

民用机场的法律特征主要有以下三个方面。

1）民用机场是公共基础设施

民用机场是为国家和地方的经济和社会发展服务的，是城市综合交通体系的重要组成部分，与城市交通、市政公用设施，以及公路、铁路等基础设施一样，其公共基础设施的性质是显而易见的。《民用机场管理条例》第 3 条规定："民用机场是公共基础设施。各级人民政府应当采取必要的措施，鼓励、支持民用机场发展，提高民用机场的管理水平。"

2）民用机场是以其场地提供服务获取收益

在经营手段方面，民用机场主要是以出租场地为主，为场地内的航空运输企业及其他驻场单位、旅客和货主提供公平、公正、便捷的服务，通过出租场地提供服务来获取收益。《民用机场管理条例》第 38 条进一步规定，机场范围内的零售、餐饮、航空地面服务等经营性业务采取有偿转让经营权的方式经营的，机场管理机构应当按照国务院民用航空主管部门的规定与取得经营权的企业签订协议，明确服务标准、收费水平、安全规范和责任等事项。对于采取有偿转让经营权的方式经营的业务，机场管理机构及其关联企业不得参与经营。

3）民用机场是企业法人

诚然，民用机场首先要强调公益性，然后才考虑收益性，最主要任务不是盈利而是开通更多的航线和时刻。但就民用机场法律属性而言，是企业法人，要以盈利为目的。因此，从理论上说，民用机场也是我国市场经济的主体，也应成为自主经营、自负盈亏、自我发展和自我约束的市场主体。《外商投资民用航空业规定》（CCAR—201）第 3 条规定，鼓励外商投资建设民用机场。本规定所称"民用机场"不包括军民合用机场。外商投资民用机场分两类项目：①民用机场飞行区，包括跑道、滑行道、联络道、停机坪、助航灯光；②航站楼。因此，作为企业法人的民用机场要实行企业化经营，必然会体现出盈利性的一面。假如民用机场不能盈利，一味强调公益性，就会失去其作为企业的本质特征。所以，从这个意义上来说，《民用机场管理条例》将民用机场直接归属于公共基础设施类，在某种程度上是一种倒退。

5.2　民用机场建设和管理的法律制度

5.2.1　民用机场的布局和建设规划的审批职权及程序

1. 民用机场布局原则

我国民用机场布局原则总体要求规定在我国《民航法》第 54 条和第 55 条之中①。《民

① 我国《民航法》第 54 条规定："民用机场的建设和使用应当统筹安排、合理布局，提高机场的使用效率。全国民用机场的布局和建设规划，由国务院民用航空主管部门会同国务院其他有关部门制定，并按照国家规定的程序，经批准后组织实施。省、自治区、直辖市人民政府应当根据全国民用机场的布局和建设规划，制定本行政区域内的民用机场建设规划，并按照国家规定的程序报经批准后，将其纳入本级国民经济和社会发展规划。"我国《民航法》第 55 条规定："民用机场建设规划应当与城市建设规划相协调。"

用机场管理条例》第 5 条规定："全国民用机场布局规划应当根据国民经济和社会发展需求以及国防要求编制，并与综合交通发展规划、土地利用总体规划、城乡规划相衔接，严格控制建设用地规模，节约集约用地，保护生态环境。"《民用机场管理条例》第 16 条对此进行了细化，规定为："运输机场总体规划应当遵循'统一规划、分期建设，功能分区为主、行政区划为辅'的原则。规划设施应当布局合理，各设施系统容量平衡，满足航空业务量发展需求。运输机场总体规划目标年近期为 10 年、远期为 30 年。"

《民用机场建设管理规定》第 17 条中对运输机场总体规划要求进行了规定。主要有：①适应机场定位，满足机场发展需要。②飞行区设施和净空条件符合安全运行要求。飞行区构型、平面布局合理，航站区位置适中，具备分期建设的条件。③空域规划及飞行程序方案合理可行，目视助航、通信、导航、监视和气象设施布局合理、配置适当，塔台位置合理，满足运行及通视要求。④航空器维修、货运、供油等辅助生产设施及消防、救援、安全保卫设施布局合理，直接为航空器运行、客货服务的设施靠近飞行区或站坪。⑤供水、供电、供气、排水、通信、道路等公用设施与城市公用设施相衔接，各系统规模及路由能够满足机场发展要求。⑥机场与城市间的交通连接顺畅、便捷；机场内供旅客、货运、航空器维修、供油等不同使用要求的道路设置合理，避免相互干扰。⑦对机场周边地区的噪声影响小，并应编制机场噪声相容性规划。机场噪声相容性规划应当包括针对该运输机场起降航空器机型组合、跑道使用方式、起降架次、飞行程序等提出控制机场噪声影响的比较方案和噪声暴露地图；对机场周边受机场噪声影响的建筑物提出处置方案，并对机场周边土地利用提出建议。⑧结合场地、地形条件进行规划、布局和竖向设计；统筹考虑公用设施管线，建筑群相对集中，充分考虑节能、环保；在满足机场运行和发展需要的前提下，节约集约用地。

2. 民用机场建设规划的审批职权及程序

1）总体规定

我国《民航法》第 56 条规定："新建、改建和扩建民用机场，应当符合依法制定的民用机场布局和建设规划，符合民用机场标准，并按照国家规定报经有关主管机关批准并实施。不符合依法制定的民用机场布局和建设规划的民用机场建设项目，不得批准。"

2）运输机场审批职权及程序

（1）审批职权。运输机场总体规划的审批权是由国务院民用航空主管部门和地区航空主管部门行使，具体包括以下四个方面内容。

第一，运输机场总体规划由运输机场建设项目法人或机场管理机构编制，并经国务院民用航空主管部门或者地区民用航空管理机构批准后方可实施。

第二，飞行区指标为 4E 以上（含 4E）的运输机场的总体规划，由国务院民用航空主管部门批准；飞行区指标为 4D 以下（含 4D）的运输机场的总体规划，由所在地地区民用航空管理机构批准。同时提交机场总体规划 1 式 10 份，向地方人民政府提交机场总体规划 1 式 5 份。中国民航局或民航地区管理局会同地方人民政府组织对机场总体规划进行联合审查。

第三，运输机场建设项目法人或机场管理机构在组织编制运输机场总体规划时，应当征求有关军事机关的书面意见，并应当与地方人民政府有关部门、各驻场单位充分协商，征求意见。各驻场单位应当积极配合，及时反映本单位的意见和要求，并提供有关资料。民用航空管理部门审批运输机场总体规划，还应当征求运输机场所在地有关地方人民政府意见。

第四，运输机场专业工程的设计应当符合国家有关标准，并经民用航空管理部门批准。飞行区指标为 4E 以上（含 4E）、且批准的可行性研究报告总投资 2 亿元（含）以上的运输机场专业工程的设计，由国务院民用航空主管部门批准；飞行区指标为 4E 以上（含 4E）、且批准的可行性研究报告总投资 2 亿元（含）以下的运输机场专业工程的设计，以及机场飞行区指标为 4D 以下（含 4D）以下的运输机场专业工程的设计，由运输机场所在地地区民用航空管理机构批准。运输机场专业工程经民用航空管理部门验收合格后，方可投入使用。运输机场专业工程目录由国务院民用航空主管部门会同国务院建设主管部门制定并公布。

（2）审批程序。民航管理部门在收到评审报告后 20 日内做出许可决定，符合条件的，由民航管理部门在机场总体规划文本及图纸上加盖印章予以批准；不符合条件的，民航管理部门应当做出不予许可决定，并将总体规划及审查意见退回申请人。申请人应当自机场总体规划批准后 10 日内分别向中国民航局、所在地民航地区管理局、所在地民用航空安全监督管理局提交加盖印章的机场总体规划及其电子版本（光盘）各 1 份，向地方人民政府有关部门提交加盖印章的机场总体规划及其电子版本（光盘）1 式 5 份。

3）通用机场审批职权及程序

《民用机场管理条例》第 14 条规定：“通用机场的规划、建设按照国家有关规定执行。”《民用机场建设管理规定》第 119 条规定：“通用机场工程的规划与建设参照本规定执行，并由所在地民航地区管理局实施监督管理。”

5.2.2　民用机场建设的公告

我国《民航法》第 57 条规定：“新建、扩建民用机场，应当由民用机场所在地县级以上地方人民政府发布公告。前款规定的公告应当在当地主要报纸上刊登，并在拟新建、扩建机场周围地区张贴。”

1. 发布公告的主体和方式

为使民用机场建设的公告具有较高的效力，我国《民航法》规定由县级以上人民政府发布公告。同时，为使公告的内容为大多数人，尤其是周围地区的单位和居民所知，我国《民航法》要求公告应在当地主要报纸上刊登，并在拟新建、扩建民用机场周围地区张贴。

2. 公告的法律效果

民用机场新建、扩建的公告发布后，任何单位和个人违反我国《民航法》和相关行政法规规定，在依法划定的民用机场范围内和按照国家规定划定的机场净保护区域内修建、种植或者设置影响飞行安全的建筑物、构筑物、树木、灯光和其他障碍物体的，由机场所在地县级以上地方人民政府责令清除，由此造成的损失，由修建、种植或者设置该障碍物体的人承担。

5.2.3 民用机场的净空保护

民用航空器是在空中高速运行的交通工具，其安全飞行对周围环境及与地面联络要求很高。民用机场作为民用航空器起飞、降落、滑行和停放的场所，其区域内及附近地区的环境直接影响飞行安全。为此，1977 年 2 月 17 日国发〔1977〕14 号文《关于保护机场净空的规定》，1982 年 12 月 11 日，国务院、中央军委发布的《关于保护机场净空的规定》(失效)，完善了我国民用机场的净空保护规定。我国《民航法》第 58～59 条和第 61 条、《民用机场运行安全管理规定》(CCAR—140) 第 159 条、《民用机场管理条例》第 46～50 条等法律、法规、规章中对民用机场净空保护内容进行了详细规定，主要有以下内容。

1. 民用机场净空保护区域的划定主体

《民用机场管理条例》第 46 条规定，在民用机场所在地地区民用航空管理机构和有关地方人民政府，应当按照国家有关规定划定民用机场净空保护区域，并向社会公布。《民用机场管理条例》第 47 条规定，县级以上地方人民政府审批民用机场净空保护区域内的建设项目，应当书面征求民用机场所在地地区民用航空管理机构的意见。

2. 民用机场净空保护区域内的禁止性行为

我国《民航法》第 58 条、《民用机场管理条例》第 49 条和《民用机场运行安全管理规定》(CCAR—140) 第 159 条，对在民用机场净空保护区域内的禁止性行为做了具体规定，内容大同小异[①]。

---

① 我国《民航法》第 58 条规定，“禁止在依法划定的民用机场范围内和按照国家规定划定的机场净空保护区域内从事下列活动：(一) 修建可能在空中排放大量烟雾、粉尘、火焰、废气而影响飞行安全的建筑物或者设施；(二) 修建靶场、强烈爆炸物仓库等影响飞行安全的建筑物或者设施；(三) 修建不符合机场净空要求的建筑物或者设施；(四) 设置影响机场目视助航设施使用的灯光、标志或者物体；(五) 种植影响飞行安全或者影响机场助航设施使用的植物；(六) 饲养、放飞影响飞行安全的鸟类动物和其他物体；(七) 修建影响机场电磁环境的建筑物或者设施。禁止在依法划定的民用机场范围内放养牲畜。”

《民用机场管理条例》第 49 条规定，“禁止在民用机场净空保护区域内从事下列活动：(一) 排放大量烟雾、粉尘、火焰、废气等影响飞行安全的物质；(二) 修建靶场、强烈爆炸物仓库等影响飞行安全的建筑物或者其他设施；(三) 设置影响民用机场目视助航设施使用或者飞行员视线的灯光、标志或者物体；(四) 种植影响飞行安全或者影响民用机场助航设施使用的植物；(五) 放飞影响飞行安全的鸟类，升放无人驾驶的自由气球、系留气球和其他升空物体；(六) 焚烧产生大量烟雾的农作物秸秆、垃圾等物质，或者燃放烟花、焰火；(七) 在民用机场围界外 5 米范围内，搭建建筑物、种植树木，或者从事挖掘、堆积物体等影响民用机场运营安全的活动；(八) 国务院民用航空主管部门规定的其他影响民用机场净空保护的行为。”

《民用机场运行安全管理规定》第 159 条规定，“在机场净空保护区域内，机场管理机构应当采取措施，防止下列影响飞行安全的行为发生：(一) 修建可能在空中排放大量烟雾、粉尘而影响飞行安全的建筑物(构筑物) 或者设施；(二) 修建靶场、爆炸物仓库等影响飞行安全的建筑物或者设施；(三) 设置影响民用机场目视助航设施使用的或者机组成员视线的灯光、标志、物体；(四) 种植影响飞行安全或者影响民用机场助航设施使用的植物；(五) 放飞影响飞行安全的鸟类动物、无人驾驶自由气球、系留气球和其他升空物体；(六) 焚烧产生大量烟雾的农作物秸秆、垃圾等物质，或者燃放烟花、焰火；(七) 设置易吸引鸟类及其他动物的露天垃圾场、屠宰场、养殖场等场所；(八) 其他可能影响飞行安全的活动。”

《民用机场管理条例》第 50 条规定，在民用机场净空保护区域外从事本条例第 49 条所列活动的，不得影响民用机场净空保护。《民用机场管理条例》第 51 条规定，禁止在距离航路两侧边界各 30 千米以内的地带修建对空射击的靶场和其他可能影响飞行安全的设施。

民用航空管理部门和机场管理机构应当加强对民用机场净空状况的核查。发现影响民用机场净空保护的情况，应当立即制止，并书面报告民用机场所在地县级以上地方人民政府。接到报告的县级以上地方人民政府应当及时采取有效措施，消除对飞行安全的影响。

5.2.4　民用机场许可制度

1. 验收

民用机场必须经验收合格，取得机场使用许可证，才能开放使用。运输机场工程竣工后，运输机场建设项目法人应当组织勘察、设计、施工、监理等有关单位进行竣工验收。工程质量监督机构应当对竣工验收进行监督。《民用机场建设管理规定》第 49 条和第 53 条对此进行了具体规定①。

2. 机场使用许可证

机场使用许可制度是针对民用机场运营直接关系到飞行安全的特点而设立的，其目的在于严格掌握机场开放使用的条件，对保证民用航空器的运行安全意义重大。各国国内航空法中对此一般都有规定。1986 年 11 月 8 日，根据国务院发布的《民用机场管理暂行规定》（已失效）第 4 条规定，我国以国内法的形式确立了机场使用许可制度；随后，我国《民航法》第 62 条、《民用机场使用许可规定》（CCAR—139CA—R1）第 5 条、《民用机场管理条例》第 16 条和 2012 年《民用机场管理规定》都对此制度加以确认。

1）申请条件

我国《民航法》第 62 条规定，民用机场具备下列条件，并按照国家规定经验收合格后，方可申请机场使用许可：①具备与其运营业务相适应的飞行区、航站区、工作区，以及服务设施和人员；②具备能够保障飞行安全的空中交通管制、通信导航、气象等设施和人员；③具备符合国家规定的安全保卫条件；④具备处理特殊情况的应急计

---

① 《民用机场建设管理规定》第 49 条规定，“输机场工程竣工验收应当具备下列条件：（一）完成建设工程设计和合同约定的各项内容；（二）有完整的技术档案和施工管理资料；（三）有工程使用的主要建筑材料、建筑构配件和设备的进场试验报告；（四）有勘察、设计、施工、监理等单位分别签署的质量合格文件；（五）有施工单位签署的工程保修书”。

《民用机场建设管理规定》第 53 条规定，“运输机场专业工程行业验收应当具备下列条件：（一）竣工验收合格；（二）已完成飞行校验；（三）试飞合格；（四）民航专业弱电系统经第三方检测符合设计要求；（五）涉及机场安全及正常运行的项目存在的问题已整改完成；（六）环保、消防等专项验收合格、准许使用或同意备案；（七）民航专业工程质量监督机构已出具同意提交行业验收的工程质量监督报告”。

划，以及相应的设施和人员；⑤具备国务院民用航空主管部门规定的其他条件。国际机场还应当具备国际通航条件，设立海关和其他口岸检察机关。《民用机场管理条例》第16条和《民用机场使用许可规定》第19条也对申请条件进行了规定①。

2）申请程序

《民航法》第63条规定："民用机场使用许可证由机场管理机构向国务院民用航空主管部门申请，经国务院民用航空主管部门审查批准后颁发。"《民用机场管理条例》和《民用机场使用许可规定》做出了较为详细的规定，主要有以下两个方面。

（1）申请民用机场使用许可证，机场管理机构应向民航管理部门报送相关申请文件。在《民用机场管理条例》和《民用机场使用许可规定》中有具体规定②。

（2）飞行区指标为4E（含）以上的运输机场，民用机场使用许可证由机场管理机构向国务院民用航空主管部门申请；飞行区指标为4D（含）以下的运输机场和通用机场，民用机场使用许可证由机场管理机构向民航地区管理局申请。

3）审查与颁发

（1）审查。国务院民用航空主管部门或者民航地区管理局收到机场管理机构报送的申请民用机场使用许可证的文件资料，应当按照以下要求进行审查：①对文件资料的完整性和民用机场使用手册的格式进行审核；②对手册内容进行审查；③必要时现场核实

① 《民用机场管理条例》第16条规定，"运输机场投入使用应当具备下列条件：（一）有健全的安全运营管理体系、组织机构和管理制度；（二）有与其运营业务相适应的飞行区、航站区、工作区以及空中交通服务、航行情报、通信导航监视、气象等相关设施、设备和人员；（三）使用空域、飞行程序和运行标准已经批准；（四）符合国家规定的民用航空安全保卫条件；（五）有处理突发事件的应急预案及相应的设施、设备"。

《民用机场使用许可规定》第19条规定，"申请民用机场使用许可证的机场，应当具备下列基本条件：（一）机场管理机构具有中华人民共和国法人资格；（二）机场高级管理人员具备相应的资格和条件；（三）机场的资本构成比例符合国家有关规定；（四）机场内设的组织机构和管理体系完备；（五）与其运营业务相适应的飞行区、航站区、工作区以及服务设施和人员；（六）必要的空中交通服务、航行情报服务、通信导航监视、航空气象等设施和人员，符合民航总局空中交通管理部门的规定，并制定相关的运行管理程序；（七）飞行程序和运行最低标准已经批准；（八）符合《中华人民共和国民用航空安全保卫条例》规定的安全保卫设施和人员；（九）处理特殊情况的应急预案以及相应的设施和人员；（十）满足机场运行要求的安全管理系统；（十一）民航总局认为必要的其他基本条件。前款第（一）、（四）、（八）、（十）项不适用于通用机场"。

② 《民用机场管理条例》第17条规定，"运输机场投入使用的，机场管理机构应当向国务院民用航空主管部门提出申请，并附送符合本条例第十六条规定条件的相关材料。"《民用机场管理条例》第18条规定，"通用机场投入使用应当具备下列条件：（一）有与运营业务相适应的飞行场地；（二）有保证飞行安全的空中交通服务、通信导航监视等设施和设备；（三）有健全的安全管理制度、符合国家规定的民用航空安全保卫条件以及处理突发事件的应急预案；（四）配备必要的管理人员和专业技术人员"。

《民用机场使用许可规定》第20条规定，"申请民用机场使用许可证，机场管理机构应当报送下列文件资料：（一）按本规定附录二《民用机场使用许可证申请书》（样式）的要求填写的申请书；（二）机场管理机构（法人）及其法定代表人的名称或者姓名，高级管理人员的主要学历及工作经历等证明文件；（三）证明资本构成的有效文件的影印件；（四）机场建设的批准文件和竣工验收文件；（五）飞行程序和运行最低标准的批准文件；（六）通信导航监视、气象等设施设备开放使用的批准文件；（七）按照本规定的要求编写的民用机场使用手册（以下简称手册）；（八）持有岗位资格证书的人员简况一览表，含姓名、性别、出生日期、学历、资格证书名称、资格证书颁发机关和日期；（九）民航总局要求报送的其他必要材料。机场管理机构应当对申请机场使用许可证文件资料的真实性负责，提交以上书面申请材料一式四份及其电子版本"。

机场管理机构所报文件材料、设施设备、人员的情况。

审查期限。《民用机场使用许可规定》第 21 条规定，国务院民用航空主管部门或者民航地区管理机构应当在受理后于 20 个工作日内做出准予颁发或者不予颁发的决定，并书面通知申请人。《民用机场管理条例》第 17 条和第 19 条对不同主体的审查期限做出了不同规定。《民用机场管理条例》第 17 条规定，国务院民用航空主管部门应当自受理申请之日起 45 个工作日内审查完毕，做出准予许可或者不予许可的决定。准予许可的，颁发运输机场使用许可证；不予许可的，应当书面通知申请人并说明理由。《民用机场管理条例》第 19 条规定，地区民用航空管理机构应当自受理申请之日起 30 个工作日内审查完毕，做出准予许可或者不予许可的决定。准予许可的，颁发通用机场使用许可证；不予许可的，应书面通知申请人并说明理由。

(2) 颁发。我国《民航法》第 63 条规定："民用机场使用许可证由机场管理机构向国务院民用航空主管部门申请，经国务院民用航空主管部门审查批准后颁发。"因此，从我国《民航法》规定来看，有权颁发民用机场使用许可证的部门是国务院民用航空主管部门，但《民用机场管理条例》和《民用机场使用许可规定》的规定中，不仅国务院民用航空主管部门可以颁发民用机场使用许可证，地区民用航空管理机构也可以颁发飞行区指标为 4D（含）以下的运输机场和通用机场的机场使用许可证。

取得民用机场使用许可证的机场管理机构应当按照国务院民用航空主管部门的有关规定将该机场的资料提供给航行情报服务部门予以公布。

4) 变更、换发及吊销

(1) 变更。有下列情况之一的，机场管理机构应当按照本规定申请变更民用机场使用许可证：机场飞行区指标发生变化的；机场拟使用机型超出原批准范围的；机场道面等级号发生变化的；机场目视助航条件发生变化的；机场消防救援等级发生变化的；机场使用性质发生变化的；机场资本构成比例发生变化的；机场名称发生变化的；跑道运行类别、模式发生变化的；机场所有者或者机场管理机构法定代表人发生变化的；机场管理机构发生变化的。

申请变更民用机场使用许可证，机场管理机构可仅报申请民用机场使用许可证资料的变化部分。民用机场使用许可证变更后，机场管理机构应当在 7 天内将原民用机场使用许可证交回原颁证机关。

(2) 换发。民用机场使用许可证有效期到期前 45 天，机场管理机构应当申请换发民用机场使用许可证，并按照规定报送文件资料。

(3) 吊销。机场许可证被吊销的情况主要有：有效期满后没有重新申请办理的；机场关闭时间超过 2 年的。

5) 民用机场使用手册

民用机场使用手册是随同民用机场使用许可证一并批准机场运行的基本依据，机场管理机构应当严格按照手册运行和管理机场。手册应当载明《民用机场使用许可规定》

附录3《民用机场使用手册主要内容》所要求的内容[①]。

手册的格式应当符合下列要求：采取便于修订的活页格式并由机场管理机构的法定代表人签署；手册内应备有修改记录空白页，以便记录修订内容的目录编码、执行日期、修订日期、换页人；手册的修订应当反映在手册的目录和手册文本中，以便于编写、审查的形式编排。手册的具体格式要求见《〈民用机场使用手册〉编制与管理基本要求》。

机场管理机构应当为国务院民用航空主管部门、所在地民航地区管理局各提供一本完整的和现行的手册。机场管理机构应当在机场至少保存一本完整的和现行的手册，供监察员检查机场时使用。

有下列情况之一时，机场管理机构应当及时修改手册：民航管理部门要求修改的；机场客观情况发生变化与手册的内容不相符合的；手册执行过程中，对于同一条款出现多种理解或者执行结果的；手册规定的内容不利于保证机场安全运行或者存在安全隐患的；手册规定的内容不能保证机场的设施设备得到有效维护的；手册规定的内容不能全面反映安全运行管理要求的；手册规定的内容不能满足国家、行业最新发布的规定和标准的。

机场管理机构应当对手册实行动态管理，各驻场单位应当严格遵守机场的管理规定。手册的整体修改或者单章的全面修改，机场管理机构应当报原审批机关审批，审批机关应当在20个工作日内予以答复。手册章节中相对独立内容的修订，监察员签字即可生效。手册的修改，负责审核的监察员应当在相应的修改页上签字。

6）民用机场的名称管理

民用机场的命名应当以确定机场具体位置并区别于其他机场为准则。

（1）运输机场名称管理。运输机场名称应由机场所在地城市（或地、州）名称后缀机场所在地具体地点名称组成。同时，应符合以下规定：①应当与国务院或各级地名主管部门审查批准的机场所在地行政区划的地名名称相一致；②与现有其他机场不重名，避免使用同音字；③使用规范的汉字或者少数民族文字；④按照国家汉语拼音使用相关规定，规范拼写机场名称；⑤按照国家译名管理相关规定，规范拼写机场英文译名。

运输机场的更名应当符合下列条件：①机场所在地城市（或地、州）名称或具体地点行政区划名称经国务院或各级地名主管部门批准更名的，该机场应当更名；②当地群众因风俗或读音而强烈要求修改机场名称中后缀具体地点名称的，该机场可以更名，符合上述①②更名条件的，更名应符合运输机场名称规定的条件；③由国务院民用航空主管部门报经国务院批准设立国际机场的，需在机场名称内增加“国际”二字。

运输机场的命名或更名，应由机场管理机构提出申请，经机场所在地市、州级人民

---

① 民用机场使用手册应当包括下列主要内容：一是编制民用机场使用手册（简称手册）的目的和适用范围，对手册的使用管理要求，机场管理机构的责任，机场管理机构（法定代表人）的承诺。二是描述机场安全管理系统。三是机场运行程序和安全管理要求。四是机场应急救援预案。五是机场资料及附图。机场资料和附图的具体要求见《民用机场使用手册机场资料编制要求》（AC—CA—2000—5）和《机场使用手册附图绘制基本要求》（AC—CA—2000—4）。

政府审核同意后，报国务院民用航空主管部门审批。军队产权的军民合用机场民用部分的更名，机场管理机构应当事先征求相关军队机关的书面意见。

运输机场命名或更名应向国务院民用航空主管部门报送下列文件：①机场管理机构关于机场命名或更名的申请文件；②机场所在地市、州级人民政府的审核意见；③军队产权的军民合用机场民用部分，应附相关军队机关的意见；④机场名称内需增加“国际”二字的，应附国务院批准其设立国际机场的文件。

国务院民用航空主管部门收到符合本规定要求的机场命名或者更名申请后，在 20 个工作日内审查并做出决定。运输机场管理机构接到国务院民用航空主管部门批准命名或者更名的决定后，方可正式启用经批准的机场名称，并对外公布信息、制作标志标牌等。机场管理机构应当在机场入口和航站楼显著位置设置机场名称标志。航站楼屋面上可仅设置城市名。机场名称标志的主要内容包括：标准机场名称汉字的规范书写形式，标准机场名称汉语拼音字母的规范拼写形式。在民族自治区域，可依据民族区域自治法有关文字书写规定，并列该民族文字规范书写形式。国际机场还应当规范标示英文机场名称。

(2) 通用机场名称管理。通用机场的名称应当由机场所在地城市或地、州、县、乡名称后缀机场所在地具体地点名称组成。通用机场的名称应当符合运输机场名称的规定。通用机场的命名或更名，由机场管理机构或机场所有者提出申请，报机场所在地民航地区管理局审批。

申请通用机场的命名或更名的，机场管理机构或机场所有者应当向民航地区管理局报送下列文件：①机场管理机构或机场所有者关于机场命名或更名的申请文件；②机场所在地县级或县级以上人民政府的审核意见。

民航地区管理局收到通用机场管理机构或机场所有者提出的申请后，应当在 20 个工作日内审查决定，并报送国务院民用航空主管部门备案。通用机场管理机构或者所有者收到民航地区管理局命名或更名的批复后，方可正式启用经批准的机场名称，对外公布信息，并在机场显著位置规范标示机场名称。

5.2.5　对国际机场的特殊规定

1. 国际航空法的规定

《芝加哥公约》第 9 条第 3 款规定：“缔约各国可以依照其制定的规章，令进入上述第一款或第二款所指定地区的任何航空器尽速在其领土内一指定的机场降落。”《芝加哥公约》第 10 条规定：“除按照本公约的条款或经特许，航空器可以飞经一缔约国领土而不降停外，每一航空器进入缔约国领土，如该国规章有规定时，应在该国指定的机场降停，以便进行海关和其他检查。当离开一缔约国领土时，此种航空器应从同样指定的设关机场离去。所有指定的设关机场的详细情形，应由该国公布，并送交根据本公约第二部分设立的国际民用航空组织，以便通知所有其他缔约国。”

2. 我国航空法的规定

我国《民航法》第 64 条规定：“设立国际机场，由国务院民用航空主管部门报请国务院审查批准。国际机场的开放使用，由国务院民用航空主管部门对外公告，国际机场资料由国务院民用航空主管部门统一对外提供。”《民用机场管理条例》第 20 条、《民用机场使用许可规定》第 4 章对设立国际机场进行了详细的规定，具体有以下内容。

1）申请

现有运输机场申请设立国际机场，由机场所有者或者机场管理机构征得机场所在地省、直辖市、自治区级人民政府同意后，向国务院民用航空主管部门提出申请。国务院民用航空主管部门收到申请文件并征求国务院有关部门意见后，提出审核意见报请国务院审批。国务院批准运输机场设立为国际机场后，由机场所在地省、直辖市、自治区级人民政府按照国家有关规定组织落实出入境检查检验机构，建设机场各相关专业检查检验设施。

申请人向国务院民用航空主管部门申请设立国际机场时，应当提交下列申请文件：设立国际机场的必要性和可行性；机场所在区域经济、社会的发展需求；机场安全运行和经营状况；机场设置出入境检查检验机构及其设施的可行性。

国务院批准运输机场设立为国际机场后，由机场所在地省、直辖市、自治区级人民政府按照国家有关规定组织落实出入境检查检验机构，建设机场各相关专业检查检验设施。

新建运输机场申请设立国际机场，在机场立项报告中一并申请。国务院批准后，在机场建设期内按国际机场的标准和出入境检查检验机构的规定要求，完成配套设施的建设，并经各相关主管部门验收合格。

国际机场开放使用应当具有与开展国际航空运输业务相适应的设施、设备和人员，并经国务院民用航空主管部门或民航地区管理局的行业验收合格。经批准设立并经验收合格的国际机场方可对外籍航空器开放使用，开通国际航线、航班运行。

2）国际机场的开放使用

国际机场的开放使用由国务院民用航空主管部门公布。国际机场资料由国务院民用航空主管部门空中交通管理部门统一对外公布。《芝加哥公约》规定，国际机场必须对外公告并提供机场资料，这是缔约国应承担的义务；我国《民航法》第 64 条和《民用机场管理条例》第 20 条已规定①，中国国务院民用航空主管部门行使国际机场对外公告和对外统一提供国际机场资料的职权。中国向国际民航组织提供《中华人民共和国航行资料汇编》，主要包括引言、国际机场简述、机场一览表和机场资料，以及航空地面灯光设备等项内容。这是国际公约规定的义务，因而对外公布和提供机场资料属政府行为，将此项职责授予国务院民用航空主管部门，其他任何单位和个人都不得从事这项活动。

---

① 《民用机场管理条例》第 20 条规定：“运输机场作为国际机场使用的，应当按照国家有关规定设立口岸查验机构，配备相应的人员、场地和设施，并经国务院有关部门验收合格。国际机场的开放使用，由国务院民用航空主管部门对外公告；国际机场资料由国务院民用航空主管部门统一对外提供。”

5.2.6 违反民用机场建设和管理规定的法律责任

对违反民用机场建设和管理的法律责任，我国《民航法》第 110 条做出了概括性规定①。《民用机场使用许可规定》及《民用机场管理条例》都用专门一章进行了规定。总体而言，主要有以下三个方面的责任。

1. 行政责任

违反民用机场建设和管理规定的行政责任主要包括：罚款、没收违法所得、吊销或注销许可证、行政处分等。

1）责令改正、罚款

根据《民用机场管理条例》的规定，责令改正、罚款的情形主要包括以下几个方面。

（1）机场管理机构未按照应急预案的要求进行应急救援演练或者未配备必要的应急救援设备和器材的，由地区民用航空管理机构责令改正，处 1 万元以上 5 万元以下的罚款。

机场管理机构未向民用航空管理部门报送运输机场规划、建设和生产运营的有关资料的，由民用航空管理部门责令改正；拒不改正的，处 1 万元以上 5 万元以下的罚款。

（2）有下列情形之一的，由民用机场所在地县级以上地方人民政府责令改正；情节严重的，处 2 万元以上 10 万元以下的罚款。①排放大量烟雾、粉尘、火焰、废气等影响飞行安全的物质；②修建靶场、强烈爆炸物仓库等影响飞行安全的建筑物或者其他设施；③设置影响民用机场目视助航设施使用或者飞行员视线的灯光、标志或者物体；④种植影响飞行安全或者影响民用机场助航设施使用的植物；⑤放飞影响飞行安全的鸟类、升放无人驾驶的自由气球、系留气球和其他升空物体；⑥焚烧产生大量烟雾的农作物秸秆、垃圾等物质，或者燃放烟花、焰火；⑦在民用机场围界外 5 米范围内，搭建建筑物、种植树木，或者从事挖掘、堆积物体等影响民用机场运营安全的活动；⑧国务院民用航空主管部门规定的其他影响民用机场净空保护的行为。

使用的无线电台（站）或者其他仪器、装置，对民用航空无线电专用频率的正常使用产生干扰的，由民用机场所在地无线电管理机构责令改正；情节严重的，处 2 万元以上 10 万元以下的罚款。

在民用航空无线电台（站）电磁环境保护区域内从事下列活动的，由民用机场所在地县级以上地方人民政府责令改正；情节严重的，处 2 万元以上 10 万元以下的罚款。①修建架空高压输电线、架空金属线、铁路、公路、电力排灌站；②存放金属堆积物；③从事掘土、采砂、采石等改变地形地貌的活动；④国务院民用航空主管部门规定的其他影响民用机场电磁环境保护的行为。

---

① 我国《民航法》第 110 条规定，未取得机场使用许可证开放使用民用机场的，由国务院民用航空主管部门责令停止开放使用；没收违法所得，可以并处违法所得 1 倍以下的罚款。

运输机场航空燃油供应企业停止运输机场航空燃油供应业务，未提前 90 日告知地区民用航空管理机构、机场管理机构和相关航空运输企业的，由运输机场所在地地区民用航空管理机构处 5 万元以上 25 万元以下的罚款。

机场管理机构因故不能保障民用航空器飞行安全，临时关闭运输机场，未及时通知有关空中交通管理部门并及时向社会公告，或者经批准关闭运输机场后未及时向社会公告的，由运输机场所在地地区民用航空管理机构责令改正，处 2 万元以上 10 万元以下的罚款。

有下列情形之一的，由地区民用航空管理机构责令改正，处 2 万元以上 10 万元以下的罚款：①机场管理机构不按照国家规定的标准配备候机、餐饮、停车、医疗急救等设施、设备，并提供相应的服务；②航班发生延误时，机场管理机构、航空运输企业，以及其他驻场单位不按照有关规定和服务承诺为旅客和货主提供相应的服务。

发生下列行为的，由民用航空管理部门责令改正，处 10 万元以上 50 万元以下的罚款：①在运输机场内进行不符合运输机场总体规划的建设活动；②擅自实施未经批准的运输机场专业工程的设计，或者将未经验收合格的运输机场专业工程投入使用；③在运输机场开放使用的情况下，未经批准在飞行区及与飞行区临近的航站区内进行施工；④机场管理机构未经批准擅自关闭运输机场的，由运输机场所在地地区民用航空管理机构责令改正，处 10 万元以上 50 万元以下的罚款；⑤机场管理机构在运输机场内使用不符合国家规定标准和相关技术规范的民用机场专用设备的，由运输机场所在地地区民用航空管理机构责令停止使用，处 10 万元以上 50 万元以下的罚款；⑥发生突发事件，机场管理机构、空中交通管理部门等单位未按照应急预案的要求及时、有效开展应急救援的，由地区民用航空管理机构责令改正，处 10 万元以上 50 万元以下的罚款。

在民用机场净空保护区域内设置 22 万伏以上（含 22 万伏）的高压输电塔，未依照国务院民用航空主管部门的有关规定设置障碍灯或者标志的，由民用机场所在地地区民用航空管理机构责令改正，处 10 万元以上 50 万元以下的罚款。

在民用机场起降的民用航空器不符合国家有关航空器噪声和涡轮发动机排出物的适航标准的，由民用航空管理部门责令相关航空运输企业改正，可以处 10 万元以下的罚款；拒不改正的，处 10 万元以上 50 万元以下的罚款。

机场管理机构未按照运输机场使用许可证规定的范围使用运输机场的，由运输机场所在地地区民用航空管理机构责令改正，处 20 万元以上 100 万元以下的罚款。

机场管理机构未依规定履行管理职责，造成运输机场地面事故、民用航空器飞行事故或者严重事故征候的，民用航空管理部门应当责令改正，处 20 万元以上 100 万元以下的罚款。

2）责令改正、罚款和没收违法所得

机场管理机构及其关联企业参与经营，采取有偿转让经营权的方式经营业务的，由地区民用航空管理机构责令改正，处 10 万元以上 50 万元以下的罚款；有违法所得的，没收违法所得。

未取得民用机场航空燃油供应安全运营许可证，在民用机场内从事航空燃油供应业务的，由民用机场所在地地区民用航空管理机构责令改正，处 20 万元以上 100 万元以下的罚款；有违法所得的，没收违法所得。

3）吊销相关证件

航空燃油供应企业供应的航空燃油不符合航空燃油适航标准的，由民用机场所在地地区民用航空管理机构责令改正，处 20 万元以上 100 万元以下的罚款；情节严重的，吊销民用机场航空燃油供应安全运营许可证。

运输机场投入使用后不符合安全运营要求，机场管理机构拒不改正，或者经改正仍不符合安全运营要求的，由民用航空管理部门做出限制使用的决定；情节严重的，吊销运输机场使用许可证。

4）行政处分

国家工作人员违反相关规定，有下列情形之一的，由有关部门依法给予处分：①不依照规定实施行政许可；②不依法履行监督检查职责；③不依法实施行政强制措施或者行政处罚；④滥用职权、玩忽职守的其他行为。

《民用机场运行安全管理规定》在第 13 章“法律责任”中对机场法律责任进行了规定，主要是行政处罚，包括：责令改正、罚款、没收违法所得和行政处分等。具体规定见《民用机场运行安全管理规定》第 296 条、第 299～316 条。

2. 民事责任

民用机场是企业法人，具有完全的民事权利能力和民事行为能力，能够以自己的名义享有权利并承担义务，民事责任是其中重要的责任形式。但纵观我国现有的航空法规定，并没有对民用机场承担民事责任情况进行规定，从而导致在实践中出现了许多的法律纠纷。不仅涉及民用机场和公共航空企业、驻场单位之间的权利与义务的分配，而且还涉及机场作为民事主体如何承担民事法律责任的问题。目前，民用机场管理体制改革已经完成，不论是国家投资、法人投资还是私人投资兴建的机场，最终都以公司形式进行运作，而不作为公共事业由国家直接管理，这也是近年来国际上机场建设与管理的发展趋势。我国民用机场的管理体制改革也已经完成，民用机场成为自主经营、自负盈亏、自我约束、自我发展的市场主体。但民用机场赔偿的法律依据尚存缺陷，从各国现行航空法的规定来看，对民用机场承担责任的方式有所不同，国际上也没有统一的规定。

《民用机场管理条例》第 33 条规定，机场管理机构与航空运输企业及其他驻场单位应当签订书面协议，明确各方在生产运营、机场管理过程中，以及发生航班延误等情况时的权利和义务。《民用机场管理条例》第 34 条规定，机场管理机构应当组织航空运输企业及其他驻场单位制定服务规范并向社会公布。《民用机场管理条例》第 36 条规定，航班发生延误，机场管理机构应当及时协调航空运输企业及其他有关驻场单位共同做好旅客和货主服务，及时通告相关信息。航空运输企业及其代理人应当按照有关规定和服务承诺为旅客和货主提供相应的服务。从《民用机场管理条例》的规定来看，民用机场作为赔偿主体是适合的，而且民用机场和航空运输企业及其驻场单位之间对民事责任的应承担连带赔偿责任，他们之间的约定并不能对抗外部第三人。

我国《民航法》《民用机场管理条例》和《民用机场使用许可规定》等法律、法规、行政规章中，对民用机场的法律责任主要集中行政处罚方面。虽然《民用机场管理条例》中要求民用机场和航空运输企业及其驻场单位之间进行权利义务的约定，但实施起来比较困难，从而在给第三人造成损害时，有可能相互推诿，不利于问题的解决。因此，在法律上直接规定或厘清他们之间的责任，对保护消费者，甚至民用机场和航空公司都具有巨大的积极意义。民用机场给第三人造成损害时，如何赔偿等问题并没有做出明确规定导致实践中出现了许多法律适用上的障碍①。因此，完善民用机场的法律责任制度，对民用机场的长远发展和相对人权益的保护都大有裨益。

3. 刑事责任

目前，对于机场刑事责任的规定，仅仅在《民用机场使用许可规定》第 70 条中有所涉及，该规定为："民航行政机关工作人员在民用机场使用许可管理、民用机场名称管理、设立国际机场的审核以及对民用机场的监督检查过程中玩忽职守、滥用职权、徇私舞弊的，由其所在单位或者上级主管机关给予行政处分；构成犯罪的，依法追究刑事责任。"

---

① 2005 年 5 月 25 日 7 时 50 分，东航甘肃分公司一架 A320 飞机执行航班任务，从敦煌机场起飞时，一名 15 岁的男孩从飞机起落架舱内坠落，当场死亡。经查，死者为来敦煌打工的四川籍男孩，名叫李德朝。这起典型案例发生后，民用机场应当承担什么样的民事责任成为人们关注的焦点，而相关航空法并没有做出明确规定。后据《兰州晨报》消息，2005 年 7 月 1 日，死者之父李茂付、叔叔李茂尧获赔 11 万元，这一事件至此画上句号。据悉，本次达成的协议主要有五点：一是李德朝在本次事件中属非法侵入航空器和机场安全控制区，由于其已死亡，不再承担责任；二是机场为李德朝家属补偿 7 万元，加上其他费用共 11.36 万元；三是李德朝的丧葬费和家属到敦煌的花费由李德朝的家人自己承担；四是家属不再追究东方航空公司的责任；五是双方达成协议后不得悔约，家属若毁约要返还补偿金。这个案件，实际上是将该死亡少年当做旅客进行赔偿的，从而又引起人们的争议，死者是否能够算作民航法意义上的旅客。具体内容参见：http://news.tom.com/1002/20050616-2224907.html.

第 6 章　空中交通服务法律制度

6.1　空中交通服务基本理论

6.1.1　空中交通服务的概念

空中交通服务是指飞行情报服务、告警服务、空中交通咨询服务、空中交通管制服务（区域管制服务、进近管制服务或机场管制服务）等不同含义名词的通称。

《芝加哥公约》附件 11[①] 第 2 章《空中交通服务的划分》中，规定空中交通服务由下列各种服务组成：空中交通管制服务、飞行情报服务和告警服务。空中交通管制服务又分为区域管制服务、进近管制服务和机场管制服务。我国《民航法》第 82 条规定，空中交通管制单位应当为飞行中的民用航空器提供空中交通管制服务、飞行情报服务和告警服务。概括而言，空中交通服务主要包括空中交通管制服务、飞行情报服务和告警服务三个组成部分。

6.1.2　空中交通服务的目的

根据《芝加哥公约》附件 11 第 2 章的规定，提供空中交通服务的目的在于：①防止航空器相撞；②防止在机动区内的航空器与该区内的障碍相撞；③加速并维持有秩序的空中交通流；④提供有助于安全和有效地实施飞行的建议和情报；⑤通知有关组织航空器需要搜寻与援救，并根据需要协助该组织。

我国《民航法》第 82 条规定，提供空中交通管制服务，旨在防止民用航空器同航空器、民用航空器同障碍物体相撞，维持并加速空中交通的有秩序的活动。提供飞行情报服务，旨在提供有助于安全和有效地实施飞行的情报和建议。提供告警服务，旨在当民用航空器需要搜寻援救时，通知有关部门，并根据要求协助该有关部门进行搜寻援救。

6.1.3　空中交通服务的设立和提供

1. 设立提供空中交通服务的必要性

《芝加哥公约》第 28 条规定，各缔约国在它认为可行的情况下，也有在其领土内提供空中交通服务的义务。《芝加哥公约》附件 11 第 2 章对此进行了细化，认为必须考虑下列情况后，决定有无提供空中交通服务的必要，这些情况包括：所涉及的空中交通的种类、空中交通的密度、气象条件、其他可能有关的因素。

---

① 此处的《芝加哥公约》附件 11《空中交通服务》，是 2001 年 7 月第 13 版。

由于涉及的因素很多，不可能提出具体数据以确定某区或某地是否需要空中交通服务。例如，由于不同速度的航空器（常规的、喷气的等）组成不同类型的空中交通，就可能需要提供空中交通服务；但在另一情况下，交通密度虽大且只有一种类型的飞行时，则不需要。气象条件对经常有飞行（如定期飞行）的区域可能会有相当大的影响，而对在同样或更坏的气象条件下停止飞行的区域（如 VFR 本场飞行）可能很重要。在开阔的水上、山区、无人居住的地区或沙漠地区，即使飞行次数极少，也可能需要提供空中交通服务。

另外，《芝加哥公约》附件 11 第 2 章还规定，在考虑确定向指定区域内的航空器提供空中交通服务的必要性时，不得将航空器是否装有机载防撞系统作为一个因素来考虑。

2. 提供空中交通服务的主体

根据《芝加哥公约》第 28 条规定，提供空中交通服务是缔约国的一项国际法义务。所有参加《芝加哥公约》的成员国，均应按照公约的规定，“在它认为可行的情况下”，在领土内提供空中交通服务。即使国家将某些应提供的服务委托给私人组织或企业，也不能免除国家的义务。

3. 空中交通服务的设立

国际民航组织建议：“提供空中交通服务的空域的划分，应依据航路结构性质和有效服务的需要，而不依据国界。”该组织认为，如某一国将其本国领土提供空中交通服务的国家的责任委托给另一国，这一措施并不意味着丧失主权。同样，提供空中交通服务的国家的责任，仅限于飞行技术方面，而不能超出属于使用该空域的航空器的安全和加速空中交通畅通的问题①。

《芝加哥公约》附件 11 对空中交通服务的规定包括以下四个方面。

第一，《芝加哥公约》附件 11 第 2.1.1 条规定：“各缔约国必须根据本附件的规定，确定在其所辖领土内提供空中交通服务的空域和机场。此后并须按照本附件筹建和提供这种服务。但这种情况除外：对延伸到的另一国领土上空的飞行情报区、管制区或管制地带，该国可以根据双方协议，将建立和提供空中交通服务的责任委托给另一国。”如某一国将其本国领土上提供空中交通服务的责任委托给另一国，这种措施并不丧失国家主权。同样，提供空中交通服务国家的责任，仅限于飞行技术方面的问题，而不能超出属于使用该空域的航空器的安全和加速流通的问题。提供国在委托国领土上提供空中交通服务要根据委托国的要求进行，并希望委托国建立双方协议认为必要的设施和服务，以供提供国使用。此外，还希望委托国未经事先和提供国协商，不要撤销或改变这些设

① 刘伟民教授认为，这种主张从技术角度考虑并非不可取，但是维护国家领空主权和保卫国防安全是一个十分重要的问题。因此，在当前的国际环境下，国际民航组织的上述建议实际上是难以实行的。当然，这并不排除有关国家在相互尊重主权和领土完整的前提下，通过协商达成这方面的有关协议，进行国际合作。转引自：刘伟民．航空法教程．北京：中国法制出版社，2001：188.

施和服务。提供国和委托国都可以随时终止双方之间的协议。

第二，《芝加哥公约》附件 11 第 2.1.2 条规定："对公海上空或主权未定的空域提供空中交通服务，必须根据地区航行协议予以确定。已接受在该部分空域内提供空中交通服务的缔约国，必须根据本附件的规定筹建和提供服务。""地区航行协议"一词是指国际民航组织理事会通常根据地区航行会议的建议而批准的协议。该理事会在批准本附件前言时指出，接受在公海上空或主权未定的空域内，提供空中交通服务责任的国家，适用本标准和建议措施的方式，可与在其所辖空域内所采用者相一致。

第三，《芝加哥公约》附件 11 第 2.1.3 条规定："经确定提供空中交通服务后，有关国家必须指定负责提供此种服务的当局。"负责建立和提供空中交通服务的当局可以是一个国家或一个合适的机构。对部分或全部国际飞行建立和提供空中交通服务，产生以下几种情况：第一种情况，航路或部分航路位于建立和提供交通服务的本国主权空域内。第二种情况，航路或部分航路位于经双方协议委托另一国建立和提供空中交通服务的委托国的主权空域之内。第三种情况，部分航路位于公海上空或主权未定的空域内，某一国家已接受对其建立和提供空中交通服务的责任。从《芝加哥公约》附件 11 的目的出发，指定负责建立和提供空中交通服务的国家：在第一种情况中，应是对空域有关部分拥有主权的国家；在第二种情况中，应是受委托负责建立和提供空中交通服务的国家；在第三种情况中，应是接受建立和提供空中交通服务责任的国家。

第四，《芝加哥公约》附件 11 第 2.1.4 条规定："凡设有空中交通服务的地方，必须按需要公布资料，以便利用此项服务。"

各国可根据本国的国情，但应尽可能地采用国际统一标准和国际通行作法，建立起本国的空中交通服务体系，提供有效的空中交通服务，以实现维护空中交通正常秩序，避免航空器相撞和航空器与障碍物相撞，保障飞行安全，促进空中交通畅通的目的。

我国《民航法》第 73 条规定："在一个划定的管制空域内，由一个空中交通管制单位负责该空域内的航空器的空中交通管制"。

6.1.4　具体的空中交通服务法律制度

1. 飞行情报服务

飞行情报服务是为安全和有效实施飞行而提供咨询和情报的一种服务。设立目的是提供有助于安全和有效地实施飞行的建议和情报。

1）适用范围

《芝加哥公约》附件 11 第 4.1.1 条规定，必须向可能受飞行情报影响的下列所有航空器提供飞行情报服务：①已为其提供空中交通管制服务的航空器；②有关空中交通服务单位另外了解到的航空器。飞行情报服务并不解除航空器机长的任何责任，并且关于改变飞行计划的任何建议必须由机长做出最后决定。

《芝加哥公约》附件 11 第 4.1.2 规定，空中交通服务单位同时提供飞行情报服务和空中交通管制服务时，每当提供空中交通管制服务有此要求时，提供空中交通管制服务须优先于提供飞行情报服务。应该承认，在某些情况下，航空器在最后进近、着陆、起飞和爬高时可能需要及时收到重要情报，而这些情报并不涉及空中交通管制服务。

2）飞行情报服务的范围

《芝加哥公约》附件 11 第 4.2.1 条规定，飞行情报服务必须包括提供下列有关各项：①重要气象情报和航空气象情报；②关于火山爆发前活动、火山爆发的情报和关于火山灰云的情报；③关于向大气层释放放射性物质和有毒化学品的情报；④关于导航设备可用性变动的情报；⑤关于机场和有关设施变动的情报，包括机场活动区受雪、冰或重要积水深度等情况的情报；⑥关于无人驾驶自由气球的情报和可能影响安全的任何其他情报。

《芝加哥公约》附件 11 第 4.2.2 条规定，对于为飞行提供的飞行情报服务，除《芝加哥公约》附件 11 第 4.2.1 条所列者外，还需要提供下列有关情报：①起飞、到达和备降机场的天气预报和天气实况；②与在 C、D、E、F 和 G 类空域中运行的航空器的相撞危险；③对水域上空的飞行，如可行并经驾驶员要求，提供任何有用的情报，如该区内水面船只的无线电呼号、位置、真航迹、速度等。上述第②项情报，仅包括已知航空器与被通知的航空器可能发生相撞的危险，但有时是不完全的。空中交通服务单位不能对始终提供这种情报承担责任，也不能对其准确性负责。另外，当需要补充按第②项所提供的相撞危险的情报，或万一临时中断飞行情报服务时，可采用在指定空域内由航空器广播活动情报。

《芝加哥公约》附件 11 第 4.2.3 条规定建议，ATS 单位应尽早对其他有关的航空器、气象室和 ATS 单位发送特别空中报告。对航空器的发送应持续的时间，要由有关气象和空中交通管制当局协商确定。

《芝加哥公约》附件 11 第 4.2.4 条规定，对 VFR 飞行提供飞行情报服务，除第 4.2.1 条所列者外，尚须包括可能得到的有关沿飞行航路的活动情况和气象条件，这些情况和条件可能使其不能按 VFR 飞行。

3）其他规定

《芝加哥公约》附件 11 还对运行飞行情报服务广播，以及 VOLMET 广播和 D-VOLMET 服务进行了规定。

2. 告警服务

告警服务是指向有关组织提供关于航空器需要搜寻与援救和通知，并按需要协助该组织搜寻援救的服务。当确信或已知航空器处于紧急情况，当其失去通知联络或未按时到达，或者当接到已经或迫近降落的情报时，在班的空中交通管制员必须报警。国际民航组织规定必须向援救协调中心告警。告警服务是为接受空中交通管制服务的航空器，以及在可能范围内为一切其他航空器（其驾驶员已申报了一份飞行计划或者空中交通服务通过其他方面所知悉的航空器）自动提供的。告警服务也为已知或确信受到非法干扰的航空器提供告警服务。告警服务的作用就是使一切有关的援救和应急机构开始工作，以便在需要的时间、需要的地点提供帮助。《芝加哥公约》附件 11 第 5 章和国际民用航空组织 4444 号文件第 5 部分对告警服务做出了具体规定。

1）适用范围

《芝加哥公约》附件 11 第 5.1.1 条规定，告警服务须提供给：①向其提供空中交通管制服务的所有航空器；②如实际可行，对已申报飞行计划的或空中交通服务得知的所有其他航空器；③已知或相信已受到非法干扰的任何航空器。

《芝加哥公约》附件 11 第 5.1.2 条规定，飞行情报中心或区域管制中心，必须作为收集在该飞行情报区或管制区内飞行的航空器紧急情况的中心点，并将这种情报转给有关救援协调中心。

《芝加哥公约》附件 11 第 5.1.3 条规定，当航空器在机场管制塔台或进近管制单位的管制下发生紧急情况时，该管制单位必须立即通知负责的飞行情报中心或区域管制中心，该中心同样也须转告援救协调中心。但根据情况的性质，这种通知如属多余，并不需要通知区域管制中心、飞行情报中心或援救协调中心者除外。附件 11 第 5.1.3.1 条规定，在任何时候如情况紧急有此需要，机场管制塔台或进近管制单位必须首先报警，并采取其他必要步骤，调动一切能够立即提供所需援助的当地所有有关援救和应急组织。

2）通知援救协调中心

《芝加哥公约》附件 11 第 5.2.1 条规定，空中交通服务单位除第 5.5.1 条所规定者外，必须根据下列规定，把一架航空器视为已处于紧急状况一事立即通知援救协调中心，但不得忽视可能需要通知的其他任何情况。

（1）不明阶段，是指：①在应该收到电信的时间之后的 30 分钟内没有收到电信，或从第一次设法和该航空器建立通信联络而未成功时起，30 分钟内仍未与该航空器取得联络，两者中取其较早者；②按航空器最后通知空中交通服务单位的预计到达时间或该单位所计算的预计到达时间以后 30 分钟内仍未到达，两者中取其较晚者，但对航空器及其机上人员的安全没有怀疑时除外。

（2）告警阶段，是指：①在不明阶段之后，继续设法和该航空器建立通信联络而未成功，或通过其他有关方面查询仍未得到关于该航空器的任何消息；②已经取得着陆许可的航空器，在预计着陆时间 5 分钟内尚未着陆，也未再与该航空器取得联络；③收到的情报表明，航空器的运行效率已受到损害，然而尚未达到可能迫降的程度，但根据现有迹象可以减轻对航空器及其机上人员的安全担心者除外；④已知或相信航空器受到了非法干扰。

（3）遇险阶段，是指：①在告警阶段之后，进一步试图和该航空器联络而未成功或通过广泛的查询仍无消息，表明该航空器已有遇险的可能性；②认为机上燃油已经用完，或不足该航空器飞抵安全地点；③收到的情报表明，航空器的运行效率已受到损害可能需要迫降；④已收到的情报表明或有理由相信该航空器将要或已经迫降，但有充足理由确信航空器及其机上人员未受到严重和紧急危险的威胁而不需要立即援助者除外。

《芝加哥公约》附件 11 第 5.2.2 条规定，通知应按下列顺序包含所得到的下述信息：①INCERFA（不明阶段）、ALERFA（告警阶段）或 DETRESFA（遇险阶段），按紧急阶段情况确定；②报警的机构及人员；③紧急性质；④飞行计划中的重要资料；⑤进行最后一次联络的单位、时间和所用方式；⑥最后的位置报告及其测定方法；⑦航空器的颜色和显著标志；⑧作为货物运输的危险品；⑨报告单位所采取的任何措施；⑩其他有关事项。《芝加哥公约》附件 11 第 5.2.2.1 条规定建议，如果在向援救协调中心报告时未能得到附件 11 第 5.2.2 条所列的一些资料，当空中交通服务单位有理由确信遇险阶段最终将会发生时，则应在宣布遇险阶段前设法获得那些资料。

《芝加哥公约》附件 11 第 5.2.3 条规定，除附件 11 第 5.2.1 条的通知外，还应进一步及时向援救协调中心提供：①任何有用的其他补充情况，尤其是经过各个阶段以后的紧急情况的发展；②紧急情况不再存在的情报。撤销援救协调中心发动的行动是该中心的责任。

3）通信设施的使用

《芝加哥公约》附件 11 第 5.3 条规定，空中交通服务单位必须根据需要使用全部现有通信设施，设法与处于紧急情况的航空器建立并保持通信联络，并要求得到航空器的信息。

4）对处于紧急情况的航空器的标图

《芝加哥公约》附件 11 第 5.4 条规定，当认为已存在紧急情况时，必须将该航空器的飞行情况标在图上，以便确定航空器大致的未来位置和最后的已知位置的最大活动范围。对处于紧急情况航空器附近的其他已知航空器的飞行也须标出，以便确定它们大致的未来位置和最大续航时间。

5）通知经营人

《芝加哥公约》附件 11 第 5.5.1 条规定，当区域管制中心或飞行情报中心已确定某航空器处于不明或告警阶段后，如有可能，必须先通知经营人，然后通知援救协调中心。假如航空器处于遇险阶段，根据《芝加哥公约》附件 11 第 5.2.1 条的规定，必须立即通知援救协调中心。

《芝加哥公约》附件 11 第 5.5.2 条规定，由区域管制中心或飞行情报中心通知缓救协调中心的信息，在可行时应尽快通知经营人。

6）通知处于紧急情况中的航空器

《芝加哥公约》附件 11 第 5.6.1 条规定，当飞行情报中心或区域管制中心已确定某航空器处于紧急状态时，除《芝加哥公约》附件 11 第 5.6.2 条规定者外，必须尽早将紧急性质通知在该航空器附近飞行的其他航空器。

《芝加哥公约》附件 11 第 5.6.2 条规定，当空中交通服务单位获悉或相信某航空器已受到非法干扰，空中交通单位不得在 ATS 空－地通信中泄露其性质，但航空器首先泄露并确知不致使情况恶化者除外。

3. 空中交通咨询服务

空中交通咨询服务是指在咨询空域内，对按照仪表飞行规则飞行计划飞行的航空器提供的一种服务，其目的是尽可能保证航空器之间的间隔，防止飞机在空中相撞，加速并维持有秩序的空中交通活动。咨询空域是咨询区或咨询航路。咨询区是指在飞行情报区内沿途备有空中交通咨询服务而划定的特定区域，咨询航路则指在飞行情报区内沿途备有空中交通服务的航路。通常状况下，在管制空域是不提供咨询服务的，但可在管制空域之上或之下的区域中提供此种服务。所以空中交通咨询服务是在非管制空域（通常指飞行情报区）提供的。空中交通咨询服务的主体实施者依然是空中管制员，确切地说应该是区域管制员，但咨询服务不像空中交通管制服务那样对机组具有约束力。空中交通咨询服务是空中交通服务必不可少的一部分，并不因为它对机组不具约束力，就不予以提供。为此，国际民航组织的 4444 号文件《空中规则和空中交通服务》和《芝加哥公约》附件 11 就空中交通咨询服务专门进行了定义，各国也以此为基础制定自己的文件（手册），其主要内容包含了应用于所有空中交通服务单位的指令和应用于个别空中交通服务单位的指令。

6.2　空中交通管制服务法律制度

6.2.1　空中交通管制服务的含义

空中交通管制服务是指空中交通管制单位指派空中交通管制员，通过无线电、雷达及自动化系统（计算机），对航空器的活动进行管制，而提供的一种特殊专业服务。它是空中交通服务的重要组成部分。《中华人民共和国飞行基本规则》第 29 条规定，“飞行管制的基本任务是：（一）监督航空器严格按照批准的计划飞行，维护飞行秩序，禁止未经批准的航空器擅自飞行；（二）禁止未经批准的航空器飞入空中禁区、临时空中禁区或者飞出、飞入国（边）境；（三）防止航空器与航空器、航空器与地面障碍物相撞；（四）防止地面对空兵器或者对空装置误射航空器。”做好空中交通服务工作，对保障空中航行安全和空中交通的流畅具有极其重要的意义。

空中交通管制和防空管制总称为空中管制。两者虽然都是通过无线电和雷达等来管制航空活动，但它们无论在概念、性质和任务还是在设置上都有区别。

第一，两者的概念不同。空中交通管制是指由有关当局提供的一种服务，以维持空中交通秩序、保障飞行安全、促使空中交通畅通。而防空管制是指在防空区内，对航空器加以管制、发出警报、组织和实施防空活动。

第二，两者的性质和任务不同。空中交通管制是民用性质，犹如陆上交通设置的交通民警指挥岗，任何民用航空器通行都必须服从统一的空中交通管制，其任务是：防止航空器相撞，防止机动区内的航空器与障碍物相撞，维持空中交通秩序，保障空中交通畅通。而防空管制则是军用性质，其任务是：监视出入国家领空的任何航空器，及时予以识别和定位，防止不明身份的航空器入侵或外逃，以维护国家领空主权和保卫国防安全，实施的是国防监控任务，而没有空中交通指挥，提供空中交通服务的职责。

第三，两者的设置不同。空中交通管制是所提供的空中交通服务的一部分。只有在管制空域才提供空中交通管制服务，在非管制空域只提供飞行情报、空中咨询和告警服务，管制空域的划定有下限和上限的限制。如何划定这些管制空域，以及提供何种空中交通服务，需要综合考虑空中交通的性质、繁忙程度等因素予以确定。防空管制是保卫国家领空和国防安全不可缺少的措施，其雷达监控系统必须覆盖国家的全部领土，对任何航空器的活动都必须实施管制，置于其监控之下。

空中交通管制和防空管制尽管有上述区别，但两者又是紧密联系密不可分的。因此，军民航在实施管制的时候必须予以协调、互相配合。和平时期，应当充分认识到国家航空资源的可开发性和可利用性，努力发展民用航空，为国家经济建设和国际交往的需要服务。建立完善的空中交通服务系统，在保障国防安全的前提下，为民用航空活动提供可靠和有效的服务。

对此，我国《民航法》从法律上进行了规定。例如，《民航法》第 74 条规定："民用航空器在管制空域内进行飞行活动，应当取得空中交通管制单位的许可。"我国《民航法》第 75 条规定："民用航空器应当按照空中交通管制单位指定的航路和飞行高度飞行，因故确需偏离指定的航路或者改变飞行高度飞行的，应当取得空中交通管制单位的许可。"①

6.2.2 空中交通管制服务的主体及其法律责任

空中交通管制服务的主体是指具备空中交通管制服务的资格并提供空中交通管制服务的单位或人员。该主体必须严格遵守并执行有关空中交通的一切技术规范，为航空器的活动提供有效服务，以确保航空活动的安全。民用航空空中交通管制服务的主体主要包括空中交通管制单位和空中交通管制服务人员。

1. 空中交通管制服务的主体

1）国际航空法的规定

因空中交通管制服务责任重大，而各国由于航空技术发展程度不同而有所差异，会对航空安全造成很大的影响。因此，《芝加哥公约》第 37 条规定："缔约各国承允在关于航空器、人员、航路及各种辅助服务的规章、标准、程序及工作组织方面进行合作，凡采用统一办法而能便利、改进空中航行的事项，尽力求得可行的最高程度的一致。"并为此制定了附件 11，附件 11 中要求由国家提供空中交通管制服务，所以，提供空中交通管制服务是国家的一项国际法义务，国家是提供空中交通管制服务的主体。但随着航空运输自由化的发展，目前许多国家将空中交通管制服务授权或委托给一些组织来进行提供。

2）我国航空法的规定

根据《中国民用航空空中交通管理规则》（CCAR－93TM－R3）第 10 条规定，我国实施民用航空空中交通管制工作的主体有机场塔台空中交通管制室（简称塔台管制室），空中交通服务报告室，进近管制室（终端管制室），区域管制室（区域管制中心），民航地区管理局调度室（简称管理局调度室），中国民航局空中交通管理局总调度室

---

① 民用航空器在飞行时一般不得更改其高度，但有例外情况：第一，起飞后继续进行爬高飞行。第二，进行着陆时的下滑飞行时。第三，为躲避坏天气，而来不及离开该空域时，或者需要保持在航行安全空域内的飞行时。第四，处于其他不得已的原因时。

(简称总调度室)。

提供空中交通管制服务离不开管制人员，空中交通管制服务人员是提供服务的专职人员。因其服务的好坏直接危及航空器活动的安全，所以其责任重大，对其要求非常严格，必须由具备专业执照的合格的专业人员来担任。我国航空法规定，空中交通管制服务人员主要由下列人员组成：空中交通管制员、空中航行调度员、航行签派员和航行情报员①。

2. 空中交通管制服务的法律责任

随着空中交通流量增大，加之航空器高速飞行，空中交通必然拥挤繁忙。因此，空中交通管制服务对维持空中交通秩序，使空中交通流畅，防止航空器相撞，保障飞行安全等方面，任务繁重，责任重大。航空器在空中危险接近，乃至发生空中或地面相撞的惨重事故②，若是由于空中交通管制的原因造成的，即应承担空中交通管制服务的法律责任。关于空中交通管制服务的责任问题，至今尚没有统一的国际法律规范，均由各国的国内法解决。

1) 国际航空法的规定

空中交通管制员负责保证空中交通活动安全、有秩序和快速地进行。因此。他们有责任集中注意力，并在任何特定情况下可能合理地认识到的危险程度而加强注意。没有行使这种责任就是可以被起诉的侵权行为。但被诉的主体是政府，因为政府承担提供空中交通管制服务的责任。1962 年，国际民航组织法律委员会决定成立一个小组委员会，研究空中交通管制机构的责任问题。但由于各国法律制度差别较大，统一公约难度较大。

从国际民航组织调查的情况分析，空中交通管制责任制度的规定要点是：绝大多数国家实行过失责任原则，国家对本国的空中交通管制当局及其官员和空中交通管制员的

---

① 这些人员取得资格的条件见本书第 4 章。

② 世界航空史上迄今最大一次空难事故是 1977 年特纳里夫两架大型客机相撞事件，就与塔台指挥人员的失误有关。特纳里夫在大西洋上西班牙属地纳加利群岛，是国际著名的旅游胜地，又处于美欧跨大西洋航线的中途经停地点。这次事故是多种原因造成的。第一，由于附近的一个大型国际机场（拉斯帕尔马斯机场）受到恐怖主义分子的炸弹威胁而关闭了，许多航空公司的班机集中到这里，一时拥挤不堪。第二，当天气候恶劣，能见度很差，泛美的波音 707 客机与相邻的荷兰皇家航空公司波音 747 班机，彼此都看不清对方，全靠无线电通告所处位置来判断；而塔台指挥的通话因为受到各方杂音的干扰，使荷航驾驶员误将塔台的航道放行听成起飞放行。第三，大雾使泛美航班的驾驶人员看错了起飞跑道的出口。结果两架飞机几乎同时起飞而相撞，致使 500 名乘客死亡。在这次空难处理中，双方航空公司、西班牙政府和波音飞机制造厂都分担了赔偿责任。就西班牙政府来说，除机场设备外，塔台指挥上也有失误。而波音制造厂则是因波音 707 型客机缺乏机舱起火后的防止设施（即耐撞性）承担产品责任的，其赔偿费占赔偿总额的 10%。另一次著名的飞机相撞事故 1976 年发生在南斯拉夫的萨格勒布附近。这次事件中，英国航空公司的三叉戟客机与南斯拉夫航空公司 DC—9 型客机在空中相撞，双方机上人员全部殒命，其原因完全是塔台人员的玩忽职守。这里顺便说一下，关于制定飞机在空中相撞的统一规则问题，早在第二次世界大战前，“航空法专家国际委员会”（CJTE—JA）就曾拟就一个公约草案。后来国际民航组织法律委员会几经讨论，并于 1964 年制定了一个正式公约草案（国际民航组织法律委员会第 15 次（蒙特利尔）会议记录与文件集。草案设计的基本原则是过失责任原则，这是因为造成飞机相撞的原因众多，不可采取严格责任。但草案对“相撞”一词的含义没有明确定义，这也是争议较多的问题。此后，国际民航组织没有采取进一步的步骤，事情被搁置至今。转引自：贺富永．航空法学．北京：国防工业出版社，2008：136.

行为造成的损害承担民事赔偿责任。国家承担赔偿责任无限额规定。根据各国的程序法规则，可以在普通民事法庭或者在行政法庭对国家提起诉讼。在某些国家里，对于空中交通管制员在职务外的个人过失，可以引起民事的或者刑事的责任。下列情况可以作为抗辩理由，从而免除或减轻空中交通管制服务的责任：不可抗力、第三者的责任、共同过失。原告承担举证责任。

2）我国航空法的规定

《中华人民共和国飞行基本规则》对空中交通管制服务的法律责任进行了规定，具体表现在第 11 章“法律责任”中。《中华人民共和国飞行基本规则》第 119 条规定：“空中交通管制员、飞行指挥员未按本规则规定履行职责的，由有关部门视情节给予批评教育、警告、记过、降职或者取消资格，免除职务的处分；构成犯罪的，依法追究刑事责任。”《中华人民共和国飞行基本规则》第 120 条规定：“飞行保障部门及其人员未按本规则规定履行职责的，由有关航空管理部门视情节给予通报批评；对直接负责的主管人员或者其他责任人员依法给予行政处分或者纪律处分；构成犯罪的，依法追究刑事责任。”

我国空中交通管制体制的改革在 2007 年 9 月 5 日随着中国民用航空新疆空中交通管理局的成立顺利完成。这标志着全国空中交通管制系统“政事分开、运行一体化”改革工作的圆满结束。空中交通管制单位的性质发生了变化，民事赔偿责任的立法工作也迫在眉睫。

6.3 军事当局和空中交通服务之间的协调

6.3.1 国际航空法的规定

1. 军事当局和空中交通服务单位的协调

《芝加哥公约》附件 11 对军事当局和空中交通服务单位的协调规定有以下内容。

第一，空中交通服务当局必须与负责可能影响民用航空器飞行的活动的军事当局建立并保持密切的协调（第 2.16.1 条）。

第二，必须做出安排，使有关民用航空器飞行安全和加速运行的情报，可以在空中交通服务单位和有关军事单位之间迅速交换（第 2.16.3 条）。这里主要包括两个方面的要求。一方面，空中交通服务单位必须遵照当地协议的程序，例行地或经要求，向有关军事单位提供关于民用航空器的飞行计划以及其他有关飞行数据。为了消除或减少拦截的需要，空中交通服务当局必须指定一些空域和航路，在那里《芝加哥公约》附件 2 关于飞行计划、双向通信和位置报告的需求适用于所有的飞行，以保证在有关的空中交通管制单位，特别是为了便于识别民用航空器能获得一切有关数据（第 2.16.3.1 条）。另一方面，必须制定特别程序以保证：如军事单位观察到一架航空器，它是或可能是民用航空器，正在飞近或已进入任何区域，在那里可能需要进行拦截时，能通知空中交通服务单位；尽一切可能努力证实航空器的识别，并向它提供所需的领航引导以避免进行拦截（第 2.16.3.2 条）。

2. 对民用航空器构成潜在危险的活动的协调

《芝加哥公约》附件 11 对民用航空器构成潜在危险的活动的协调规定有以下内容。

第一，无论在一国的领土上空或在公海上空安排对于民用航空器有潜在危险的活动，均必须与有关空中交通服务当局进行协调。这种协调应及早进行，以便能按照《芝加哥公约》附件 15 的规定及时公布关于这些活动的情报（第 2.17.1 条）。如有关 ATS 当局不是规划这些活动的组织所在国家的空中交通服务当局，则应通过负责该组织所在国家空域的 ATS 当局来实施最初的协调（第 2.17.1.1 条）。

第二，协调的目的是对进行活动做出最好安排，以避免民用航空器发生危险，并将对这种航空器的正常运行的干扰减少到最低限度（第 2.17.2 条）。在确定这些安排时，应采用下列各项：①应为活动选定地点或区域、时刻和持续时间，以避免关闭或重划已建立的 ATS 航线、封锁最经济的飞行高度层或延误定期航班，除非没有其他可供选择的办法外；②尽可能缩小指定进行活动的空域；③有关 ATS 当局或空中交通服务单位与进行这些活动的组织或单位之间，应有直接通信，以供民用航空器万一发生紧急事件或其他意外情况需要中断这些活动时使用。

第三，有关 ATS 当局必须负责首先公布有关活动的情报（第 2.17.3 条）。

第四，如对于民用航空器构成潜在危险的活动是定期的或是持续性的，则应按需要设立专门委员会，以保证所有相关各方的需求能够得到充分的协调（第 2.17.4条）。

第五，必须采取适当措施，防止发射的激光光束对飞行运行产生不利影响（第 2.17.5条）①。

第六，为了增加空域容量和改进航空器运营的效率和灵活性，各国应对为军事或其他特殊活动预留的空域制定灵活利用该空域的程序，该程序应允许所有空域用户安全进入这种预留的空域（第 2.17.6 条）。

3. 对飞行中的意外事件采取的措施

《芝加哥公约》附件 11 第 2 章中规定的飞行中的意外事件主要包括两种情形：一是偏迷或不明航空器，二是对民用航空器的拦截。偏迷航空器是指显著偏离其预定航迹或报告它已迷航的航空器。不明航空器是指已被观察到或业经报告在一既定区域内飞行但未能予以识别的航空器。一架航空器可以被一个单位认为是偏迷航空器，而同时被另一个单位认为是不明航空器。

1）对偏迷或不明航空器采取的措施

第一，空中交通服务单位一经发现偏迷航空器必须立即采取一切必要步骤来帮助航空器并保护其飞行。如该单位已获知航空器偏迷或行将偏迷，进入某一区域，而在其中

---

① 关于激光发射器对飞行运行的有害影响的指导材料载于《激光发射器与飞行安全手册》（Doc 9815）。具体内容参见附件 14《机场》第 1 卷，《机场设计和运行》，第 5 章。

存在拦截的风险或其他影响其安全飞行的危险时，空中交通服务单位的领航帮助尤其重要。

如不知道航空器的位置，空中交通管制单位必须：①试图建立双向通信联络，除非这种通信联络原已存在；②采取一切可用的手段以确定其位置；③考虑到在当时场合下可能影响航空器导航的所有因素，通知其他 ATS 单位，该航空器可能已偏迷或可能偏迷而进入其区域；④按照当地协议的程序，通知有关军事单位并提供关于偏迷航空器的有关飞行计划和其他数据；⑤要求③、④两项所述的单位及飞行中的其他航空器给予各种帮助，以建立与该航空器的通信联络并确定它的位置。④和⑤两项中的需求，也适用按照第③项已被通知的 ATS 单位。

当已了解航空器的位置，空中交通管制服务单位必须：①向航空器通知其位置和采取改正的行动；②必要时，将关于偏迷航空器的有关资料，以及发给该航空器的任何建议，通知其他 ATS 单位和有关军事单位。

第二，当有必要提供空中交通服务，或经有关军事当局按照当地协议的程序提出要求时，空中交通服务单位一经发觉有不明航空器在它的区域内，必须努力识别该航空器。为此，该空中交通服务单位必须按情况采取下列步骤：①试图与该航空器建立双向通信联络；②向该飞行情报区内的其他空中交通服务单位询问该飞行，并请求他们帮助与该航空器建立双向通信联络；③向相邻飞行情报区服务的空中交通服务单位询问该飞行，并请求他们帮助与该航空器建立双向通信联络；④试图从在该区域内的其他航空器得到情报。

第三，该空中交通服务单位必要时在识别航空器后，必须尽快通知有关军事单位。

2）对民用航空器拦截采取的措施

空中交通服务单位获知民用航空器在其责任区遭到拦截时，应根据以下两种情况采取不同的措施。

（1）空中交通服务单位一旦得知航空器在其责任区内正遭拦截，必须根据情况采取下列步骤：①以任何可用方式，包括紧急无线电频率 121.5 兆赫，试图与被拦截的航空器建立双向通信联络，除非这种通信联络原已存在；②将拦截一事通知被拦截航空器的机长；③与拦截控制单位（该单位与拦截航空器保持双向通信联络）建立联络，并提供给该单位关于被拦截航空器能够得到的情报；④根据需要，在拦截航空器或拦截控制单位与被拦截航空器之间中转电报；⑤与拦截控制单位密切协调，采取一切必要措施保证被拦截航空器的安全；⑥如果该航空器像是从某一相邻飞行情报区偏迷出来的，通知为该相邻飞行情报区服务的 ATS 单位。

（2）空中交通服务单位一旦得知航空器在其责任区外正遭拦截，必须根据情况采取下列步骤：①通知为发生拦截所在空域服务的 ATS 单位，提供给该单位有助于识别该航空器的情报，并请求其按上文的规定采取措施；②在被拦截航空器与有关 ATS 单位、拦截控制单位或拦截航空器之间，中转电报。

6.3.2 我国和美国航空法的规定

1. 我国航空法的规定

在空中交通服务中，加强军民航协调的必要性和重要性是不言而喻的。军民航若不协调，不仅不利于对有限空域资源的有效利用，而且还会对民用航空的安全造成潜在的危险。因此，我国民航法中对军民航协调问题做出了原则性规定，为做好军民航协调工作提供了保障。

根据我国《民航法》的规定，军民航协调的基本原则是“统一管理、协调运作”。所谓“统一管理”，是指国家对空域实行统一管理（第 70 条），在一个划定的管制空域内，由一个空中交通管制单位负责该空域内航空器的空中交通管制（第 73 条），在中华人民共和国境内飞行的航空器，必须遵守统一的飞行规则（第 76 条）。所谓“协调运作”，是指“空域管理的具体办法”“飞行规则”和“军民合用机场管理办法”均由国务院和中央军委共同制定（第 72 条、第 76 条、第 53 条），以便兼顾民用航空和国防安全的需要以及公众的利益（第 71 条）。

2. 美国航空法的规定

美国是军民航协调非常成功的国家之一，根据 1958 年美国《联邦航空法》规定，成立了“联邦航空局”，将其建成一个统一的空中交通管制系统，并在法律中对军民航协调进行了细致的规定，主要内容有以下五个方面。

第一，明确授予联邦航空局局长的职权并规定了制约条件。联邦航空局应设有局长一人，由总统任命之，但须征询参议院的意见并取得其同意。局长对联邦航空局一切权利的行使和职责的履行，应负全责，并有权管辖局内一切人员及活动。局长根据美国《联邦航空法》的规定，不必得到由总统命令所建立的任何委员会或其他组织的同意，也不受它们的决定或建议的束缚（第 301 条 A 款）。

局长应为合众国公民。在任命局长时，应适当地考虑他能否有效地行使本法所授予的职权，在提名时，他应当是一个文职人员，且在与航空直接有关的领域已具有经验者。局长不得在任何民用航空企业中有任何经济权益或持有其股票、债券，也不得从事任何其他的商业、职业或受雇于人（第 301 条 B 款）。

局长有权并受命对可航空域（navigable airspace）的使用计划和方针，以规则、规章或命令的方式，规定按照他所认为必要的条件和限制来使用可航空域，以保障航空器的安全和空域的有效利用，并得根据公众利益的需要，修改或撤销此种规定（第 307条 A 款）。

局长有权在国会拨款限额之内：获得、建立、改进任何地点所需要的航行设备，使用、维护此类航行设备，利用现有政府机关可能提供的设备和援助，安排为航空器安全航行所必需的航空地图和地形图的出版事宜，为管理和保护空中交通提供必需的设备和人员（第 307 条 B 款）。

为了航空器的航行、保护和识别，为了保护地面的人身和财产，为了有效地利用可航空域，局长还有权并受命制定管理航空器飞行的空中交通规则（air traffic rules）和规章，包括飞行安全高度的规则，防止航空器相撞，与舟车相撞、与空中其他物体相撞的规则（第 307 条C款）。

局长根据该条（307 条）A 款（空域的使用）和C款（空中交通规则）的规定行使其制定规则的权限时，应受《行政程序法》的内容的约束，尽管该法第 4 条载有关于军事或海军方面的例外规定（第 307 条D款）。

局长在行使和履行本法所授予的职权时，应充分注意国防的需要、商业航空及通用航空的需要，以及在可航空域自由通行的公权（public right）（第 306 条）。

第二，军队人员参加联邦航空局的工作。本法及其他法律均不限制任命武装部队中的现役军官任副局长之职位，但如局长过去曾为任何军种的正规军官时，副局长即不得为任何军种的现役军官，或任何军种退役正规军官或曾任正规军官者（第 301条B款）。

为了保证国防利益有适当的保障，保证局长对军队的需要及特别问题有所了解，局长在行使其管理和保护空中交通的职能，包括提供航行设备，研究及发展空中交通管制办法，划分空域等方面，应让军队人员参与。陆、海、空、海军陆战队或海岸警卫队的成员，得由各相应军种的部长，依照其与局长达成的合作协议，分别派任之。此种协定中包括局长和有关部长对军队人员参加局务一事认为应当赋予补偿的协议（第 302 条C款）。

副局长及根据此种合作协定参加局务的军队人员之任命，接受任命和任职，丝毫也不应影响到军官或士兵原来的身份、职务、军阶、等级，也不应影响因此种身份、职务、军阶、等级所带来的任何薪金、暂时津贴、权利、特权或利益。被派遣或被任命的此等人员，其根据本法所负的职责，或在本局范围之内的职责，无论直接地或间接地，均不受原属部的指挥或控制，也不受该部任何机构或军官的指挥或控制（第 302 条C款）。

第三，及时交换情报。为了帮助局长更好地履行本法所规定的职责，局长与国防部长、局长与国家航空和航天局局长得以合作协定的方式做出适当的安排，以便及时交换与其职责有直接关系的，关于计划、方针、需要等方面的情报（第 302 条D款）。

第四，平时军事紧急情况的例外规定。在平时正常情况下，任何航空器都必须遵守统一的空中交通规则（包括统一标准、统一程序、统一术语），服从统一的空中交通管制。但是，当由于军事紧急情况或军事上的急需对合众国国防有此必要时，当有关军事当局做出如此之决定并于事先通知（联邦航空局）局长时，该军事当局得批准合众国国防部队的军用航空器不按根据本章规定所颁布的空中交通规则行事。此项事先通知应尽可能早地向局长提出，并应于时间和情况允许的条件下尽量与局长做到充分协商，在双方均能接受的基础上，于事先安排其所要求的越例办法（第 307 条F款）。

第五，战时移交联邦航空局的职能和权力。（联邦航空局）局长应与国防部和其他有关政府机关协商，草拟出联邦航空局在战时如何有效地履行职责的计划，并应于 1960 年 1 月 1 日前向国会提出该项立法草案。但在这一立法草案通过之前，总统得以行政命令把联邦航空局的任何职能（包括权力、职责、活动、设备及各种业务在内）移交给国防部，与上述移交相关联，总统得规定对档案、财产、人员等也作相应的移交（第 302 条 E 款）。

6.4　新航行系统及其法律问题

6.4.1　新航行系统的构成

新航行系统由通信、导航、监视和空中交通管理四部分组成。通信、导航和监视系统是基础设施，空中交通管理是管理体制、配套设施及其应用软件的组合。

1. 通信系统

通信系统包括航空固定业务（平面通信）和航空移动业务（地空通信）。航空固定通信业务由航空固定电信网来完成，包括话音通信和数据通信。国际民航组织认为各国应建立完善的航空固定电信网，新航行系统主要强调发展航空移动业务（地空通信）。

1）航空卫星移动业务

航空卫星移动业务除地空高频和甚高频通信以外，应发展航空卫星移动业务(aeronautical mobile satellite service，AMSS)。AMSS 通过分配给它的专用频段，利用卫星中转站进行数据和话音通信，鼓励多用户共享一个系统。采用开放式系统互联建立航空电信网，在此网络中，航空卫星移动业务子网可以和其他空地通信子网互补交联工作，并且可以在不同卫星系统之间交替使用。对兼容系统可以用较为简单的公共的机载电子设备工作。航空卫星移动业务由空间段（卫星转发器）、机载收发机（飞机地球站）、地面地球站和地区网络组成。

2）航空电信网

为促进空中交通管理的自动化，通信上应发展数据通信，使各种数据通信子网（如航空卫星移动通信数据链、甚高频通信数据链、二次监视雷达 S 模式数据链），以及地面计算机系统的各子网互联成一体，建立航空电信网。其优点是使整体的航空电信网在设计、管理和对每一个子网的控制十分灵活，而每个子网又很容易实现其网络环境中的各种应用。各种空地通信的数据均能连接到地面空中交通管制计算机系统和民航当局、航空公司、航空通信单位的计算机系统，并可按规定地址，在这些计算机系统中进行端到端的连接和高速数据交换。

2. 导航系统

导航系统由区域导航、全球导航卫星系统（global navigation satellite system，GNSS）和微波着陆系统或差分全球导航卫星系统构成。

1）区域导航

区域导航是一种导航方法，即允许飞机在台基导航设备的基准台覆盖范围内或在自主导航设备能力限度内，或两者配合下按任何希望的飞行路经运行。它主要是适应灵活的航路结构，其计算由机载计算机承担，大型飞机由飞行管理计算机来实现，通用航空飞机上的导航计算机可与导航接收机结合在一起。区域导航功能将根据国际民航组织提出的所需导航性能标准逐渐引用。所需导航性能（required navigation performance，RNP）是指在指定空域和航路内，装备各种导航系统（或设备）的飞机在规定概率上，能够保持在指定轨迹的允许偏差以内的能力。其与目前采用的最低导航性能规范（minimum navigation performance specification，MNPS）的区别在于：RNP适应在空中交通管制具有足够监视能力的空域内采用。当引进卫星通信、卫星导航、雷达监视或自动相关监视系统后，RNP不仅可以取代MNPS，并可在各个空域和航路上按导航精度划分类型实施。

2）全球导航卫星系统

全球导航卫星系统具有高可靠性和全球覆盖的完整性，符合民航的单一导航手段的要求。目前已在空中运行的导航卫星系统，有美国的全球定位系统和俄罗斯的全球轨道导航卫星系统。这两种卫星系统极为相似，都是在中高度圆周轨道上平均分布24颗卫星，主要为本国军事服务（有密码的高精度信号供军用），也可用于民用（非密码的低精度信号供民用）。两者民用码的定位精度相似，水平误差在100米以内，垂直误差在150米以内，均可满足航路导航和非精密进近的要求。

（1）全球定位系统（global positioning system，GPS）。1933年12月美国国防部宣布GPS已达到初始运行能力，美国联邦航空局宣布GPS可作为飞机的补充导航手段使用。1995年4月美国空军宣布GPS达到全运行能力，将逐步作为主要导航手段。太平洋岛国斐济首先宣布将GPS正式用于航空，加拿大、澳大利亚、法国和英国等也都陆续宣布将GPS用于航空。美国联邦航空局还于1994年6月宣布建立全美国的广域增强系统，可从技术上解决完好性报警问题，并把精度提高到Ⅰ类精密进近的要求。此外，本地差分全球定位系统和伪卫星的增强技术，可把精度提高到Ⅱ/Ⅲ类精密进近着陆的要求。同时，美国联邦航空局宣布取消发展微波着陆系统的计划。

美国对民间使用GPS的政策是：第一，GPS的标准定位服务（即民用CA码），可以提供国际民间使用，但故意采取降精度措施（即选择可用性SA），使民用精度限于水平100米，垂直150米以内。1996年上半年克林顿总统宣布，美国将在10年内取消降精度的SA措施。第二，从1993年开始的10年内不向用户收费。第三，在可以预见的未来不中断服务，如果中断服务至少提前6年通知，这种中断服务必须由总统下令。

（2）全球轨道导航卫星系统（global orbiting navigation satellite system，GLONASS）。1995年3月俄罗斯联邦政府宣布了GLONASS面向民用的法令，确认了GLONASS的初始运行能力。1996年1月18日达到24颗工作卫星加1颗备用星的满星座运行，标志着GLONASS的建成。俄罗斯于1997年明确民间使用GLONASS的政策，即GLONASS的标准精度通道（即民用码）可供国际上民间使用，不带任何限制，不采用降精度措施，从星座完全布满后15年内（从1996年起算）不向用户收费。

3. 监视系统

未来监视系统主要由 A/C 模式或 S 模式的二次监视雷达和自动相关监视构成。二次监视雷达主要用于终端区和高密度陆地空域的监视，自动相关监视主要用于缺乏二次监视雷达监视服务空域的监视，特别是海洋空域和某些装备二次监视雷达有困难的边远地区空域的监视。自动相关监视是一种监视技术，由飞机将机上导航定位系统导出的数据通过数据链自动地发送，这些数据至少包括飞机识别码、四维位置和所需附加数据。自动相关监视系统由卫星导航、空地数据链和先进的地面数据处理和显示系统构成。它可以和二次监视雷达重叠使用。

新航行系统仍然依靠空中交通管制服务保证飞行间隔，由管制部门承担避撞责任。虽然新航行系统也允许利用交通避撞系统（又称机载避撞系统）作为防止任何疏忽或大差错造成交通相撞的最后保护手段，但交通避撞系统不能替代空中交通管制服务。国际民航组织对交通避撞系统不作要求，所以交通避撞系统没有被列为新航行系统的组成部分。目前美国在使用交通避撞系统问题上，也曾发生了不少争议，主要是虚警问题和软件尚不完善。广播式自动监视也能起到空—空交通监视和避撞作用，有可能取代交通避撞系统。

6.4.2　新航行系统法律制度

实施新航行系统和传统的航行系统相比具有无比的优越性，尽管国际民航组织法律委员会认为新航行系统的应用与《芝加哥公约》不相违背。但是，事实上新航行系统的实施必将产生新的法律问题。国际民航组织法律委员会第三十五届年会上《关于建立包括 GNSS 在内的 CNS/ATM[①] 系统法律框架的报告》主要有以下内容。

1.《关于 CNS/ATM 系统的实施和运行的政策声明》

1994 年 3 月 9 日由国际民航组织理事会批准并于 1996 年 6 月 28 日修订，为了继续完成其在《芝加哥公约》第 44 条的任务，发展国际空中航行的原则和技术，促进国际航空运输的规划和发展，以保证全世界国际民用航空安全有序的发展方面，国际民航组织基于对当前的地基系统存在局限性的认识，制定了利用卫星技术的 CNS/ATM 国际民航组织系统的概念。国际航空组织认为，早日推出这种新的系统，是符合国际民用航空健康成长的利益的。CNS/ATM 新系统的实施和运行应当遵循下述原则。

1）普遍准入性

不加歧视，普遍准入的原则，应当是通过 CNS/ATM 系统提供一切空中航行服务的适用原则。

---

① CNS/ATM 中的 C 是指通信，N 是指导航，S 是指监视，ATM 是指空中交通管理。

2）各缔约国的主权、权力和责任

各国根据《芝加哥公约》第28条所承诺的CNS/ATM系统的实施和运行，既不得侵犯也不得限制国家管制空中航行和颁行安全规章的主权、权力和责任。国家对卫星导航服务的通信和必要时增强进行协调和管制的权力，应当予以保留。

3）国际民航组织的责任和作用

根据《芝加哥公约》第37条，国际民航组织应当继续承担制定和修订CNS/ATM系统适用标准、建议措施和程序的责任。为了确保与空中航行的安全、正常和效率有关的所有事项上实现最大可行程度的统一，国际民航组织应当根据其地区空中航行计划和全球协调的CNS/ATM系统计划，对CNS/ATM系统在全球的实施进行协调和跟踪。此外，国际民航组织还应当在实施的技术、财务、管理、法律和合作等方面，向各国提供协助。国际民航组织在国际民用航空配套通信和导航频谱的协调和使用方面的作用，应当继续得到承认。

4）技术合作

为了推动全球协调一致的实施和早日实现对各国的惠益，国际民航组织认识到在CNS/ATM系统的实施和高效运行上进行技术合作的必要性。为实现此目的，国际民航组织应当在实施CNS/ATM系统的各种技术合作安排的协调方面，发挥核心作用。国际民航组织同时请有条件这样做的国家，就实施的技术、财务、管理、法律和合作方面提供援助。

5）体制安排和实施

CNS/ATM系统应当根据实际，尽可能优化利用现有的，在必要时可进行变更的组织结构，并应当根据现行体制安排和法律规章进行运作。在实施CNS/ATM系统的过程中，应当实现对各系统酌情进行合理化、统一化和协调化改造的优势。实施应该是充分灵活的，以便能够与时共进，适应现有和未来服务的需要。大家认识到，国家、使用者和服务提供者通过地区空中航行规划和实施小组等方式充分参与进来，在全球协调地实施，这是实现CNS/ATM系统全部效益的关键。相关的体制安排不得妨碍服务提供者根据国际民航组织的有关标准、建议措施和程序开展竞争。

6）全球导航卫星系统

全球导航卫星系统的实施，应该从包括美国全球定位系统和俄罗斯联邦全球轨道导航卫星系统在内的现有全球导航卫星系统出发，朝着一个一体化的，缔约国能够对其民用航空有关用途实行充分管制的全球导航卫星系统的方向，循序渐进地进行。国际民航组织应当继续会同缔约国、空域使用者和服务提供者，探索建立一个民用的，实行国际管制的全球导航卫星系统的可行性。

7）空域的组织和利用

空域的组织应当以实现服务效率为出发点。实施 CNS/ATM 系统的目的，是为了克服现有系统的局限性，在保持或改善现有安全水平的同时，适应不断变化的全球空中交通需求，满足用户对效率和经济的要求。虽然 CNS/ATM 系统的实施不要求改变目前飞行情报区的组织结构，但各国可以通过统合设施和服务实现进一步的效率和节省。

8）服务的持续性和质量

应当确保 CNS/ATM 系统服务的持续可用性，包括做出有效安排，尽量减少无法避免的系统故障或失灵对运行的影响，快速实现恢复服务。系统服务的质量必须符合国际民航组织的系统完好性标准，并给予其所需的优先权、保安和保护其免遭干扰。

9）成本回收

为了在所有用户间实现合理的费用分摊，凡属因提供 CNS/ATM 服务而产生的成本回收，均须遵守《芝加哥公约》第 15 条，并以国际民航组织理事会致各缔约国关于机场和空中航行服务收费的声明中规定的各项原则为依据，其中包括既不得妨碍也不得阻挠对星级安全服务的使用原则。大力提倡各国在其成本回收的努力方面进行合作。

2.《国家对于全球导航卫星系统服务的权利和义务宪章》

《国家对于全球导航卫星系统服务的权利和义务宪章》的下列原则适用于全球导航卫星系统的实施和运行。

（1）各国承认在提供和使用全球导航卫星系统服务时，国际民用航空的安全是首要原则。

（2）各国和各国的航空器有权在不歧视的基础上按统一条件准予使用全球导航卫星系统服务，包括使用该系统覆盖范围内用于航空的地区增强系统。

（3）一方面，各国保留在其主权空域内管制航空器运行和执行安全及其他规章的权力和责任。另一方面，全球导航卫星系统的实施和运行既不得侵犯也不得限制国家实行空中航行管制和颁行安全条例的主权、权力或责任。国家同时保留协调和管制通信，以及在必要时增强基于卫星的空中航行服务的权力。

（4）提供包括信号在内的全球导航卫星系统服务或在其管辖下提供此类服务的每个国家，应当确保此类服务的连续性、可用性、完整性、准确性和可靠性，包括对将系统故障或失灵的运行影响降至最低并实现服务的迅速恢复做出有效安排。这类国家应当确保服务符合国际民航组织标准。各国应当及时提供关于可能影响服务提供的任何变更全球导航卫星系统服务的航空资料。

（5）各国应当进行合作，确保全球导航卫星系统服务的提供和运行在最大可行程度上的统一。各国应当确保地区或次地区的安排符合本宪章规定的原则和规则并与全球导航卫星系统的全球规划和实施进程保持一致。

（6）各国承认关于全球导航卫星系统服务的任何收费应当按照《芝加哥公约》第15条进行。

（7）为促进全球导航卫星系统的全球规划和实施，各国应当遵行在双边或多边基础上进行合作和互助的原则。

（8）各国在进行其全球导航卫星系统活动时应当适当考虑其他国家的利益。

（9）本宪章绝不妨碍两个或多个国家共同提供全球导航卫星系统服务。

3. 建立GNSS法律框架专家组的建议

建议1：国际民航组织关于GNSS的标准和建议措施，应该包含相关卫星组成部分的系统性能标准、空间信号、航空电子设备、地面设施、培训和颁照要求，以及系统整体。国际民航组织的此类标准和建议措施中，应该载有系统性能和失灵模式的充分资料，以便各国能够合理确定对其空中交通服务的安全影响。

建议2：就国际民航组织关于GNSS的所有标准和建议措施而言，空间信号提供国和作为提供者的国际组织，应该参与拟议的国际民航组织核查和合格审定过程，以使国际民航组织的标准和建议措施及其支持性文件得以实现高度的完整性。

建议3：提供空间信号或在其管辖下提供空间信号的各国，应该通过鉴定其是否符合标准和建议措施，对空间信号做出合格审定。根据《芝加哥公约》规定，具有管辖权的国家，应该确保各种航空电子设备、地面设施，以及培训和颁照要求均符合国际民航组织的标准和建议措施。

建议4：提供空间信号或在其管辖下提供空间信号的各国，应该保证实施各项经显示继续符合空间信号标准和建议措施的现行安全管理流程。

建议5：提供空间信号或在其管辖下提供空间信号的各国，应该利用建议8中提及的国际民航组织论坛，制定安全管理系统文件。这种文件应该力求格式和内容上的统一。国际民航组织应该发行这种空间信号安全管理系统文件。

建议6：每个国家均应制定并保证实施作为其本国空域内空中交通服务的一部分而使用空间信号的安全规章。

建议7：为国家授权在本国空域内使用空间信号之目的，应该向国际民航组织提供并通过它发布这种授权所必需的补充性资料。也可以通过其他来源取得这种资料，其中包括双边和多边安排、安全实例和航行通告等。

建议8：各国承认国际民航组织在协调GNSS全球实施中的核心作用，具体包括：①根据《芝加哥公约》第37条，为GNSS的实施和运行制定合适的标准、建议措施和程序；②根据国际民航组织地区空中航行规划和全球协调的CNS/ATM系统计划，对CNS/ATM系统在全球的实施进行协调和跟踪；③在实施GNSS的技术、财务、管理、法律和合作等方面，推动向各国提供协助；④就涉及GNSS的一切事项与其他组织进行协调，其中包括GNSS组成部分用以支持国际民用航空的频谱波段的使用问题；⑤履行《芝加哥公约》框架下与GNSS有关的任何其他职能，包括《芝加哥公约》第15章规定的各项职能。具体来讲，国际民航组织论坛在促进有关GNSS合格审定的信息交流方面可以履行下述职能：①在国家空中交通服务提供者、政府管理部门和空间信号提供者之间起联络作用；②在空间信号提供者和其他国家之间就安全管理系统文件的格式和内容起联络作用；③查明空间信号的失灵模式及其对全国空中交通服务安全的影响，并将情况报送理事会确定的主管机构；④查明各国对空间信号提供者有哪些要求，才能确信空间信号的性能及相关风险在系统的整个生命周期都得到了充分的管理；⑤促进空间信号提供者与其他国家之间就是否继续符合有关标准和建议措施的问题进行信息共享，以便保持对系统可靠性的信心。

4.《关于提供全球导航卫星系统服务的合同框架草案》

鉴于作为通信，CNS/ATM 系统重要组成部分的 CNSS 意在提供全球覆盖和用于航空器导航；鉴于缔约方遵循国际民用航空组织大会第三十二届会议通过的《国家对于全球导航卫星系统服务的权利和义务宪章》(简称《宪章》) 所述各项原则，意欲为民用航空目的发展长期的全球导航卫星系统；鉴于缔约方旨在确保 GNSS 服务在技术和运行上的准入性、连续性、可用性、完整性、准确性和可靠性；鉴于本合同的国家缔约方重申其奉行国际法及规范 GNSS 的各项原则，特别是《芝加哥公约》及其各附件，《宪章》和适用于外空活动的有关规则的承诺，和非国家缔约方奉行适用法律的承诺；缔约各方兹协议如下。

第 1 条，缔约方和适用范围。本合同就涉及空中导航目的之 GNSS 信号的所有服务，规定 [插入缔约方名称]，下称“空中交通服务提供者”，和 [插入另一缔约方名称]，下称“GNSS 信号提供者”的各项权利和义务。本合同适用于该空中交通服务提供者负责提供相关服务之空域。

第 2 条，GNSS 信号提供者。为本合同目的，“GNSS 信号提供者”可以指以下两者之一：①核心卫星星座原始信号的提供者；②增强信号的提供者。

第 3 条，GNSS 信号提供者的义务。GNSS 信号提供者承担如下义务：①根据多边约定的各项标准，尤其是国际民航组织的最低标准，在本合同有效期内按所要求的连续性、可用性、完整性、准确性和可靠性提供信号；②GNSS 信号提供者不是国家实体的，按在其国境内管制信号的国家的要求取得许可证；③遵守国际民航组织有关标准和建议措施及航行服务程序中各项安全管理规定所产生的一切要求；④针对可能影响空中交通服务提供者所提供服务的 GNSS 信号的任何变化，适时提供航空情报。

第 4 条，空中交通服务提供者的义务。空中交通服务提供者承担如下义务：①提供者不是国家实体的，向有关国家取得在该国所管辖的空域内使用 GNSS 信号提供者为该国空域空中交通服务提供的 GNSS 信号的必要授权；②与 GNSS 信号提供者进行协调，以促进信号的发射和与 GNSS 运行有关的其他事项的处理；③遵守国际民航组织有关标准和建议措施及航行服务程序中各项安全管理规定所产生的一切要求；④如适用，向 GNSS 信号提供者缴纳服务费。

第 5 条，成本回收。根据《芝加哥公约》第 15 条和《宪章》第 6 款，GNSS 信号提供者有权设立成本回收机制，以便向所提供 GNSS 信号的使用者收回此种服务的成本。这一机制应当保证在民用航空使用者之间，以及在民用航空使用者与其他系统使用者之间合理地分摊费用。

第 6 条，赔偿责任。缔约任一方未能履行本合同项下义务的，其赔偿责任由适用于其活动的赔偿责任制度加以规范。

第 7 条，救助权和索偿权。本合同绝不妨碍任一缔约方根据适用法律对本合同的另一个或另几个缔约方行使寻求救助或要求赔偿的权利。如果损失或损害是由不只一方的行为或不行为造成的，而且适用法律有相应规定的，合同一方的救助权和索偿权可以以其相关过错的比重为限。

第 8 条，主权豁免的放弃。本合同任一方是国家或国家实体的，特此同意对根据本合同第 9 条的任何仲裁程序放弃其主权豁免。

第 9 条，争议的解决。缔约方应当竭尽所能，通过谈判解决因本合同的解释或履行而产生或与之有关的任何争议、分歧或主张。无法通过谈判解决的任何争议、分歧或主张，应当根据联合国国际贸易法委员会调解规则诉诸调解。对按上款所述仍然无法得到解决的任何此种争议、分歧或主张，应当根据当事一方的请求，按照当时有效的联合国国际贸易法委员会仲裁规则提交仲裁。仲裁地为［…］；进行仲裁所用的语文为［…］。

第 10 条，适用法律。［…］法律为规范本合同之法律。

第 11 条，合同有效期。本合同于签署之日生效，有效期［…］年，并得按相同有效期自动续延。但合同任一方均可提前［…］个月向另一方发出终止合同通知，终止通知于本合同有效期届满时生效。

第 12 条，合同的登记。根据《芝加哥公约》第 83 条的规定，本合同至少一方为国际民航组织缔约国的，应当将本合同向国际民航组织办理登记。

5.《全球导航卫星系统的框架协定》

1）目标

（1）本协定的目标，是为了在缔约国的领土上为空中航行目的实施，提供、运行和使用 GNSS 建立一个法律框架，并同时借以规范参与此种 GNSS 活动的实体和个人相互间的关系。

（2）本协定旨在确保全球 GNSS 服务在技术和运行上的准入性、连续性、可用性、完整性、准确性和可靠性。缔约方重申其奉行国际法及规范 GNSS 的各项原则，特别是《芝加哥公约》及其各附件，国家对于全球导航卫星系统服务的权利和义务宪章和适用于外空活动的有关规则的承诺。

（3）本协定规定包括空间信号在内的 GNSS 服务为空中航行目的在缔约方领土上安全使用的各项条件。本协定还旨在澄清所涉各方的义务。

2）定义

合格审定：对某一特定系统或其组成部分，或某项服务符合预定要求做出正式认证的过程。损害：丧命，受伤。GNSS 实体：为管理参与空中航行目的之 GNSS 系统运行的 GNSS 系统经营者和 GNSS 服务提供者之间的关系而创建，或是经合同安排受命实行这种管理的公营、私营或公私合营机构/组织。GNSS 服务：基于 GNSS 系统发射的信号支持空中航行的增值性服务。GNSS 服务提供者：为空中航行目的从事提供 GNSS 服务活动的实体。GNSS 信号：GNSS 系统某一组成部分发射的信号。GNSS 系统：由卫星及其他空基和/或陆基设施组成，具有基于空间信号支持空中航行能力的基础设施。GNSS 系统组成部分：GNSS 系统的任一个个体成分。GNSS 系统经营者：从事 GNSS 系统或其组成部分的运行和/或维护的机构/组织。GNSS 使用者：为空中航行目的使用 GNSS 信号或 GNSS 服务的航空器。本地增强系统：以在某一地点增强 GNSS 原始信号的准确性、可靠性、连续性和完整性为目的的 GNSS 系统。原始信号系统：以生成原始空间信号为目的的 GNSS 系统。地区增强系统：以在某一地区范围内增强 GNSS 原始信号的准确性、可靠性、连续性和完整性为目的的 GNSS 系统。

3）范围

（1）本协定各项规定适用于为空中航行目的实施，提供、运行和/或使用全球导航卫星系统的缔约方。

（2）本协定规范 GNSS 实体的设立或现有实体履行同样职能的委任。除其他事项外，本协定规定该实体与在一缔约国领土内作业或在一缔约国领土内设有注册办事处的 GNSS 系统经营者及 GNSS 服务提供者之间的关系。

（3）缔约方已经同意承担在公海某些区域上空提供空中航行服务的责任的，本协定同样适用于公海这类区域上此种责任的履行。

4）主权

（1）本协定绝不以任何方式影响缔约方对其领土上空域的完整的排他性主权。

（2）缔约方承认：GNSS 的实施、提供、运行和使用既不得侵犯也不得限制国家管制空中航行和颁行安全规章的权力或责任。同时，国家保留对星级空中航行服务实行协调、通信管制，以及在必要时进行增强的权力。

5）缔约方的责任

（1）缔约方应当根据本协定的各项规定，确定在本国领土上为空中航行目的使用 GNSS 系统或其组成部分的条件。

（2）缔约方可以授权包括外国机构在内的任何公营、私营或公私合营组织提供 GNSS 信号或服务，以支持本国领土上的空中航行，但这类机构/组织必须按照本协定约定的各项要求从事作业。

（3）每一缔约方仍有责任确保本国境内 GNSS 信号和服务的提供和使用符合《芝加哥公约》的有关规定。

（4）缔约方应当建立适当的程序：①确保从事 GNSS 系统或其组成部分的实施、提供、运行和使用的组织遵守本协定的各项要求；②确保根据本协定第 6 条建立或委任的 GNSS 实体所从事的活动符合本协定的各项要求。

6）GNSS 实体

（1）应当根据本协定建立一个实体，并将其称之为 GNSS 实体。该实体由行政首长一人和支持其工作的秘书处组成。缔约方可以委任一个业已成立的组织或机构承担本协定所述 GNSS 实体的任务。

（2）GNSS 实体具有法律人格，在其所属缔约方境内具有履行其任务所必需的法律能力。

（3）GNSS 实体通过合同安排，负责促进和［管理］［建立］本协定管辖范围内各 GNSS 系统经营者和 GNSS 服务提供者之间的关系。

（4）经缔约方决定，除其他事项外，可以委托 GNSS 实体执行下列任务：①制定 GNSS 信号和服务规范；②根据本协定第 8 条，草拟、谈判和实施 GNSS 实体，GNSS 系统经营者和 GNSS 服务提供者之间的合同和服务协定；③确定 GNSS 各方之间的职责分配程序；④如果根据本协定第 9 条第 2 款建立了一个补偿性 GNSS 基金，对该基金进行管理；⑤确定适用的保险要求。

（5）设立 GNSS 实体的相关财务和建制问题，由缔约方处理。

7）国际民航组织的作用

缔约各方承认国际民航组织在协调 GNSS 全球实施尤其是下述方面的核心作用：①制定标准和建议措施；②收集、处理、管理和发送涉及本协定范围内 GNSS 系统和服务的有关航空情报；③协调 GNSS 实体或受命执行其任务的机构/组织与其他地区按类似协定设立和/或具有类似职责的实体之间的活动；④监督 GNSS 系统经营者和/或服务提供者遵守适用的技术、运行和法律要求，包括履行有关合同安排条款的情况。

8）合约协定

（1）本协定第 6 条第 3 款和第 4 款所指合同，应当按照本条和本协定各条款的要求缔结。

（2）缔约方承诺按本协定缔结的合同须包含下述强制性内容：①遵守标准和建议措施；②遵守《宪章》关于连续性、可用性、完整性、准确性和可靠性的要求；③赔偿责任基于过错；④强制保险；⑤强制诉诸仲裁；⑥承认国家组织/机构授予私营方相同的规则约束。

9）保险

（1）缔约方应当确保 GNSS 系统经营者和服务提供者提供充分的保险或采取其他避险办法，以补偿因不履行其活动而可能产生的或与此有关的损失或损害。

（2）缔约方可以设立专门基金，以便从责任机构/组织受偿不足时，按不足部分因系统经营者或服务提供者不履行活动而可能造成的任何损失或损害做出补偿。

10）事故征候/事故调查

凡就空中航行事故征候或事故进行调查涉及某个可能的故障、失效或不当使用 GNSS 情况的，应当根据《芝加哥公约》附件 13 的规定进行。在这方面，系统经营者应当确保为举证目的对信号进行记录。

11）合格审定

（1）缔约方应当确保包括航空电子设备在内的 GNSS 系统和组成部分，以及 GNSS 各项服务在投入运行前经过合格审定。

（2）缔约方及其管理部门应当通过其既有的安全管理系统确保 GNSS 可供安全使用。国家安全管理系统的完好性由国际民航组织（通过其普遍安全监督审计计划）进行监督。

12）赔偿责任

（1）因故障、失效或不当使用 GNSS 而发生损失或造成损害的，所涉每个实体或每个人按其促成损失或损害发生的程度承担赔偿责任。

（2）缔约方的赔偿责任依现行适用的国际法和国内法，由通常适用于其活动的重大责任制度加以规范。

（3）缔约方和其他公营方应当接受仲裁并受与私营伙伴方相同的规则约束。

（4）如果损失或损害可以归咎于 GNSS 的某种失效、故障或不当使用情况，但无法明确归咎于某个具体被告人，应当宣布参与导致损失或损害发生的连串事件的全体被告人对损失或损害总额负连带责任。

13）仲裁

（1）一应索赔要求均须按照本协定确定并在附件［X］中详述的仲裁规则经合案后交付仲裁。综合索赔案应当包括针对有关 GNSS 实体、GNSS 系统经营者、GNSS 服务提供者、航空器经营人、航空承运人、空中航行服务提供者、设备制造厂家和政府管理部门提出的赔偿要求。

（2）本协定的规定绝不妨碍任何人在华沙/蒙特利尔公约项下的权利。

（3）仲裁庭的裁决为终审裁决，对仲裁程序当事各方具有约束力。

14）向国际民航组织登记

本协定应当根据《芝加哥公约》第 83 条的规定向国际民航组织理事会办理登记。

15）修正

对本协定拟议的任何修正须经本协定缔约方 2/3 的人数批准。

16）接纳其他缔约方

本协定于［…］向其他缔约方开放接纳。

17）终止

本协定可以［…］终止。［…］表示对按照本协定设立的 GNSS 实体的效力。

18）生效

本协定于签署之日生效。

第 7 章　公共航空运输的法律制度

7.1　公共航空运输企业的法律规定

7.1.1　公共航空运输企业的概念

1. 国际航空法的规定

《芝加哥公约》第 96 条第 2 款规定："空运企业指提供或经营国际航班的任何航空运输企业。"《华沙公约》第 1 条第 1 款规定："本公约适用于所有的以航空器运送旅客、行李或货物而收取报酬的国际运输。"1999 年《蒙特利尔公约》第 1 条第 1 款规定："本公约适用于所有以航空器运送人员、行李或者货物而收取报酬的国际运输。本公约同样适用于航空运输企业以航空器履行的免费运输。"

2. 我国航空法的规定

我国《民航法》中对公共航空运输企业概念的表述与国际航空法的表述基本一致，我国《民航法》第 91 条规定："公共航空运输企业，是指以营利为目的，使用民用航空器运送旅客、行李、邮件或者货物的企业法人。"《公共航空运输企业经营许可规定》(CCAR—201，2005 年 1 月 15 日起实施）第 2 条规定："本规定所称公共航空运输企业，是指以营利为目的使用民用航空器从事旅客、行李、货物、邮件运输的企业法人。外商投资设立公共航空运输企业的经营许可，除适用本规定外，还应当符合国家有关法律、行政法规和规章的规定。"从我国航空法的表述来看，公共航空运输企业应具有以下四个方面的含义。

1）公共航空运输企业是为公众提供服务的

"公共航空运输企业"中的"公共"是以航空运输企业的性质界定的。一切中外旅客、货主都可享受到公共航空运输企业提供的运输服务。与为特定对象服务的私人航空器和有专门用途的国家航空器不同，公共航空运输企业以航空器为所有的旅客、货主提供服务，服务对象具有广泛性。

2）公共航空运输企业是以营利为目的的

民用航空运输业是一个资金密集型产业。无论运输工具，还是其他运输设备都价值昂贵、成本巨大。另外，机场设施、导航设备、空中交通管制设备的成本投入和使用费用，也是十分巨大的。因此，公共航空运输企业的经营成本非常高，为了生存与发展，就必须要营利。任何一个国家的政府都没有相应的财力，像补贴城市公共交通（公共汽车、电车、地铁）一样去补贴本国的航空运输企业。现在，国内外航空运输市场的竞争都十分激烈，航空运输企业不营利，就没有办法生存和发展。所以，营利是公共航空运输企业能继续为公众提供运输服务的前提条件，所有的公共航空运输企业，都应以营利为目的。在这一点上，与我们通常所说的“城市公共交通”的公益性不同。

3）公共航空运输企业的经营手段，是以民用航空器运送旅客、行李、邮件或者货物

只有直接以民用航空器从事运送旅客、行李、邮件或者货物的航空运输企业，才是航空法意义上的公共航空运输企业。很多企业从事与民用航空运输有关的经营活动，有的专门为公共航空运输企业销售客票，有的以自己名义接收航空货物后，再通过公共航空运输企业来运输。这些企业不直接从事航空运输，因此，不是航空法意义上的公共航空运输企业。

4）公共航空运输企业必须是企业法人

公共航空运输企业，首先是企业，但和一般企业有所不同，是企业法人，即能够依法独立享有民事权利和承担民事义务的组织。根据我国《民航法》第 94 条规定，公共航空运输企业的组织形式、组织机构适用公司法的规定。

7.1.2 公共航空运输企业设立的条件

我国《民航法》第 93 条规定，设立公共航空运输企业，应当具备下列条件：①有符合国家规定的适应保证飞行安全要求的民用航空器；②有必需的依法取得执照的航空人员；③有不少于国务院规定的最低限额的注册资本；④法律、行政法规规定的其他条件。

《公共航空运输企业经营许可规定》在第 7～9 条中对公共航空运输企业的设立条件进行了细化。

《公共航空运输企业经营许可规定》第 7 条规定，设立公共航空运输企业应当具备下列条件：①不少于 3 架购买或者租赁并且符合相关要求的民用航空器；②负责企业全面经营管理的主要负责人应当具备公共航空运输企业管理能力，主管飞行、航空器维修和其他专业技术工作的负责人应当符合民用航空规章的相应要求，企业法定代表人为中国籍公民；③具有符合民用航空规章要求的专业技术人员；④不少于国务院规定的注册资本的最低限额[①]；⑤具有运营所需要的基地机场和其他固定经营场所及设备；⑥中国民航总局规定的其他必要条件。

《公共航空运输企业经营许可规定》第 8 条规定：“外商投资设立公共航空运输企业，应当符合外商投资民用航空业规定所规定的投资比例及其他要求。”《外商投资民用航空业规定》第 6 条规定，外商投资公共航空运输企业，应当由中方控股，一家外商（包括其关联企业）投资比例不得超过 25％。该条中的“中方控股”是指中方出资在企业的全部资本中所占比例大于 50％。

---

① 实践中，设立公共航空运输企业的最低限额不少于 8000 万元。

《公共航空运输企业经营许可规定》第9条规定了中国民航局不受理设立公共航空运输企业申请的情况，主要有：①不符合本规定第5条第1～3款的规定[①]；②湿租我国现有公共航空运输企业或者外国公共航空运输企业的民用航空器用以筹建公共航空运输企业；③民用机场、空中交通管理、航空器制造、航油供应、民航计算机信息等与公共航空运输企业有直接关联关系、可能影响航空运输市场公平竞争的企业或单位，单独设立或者违反规定参股设立公共航空运输企业；④不符合中国民航总局规定的其他条件。

7.1.3 公共航空运输企业经营许可程序

我国《民航法》第92条规定："设立公共航空运输企业，应当向国务院民用航空主管部门申请领取经营许可证，并依法办理工商登记；未经取得经营许可证的，工商行政管理部门不得办理工商登记。"申请设立公共航空运输企业，应按照我国《民航法》及其有关行政法规的规定，由申请设立公共航空运输企业的申请人按下列程序办理。

1. 申请筹建

申请人申请筹建公共航空运输企业，应当提交下列文件、资料一式三份：①筹建申请报告[②]；②投资人的资信能力证明；③投资各方签订的协议（合同），以及企业法人营业执照（或者注册登记证明）复印件或者自然人身份证明复印件；④筹建负责人的任职批件、履历表；⑤企业名称预先核准通知书；⑥中国民航局规定的其他文件、资料。

如果筹建的是中外合资公共航空运输企业的，申请人还应按照国家有关规定报送拟设立企业的项目申请报告及其核准文件。

2. 审查批准筹建

1）初审

申请人申请筹建公共航空运输企业，应将申请材料提交所在地民航地区管理局初审。民航地区管理局收到申请人的申请材料后，将其置于中国民航局网站（www.caac.gov.cn），供申请人、利害关系人及社会公众查阅和提出意见。利害关系人和社会公众如有意见，应自上网公布之日起10个工作日内提出意见。民航地区管理局应自收到申请人的申请材料之日起20个工作日内提出初审意见并连同申报材料一起报中国民航局。

---

① 《公共航空运输企业经营许可规定》第5条第1～3款的规定分别为：第一款建立和完善统一、开放、竞争、有序的航空运输市场；第二款符合国家航空运输发展和宏观调控政策；第三款保障航空运输安全、提高运输服务质量和维护消费者合法权益。

② 《公共航空运输企业经营许可规定》第11条规定，筹建公共航空运输企业的申请报告应当包括：拟经营航线的市场分析；拟选用的民用航空器型号、来源和拟使用的基地机场条件；专业技术人员的来源和培训渠道；拟申请的经营范围。

2）审查批准

对申请人申请筹建公共航空运输企业没有重大异议的，中国民航局应自受理其申请之日起 10 个工作日内做出准予筹建的初步决定，并将其置于中国民航局网站，供申请人、利害关系人及社会公众查阅和提出意见。中国民航局应自受理申请之日起 20 个工作日内做出是否准予筹建的决定。对申请人的筹建申请有重大异议的，申请人、利害关系人如果要求听证，中国民航局按规定组织听证。根据听证的结果，中国民航局做出是否准予筹建的初步决定并置于中国民航局网站予以公布，供申请人、利害关系人及社会公众查阅和提出意见。申请人、利害关系人及社会公众如有意见，应自上网公布之日起 10 个工作日内提出意见。然后，中国民航局根据征求意见的情况做出是否准予筹建的决定。

3）筹建认可决定

中国民航局对准予筹建的公共航空运输企业，应当自做出决定之日起 10 个工作日内送达筹建认可决定[①]，并予以公告。对不予筹建的，应自做出决定之日起 10 个工作日内书面通知申请人、说明理由，并告知申请人享有依法申请行政复议或者提起行政诉讼的权利。

4）筹建期间

经中国民航局认可的筹建公共航空运输企业的有效期限为 2 年。如果在 2 年内未能按规定条件取得经营许可证的，确有充足事由，经申请人申请、所在地民航地区管理局初审，中国民航局可准予其延长 1 年筹建期[②]。在延长筹建期内仍未取得经营许可证的，丧失筹建资格。丧失筹建资格的申请人，中国民航局 2 年内不再受理其筹建申请。

3. 企业筹建工作

准予筹建的公共航空运输企业，应按照国家有关法律、行政法规及民用航空规章的规定和认可条件，在筹建有效期内开展筹建工作。

申请人完成筹建工作后，应经所在地民航地区管理局初审，向中国民航局申请公共航空运输企业经营许可。

---

① 公共航空运输企业筹建决定应当包括：筹建企业名称；筹建企业地址；筹建企业拟使用的基地机场；筹建企业负责人；筹建企业类型；筹建企业经营范围；其他必要内容。

② 申请公共航空运输企业筹建延期，应向中国民航局提交书面材料，说明理由。中国民航局自收到申请人申请之日起 20 个工作日内，做出是否同意延期的决定。中国民航局对准予筹建延期的公共航空运输企业，应当自做出决定之日起 10 个工作日内送达同意筹建延期的决定，予以公告。对不予筹建延期的，应当自做出决定之日起 10 个工作日内书面通知申请人、说明理由，并告知申请人享有依法申请行政复议或者提起行政诉讼的权利。

4. 经营许可证

1）经营许可证的申请

（1）申请文件和资料。申请人申请公共航空运输企业经营许可，应当提交相应的文件和资料一式三份①。如果筹建公共航空运输企业的组织形式为股份有限公司的，除应按上述规定提供文件、资料外，还应提交相关文件、资料一式三份②。

（2）初审。申请人申请经营许可，应将申请材料提交所在地民航地区管理局初审。民航地区管理局收到申请人的申请材料后，将其置于中国民航局网站，供申请人、利害关系人及社会公众查阅和提出意见。利害关系人和社会公众如有意见，应当自上网公布之日起 10 个工作日内提出意见。民航地区管理局应当自收到申请人的申请材料之日起 20 个工作日内提出初审意见并连同申报材料报中国民航局。

（3）经营许可证的授予。对申请人的经营许可申请没有重大异议的，中国民航局应当自受理其申请之日起 10 个工作日内做出准予经营许可的初步决定，并将其置于中国民航局网站，供申请人、利害关系人及社会公众查阅和提出意见。中国民航局应自受理申请之日起 20 个工作日内做出是否准予经营许可的决定。对申请人的经营许可申请有重大异议的，申请人、利害关系人如果要求听证，由中国民航局按规定组织听证。中国民航局根据听证的结果做出是否准予经营许可的初步决定并置于中国民航局网站予以公布，供申请人、利害关系人及社会公众查阅和提出意见。申请人、利害关系人及社会公众如有意见，应当自上网公布之日起 10 个工作日内提出意见。中国民航局根据征求意见的情况做出是否准予经营许可的决定。

中国民航局对准予经营许可的，应当自做出决定之日起 10 个工作日内，向申请人颁发公共航空运输企业经营许可证。对不予其经营许可的，应当自做出决定之日起 10 个工作日内书面通知申请人、说明理由，并告知申请人享有依法申请行政复议或者提起行政诉讼的权利。

（4）经营许可证的内容和有效期。公共航空运输企业经营许可证应当载明下列内容：①企业名称；②企业地址；③基地机场；④企业类型；⑤注册资本；⑥法定代表人；⑦经营范围；⑧其他必要的内容。公共航空运输企业经营许可证的有效期限为 3 年。

---

① 应当提交下列文件、资料一式三份：公共航空运输企业经营许可申请书；企业名称预先核准通知书复印件；企业章程；具有法定资格的验资机构出具的验资证明；企业住所证明复印件；企业标志及其批准文件；购买或者租赁民用航空器的证明文件；客票、货运单格式样本及批准文件；与拟使用的基地机场签订的机坪租赁协议和机场场道保障协议；法定代表人、负责企业全面经营管理的主要负责人的任职文件、履历表、身份证复印件；投保地面第三人责任险的证明文件；企业董事、监事的姓名、住所及委派、选举或者聘任的证明；中国民航局规定的其他文件、资料。拟设立的中外合资公共航空运输企业，还应当提交合同、章程的批准文件和外商投资企业批准证书。

② 这些文件和资料是：股东签订的投资协议（合同）；股东或者发起人的法人资格证明或者自然人身份证明；国务院授权部门或者省、自治区、直辖市人民政府的批准文件。募集设立的股份有限公司，还应当提交国务院证券管理部门的批准文件。

2）经营许可证的变更、注销和换发

（1）经营许可证的变更。公共航空运输企业经营许可证所载明的事项发生变更时，应当向中国民航局提出变更申请，中国民航局准予变更后，按照有关规定向工商行政管理机关办理法人营业执照相应的变更手续。

第一，公共航空运输企业变更经营许可证所载企业名称、企业地址、注册资本、法定代表人，除应向中国民航局提交申请报告、股东会或董事会决议、修改后的公司章程或公司章程修正案、原企业经营许可证复印件、企业法人营业执照复印件外，还应当根据不同情况，分别提交下列文件、资料：①企业名称变更核准通知书；②企业新住所使用证明；③具有法定资格的验资机构出具的验资证明；④减少注册资本公告和公司债务清偿报告；⑤股份有限公司增加注册资本的批准文件；⑥原法定代表人的免职文件及新法定代表人的任职文件。

第二，公共航空运输企业申请扩大经营许可证所载明的经营范围，应向中国民航局提交下列文件、资料：①申请报告；②企业所在地民航地区管理局出具的初审意见；③经营许可证复印件；④法人营业执照复印件；⑤运行合格证复印件；⑥中国民航局规定的其他文件、资料。

第三，公共航空运输企业申请变更经营许可证所载明的基地机场，应当向中国民航局提交下列文件、资料：①申请报告；②企业所在地民航地区管理局的初审意见；③与拟使用的基地机场签订的机坪租赁协议和机场场道保障协议；④经营许可证复印件；⑤法人营业执照复印件；⑥中国民航局规定的其他文件、资料。公共航空运输企业扩大经营范围和变更基地机场的批准程序按照公共航空运输企业经营许可的批准程序办理。

第四，公共航空运输企业申请扩大经营许可证所载经营范围或者经营项目有下列情形之一的，中国民航局不予受理：①最近 3 年发生重大以上（含重大）运输飞行事故的；②违法违规经营并受到 3 次以上（含 3 次）行政处罚的；③连续 3 年经营亏损的；④中国民航局规定的其他条件。

第五，公共航空运输企业改制为股份有限公司，变更经营许可证的，应当向中国民航局提交下列文件、资料：①申请报告；②国务院授权的部门或者省级人民政府的批准文件；③股东的法人资格证明或者自然人身份证明；④股东各方签署的相关协议及董事会决议；⑤清产核资、资产评估报告和国有资产管理机构的批准文件；⑥原企业经营许可证复印件；⑦原企业法人营业执照复印件；⑧修改后的公司章程；⑨法定代表人的姓名和住所；⑩载明公司董事、监事及高层管理人员姓名和住所的文件、身份证复印件、履历表及有关选举、委派或者聘任的证明材料；⑪企业名称变更核准通知书；⑫具有法定资格的验资机构出具的验资证明。募集设立的股份有限公司还应当提交国务院证券管理部门的批准文件。

（2）经营许可证的注销。公共航空运输企业经营许可证并注销的情况主要包括两个方面：一方面，公共航空运输企业取得经营许可证 1 年内未能实际安排航班经营的，由中国民航局注销其经营许可证。另一方面，公共航空运输企业合并完成后吸收合并的被合并方和新设合并的合并各方[①]，以及破产、解散、歇业、被撤销的公共航空运输企业，其经营许可证自合并、破产、解散、歇业、被撤销之日起自动失效，并由中国民航局予以注销。公共航空运输企业经营许可证自注销之日起，其名称、标志、代号及有关票证等自行终止使用。

(3) 经营许可证的换发。公共航空运输企业应于企业经营许可证有效期届满30个工作日前，以书面形式向中国民航局提出换证申请。公共航空运输企业申请换发经营许可证，应当提交下列文件、资料：①申请报告；②企业章程；③3年来的经营情况报告；④具有法定资格的验资机构出具的验资证明；⑤企业住所证明复印件；⑥法定代表人任职文件、履历表及身份证复印件；⑦投保地面第三人责任险的证明文件；⑧企业经营许可证复印件；⑨企业法人营业执照复印件。经中国民航局同意后，领取新的经营许可证，并交回原经营许可证。公共航空运输企业经营许可证有效期满，企业不再申请延期的，经营许可证自动失效。公共航空运输企业变更经营许可证所载事项的，应当自中国民航局同意之日起30个工作日内向工商行政管理机关办理法人营业执照的变更登记。自工商行政管理机关核发新的法人营业执照之日起10个工作日内，将其复印件加盖公司印章报中国民航局备案。申请人应当对所提交的文件、资料的真实性、合法性负责。

5. 办理工商登记

申请人持中国民航局颁发的公共航空运输企业经营许可证，按规定向工商行政管理机关申请设立登记。申请人自领取企业法人营业执照之日起10个工作日内，将该执照复印件加盖公司印章报中国民航局备案。公共航空运输企业正式投入航线运营前，应按规定完成运行合格审定，审定合格后方可正式投入航线运营。

7.1.4 公共航空运输企业的组织形式与组织机构

我国《民航法》第94条规定："公共航空运输企业的组织形式、组织机构适用公司法的规定。本法施行前设立的公共航空运输企业，其组织形式、组织机构不完全符合公司法规定的，可以继续沿用原有的规定，适用前款规定的日期由国务院规定。"

我国公司法规定的公司组织形式包括有限责任公司和股份有限责任公司。有限责任公司是指股东以其出资额为限对公司承担责任，公司以其全部资产对公司债务承担责任。股份有限公司是指其全部资本分为等额股份，股东以其所持股份为限对公司承担责任，公司以其全部资产对公司债务承担责任。国有独资公司属于公司法规定的有限责任

---

① 已准予运营的公共航空运输企业间新设合并或分立新设公共航空运输企业，申请经营许可，除应当提交上述要求的有关文件、资料外，还应当提交下列文件、资料：新设合并或分立协议；合并各方或分立企业的经营许可证复印件；合并各方或分立企业的企业法人营业执照复印件；合并各方的资产负债表和财产清单；政府主管部门、国有资产管理部门的批准文件。股份有限公司的新设合并或者分立，还应当提交经国务院授权的部门或者省级人民政府的批准文件。

外商投资公共航空运输企业新设合并或者分立设立公共航空运输企业，应经外商投资企业原审批部门批准，并提供相应的批准文件、证书。公共航空运输企业合并、分立，涉及吸收方公共航空运输企业或存续公共航空运输企业运行条件变化的，企业应按中国民航局的规定，申请公共航空承运人补充运行合格审定。公共航空运输企业合并、分立后的经营范围，由中国民航局按规定另行核定。

公司的一种，它是以国有资产单独设立的有限责任公司。上述公司的组织形式和组织机构在公司法中均有明确的规定。

第一，公司法有关公司组织形式、组织机构的规定适用于公共航空运输企业。现有我国公共航空运输企业名称为“公司”，但以前不是公司法意义上的公司制企业，现在改制已经完成，其最终的组织形式和组织机构应当按公司法的要求加以规范。

第二，公司法有关公司组织形式、组织机构的规定不溯及公司法以前设立的公共航空运输企业，但现有企业组织形式、组织机构等只是暂时性、过渡性的一种临时存续的方式。

第三，民航法施行后新设立的公共航空运输企业的组织形式、组织机构，必须按照公司法规定的条件和形式设立。

第四，对民航法实施前的公共航空运输企业规范为公司制企业的时间表，由国务院另行规定。

7.1.5　公共航空运输企业的运营管理

国务院民用航空主管部门对公共航空运输企业依法进行运营管理，主要是航线管理、航空运价管理、航空运力管理、航空安全管理和航空运输服务质量监督管理。

1. 航线管理

1）航线的定义

航线是指航空运输的航班走向，通常由始发地点、经停地点、目的地点和延伸地点相连接的航迹构成。从空域的利用角度考察，航线穿过可航空域，是一种航空资源，由国家行使支配权；从航空运输生产角度考察，航线构成航空运输市场，由国家行使管理权。公共航空运输企业进入航线经营航空运输业务，应首先获得航线运营权。

航线有国际航线和国内航线之分，国际航线是指运输的始发地、经停地和目的地在两个或两个以上国家境内的航线。国内航线是指运输的始发地、经停地和目的地均在一国境内的航线。在我国航空法中，又将国内航线分为区际航线和区内航线，区际航线是指运输的始发地、经停地和目的地在两个或两个以上的民航地区管理局管辖区域之间的航线；区内航线是指运输的始发地、经停地和目的地在一个民航地区管理局管辖区域内的航线。

2）航线的审批与备案

我国《民航法》规定，航班运输航线必须由国务院民用航空主管部门审批。例如，我国《民航法》第 96 条规定：“公共航空运输企业申请经营定期航班运输的航线，暂停、终止经营航线，应当报经国务院民用航空主管部门批准。公共航空运输企业经营航班运输，应当公布班期时刻。”但随着我国航空运输业的发展，由国务院民用航空主管部门审批航班航线存在着许多不足，后来，我国对航线审批制度进行了改革，将航线分为审批和备案两种形式。目前，中国民航局还对国际航线采取审批制，对于国内航线则由《中国民用航空国内航线经营许可规定》（CCAR—289TR—R1，2006 年 3 月 20 日实施）加以规范。该规定对国内航线经营许可的原则、主体及职权、申请程序等都进行了具体规定，主要有以下三个方面。

（1）基本原则。《中国民用航空国内航线经营许可规定》第4条规定了实施国内航线经营许可管理的基本原则：有利于建立和完善全国统一、开放、竞争、有序的航空运输市场体系；坚持公平、公正、公开；有利于保障航空运输安全，提高航班正常率和服务质量；鼓励诚实守信，惩戒弄虚作假等扰乱市场秩序行为；兼顾地方经济发展与空运企业利益；有利于优化航线资源配置，完善航空运输网络。

（2）主体及职权。《中国民用航空国内航线经营许可规定》第5条规定，中国民航局和民航地区管理局根据空运企业经营国内客、货航线的申请，分别采取核准和登记方式进行管理。《中国民用航空国内航线经营许可规定》第9条对核准的范围进行了规定，包括三个方面：涉及中国民航局核定的受综合保障能力及高峰小时飞机起降架次流量限制的机场的航线经营许可；涉及繁忙机场的航线和飞行流量大的航线经营许可；涉及在飞行安全方面有特殊要求的机场的航线经营许可。以上机场、航线的范围，由中国民航局确定，并提前三个月予以公告。《中国民用航空国内航线经营许可规定》第6条对中国民航局和地区管理局职权进行了界定，即中国民航局负责对区际航线实施经营许可的核准、登记管理，并对全国国内航线经营进行监督和管理。民航地区管理局负责对其所辖区域内航线实施经营许可的核准、登记管理，并对涉及其辖区内所有航线经营进行监督和管理。《中国民用航空国内航线经营许可规定》第7条规定，中国民航局和民航地区管理局分别设立国内航线经营许可评审委员会。中国民航局国内航线经营许可评审委员会负责划分核准、登记的航线经营许可管理范围，根据规定制定每航季航线经营许可评审规则，负责每年度两次区际航线经营换季申请的集中评审工作，审议决定国内航线航班经营许可管理中的其他重大事项。民航地区管理局国内航线经营许可评审委员会根据中国民航局评审委员会制定的航线经营许可评审规则，制定适合区内特点的评审规定，划分区内核准、登记的航线航班经营许可管理范围，负责每年度两次区内航线经营换季申请的集中评审工作，审议决定区内航线航班经营许可管理中的其他重大事项。

（3）申请基本条件及程序。《中国民用航空国内航线经营许可规定》第8条规定，申请国内航线经营许可，应当具备下列基本条件：根据中华人民共和国法律设立的公共航空运输企业；符合中国民航局安全管理的有关规定；符合航班正常、服务质量管理的有关规定；符合国家航空运输发展的宏观调控政策；符合法律、行政法规和航空行政规章规定的其他条件。空运企业从事国内航线经营，还应当按照相关规定经过补充安全运行合格审定；补充安全运行合格审定结论为不合格的，其相应的国内航线经营权丧失。

申请程序空运企业申请航线经营许可，应在计划开航前45日提出。申请人应当填写核准机关统一印制的《国内航线经营许可核准申请书》，并可采用信函、电报、电传、传真、电子数据交换和电子邮件等方式，由空运企业法定代表人或其授权人签署，按所申请的航线经营许可的管辖范围报送中国民航局或相关民航地区管理局。

中国民航局或民航地区管理局受理空运企业航线许可申请后，应在20日内提出意见，并通过政府网站或其他方式予以公告。申请人、利害关系人自公告之日起7日内未提出异议的，自受理申请之日 30 日内做出核准决定。准予许可的，向申请人颁发《国内航线经营许可核准书》，不予核准的，应当书面说明理由。民航地区管理局核准的航线经营许可，应在核准后 10 日内报中国民航局备案。

航线经营许可申请取得核准之后，空运企业决定不在已经核准的航线上安排航班经营时，按照所申请的航线经营许可的管辖范围，向中国民航局或相关民航地区管理局交回《国内航线经营许可核准书》；已开航但又决定停止经营的，按相应的程序办理相关手续。

航线经营许可核准申请人和利害关系人对中国民航局或民航地区管理局预先公布的航线经营许可意见持有异议的，应当按规定的期限和程序提出；涉及重大事项的，中国民航局或民航地区管理局可根据需要举行听证，经重新评审后做出核准决定。

空运企业应当确保核准经营许可航线的正常运营。凡核准经营许可后，60 日内未安排航班或因空运企业自身原因航班执行率不足 50％的，核准机关可以撤销其经营许可，且两年之内不再受理该空运企业就该航线或相关航线提出的经营许可申请。中国民航局或民航地区管理局对撤销的航线许可予以公告。

2. 航空运价管理

航空运价分为客运价和货运价，是指旅客、行李和货物运输的价格（或应付的款额）和适用这些运价（或应付的款额）的条件，包括代理服务和其他辅助服务的价格（或应付的款额）和条件，但邮件运输的报酬和条件除外①。

航空运价的含义包括价金及其适用的条件两个方面。邮件运输的报酬和条件由航空承运人（或通过民航主管当局）与邮政机构协议确定，国际邮件的运输的报酬和条件还应受国际邮政公约规定的约束。

我国《民航法》第 97 条规定：“公共航空运输企业的营业收费项目，由国务院民用航空主管部门确定。国内航空运输的运价管理办法，由国务院民用航空主管部门会同物价主管部门制定，报国务院批准后执行。国际航空运输运价的制定按照中华人民共和国政府与外国政府签订的协定、协议的规定执行；没有协定、协议的，参照国际航空运输市场价格制定运价，报国务院民用航空主管部门批准后执行。”

3. 航空运力管理

航空运力是指在一定航线上所提供的运输能力，涉及所使用的航空器大小（业载能力）和飞行的次数（航班次数）。航空运力就航空器而言，是指该航空器在航线或航段上可提供的商业载量；就航线而言，是指飞行这一航线的航空器的运力乘以在一定时间内在该航线或航段上所飞行的班次。航空运力与航线密切相关，提供的运力应与航空运输市场需求相适应。因此，航空运力管理与航线管理同时进行。

我国《民航法》第 96 条规定，公共航空运输企业经营定期航班运输的航线，需经国务院民用航空主管部门批准。我国《民航法》第 98 条规定，从事不定期航空运输，亦需经国务院民用航空主管部门批准，并不得影响航班运输的正常经营。在上述的《中

① 具体内容参见国际民航组织理事会于 1978 年 3 月 8 日通过的《双边协定标准运价条款》。

国民用航空国内航线经营许可规定》中，对此也有明确规定。

4. 航空安全管理

对管理公共航空运输企业而言，航空安全管理主要包括：营业安全管理、飞行安全管理、航空保安管理和航空安全运输管理。

(1) 营业安全管理。“营业”是指企业在其经营范围内所进行的商事行为，是企业得以存在的主要活动，在公司法中具有重要意义。公共航空运输是一种具有一定公益性质的事业，其地位和特点决定了必须保证营业安全。因此，法律对设立公共航空运输企业明确规定了必备条件，并需经过严格的审批程序。公共航空运输企业只有取得中国民航局颁发的“经营许可证”，并持经营许可证进行工商登记取得“企业法人营业执照”后，方可开始营业。同时，我国《民航法》强制要求企业投保地面第三人责任险。有的国际航空条约还要求航空承运人投保运输责任险，如1999年《蒙特利尔公约》第50条①。

(2) 飞行安全管理。其具体要求是，公共航空运输企业在设立时，必须拥有一定数量适航的航空器、合格的航空人员及必备的安全保障设施；在营业中，必须保持航空器的适航性、航空人员执照的有效性、各种设施运转的正常性。对此，民用航空主管部门定期和不定期地进行安全检查，实施监督管理。

(3) 航空保安管理。为了保护国家和人民的利益，公共航空运输企业除应保障飞行安全外，还必须依法采取有效的措施，防止非法干扰民用航空活动的发生，并制定安全保卫方案，切实保护旅客、货主的人身和财产安全。对此，我国《民航法》进行了规定（第99条②和第176条第2款）。

(4) 航空安全运输管理。根据我国《民航法》规定，划分为四大类。

第一类是禁止运输的。凡法律、行政法规规定的禁运物品，公共航空运输企业一律不得运输；并且禁止旅客随身携带禁运物品乘坐航空器（第100条第1款和第3款）。

第二类是经批准才能运输的。例如，作战军火、作战物资，只有经国务院民用航空主管部门批准后，公共航空运输企业才能运输（第100条第2款）。至于什么是作战军火、作战物资，由主管部门规定。

第三类是危险品运输。我国《民航法》第101条规定：①危险品品名由国务院民用航空主管部门规定并公布。②公共航空运输企业运输危险品应严格遵守危险品运输规则。③禁止以非危险品品名托运危险品；禁止将危险品作为托运行李运输。④禁止旅客携带危险品乘坐民用航空器；除因执行公务并按照国家规定经过批准外，禁止旅客携带枪支、管制刀具乘坐民用航空器。

第四类是经过安全检查之后才能运输。除根据规定并办理有免检手续的可以免检以

① 1999年《蒙特利尔公约》第50条规定：“当事国应当要求其承运人就其在本公约中的责任进行充分保险。当事国可以要求经营航空运输至该国内的承运人提供其已就本公约中的责任进行充分保险的证据。”

② 我国《民航法》第99条规定：“公共航空运输企业应当依照国务院制定的公共航空运输安全保卫规定，制定安全保卫方案，并报国务院民用航空主管部门备案。”我国《民航法》第176条第2款规定：“外国民用航空器经营人，应当依照中华人民共和国法律、行政法规的规定，制定相应的安全保卫方案，报中华人民共和国国务院民用航空主管部门备案。”

外，旅客乘坐民用航空器和运输行李、货物都须经过安全检查。公共航空运输企业不得运输拒绝安全检查的旅客；不得违反国家规定运输未经安全检查的行李；对承运的货物必须按照国务院民用航空主管部门的规定进行安全检查或者采取其他保证安全的措施（第 102 条）。

5. 航空运输服务质量的监督管理

我国《民航法》第 95 条规定："公共航空运输企业应当以保证飞行安全和航班正常，提供良好服务为准则，采取有效措施，提高运输服务质量。公共航空运输企业应当教育和要求本企业职工严格履行职责，以文明礼貌、热情周到的服务态度，认真做好旅客和货物运输的各项服务工作。旅客运输航班延误的，应当在机场内及时通告有关情况。"对于这些规定，公共航空运输企业都应当严格遵守；国务院民用航空主管部门应依法制定服务标准，监督执行。

7.2　航空运输合同

民用航空运输是在航空承运人与消费者之间进行的一种商品交换活动。商品交换是这种运输的经济内容，而航空运输合同则是这类商品交换所必须采取的法律形式。在民用航空运输活动中，航空承运人向消费者提供并完成运送服务，而购买这种商品的消费者则向航空公司承运人支付相应的价款。

7.2.1　航空运输合同的概念及分类

1. 航空运输合同的概念

合同也称为契约，是反映交易的法律形式。我国《合同法》第 2 条规定，合同是平等主体的自然人、法人及其他组织之间设立、变更、终止民事权利义务的协议。

航空运输合同也是契约，反映了合同的双方当事人对航空运输产品交易的法律形式。它是指航空运输企业与消费者（即旅客、货物托运人、收货人和邮政机构）之间，依法就提供并完成以民用航空器运送服务达成的协议。

2. 航空运输合同的分类

按照不同的标准，航空运输合同可以分成不同的类型，总体而言，主要有以下四种分类。

1）国内航空运输合同和国际航空运输合同

按照航空运输的性质，可把航空运输合同分为国内航空运输合同和国际航空运输合同。国内航空运输合同是指航空运输企业与消费者之间订立的，运输的始发地点、约定的经停地点和目的地点均在一个国家境内的协议。国际航空运输合同是指航空运输企业与消费者之间订立的，无论运输有无间断或者有无转运，运输的出发地点、目的地点或者约定的经停地点在两个或两个以上国家境内的协议。

2）航空旅客运输合同、航空行李运输合同和航空货物运输合同

依航空运输的对象为标准，可将航空运输合同分成航空旅客运输合同、航空行李运输合同和航空货物运输合同。航空旅客运输合同是承运人与旅客关于承运人将旅客及其行李安全运输到目的地，旅客为此支付运费所达成的协议。航空行李运输合同一般和航空旅客运输合同合为航空旅客及行李运输合同，单独的航空行李运输合同已不存在。航空货物运输合同是指承运人与托运人关于承运人将托运人托运货物安全运输到目的地，托运人为此支付运费的协议。

3）定期航空运输合同和不定期航空运输合同

从时间意义上划分，航空运输合同可分为定期航空运输合同和不定期航空运输合同。定期航空运输是指按照公布的时刻由预定的飞行实施、对公众开放的收费运输。不定期航空运输是指飞行时间不固定、时刻不予公布、公众可以乘坐的收费航空运输。不定期航空运输主要指包机运输，即民用航空运输使用人为一定的目的包用公共航空运输企业的航空器进行载客或载货的一种运输形式，其特点是包机人需和承运人签订书面的包机运输合同，并在合同有效期内按照包机合同自主使用民用航空器，包机人不一定直接参与航空运输活动。

4）空海联运合同、空陆联运合同和空陆海联运合同

依是否有延伸服务为标准，可将航空运输合同分为空海联运合同、空陆联运合同和空陆海联运合同。

从方便研究角度和法律适用角度出发，还可将航空运输合同分为国内航空运输合同和国际航空运输合同，两者均又包括航空旅客运输合同和航空货物运输合同。

7.2.2 航空运输合同的一般效力

航空运输合同的效力是指在航空运输运输合同关系中，基于当事人的权利和义务所产生的拘束力。因航空运输合同为双务合同，即合同双方均负担义务，且承运人和消费者之间构成了对价关系。因此，消费者的权利即为承运人的义务，反之亦然。

1. 航空承运人的义务

1）航空运输合同订立中的强制性承诺义务

合同的订立以自由为原则，但若合同的内容与公共利益有涉，各国法律一般都会对合同自由原则加以必要的限制。我国《合同法》第289条规定“从事公共运输的承运人不得拒绝旅客、托运人通常、合理的运输要求。”可见，我国法律为从事公共运输的承运人设定了强制性承诺义务，即对于旅客、托运人通常、合理的运输要求，从事公共运输的承运人只有承诺的资格，而无拒绝的权利。航空运输合同属于运输合同的一种，航空承运人无疑要遵守该强制性承诺的义务。

2）航空承运人应在约定期间或者合理期间内将旅客、货物安全运到约定地点

航空运输合同的履行与时间因素的关系尤为密切，故航空承运人必须依约定期间或合理期间完成运输义务。如果双方约定的履行期间是一个时间段，则承运人只要在该段时间内将客货运达目的地即可，如果双方约定的是一个时间点，则必须在该时间点运达目的地。但在航空运输中，由于各种承运人不能控制的因素都会对准点运输产生影响，如流量控制、天气原因等。当这些不归属于航空承运人的因素消失后，航空承运人应在合理期间内完成送达义务。

安全运输也是航空承运人的一项重要义务，在运输途中，旅客和货物处于承运人的管理或占有之下，而航空运输具有速度快、相对封闭且在空中飞行等特点，一旦发生航空事故，不仅会给客货安全，还可能给第三人人身和财产造成重大损失。因此，航空承运人的安全运输义务具有重要意义。

将客货运到约定地点也是航空承运人的一项重要义务。在旅客所持有的航空票证上，或承运人填发的运输单据、提货单据上，均明确载明了客货的到达地点。承运人应将客货运送到约定地点，否则，旅客或托运人或收货人的运输目的无法实现。承运人不履行按约定地点运送客货义务，造成的损害，应负担违约责任。同时，承运人将货物运送到约定地点后，还负有将货物交付给合同载明或指示交付的收货人的义务。如果承运人交付对象错误，托运人的运输目的落空，造成的损失，承运人需承担相应责任。

3）航空承运人应按照约定的或者通常的运输路线运送旅客、货物

运输路线是承运人承担运输业务所需经过的路线，运输路线的选择，影响着客货的运输时间。因航空运输合同是格式合同，承运人事先拟好了运输路线，供消费者进行选择，在运输单证上，会出现始发地点、目的地点及约定的经停地点。因此，在航空运输合同订立时，运输线路即航线已经约定，航空承运人应按照约定的路线进行运送。如果由于航空承运人以外的原因导致其不能按照约定路线进行运送的，应按照通常的运输路线进行运送①。

2. 消费者支付票款或运费的义务

旅客、托运人或者收货人的主要义务就是依航空运输合同的约定支付票款或运费。另外，客货运输中的杂费，也属于旅客、托运人或收货人应交付款额范围之列。但承运

① 通常的运输路线是指经过多次运输行为的检验，并被证明是很安全的路线。如果不按通常的运输路线进行运输，就有可能给运输活动带来危险，对于旅客或者货物带来危害。在航空运输中，航空运输路线一般都是经过精心测航的，选择的路线一般都是比较安全的（如少风暴的发生、少强气流的出现等恶劣天气出现）。在国际民用航空运输中，通常的运输一般还要经过航线所经国家的特别准许，如果民用航空运输承运人不按通常的运输路线运输，就有可能对旅客的生命安全造成危害。在运输中遇到危险，为了运输工具、旅客或者货物的安全，承运人也可不按通常的运输路线进行运输，可以进行绕行。即使这种危险是运输前承运人没有做到谨慎处理使运输工具处于适运的状态所致，承运人运输必须绕行，这种绕行也是合理的。因不可抗力的原因致使承运人不能按照通常的运输路线进行运输的，航空承运人也可以合理绕行。

人未按照通常的路线运输增加票款或者运费的，旅客、托运人或者收货人可以拒绝支付增加部分的票款或者运费；承运人未按规定多收的杂费，旅客、托运人、收货人也有权拒付。航空承运人擅自变更运输工具引起降低服务标准的，旅客、托运人有权要求退票、减收票款或运费；航空承运人提高服务标准，无权向旅客、托运人或者收货人加收票款或运费。

7.2.3 航空旅客运输合同

1. 航空旅客运输合同的概念和特征

航空旅客运输合同，是承运人与旅客关于承运人将旅客及其行李安全运输到目的地，旅客为此支付运费的协议。法律特征包括以下两个方面。

1）航空旅客运输合同的标的为运输旅客的行为

航空旅客运输合同是旅客与承运人关于运输旅客的协议，航空旅客运输合同的目的是承运人按时将旅客安全送达目的地。航空旅客运输合同属于服务合同的一种，承运人以其运输行为为旅客提供服务。因此，航空旅客运输合同的标的即为运输旅客的行为。

2）航空旅客运输合同为诺成性合同

航空旅客运输合同自承运人向旅客交付客票时成立，但当事人另有约定或者另有交易习惯的除外。航空运输合同，其成立一般只需承运人与消费者就提供并完成特定运送服务达成合意，其生效以消费者完成取得运输凭证的有关手续之时为标志，客票仅仅是证明合同成立，以及随即产生的承运人与特定消费者之间相应的法律关系客观存在的一种证据。简而言之，客运合同自承运人向旅客交付客票时成立。所以，航空运输合同为诺成性合同。但有学者认为航空运输旅客合同是实践性合同。

2. 航空旅客运输合同的效力

1）旅客的义务

（1）旅客应按照客票上载明的日期、班次，乘坐约定的航空器。旅客因自己的原因不能按照客票记载的时间乘坐的，应在约定的时间内办理退票或者变更手续，逾期办理的，航空承运人可不退票款，并不再承担运输义务。

（2）旅客在乘坐航空器时应持有效客票。客票是旅客与航空承运人存在航空旅客运输合同的证据，如果旅客出具的客票是无效客票，承运人有权拒绝运输。但客票只是表面证据，因此，旅客客票遗失，未能出示客票，或者客票不符合规定，只要能够证明航空运输合同已经签订，则航空运旅客运输合同的存在和效力不受影响。

（3）旅客携带行李物品应限量。航空旅客运输合同一般都包含行李包裹运输的内容，故旅客有权按照航空法律法规的规定，免费携带一定数量的行李物品。但旅客携带行李物品不能超过一定的数量，超过限量携带行李的，应凭客票办理托运手续。

（4）旅客不得随身携带或者在行李中夹带违禁物品。为保证航空安全，旅客不得随身携带或者在行李中夹带易燃、易爆、有毒、有腐蚀性、有放射性，以及有可能危及运输工具上人身和财产安全的危险物品或者其他违禁物品。旅客违反规定的，航空承运人可将违禁物品卸下、销毁或者送交有关部门。旅客坚持携带或者夹带违禁物品的，承运人应当拒绝运输。

2）承运人的义务

（1）承运人的告知义务。承运人应当向旅客及时告知有关不能正常运输的重要事由和安全运输应当注意的事项。

（2）承运人有按照客票载明的时间和班次运输旅客的义务。对于承运人未按客票载明的时间和班次进行运输的，旅客有权要求安排改乘其他班次、变更运输路线以到达目的地或者退票。

（3）承运人在运输过程中的救助义务。承运人在运输过程中，应当尽力救助患有急病、分娩、遇险的旅客。如果承运人对患有急病、分娩、遇险的旅客不予救助，因其不作为即可要求其承担民事责任。

（4）承运人的安全运送任务。航空旅客运输合同生效后，承运人负有将旅客安全送达目的地的义务，即在运输中承运人应保证旅客的人身安全。对旅客在运输过程中的伤亡，承运人应承担损害赔偿责任。但伤亡是旅客自身健康原因造成的或者承运人证明伤亡是旅客故意、重大过失造成的除外。这种免责事由的规定，说明承运人应对旅客的人身伤亡承担严格责任。承运人对旅客伤亡的赔偿责任及其免责事由的适用，不仅限于正常购票乘车的旅客，也适用于按照规定免票、持优待票或者经承运人许可搭乘的无票旅客。除上述旅客外，对于无票乘机又未经承运人许可的人员的伤亡，因没有合法有效的合同关系存在，承运人不承担赔偿责任。承运人还负有安全运输旅客自带物品的义务。在运输过程中旅客自带物品毁损、灭失，承运人有过错的，应当承担损害赔偿责任。

3. 航空旅客运输合同的变更和解除

1）因旅客自身原因导致的变更或解除

航空旅客运输合同成立后，在合同履行之前，旅客因自己的原因不能按照客票记载的时间乘坐的，可以在法定或约定的时间内变更或解除合同，即变更客票记载或办理退票手续。此种变更或解除被称为自愿变更或解除。旅客因自己的原因不能按照客票记载的时间乘坐的，应当在约定的时间内办理退票或者变更手续。逾期办理的，承运人可以不退票款，并不再承担运输义务。

2）因承运人的原因导致的变更或解除

因承运人的原因导致的客运合同变更或解除，称为非自愿的变更或解除，主要包括两种情况。

（1）因承运人的迟延运输导致的变更或解除。承运人应当按照客票载明的时间和班次运输旅客。承运人迟延运输的，应当根据旅客的要求安排改乘其他班次、变更运输路线以到达目的地或者退票。

(2) 因承运人擅自变更运输工具引起的合同变更。在客运合同订立后，承运人单方变更运输工具的，应视为一种违约行为。承运人擅自变更运输工具而降低服务标准的，旅客有权要求退票或者减收票款。承运人变更运输工具，提高服务标准的，无权向旅客加收票款。

7.2.4 航空货物运输合同

1. 航空货物运输合同的概念和特征

航空货物运输合同是指承运人将托运人交付运输的货物运送到约定地点，托运人支付运费的合同。法律特征包括以下三个方面。

1) 航空货物运输合同往往涉及第三人

航空货物运输合同由托运人与承运人双方订立，托运人与承运人为合同的当事人，但托运人既可以为自己的利益托运货物，也可以为第三人的利益托运货物。托运人既可自己为收货人，也可以是第三人为收货人。在第三人为收货人的情况下，收货人虽不是订立合同的当事人，但却是合同的利害关系人，在此情况下的航空货物运输合同即属于为第三人利益订立的合同。

2) 航空货物运输合同以将货物交付给收货人为履行完毕

航空货物运输合同与航空旅客运输合同一样，均是以承运人的运输行为为标的。但是，客运合同中承运人将旅客运输到目的地义务即履行完毕；而货运合同中，承运人将货物运输到目的地，其义务并不能完结，只有将货物交付给收货人后，其义务才履行完毕。

3) 航空货物运输合同为诺成性合同

航空货物运输合同，其成立一般只需承运人与托运人就提供并完成特定运送服务达成合意，其生效以托运人完成取得运输凭证的有关手续为标志，运输凭证仅仅是证明合同成立，以及随即产生的承运人与特定托运人之间相应的法律关系客观存在的一种证据。简而言之，航空货物合同也一般是以托运人交付货物作为承运人履行合同义务的条件而非合同成立的条件。所以，航空货物运输合同为诺成性合同。

2. 航空货物运输合同的效力

1) 托运人的义务

(1) 如实申报的义务。托运人在将货物交付运输时，有对法律规定或约定的事项进行如实申报的义务。因托运人申报不实或者遗漏重要情况，造成承运人损失的，托运人应当承担损害赔偿责任。

(2) 托运人有按规定向承运人提交审批、检验等文件的义务。在航空货物运输中，根据运输货物的种类、性质及国家的计划安排等，有的货物的运输需要得到有关部门的批准，还有的货物的运输需要先经过有关机关的检验方可进行运输。托运人对需要办理审批、检验手续的货物运输，应将办完有关手续的文件提交承运人。

（3）托运人的包装义务。合同中对包装方式有约定的，托运人有按照约定方式包装货物的义务。合同中对包装方式没有约定或者约定不明确时，可以协议补充，不能达成补充协议的，按照合同有关条款或者交易习惯确定。仍不能确定的，应当按照通用的方式包装，没有通用方式的，应当采取足以保护标的物的包装方式。托运人违反约定的包装方式的，或者不按通用的包装方式或以不足以保护运输货物的包装方式而交付运输的，承运人有权拒绝运输。

（4）托运人托运危险物品时的义务。托运人托运易燃、易爆、有毒、有腐蚀性、有放射性等危险物品的，应当按照国家有关危险物品运输的规定对危险物品妥善包装，做出危险物标志和标签，并将有关危险物品的名称、性质和防范措施的书面材料提交承运人。托运人违反规定的，承运人可以拒绝运输，也可以采取相应措施以避免损失的发生，因此产生的费用由托运人承担。

（5）支付运费、保管费及其他运输费用的义务。在承运人全部、正确履行运输义务的情况下，托运人或者收货人有按照规定支付运费、保管费及其他运输费用的义务。托运人或者收货人不支付运费、保管费及其他运输费用的，承运人对相应的运输货物享有留置权，但当事人另有约定的除外。货物在运输过程中因不可抗力灭失，未收取运费的，承运人不得要求支付运费；已收取运费的，托运人可以要求返还。

2）承运人的义务

（1）安全运输义务。承运人应依照合同约定，将托运人交付的货物安全运输至约定地点。运输过程中，货物毁损、灭失的，承运人应承担损害赔偿责任。货物的毁损、灭失的赔偿额，当事人有约定的，按照其约定；没有约定或者约定不明确，当事人可以协议补充，不能达成补充协议的，按照合同有关条款或者交易习惯确定；仍不能确定的，按照交付或者应当交付时货物到达地的市场价格计算。如果承运人证明货物的毁损、灭失是因不可抗力、货物本身的自然性质或者合理损耗，以及托运人、收货人的过错造成的，不承担损害赔偿责任。

（2）承运人的通知义务。货物运输到达后，承运人负有及时通知收货人的义务。当然，承运人只有在知道或应当知道收货人的通信地址或联系方法的情况下，才负有上述通知义务。如果因为托运人或收货人的原因，如托运人在运单上填写的收货人名称、地址不准确，或者收货人更换了填写地址或联系方式而未告知承运人的，承运人免除上述通知义务。

3）收货人的义务

（1）及时提货的义务。收货人虽然没有直接参与货物运输合同的签订，但受承运人、托运方双方签订货物运输合同的约束，收货人应当及时提货，收货人逾期提货的，应当向承包人支付保管费等费用。收货人不及时提货的，承运人有提存货物的权利。根据《合同法》的规定，在货物运输合同履行中，承运人提存货物的法定事由有两项：一是收货人不明。这主要包括无人主张自己是收货人，通过现有证据，主要是货物运输合同也无法确认谁是收货人；或者虽有人主张自己是收货人，但根据现有证据，包括货物运输合同及主张人提供的证据，无法认定其就是收货人等情形。二是收货人拒绝受领货物，主要是指虽有明确的收货人，但其对货物质量、品种、数量、运到期限等存有异议或者由于其他原因，与承运人未达成一致意见，而拒绝受领货物。承运人提存运输的货物后，运输合同关系即告消灭，该货物毁损、灭失的风险由收货人承担。提存期间，货物的孳息归收货人所有，提存所生费用也均由收货人承担。

（2）支付托运人未付或者少付的运费及其他费用。一般情况下，运费由托运人在发站向承运人支付，但如果合同约定由收货人在到站支付或者托运人未支付的，收货人应支付。在运输中发生的其他费用，应由收货人支付的，收货人也必须支付。

（3）收货人有在一定期限内检验货物的义务。货物运交收货人后，收货人负有对货物及时进行验收的义务。收货人应当按照约定的期限检验货物。对检验货物的期限没有约定或者约定不明确，当事人可以协议补充，不能达成补充协议的，按照合同有关条款或者交易习惯确定。仍不能确定的，应当在合理期限内检验货物。收货人在约定的期限或者合理期限内对货物的数量、毁损等未提出异议的，视为承运人已经按照运输单证的记载交付的初步证据。

7.2.5 航空运输合同的解释

航空运输合同为格式合同，其条款一经消费者承诺，即为与承运人合意的合同内容，没有个别磋商的余地。此外，航空运输合同在形式上分离存在，其内容又仅以合同条件的方式予以抽象列举，一般消费者难以得到全面清晰的理解。为了维护消费者权益，在对航空运输合同的条款进行解释时，各国司法审判机关均遵循以下两类原则，一方面规定探求当事人的真实意思，另一方面又规定不可拘泥于所使用的不当词句。具体而言，航空运输合同解释的一般原则主要有以下几个方面。

1）公平和诚信原则

由于航空运输合同限制了合同一方当事人的意思表示自由，同时另一方可以精确计算成本、风险、期限等，相比之下，意思表示弱势方处于不利的地位，使合同平等、公平原则丧失；更有甚者，在航空运输合同中写入不当免责等有失诚实信用的条款。因此，在对航空运输合同进行解释时遵循公平和诚实信用的原则格外重要。我国《合同法》中关于格式条款解释的具体规则正体现了公平和原则。我国《合同法》第 39 条规定："采用格式合同条款订立合同的，提供格式条款的一方应当遵循公平原则确定当事人之间的权利和义务，并采取合理的方式提请对方注意免除或者限制其责任的条款，按照对方的要求，对该条款予以说明。"这表明公平和诚信原则是格式合同解释的方向，它同时昭示着现代合同法从形式正义转向兼顾实质正义。航空运输合同的解释首先应当坚持公平和诚信原则。

2）通常理解标准解释原则

通常理解标准解释，是指对格式条款的理解发生争议时，应当按照通常理解标准进行解释。通常理解标准，即对格式合同条款的解释应当以普通社会公众认可的含义为标准。如果不存在普通社会公众认可的含义作为标准，可以法律虚拟的“合理人”的认识作为标准。航空运输合同不是为特定消费者制定的，而是为不特定消费者制定的。因此，航空运输合同的解释应考虑多数人而不是个别消费者的意志和利益。航空运输合同的解释不是以使用者立场，也不是以个别相对人的情形而定，而是以通常一般人的价值利益及认识或理解可能性为其解释标准。我国《合同法》第 41 条第 1 款规定：“对格式条款的理解发生争议的，应当按照通常理解予以解释。”《国际商事合同通则》也规定对格式条款解释应依据一般使用者的合理期望。从各国司法实践来看，对格式合同条款进行解释时不仅要考虑个案情况，更多还要考虑一般的情况。可以这样讲，在个案审理中法官对格式合同条款的解释不是对某一个合同或条款的解释，而是对全部这一类合同或条款的解释。这一解释原则可以说是合同解释客观原则、统一原则的具体化。

3）不利于条款制定人标准解释原则

不利于条款制定人标准解释原则，也有学者称之为调和解释规则或利用者不利益的解释原则，是指在格式条款存在两种以上解释时，应当做出不利于提供格式条款一方的解释。我国《合同法》第 41 条第 2 款规定：“对格式条款有两种以上解释的，应当做出不利于提供格式条款一方的解释。”

7.3　航空运输凭证

7.3.1　航空运输凭证的概念和分类

航空运输凭证是指与从事民用航空运输活动相关的凭据，包括客票及行李票、电子客票①、航空货运单、逾重行李票、航空邮运结算单，以及退票、误机、变更收费单和旅费证等用于航空运输的凭证。在航空法中，一般将航空运输凭证分为客票、行李票及航空货运单。

---

① 电子客票是普通纸质机票的一种电子替代产品，换句话说，是一种不通过纸票来实现客票销售、旅客乘机及相关服务的客票方式。电子客票是将客票信息存储在计算机系统的电子客票数据库内，通过对数据库相关信息的全过程处理，实现传统纸制机票的功能（客票发放、管理、销售、使用和结算等）。电子客票并不是“无票”。电子客票实现无纸化、电子化的订票、结算和办理乘机手续等全过程，给旅客带来许多便利并为航空公司降低成本。对于旅客来讲，它的使用与传统纸质机票并无差别。

中国民航总局及国家税务局联合发布的自 2006 年 6 月 1 日起实施的《〈航空运输电子客票行程单〉管理规定》规定：“民航电子客票试行使用《航空运输电子客票行程单》（简称《行程单》）作为旅客购买电子客票的付款凭证或报销凭证，同时具备提示旅客行程的作用。试行期为二年。《行程单》采用一人一票，不作为机场办理乘机手续和安全检查的必要凭证使用。”

7.3.2 客票

1）客票的概念和分类

客票是指由承运人或其代理人填开的被称为“客票及行李票”的凭证，包括运输合同条件、声明、通知，以及乘机联和旅客联等内容。客票在航空旅客运输中居于重要地位，无论航空旅客运输合同的成立、生效或履行，客票都在其中扮演重要的证据角色。

客票可以分为联程客票、来回程客票、定期客票和不定期客票①。航空客票是记名式的，由会计联、出票人联、乘机联和旅客联组成②。

《华沙公约》和《海牙议定书》均有关于客票的直接规定，并将客票视为运输凭证的一种，我国民航法也采用该种体例；发展至《危地马拉议定书》和 1999 年《蒙特利尔公约》时，“客票”的概念已经消失，取而代之的是“个人的或者集体的运输凭证”，并规定“任何保存其内容的其他方法都可以用来代替出具该款中所指的运输凭证”。由此可见，客票和运输凭证之间已经不再齿唇相依，而逐渐呈分离之势。客票只是运输凭证的一种，除此之外，运输凭证还包括行李票、货运单，以及任何可保存其内容的其他方法。

2）客票记载事项

(1) 国际航空法的规定。在华沙体制下的各航空条约中，对客票的记载事项的规定不尽相同，有逐渐简化趋势。

《华沙公约》第 2 章“运输凭证”第 1 节“客票”第 3 条规定客票记载事项有五项：出票地点和日期；出发地和目的地；约定的经停地点，但承运人保留在必要时变更经停地点的权利，承运人行使这种权利时，不应使运输由于这种变更而丧失其国际性质；承运人的名称和地址；声明运输应受公约所规定责任制的约束。

《海牙议定书》对《华沙公约》客票记载事项进行了简化，简化后的客票上应载有三项内容：出发地点和目的地点的注明；如出发地点和目的地点均在同一缔约国领土内，而在另一个国家领土内有一个或数个约定的经停地点时，注明至少一个此种经停地点；声明如旅客航程最终目的地点或经停地点不在出发地点所在国家内，《华沙公约》可以适用于该项运输，且该公约规定并在一般情况下限制承运人对旅客伤亡，以及行李遗失或损坏所负的责任。

---

① 联程客票指列明有两个（含）以上航班的客票。来回程客票指从出发地至目的地并按原航程返回原出发地的客票。定期客票指列明航班、乘机日期和订妥座位的客票。不定期客票指未列明航班、乘机日期和订妥座位的客票。

② 会计联由航空公司的销售部门或销售代理人保存，作为内部业务处理的票证。出票人联由出票人留存。乘机联指客票中标明“适用于运输”的部分，表示该乘机联适用于指定的两个地点之间的运输；乘机联是旅客办理乘机手续的凭证，旅客必须出示具有乘机联和旅客联的机票才为有效机票。乘机联由承运人保存，是承运人和销售代理人之间进行财务结算的凭证。旅客联指客票中标明“旅客联”的部分，旅客联始终由旅客持有，是旅客完成旅行后报销费用的凭证。

《危地马拉议定书》取消了对客票的称谓，取而代之是“个人或集体的运输凭证”和“任何其他方法都可用以代替出具该款中所指的运输凭证”。并规定该运输凭证上应载有：①始发地点和目的地点；②始发地点和目的地点是在同一缔约国领土内，而在另一国领土内有一个或几个约定的经停地点时，至少有其中一个此种经停地点。

1999 年《蒙特利尔公约》秉承了《危地马拉议定书》中的规定，增加了替代运输凭证的方法，但“承运人应当提出向旅客出具一份以此种方法保存的内容的书面陈述。”

（2）我国航空法的规定。我国《民航法》第 110 条规定，客票应当包括的内容由国务院民用航空主管部门规定，至少应当包括以下内容：①出发地点和目的地点；②出发地点和目的地点均在中华人民共和国国境内，而在境外有一个或者数个约定的经停地点的，至少注明一个经停地点；③旅客航程的最终目的地点、出发地点或者约定的经停地点之一不在中华人民共和国境内，依照所适用的国际航空运输公约的规定，应当在客票上声明此项运输适用该公约的，客票上应当载有该项声明。

《中国民用航空旅客、行李国内运输规则》（CCAR—271TR—R1，1996 年 3 月 1 日起施行，2004 年重新修订，同年 8 月 12 日起施行）第 8 条和《中国民用航空旅客、行李国际运输规则》（CCAR—272TR—R1，1998 年 4 月 1 日起施行）第 6 条[①]对此进行了细化。

3）客票变更、退票和客票遗失

（1）客票变更。客票变更是指航班、日期、舱位等级等的改变。客票变更的原因主要有旅客原因导致的客票变更及承运人原因导致的客票变更。

根据《中国民用航空旅客、行李国内运输规则》的规定，客票变更的情形及处理措施主要包括以下两个方面。

一方面是由旅客原因导致的客票变更。旅客购票后，如要求改变航班、日期、舱位等级，承运人及其销售代理人应根据实际可能积极办理。由旅客原因导致的客票变更主要有：①改变承运人。旅客要求改变承运人，应征得原承运人或出票人的同意，并在新的承运人航班座位允许的条件下予以签转。②旅客误机。旅客如发生误机，应到乘机机场或原购票地点办理改乘航班、退票手续。旅客误机后，如要求改乘后续航班，在后续航班有空余座位的情况下，承运人应积极予以安排，不收误机费。③旅客错乘。旅客错乘飞机，承运人应安排错乘旅客搭乘最早的航班飞往旅客客票上的目的地，票款不补不退。

---

① 《中国民用航空旅客、行李国内运输规则》第 8 条规定：“客票应当至少包括下列内容：（1）承运人名称；（2）出票人名称、时间和地点；（3）旅客姓名；（4）航班始发地点、经停地点和目的地点；（5）航班号、舱位等级、日期和离站时间；（6）票价和付款方式；（7）票号；（8）运输说明事项。”

《中国民用航空旅客、行李国际运输规则》第 6 条规定：“客票至少应当包括下列内容：（1）旅客姓名；（2）出票人名称、出票时间和地点；（3）出发地点和目的地点；（4）出发地点和目的地点均在中华人民共和国境内，而在境外有一个或者数个约定经停地点的，至少注明一个约定经停地点；（5）旅客航程的最终目的地点、出发地点或者约定的经停地点之一不在中华人民共和国境内，依照所适用的国际航空运输公约的规定，应当在客票上声明此项运输适用该公约的，客票上应当载有该项声明。”

另一方面是由承运人原因导致的客票变更。航班取消、提前、延误、航程改变或不能提供原定座位时，承运人应优先安排旅客乘坐后续航班或签转其他承运人的航班。因承运人的原因，旅客的舱位等级变更时，票款的差额多退少不补。由承运人原因导致客票变更的情况主要有：①变更承运人。航班取消、提前、延误、航程改变或不能提供原定座位时，要求旅客变更承运人时，应征得旅客及被签转承运人的同意后，方可签转。②旅客漏乘。由于承运人原因旅客漏乘，承运人应尽早安排旅客乘坐后续航班成行。③旅客错乘。由于承运人原因旅客错乘，承运人应尽早安排旅客乘坐后续航班成行。

客票变更分为自愿变更和非自愿变更。自愿变更是指旅客已开始旅行但未到达目的地点前要求改变客票中未使用部分载明的航程、目的地点、承运人、座位等级、航班或者客票有效期。非自愿变更是指承运人取消旅客已定妥座位的航班，或者取消航班在旅客的目的地点或者中途分程地点降停，或者未能合理地按照班期飞行，或者未能提供事先定妥的座位造成旅客改变航程。

自愿改变航程，按下列规定办理：旅客应当在未到达客票载明的目的地点前提出；改变航程后，应当适用原客票第一张乘机联载明的运输开始之日所适用的票价和各项费用；改变航程后的票价和各项费用与原票价和各项费用的差额，应当由旅客支付或者由承运人退还；改变航程后填开新客票有效期应当与原客票所适用有效期相同，并从原客票第一张乘机联载明的运输开始之次日零时起计算。

造成旅客非自愿改变航程的原因主要有两个方面。一是根据《中国民用航空旅客、行李国际运输规则》第 57 条的规定："有下列情况之一的，承运人可以不经事先通知，取消、中断、变更、延期或者推迟航班飞行，并按照本规则第六十条规定办理：为了遵守中华人民共和国或者运输过程中有关国家的法律及其他有关规定；为了保证飞行安全；承运人无法控制或者不能预见的其他原因。"二是由于承运人的原因造成的，主要有：承运人造成旅客已订妥座位的航班取消；承运人的航班未在旅客目的地点或者中途分程地点降停；承运人未合理地安排班期时刻飞行；承运人未提供旅客事先已定妥的座位；承运人造成旅客错失已定妥座位的衔接航班。

造成承运人非自愿改变航程的处理有两种情况。一是非承运人的原因造成的变更的处理：为旅客安排第一个能够订妥座位的航班或者签转给其他承运人；改变原客票载明的航程，安排承运人的航班或者签转给其他承运人，将旅客运送到目的地点或者中途分程地点；可以按规定办理退票；协助旅客安排膳宿、地面交通等服务，始发地旅客费用由旅客自理。二是由承运人原因造成的变更的处理：为旅客安排第一个能够订妥座位的航班或者签转给其他承运人；改变原客票载明的航程，安排承运人的航班或者签转给其他承运人，将旅客运送到目的地点或者中途分程地点；可以按规定办理退票；应当按照承运人规定免费为旅客提供休息场所、饮料、食品、膳宿或者其他承运人认为必要的服务。

（2）退票。由于承运人或旅客原因，旅客不能在客票有效期内完成部分或全部航程，可以在客票有效期内要求退票。旅客要求退票，应凭客票或客票未使用部分的"乘机联"和"旅客联"办理。退票只限在出票地、航班始发地、终止旅行地的承运人或其销售代理人售票处办理。票款只能退给客票上列明的旅客本人或客票的付款人。退票原因可分为以下两种情况。

第一，由旅客原因导致的退票。由旅客原因导致的退票，根据《中国民用航空旅客、行李国内运输规则》的规定主要有免收退票费和收取退票费两种情况。

免收退票费。享受免收退票费的旅客主要有：革命残废军人要求退票，免收退票费；持婴儿客票的旅客要求退票，免收退票费。旅客因病要求退票，需提供医疗单位的证明，始发地应退还全部票款，经停地应退还未使用航段的全部票款，均不收取退票费。患病旅客的陪伴人员要求退票，免收退票费。

收取退票费。持不定期客票的旅客要求退票，应在客票的有效期内到原购票地点办理退票手续。旅客在航班的经停地自动终止旅行，该航班未使用航段的票款不退。根据国家有关规定不能乘机的旅客，承运人有权拒绝其乘机，已购客票按自愿退票处理。旅客误机旅客如发生误机，应到乘机机场或原购票地点办理改乘航班、退票手续。旅客误机后，如要求退票，承运人可以收取适当的误机费。由于旅客原因发生漏乘，旅客要求退票，收取退票费。

第二，由承运人原因导致的退票。由承运人原因导致旅客退票主要有三个方面：旅客被强行拒载（指的是航班超售）、航班被取消及航班被延误。《欧共体关于航班拒载、取消或延误时对旅客赔偿和帮助的一般规定》充分考虑保护旅客权利，规定在旅客被强行拒载、航班被取消及航班被延误时，不仅可以退票，而且还可以获得赔偿和享有受关怀的权利①。美国航空法中也有类似规定②。《中国民用航空旅客、行李国内运输规则》规定，航班取消、提前、延误、航程改变或承运人不能提供原定座位时，旅客要求退票，始发站应退还全部票款，经停地应退还未使用航段的全部票款，均不收取退票费。由于承运人原因旅客漏乘或错乘，承运人应尽早安排旅客乘坐后续航班成行，如旅客要求退票，不收取退票费。《中国民用航空旅客、行李国际运输规则》第 68 条规定，非自愿退票，按下列规定办理：客票全部未使用，退还全部已付票款；客票已部分使用，从已付票款中扣除已使用航段票款，其余额与从旅行中断地点至目的地点或者下一个中途分程地点并扣除适用的折扣和费用的单程票价相比较，取其高者退还旅客，但所退票款

---

① 《欧共体关于航班拒载、取消或延误时对旅客赔偿和帮助的一般规定》是欧洲联盟理事会和欧洲议会于 2004 年 2 月 11 日在斯特拉斯堡（Strasbourg）通过了 261/2004 条例，建立了关于航班拒载、取消或长时间延误时对旅客赔偿和提供帮助的新的共同规则，自 2005 年 2 月 17 日起生效，取代了此前的 1991 年 295/91 条例。新规则加强了在超售情况下对旅客的保护，为旅客在航班取消和延误时设立了新的权利。

② 美国《联邦条例法典》规定，每一承运人应在其机场的值机柜台张贴“航班超售通知”，并且要将该“通知”印在机票上，或者附随于机票的单另的纸上。要求承运人请求不急于出行的旅客自愿放弃其座位以换取赔偿金。所有被拒载的旅客有权利获得赔偿，但有例外，如旅客未能遵守值机规则。要求承运人给被拒载的旅客一个书面声明，对拒载赔偿规定的相关术语、条件和限制做一解释，并且说明承运人的优先登机规则和标准。如果被拒载的旅客在航空公司的重新安排下能乘坐上预计到达时间比原航班预计到达时间推迟 1 小时之内到达其目的地或其原航程的下一个经停点的替代航班或其他交通方式的，航空公司可以不必赔偿；如果替代交通安排预计到达时间比原航班晚 1～2 小时，则航空公司须赔偿被拒绝登机的旅客相当于单程机票票价的金额，最高不超过 200 美元；如果替代交通安排预计到达时间晚于 2 小时（国际航班为晚于 4 小时），或者航空公司无法安排替代交通的，赔偿翻番为票价的 200％，最高不超过 400 美元。如果旅客自行安排交通，则他可以按照非自愿退票的规定退回机票款。

不得超过已付票款的总额。

（3）客票遗失。《中国民用航空旅客、行李国内运输规则》规定，旅客遗失客票，应以书面形式向承运人或其销售代理人申请挂失。在旅客申请挂失前，客票如已被冒用或冒退，承运人不承担责任。定期客票遗失，旅客应在所乘航班规定离站时间 1 小时前向承运人提供证明后，承运人可以补发原定航班的新客票。补开的客票不能办理退票。不定期客票遗失，旅客应及时向原购票的售票地点提供证明后申请挂失，该售票点应及时通告各有关承运人。经查证客票未被冒用、冒退，待客票有效期满后的 30 天内，办理退款手续。

4）其他规定

《中国民用航空旅客、行李国内运输规则》规定，客票为记名式，只限客票上所列姓名的旅客本人使用，不得转让①和涂改，否则客票无效，票款不退。

客票的有效期为客票自旅行开始之日起，一年内运输有效。如果客票全部未使用，则从填开客票之日起，一年内运输有效。有效期的计算，从旅行开始或填开客票之日的次日零时起至有效期满之日的次日零时为止。承运人及其代理人售票时应该认真负责。特种票价的客票有效期，按该客票适用票价的有效期计算。由于承运人的原因，造成旅客未能在客票有效期内旅行，其客票有效期将延长到承运人能够安排旅客乘机为止。《中国民用航空旅客、行李国际运输规则》第 11～13 条更加详细地对客票有效期延长进行了规定②。

5）客票的法律性质

有人认为，客票的法律功能有实体功能和程序功能两个方面。实体功能有：客票是客运合同成立的前提条件；客票是航空运输性质的判断依据；客票是维护交易安全的必要手段。程序功能有：客票是客运合同订立的初步证据；客票是客运合同条件的初步证据③。在航空法中，客票具有初步证据的作用。

第一，客票是旅客与承运人订立航空合同的初步证据。初步证据表达了对事物证据价值的基本肯定，即该事物作为证据的充分性与有效性已达到法院可以据以确认事

---

① 《中国民用航空旅客、行李国际运输规则》第 8 条规定：“客票不得转让。客票不是由有权乘机或者退票的人出示的，承运人可依规定向出示该客票的人提供运输或者退款。承运人对原客票有权乘机或者退票的人，不承担责任。”

② 《中国民用航空旅客、行李国际运输规则》第 11 条规定：“因下列原因之一，造成旅客未能在客票有效期内旅行的，承运人应当按规定延长旅客的客票有效期：（一）承运人取消旅客已定妥座位的航班；（二）承运人未在航班经停地点降停，而该经停地点是旅客的出发地点、目的地点或者中途分程地点；（三）承运人未合理地按照班期时刻进行航班飞行；（四）承运人造成旅客错失衔接航班；（五）承运人替换了不同的座位等级；（六）承运人未提供事先已确认的座位。”《中国民用航空旅客、行李国际运输规则》第 12 条规定：“旅客订座时，由于承运人未提供该航班座位，使持有正常票价客票的旅客不能在客票有效期内旅行，承运人应当按规定延长该旅客的客票有效期。”《中国民用航空旅客、行李国际运输规则》第 13 条规定：“旅客在旅途中患病，不能如期完成预定旅行的，承运人应当按规定延长该旅客及其陪同人员的客票有效期。旅客在旅途中死亡，承运人应当按规定延长该旅客陪同人员的客票有效期。”

③ 孟庆芬．航空客票的法律性质探微．中国民用航空，2006，(3)：74-75.

实并进行裁决的程度。但是，如果对方能提出更为确凿的相反证据，也可将它否定。经过多年的实践，法院在使用客票作证据上很少发生异议的情况。在航空失事机毁人亡而旅客手中的客票灭失时，航空公司都有存根可查。个别情况也有诉讼中客票存根超过三年保存期而被销毁时，则只有靠人证来证明合同的存在了。所以，《华沙公约》第 3 条规定："客票缺如、不符合规定或者遗失，不影响运输合同的存在或者有效，该运输合同仍应受本公约规则的约束。"《海牙议定书》第 3 条将其修订为："在无相反的证明时，客票应作为载运契约的缔结及载运条件的证据。客票的缺如、不合规定或遗失并不影响载运契约的存在或有效，载运契约仍受本公约规定的约束。"赵维田教授推断认为《华沙公约》《海牙议定书》第 3条第 2 款都暗示了一个规则："客票是构成航空运输合同订立与条件的初步证据"，因为"第 11 条已经有'航空货运单是订立合同、接受货物和承运条件的初步证据'的表述"[①]。《危地马拉议定书》第 3 条规定，凡能记载第 1 款第 1 项、第 2 项内容（即客票记载事项）的任何其他方法都可用以代替出具该款中所指的运输凭证；不按照前几款规定办理，不影响运输合同的存在和效力，并仍受本公约规则的约束，包括有关责任限制的规定。1999 年《蒙特利尔公约》第 3 条第 5 款规定，未遵守前几款（即客票记载事项）的规定，不影响运输合同的存在或者有效，该运输合同仍应当受本公约规则的约束，包括有关责任限制规则的约束。我国《民航法》第 111 条规定："客票是航空旅客运输合同订立和运输合同条件的初步证据。旅客未能出示客票、客票不符合规定或者客票遗失，不影响运输合同的存在或者有效。"

第二，客票是客运合同条件的初步证据。运输合同是一种附和合同，这项合同的条款不是由当事双方谈定或协议的产物，而是由承运人一方拟定标准条款或共同条件，听任用户在订立与否上做出抉择。因此，作为合同"条件"的"共同条件"是一个关键因素，它决定着合同双方的权利与义务。鉴于附和合同这种一方制定合同条件的特征，西方学者常将该合同当事双方地位说成是不平等的，承运人一方常在资源、手段与法律知识等方面居于优势地位，很容易将不公平条款强加给用户。为避免"共同条件"不公平情况，各国法院除用"违反公共政策"的理由宣布其无效外，各国以及国际上日益采用立法加以规定的办法。从这个意义上说，不仅华沙体制和 1999 年《蒙特利尔公约》也可以说是法定的"共同条件"；而且各国国内立法中也基本上把运输合同的条件法定化，也应当成为航空运输合同的共同条件。作为一种法定"共同条件"，还有另一重要法律含义，即不论该运输合同当事双方是否知道、同意与接受，都要受它的强制约束。作为一种法定"共同条件"，还有另一重重要法律含义，即不论该运输合同当事双方是否知道、同意与接受，都要受它的强制约束。

第三，客票还有对承运人进行制裁的作用。制裁规则又称惩罚规则，是对某些违背法律强制性规定而加重的负担，使其免除或限制责任的理由消失。航空旅客运输中对承运人的制裁规则经历了从《华沙公约》的确定到《危地马拉议定书》取消的过程。但我国《民航法》中仍然坚持制裁规则。

---

① 赵维田．国际航空法．北京：社会科学文献出版社，2000：308.

《华沙公约》第 3 条规定，在旅客运输中，承运人必须出具客票，承运人接受旅客而不出具客票的，承运人无权援用公约关于免除或者限制承运人责任的规定。

《海牙议定书》第 3 条将制裁的规定变成了两项：一是承运人同意旅客不经其出票而登机的；二是客票上未规定一项声明，即“旅客航程最终目的地点不在出发地点所在的国家内的，该运输可受华沙公约的约束，在一般情况下，该公约限制承运人对旅客死亡或人身伤害以及行李灭失或损坏所承担的责任”，承运人无权援用责任限额的规定。

《危地马拉议定书》又恢复了客票作为运输凭证的“证据”本质，取消了制裁规则，1999 年《蒙特利尔公约》秉承了《危地马拉议定书》的规定，正本清源恢复了客票“证据”作用，取消制裁规则。

我国《民航法》中仍然坚持着制裁规则，但根据运输的性质不同而不同。在国内航空运输中，承运人同意旅客不经其出票而乘坐民用航空器的，无权援用国际航空承运人赔偿责任限额的规定。在国际航空运输中制裁规则有两个，一是承运人同意旅客不经其出票而乘坐民用航空器，二是客票上未规定声明的，即“旅客航程的最终目的地点、出发地点或者约定的经停地点之一不在中华人民共和国境内，依照所适用的国际航空运输公约的规定，应当在客票上声明此项运输适用该公约的，客票上应当载有该项声明”，承运人若无记载此项声明，无权援用国际航空运输承运人赔偿责任限制的规定。

7.3.3 行李票

1）概述

行李指旅客在旅行中为了穿着、使用、舒适或方便的需要而携带的物品和其他个人财物。

《华沙公约》和《海牙议定书》将行李分为托运行李和由旅客自行保管的小件个人用品，两者适用不同的责任制度。《危地马拉议定书》和 1975 年《蒙特利尔第四号附加议定书》将行李分为托运行李和旅客随身携带的物品，两者适用同样的法律制度。1999 年《蒙特利尔公约》将行李分为托运行李和非托运行李，两者又适用不同的法律制度。

我国航空法中将行李分为托运行李和自理行李①。另外，还包括旅客随身携带的物品，随身携带的物品是指经承运人同意由旅客自行携带乘机的零星小件物品。

从《华沙公约》到 1999 年《蒙特利尔公约》，行李票经历了一个由有到无的过程，在 1999 年《蒙特利尔公约》中，行李票已和客票合二为一，简化了运输凭证。我国航空法对行李票的规定也有逐渐取消之势，并规定可以用其他方法取代行李票，如行李牌，行李牌指识别行李的标志和旅客领取托运行李的凭证。《华沙公约》规定，行李票应备一式两份，一份交旅客，一份归承运人。

---

① 托运行李指旅客交由承运人负责照管和运输并填开行李票的行李。自理行李指经承运人同意由旅客自行负责照管的行李。

2）行李票记载的事项

（1）国际航空公约的规定。《华沙公约》第 4 条规定行李票应当记载的事项有 8 个方面：出票地点和日期；出发出发地点和目的地点；承运承运人的名称和地址；客票的号码；一项将行李交给行李票持有人的声明；行李件数和重量；根据声明价值的金额；声明运输应受公约规定的责任制度约束。

《海牙议定书》进行了简化，修订为三个方面：出发地点和目的地点；出发地点和目的地点是在一个缔约国的领土内，而在另一国的领土内有一个或者几个约定的经停地点的，至少注明其中一个此种经停地点；一项声明，航程最终目的地点或经停地点不在出发地点所在国家内，《华沙公约》可以适用于该项运输，且该公约规定并在一般情况下限制承运人对行李灭失或损坏所负的责任。

《危地马拉议定书》又对《海牙议定书》的规定简化为两项：出发地点和目的地点；出发地点和目的地点是在一个缔约国的领土内，而在另一国的领土内有一个或者几个约定的经停地点的，至少对其中一个此种经停地点的标示。

1999 年《蒙特利尔公约》中，取消了对行李票的规定，被客票所吸收，取而代之的是行李识别标签。这是由行李本身的人身依附关系性质决定的，但是取消行李票，并不等于取消了行李运输及相应的赔偿规则，对于托运行李毁灭、遗失或者损坏而产生的损失，还是按照公约的规定进行赔偿。

（2）我国航空法的规定。我国《民航法》第 112 条规定，除本法第 110 条的规定外（客票记载事项），行李票还应当包括下列内容：①托运行李的件数和重量；②需要声明托运行李在目的地点交付时的利益的，注明声明金额。

3）制裁规则

《华沙公约》第 3 条规定“承运人无权援用公约关于免除或者限制承运人责任的规定”的内容有四项：承运人接受行李而不出具行李票的；行李票上未载有客票的号码；行李票上未载有行李件数和重量；行李票上未载有声明运输应受本公约规定的责任制度约束。

《海牙议定书》将制裁规则简化为三项：承运人接受行李而不出具行李票的；行李票上未结合或未包括一项声明，即“航程最终目的地点或经停地点不在出发地点所在国家内，华沙公约可以适用于该项运输，且该公约规定并在一般情况下限制承运人对旅客伤亡以及行李遗失或损坏所负的责任”；未依照“航程最终目的地点或经停地点不在出发地点所在国家内，华沙公约可以适用于该项运输，且该公约规定并在一般情况下限制承运人对行李灭失或损坏所负的责任”的规定。承运人无权援用公约限制承运人对行李赔偿限额的规定。

《危地马拉议定书》和 1999 年《蒙特利尔公约》取消行李票制裁规则。

我国《民航法》仍然有制裁规则的规定，在国内航空运输中，承运人载运托运行李而不出具行李票的，承运人无权援用国内航空运输有关托运行李赔偿责任限制的规定；在国际航空运输中，承运人载运、托运行李而不出具行李票的，或者行李票上未依照

“旅客航程的最终目的地点、出发地点或者约定的经停地点之一不在中华人民共和国境内，依照所适用的国际航空运输公约的规定，应当在客票上声明此项运输适用该公约的，客票上应当载有该项声明”的规定声明的，承运人无权援用国际航空运输承运人有关赔偿责任限制的规定。

行李票同样具有初步证据的作用。

7.3.4 航空货运单

航空货运单是指托运人或者托运人委托承运人填制的，是托运人和承运人之间为在承运人的航线上承运货物所订立合同的证据。《华沙公约》首次对航空货运单进行规定，1975年《蒙特利尔第四号附加议定书》第3条修改为航空货运单或者货物收据，1999年《蒙特利尔公约》第4条秉承了1975年《蒙特利尔第四号附加议定书》的规定。我国航空法中称为航空货运单。

1）航空货运单记载事项

（1）国际航空条约的规定。《华沙公约》第8条规定航空货运单的记载事项为17个，即货运单的填写地点和日期；起运地和目的地；约定的经停地点，但承运人保留在必要时变更经停地点的权利，承运人行使这种权利时，不应使运输由于这种变更而丧失其国际性质；托运人的名称和地址；第一承运人的名称和地址；必要时应写明收货人的名称和地址；货物的性质；包装件数、包装方式、特殊标志或号数；货物的重量、数量、体积或尺寸；货物和包装的外表情况；如果运费已经议定，应写明运费金额、付费日期和地点及付费人；如果是货到付款，应写明货物的价格，必要时还应写明应付的费用；声明的价值；航空货运单的份数；随同航空货运单交给承运人的凭证；如果经过约定，应写明运输期限，并概要说明经过的路线；声明运输应受公约所规定责任制度的约束。

《海牙议定书》第6条进行了简化，将航空货运单的内容改为3项：始发地点和目的地点；如始发地点和目的地点在同一缔约国领土内，而在另一国家领土内有一个或者多个经停地点时，至少载有一个此种经停地点；一项声明“如始发地点和目的地点或者经停地点不在始发地点所在的国家内，该项运输有可能受华沙公约的约束，一般情况下，该公约限制承运人对货物灭失或者损坏所承担的责任”。

《危地马拉议定书》对此规定没有进行改动。1975年《蒙特利尔第四号附加议定书》对航空货运单所载的内容进行了修改，其第3条规定为3项，即航空货运单和货物收据上应当载明：出发地点和目的地点；如出发地点和目的地点在同一缔约国领土内，而在另一国家领土内有一个或者多个经停地点时，至少载有一个此种经停地点；货物重量。

1999年《蒙特利尔公约》第5条的规定有3项，即航空货运单或者货物收据应当包括：对出发地点和目的地点的标示；出发地点和目的地点是在一个当事国的领土内，而在另一国的领土内有一个或者几个约定的经停地点的，至少对其中一个此种经停地点的标示；对货物重量的标示。

（2）我国航空法的规定。我国《民航法》第 115 条规定，航空货运单应当记载的事项为三项：出发地点和目的地点；出发地点和目的地点均在中华人民共和国境内，而在境外有一个或者数个约定的经停地点的，至少注明一个经停地点；货物运输的最终目的地点、出发地点或者约定的经停地点之一不在中华人民共和国境内，依照所适用的国际航空运输公约的规定，应当在货运单上声明此项运输适用该公约的，货运单上应当载有该项声明。

《中国民用航空货物国内运输规则》（CCAR—275TR—R1，1996 年 3 月 1 日起施行）第 11 条规定货运单的基本内容包括 11 项，《中国民用航空货物国际运输规则》（CCAR—274，2000 年 8 月 1 日起施行）第 9 条规定货运单的基本内容包括 17 项①。

2）航空货运单份数

《华沙公约》第 6 条规定，托运人应填写航空货运单正张一式三份，连同货物交给承运人。第一份注明“交承运人”，由托运人签字；第二份注明“交收货人”，由托运人和承运人签字，并附在货物上；第三份由承运人在接受货物后签字，交给托运人。《海牙议定书》《危地马拉议定书》、1975 年《蒙特利尔第四号附加议定书》和 1999 年《蒙特利尔公约》对航空货运单份数的规定和《华沙公约》的规定完全一样。

我国《民航法》第 114 条规定，托运人应当填写航空货运单正本一式三份，连同货物②交给承运人。航空货运单第一份注明“交承运人”，由托运人签字、盖章；第二份注明“交货人”，由托运人和承运人签字、盖章；第三份由承运人在接受货物后签字、盖章，交给托运人。三份具有同等法律效力。货运单的副本根据业务需要增减，目前我国国内航空运输暂定附本为五份。

3）航空货运单或货物收据的法律性质

《华沙公约》第 11 条规定，在无相反证据的情况下，航空货运单是托运人、承运人订立运输合同，接受货物和运输条件的证明；在没有相反的证据时，航空货运单中关于货物重量、尺寸和包装及件数的说明，都应该被当成是确实的。除非经过承运人和托运

---

① 《中国民用航空货物国内运输规则》第 11 条规定，“货运单上应当包括下列内容：填单地点和日期；出发地点和目的地点；第一承运人的名称、地址；托运人的名称、地址；收货人的名称、地址；货物品名、性质；货物的包装方式、件数；货物的重量、体积或尺寸；计费项目及付款方式；运输说明事项；托运人的声明”。

《中国民用航空货物国际运输规则》第 9 条规定，“货运单上应当包括下列内容：填写的地点和日期；出发地点和目的地点；出发地点和目的地点均在中华人民共和国境内，而在境外有一个或者数个约定的经停地点的，至少注明一个经停地点；托运人的名称和地址；第一承运人的名称和地址；收货人的名称和地址；货物的性质；包装件数、包装方式、特殊标志或者号数；货物的重量、数量、体积或者尺寸；货物和包装的外表情况；运费，如经议定，付费日期和地点及付费人；提取货物时支付货款的，应当注明货物的价格和必要时应付的费用金额；需要声明货物在目的地点交付时的利益的，应当注明声明价值金额；货运单的份数；随货运单交给承运人的文件；如经议定，应当注明完成货物运输的时间和概要说明经过的路线；货物运输的最终目的地点、出发地点或者约定的经停地点之一不在中华人民共和国境内，依照所适用的国际航空运输公约的规定，应当在货运单上声明此项运输适用该公约的，货运单上应当载有该项声明”。

② 《华沙公约》第 6 条规定了航空货运单要“连同货物交给承运人”。1975 年《蒙特利尔第四号附加议定书》和 1999 年《蒙特利尔公约》取消了“连同货物交给承运人”的规定。

人当面查对并在航空货运单中注明经过查对，或者是关于货物外表情况的说明外，关于货物的数量、体积及情况的说明不能构成不利于承运人的证据。《海牙议定书》加入一款，即“本公约不妨碍签发可转让的航空货运单”。《危地马拉议定书》未进行修改，1975 年《蒙特利尔第四号附加议定书》第 3 条的规定与《华沙公约》第 11 条的规定一样，1999 年《蒙特利尔公约》也没进行任何改动。我国《民航法》第 118 条对航空货运单证据价值的规定和 1929 年《华沙公约》的规定也完全一样。

上述规定，除了《海牙议定书》规定签发可转让的航空货运单外，其他国际公约和国内法的规定都清楚地界定了航空货运单的法律性质，主要有以下四个方面。

第一，航空货运单不是航空货物运输合同。航空货物运输合同是格式合同，其表现形式具有一定的特殊性，采取了分离的书面形式，航空货运单的存在与否，并不影响航空运输合同的实质内容，它只起到初步证据的作用。首先，从航空运输合同的订立过程来看，航空货运单是在运输合同订立以后才签发的。根据中国民航总局颁发的《中国民用航空货物国内运输规则》的规定，托运人欲与承运人订立航空货物运输合同，须事先填写“航空运输货物托运书”，承运人在接受了“托运书”及货物后，才填发航空货运单。可见根据我国航空运输实践，“托运书”是托运人向承运人所发出的要约，而接受“托运书”则是承运人的承诺。所以，航空货运单是在航空运输合同订立以后才填发的。如果将航空货运单视为合同，托运人向承运人提交货物的行为便会因意思表示的欠缺而变得毫无意义。因此，航空货运单是在履行航空运输合同中所产生的，旨在证明运输合同及货物接管、承运条件的一种证据。其次，航空货运单对合同的证明，只能是一种初步的证明。如果当事人间另有约定，则航空货运单会丧失其对航空运输合同的证明作用。

第二，航空货运单不是在运货物的物权凭证。航空货运单是承运人在接受货物后填写的，证明货物已由承运人接管的证明。航空货运单和提单的法律性质是不同的，提单是一种物权凭证，可转让、买卖；航空货运单不是物权凭证，虽然《海牙议定书》规定签发可转让的航空货运单，但在实践中从来没有实行过，航空运输速度快的特点使其丧失了作为物权凭证的意义。有学者认为现行航空货运单有许多弊端，主张航空货运单物权凭证化①。

第三，航空货运单是接受货物和运输条件的证明。在航空运输中，航空货运单正本一式三份，第三份由承运人签字，交给托运人。在没有相反证据的情况下，证明承运人已经接受了货物；但是，承运人如果有证据证明的确没有收到货物，则可以推翻航空货运单的证明力。所以，航空货运单只是“初步证据”，而非最终证据。

航空货运单也是运输条件的证明。航空货运单所证明的承运条件包括了明示的承运条件及默示的承运条件两部分。明示的承运条件包括了记载于航空货运单上的条件，如双方约定的经停地点、运费等内容。而默示的承运条件则非常广泛，它包括了承运人所

---

① 黄力华教授认为现行航空货运单有许多弊端，体现在：妨碍了空运单的流通转让；不便于国际贸易的发展；对买方的保护不力；空运单与国际贸易结算间存在冲突。他主张将空运单物权凭证化。转引自：黄力华．空运单法律问题研究．西南民族学院学报（哲学社会科学版），2000，(10)：123-125.

保留的、在紧急情况下改变经停地点的权利，托运人不得在普通货物中夹带危险品的承诺等。

第四，在没有相反的证据时，航空货运单中关于货物重量、尺寸和包装及件数的说明，都应该被认为是确实的。

如前所述，航空货运单是由托运人填写，或者即使由承运人填写，也是根据托运人或其受雇人或代理人所提供的资料，以托运人的名义填写并要求其签字确认，应该说是托运人的单方行为，不能构成与所述事实相符的最终证据，是初步证据。除非经过承运人和托运人当面查对并在航空货运单中注明经过查对，或者是关于货物外表情况的说明外，关于货物的数量、体积及情况的说明不能构成不利承运人的证据。对货物的说明和陈述是托运人的单方行为，不能构成与所述事实的最终证据，否则对于承运人是不公平、不合理的。因而，此种证据的证据力是初步的。

4）制裁规则

《华沙公约》第 9 条规定："如果承运人接受货物而没有填写航空货运单，或航空货运单没有包括第八条（一）至（九）和（十七）各项，承运人就无权引用本公约关于免除或限制承运人责任的规定。"

《海牙议定书》第 7 条规定的制裁规则有两个方面：一是承运人同意未经填具航空货运单而将货物装上航空器的；二是航空货运单未依照"对托运人的声明：始发地点和目的地点或者经停地点不在始发地点所在的国家内，该项运输有可能受华沙公约的约束，一般情况下，该公约限制承运人对货物灭失或者损坏所承担的责任"的声明的，承运人无权援用对货物赔偿限制的规定。

《危地马拉议定书》、1975 年《蒙特利尔第四号附加议定书》和 1999 年《蒙特利尔公约》取消了制裁规则。

我国《民航法》中仍然坚持着制裁规则，在国内航空运输中，承运人同意未经填具航空货运单而载运货物的，承运人无权援用国内航空运输有关赔偿责任限制的规定；在国际航空运输中，承运人同意未经填具航空货运单而载运货物的，或者航空货运单上未依照"货物运输的最终目的地点、出发地点或者约定的经停地点之一不在中华人民共和国境内，依照所适用的国际航空运输公约的规定，应当在货运单上声明此项运输适用该公约的，货运单上应当载有该项声明"规定声明的，承运人无权援用国际航空运输有关赔偿责任限制的规定。

第 8 章　国际航空运输私法公约简介[①]

8.1　《华沙公约》

8.1.1　制定原因

在《华沙公约》签订前，《巴黎公约》已经签订，但它是国际航空公法领域的一个多边条约。而在国际航空私法领域，尚无一部统一的私法规则，故在航空事故发生，给消费者造成损失时，只能依国际私法冲突规则来确定赔偿问题的法律适用，而航空活动具有国际性，不仅表现在大量的国际航班上，且也反映在每个客运航班上通常都载有各种不同国籍的旅客上。不难设想，一旦发生航空事故，如果没有统一的国际私法规则，在管辖法院与适用法律的选择上会引起非常复杂的法律冲突[②]。另外，同一时期，在海商法中 1924 年“海牙规则”的启示与推动下，人们也为能达成国际统一的规范航空承运人责任制度的国际立法充满了信心。1926 年 9 月在法国政府倡议下，46 个国家的 76 名代表在巴黎召开了第一次航空私法国际会议，讨论制定一份规范承运人责任制度的国际私法公约。会议认为，制定统一的规范承运人责任制度的国际航空私法公约十分必要，但却非常复杂。为此，与会各国通过推选代表成立了“航空法专家国际委员会”，并要求该委员会花三四年的时间，集中精力议定一部国际统一的航空民事责任法典。1929 年 9 月在华沙召开的第二次航空私法国际会议上，讨论并通过了《华沙条约》。正如该公约在序言中所说的那样：“缔约国认为，国际航空运输的条件，在所用文件和承运人的责任方面，有统一规定的必要。”

8.1.2　主要内容

《华沙公约》共 5 章，41 个条文。第 1 章，范围和定义（第 1 条和第 2 条）；第 2

---

① 本章所介绍的国际航空运输私法主要指规范承运人对旅客和托运人责任制度的国际航空私法公约。

② 英国法官 Greene 根据审判过程所出现的航空案件时，突出强调了制定一部统一航空私法法典的必要性和意义。他说：“缺少它（统一法典），关于国际航空运输法律适用这个巨大难题将会实施困扰我们。除了航空运输，我们的法院对于普通运输合同下将出现的类似问题比较熟悉，很显然我们在确定哪个或哪些法律规合同具有约束力以及不同的法律是否能适用于航程的不同阶段等等这些问题的时候，将会遇到极大困难，类似的问题在其他国家中也会出现，而且可以确定的是那些法院再决定各种各样按键所适用的法律时候，将采用与我们不同的规则。在航空运输中，这样的困惑将不断出现。不同的法律被援引适用，其根据可能是一张在巴黎取到的飞往伦敦的机票或者在伦敦取到的飞往巴黎的机票，也可能是根据承运人是法国的还是英国的公司，还有可能根据事故发生地点是在英国还是法国。当运输被分为不同的阶段而涉及许多国家的时候，或者涉及分属于不同国家航空公司的多部飞机的时候，这种困难大大提高了，因为在这些不同的国家中很难就纠纷适用统一的法律原则达成一致。”转引自：唐明毅．国际航空私法．北京：法律出版社，2004：6-7.

章，运输凭证（第 3～16 条）；第 3 章，承运人的责任（第 17～30 条）；第 4 章，关于联合运输的规定（第 31 条）；第 5 章，一般和最后条款（第 32～41 条）。

1. 适用范围

《华沙公约》的适用范围具体体现在公约第 1 条、第 2 条、第 24 条和第 34 条等条文中，概括而言，包括以下五个方面。

第一，《华沙公约》适用于用航空器运送旅客、行李或货物而收取报酬的国际运输。《华沙公约》第 1 条第 1 款规定："本公约适用于所有以航空器运送旅客、行李或货物而收取报酬的国际运输。"《华沙公约》就是为商业航空运输而制订的国际私法公约，所以明确强调适用取酬的国际运输。

第二，《华沙公约》适用于几个连续的航空承运人所办理的运输。《华沙公约》第 1 条第 3 款规定："如果被合同各方认为是一个单一的业务活动，则无论是以一个合同或一系列的合同的形式订立的，就本公约的适用来说，应作为一个单一的运输，并不因其中一个合同或一系列的合同完全在同一缔约国的主权、宗主权、委任统治权或权力管辖下的领土内履行而丧失其国际性质。"

第三，《华沙公约》适用于航空运输企业以航空器办理的免费运输，但只限于航空运输企业经营的而不包括其他的免费运输，"所以要把航空运输公司经营的免费运输列为例外，是因为他们签发免费飞机票通常是期望获得回报，这是为了宣传的目的"①。

第四，凡属《华沙公约》意义上的"国际运输"，公约自动具有强制约束力，排除了另依国内法实施救济的可能性。《华沙公约》第 24 条规定，凡属公约条款规定的客、货运输，"任何损害赔偿诉讼，不论其根据如何，只能依本公约所规定的条件与限制提出"。

第五，《华沙公约》适用的三种例外情况。①本公约不适用于按照国际邮政公约的规定而办理的运输（第 2 条第 2 款）。②本公约不适用于航空运输机构为了开设正式航线进行试航的国际航空运输（第 34 条）。③本公约也不适用于超出正常航空运输业务以外的特殊情况下进行的运输（第 34 条）。

另外，对于适用的领土范围，《华沙公约》在第 40 条②中进行了规定。

2. 运输凭证

《华沙公约》第 3～11 条规定了客票、行李票与航空运货单的内容、规格及其在运

① 迪德里克斯·弗斯霍尔. 航空法简介. 赵维田译. 北京：中国对外翻译出版公司，1987：69.

② 华沙公约第 40 条规定："（1）缔约国在签字时，或交存批准书时或通知加入时，可以声明所接受的本公约不适用于其所属全部或部分殖民地、保护地、委任统治地或其他在其主权或权力管辖下的任何领土或其他在其宗主权管辖下的任何领土。（2）缔约国以后可以用原来声明除外的所属全部或部分殖民地、保护地、委任统治地或其他在其主权或权力管辖下的任何领土或其他在其宗主权管辖下的任何领土的名义，分别加入。（3）缔约国也可以根据本公约的规定，分别为其所属全部或部分殖民地、保护地、委任统治地或其他在其主权或权力管辖下的任何领土或其他在其宗主权管辖下的任何领土声明退出本公约。"

输合同中的法律地位，为实施国际统一的华沙责任规则奠定了基础。当然，这些条文并未能全面详尽地概括运输凭证发售与使用中的所有具体问题。后来，国际航协根据实践制定了客运总条件和货运总条件作为运输的共同条件。在本书第 7 章中，已对这三种运输凭证进行过详细论述，不再赘述。

3. 责任制度

《华沙公约》第 17～25 条设计了一套国际航空承运人责任规则，这是《华沙公约》实体性规则的主体和核心，主要包括以下内容。

1) 推定过失责任制

推定过失是指若原告能证明其所受的损害是由被告所致，而被告不能证明自己没有过错，就应推定被告有过错并应负民事责任[①]。《华沙公约》之所以规定推定过失制作为承运人承担责任的基本方式，主要是出于对消费者权益的保护。因为，一旦发生了航空事故，往往是机毁人亡，旅客（可能已经遇难）、旅客的近亲属或托运人不是航空专业技术人员，一般很难证明承运人有过错，如按照一般过失责任，由消费者举证证明承运人有过错，几无可能。所以，《华沙公约》选择了举证责任倒置的原则，先推定承运人有过错，若承运人认为自己没有过失，可举证证明，以便解脱自己的责任。美国总统罗斯福在就《华沙公约》向国会介绍的时候指出："承运人如果试图躲避责任，那么他将承担举证责任，以证明自己在国际航空运输中不存在任何过失，从旅客推导航空运输中责任原因的难度这个角度出发，这项原则是合理的。"[②]

毫无疑问，《华沙公约》实行推定过失责任制，对消费者有利；但为保护航空运输业的发展，它又限制了承运人的责任。

2) 限制承运人的责任

《华沙公约》的又一个重要特征是限制了承运人对消费者的赔偿责任，赔偿数额在没有例外规定的情况下，不得超过公约规定的最高限额。《华沙公约》第 22 条和第 24 条[③]规定了承运人对消费者赔偿的最高限额，限制了承运人的责任。《华沙公约》之所

① 佟柔．中国民法．北京：法律出版社，1990：570.

② 唐明毅，陈宇．国际航空私法．北京：法律出版社，2004：8.

③ 《华沙公约》第 22 条规定："（1）运送旅客时，承运人对每一旅客的责任以十二万五千法郎为限。如果根据受理法院的法律，可以分期付款方式赔偿损失时，付款的总值不得超过这个限额，但是旅客可以根据他同承运人的特别协议，规定一个较高的责任限额。（2）在运输已登记的行李和货物时，承运人对行李或货物的责任以每公斤二百五十法郎为限，除非托运人在交运时，曾特别声明行李或货物运到后的价值，并缴付必要的附加费。在这种情况下，承运人所负责任不超过声明的金额，除非承运人证明托运人声明的金额高于行李或货物运到后的实际价值。（3）关于旅客自己保管的物件，承运人对每个旅客所负的责任，以五千法郎为限。（4）上述法郎是指含有千分之九百成色的 65.5 毫克黄金的法国法郎。这项金额可以折合成任何国家的货币取其整数。"

《华沙公约》第 24 条规定："（1）如果遇到第十八、十九两条所规定的情况，不论其根据如何，一切有关责任的诉讼只能按照本公约所列条件和限额提出。（2）如果遇到第十七条所规定的情况，也适用上项规定，但不妨碍确定谁有权提出诉讼以及他们各自的权利。"

以限制承运人的责任，主要基于以下三个方面的理由[①]。

第一，对承运人和消费者双方权益的平衡和兼顾。限制承运人责任是作为推定过失责任的对等交换物，《华沙公约》用限制责任给予承运人的保护来换取推定过失责任给消费者的好处，使合同双方的权益达到平衡和兼顾。

第二，有利于促进航空运输业的发展。在《华沙公约》制定时，航空运输还是一种新式的运输模式，加之航空科技水平等方面的限制，航空运输风险比较大，导致当时一般保险公司还不敢对航空运输业进行保险。但是，不限制承运人的责任，一方面，不利于拓展航空经营，吸收投资；另一方面，在发生航空事故时，往往是机毁人亡，不仅会对飞机及机上人员人身和财产造成重大损害，还会对地面人员人身和财产造成重大损害，而承运人的责任又不能通过保险等途径转嫁，导致承运人往往承担不了如此巨额赔偿，不利于航空运输业的发展。因此，《华沙公约》限制承运人的责任，也有促进和保护航空运输业发展的目的。

第三，限制承运人的责任，不仅有利于承运人获得保险，还能使消费者受益。1934年就美国是否加入《华沙公约》的讨论中，国务卿赫尔写给罗斯福总统的信说："据认为，责任限制原则不仅有益于旅客和托运人，为之提供了赔偿的可靠根据，并有利于减少诉讼，而且也因为责任限制为承运人取得保险提供了确定而公平的基础，从而经由减少承运人经营费用最终降低运价，对旅客与托运人有益。（事实）必将证明，这有助于国际航空运输发展。"[②]

3）不限制承运人责任的例外情况

在《华沙公约》中，不限制承运人责任的例外情况主要有三个方面。

第一，承运人未交给客票、行李票或航空运货单，或者所开票据不合规格，无权引用公约关于免除或限制承运人责任的规定（第 3 条、第 4 条和第 9 条）。

第二，如果损失是由承运人有意的不良行为造成的，或者是由承运人的过失造成的，而根据案件受理法院地的法律，这种过失被认为相当于有意的不良行为，承运人无权援用公约关于免除或限制承运人责任的规定。

第三，如果损失是在相同的情形下由承运人的受雇人或代理人的行为造成的，承运人也无权援用此种规定。

4. 管辖法院和诉讼时效

《华沙公约》规定的管辖法院有四个：承运人住所地法院、承运人主营业所所在地

---

① 著名航空法学者，荷兰的德里翁教授为限制承运人责任的必要性和合理性，给出了 8 个方面的理由和根据："（1）海商法中已有类似的对船舶所有人责任限制的国际统一规定。（2）为财政上幼弱的航空企业提供必要保护，以促使各国航空公司的发展壮大。（3）不应使航空承运人单独承担那些人来尚无能为力防止的风险。（4）为承运人或经营人单独承担此类风险取得保险创造了条件。（5）为潜在索赔人自行保险提供了机会。（6）限制责任是《华沙公约》对加重承运人责任（推定过失）的补偿物或交换物存在的（对 1966 年《蒙特利尔协议》来说，是以'完全责任'作为交换的）。（7）为迅速私下解决赔偿问题提供了方便，有利于减少诉讼。（8）在支付赔偿金额上统一了规则。"转引自：赵维田．国际航空法．北京：社会科学文献出版社，2000：207.

② 转引自：赵维田．国际航空法．北京：社会科学文献出版社，2000：204.

法院、合同订立时的承运人营业机构所在地法院和运输目的地法院，具体由原告选择①。《华沙公约》规定，原告诉讼时效是 2 年，从原告自达到目的地之日或者自航空器应该达到之日，或者自运输停止之日起起算②。

5. 一般和最后条款

《华沙公约》第 32～41 条对一般和最后条款进行了规定。主要内容是对公约的强制性适用的陈述，公约中日期的起算，以及批准、加入和退出的程序等③。

8.2 《华沙公约》的修订文件

8.2.1 《海牙议定书》

1. 制定原因

《华沙公约》制定并生效后，一度被认为是处理国际私法问题的最好协议之一。第二次世界大战后，随着航空事业的迅猛发展，《华沙公约》制定时的条件已发生了显著变化，新的法律问题不断涌现，加之国际航空运输中心由欧洲转移至美洲，适时修订《华沙公约》适应航空运输时代发展要求已成为必要，这直接导致了修正《华沙公约》的《海牙议定书》的诞生。具体来说，《海牙议定书》的制定主要有以下三个方面的原因。

---

① 《华沙公约》第 28 条规定："任何损害赔偿诉讼必须向某个缔约国境内的承运人住所地，或者他的主要营业地，或者办理订立合同的承运人营业机构设在地、或者目的地的法院提出，由原告选择。"

② 《华沙公约》第 29 条规定："损害赔偿诉讼必须在自到达目的地之日，或者自航空器应该到达之日，或者自运输停止之日算起，两年内提出，否则其权利即行消失。"

③ 《华沙公约》第 35 条规定："本公约所用的'日'是指连续日，而不是指工作日。"

《华沙公约》第 36 条规定："本公约以法文写成一份，存放在波兰外交部档案库，并由波兰政府将正式认证的副本送各缔约国政府。"

《华沙公约》第 37 条规定："一、本公约须经批准。批准书应该存放在波兰外交部档案库，并由波兰外交部通知各缔约国政府。二、本公约一经五个缔约国批准，在第五件批准书交存后第九十天起，就在批准国之间生效。以后于每一批准国交存批准书后的第九十天起在交存国和已批准的各国间生效。三、波兰共和国政府应将本公约开始生效日期和每一批准书交存日期通知缔约国政府。"

《华沙公约》第 38 条规定："一、本公约生效后，任何国家可以随时加入。二、加入本公约，须以通知书送交波兰共和国政府，由波兰共和国政府通知各缔约国政府。三、加入本公约，在通知书送达波兰共和国政府后第九十天起生效。"

《华沙公约》第 39 条规定："一、任何缔约国可以书面通知波兰共和国政府，声明退出本公约，波兰共和国政府应立即通知各缔约国政府。二、退出本公约，在通知退出后满六个月时生效，并只对声明退出的国家生效。"

《华沙公约》第 40 条规定："一、缔约国在签字时，或交存批准书时或通知加入时，可以声明所接受的本公约不适用于其所属全部或部分殖民地、保护地、委任统治地或其他在其主权或权力管辖下的任何领土或其他在其宗主权管辖下的任何领土。二、缔约国以后可以用原来声明除外的所属全部或部分殖民地、保护地、委任统治地或其他在其主权或权力管辖下的任何领土或其他在其宗主权管辖下的任何领土的名义，分别加入。三、缔约国也可以根据本公约的规定，分别为其所属全部或部分殖民地、保护地、委任统治地或其他在其主权或权力管辖下的任何领土或其他在其宗主权管辖下的任何领土声明退出本公约。"

《华沙公约》第 41 条规定："各缔约国可以在本公约生效两年后，要求召开一次新的国际会议，以寻求本公约可能的改进。为此目的，该国应通知法兰西共和国政府，由法兰西共和国政府采取必要措施以筹备该会议。"

1）对《华沙公约》赔偿责任限额的认识出现了分歧

《华沙公约》所确定的最高赔偿限额标准，是根据当时参加《华沙公约》的 23 个国家（主要是欧洲国家）的平均水平确定的。第二次世界大战后，世界经济获得了进一步的发展，一些发达国家如美国[①]、英国和法国等认为，应大幅度提高赔偿责任限额；而除发达国家以外的大多数国家在战后经济发展水平仍较低，对提高承运人赔偿责任限额表示反对，认为《华沙公约》所规定的最高赔偿责任限额仍具有时代价值，如提高赔偿责任限额水平将有可能威胁到国际航空法律统一化进程。这就出现了两种不同的声音，或要求提高责任限额，或保持现有水平不变。最后，发达国家占据了上风，导致了对《华沙公约》的修订。

2）《华沙公约》条文本身存在缺陷

《华沙公约》主要是以法国法为蓝本，并以法文为作准文字，“本公约以法文写成一份，存放在波兰外交部档案库，并由波兰政府将正式认证的副本送各缔约国政府”。而在被翻译成英文的文本中，对条文的翻译和解释出现了差异，突出表现在对《华沙公约》第 25 条[②]“有意的不良行为”的翻译和解释，以及对“承运人的受雇人或者代理人的行为”的解释中。

第一，在法文文本中，“有意的不良行为”法文为“dol”，含有故意对他人造成损害的意思；而在英文文本中，“有意的不良行为”英文是“wilful misconduct”，指的是行为人应该知道他的行为不好，并可能引起损害，但并不必然造成某种伤害的意思。可见，英文的“wilful misconduct”含义要比法文的“dol”含义宽泛，含有并非有意犯错的情况。

第二，对过失的解释中存在着分歧。在当时的大陆法系国家中，有把严重过失当成“dol”的倾向，相当于“dol”的过失被认为是不可原谅的过失。而在当时的英美法系各国法院中都强调“有意的不良行为”的特殊性，即认为它完全不同于过失，不论过失严重程度如何，都不属于过失的范畴。这就导致了若干国家的法院在解释上的混乱，当案件涉及本国承运人或消费者时，往往做出有利于本国承运人或消费者的解

---

① 例如，第二次世界大战结束后著名的罗斯诉泛美航空公司案，美国表达了对《华沙公约》赔偿限额较低的不满。此案的案情和判决：1943 年，美国当时红极一时的歌星罗斯夫人（罗斯是她丈夫的姓，她叫“珍·弗洛曼”），参加公司组织的战地演出团到欧洲各地慰问演出，于抵达葡萄牙的里斯本机场时，所乘泛美航空公司飞机失事，罗斯本人双腿折断，受重伤。为此，她向法院起诉，要求赔偿 100 万美元。如果按美国侵权行为法，人身损害赔偿是根据本人收入和预期收入标准计算赔偿额的，对于像罗斯夫人这样著名歌星地位，要求赔偿 100 万美元，并不为过。但是，美国与葡萄牙均为华沙缔约国，罗斯乘坐的又是商业航空公司的飞机，应当适用《华沙公约》和华沙责任限额，即 8300 美元。就实际情况而论，这 8300 美元连她住一次医院的治疗费都不够，而她治腿曾转换过几个医院，最后落得双腿残废。尽管有这些实际情况，但当时的初审和上述法院均忠于美国承担的条约义务，只判给她 8300 美元的赔偿费。这个案件在美国轰动一时，一般美国人自然认为，华沙限额低得太不合理。转引自：赵维田．国际航空法．北京：社会科学文献出版社，2000：207.

② 《华沙公约》第 25 条规定：“一、如果损失是由于承运人的有意的不良行为造成的，或者是由于承运人的过失造成的，而根据案件受理法院地的法律，这种过失被认为相当于有意的不良行为，承运人无权援用本公约关于免除或限制承运人责任的规定。二、同样，如果损失是在相同的情形下由承运人的受雇人或代理人的行为造成的，承运人也无权援用此种规定”。

释[①]。这就是俗称的“开后门”政策，不利于《华沙公约》的统一适用。

第三，“承运人的受雇人或者代理人的行为”是否涵盖了承运人的雇员及代理人，各国法院解释也不尽相同，影响了《华沙公约》的统一适用性。《华沙公约》在制定时深受海商法中海牙规则的影响，在海牙规则中，也出现了“承运人的受雇人或者代理人的行为”的条文，但在海商法中对哪些属于“承运人的受雇人或代理人的行为”尚有争议，因而导致了对《华沙公约》中“承运人的受雇人或者代理人”的范围界定更不清晰，影响了《华沙公约》的统一适用。

3）美国争夺国际航空运输的话语权，也是《海牙议定书》制定的一个原因

第二次世界大战结束后，国际航空运输的中心从欧洲转移至美洲，美国在国际航空运输中占据着主导性地位。虽然美国也是《华沙公约》成员国，但对承运人责任制度的规定也是两张皮，即在国际航空运输中，主要适用《华沙公约》的规定，而在国内航空运输中，适用美国国内航空法的规定，两者赔偿标准差异较大。美国逐步表现出对《华沙公约》的不满，要求重新制定新公约或修订《华沙公约》，大幅度提高国际航空运输中承运人赔偿限额，基本达到其国内航空运输的赔偿水平。为体现美国在国际航空运输领域的主导性地位，保护美国消费者在国际航空运输中的“合法权益”，在美国国内甚至有人提出，如不修订或重新制订新公约，大幅提高国际航空承运人责任限额，特别是对旅客赔偿的责任限额，美国将要退出《华沙公约》。鉴于美国在国际航空运输中占据主导性地位，美国退出《华沙公约》，将会使《华沙公约》可能面临着名存实亡的窘况。因此，按照美国意图修订《华沙公约》成为许多国家的共识，这也是《华沙公约》修订的一个原因。

2. 制定过程

20世纪30年代，在《华沙公约》刚生效不久，人们就发现了《华沙公约》存在着许多问题，但随后第二次世界大战爆发，国际民用航空运输几乎停滞，《华沙公约》在现实生活中的适用也比较少。第二次世界大战结束后，基于上述三个方面的原因，完善《华沙公约》的呼声较高，1951年国际民航组织授权法律委员会起草准备新的《华沙公约》文本草案。在1953年的国际民航组织第10次会议上法律委员会提交了文本草案，通过广泛讨论，代表们倾向于通过起草议定书的方式，对既存的《华沙公约》相关条文进行详细解释，没有必要重新制订一个新的公约。后经广泛征求意见，在1955年由国际民航组织召集的海牙国际会议上，通过了对《华沙公约》的修订版本——《海牙议定书》。

---

① 例如，在“戈伊诉美国海外航空公司”案中，美国纽约州最高法院上诉庭1952年12月16日做出判决，将“有意的不良行为”定义为“如初审法院所指出，有意的不良行为需要视特定条件的情况而定。然而，要想把一种行为称为有意的（wilful），被告一方应该是意识到做或不做会引起有害于他人的行为，或者有意不履行其特定职责。这里，必须认识到该行为有伤害的很大可能性，而不顾该行为很可能引起的后果。确定有意的不良行为的举证责任在原告一方。”转引自：迪德里克斯·弗斯霍尔．航空法简介．赵维田译．北京：中国对外翻译出版公司，1987：107.

但是，在“加拉斯诉海上航空公司”案的判决中，法国法院认为，发生事故是由飞机飞得太贴近地面造成的，这种低飞依照英美法已经构成了“有意的不良行为”；若依法国法则更是如此，因为该过失已经相当于“dol”。所以，海上航空公司应依《华沙公约》第25条的规定，对死者负损害赔偿责任。而在“埃内西诉法国航空公司”案中，法院认为，驾驶员对自己能力和飞机设备的可靠性的过度自信，不能称为已构成严重过失，不属于“dol”的范畴。转引自：迪德里克斯·弗斯霍尔．航空法简介．赵维田译．北京：中国对外翻译出版公司，1987：107.

3. 主要内容

《海牙议定书》共 3 章，27 个条文。第 1 章，对公约的修订（第 1～17 条）；第 2 章，公约经修订后的适用范围（第 18 条）；第 3 章，最后条款（第 19～27 条）。

1）对《华沙公约》的修订

（1）删除了《华沙公约》中的歧视性条款。《华沙公约》第 1 条对国际航空运输的定义中规定："在同一缔约国的主权、宗主权、委任统治权或权力管辖下的领土间的运输，如果没有这种约定的经停地点，对本公约来说不作为国际运输。"这个条款带有明显的歧视性，《海牙议定书》将其删除，但在第 17 条中规定："在本公约的意义上，'领土'一词，不但指一个国家的本土，而且也指由该国在对外关系上所代表的所有其他领土。"但是，仍有歧视之嫌。

（2）明确规定《华沙公约》不适用于邮件和邮包运输。《海牙议定书》第 2 条第 2 款将《华沙公约》第 2 条第 2 款的"本公约不适用于按照国际邮政公约的规定而办理的运输"改为"本公约不适用于邮件和邮包的运输"。

（3）对运输凭证规则进行了修订。本书在第 7 章中对此已经做过详尽论述，不再赘述。

（4）对承运人赔偿责任制度进行修订。《海牙议定书》第 11～15 条①从承运人赔偿

① 《海牙议定书》第 11 条规定："删去公约第二十二条，改用下文：'第二十二条一、载运旅客时，承运人对每一旅客所负的责任以二十五万法郎为限。如根据受诉法院法律可用分期付款方式赔偿损失时，则付款的本金总值不得超过二十五万法郎。但旅客得与承运人以特别合同约定一较高的责任限度。二、（一）在载运登记的行李和载运货物时，承运人的责任以每公斤二百五十法郎为限，除非旅客或托运人在交运包件时，曾特别声明在目的地交付时的利益并缴付必要的附加费。在后一种情况下，除非承运人证明旅客或托运人声明的金额是高于旅客或托运人在目的地交付时的实际利益，承运人应在不超过声明金额的范围内负赔偿责任。（二）如登记的行李或货物的一部分或行李、货物中的任何物件发生遗失、损坏或延误，用以决定承运人责任限额的重量，仅为该一包件或该数包件的总重量。但如因登记的行李或货物的一部分或行李、货物中的物件发生遗失、损坏或延误以致影响同一份行李票或用一份航空货运单所列另一包件或别数包件的价值时，则在确定责任限额时，另一包件或另数包件的总重量也应考虑在内。三、关于旅客自行照管的物件，承运人的责任对每一旅客以五千法郎为限。四、本条规定的限额并不妨碍法院按其法律另外加判全部或一部分法院费用及对起诉人所产生的其他诉讼费用。如判给的赔偿金额，不包括诉讼费及其他费用，不超过承运人于造成损失的事故发生后六个月内或已过六个月而在起诉以前以书面向起诉人提出允予承担的金额，则不适用前述规定。五、本条所述法郎系指含有千分之九百成色的 65.5 毫克黄金的货币单位。此项法郎金额可折合为任何国家货币，取其整数。发生诉讼时，此项金额与非金本位的货币的折合，应以判决当日该项货币的黄金价值为准。'"

《海牙议定书》第 12 条规定："公约第二十三条原文改为该条一款，并增列二款如下：'二、本条一款不适用于关于遗失或损坏的条款，这一遗失或损坏是由于所运货物的属性或本身质量缺陷所造成的。'"

《海牙议定书》第 13 条规定："在本公约第二十五条内删去一、二款，改用下文：'如经证明造成损失系出于承运人、受雇人或代理人故意造成损失或明知可能造成损失而漠不关心的行为或不行为，则不适用第二十二条规定的责任限额；如系受雇人或代理人有上述行为或不行为，还必须证明他是在执行其受雇职务范围内行事。'"

《海牙议定书》第 14 条规定："在公约第二十五条之后加入下条：'第二十五条甲一、如因本公约所指的损失而对承运人的受雇人或代理人提起诉讼，而该受雇人或代理人能证明他是在其受雇职务范围内行事，他有权引用承运人根据第二十二条所得援引的责任限额。二、在此种情况下，承运人及其受雇人和代理人的赔偿总额不得超过上述限度。三、如经证明造成损失系出于受雇人或代理人故意造成损失，或明知可能造成损失而漠不关心的行为或不行为，则不适用本条一、二两款的规定。'"

《海牙议定书》第 15 条规定："在公约第二十六条内删去二款，改用下文：'二、关于损坏事件，收件人应于发现损坏后，立即向承运人提出异议，如系行李，最迟应在收到行李后七天内提出，如系货物，最迟应在收到货物后十四天内提出。关于延误事件，最迟应在行李或货物交付收件人自由处置之日起二十一天内提出异议。'"

责任限额、受雇人及代理人的界定、损害异议期间等对《华沙公约》进行了修订。

2）修订后的适用范围

《海牙议定书》第18条将修订后的《华沙公约》的适用范围规定为："经本议定书修改的公约适用于公约第一条所确定的国际运输，但以出发和目的地点须在本议定书的两个当事国的领土内，或在本议定书的一个当事国领土内，而另一国家领土内有一约定的经停地点者为限。"

3）最后条款

在《海牙议定书》最后条款中，对议定书的生效、批准等进行了规定。在《海牙议定书》签订后，英国1956年3月签署了《海牙议定书》，并由1967年3月生效的航空运输法案而获得国内法的效力。美国也签署了《海牙议定书》，但并没有最终批准实施，主要原因在于《海牙议定书》尽管提高了责任限额，但是美国认为在关于旅客人身伤亡问题上还是存在太多的责任限制，直到1998年9月28日，美国才批准了《海牙议定书》并于1999年3月4日开始对美国生效。我国于1975年8月20日向波兰政府交存了批准书，1975年11月18日《海牙议定书》对我国生效。

8.2.2　《瓜达拉哈拉公约》

1. 制定原因

在制定《华沙公约》时，国际航空运输中的包租飞机的情况很少，因此，《华沙公约》并没有对承运人进行定义。而第二次世界大战后，包租飞机，尤其是航空公司之间为调剂运力而委托代运的所设"湿租"（带机组人员的租用飞机）越来越多，由此而产生了订立合同的"缔约承运人"和实际承担全部或部分运输任务的"实际承运人"，从而引起了许多亟待解决的法律问题，如缔约承运人和实际承运人由谁承担对消费者的赔偿？它们之间的责任如何分配？因此，人们普遍认为，应在国际航空中首先界定下列两种情况下的赔偿问题：①将整个运输任务通过二级合同关系移交给另外一个承运人；②没有经过客户或者旅客的同意，而将部分的运输任务通过二级合同关系转移给另外一个承运人。

在《海牙议定书》签订前，人们就已意识到这个问题，并在1948年的国际民航组织法律委员会第10次会议上提出了这个问题，并展开了激烈的讨论。国际民航组织附属委员会在1957年东京的法律委员会第11次会议上提交了关于解决承运人问题的草案。1960年草案最终完成，并在当年的国际民航组织法律委员会蒙特利尔第13次会议上进行讨论。1961年在墨西哥第二大城瓜达拉哈拉召开外交会议，会议经过协商，签订了《瓜达拉哈拉公约》。该公约虽然是个独立文件，但还是对《华沙公约》（包括《海牙议定书》）中的承运人进行详细界定，所以人们一般仍列入《华沙公约》系列，成为"华沙体制"的组成部分。

《瓜达拉哈拉公约》于1964年5月1日起生效，我国尚未加入该公约，中华人民共和国政府1997年6月12日通知：该公约自1997年7月1日起将继续适用于我国香港特别行政区。

2. 主要内容

《瓜达拉哈拉公约》共 18 个条文，对缔约承运人、实际承运人进行了界定，并分别对他们的法律责任进行了规定，填补了《华沙公约》和《海牙议定书》在这方面的空白。其主要内容包括以下几个方面。

1）缔约承运人和实际承运人的定义

《瓜达拉哈拉公约》第 1 条规定，“缔约承运人”指以业主（合同当事人）身份与旅客或托运人，或与旅客或托运人的代理人订立一项适用《华沙公约》的运输合同的人。“实际承运人”指缔约承运人以外，根据缔约承运人的授权办理全部或部分运输的人，但对该部分运输，此人并非《华沙公约》所指的连续承运人。在没有相反的证明时，就认为授权是存在的。

2）责任期间

《瓜达拉哈拉公约》第 2 条对缔约承运人和实际承运人承担责任的期间进行了界定，规定：“缔约承运人和实际承运人都应受华沙公约规则的约束，前者适用于合同规定运输的全部，后者只适用于其办理的运输。”

3）缔约承运人和实际承运人责任的相互归因

《瓜达拉哈拉公约》在第 3 条和第 4 条规定了缔约承运人和实际承运人及他们的受雇人和代理人之间责任的相互归因性。《瓜达拉哈拉公约》第 3 条规定：“（1）实际承运人及其受雇人和代理人在雇佣代理范围内行事时，对实际承运人所办运输的行为和不行为，应该认为也是缔约承运人的行为和不行为。（2）缔约承运人及其受雇人和代理人在雇佣代理范围内行事时，对实际承运人所办运输的行为和不行为，应该认为也是实际承运人的行为和不行为。但此种行为或不行为不应该使实际承运人承担超过华沙公约第二十二条规定的责任限额。除非经实际承运人同意，否则规定缔约承运人承担华沙公约未规定的责任或放弃该公约赋予的任何权利的任何特别协议，或根据上述公约第二十二条在目的地交提时任何特别的利益声明，都不应该影响实际承运人。”

《瓜达拉哈拉公约》第 4 条规定：“根据华沙公约向承运人提出的任何申诉或发出的任何指示，不论是向缔约承运人或向实际承运人提出，应具有同等效力。但华沙公约第十二条①所述指示只在向缔约承运人提出时才有效。”

① 《华沙公约》第 12 条规定：“（1）托运人在履行运输合同所规定的一切义务的条件下，有权在起运地航空站或目的地航空站将货物提回，或在途中经停时中止运输、或在目的地或运输途中交给非航空货运单上所指定的收货人、或要求将货物退回起运地航空站，但不得因为行使这种权利而使承运人或其他托运人遭受损害，并且应该偿付由此产生的一切费用。（2）如果托运人的指示不能执行，承运人应该立即通知托运人。（3）如果承运人按照托运人的指示处理货物，而没有要求托运人出示他所执的航空货运单，因而使该航空货运单的合法执有人遭受损失时，承运人应负责任，但并不妨碍承运人向托运人要求赔偿的权利。（4）收货人的权利根据第十三条的规定开始时，托运人的权利即告终止，但是如果收货人拒绝接受货运单或货物，或无法同收货人联系，托运人就恢复他对货物的处理权。”

4）赔偿责任限额

《华沙公约》规定的承运人赔偿责任限额，同样适用于《瓜达拉哈拉公约》中所规定的缔约承运人和实际承运人及他们的受雇人、代理人所赔偿的总额。《瓜达拉哈拉公约》第 5 条、第 6 条和第 9 条对此进行了详细规定①。

5）赔偿诉讼

《瓜达拉哈拉公约》对原告起诉的对象、诉讼管辖法院等在第 7 条、第 8 条和第 10 条中进行了规定②。

6）其他规定

《瓜达拉哈拉公约》第 11～18 条对公约的加入、生效、保留及退出等进行了具体规定。《瓜达拉哈拉公约》第 11 条和第 14 条规定，在公约生效后，“联合国或任何专门机构的成员国都可加入”。《瓜达拉哈拉公约》第 13 条规定，“一经五个签字国交存批准书，即于第五件批准书交存日之后的第 90 天在各该国之间生效。对于此后批准的每一国家，本公约于该国批准书交存后的第 90 天生效”。该公约一经生效，“由墨西哥合众国政府向联合国和国际民航组织登记。”《瓜达拉哈拉公约》第 17 条规定，“对本公约不得有任何保留”。另外，《瓜达拉哈拉公约》第 15 条和第 16 条对退出公约的程序进行了规定。

3. 简要评述

《瓜达拉哈拉公约》的签订厘清了缔约承运人、实际承运人及他们的受雇人、代理人相互之间的关系，解决了司法实践中所遇到的难题，丰富了华沙体系的内容，进一步

---

① 《瓜达拉哈拉公约》第 5 条规定：“实际承运人或缔约承运人的任何受雇人或代理人，如果能证明是在雇佣代理范围内行事，则对实际承运人办理的运输应有权引用本公约对雇佣他或他所代理的承运人的责任限额，但根据华沙公约证明他的行为不能援引该责任限额时不在此例。”

《瓜达拉哈拉公约》第 6 条规定：“实际承运人和缔约承运人及其受雇人和代理人在雇佣代理范围内行事时，对实际承运人所办运输的赔偿总额不应超过根据本公约可能判定缔约承运人或实际承运人赔偿的最高数额，但上述任何人不应承担超过对他适用的限额。”

《瓜达拉哈拉公约》第 9 条规定：“（1）企图免除本公约对缔约承运人或实际承运人所规定的责任，或定出一个低于本公约规定责任限额的任何合同条款，都不生效，但整个合同仍受本公约规定的约束，并不因此失效。（2）对实际承运人所办运输，上款不得应用于关于所载货物由于其属性或本身质量、缺陷而引起的遗失或损坏的合同规定。（3）双方旨在违背本公约的规则，在损坏发生前在运输合同中缔结的任何条款和一切特别协议，不论是用决定适用的法律的办法或改变承审法院规则的办法，都属无效。但如在第八条所指承审法院中进行仲裁，则在不违反本公约的规定的情况下，许可缔结关于货物运输的仲裁条款。”

② 《瓜达拉哈拉公约》第 7 条规定：“对实际承运人所办运输的赔偿诉讼，应按原告的意愿，向实际承运人或缔约承运人提出，或同时或分别向他们提出。如只向这些承运人之一提出诉讼，则该承运人应有权要求另一承运人参加应诉，诉讼程序和效力应以受理法院的法律为依据。”

《瓜达拉哈拉公约》第 8 条规定：“公约第七条所指赔偿诉讼，应根据原告的意愿，按华沙公约第二十八条的规定向可以对缔约承运人提出诉讼的法院，或向实际承运人居住所在地或其总管理处所在地的法院提出。”

《瓜达拉哈拉公约》第 10 条规定：“除第七条规定以外，本公约的任何规定不影响两个承运人之间的权利和义务。”

维护了消费者的权益，直至今日，仍具有重要的理论意义。

第一，《瓜达拉哈拉公约》厘清了缔约承运人、实际承运人及他们受雇人、代理人相互之间的关系，解决了司法实践中所遇到的难题。航空运输合同属于合同的一种，相对性是合同的一个重要原则，在公约签订前，在航空运输中已经出现了包机运输等新型法律关系，而消费者并没有和实际运输的承运人签订运输合同。因此，在损害发生时由谁赔偿的问题《华沙公约》并没有进行规定，从而给司法实践带来了难题。但《瓜达拉哈拉公约》的签订，厘清了缔约承运人、实际承运人及他们的受雇人、代理人相互之间的关系，解决了司法实践中所遇到的难题。

第二，《瓜达拉哈拉公约》丰富了华沙体系的内容，填补了《华沙公约》中未包括非运输合同一方从事国际航空运输的规则。正如该公约序言中所述那样，"本公约各签字国注意到，华沙公约并未包括非运输合同一方所办国际航空运输的专门规则，因此认为有必要制订适用于这种情况的规则"。

第三，《瓜达拉哈拉公约》扩大了消费者的维权范围，保护了消费者的合法权益。《瓜达拉哈拉公约》的签订，使得消费者在受到损害时不仅可以起诉缔约承运人和实际承运人，而且还可以起诉他们的受雇人、代理人，这就扩大了消费者的维权范围，保护了他们的合法权益。

但不可否认的是，《瓜达拉哈拉公约》在实践中适用极少，究其原因，主要是公约在赔偿限额上仍坚持了《华沙公约》的规定，并没有真正给予消费者"实惠"，从这一点上来说，其理论意义远远大于实践意义。

8.2.3　1966 年《蒙特利尔协议》

1. 制定原因

航空运输有国内和国际之分，两者适用不同的法律制度，特别对于发达国家美国来说，对消费者的赔偿差异较大。因此，在第二次世界大战结束后，美国就一直对《华沙公约》所规定的最低赔偿限额不满，虽然在后来的《海牙议定书》上签了字，但要想获得美国参议院 2/3 以上多数同意批准《海牙议定书》困难重重。而且在这期间，又发生了两次空难①，增加了美国不批准《海牙议定书》的可能性。美国大多数公众对是否批

① 这两起空难分别是美联航空难和哥伦比亚航空公司空难。1955 年 10 月，美国联合航空公司从纽约飞旧金山的 409 航班，于经停丹佛后起飞不久，就撞在洛基山的麦迪辛山峰上失事，61 名旅客 5 名机组人员无一幸免。这本是一起国内航班事故，按美国绝大多数州的州法，承运人的责任不受限制，因此罹难旅客家属获得从十几万到几十万美元不等的赔偿。唯独旅客中有五个人，他们是某宗教唱经班成员，从欧洲回国时在欧洲买的联程票，因出发地和目的地在两个缔约国境内，属华沙第一条定义的"国际运输"，对他们的赔偿却只有《华沙公约》规定的 8300 美元。两者鲜明对照，美国舆论哗然。1960 年 1 月，哥伦比亚航空公司从美国迈阿密飞波哥大的 671 航班，于经停蒙特哥湾市（牙买加港口城市）降落时失事。罹难的 37 名旅客中有美国参议院外交委员会主席凯皮哈特的儿子与儿媳。当时哥伦比亚尚未加入《华沙公约》，而美国与牙买加都是华沙缔约国，因此凡购买到波哥大飞机票的旅客，不适用《华沙公约》，赔偿额没有限制，而购买到蒙特哥湾市票者，适用《华沙公约》，每人赔偿限制在 8300 美元。此案又在美国激起一阵反对《华沙公约》并反对批准《海牙议定书》的浪潮，加上死者亲属是掌握参议院批准条约大权的大人物，批准已变成不可能之事。转引自：赵维田．国际航空法．北京：社会科学文献出版社，2000：213-214.

准《海牙议定书》有两种意见：一种是以大城市律师协会、大专院校教授和保险界人士为主，主张批准，以维护对外关系，保持国际统一规则；一种以出庭律师协会为首，社会舆论与各界人士组成，坚持主张，美国应当退出《华沙公约》。但争论的双方有一个共同点，都认为《华沙公约》和《海牙议定书》的责任限额对美国来说太低。最后，加利福尼亚法学院研究生桑德（P. Sand）在 1961 年提出了一个折中模式，建议在批准《海牙议定书》的同时，用国内立法规定所有进出美国的航空公司进行强制保险的方法，将对每位旅客的责任限额再增加 50 000 美元，加上《海牙议定书》本身的 16 600 美元，共计 66 000 美元，一般可满足美国公民的赔偿需要。桑德方案很快被美国政府接受，并据此草拟了有关强制保险条例，连同《海牙议定书》，一并提交国会讨论。桑德将这个模式写了一篇论文："华沙公约对旅客事故赔偿与责任限制"。桑德模式后来成了美国坚持的一项重要政策①。

以桑德模式为指导，1965 年 11 月 15 日，美国正式通知波兰政府，提出退出《华沙公约》，并在同一天，美国国务院召开新闻发布会，威胁说："今天交存的退出通知，在 1966 年 5 月 15 日生效前，如果出现了就国际航空运输对每位旅客的责任限额为 10 万美元达成国际协议的前景，或者在该国际协议生效前在主要航空企业之间有将每位旅客的责任限额提高到 75 000 美元达成临时协议的前景，美国打算撤回它的退出通知。"为此，国际民航组织在 1966 年 1 月专门召开一次特别会议，讨论美国所提出的条件，但会上赞成美国 10 万美元限额者寥寥无几。尼日利亚代表更在会议上义正词严地问道："为何要穷农夫为富国王的安适而掏钱?"美国代表无言以对，特别会议匆匆收场。为确保国际航空公约的统一适用，避免《华沙公约》的分裂，同时鉴于美国在国际航空运输中举足轻重的地位，为使美国政府收回成命，由国际航协出面从中斡旋，终于在美国退出通知生效前两天，即 1966 年 5 月 13 日，以美国民用航空委员会为一方，以世界各大航空公司（包括美国许多航空公司）为另一方，双方达成一项具有民间合同性质的协议，即《蒙特利尔协议》诞生。

2. 主要内容

1）提高赔偿责任限额

1966 年《蒙特利尔协议》规定，按照运输合同的约定，其始发地点、目的地点或约定的经停地点有一个在美利坚合众国，则对每一旅客死亡、受伤或其他身体伤害所确定的责任限额，包括法律费用，应是 75 000 美元。但是，在一国提出赔偿要求而该国规定要分开判给法律费用时，则责任限额应是 58 000 美元，不包括法律费用。

2）修订了承运人对旅客责任原则

1966 年《蒙特利尔协议》规定，对于因旅客死亡、受伤或其他身体伤害提出的任何赔偿要求，承运人不得援引《华沙公约》或《海牙议定书》中所修正的该公约第 20

① 赵维田．国际航空法．北京：社会科学文献出版社，2000：224.

条第 1 款规定的任何抗辩。这个规定将《华沙公约》中承运人对旅客的推定过失责任修订为无过错责任。同时，1966 年《蒙特利尔协议》还规定，对于故意造成伤害致使旅客死亡、受伤或其他身体伤害的任何人提出的赔偿要求，或者是以该人名义或关于该人提出的赔偿要求，本协议的任何规定均不影响承运人的权利和义务。

3）修订了客票规定

1966 年《蒙特利尔协议》规定，每一承运人在出具客票时应向每一旅客提交下列通知，该通知应以不小于 10 号现代字体，用与纸对照鲜明的油墨，印制在：①每一客票上；②在单页纸上，并放入客票夹内或附在客票上；③印制在客票夹的封面上。

通知的内容为：兹通知旅客，凡旅程的最终目的地点或一个经停地点在出发地国以外的另一国时，一个称为《华沙公约》的条约可以适用于整个旅程，包括完全在出发地国或在目的地国的任何部分。对于旅程的目的地点、出发地点或一个约定的经停地点在美利坚合众国的旅客，该公约和列入适用运价中的特别运输合同规定：承运人名称和参加这些特别合同的某些其他承运人的责任，当旅客发生死亡或人身伤害时，在大多数情况下，对证明确实的损失，限制在对每一旅客不超过 75 000 美元，且此种被限制的责任不取决于承运人有否过失。对于由来参加这些特别合同的承运人所承运的旅客，或者旅程的目的地点、出发地点或一个约定的经停地点不在美利坚合众国的旅客，承运人对旅客死亡或人身伤害的责任，在大多数情况下，限制在对每一旅客约 8290 美元或 16 580 美元。美国民用航空委员会 1914 年 1 月 3 日通过第 74-1-16 号令，将 125 000 金法郎和 250 000 金法郎与美元的折合，分别改定为 10 000 美元和 20 000 美元。参加这些特别合同的承运人的名单存放在这些承运人的各售票处，可应要求提供查阅。旅客通常可以在私营公司购买保险获得附加保护。上述保险不受《华沙公约》或这些特别运输合同对承运人责任限制的影响。详细情况请与你的航空公司或保险公司代表洽商。在上述通知中，“承运人名称和某些其他承运人”可以用“某些承运人”代替。

4）协议生效、加入和退出的规定

（1）协议生效。1966 年《蒙特利尔协议》规定，本协议应提交美国民用航空委员会，按照经修正的 1958 年《联邦航空法》第 412 条的规定审批；如经要求还应提交其他国家政府。本协议经美国民用航空委员会按照上述第 412 条规定批准后生效。

（2）协议加入。任何经办适用《华沙公约》或经《海牙议定书》修正的《华沙公约》的运输的承运人，签署一份协议副本并交存美国民用航空委员会，都可成为该协议的当事人。

（3）协议退出。参加该协议的任何承运人都可退出协议。退出应预先 12 个月书面通知美国民用航空委员会和参加协议的其他承运人。

3. 简要评述

1966 年《蒙特利尔协议》的签订是美国霸权主义的体现，它主要目的是维护美国旅客的利益，但对促进国际航空运输承运人责任制度的发展，保障国际航空公约的统一适用等方面仍然具有一定的意义。

第一，1966年《蒙特利尔协议》具有一定的合理性。1966年《蒙特利尔协议》是当时世界上经济最发达、生活水平最高的航空超级大国美国与一般国家在赔偿数额上的矛盾与冲突，尖锐到无法调和情况下，达成的暂时妥协。从调整国际经济矛盾的意义上说，有它的必然性或一定的合理性，对于国际航空法而言，它体现了华沙体系发展过程中的矛盾与妥协，是在官方或政府间解决机制无法运转情况下的一种民间方式的解决机制。

第二，1966年《蒙特利尔协议》推动国际航空运输规则的完善。在1966年《蒙特利尔协议》签订时，原是一项临时或过渡性约定，但后来正式形成条约的《危地马拉议定书》迟迟未能生效，致使经停美国客运航班一直适用该规则，并在随后产生了示范效应。例如，1974年西欧各国和日本等国政府，在地中海岛国马耳他磋商后，签署了《马耳他协议》，决定将本国航空公司的客运航班责任限额也提高到58 000美元。虽然《马耳他协议》并不是正式的国际公约，但这些国家或通过正式立法，或由本国航空公司自行决定，都提高了责任限额①。

第三，从严格法律意义上说，1966年《蒙特利尔协议》并没有强制性的国际法律约束力。从国际法的角度来看，该协议并不具备国际法效力，因为作为签约的另一方航空公司根本不具备国际法的主体资格。因此，有些西方学者提出该协议是“经1966年《蒙特利尔协议》修订的《华沙公约》”，将它作为一个国际航空公约是荒谬的。因为修改公约必须是经缔约国的同意，或在公约中有明文的规定，而且修改公约如同制定公约一样，其主体必须有缔约能力。

但为了研究方便，学者们一般也将1966年《蒙特利尔协议》划归华沙体制的范畴。

8.2.4 《危地马拉议定书》

1. 制定原因

1966年《蒙特利尔协议》将国际航空运输中承运人对旅客责任规则改为了无过错责任制，这是当时航空科技高度发展的必然结果。早期的航空风险，如天灾、人祸或技术故障等，基本上都是可以预见并加以防止的，加上航空保险业已高度发达，承运人可以通过保险等方式来转移风险。因此，国际社会达成共识，应修订《华沙公约》和《海牙议定书》，以保障旅客权益，进而保证国际航空规则的统一适用，促进国际航空运输的发展。

在1966年《蒙特利尔协议》签订后，国际民航组织法律委员会经过了5年反复讨论与艰苦磋商，再次对美国做出重大让步后，于1971年在危地马拉城外交会议上由21国（主要是发达国家）签订了《危地马拉议定书》。《危地马拉议定书》修订的是《华沙公约》与《海牙议定书》的旅客与行李运输规则，未触及并保持了《华沙公约》有关货物运输规则。这个文件的正式名称是“修订经1955年9月28日在海牙修订1929年10月12日在华沙签订的《统一国际航空运输某些规则的公约》议定书的议定书”，其正式简称为“经1955年在海牙和1971年在危地马拉城修订的华沙公约”，一般称之为《危地马拉议定书》。

① 但《马耳他协议》与1966年《蒙特利尔协议》有两点重要不同：第一，它并未废止《华沙公约》第20条的适用；第二，它的适用范围仅限于本国航空公司，而不像1966年《蒙特利尔协议》那样适用于所有进出、经停美国的国际客运航班。

2. 主要内容

《危地马拉议定书》共 3 章，26 个条文。第 1 章，对公约的修正（第 1～15 条）；第 2 章，公约经修正后的适用范围（第 16 条）；第 3 章，最后条款（第 17～26 条）。主要内容有以下五个方面。

1）将《华沙公约》的推定过失责任制改为完全（无过失）责任

《危地马拉议定书》第 4 条规定，“删去第十七条，改用下文：一、对于旅客死亡或人身伤害所受到的损失，承运人要承担责任，但仅限于这样的条件下，即造成旅客伤亡的事件发生在航空器上，或者登机或下机过程中的任何一个阶段。凡纯属由旅客健康状况引起的伤亡，承运人不负责任。二、承运人要对行李的毁灭、遗失或损坏所受到的损失承担责任，但只限于这样条件下，即造成行李毁灭、遗失或损坏的事件发生在航空器上，或者装卸航空器过程中的任何一个阶段，或者该行李在承运人掌管期间。凡纯属行李的固有缺陷、品质或瑕疵引起的损失，承运人不负责任”。

2）提高了赔偿责任限额

《危地马拉议定书》第 8 条规定，“删去公约第二十二条，改用下文：第二十二条：一、（一）在旅客运输中，承运人对每名旅客由于死亡或者人身伤害造成的损失的责任，不论其根据如何，赔偿额总数以一百五十万法郎为限。根据案件受理法院地的法律，可以用分期付款方式赔偿损失的，赔偿的本金总额不得超过一百五十万法郎。（二）运输旅客造成延误的，承运人对每名旅客的责任以六万二千五百法郎为限。（三）在行李运输中造成毁灭、遗失、损坏或延误的，承运人对每名旅客的责任以一万五千法郎为限”。

3）规定最高限额不可突破

《危地马拉议定书》第 9 条规定，“删去公约第二十四条，改用下文：第二十四条：一、在货物运输中，任何赔偿诉讼，不论其根据如何，只能依照本公约规定的条件和限额提出。二、在旅客、行李运输中，任何赔偿诉讼，不论其根据如何，不论是根据本公约、根据合同，还是由于侵权行为或任何其他原因，只能依照本公约规定的条件和限额提出，但是不妨碍谁有权提起诉讼以及他们各自的权利。此责任限额为最高额，无论产生责任的情势如何，均不得超过这一限额”。

4）增加了一个可诉法院

《危地马拉议定书》第 12 条规定，“本公约第二十八条中第二款改为第三款，另增加第二款如下：二、对于旅客因死亡、伤害或者延误以及行李因毁灭、遗失、损坏或延误而产生的损失，赔偿诉讼可向该条第一款所列的法院之一提起，或者在旅客有住所或永久居所的缔约国内，向在其辖区内承运人设有机构的法院提起”。

5）条约生效的程序规定

《危地马拉议定书》第 20 条规定，“一、本议定书自第三十份批准书交存后第九十日起生效，但必须在批准本议定书的国家中有五个国家的航空公司的定期国际航班的客千米总运量，根据国际民用航空组织一九七零年所公布的统计，至少占国际民用航空组织成员国该年的定期国际航班总运量的 40％。如在第三十份批准书交存时这一条件尚未具备，则本议定书应在该条件具备后第九十日起生效。在本议定书生效所需的最后一个批准书交存以后，批准本议定书的国家在其批准书交存后第九十天起本议定书对其生效”。

3. 简要评述

《危地马拉议定书》修订了《华沙公约》中承运人对旅客的责任制度，具有一定的历史意义，符合航空运输发展的需要，该公约虽然目前还尚未生效，但它对完善华沙体制和学者们的理论研究具有重要的借鉴意义。

第一，《危地马拉议定书》将国际航空运输中承运人对旅客和行李的责任规则改为了无过错责任制，并且大幅度地提高赔偿责任限额，符合了航空运输发展的必然趋势。随着航空科学技术的发展，航空运输的风险已经大大降低了，加上航空保险的保驾护航，没有理由不提高国际航空运输中的承运人赔偿责任，这对保护消费者的利益也有着重要的意义。

第二，《危地马拉议定书》规定了最高限额的不可突破，在一定程度上作为较高限额的交换条件，不仅保护了旅客的利益，同时也保护了航空承运人的利益。

第三，《危地马拉议定书》增加了一个可诉法院，为旅客维权提供了更加便利的通道。《华沙公约》中规定的旅客可以起诉的法院是四个，《危地马拉议定书》增加了旅客可向其永久居所地法院提起诉讼，增加了旅客的维权通道。

第四，在《危地马拉议定书》的生效程序上，规定了反常程序，实际上是以美国的批准为前提条件的。因为即使批准国达到法定的 30 国，但任何五国的国际航空运载量也达不到 1970 年国际民航组织成员国国际运输总量的 40％。这实际上是美国航空霸权主义的体现①。但这个议定书在美国参议院迟迟得不到通过，因为他们还嫌责任限额太低。故该议定书至今尚未生效。

第五，虽然该议定书至今尚未生效，但它对以后《国际航空运输协定》的借鉴意义及学者们的理论研究还是具有重大意义的。例如，1999 年《蒙特利尔公约》中的许多条文就是借鉴了《危地马拉议定书》的规定。

8.2.5 1975 年四个蒙特利尔附加议定书

1. 历史背景

20 世纪 60 年代末与 70 年代初，国际货币危机日益严重，黄金价格飞涨，美元一

① 赵维田．国际航空法．北京：社会科学文献出版社，2000：224.

再贬值，这给许多国际条约的“黄金条款”带来麻烦，而《华沙公约》关于责任限额的折算问题就是其中之一。《华沙公约》第 22 条第 4 款明文规定：“上述法郎是指含有千分之九百成色的 65.5 毫克黄金的法国法郎。这项金额可以折合成任何国家的货币取其整数。”这里定义的“法国法郎”指的是普安卡雷法郎。就其在条约中的含义来说，实际上是作为一种国际计算单位的黄金标记而已，并无以法国货币作准的意思。为澄清这一点，《海牙议定书》将其改为“货币单位”。《海牙议定书》之所以选择以黄金作计算单位，是为了保证责任限额的稳定性，不受一国货币升降的影响；而且使各国法院判给的赔偿额在价值上一致，避免由此引起“挑选法院”的弊端。

第二次世界大战后，依“国际货币基金条款协议”形成的国际货币体制，美国承担了按每盎司①黄金 35 美元价格自由兑换黄金的国际义务，确定了美元作为国际标准货币的地位。20 世纪 60 年代，美国财政恶化，美元开始贬值，后经西欧 6 国黄金联库的支撑，勉强维持到 1968 年，终于抵挡不住国际上抛售美元的巨浪。从 1971 年开始，西方各国纷纷允许本国货币与黄金比价自由浮动，美国政府也宣布停止履行其按“官价”（每盎司 35 美元）自由兑换黄金的国际承诺。这样，国际上出现了黄金的“双重价格”：一种是自由市场上依供需决定的商品价格，一度高达每盎司 400 美元以上；另一种是只通行于各国中央银行之间汇兑业务结算的“官价”。这两种价格实际相差约 10 倍左右，那么华沙限额应该根据哪种价格计算呢？各国法院选择不同，学者的理论主张也存在分歧，而且黄金“官价”，也有变化。每盎司 35 美元的比值原是 1934 年美国“币值法”规定的。1972 年美国官方正式宣布美元贬值，国会同时通过了“修订币值法”，将黄金官价提高到每盎司 38 美元。1973 年再度宣布美元贬值，“修改比值法”将黄金官价又增高到每盎司 42.2222 美元。货币危机导致国际货币基金组织废除美元作为国际标准货币的法定地位，而采用“特别提款权”作为计算单位，并于 1978 年 4 月 1 日实行。与此同时，美国国会也废止了 1973 年“修改比值法”，取消了美元对黄金的“官价”。这样，按美国 1973 年“修改比值法”确定的每盎司黄金折合 42.2 美元的“官价”，就成了永远不会再变动的所谓“最后官价”。按此官价折算，《华沙公约》对每位旅客的责任限额约 1 万美元，《海牙议定书》的限额约 2 万美元。

2. 主要内容

1）1975 年《蒙特利尔第一号附加议定书》

1975 年《蒙特利尔第一号附加议定书》共 3 章，13 条。第 1 章，对公约的修正（第 1 条和第 2 条）；第 2 章，公约经修正后的适用范围（第 3 条）；第 3 章，最后条款（第 4～13 条）。主要内容包括以下三个方面。

（1）该议定书修正的是《华沙公约》。1975 年《蒙特利尔第一号附加议定书》第 1 条规定，本章各款所修改的公约，是《华沙公约》。

（2）改用特别提款权作为赔偿的计价货币。这是 1975 年《蒙特利尔第一号附加议定

① 1 盎司≈28.35 克。

书》的核心内容，其中第 2 条规定，“删去第二十二条，改用下文：一、在旅客运输中，承运人对每名旅客的责任以八千三百特别提款权为限。根据案件受理法院地的法律，可以用分期付款方式赔偿损失的，赔偿的本金总额不得超过此限额。但是，旅客可以通过其同承运人的特别协议，约定一个较高的责任限额。在托运行李和货物运输中，承运人的责任以每公斤十七特别提款权为限，除非旅客或者托运人在向承运人交运特别声明在目的地交付时的利益，并在必要时支付附加费。在后种情况下，承运人应当偿付到声明的金额，除非承声明的金额高于在目的地点交付时旅客或托运人的实际利益。三、关于旅客自行照管的物件，承运人对每名旅客的责任以三百三十二特别提款权为限。四、该条所称金额的特别提款权，是批国际货币基金组织所规定的特别提款权。发生诉讼时，此项金额与各国货币的折算，应当按照判决之日用特别提款权表示的该国货币的价值进行。缔约国是国际货币基金组织成员国的，用特别提款权表示的该国货币的价值，应当按照判决之日有效的国际货币基金组织在其业务和交易中采用的计价方法进行计算。缔约国不是国际货币基金组织成员国的，用特别提款权表示的该国货币的价值，应当按照该缔约国所确定的方法计算。但是，不是国际货币基金组织的成员国并且其法律不允许适用第二十二条第一、二、三款规定的国家，可以在批准或者加入或者在其后的任何时候声明，在其领土内诉讼时，就第二十二条第一款而言，承运人对每名旅客的责任以十二万五千货币单位为限：就第二十二条第二款而言，承运人的责任以每公斤二百五十货币单位为限；就第二十二条第三款而言，承运人对每一旅客的责任以五千货币单位为限。此种货币单位相当于含有千分之九百成色的六十五点五毫克的黄金。此项金额可折算为有关国家货币，取其整数。此项金额与国家货币的折算，应按照有关国家的法律进行”。

(3) 最后条款。在 1975 年《蒙特利尔第一号附加议定书》的最后条款中，对生效、加入、保留和退出进行了规定。

1975 年《蒙特利尔第一号附加议定书》至今尚未生效。

2) 1975 年《蒙特利尔第二号附加议定书》

该议定书在的篇章结构和 1975 年《蒙特利尔第一号附加议定书》完全相同。该议定书是对《海牙议定书》修正后的《华沙公约》的修订。其核心条文是第 2 条，该条规定如下，“删去公约第二十二条，改用下文：一、在旅客运输中，承运人对每名旅客的责任以一万六千六百特别提款权为限。根据案件受理法院地的法律，可以用分期付款方式赔偿损失的，赔偿的本金总额不得超过此限额。但是，旅客可以通过其同承运人的特别协议，约定一个较高的责任限额。二、(一) 在托运行李和货物运输中，承运人的责任以每公斤十七特别提款权为限，除非旅客或托运人在向承运人交运包件时，特别声明在目的地点交付时的利益，并在必要时支付附加费。在后种情况下，承运人应当偿付到声明的金额，除非承运人证明声明的金额高于在目的地点交付时旅客或托运人的实际利益。(二) 托运行李或者货物的一部分或者托运行李、货物中的任何物件灭失、损坏或者延误的，用以确定承运人赔偿责任限额的重量，仅为该一包件或者数包件的总重量；但是，因托运行李或者货物的一部分或者托运行李、货物中的任何物件的毁灭、遗失、损坏或者延误，影响同一份行李票或者同一份航空货运单所列其他包件的价值的，确定承运人的赔偿责任限额时，此种包件的总重量也应当考虑在内。三、关于旅客自行照管的物件，承运人对每名旅客的责任以三三二特别提款权为限。四、该条规定的限额并不妨碍法院按其法律另外加判全部或一部分法院费用及对原告所产生的其他诉讼费用。如判给的赔偿金额，不包括法院费用及其他诉讼费用，不超过承运人于造成损失的事件发生后六个月内或已超过六个月而在起诉以前以书面向原告提出签应承担的金额，则不适用上述规定。五、该条所称金额的特别提款权，是指国际货币基金组织所规定的特别提款。发生诉讼时，此项金额与各国货币的折算，应当按照判决之日用特别提款权表示的该国货币的价值进行。缔约国是国际货币基金组织成员国的，用特别提款权表示的该国货币的价值，应按照判决之日有效的国际货币基金组织在其业务和交易中采用的计价方法进行计算。缔约国不是国际货币基金组织成员国的，用特别提款权表示的该国货币的价值，应当按照该缔约国所确定的办法计算。但是，不是国际货币基金组织的成员国并且其法律不允许适用第二十二条第一款、第二款第（一）项和第三款规定的国家，可以在批准或者加入或者在其后的任何时候声明，在其领土内诉讼时，就第二十二条第一款而言，承运人对每名旅客的责任以二百五十万货币单位为限；就第二十二条第二款第（一）项而言，承运人的责任以每公斤二百五十货币单位为限；就第二十二条第三款而言，承运人对每名旅客的责任以五千货币单位为限。此种货币单位相当于含有千分之九百成色的六十五点五毫克的黄金。此项金额可折算为有关国家的货币，取其整数。此项金额与国家货币的折算，应当按照有关国家的法律进行”。

3）1975 年《蒙特利尔第三号附加议定书》

1975 年《蒙特利尔第三号附加议定书》，共 3 章，14 个条文。该议定书是对经《海牙议定书》和《危地马拉议定书》修正后的《华沙公约》的修订。核心条文是第 2 条，该条规定为，“删去公约第二十二条，改用下文：一、（一）在旅客运输中，承运人对每名旅客由于死亡或者人身伤害造成的损失的责任，不论其根据如何，十万特别提款权为限。根据案件受理法院地的法律可以用分期付款方式赔偿损失的，赔偿的本金总额不得超过十万特别提款权。（二）运输旅客造成延误的，承运人对每名旅客的责任以四千一百五十特别提款权为限。（三）在行李运输中造成毁灭、遗失、损坏或延误的，承运人对每名旅客的责任以一千特别提款权为限。二、（一）在货物运输中，承运人的责任以每公斤十七特别提款权为限，除非托运人在向承运人交运货物时，特别声明在目的地点交付时的利益，并在必要时支付附加费。在后种情况下，承运人应当偿付到声明的金额，除非承运人证明声明的金额高于在目的地点交付时托运人的实际利益。（二）货物的一部分或者货物中的任何物件发生灭失、损坏或者延误，用以确定承运人责任限额的重量，仅为该一包件或者数包件的总重量：但是因货物的一部分或者货物中的任何物件的灭失、损坏或者延误，影响同一份航空货运单所列其他包件的价值的，确定责任限额时，此种包件的总重量也应当考虑在内。三、（一）缔约国法院如根据其各自的法律，无权判处诉讼费，包括律师费，则在适用本公约的诉讼案中有权自由裁量，在其认为合理时，将全部或部分诉讼费，包括律师费，判归原告。（二）只有在原告将索赔金额及其计算细节书面通知了承运人，而承运人收到该通知后的六个月内，未以书面形式提出至少与在所适用的限额内所判的数额相等的金额的清偿办法的情况下，才能按照第（一）项的规定判给包括律师费在内的诉讼费。如诉讼是在六个月后提起，则这一时限可延至起诉之日。（三）在援用该条规定的限额时，应不考虑包括律师费在内的诉讼费用。四、该条和第四十二条所称金额的特别提款权，是指国际货币基金组织所规定的特别提款权。发生诉讼时，此项金额与各国货币的折算，应当按照判决之日用特别提款权表示的该国货币的价值进行。缔约国是国际货币基金组织成员国的，用特别提款权表示的该国货币的价值，应当按照判决之日有效的国际货币基金组织在其业务和交易中采用的计价方法进行计算。缔约国不是国际货币基金组织成员国的，用特别提款权表示的该国货币的价值，应当按照该缔约国所确定的办法计算。但是，不是国际货币基金组织的成员国并且其法律不允许适用第二十二条第一款和第二款第（一）项的规定的国家，可以在批准或者加入或者在其后的任何时候声明，在其领土内诉讼时，就第二十二条第一款第（一）项而言，承运人对每名旅客的责任以一百五十万货币单位为限；就第二十二条第一款第（二）项而言，承运人对每名旅客的责任以六万二千五百货币单位为限；就第二十二条第一款第（三）项而言，承运人对每名旅客的责任以一万五千货币单位为限；就第二十二条第二款第（一）项而言，承运的责任以每公斤二百五十货币单位为限。适用本款规定的国家也可声明第四十二条第二、三两款中所指金额为十八万七千五百货币单位。此种货币单位相当于含有千分之九百成色的六十五点五毫克的黄金。此项金额可折算为有关国家货币，取其整数。此项金额与国家货币的折算，应当按照有关国家的法律进行”。

4）1975 年《蒙特利尔第四号附加议定书》

1975 年《蒙特利尔第四号附加议定书》共 3 章，25 条。第 1 章，对公约的修正（第 1～13 条）；第 2 章，公约经修正后的适用范围（第 14 条）；第 3 章，最后条款（第 15～25 条）。主要内容有以下四个方面。

（1）将经《海牙议定书》修正的《华沙公约》中承运人对托运货物和行李的责任制度改为严格责任制。这是 1975 年《蒙特利尔第四号附加议定书》的核心内容，规定在第 4 条中，该条为，“删去公约第十八条，改用下文：一、对于交运行李因毁灭、遗失或损坏而产生的损失，如果造成这种损失的事件是发生在航空运输期间，承运人应承担责任。二、对于货物因毁灭、遗失或损坏造成的损失，只要造成这种损失的事件发生在航空运输期间，承运人即应承担责任。三、但是，承运人如果证明货物的毁灭、遗失或损坏是由于下列一个或几个原因造成的，则不承担责任：（一）货物的属性或本身缺陷；（二）承运人或其受雇人以外的人包装不善；（三）战争行为或武装冲突；（四）公共当局采取的与货物入境、出境和过境有关的行为。四、本条前几款所指的航空运输，包括行李或货物在承运人保管下的期间，不论是在机场内，或在航空器上，或者在机场外降落的任何地点。五、航空运输期间不包括在机场以外的任何陆运、海运或河运。但是，如果这种运输是为了装货、交货或转运以履行航空运输合同，除非有相反的证据，任何损失应该被推定是在航空运输期间发生的事件的结果”。

（2）延误适用推定过错责任制。1975 年《蒙特利尔第四号附加议定书》第 5 条规定：“在旅客和行李运输中，以及在货物运输中因延误造成损失时，承运人如果证明他及其受雇人为避免损失的发生，已经采取一切必要的措施，或者不可能采取这种措施时，则不承担责任。”

(3) 公约经修正后的适用范围。1975 年《蒙特利尔第四号附加议定书》第 14 条规定：“经一九五五年在海牙修正的和经本议定书修正的华沙公约适用于公约第一条规定的国际运输，但始发地点和目的地点必须是位于本议定书的两个缔约国领土内，或在本议定书的一个缔约国领土内，而在另一国领土内有一约定的经停地点。”

(4) 最后条款。在 1975 年《蒙特利尔第四号附加议定书》的最后条款中，对生效、加入、保留和退出进行了规定。

8.3　1999 年《蒙特利尔公约》

8.3.1　制定原因

1. 华沙体制在适用上被严重背离

1966 年《蒙特利尔协议》签订后，纷纷被其他国家或地区所效仿，1976 年欧洲“马耳他集团”决定将接受 8 万或 10 万特别提款权的限额作为审批航空运输企业的条件，此种做法后来又被其他国家效仿，有的甚至对外国航空公司也适用此项规定。各国纷纷采取措施，规避《华沙公约》的适用，如 1985 年意大利宪法法院在一项判决中指出：根据意大利宪法的规定，承认《海牙议定书》第 22 条第 1 款的规定是违反意大利宪法的。多国在适用《华沙公约》时也纷纷实行开后门政策，造成了《华沙公约》已名存实亡。面对国际社会在华沙体系责任限额上的纠缠不清和《华沙公约》的名存实亡，为挽救华沙体制，1987 年在葡萄牙的阿尔沃（Alvor）举行的第四届伦敦劳埃德国际航空法研讨会上，航空法专家郑斌教授和彼得·马丁先生提议起草了《阿尔沃国际航空运输公约草案》，关于旅客人身伤亡的赔偿责任，该草案采取了双梯度原则：在国际运输中限额为 10 万特别提款权以下实行严格责任制，在 10 万特别提款权以上部分（甚至可以是无限额），各国在国内法中规定过错责任制。

虽然国际社会对挽救华沙体系进行了努力，但是在进入 20 世纪 90 年代以后，华沙体系分裂的危险越演越烈。1992 年初，日本几家航空公司联合起来，率先向华沙体制这套“老牛破车”发起冲击，他们用对“旅客运输条件”进行变更的方式，对国际航空运输的旅客赔偿进行了两层安排。首先在将客运责任限额定为每名旅客 10 万特别提款权的条件下，将华沙体制的推定过失责任规则改为严格责任制，废止了华沙体制关于免则的规定，对超出 10 万特别提款权的部分，则不限制承运人的责任，但仍然适用推定过失责任规则，承运人只要证明他已尽到了谨慎的义务，就可免除其责任。1995 年《澳大利亚民用航空（承运人责任）法》甚至将澳大利亚航空公司承担的国际运输中旅客责任限额提高到 26 万特别提款权。1994 年欧洲民用航空会议将旅客责任限额提高到 25 万特别提款权，并且督促承运人参加类似于 1966 年《蒙特利尔协议》类型的承运人间协议。1997 年 9 月 9 日，欧共体理事会通过了关于发生事故后航空承运人责任的第 2027/97 号条例，这个条例在 1998 年 9 月 17 日生效。该条例规定：欧共体的航空承运人因事故引发旅客死亡、受伤或者其他任何身体损害导致其所应承担的损害赔偿责任，不受任何金额的限制，不论其为法律、公约或者合同所确定的。如果用欧洲货币单位来换算，其赔偿数额超过了 10 万特别提款权。但承运人可抗辩的事由是：承运人已采取所有必要措施以避免损害结果的发生；或采取那些措施是不可能的。该条例也要求承运人须向旅客为先行给付（interim payment），以满足其紧急的经济需要。

不仅主权国家“揭竿而起”反对华沙体制，而且国际航空承运人也纷纷签订协议来大幅提高对旅客的赔偿责任限额，以吸引旅客乘坐航空公司的航班。1995 年在国际航协的组织下，67 家成员航空公司在华盛顿召开会议，签署了华盛顿协议，决定大幅提高对旅客的赔偿责任限额至 38.2 万美元，以避免承运人无限制赔偿责任、减少诉讼。1995 年 10 月 30 日，在马来西亚的吉隆坡召开的国际航协年会上，国际航协又推出了吉隆坡协议，该协议指出，鉴于华沙体制对国际航空运输发挥的重大积极影响，注意到自 1955 年以来始终未曾变更的《华沙公约》航空承运人限制损害赔偿责任规则已难以适应绝大多数国家的国情，且为旅客权益，其损害赔偿金最高限额事实上已被许多国际航空承运人联手增加；协议缔约航空公司一致同意，对就运输期间旅客伤亡或其他身体损害提出的索赔请求，放弃《华沙公约》或经《海牙议定书》修正的《华沙公约》为承运人提供的限制损害赔偿责任的保护，以使伤亡旅客根据其住所地法律通过司法判决获得无限制损害赔偿。至于承运人承担损害赔偿责任的一般原则，可依合理的情况，或采用客观责任原则，或以一定的损害赔偿金数额为条件的客观责任原则，或推定过失原则。适用何者，由各承运人自行决定。该协议强调指出，其任何条款不应对《华沙公约》或经《海牙议定书》修正的《华沙公约》赋予旅客或索赔人的权益构成不利影响。该议定书还要求缔约航空公司承担义务，将该协议确立的新规则推广至其他从事国际旅客运输的航空公司。

可见，从 1929 年《华沙公约》的签订到 1999 年的《蒙特利尔公约》签订前，国际航空运输在风风雨雨中走过了 70 年，在这 70 年中，历经数次修订，形成了 9 个文件有效并存的局面，而这 9 个文件在一些问题上是相互冲突的，再加上批准生效的国家构成的复杂性，华沙体系事实上处于一种混乱状态。而在司法实践中，包括华沙文件、国内法、特别协议，可适用的责任制度已经达到了 44 种，华沙体系的完整性、一致性遭到了严重破坏，华沙体制在实践中已经被严重背离。为挽救华沙体制，适用国际航空运输的现代化要求，制定新的统一公约已成必然。

2. 华沙体制签订时的条件已发生了巨大的变化

在华沙体制文件中，承运人与消费者之间的矛盾始终是华沙体制的一条中心线，归责原则和责任限额是两个矛盾基本立足点，也是华沙体制的核心问题。

一般认为，推定过失责任原则和举证责任倒置规则，对于消费者而言是比较有利的制度；而责任限额制度则是对于承运人比较有利的制度。基于此，《华沙公约》同时接受了推定过失责任原则和承运人责任限额制度，其目的在于维持一种平衡。但在这种总体平衡之下仍然不免有所偏倚，应该说在《华沙公约》制定前后，这种偏倚偏向承运人一边，其目的在于保护正处幼稚发展时期的民用航空运输业。因此，较低的责任限额，以及极端严格的适用无限制责任原则的各项条件，与推定过失责任原则及抗辩事由相比，显然并不是绝对平衡的。

第二次世界大战结束后，随着航空技术的发展，航空运输业突飞猛进，航空运输更加安全，而且承运人还可通过航空保险等方式转移赔偿责任，航空运输业也走出了需要特别保护的幼年时期。另外，随着社会经济的发展，重新认识人自身价值的人文主义思潮成为现代国际社会主导，对人自身价值的关注和重新评估人的量化价值的呼声此起彼伏，表现在航空运输领域，就是要求大幅提高对旅客的赔偿责任，而华沙体系较低的责任限额制度成为了众矢之的，加之各国法院在审判时，往往为保护本国承运人利益，允许承运人援引赔偿责任限额的限制条款和其他一些抗辩事由，造成了一些不人道的结果，背离了《华沙公约》制定之初的本意。

由于《华沙公约》签订时的条件已经发生了变化，大幅提高赔偿责任限额已成为国际社会的共识，制定新的统一的国际航空公约，将立法价值转向为对消费者利益的保护，已成为不可逆转的发展趋势。不论是日本航空公司的 10 万特别提款权、《澳大利亚民用航空（承运人责任）法》中的 26 万特别提款权、欧共体理事会第 2027/97 号条例超出 10 万特别提款权的赔偿限额，还是《危地马拉议定书》中的 150 万普安卡雷法郎（10 万美元）的限额，都是这种趋势的具体表现。制定适用现代航空运输的发展的新公约迫在眉睫。

3. 发达国家与发展中国家均对华沙体制不满

在《华沙公约》签订初期，发展中国家和发达国家的矛盾就异常突出，发展中国家为了保护本国的航空运输业，力求降低赔偿责任限额，而发达国家则力推实行较高的赔偿责任限额。华沙体制变成了发达国家和发展中国家的角斗场。第二次世界大战以来航空事业的发展，尤其是两极分化的不平衡发展，导致国际航空运输领域中这个问题更加突出。发展的不平衡包括各国总体经济实力的发展不平衡，也包括各国航空事业本身发展的不平衡。如果说在《华沙公约》制定时候的争论是当时世界主要的一些航空大国之间的分歧，那么第二次世界大战结束后的一些争论则属于发达国家与发展中国家之间的利益分歧，原因就在于第二次世界大战以后相继独立的发展中国家的航空事业获得了迅速的发展，尽管和主要航空大国相比仍然弱小。发达国家认为提高华沙体系的责任限额，或者直接取消最高责任限额是十分必要的，而且是不容商量的关键性问题，持这种观点的代表就是占世界航空运载量最大比重的美国，而且美国的国内公众和政府的态度一直十分强硬。而一些发展中国家则认为本国经济力量薄弱，并且本国的航空事业正处于起步阶段，因此仍然需特别保护，太高的责任限额对于本国航空业的发展而言是十分不利的，最后这些成本也将被转移到旅客身上。在 1966 年关于责任限制论题的国际民航组织蒙特利尔国际会议上所形成的三个阵营正是这种矛盾的集中体现。

发展中国家的经济实力和航空事业发展水平与发达国家相比所存在的差距是一个根本性的、不容回避的问题，这注定了在类似责任限额这些关键性问题上存在分歧不可避免。但是，这种矛盾的存在和华沙体系责任限额是否合理这个问题是两个不同的问题，发展中国家不能接受超出自身承受能力的责任限额并不意味着发展中国家对于华沙体系现在所维持的责任限额标准水平持赞同态度。恰恰相反，很多发展中国家对于华沙体系现在所坚持的责任限额标准水平持否定态度，并且很多发展中国家实际上已经绕过了华沙体系的束缚，而适用更高标准的赔偿限额。发展中国家阵营的裂变，造成了在国际航空运输中发展中国家也强烈要求提高责任限额。

特别是到了20世纪90年代，多数的发展中国家对于华沙体系所维持的责任限额水平是不满意的，适当提高责任限额也是很多发展中国家的愿望。随着发展中国家航空事业的不断发展，以及航空飞行的成本不断降低和经营机制的不断改善，提高赔偿限额标准对于发展中国家而言正面效应大大超过负面效应。

4. 航空经营机制的变化对华沙体制也提出了挑战

随着航空技术和航空经营机制的不断创新，国际航空法律体系也在经历着考验与不断的自我更新。就航空经营机制的发展而言，航空公司之间战略联盟成了国际航空运输的发展趋势。在过去的十余年间，航空承运人已经打破各国政府严格管制的束缚而形成战略联盟。航空承运人走向战略联盟的道路，主要是因为航空公司之间的战略联盟能够降低航空公司的经营成本。航空公司战略联盟，尤其是代码共享协议，通过将目的地点加入到航线网络中向客户提供周期性业务。在这样的安排下，一个航空公司能利用代码共享而享有合作伙伴的飞行授权，在没有增加任何资源的情况下进行额外的目的地点的运输。当然，这样一种安排也会出现两家联合垄断市场的局面，剥夺了客户因为竞争而享有的优惠，但对于联盟航空公司来说，却是好事。

代码共享对华沙体制提出了挑战。代码共享是指两个以上的航空承运人适用国际航协为其中一个航空承运人设定的航班编号，即在数家航空公司同意使用其中一家航空公司所经营航班的合成指定代码的情况下，代码共享就发生了。这就可能出现一种情况：一家航空公司从事航空运输，同时使用了自己的代码和另一家承运人的代码。例如，一位与A航空公司签约从加拿大旅行到澳大利亚的旅客可能会发现一位已与B航空公司签约且路程一样的旅客与他在同一架航空器上。代码共享是进入20世纪90年代以来国际航空公司广泛采用的一种重要的商业合作形式。根据代码共享协议，当事人之间可相互使用对方的航班编号，也可只是一方当事人使用另一方当事人的航班编号。客观上，参与代码共享的航空公司可在各自的航线网络上创造更多的连接点，有助于航空公司吸引旅客使用中转服务。从这个意义上来说，代码共享是一种简化了的换乘形式。持有共享代码的旅客，只是因代码共享协议而形成的中转站从一家代码共享承运人班机上转换到另一家代码共享承运人的班机上而已。不同之处在于，此时的转机因代码共享的安排被视为在同一家航空公司经营的航班之间的换乘，而不是一般情形下发生在两家不同的航空公司之间的换乘。通常而言，代码共享承运人之间的法律关系仍是连续运输关系。在《华沙公约》中，这个问题比较容易解决，但随着华沙体系的分裂，在不同承运人之间出现适用不同赔偿责任规则而带来如下矛盾：一部分承运人接受了无限额赔偿责任，并且规定赔偿金不超过10万特别提款权的承运人放弃援引华沙体系的抗辩事由；而另外一部分承运人并没有接受新的规则，仍然遵循华沙体制下的责任限额及归责原则。显然，这对华沙体制提出了新的挑战。

此外，科技的发展给国际航空运输法律带来的挑战体现在了许多方面，特别是计算机互联网和无纸化时代的到来为航空运输的经营和管理提出了很多新的问题。例如，电子票证的运用和相关规则的调整就是一个十分紧迫的问题。一方面，建立于纸质票证基础之上有关航空票证的法律规则本来就存在许多的分歧意见，如果采用基于计算机网络的电子票证，关于这些问题的分歧意见可能就更加复杂了。另一方面，航空电子票证的法律规则完善并不完全取决于航空法本身，更多需要受计算机网络法律、电子商务、电子签章等方面法律规则的约束，但这些方面的法律都处于初步发展之中。电子票证所带来的问题涉及在网络交易的缔约方式及履行合同义务方面与传统的巨大差异，包括：①电子票证交易方式是资讯交换而不是金钱与服务的交换；②在未曾谋面的当事人之间实现即时互动；③无纸贸易的交易环境等。华沙体制中关于票证方面的规定很少，主要规定了客票、行李票或者货运单必须包含承运人关于适用华沙规则特别是责任限额的声明，并且规定了运输单证的证据价值，确认它们是航空运输合同的初步证据。而对电子客票等运输凭证的效力，在华沙体制中找不到相应的规定，也对华沙体制提出了挑战。

5. 各方的推动最终导致 1999 年《蒙特利尔公约》的订立

经过 20 世纪 70 年代和 80 年代的停滞不前阶段之后，20 世纪 90 年代国际社会进行了各种努力，力图改变国际航空运输中的责任体系。1995 年国际民航组织理事会决定起草一部合并现有 9 个文件为一体，以照顾和平衡经济发展水平悬殊的各国利益的并适应科学技术现代化的新公约。后经国际民航组织法律委员会的讨论，拟定了一个新的《统一国际航空运输某些规则的公约》（和 1929 年《华沙公约》名字完全相同）草稿。该公约的制定者们从一开始对此就保持着清醒的头脑，竭力在新规则的合理性和可为大多数国家接受的可批准性之间找到平衡点。国际民航组织理事会于 1997 年 11 月设立一个“将‘华沙体制’合并为一体并使之现代化的专门小组”，联系各国对法律委员会草案的评论意见，最后修饰定稿，经过 1998～1999 年一年多的努力，1999 年 5 月 10～28 日召开的国际民航组织缔约国大会正式通过了 1999 年《蒙特利尔公约》。1999 年《蒙特利尔公约》将原华沙体制下的所有文件合成了一个公约，代表了国际航空运输现代化与一体化发展的方向，同时也是各国推动、相互妥协的产物。例如，美国在讨论草案时放弃了将精神损害写入公约的要求，广大发展中国家也允许在公约中增加一个管辖权等。为了和 1929 年《华沙公约》进行区别，人们习惯上将 1929 年《华沙公约》称为老公约，将 1999 年《蒙特利尔公约》称为新公约。

8.3.2 1999 年《蒙特利尔公约》的对华沙体制的发展

1999 年《蒙特利尔公约》的主要内容和旧的华沙体制相比，对华沙体制的发展主要表现在以下五个方面。

1. 对运输凭证规则的改动

运输凭证的本来功能是作为运输合同的证据和判断是否构成“国际运输”从而适用华沙规则的根据。但是，原凭证规则却把遵守凭证规则与否，当成是否有权引用责任限制的前提条件，混淆了运输凭证的本来面目。1999 年《蒙特利尔公约》可谓返璞归真，恢复了运输凭证的正常功能。同时，为适应现代电子技术需要，开辟了“任何保存所作运输的记录”的办法均可使用的现代化道路。

2. 对客运实行双梯度责任制，对货运采取严格责任制

在客运方面，纳入了《危地马拉议定书》的责任规则，在赔偿限额为 10 万特别提款权之内的人身伤亡赔偿，只将因旅客健康状况引起的伤亡排除在外，其余情况全由承运人负责赔偿，同时又增加一个新层次，即可采用无限额责任制度，而对这一层次的规则仍采取原《华沙公约》的推定责任制度。

在旅客运输方面，1999 年《蒙特利尔公约》第 21 条旅客死亡或者伤害的赔偿规定，“一、对于根据第十七条第一款所产生的每名旅客不超过 100 000 特别提款权的损害赔偿，承运人不得免除或者限制其责任。二、对于根据第十七条第一款所产生的损害赔偿每名旅客超过 100 000 特别提款权的部分，承运人证明有下列情形的，不应当承担责任：（一）损失不是由于承运人或者其受雇人、代理人的过失或者其他不当作为、不作为造成的；或者（二）损失完全是由第三人的过失或者其他不当作为、不作为造成的”。

1999 年《蒙特利尔公约》第 22 条延误、行李和货物的责任限额规定，“一、在人员运输中因第十九条所指延误造成损失的，承运人对每名旅客的责任以 4150 特别提款权为限。二、在行李运输中造成毁灭、遗失、损坏或者延误的，承运人的责任以每名旅客 1000 特别提款权为限，除非旅客在向承运人交运托运行李时，特别声明在目的地点交付时的利益，并在必要时支付附加费。在此种情况下，除承运人证明旅客声明的金额高于在目的地点交付时旅客的实际利益外，承运人在声明金额范围内承担责任。三、在货物运输中造成毁灭、遗失、损坏或者延误的，承运人的责任以每公斤 17 特别提款权为限，除非托运人在向承运人交运包件时，特别声明在目的地点交付时的利益，并在必要时支付附加费。在此种情况下，除承运人证明托运人声明的金额高于在目的地点交付时托运人的实际利益外，承运人在声明金额范围内承担责任。四、货物的一部分或者货物中任何物件毁灭、遗失、损坏或者延误的，用以确定承运人赔偿责任限额的重量，仅为该包件或者该数包件的总重量。但是，因货物一部分或者货物中某一物件的毁灭、遗失、损坏或者延误，影响同一份航空货运单、货物收据或者在未出具此两种凭证时按第四条第二款所指其他方法保存的记录所列的其他包件的价值的，确定承运人的赔偿责任限额时，该包件或者数包件的总重量也应当考虑在内。五、经证明，损失是由于承运人、其受雇人或者代理人的故意或者明知可能造成损失而轻率地作为或者不作为造成的，不适用该条第一款和第二款的规定；对于受雇人、代理人的此种作为或者不作为，还应当证明该受雇人、代理人是在受雇、代理范围内行事。六、第二十一条和该条规定的限额不妨碍法院按照其法律另外加判全部或者一部分法院费用及原告所产生的其他诉讼费用，包括利息。判给的赔偿金额，不含法院费用及其他诉讼费用，不超过承运人在造成损失的事情发生后六个月内或者已过六个月而在起诉以前已书面向原告提出的金额的，不适用上述规定”。

3. 增加了“第五种管辖权”

通常情况下，适用华沙规则的案件只能向华沙体制中规定的四种法院起诉，这四种法院是承运人住所地法院、承运人主营业地法院、航空运输合同订立的承运人营业机构

所在地法院和运输目的地法院。但是，近年来却出现了允许在《华沙公约》第 28 条指定的四种法院以外的第五种法院起诉之说，即第五种管辖权。它由美国最先提出来，目的是为了更好地保护美国公民，保证他们能在美国法院起诉。迫于美国的压力，1999 年《蒙特利尔公约》增加了专门适用于旅客伤亡的附加管辖权，规定伤亡旅客（或合法权益人）可以选择发生事故时旅客的主要或永久居住地国内法院起诉，但必须符合一定的条件[①]。

4. 对责任限额采用了伸缩条款

1999 年《蒙特利尔公约》在第 24 条中规定责任限额的复审制度，即“责任限额的伸缩条款”或“更新机制”，规定：“一、在不妨碍本公约第二十五条规定的条件下，并依据该条第二款的规定，保存人应当对第二十一条、第二十二条和第二十三条规定的责任限额每隔五年进行一次复审，第一次复审应当在本公约生效之日起第五年的年终进行，本公约在其开放签署之日起五年内未生效的，第一次复审应当在本公约生效的第一年内进行，复审时应当参考与上一次修订以来或者就第一次而言本公约生效之日以来累积的通货膨胀率相应的通货膨胀因素。用以确定通货膨胀因素的通货膨胀率，应当是构成第二十三条第一款所指特别提款权的货币的发行国消费品价格指数年涨跌比率的加权平均数。二、前款所指的复审结果表明通货膨胀因素已经超过百分之十的，保存人应当将责任限额的修订通知当事国。在将该项修订通知当事国后的三个月内，多数当事国登记其反对意见的，修订不得生效，保存人应当将此事提交当事国会议。保存人应当将修订的生效立即通知所有当事国。三、尽管有该条第一款的规定，三分之一的当事国表示希望进行该条第二款所指的程序，并且第一款所指通货膨胀因素自上一次修订之日起，或者在未曾修订过的情形下自本公约生效之日起，已经超过百分之三十的，应当在任何时候进行该程序。其后的依照该条第一款规定程序的复审每隔五年进行一次，自依照本款进行的复审之日起第五年的年终开始。”

5. 列入了先行付款的人道主义条款

1999 年《蒙特利尔公约》第 28 条规定：“因航空器事故造成旅客死亡或者伤害的，承运人应当在其国内法有如此要求的情况下，向有权索赔的自然人不迟延地先行付款，以应其迫切经济需要。此种先行付款不构成对责任的承认，并可从承运人随后作为损害赔偿金支付的任何数额中抵销”。

① 1999 年《蒙特利尔公约》第 33 条第 2～4 款所规定的条件是：“二、对于因旅客死亡或者伤害而产生的损失，诉讼可以向该条第一款所述的法院之一提起，或者在这样一个当事国领土内提起，即在发生事故时旅客的主要且永久居所在该国领土内，并且承运人使用自己的航空器或者根据商务协议使用另一承运人的航空器经营到达该国领土或者从该国领土始发的旅客航空运输业务，并且在该国领土内该承运人通过其本人或者与其有商务协议的另一承运人租赁或者所有的处所从事其旅客航空运输经营。三、就第二款而言，（一）‘商务协议’系指承运人之间就其提供联营旅客航空运输业务而订立的协议，但代理协议除外；（二）‘主要且永久居所’系指事故发生时旅客的那一个固定和永久的居住地。在此方面，旅客的国籍不得作为决定性的因素。四、诉讼程序适用受理案件的法院的法律。”

8.3.3 简要评述

1999 年《蒙特利尔公约》重新统一国际航空私法方面的规则，其意义是划时代的。正如该公约在前言部分所描述的那样："确信国家间采取集体行动，通过制定一项新公约来增进对国际航空运输某些规则的一致化和法典化是获得公平的利益平衡的最适当方法。"

1. 1999 年《蒙特利尔公约》是华沙体制的延续和发展

1999 年《蒙特利尔公约》不是天外来客，它是将原来的华沙体制的许多文件结合当今国际航空运输发展新的要求订立的。除了本书上述所描述的它对华沙体制的新发展以外，其许多内容都是原来华沙体制中的规定。因此，决不能将华沙体制和 1999 年《蒙特利尔公约》人为割裂，从而全盘否定华沙体制在国际航空运输中的贡献。

第一，在建立和完善国际民用航空运输民商立法方面，《华沙公约》及其相关法律文件确立了解决统一国际航空运输过程中各国间法律冲突的基本原则，这些基本原则构成民用航空运输国际私法的基础。制定《华沙公约》的目的就是统一各国在国际民用航空运输过程中的法律冲突，从而促进国际民用航空顺利地、有效地进行。正因如此，该公约定名为《统一国际航空运输某些规则的公约》。在长达 70 年的发展历程中，《华沙公约》虽经几次修改，但其所确立的基本原则却始终未变，只是随着国际民用航空运输业的发展而在原有的基础上不断进行完善。这些原则不仅表现在程序法方面的规定上，更主要表现在对于航空承运人与旅客、货物托运人之间的权利义务关系的规定上，特别是关于运输凭证规则和航空承运人的责任制度方面的规定上。可以说，这些基本原则也发展成为指导有关国际民用航空运输民商立法的基本原则。

第二，《华沙公约》及其相关法律文件所确立的基本原则，不仅构成有关国际航空运输民商立法的基础，同时对世界各国的国内航空运输的有关立法也产生了深远的影响，具有巨大的指导和借鉴作用。《华沙公约》及其相关法律文件的主要内容是关于航空运输合同双方当事人权利义务关系的，特别是对于运输凭证规则和航空承运人责任制度进行实体性规定。这些规定是制定者们在不断总结航空运输实践经验的基础上，探索出的航空运输过程中内在的法律规律，因而，这些规定势必也适用于各国的国内航空运输。正是基于此种原因，这些原则也被各国在制定有关航空运输的国内法时所广泛借鉴。我国在制定《民航法》的过程中，关于航空运输的民商法律关系的规定，就是基本是按照《华沙公约》的体制，结合当今国际航空运输民商立法的发展趋势，大量地借鉴了我国尚未加入的议定书，主要是《危地马拉议定书》和 1975 年《蒙特利尔第四号附加议定书》的有关规定。因而，可以说，《华沙公约》及其相关法律文件，不仅确立了国际航空私法的基本原则，而且已经成为包括各国国内航空运输有关立法在内的整个航空运输民商法律的基本原则，从而有力地促进了民用航空运输在法律的轨道上得以健康、有秩序地发展。

第三，《华沙公约》及其相关法律文件对促进民用航空运输安全、有秩序地发展具有重要作用。保障民用航空运输的飞行安全和促进其有秩序地发展是民用航空事业的主要宗旨之一，为此，《芝加哥公约》在序言中明确指出"使民用航空得按照安全和有秩序的方式发展"。《华沙公约》及其相关法律文件对于促进民用航空运输安全、有秩序地进行起到了重要作用。这表现在，一方面，通过明确航空承运人对旅客在上下航空器过程中和在航空器内所发生的身体损害赔偿责任，以及在运输期间对托运行李、货物的毁灭、遗失、损坏所承担的赔偿责任，促使航空承运人采取积极措施，保障航空运输安全，尽量避免发生飞行事故，最大限度地减少由自己所承担的赔偿责任而造成的经济损失，从而有力地促进了飞行安全。另一方面，通过有关程序性的规定，解决了管辖权方面的问题，减少了由管辖权产生的纠纷，同时，通过明确航空承运人与旅客、托运人间的权利义务关系，特别是明确了航空承运人的责任，便利了责任的确定。上述规定加快了航空运输过程中纠纷的处理，从而保证了航空运输有秩序地进行。因而，《华沙公约》及其相关法律文件对于保障民用航空运输安全，促进其有秩序地发展起到了重要作用。

1999 年《蒙特利尔公约》已经承担了华沙体制的责任，并为国际航空运输的发展起到了保驾护航的作用。

2. 1999 年《蒙特利尔公约》也是国际航空运输现代化与一体化的要求

虽然《华沙公约》及其相关法律文件，对于民用航空运输的民商立法，乃至对于整个民用航空运输事业的发展起到了举世公认的作用，但《华沙公约》毕竟是 1929 年制定的，至今已有 70 多年的时间。在这段时期内，世界科技水平和经济水平取得了重大进步，航空运输业也取得了巨大发展，虽然《华沙公约》经历了若干次修改，但每次都具有一定的片面性，并且有一些修改尚未生效，这就使得《华沙公约》中的许多规定，特别是凭证规则和责任制度方面已经远远不能适应航空运输当前发展的实际情况。《华沙公约》是适应当时民用航空运输业的经营情况制定的，而当今的民用航空运输业无论从飞机的性能、可靠性还是从航空承运人的经营管理水平，都取得了重大进步，且整个社会大的经济环境发生了巨大变化，所以已经不能适应当今航空运输业的经营水平。《华沙公约》及其相关法律文件已经不能适应航空运输业迅速发展的实际需要的原因还包括其多个议定书与该公约并存，形成在整个国际民用航空运输中，同时并存着几种法律制度的情况。这种状态在客观上使得对《华沙公约》及其相关法律文件进行相应的调整成为必须，否则将阻碍民用航空运输事业的进一步发展。可以说，社会经济的发展，科学技术的进步，是《华沙公约》及相关法律文件现代化和一体化的内在根据。

《华沙公约》及其相关法律文件的现代化和一体化是其自我生存和进一步发展的需要。本书前文已经提到，《华沙公约》及相关法律文件不仅确立了国际航空运输中民商法律关系的基本原则，而且这些原则已经成为整个民用航空运输民商立法的基础，从而对于民用航空运输事业的发展产生举足轻重的作用。但各国经济发展水平不平衡，使得各国在修改《华沙公约》，主要是在责任制度方面很难达成共识。为此，许多国家，主要是发达国家，纷纷采取变通方式，加重航空承运人的责任、实行更加严格的赔偿责任、提高航空承运人的赔偿责任限额，以此来规避《华沙公约》所确立的责任制度，尤其表现在归责原则和赔偿责任限额上。这使得《华沙公约》及其相关法律文件面临着十分严峻的挑战。如果再不对《华沙公约》所确立的基本制度进行改革，其在统一国际航空运输某些规则的作用将会丧失殆尽，也就失去了存在的价值，国际民航组织在管理国际航空运输中所处的地位将会受到动摇。因而，可以说，《华沙公约》及其法律文件的现代化和一体化是其自身生存和发展的客观需要。

3. 1999 年《蒙特利尔公约》在现实国际航空运输中已发挥了重要的作用

虽然有人对 1999 年《蒙特利尔公约》的前途颇为担心，但国家批准 1999 年《蒙特利尔公约》的积极性使得这些担心有些多余，经过初期的忐忑不安的观望后，1999 年《蒙特利尔公约》，已经于 2003 年达到法定的生效国家数，于 2003 年 11 月生效。我国 2005 年 6 月 1 日，批准了该公约，7 月 31 日该公约开始对我国生效。还有人认为，1999 年《蒙特利尔公约》已经生效，这并不就意味着原有的华沙体制的全部文件就即行废止，而是在缔约国之间仍然有效。从理论上来看，尽管 1999 年《蒙特利尔公约》第 55 条规定其优先于其他华沙体制文件，只要不是所有国家都批准参加 1999 年《蒙特利尔公约》，则多个华沙体制文件并存适用于国际航空旅客运输的局面将依然存在。但在实践中，1999 年《蒙特利尔公约》取代华沙体制已是不争事实，华沙体制已退出了历史舞台，成为了过去时。

第 9 章　国际航空运输中承运人责任制度

9.1　国际航空运输的概念及其适用范围

9.1.1　国际航空运输的概念

国际航空运输可分为公法意义上的国际航空运输和私法意义上的国际航空运输。公法意义上的国际航空运输就是《芝加哥公约》第 96 条所定义的“国际航班”，即经过一个以上国家领土之上的空气空间的航班，分为定期国际航班和不定期国际航班。私法意义上的国际航空运输是指航空承运人和消费者所签订合同中的运输的始发地点、约定的经停地点和目的地点位于两个或两个以上国家境内的运输，又以是否符合华沙体系所定义的国际航空运输为标准，分为华沙体制下的国际航空运输和非华沙体制下的国际航空运输。

1. 华沙体系下国际航空运输的概念及判断标准

华沙体系有新老之分，老体系是指以 1929 年《华沙公约》为基础和核心及对《华沙公约》的修订与再修订形成的各个公约的综合。目前已被 1999 年《蒙特利尔公约》所取代，但人们习惯上把 1999 年《蒙特利尔公约》当成是华沙体系的一个组成部分，简称新公约。目前，华沙体系下国际航空运输的权威概念是 1999 年《蒙特利尔公约》第 2 条的规定，即国际航空运输是指根据当事人的约定，不论在运输中有无间断或者转运，其出发地点和目的地点是在两个当事国的领土内，或者在一个当事国的领土内，而在另一国的领土内有一个约定的经停地点的任何运输，即使该国为非当事国。就 1999 年《蒙特利尔公约》而言，在一个当事国的领土内两个地点之间的运输，而在另一国的领土内没有约定的经停地点的，不是国际运输。据此定义，华沙体系下的国际航空运输的判断标准主要有以下四个方面。

第一，当事人所约定的运输始发地点和目的地点，是判断国际航空运输的主要标准。如果运输的始发地点和目的地点位于两个以上的当事国（缔约国）境内，就是华沙体系下的国际航空运输。

第二，当事人所约定的运输始发地点和目的地点全部位于一个缔约国境内，应根据约定的经停地点作为华沙体系下的国际航空运输的判断标准。只要在另一国领土内有约定的经停地点，无论该国是缔约国还是非缔约国，都是华沙体系下的国际运输。

第三，无论运输有无间断和转运，只要符合上述第一和第二标准，也是华沙体系下的国际航空运输。“间断”是指在特殊情况下运输被中断，如气候、机械故障、军事冲突、劫机等原因而改变事先约定的航程，甚至在非约定的地点降落或下航空器卸货等情况；

"转运"是指在上述特殊情况下，变更航空承运人。在这些情况下，都不丧失其国际性[①]。因而，仍然是华沙体系下的国际运输。

第四，在连续运输的情况下，如果航空运输合同双方当事人约定此次运输为一个单一且为不可分割的运输时，即使在运输过程中某一航段在一个缔约国领土内，仍然是华沙体系下的"国际运输"。连续运输是指几个航空承运人共同办理的运输，一般分为几个航段，不同航段分别由不同航空承运人履行的运输。单一不可分割的运输，其目的地点是指最终目的地点，而不考虑中途有几个经停地点。

2. 非华沙体系下的国际航空运输的界定及判断标准

对华沙体系下的国际航空运输概念进行界定，主要原因是确定法律适用的需要，因为只要是华沙体系下的国际航空运输，就强制性地适用华沙体系下各公约。但华沙体系下各公约只对其缔约国有效，而对非缔约国是没有法律效力的。因此，对非华沙体系下的国际航空运输进行界定，确定其法律适用也具有重要的理论意义和实践价值。

非华沙体系的国际航空运输，就是指除了华沙体系下的国际航空运输以外的国际航空运输，是指根据当事人的约定，运输的始发地点、约定的经停地点和目的地点位于一个以上国家境内的运输。据此，非华沙体系下的国际航空运输判断的标准就是合同双方所约定的运输的始发地点、约定的经停地点和目的地点，只要三个地点不是全部位于一个国家境内的就是国际航空运输。和华沙体系下国际航空运输强制性适用华沙体系下的各公约不同，非华沙体系下的国际航空运输所适用的法律比较复杂，可能适用通航国家之间的国际条约，若没有共同参加或缔结的国际条约，就只有通过国际私法的冲突法规则来确定其法律适用。

目前，1999 年《蒙特利尔公约》已在世界范围内普遍适用，基本上有国际航班的国家都加入了该国际公约，或虽然没有参加该公约，但在国内立法中也基本上以公约为蓝本进行国内立法。航空运输全球化促使各国都愿意遵守相同的国际私法规则，1999 年《蒙特利尔公约》无疑是这种要求的具体体现。因此，本章所指的国际航空运输是指华沙体系下，在没有说明的情况下，特指 1999 年《蒙特利尔公约》中的界定。

9.1.2 国际航空运输的适用范围

国际航空运输的适用范围主要有以下五个方面。

第一，适用于航空承运人使用民用航空器进行的国际运输活动。航空承运人不仅包括一般的私法主体，还包括国家或国家依法设立的公共机构，这些主体从事的国际航空运输活动均适用。《华沙公约》第 2 条和 1999 年《蒙特利尔公约》第 2 条都进行了这样的规定。

第二，既适用于取酬运输，也适用于经承运人允许的免费运输。无论航空承运人是否收取运费，只要消费者和航空承运人之间达成了运输协议，双方形成了运输合同关系，就应适用华沙体系下各公约的规定。例如，《华沙公约》《海牙议定书》和

---

① 中国民用航空总局政策法规司．1999 年《统一国际航空运输某些规则的公约》精解．1999：31.

1999 年《蒙特利尔公约》都规定了无论是取酬运输，还是免费运输，公约都强制性适用。

第三，适用于定期国际航班，对不定期国际航班经历了从不适用到适用的过程。华沙体系下的各公约，主要是针对定期国际航班进行制定；而对不定期国际航班，《华沙公约》签订时，并未涉及，但在司法实践中，也参照了定期航班的规定进行适用；《瓜达拉哈拉公约》明确了对不定期国际航班的适用；1999 年《蒙特利尔公约》也在第 1 条中明确了对不定国际航班的适用。

第四，对“航空承运人正常经营范围之外的在非常情况下进行的运输”经历了从不适用到适用的过程。“正常经营范围之外的非常情况下进行的运输”一般是指执行临时航空救援任务时的运输、为开辟航线而进行的试飞性的运输，以及承运人接受其购租的航空器的“接机”运输。《华沙公约》第 34 条和《海牙议定书》第 34 条都规定了这种情况不适用公约，而 1999 年《蒙特利尔公约》第 51 条却规定公约适用此种情况，只是“第三条至第五条、第七条和第八条关于运输凭证的规定，不适用于承运人正常业务以外的在特殊情况下履行的运输”。

第五，一般不适用于邮政运输，但有例外情况。例如，《华沙公约》第 2 条规定：“本公约不适用于按照国际邮政公约的规定而办理的运输。”《海牙议定书》第 2 条修订为：“本公约不适用于邮件和邮包的运输。”1975 年《蒙特利尔第四号附加议定书》和 1999 年《蒙特利尔公约》规定，在邮件运输中，承运人仅根据适用于承运人和邮政当局之间关系的规则，对有关邮政当局承担责任，除此以外，公约不适用邮件运输。

9.2　国际航空承运人对旅客的责任制度

9.2.1　承运人对旅客损害赔偿的范围

1. 一般规定

《华沙公约》第 17 条规定：“对于旅客因死亡、受伤或身体上的任何其他损害而产生的损害，如果造成这种损害的事故是发生在航空器上或上下航空器过程中，承运人应负责任。”《危地马拉议定书》第 4 条规定：“因发生在航空器上或者旅客上、下航空器过程的事件，造成旅客死亡或者人身伤害的，承运人应当承担责任。”1999 年《蒙特利尔公约》第 17 条规定：“对于因旅客死亡或者身体伤害而产生的损失，只要造成死亡或者伤害的事故是在航空器上或者在上、下航空器的任何操作过程中发生的，承运人就应当承担责任。……关于非托运行李，包括个人物件，承运人对因其过错或者其受雇人或者代理人的过错造成的损失承担责任。”

从华沙体系下各公约的规定来看，在国际航空运输中，承运人对旅客损害赔偿的范围包括：旅客死亡和受伤所造成的损害、非托运行李所造成的损失和延误所造成的损失。

2. 旅客死亡、受伤或其他身体伤害

1）旅客的界定

旅客是指和航空承运人签订运输合同的人，包括支付运费，以及经承运人许可的免费乘坐航空器的人。凡是未经承运人许可的人员不是旅客，如偷渡人员。另外，对于机组人员而言，由于他们是航空承运人的受雇人或代理人，与航空承运人签订劳动合同，也不是旅客。对于他们的死亡、受伤和其他身体伤害，承运人不承担赔偿责任。

2）旅客死亡、受伤

由于各国国内法中对死亡的界定标准差异很大，华沙体系下的国际航空公约并没有具体对死亡进行明确的确定，而是由受理案件的法院根据相关国家的法律进行界定。但从世界范围内来看，各国国内法中对于死亡的标准，也有一些共性，如各国国内法中均规定了死亡包括生理死亡和被宣告死亡。旅客死亡也包括生理死亡和被宣告死亡，旅客生理死亡的标准，各国国内法的规定虽有所差异，但判断标准基本上都有两个：即心脏停止跳动和脑死亡。对于旅客被宣告死亡，各国国内法规定也有所差异，但也存在着共性：即旅客必须下落不明满一定年限，以及发生了意外事故，从意外事故发生之日起满一定年限。只要发生在航空运输中的事故，造成旅客死亡的，承运人就应当承担赔偿责任。

航空运输中的旅客受伤是指旅客身体结构完整性遭受破坏，或者功能（包括生理功能、心理功能）出现的差异或者丧失。在国际航空法中，一般认为，这种伤害是一种能够被触摸到的、能够被看得见的伤害。

3）旅客精神损害（其他身体伤害）

在《华沙公约》签订时，许多国家并不承认精神损害赔偿问题，但有些国家国内法中对侵权行为规定可以要求精神损害赔偿。例如，1896 年《德国民法典》和《瑞士民法典》① 具有类似规定。自 20 世纪 50 年代以来，旅客精神损害赔偿问题逐渐受到重视，学者们围绕着《华沙公约》第 17 条是否应包括旅客精神损害问题进行了争论，司

---

① 《德国民法典》第 823 条规定："因故意或过失不法侵害他人的生命、身体、健康、自由、所有权或其他权利者，对被害人负损害赔偿的义务。"《德国民法典》第 847 条规定："1. 不法侵害他人的身体或健康，或侵夺他人自由者，被害人所受侵害虽非财产上的损失，亦得因受损害，请求赔偿相当的金额。2. 前项请求权不得让与或继承，但请求权已以契约承认或已发生诉讼拘束者不在此限。""对妇女犯有违反不道德的罪行或不法行为，或以诈欺、威胁或滥用从属关系，诱使妇女允诺婚姻以外的同居者，该妇女享有与前项相同的请求权。"上述规定，包括了侵害人身权的财产损害和无形损害的两项赔偿制度。《瑞士民法典》对人格权的保护进行了原则的规定，对精神损害赔偿制度的规定，明确包括两部分，即精神利益的损害赔偿制度和精神创伤的抚慰金赔偿制度，对物质性人格权侵害的抚慰金赔偿制度，包括在后者之中。《瑞士债法典》第 49 条规定："人身或者名誉受到侵害的一方有权要求有过错的行为人赔偿损失。情节严重的，还可以请求支付惩罚性赔偿金。法院有权利令支付代替此项赔偿或者在此项赔偿之外的其他形式的补偿金。"

法实践中也有不同的判决，到 1999 年《蒙特利尔公约》签订前，争议依然很大。

（1）理论上的争论。对精神损害是否包括在《华沙公约》第 17 条中的旅客的损害的争论只是理论上的争论。有人认为，此处的损害不包括精神损害，有人持对立观点认为包括精神损害。

大多数学者认同此处的损害不包括精神损害，是基于两个方面的理由。①从条文本身看，《华沙公约》第 17 条的损害只能是身体上或肉体上的损害，不能对此进行人为的扩大解释。②从《华沙公约》当时所订立的历史环境来看，对第 17 条的解释也只能是身体伤害。因为在当时，无论大陆法系国家还是英美法系国家均没有对“精神伤害”进行明确规定，立法者们所认可的只是身体上的、肉体上的伤害。

但也有学者认为，此处的损害应包括精神损害，理由包括以下三个方面。①《华沙公约》是历史的产物，虽然当时大陆法系国家还是英美法系国家均没有对“精神伤害”进行任何规定，但是“伤害”一词本身就应当包括精神损害的。②《华沙公约》是一个开放的法律体系，并没有禁止、也没有排除后人对其进行修改和修订，允许各国法院对此进行扩大的解释。将精神损害也视为一种损害，才是符合《华沙公约》立法者的立法宗旨的。③在个别航空旅客运输案件的审理中，法官对《华沙公约》第 17 条中的身体伤害一词进行新的解释，将其解释成“法律所认可的伤害”。精神损害虽然在 20 世纪 50 年代不是一种为法律所确认的伤害，但 20 世纪 50 年代以后又演变成一种法律所认可的伤害，因此，《华沙公约》中的损害包括了精神损害[①]。

以上两种观点都有一定合理性，都触及了国际航空运输中的一个敏感的问题，这个问题直接关系到旅客的切身利益和承运人的经济效益[②]。

本书赞同《华沙公约》第 17 条中旅客的其他身体伤害不包括旅客的精神损害的主张，是基于以下四个方面的理由。

第一，在《华沙公约》签订时，精神损害只是在个别国家中的侵权行为领域才有可能被提起，而《华沙公约》显然是以当时大陆法系国家法律（特别是法国法）为蓝本，而大陆法系国家规定旅客和承运人之间是合同关系，而非侵权关系。即使是侵权关系，也只有部分国家规定了精神损害问题，因此，在签订公约时，不可能有此想法。

第二，虽然《华沙公约》是一个开放体系，如果对其他身体伤害扩大解释到旅客的精神损害，无疑和公约的目的是相悖的。因为缔约各方的最初意图是试图限制承运人责任达到保护新生的航空运输业发展的目的。所以，如果《华沙公约》第 17 条中的其他身体伤害包括旅客精神损害，显然违背了《华沙公约》签订的目的。

第三，学者们认为《华沙公约》第 17 条中包括旅客精神损害实际上是要求加强对旅客权益的保护。因为到了 20 世纪 50 年代以后，航空运输业已经取得了很大的发展，而发达国家国内法对航空运输中的旅客赔偿已经远远超过了《华沙公约》的规定。因此，他们希望对《华沙公约》第 17 条进行扩大性解释，并以此作为推测的依据，认为

① 黄力华．国际航空旅客运输中旅客的“损害”．中国航空法学研究，2002，(1)：2.

② Mercer A. Liability of air carriers for mental injury under the warsaw convention. Air and Space Law，2003，28：149.

《华沙公约》第 17 条中应包括对旅客精神损害的赔偿。但这只是一种主观推测，应以历史的观点分析此问题才能得出比较准确的结论。

第四，从取代华沙体系的 1999 年《蒙特利尔公约》的规定来看，依然是坚持了《华沙公约》的表述，并没有将精神损害列入该公约的调整范围。从而进一步证明了《华沙公约》第 17 条中并不包括对旅客的精神损害。

（2）司法实践中对《华沙公约》第 17 条的具体运用。虽然《华沙公约》中并没有规定，也不可能规定旅客的精神损害赔偿问题，但在司法实践中，对旅客其他身体伤害是否包括精神损害经历了从不承认到部分承认（即由旅客身体伤害导致的精神损害）这样一个过程。

比较早的案例是 1973 年的罗斯曼诉泛美航空公司案，本案中罗斯曼请求法院判决泛美航空公司赔偿自己及自己两个孩子的精神损害①。美国法院审理该案后认为：1929 年《华沙公约》所规定的损害应是一种可触摸到的（palpable）、可探知的（tangible）伤害。法官同时认为，假如罗斯曼女士因瘙痒而抓挠皮肤，导致皮肤受伤的话，罗斯曼所主张的精神损害就能得到支持。该案表明，在当时的司法实践中，要获得精神损害赔偿，必须有能够有可触摸到的、可探知的伤害。法院做出这样的判决，也表明在 20 世纪 70 年代各国司法判决中已经出现了要求对精神损害的赔偿问题。

但并不是所有的人身伤害都能够导致精神损害的，有些航空事故虽然造成了旅客人身伤害，但并不一定造成精神损害。例如，在 1989 年的洛克比空难中，专家的证词表明：在爆炸发生时，飞机正处于接近 1 万米的巡航高度，炸弹爆炸使得飞机在瞬间解体，在 1 万米的高空，气温已低于零下 50 摄氏度，而空气也异常稀薄。在这种环境中，缺乏保护装备的人员几乎会立即丧失意识并死亡，因此，法院没有判决泛美航空公司对旅客的精神损害承担赔偿责任。

对于医学证据所证明的单纯精神伤害，如大脑损害、中轴神经系统失调等单纯的精神损害，是不赔偿的②。但对在飞机坠毁时旅客死亡前所遭受的精神极大痛苦（pre-death suffering）应当赔偿③，虽然这些精神痛苦是在死亡前发生的。

概括而言，到目前为止的司法实践中对于精神损害问题，判决中普遍坚持以下规定。

第一，旅客的损害应当是能够明显观察到的、可触摸的伤害，这种损害所引起的精

① 罗斯曼请求精神损害赔偿的理由是：第一，自己是犹太人，因此在整个被扣为人质期间她都异常紧张，担心由于身份暴露而危及自己和两个孩子的安全，她事后患上了抑郁症，并因此接受了心理治疗，她的两个孩子也因过度紧张而出现了睡眠障碍等不正常情况。第二，由于长期处于高温状态，加之饮水和食物供应不足，她和两个孩子都出现了严重失水现象。第三，由于缺乏必要的清洁条件，她和两个孩子都出现了皮肤瘙痒等不良状况。

② 例如，有的法官认为：单纯的大脑损害、中轴神经系统的伤害及随后的痛苦所造成的失调（post traumatic stress disorder，PTSD），是看不见的、不可触摸的，因此，它不是人身伤害。

③ 在大韩航空空难中，KE007 号航班中的死者家属向美国法院提起的诉讼中要求航空公司对旅客死亡前所蒙受的痛苦承担责任，法院支持了这一要求。2001 年发生在美国的“9·11”恐怖袭击事件中，被劫持的客机分别撞上世界贸易中心和五角大楼，造成旅客全部死亡，旅客死亡前也蒙受了濒临死亡的痛苦，承运人在赔偿其因死亡而造成的损害的同时，还要对旅客们濒临死亡所蒙受的痛苦承担赔偿责任。

神损害应当也是损害的范围，事故或事件而导致的精神损害是人身伤害的一部分，它是人身伤害所导致的，应当获得赔偿。

第二，由精神损害导致的人体某些器官的失调，如呕吐、脑组织被破坏、中轴神经系统的被破坏等，目前还找不到赔偿的依据。

第三，非旅客由于飞行中的事故或事件受到的精神损害赔偿问题。非旅客由于飞行中的事故或事件受到的精神损害主要包括两个方面：一是和飞行中的事故或事件没有任何直接关系的第三人，如某人看见飞机坠毁，以至于在以后的生活中导致的严重的精神伤害；二是旅客的近亲属，听到或看到旅客在事故或事件中死亡而遭受的精神痛苦，所导致的严重的精神伤害。对于第一种情形，根据现有的司法判决来看，是不予赔偿的。对于第二种情况，法院的判决基本上是给予赔偿的。但对伤害和近亲属的范围进行了较为严格的界定，即“这些伤害能够被合理的预见；而且在死亡者和代理人之间必须是最接近的；这个接近的联系的基础是由于爱情和感情，在一个人的受伤或死亡和次要的牺牲者之间的联系必须是要被证明的（并不限于丈夫妻子和父母子女之间的联系）；而且原告必须是直接目睹了事件，而不是从第三者处听说的”[①]。在 2003 年英国的一个的司法判决中，法官也承认了这一点[②]。

第四，对于医学上能够证明的精神损害持“希望”的观点，即希望医学上证明的单纯的精神损害能够获得赔偿。我国司法判决中也承认由身体伤害造成的精神损害应当给予赔偿，典型的案件是陆红诉美国联合航空公司案[③]。

3. 非托运行李所造成的损失

根据国际航协的界定，所谓行李是指旅客在旅行中为了穿着、使用、舒适或者便利而携带的必要或者适量的物品和其他个人财物。而在《华沙公约》中并没有对非托运行李进行界定，只规定了旅客的登记行李。《海牙议定书》中所指的非托运行李，是指“行李票已结合或包括在符合于第三条一款规定的客票之内”的“旅客自行照管的物件”。1999 年《蒙特利尔公约》中规定，行李一词是指托运行李和非托运行李。非托运行李，包括个人物件，承运人对因其过错或者其受雇人或者代理人的过错造成的损失承担责任。非托运行李还包括旅客自行保管的小件用品。

---

① Mercer A. Liability of air carriers for mental injury under the warsaw convention. Air and Space Law，2003，28：155.

② 2003 年 3 月 28 日，英国高院裁决 13 名当地的 Hertfordshire villiage of Great Hallingbury 居民他们目睹了 1999 年 12 月的一架韩国航空公司的货运飞机在从 Stanstead 机场起飞不久发生了坠毁，导致居民心理伤害和痛苦的主张是在英国 1982 年《民用航空法》范围内的。西蒙法官认为关于本案对“物质损失或物质损坏”没有限制在肉体损失或损害。转引自：贺富永．航空法学．北京：国防工业出版社，2008：208.

③ 陆红诉美国联合航空公司（简称美联航）国际航空旅客运输损害赔偿纠纷案中，上海市静安区人民法院于 2001 年 11 月 26 日判决：人身伤害的损害赔偿，应以实际造成的损失为依据。由于美联航的行为给陆红造成了一定的身体与精神上的痛苦，陆红请求美联航赔偿精神抚慰金，亦应允许。被告美联航于本判决生效之日起 10 日内，赔偿原告陆红的护理费人民币 7000 元。转引自：贺富永．航空法学．北京：国防工业出版社，2008：208.

4. 延误所造成的损失

《华沙公约》规定承运人对旅客在运输过程中的延误所造成的损失应负责任。如果是连续运输的，旅客或他的代表只能对发生事故或延误的一段运输的承运人提出诉讼，除非有明文约定第一承运人应该负全程的责任。《海牙议定书》对此没有做出修订，1999年《蒙特利尔公约》也进行了同1929年《华沙公约》相同的规定。

9.2.2 承运人的责任期间

1. 一般规定

在航空运输中，承运人对旅客的责任期间一般被规定为三个方面，即旅客在航空器上，旅客上航空器的过程中和旅客下航空器的过程中。例如，《华沙公约》第17条将承运人的责任期间规定为"旅客在航空器上，或上、下航空器的操作过程中"。1999年《蒙特利尔公约》第17条规定："对于因旅客死亡或者身体伤害而产生的损失，只要造成死亡或者伤害的事故是在航空器上或者在上、下航空器的任何操作过程中发生的，承运人就应当承担责任。"可见在华沙体系下，承运人对旅客责任的期间是旅客在航空器上、旅客上航空器的过程中和旅客下航空器的过程中。

2. 责任期间的界定

"旅客在航空器上"是在旅客在始发地点跨入机舱门到旅客到达目的地跨出机舱门的期间。但对于旅客上、下航空器的过程，始于何时、终结于何时，《华沙公约》并没有进行明确规定，各国司法实践的解释也差距较大。在1929年华沙会议讨论的公约草案中，有人提出可借鉴海商法在划清责任范围上的"门到门"标准，即"从……进入始发地机场起，到离开抵达地机场止"。这个案文虽界限分明，但范围太宽。巴西代表指出：机场是个公共场所，有人在餐厅吃饭，有人散步等，怎么让承运人对这些活动都承担责任呢？英国代表丹尼斯指出，"这是一个责任从何时开始，运输合同从何时开始履行的实体法规则问题，不是简单的措辞问题"。会议争论很久，拿不出个好办法。从窄定义吧，如巴西方案以登上与走出飞机为准；有人就反对说，当旅客在登机舷梯上受到伤害又当如何？舷梯并不是飞机的一部分。代表们普遍认为，旅客不同于货物，他是能自主行动的，"可能出现各种情况，要拟出一概括各种情况的准确模式是不可能的"。最后决定采取现有的条文，后来实践证明，《华沙公约》第17条对承运人责任范围的含糊措辞有一个好处，即为后来适应机场结构变化情况，提供了灵活解释的可能性[①]。1999年《蒙特利尔公约》也进行了相同规定。

随着司法实践的发展和学者们的解释的不断深入，对"上、下航空器的过程中"的

---

① 赵维田．国际航空法．北京：社会科学文献出版社，2000：322.

标准逐渐形成了三个标准：活动性质、位置、控制等标准①，一般称为“三重标准说”。

（1）活动性质。即旅客是否属于登机性质，要看旅客是否正在登机，并且旅客要处于动态的行为过程中，不能是静态的事实和状态②。旅客办理好登机手续而在候机楼等候登机不属于旅客上航空器的过程。

（2）位置。一般把这种以受伤旅客当时所处地点或位置来划分上下机过程的主张，即事故发生的区域在何地点，该区域应是在该承运人为旅客登机或下机的目的而专门使用的特定化的区域，不包括当时供其他承运人或其他单位使用的公用区域或公共场所。但在司法判决中各国法院对位置标准解释不一，如法国法院从窄解释③；德国法院认为，当要求旅客从候机厅去登机时，承运人的责任就开始了，主张从宽；美国法院倾向于承运人对候机楼发生的事故，不承担责任，除非旅客在承运人的控制之下，当旅客在

---

① 主张用上述三个标准结合起来考查的主要理论根据是：第一，从立法历史上看，华沙会议上并未明确说“位置标准”是唯一尺度。“华沙会议各国代表认识到，在未来年代中，民用航空在各方面都将发生他们所无法预料的变化。立法者希望在航空法上设计出一种既能持久存在而又灵活的体制，使之足以与这些变化相适应”。第二，现代机场登机程序中，“控制”因素有决定性作用。只要航空承运人已开始履行其作为承运人在运输合同中的义务，如公开宣布航班起飞时刻与控制旅客群体，已经承担了保护旅客的责任，“登机阶段”已经开始。第三，现代航空固有风险已扩大，应将“恐怖分子袭击航空站”包括在内。“华沙公约制定者们希望创制的是一种能包括全部航空风险的责任规则体制”，而“自 1929 年以来，航空风险已以他们所未料到的方式大大变化了。航空旅行风险一度只限于空难，现在不幸要包括雅典袭击这类恐怖行为在内。这次事件说明，这种新风险常常要扩散到候机大厅以内”。第四，“费用均摊”与保护消费者的需要。“对第 17 条作相对从宽的解释，给原告提供华沙责任的保护伞，是符合事故费用均摊这一现代学说的。航空公司处于能将［赔偿金］均摊给全体旅客的有利地位，否则它就会成为不幸沦为‘事故’受害者少数人的沉重负担……同样重要的是，这种解释还可以达到防止事故的目的。在劝说航空站经理并对之施加压力，乃至必要时补贴他们，以便对付恐怖袭击而采取更严格安全措施方面，航空公司比起旅客个人，显然处于一种较有利的地位”。法官们进而指出，1966 年《蒙特利尔协议》使“美国相信，它所追求的充分保护国际航空旅客的目标，可以在华沙公约结构内部得到保证”。“华沙缔约各国现在认为，公约所要达到的几个目标中，保护旅客居于至高无上的位置”。但在后来的代伊案与伊文吉利诺斯案中，“三重标准”受到了 1/3 少数法官的激烈反对。他们认为该标准曲解了条文原意，违背了条文措辞。他们对第三、第四两个论点的反驳很有道理。例如，就恐怖分子袭击机场而论，伤亡者既有旅客也有非旅客，而用“费用均摊”论，“势必会造成一种反常后果：给受伤害旅客以承运人承担严格责任的救济，而把非旅客留给当地法，这岂非咄咄怪事。在这样一种搞不清楚是否属于上下机范围问题上，对旅客与非旅客一视同仁，似乎更合理一些。这就是说，将他们全都留给当地法救济”。另一位法官（在 1977 年“毛格尼诉法航”案中）评论说，“在我看来，代伊—伊文吉利诺斯标准显然是同情原告而想出来的，用以扩大其索赔权利的办法。该标准意味着［有利］原告法。然而，华沙公约是一把双刃剑，其责任基础是严格的，同时其赔偿额是受限制的”。他所说的“双刃剑”是保护并兼顾承运人与旅客双方利益的意思，这显然是华沙公约的原旨，偏袒任何一方都不符合这个宗旨。

但是，不管怎样，“三重标准”说比较正确地界定了“上、下航空器的过程中”这一原华沙公约中含义相当模糊的语言，为法院审判提供了理论依据。自从它提出后，风行一时，同时也出现了滥用的倾向。转引自：赵维田．国际航空法．北京：社会科学文献出版社，2000：323-325.

② 中国民用航空总局政策法规司．1999 年《统一国际航空运输某些规则的公约》精解．1999：121.

③ 在 Bibabcea 诉 Air France 案中，旅客已经经过了海关，在国际隔离厅候机时跌倒。法国法院审理认为，当跌倒发生时，还没有开始登机，旅客不在承运人的控制之下，运输合同还没有开始，承运人不承担责任。法国著名判例“马赫诉法航”案中，原告下机后，由乘务员领路步行穿越停机坪。在走进候机楼的时候，恰逢那儿正在修理工程，只好绕道而行。在绕道行走中不慎跌进地下管道坑口而受伤。几经反复之后，法院认为，公约仅适用于会遭受航空风险区域，而该旅客致伤的位置已无航空风险，不属于“下机过程的任何一个阶段”范围。转引自：贺富永．航空法学．北京：国防工业出版社，2008：209.

候机楼受到伤害时，承运人不承担责任。因此，在具体的司法实践中，法院的解释也不一[1]。

(3) 控制。在判断旅客是否是“上、下航空器的任何操作过程中，”控制因素具有决定性作用。即旅客是否处于承运人的指导、照料或控制之下，如果旅客处于承运人的指导、照料或控制之下，这时承运人的航空运输义务已经开始履行，承运人就应当承担责任。

对于下航空器过程的判断，一般认为旅客从飞机上下来，脱离承运人的控制，到达机场的安全地带。例如，在 1971 年麦克唐娜案中，美国法院就认为“下机阶段似乎结束于从飞机上下来并进入航空站建筑的安全地带”。

另外，对于“在航空器上”的期间应包括在出发地登机到预定目的地下机的全过程。例如，在劫机中旅客被扣做人质，并被转移到飞机以外其他场所，司法判决中将其视为“发生在航空器上”。

9.2.3 事故或事件的界定

华沙体制下的各国际航空公约规定，因发生在航空器上或旅客上、下航空器过程的事故/事件，造成旅客损害的，承运人应当承担责任。

除了《危地马拉议定书》使用“事件”一词外，华沙体制下的其他公约均使用“事故”一词。事故与事件的内涵和外延都不同，在决定承运人是否负责的问题上有着重要的意义。一般而言，事件的范围要比事故宽泛得多。

关于事故，各国法院历来都很重视对这个词的解释。如果造成旅客伤亡的原因不构成事故，则承运人就可以不承担责任。哪些情况构成事故呢？这需要对其下定义。而华沙体制下的各项条约都未进行明确的定义。因此，如何理解事故一词，依赖于各国的司法实践。最早对航空领域的事故下定义的是美国法院。在 1977 年的“德马林诉荷兰航空公司”一案中，法院判决认为，“给事故下的定义是，一种未预料到的、不希望发生而突然发生的事件”。航空领域的事故是指：“一种未料到的，不按事物常规发生的事件或外部事实情况。在航空器上正常情况下经常发生的事情，不是事

---

① 代伊诉环球航空公司案特别具有代表性，主张从宽。在该案中，代伊准备搭乘环球航空公司的飞机从希腊的雅典飞往美国。代伊在环球航空公司柜台办完换票及行李托运手续后，便在候机厅等待登机。稍后，环球航空公司广播通知全体旅客在环球航空公司登机口外分男女排成两队，以便接受希腊警方的安全检查。但就在部分旅客接受了安检并开始登机时，恐怖分子向排队等待安检的人们投掷手榴弹并开枪扫射。恐怖袭击使正在等待安检的代伊等死亡。事后代伊的亲属向法院提起诉讼，要求环球航空公司承担责任。在诉讼中，环球航空公司以恐怖袭击事件发生在候机厅这样一个“公共区域”为由，认为恐怖袭击事件不是发生在“上、下航空器的操作过程中”，因此主张自己不承担责任。代伊案中纽约南区联邦法院与第二巡回上诉法院认为，现代航空固有风险已扩大，应将“恐怖分子袭击航空站”包括在内。“华沙公约制定者们希望创制的是一种能包括全部航空风险的责任规则体制”，而“自 1929 年以来，航空风险已以他们所未料到的方式大大变化了。航空旅行风险一度只限于空难，现在不幸要包括雅典袭击这类恐怖行为在内。这次事件说明，这种新风险常常扩散到候机大厅以内”。此案也催生了“三重标准说”，即活动性质、控制和位置。

美国纽约南区曾有个案子，主张从窄。有个旅客没有看见“系紧安全带”的信号灯，想走出机舱向家人挥手告别，她没有注意到此时登机舷梯正在移走，结果一脚踩空跌下，脚部受伤。对此案，法院认为承运人没有责任。转引自：贺富永．航空法学．北京：国防工业出版社，2008：210.

故。航空器上发生的事故，必须是异常的、意外的、不期望发生的、少见的事情。凡纯属旅客健康情况引起的，或者与飞行无关的事情或事件，都不是事故。”在 1977 年“沃肖诉环球航空公司”一案中，旅客在机舱加压减压时耳朵受伤变聋，法院裁决说，“机组人员以通常谨慎的方式改变机舱压力时，由这种正常的、预期的和必要的作业所引起的损害，不在对该案有效的、经‘蒙特利尔协议’修订的华沙公约条文规定的事故之内”。

在 20 世纪 80 年代初的“塞克斯诉法航”案（机舱减压导致旅客失聪）中，美国法院曾试图扩大解释，将机舱正常压力的变化当成“事故”。但后来美国联邦最高法院推翻了这一判决，该法院说：“对第十七条的解释已宽到足以将其他旅客的侵权行为包括在内……当确认该伤害是由于旅客对常见、正常并可预料到的航空器运行的体内反应引起的时候，就不是由事故造成，华沙公约第十七条不予适用。”这里的“预料”，应是指对造成伤亡或者损害的事故（行为或事实）的预料，而不是指对伤亡或者损害本身的预料。

从司法实践中可以看出，构成航空器上的事故，必须有两个要件，一是事故的发生是意外的、不可预见的、航空器的正常运行之外的；二是与航空器运行有一定的关联。另外，航空法中还有事故调查中事故，此处的是一般是指航空技术方面的事故，不能作为旅客或托运人进行索赔的证据，这在国际航空条约和国内法都有规定。因此，两者是有区别的[①]。

《危地马拉议定书》将事故改成事件，意图扩大承运人承担责任的范围。“事件”一词不问其发生是否是意外的、不可预见的、航空器的正常运行之外的，只要造成损失都可以构成事件，它几乎涵盖了造成伤亡或损害的任何事情。例如，上面谈到的减压导致失聪的案例，即可以构成事件。

在 1999 年《蒙特利尔公约》的起草、审议过程中，部分国家要求保留《危地马拉议定书》中的事件一词，但遭到大多数国家尤其是广大发展中国家的反对。他们认为公约中承运人的责任已经经过提高责任限额和第二梯度下的无限额责任制而大幅提高，出于旅客与承运人之间的利益平衡，不应再在事故和事件这一问题上扩大承运人的责任范围。1999 年《蒙特利尔公约》采用了事故一词。

---

① 航空私法中的“事故”与航空器事故调查及其他技术语境下使用的“事故”一词不完全相同。航空私法中的“事故”的外延要宽得多，它强调的是事件的意外性、不可预见性、非正常性，而不问其结果是否足以严重到构成技术上的“事故”。因此，在这里没有“事故”与“事故征候”的区分。事故征候只要是意外的、不可预料的，也构成公约中的“事故”。如果旅客的伤亡是由承运人以外的第三人（如另一名旅客）造成的，是否构成“事故”？从其意外性、不可预见性和非正常性来看，是满足“事故”的第一个构成要件的。但是，这种事情是否应认为与航空器的运行有一定的关联呢？在此点上，各国法院的判决并不尽相同，但通行的看法是，旅客在航空器上处于承运人的照管之下，并且航空器在运行过程中必须是封闭的，旅客在遇到此种事情时，不可能逃离航空器以避免伤害的发生，并且承运人对航空器上的秩序负有维护义务。因此，旅客的伤亡是与航空器的运行相关联的，应当看成是由航空器上的事故造成的。在美国的“赫塞尔诉瑞士航空公司”一案中，法院就把劫机看成事故。转引自：贺富永．航空法学．北京：国防工业出版社，2008：211.

9.2.4 承运人责任制度：从一元责任到二元责任

归责原则与责任限额制度缠绕在一起①，成为华沙体制发展的一条主线。《华沙公约》所确立的推定过失责任原则与赔偿责任限额制度形成了一对对应平衡的关系，随着赔偿限额的标准，以及赔偿限额制度本身不断受到质疑和挑战，归责原则也相应发生变化，从推定过失责任原则逐渐向严格责任原则过渡，最终形成了 1999 年《蒙特利尔公约》所确定的双梯度责任制度这样独特的架构。

1. 推定过失责任原则

《华沙公约》深受欧洲大陆法律的影响，其中法国法的影响最为突出，《法国民法典》及其司法判例所确立的推定过失责任原则被《华沙公约》第 17～19 条所引用。《海牙议定书》对推定过失责任原则没有进行修改。

1）推定过失责任

《华沙公约》实行推定过失责任制，推定过失责任仍是过失责任的一种类型，只是将举证责任进行倒置，《华沙公约》之所以实行推定过失责任制，理由有以下四个方面。

第一，实行推定过失责任制，受到了大陆法系国家法律归责原则的影响。在大陆法系国家，承运人和消费者之间的关系是合同关系，承担合同责任的前提是合同另一方当事人有过错，表现在航空运输领域，消费者要获得航空承运人赔偿，要基于航空承运人有过错，按照传统谁主张、谁举证的原则，理应由消费者来举证证明承运人有过错。但航空运输不同于地面和海上运输，飞机一旦失事，往往是机毁人亡，旅客可能已经遇难，不可能进行举证了；即使旅客并没有遇难，但航空运输属于科技产业、专业性很强，一般旅客根本不可能收集举证证明承运人有过失。如果《华沙公约》规定由旅客进行举证证明航空承运人有过错，无疑偏袒了属于强势地位的航空承运人，不利于对旅客的权益的维护。因此，《华沙公约》虽采用了大陆国家法律中的过错责任原则，但创造性地将举证责任留给了承运人，实行了推定过失责任制。

第二，实行推定过失责任制，是对限制承运人赔偿限额的一种补偿。《华沙公约》在签订时，航空承运人尚处于发展的初级阶段，且航空运输风险较大，且承运人没有办法通过保险等方式来转嫁风险，显然这不利于航空承运人的发展，制定《华沙公约》的专家们显然也意识到这一点。因此，在《华沙公约》中限制了承运人的赔偿责任限额。而作为回报，旅客被免除了对承运人有过错的举证义务，而公约将举证责任给予了承运人，实质上是对旅客进行了补偿性规定。《华沙公约》将承运人承担举证责任这种举证责任倒置的设置与对承运人责任的限制是一对相对应的关系，取得了一种平衡的效果。

---

① 有学者给予华沙体制下责任限额制度的合理性 8 个方面的正当性理由：借鉴海商法中的全球统一责任限制原则；对于资金基础薄弱的工业提供保护；灾难性的风险不能仅由航空公司单独承担；引导承运人或者其他经营者能够将自身责任风险投保保险；提高潜在请求人自行购买保险的可能性；作为推定过失责任原则相对应的一种责任限制体系；通过迅速、快捷的解决途径来避免诉讼；推进限额问题上的法律统一化进程。转引自：唐明毅，陈宇．国际航空私法．北京：法律出版社，2004：149-171.

第三，实行推定过失责任制，受到了英美法系国家法律中相关原则的影响。前文指出，《华沙公约》的签订主要是受大陆法系国家法律中的过错责任原则的影响，实行了推定过失责任原则。但英美法系国家法律中相关原则的影响也对推定过失责任原则的形成产生了重大影响。在 1925 年的巴黎第一次航空私法国际会议上，各国就对国际航空运输应该采取何种归责原则产生激烈争论。当时，正值海商法 1924 年“海牙规则”形成之际，海商法对《华沙公约》的制定产生了先导和范本的影响，而“海牙规则”恰恰又是采用了普通法的基本原则。因此，在英国代表坚持“应有谨慎”原则的情况下，会议确立了这样的立法原则：让承运人承担绝对责任是不公平的，因为任何使用飞机的人，都不能忽视这种运输工具的固有风险，它还未达到铁路运输花费 100 年才达到的那种完善程度，而当承运人为避免损害已经采取了合理和必要的措施情况下，免除承运人的责任才是公平的①，这突出地表现在《华沙公约》第 20 条的规定上②。因此，本书认为，《华沙公约》采用推定过失责任原则，是英美普通法和以法国为代表的大陆法系相结合的产物。

第四，实行推定过失责任制，也为后来承运人责任制度的演变奠定了基础。通过推定过失归责原则，导致过失的客观化表现更为突出，淡化了传统个人主义的过失责任，不再强调行为人道德的非难性，着重于强调社会活动所应有的客观的规范准则。举证责任的倒置在某种程度上修正了过失责任，使法院基于社会需要，衡量当事人的利益，合理地分配损害③。实际上，即使在《华沙公约》签订后不久，在举证责任倒置的情况下，航空承运人试图证明自己具备法定免责事由的可能性也很小，即使承运人能够举证证明自己没有过失，还需要法院对其证明证据进行审核。而在司法实践中，倾向于保护属于弱者的消费者已成为常态，这就为在司法实践中发展承运人责任制度奠定了基础。从华沙体制承运人责任制度的发展历程来看，承运人的合法免责事由越来越少，从推定过错到严格责任，甚至到以后的无过错责任。这些情况，恰恰说明了推定过失责任制度的实行为后来承运人责任制度的演变奠定了基础。

2）推定过失责任与“事实本身证明”

有人认为，英美普通法中的格言“事实本身证明”也是属于推定过失责任范畴之内。所谓“事实本身证明”，根据英国普通法，即由“事实本身证明”责任的归属，而“事实本身证明”责任的归属必须具备三个要件：①按照事故的常规，如果没有过失的存在，原告所受的损害就不会发生；②已经被证实的事实必须指向被告的过失；③在运用“事实本身证明”规则前，法院根据已有事实尚不能决定过失问题。后来，英国法官将“事实本身证明”这个格言引入航空运输责任，认为：“对过失必须有合理的证据。

---

① 赵维田．国际航空法．北京：社会科学文献出版社，2000：252-253.

② 《华沙公约》第 20 条规定：“一、承运人如果证明自己和他的代理人为了避免损失的发生，已经采取一切必要的措施，或不可能采取这种措施时，就不负责任。二、在运输货物和行李时，如果承运人证明损失的发生是由于驾驶上、航空器的操作上或领航上的过失，而在其他一切方面承运人和他的代理人已经采取一切必要的措施以避免损失时，就不负责任。”

③ 王泽鉴．侵权行为法．北京：中国政法大学出版社，2001：15.

但是，凡经证明某件物体处于被告或者其雇员驾驭控制之下，只要谨慎控制在正常情况下就不至于发生事故，则在被告无法做出说明时，该事故就是由缺乏照料而引起的。”[①]这实际上就是推定过失责任的另一种表述而已。因此，尽管推定过失责任原则与“事实本身证明”的表述不尽相同，但是两者在航空运输适用中的效果却是相似的。《华沙公约》之所以能够保持旺盛的生命力，其关键在于吸收了当时两大法系的法律中同质性的内容，能够在全球范围内被各国普遍接受。

2. 严格责任原则

严格责任是英美侵权行为法中的概念，与之相近的是无过错责任这个概念。作为一种归责原则，严格责任是相对于过错责任而言的，即不论违约方主观上有无过错，只要其不履行债务给对方当事人造成了损害，就应承担赔偿责任。但严格责任并非绝对不考虑过错，而只是在侵权行为发生后，确定当事人的责任时，主要考虑违约的结果是否由侵权当事人的行为所造成的，而不是考虑其是故意还是过失。学者们围绕严格责任与过错责任之间的关系，存在较大的分歧，一种观点认为严格责任更接近于推定过失[②]，另一种观点认为严格责任与无过错责任的含义基本相同[③]。实际上，在英美法中，严格责任作为侵权行为法的一个术语，指的是一种比没有尽到合理的注意而应负责的一般责任标准更为严格的一种责任标准。但是，严格责任不同于绝对责任，绝对责任通常是由制定法规定的标准，如果应该避免的伤害事故发生了，则当事人必须负责，而不论其是否尽到了怎样的注意义务和采取了怎样的预防措施，如航天器对飞行中的飞机和地面人员的人身和财产造成损害的时候，航天器的作业人就应承担绝对责任。严格责任仍有一些抗辩事由可以援引，但当事人已尽到注意义务这一点不能作为抗辩的事由。从航空运输承运人制度的角度来看，英美侵权行为法中严格责任原则的适用范围大致等于大陆法系的无过错责任原则。

《华沙公约》在确立国际航空运输适用推定过失责任和限额赔偿制度之初，对航空运输事业的发展起到了极其重要的保护作用，使得航空事业在其发展初期不致为高额损害赔偿所累，而且能保持一个较为健康稳定的发展态势。《华沙公约》所定的赔偿限额也是从成员国订约时的平均经济水平出发，在一定程度上有利于成员国航空运输业的发展。但随着时间的推移和世界经济的不断发展，越来越多的人开始注意到，《华沙公约》已失去了其经济目标。到了 20 世纪 60 年代，以当时的货币标准和航空市场来衡量，华沙体制确立的赔偿限额，即使经过了《海牙议定书》的修订，依然太低。受害人或继承人为获得较高赔偿，唯一的办法就是要寻求突破赔偿责任限额，而唯一的可能是证明承运人构成“有意的不良行为”。但要这样做，存在着不可避免的弊端，因为这种突破现行赔偿限额的证明义务，对于旅客和承运人来说，都意味着漫长的诉讼历程和高额的诉讼费用。通常承运人将不得不承受由此造成的经营成本的增加。原则上，这对航空运输业的发展不利。因此，

---

① 赵维田．国际航空法．北京：社会科学文献出版社，2000：254.

② 王利明．民法学．北京：中国财政经济出版社，2003：651.

③ 李仁玉．比较侵权法．北京：北京大学出版社，1996：152.

修改国际航空承运人责任制度，提高对旅客的赔偿限额，势在必行。

另外，从当时航空运输的实际发展状况来看，在客观上也为严格责任原则适用提供了一系列前提条件。理论依据有以下五个方面。

第一，航空公司是航空器的所有人或者经营者，在其履行航空运输的过程中出现了事故危险，因此，可以认定航空公司及其受雇人制造了危险的来源，即制造了发生航空事故的可能性。

第二，在航空运输飞行过程中，只有航空公司及其受雇人或代理人才有可能控制飞行的过程，避免事故的发生，旅客或者托运人在此过程中根本无法参与控制。

第三，航空公司在执行航空运输任务过程中，获得了相应报酬，自然也需要对航空运输过程中出现的事故和造成的损失承担相应责任。

第四，随着责任保险的发展，航空公司完全可以通过责任保险方式，将承担责任的风险和成本通过保险机制加以转移。

第五，航空公司还有可能通过调整票价等方式，将因事故成本造成的损失转移到旅客或者托运人身上[①]。

因此，从第二次世界大战结束以后，以美国为首的发达美国就表现出对华沙体制赔偿责任限额的不满。因为当时发达的国内航空运输的赔偿和国际航空运输的赔偿有天壤之别，美国不仅不批准《海牙议定书》，还威胁退出《华沙公约》。在此情况下，诞生了世界上少有的一个协议——1966 年《蒙特利尔协议》。本书在前文中已经做过论述，不再赘述。

1966 年《蒙特利尔协议》将承运人对旅客责任的归责原则改为严格责任制度。1966 年《蒙特利尔协议》规定：“对于因旅客死亡、受伤或其他身体伤害提出的任何赔偿要求，承运人不得援引该公约或上述议定书修正的该公约第 20 条第 1 款规定的任何抗辩。对于故意造成伤害致使了此刻死亡、受伤或者其他身体伤害的任何人提出的赔偿要求，或者是以该人名义或关于该人提出的赔偿要求，本协议的任何规定均不影响承运人的权利和义务。”

虽然，1966 年《蒙特利尔协议》并不是一个严格国际法意义上的国际公约，但却在当时实践中导致了国际航空运输承运人严格责任制度的实际确立，因为当时世界上几乎所有国家都有飞往美国的国际航班。因此，随后签订的《危地马拉议定书》也不得不采用这一责任制度。至此，在国际法意义上，《危地马拉议定书》以国际航空条约的方式正式确立了承运人对旅客的严格责任制度。尽管《危地马拉议定书》尚未生效实施，但从总的发展趋势看，《华沙公约》所确立的推定过失责任制必然要被严格责任制所取代。相对于推定过失责任制而言，许多国家认为严格责任制更实际可行，理由是：对旅客来说，可及时得到赔偿，而不必等待查明事故原因；对承运人来说，虽然推定过失责任制可能使承运人因“已采取一切必要措施或不可能采取这种措施”而免责，但承运人担负举证的责任，实际上承运人很难运用这一辩护理由来免除自己的责任。此外，严格责任制也有利于鼓励法庭外解决索赔问题，无需经历漫长、昂贵、结果难料的诉讼，这对旅客和承运人都有好处。

---

① 唐明毅．国际航空私法．北京：法律出版社，2004：138-139.

3. 双梯度归责原则

在华沙体制下，《华沙公约》确立了推定过失责任原则，《危地马拉议定书》确立了严格责任制。但《危地马拉议定书》一直未生效，因此，在国际航空运输领域，承运人对旅客的责任制度在国际法层面上仍是推定过失责任制，而在实践中却采用了 1966 年《蒙特利尔协议》中的严格责任制，并且限制承运人赔偿责任限额也一直为发达国家所指责。设计新的承运人对旅客的责任制度已经迫在眉睫，这种承运人对旅客的新责任制度，一方面要能保障旅客和承运人的利益，另一方面又要能在国际上照顾发达国家和发展中国家航空运输业发展的现实情况，保证航空运输全球化和一体化的发展。为此，1987 年在葡萄牙阿尔沃召开的第四届伦敦劳埃国际航空法研讨会上，根据著名的航空法学家郑斌教授和彼得·马丁先生的提议，会议形成了《阿尔沃国际航空运输公约草案》，在草案中规定，对旅客人身伤亡采用“双梯度制度”，即同时采用推定过失责任制度和严格责任制度。第一梯度，即原告索赔请求在 10 万特别提款权以下，对承运人实行严格责任制；第二梯度，即原告索赔请求超过 10 万特别提款权的部分，对承运人实行推定过失责任制。

随后，双梯度责任制在国际航空运输实践中得到了实施，并为国际航空承运人所认可。1992 年日本几家航空承运人对旅客的赔偿采用了“双梯度制度”；1995 年在吉隆坡召开的航空公司责任会议上通过的《国际航协承运人间协议》在取消最高责任限额和确立严格责任制的同时也正式引入了“双梯度制度”；1996 年国际航协通过的《关于实施国际航协承运人间协议的措施的协议》，对《国际航协承运人间协议》进行了进一步的修改和完善。

以国际法的形式将承运人对旅客的双梯度责任制加以规定，已经水到渠成了。1999 年《蒙特利尔公约》承担起了这一任务，首次在国际航空运输中将双梯度责任制度纳入国际条约之中，使之具有真正意义上的国际法效力。1999 年《蒙特利尔公约》第 21 条第 1 款规定，不超过 10 万特别提款权的损害赔偿，承运人不得免除或者限制其责任。这就是第一梯度，承运人承担的是严格责任制。1999 年《蒙特利尔公约》第 21 条第 2 款规定，超过 10 万特别提款权的部分，承运人证明有下列情形的，不应当承担责任：①损失不是由于承运人或者其受雇人、代理人的过失或者其他不当作为、不作为造成的；②损失完全是由第三人的过失或者其他不当作为、不作为造成的。这是第二梯度，采取以承运人的推定过失为依据。需要说明的是所谓“无限额赔偿”并非是指赔偿毫无限制。损害赔偿的基本理论依据仍是在恢复原状理论的基础上提供赔偿，旅客伤亡赔偿限额的计算要以旅客若干年收入的总和为基础。因此，即使在该制度下赔偿，仍然限于实际损失，只是不限于一个基本的数字而已。“赔偿限额”也并不意味着自动赔偿这个限额数，这个限额数只是一个最高的限制，实际赔偿额仍应在此之下。

从国际航空承运人对旅客责任制度的发展来看，承运人责任制度的演变清晰地经历了这样的路径：推定过失责任—严格责任—双梯度责任（既有推定过失责任，也有严格责任），从一元责任归责转变为二元责任归责。

4. 行李损失归责

在航空旅客运输中，承运人对非托运行李并没有掌管义务，也不可能实施掌管非托运行李。因此，对非托运行李造成的损失，《华沙公约》和 1999 年《蒙特利尔公约》规定承运人只承担过错责任制。但《危地马拉议定书》和 1975 年《蒙特利尔第四号附加议定书》则规定承担严格责任制。

《华沙公约》第 17 条规定："关于非托运行李，包括个人物件，承运人对因其过错或者其受雇人或者代理人的过错造成的损失承担责任。"毫无疑问，《华沙公约》对非托运行李的损失，承运人承担的是过失责任制。

《危地马拉议定书》第 4 条第 2 款规定："在行李毁灭、遗失或损坏时，只要造成这一毁灭、遗失或损坏的事件发生在航空器上、装卸过程中或在承运人保管的期间，承运人即应对由此造成的损失承担责任。但是，如果损失纯系行李的属性或本身的缺陷所造成，则承运人不负责任。"而"行李"一词包括"交运行李和旅客随身携带的物品"。从该议定书的规定来看，承运人对"旅客随身携带的物品"承担的是严格责任。

1975 年《蒙特利尔第四号附加议定书》第 6 条规定："在旅客和行李运输中，如果承运人证明损失是由于受害人的过失所造成或促成，法院可以按照它的法律规定，免除或减轻承运人的责任。"有人认为根据这句话，承运人对旅客非托运行李的损失承担推定过错责任，实则不然。因为，此时承运人并不是证明自己没有错，而是要证明受害人有过错，在受害人的过错范围内可以减轻或免除承运人的责任，这也是严格责任。

1999 年《蒙特利尔公约》第 17 条规定："关于非托运行李，包括个人物件，承运人对因其过错或者其受雇人或者代理人的过错造成的损失承担责任。"很明显，1999 年《蒙特利尔公约》完全照搬了《华沙公约》的规定，对旅客非托运行李的损失，承运人承担的是过失责任制。

9.2.5 承运人对旅客的赔偿数额及免责事由

1. 承运人对旅客的赔偿数额

从 1929 年《华沙公约》到 1999 年《蒙特利尔公约》，承运人对旅客的赔偿责任制度始终是不同时期国际航空公约所关注的焦点和核心，总体趋势是不断提高对旅客及非托运行李的赔偿数额，各个航空公约中的赔偿数额，见表 9.1。为了更好地吸引消费者乘坐飞机，承运人间协议往往制定高于同时期的国际航空公约对旅客赔偿数额，见表 9.2。

表 9.1 国际航空旅客运输中承运人对旅客及非托运行李的赔偿规定

公约名称	旅客	非托运行李
《华沙公约》	125 000 普安卡法郎（当时折合 8 300 美元）	5 000 法郎
《海牙议定书》	25 万法郎	5 000 法郎
《危地马拉议定书》	150 万法郎	15 000 法郎
1975 年《蒙特利尔第一号附加议定书》	8 300 特别提款权	332 特别提款权
1975 年《蒙特利尔第二号附加议定书》	16 600 特别提款权	332 特别提款权
1975 年《蒙特利尔第三号附加议定书》	10 万特别提款权	1 000 特别提款权
1999 年《蒙特利尔公约》	10 万特别提款权	1 000 特别提款权

注：表中金额的法郎，是指含有 900‰成色的 65.5 毫克黄金的法国法郎；表中金额的特别提款权，是指国际货币基金组织规定的特别提款权。

表 9.2 承运人间协议对旅客的赔偿规定

公约名称	旅客
1966 年《蒙特利尔协议》	75 000 美元（包括法律费用）58 000 美元（不包括法律费用）
1995 年《华盛顿协议》	382 000 美元
1995 年《吉隆坡协议》	以旅客的住所地法确定
1996 年《关于实施国际航协承运人间协议的措施的协议》	100 000 特别提款权

2. 承运人对旅客的免责事由

不同时期的国际航空公约，对承运人关于旅客的免责事由有不同的规定。

1)《华沙公约》中承运人对旅客的免责事由

《华沙公约》中承运人对旅客的免责事由主要包括：受害人的过失；承运人采取一切必要措施或者不可能采取此种措施；诉讼期间的终止。

(1) 受害人的过失。《华沙公约》第 21 条规定："凡承运人证明，该损失是由受害人的过失引起或促成者，法院可依其本国法的规定，全部或部分地免除他的责任。""受害人过失"是全部或部分免除承运人责任的一种法律理由，承运人可据此完全不予赔偿。在法理上说，这并不表明被告对原告受到的伤害没有任何责任；而是说，被告即使有过失，但是由于原告的行为使他丧失了获得赔偿资格和诉讼能力。然而，两大法系对"受害人过失"有不同的论述，英美国家法律认为，它指一个人（原告）的行为不符合保护自身所应遵循的最低标准，并作为法律原因，与被告一起促成了他所受到的伤害。而按大陆法系传统，要根据当事双方各自过失的程度，按比例地减免承运人责任。为弥补这种分歧，作为妥协，《华沙公约》第 21 条做出了"法院依其本国法的规定，全部或部分地免除他的责任"的表述，把具体处理转移给各国国内法。各国国内法在适用"受害人的过失"的解释虽有不同，但从美国的两起常见案件的解释来看，差别不大①。特别是从 20 世纪 90 年代中期开始，英美法系和大陆法系在对"受害人过失"的解释上出现了合流的趋势，均按比例说减免承运人的责任。

(2) 承运人采取一切必要措施或者不可能采取此种措施。《华沙公约》第 20 条规定："承运人证明本人及其受雇人为了避免损失的发生，已经采取一切必要措施，或者不可能采取此种措施的，不承担责任。""一切必要措施"源于普通法的"应有谨慎"(due diligence) 原则，就是要判断承运人或者其受雇人、代理人是否尽了"应有谨慎"的义务。如果承运人或者其受雇人、代理人尽了"应有谨慎"的义务，就不承担损失，

① 1955 年纽约南区联邦法院曾判处过一个著名案例："丘特诉荷兰皇家航空公司"案。案情是：原告于登机后，又返回机舱口挥手向送行的女儿告别，适值舷梯移走，她一脚踩空而摔伤。在另一个法国案件中，原告下机时，因急于会见迎接他的人，没有走专供旅客下机用的机舱后部门，而跑到前舱门，结果被螺旋桨击伤而死。在 1978 年美国的"邓恩诉环球"案中，被告律师提出：原告受伤是因她未系紧安全带的过失造成的。第九巡回上诉法院法官认为，证据表明：在发生颠簸时，通知旅客系紧安全带的信号灯并未闪亮，而且，时值夜间，航位空着许多，环球服务人员曾鼓励旅客卧下休息。因此，不存在原告有"受害人过失"问题。对于旅客在登机或下机过程中自己不慎滑跌倒而致伤的情况。在此两案中被告均援引《华沙公约》第 21 条胜诉。转引自：贺富永．航空法学．北京：国防工业出版社，2008：215.

否则就应承担损失。但“一切必要措施”是一个伸缩性很大的灵活标准，如何证明承运人或者其受雇人、代理人采取了“一切必要措施”，各国法院有着不同的解释。但各国学者、法院在解释“一切必要措施”上，最起码有两点达成共识：第一，承运人不仅要对飞机起飞前确保适航，检查好机器，配备合格的机组人员，而且还要对航行中出现的各种情况迅速做出反应，采取相应行动；第二，因其他原因造成延误的情况下，是否合理妥善地对旅客、行李或者货物进行了合理安排①。

（3）诉讼期间的终止。《华沙公约》第 29 条规定：“诉讼应该在航空器到达目的地之日起，或应该到达之日起，或从运输停止之日起两年内提出，否则就丧失追诉权。诉讼期限的计算方法根据受理法院的法律决定。”

另外，赵维田教授认为，《华沙公约》第 20 条第 1 款的表述暗示了遇有不可抗力和意外危险时，免除承运人责任意思。根据法院的司法解释，劫机事件属于不可抗力②。

2)《危地马拉议定书》中承运人对旅客的免责事由

《危地马拉议定书》对《华沙公约》中承运人免责事由的修订主要有以下两个方面。

（1）旅客的受伤或者伤害完全是由旅客本人的健康状况造成的，承运人不承担责任。

（2）经承运人证明，损失是由索赔人或者索赔人从其取得权利的人的过失或者其他不当作为、不作为造成或者促成的，应当根据造成或者促成此种损失的过失或者其他不当作为、不作为的程度，相应全部或者部分免除承运人对索赔人的责任。旅客以外的其他人就旅客死亡或者伤害提出赔偿请求的，经承运人证明，损失是旅客本人的过失或者其他不当作为、不作为造成或者促成的，同样应当根据造成或者促成此种损失的过失或者其他不当作为、不作为的程度，相应全部或者部分免除承运人的责任。其他方面未做修订。

3) 1999 年《蒙特利尔公约》中承运人对旅客的免责事由

1999 年《蒙特利尔公约》规定承运人的免责事由主要表现在第 20 条的表述中，经承运人证明，损失是由索赔人或者索赔人从其取得权利的人的过失或者其他不当作为、不作为造成或者促成的，应当根据造成或者促成此种损失的过失或者其他不当作为、不作为的程度，相应全部或者部分免除承运人对索赔人的责任。旅客以外的其他人就旅客死亡或者伤害提出赔偿请求的，经承运人证明，损失是旅客本人的过失或者其他不当作为、不作为造成或者促成的，同样应当根据造成或者促成此种损失的过失或者其他不当作为、不作为的程度，相应全部或者部分免除承运人的责任。因此，《华沙公约》的一切必要措施、不可能、领航过失、不可抗力和认知状态的抗辩，将不适用 1999 年《蒙特利尔公约》参加国的承运人。

对于第二梯度的赔偿，承运人免责事由是：损失不是由承运人或者其受雇人、代理

① 赵维田．国际航空法．北京：社会科学文献出版社，2000：264-265.

② 赵维田．国际航空法．北京：社会科学文献出版社，2000：265-266.

人的过失或者其他不当作为、不作为造成的；或者损失完全是由第三人的过失或者其他不当作为、不作为造成的。

另外，1999 年《蒙特利尔公约》第 35 条还规定了一个诉讼时效灭失的免责，即自航空器到达目的地点之日、应当到达目的地点之日或运输终止之日起两年期间内未提起诉讼的，丧失对损害赔偿的权利。上述期间的计算方法，依照案件受理法院的法律确定。

在诉讼时效的规定方面，华沙体制将诉讼时效等同于除斥期间，都规定索赔主体在两年内未提起索赔，“丧失了对损害赔偿的权利”。

9.2.6 索赔根据和管辖法院

1. 索赔根据

在航空运输中，承运人对旅客责任是以运输合同的存在为前提条件的，因此，人们一般将现代航空运输称为“航空运输合同法”。但在航空运输中发生的事故既可以引起合同上的责任，也可引起侵权行为上的责任，尤其对旅客的伤亡而言。所以，有些国家称之为“航空侵权行为法”。

故在索赔根据上各国之间的根据可能不一，但为了保护国际公约的统一适用，《华沙公约》第 24 条规定：“(1) 如果遇到第十八、十九两条所规定的情况，不论其根据如何，一切有关责任的诉讼只能按照本公约所列条件和限额提出。(2) 如果遇到第十七条所规定的情况，也适用上项规定，但不妨碍确定谁有权提出诉讼以及他们各自的权利。”《危地马拉议定书》第 9 条规定：“在旅客、行李运输中，任何赔偿的诉讼，不论其根据如何，不论是根据本公约、根据合同，还是由于侵权行为或其他任何原因，只能依照本公约规定的条件和责任限额提出，但是不妨碍确定谁有权提起诉讼以及他们各自的权利。此责任限额为最高额，无论产生责任的情势如何，均不得超过这一限额。”1975 年《蒙特利尔第四号附加议定书》第 8 条规定：“在旅客、行李运输中，任何损害赔偿的诉讼，不论其根据如何，是根据本公约、根据合同、根据侵权，还是根据其他任何理由，只能依照本公约规定的条件和责任限额提出，但是不妨碍确定谁有权提起诉讼以及他们各自的权利。”1999 年《蒙特利尔公约》第 29 条将原来华沙体制下对旅客、货物的索赔根据合在了一起，规定：“在旅客、行李和货物运输中，有关损害赔偿的诉讼，不论其根据如何，是根据本公约、根据合同、根据侵权，还是根据其他任何理由，只能依照本公约规定的条件和责任限额提起，但是不妨碍确定谁有权提起诉讼以及他们各自的权利。在任何此类诉讼中，均不得判给惩罚性、惩戒性或者任何其他非补偿性的损害赔偿”。

因此，在国际航空运输中，无论索赔的根据是什么，意义不大，因为“只能依照本公约（本法）规定的条件和责任限额提起”。

2. 管辖法院

《华沙公约》第 28 条规定的管辖法院有四个，即承运人住所地法院、承运人总管理处（总机构）所在地法院、签订契约的机构所在地法院和目的地法院。

《危地马拉议定书》第 12 条增加了一个可诉法院："在旅客有住所或永久居所的缔约国内，向在其辖区内承运人设有机构的法院提起。"

1999 年《蒙特利尔公约》第 33 条增加了一个新的管辖法院，即第五管辖权，是指"对于因旅客死亡或者伤害而产生的损失，诉讼可以向本条第一款所述的法院之一提起，或者在这样一个当事国领土内提起，即在发生事故时旅客的主要且永久居所在该国领土内，并且承运人使用自己的航空器或者根据商务协议使用另一承运人的航空器经营到达该国领土或者从该国领土始发的旅客航空运输业务，并且在该国领土内该承运人通过其本人或者与其有商务协议的另一承运人租赁或者所有的处所从事其旅客航空运输经营。"另根据 1999 年《蒙特利尔公约》规定，此处的"商务协议"是指承运人之间就其提供联营旅客航空运输业务而订立的协议，但代理协议除外；"主要且永久居所"是指事故发生时旅客的那一个固定和永久的居住地。在此方面，旅客的国籍不得作为决定性的因素。

9.3　国际航空承运人对托运人及收货人的赔偿责任制度

在草拟《华沙公约》的过程中，最早的草案是想分别制定客运和货运两个公约。后来，"航空法专家国际技术委员会"经过反复讨论，才将两个草案合并成一个。合并后，在公约结构上表现为其基本原则和模式对客运、货运同样适用。例如，在运输凭证方面，客票与航空货运单的基本规则相同，经《海牙议定书》修订后，尤其如此。在推定过失责任、责任限制方面，也基本相同。因此，从表面上看，客运规则和货运规则似乎"大同小异"，仅有细微差异。但在实践中客运与货运的责任规则却是"貌合神离"，同样规定在其实际运用中却有很大差异①。

9.3.1　托运行李和货物的损失

1. 托运行李的损失

在《华沙公约》中，将托运行李称为"已登记的行李"，《海牙议定书》称为"登记的行李"，在这两个公约中都将托运行李等同于货物进行赔偿。1999 年《蒙特利尔公约》中将托运行李和货物的损失进行了分开赔偿。根据《华沙公约》第 18 条和 1999 年《蒙特利尔公约》第 18 条的规定，承运人对托运行李损失赔偿的范围是"毁灭、遗失或者损坏而产生的损失"，而不是对"毁灭、遗失或者损坏本身"。这一表述界定了承运人承担责任的方式，即赔偿损失。其他承担民事责任的方式则不属于公约的调整范围，如恢复原状，修理、重作、更换，支付违约金，排除妨碍，停止侵害，消除危险，赔礼道歉等。这里的损失，一般应以财产（金钱）作为判断损失是否存在的标准，即损失是指经济损失，非物质性的损失都不在其内。

---

① 赵维田．国际航空法．北京：社会科学文献出版社，2000：329.

毁灭不仅是指托运行李在物质上的灭失，还指托运行李原有性质的全部或者部分改变，这种改变使该托运行李丧失其原有的用途，如食物的腐烂变质、艺术品的粉碎、动物的死亡等。

遗失是指货物被盗、被抢、被错误交付给其他人等任何原因而导致的丢失。在什么情况下可以认定托运行李遗失，《华沙公约》和《海牙议定书》并没有进行明确规定，1999 年《蒙特利尔公约》规定："承运人承认托运行李已经遗失，或者托运行李在应当到达之日起二十一日后仍未到达的，旅客有权向承运人行使运输合同所赋予的权利。"

损坏包括物质上的毁坏和变质。《华沙公约》规定："除非有相反的证据，如果收件人在收受行李没有异议，就被认为行李已经完好地交付，并和运输凭证相符。如果有损坏情况，收件人应该在发现损坏后，立即向承运人提出异议，如果是行李，最迟应该在行李收到后三天内提出，……如果有延误，最迟应该在行李交由收件人支配之日起十四天内提出异议。"《海牙议定书》规定："关于损坏事件，收件人应于发现损坏后，立即向承运人提出异议，如系行李，最迟应在收到行李后七天内提出，……关于延误事件，最迟应在行李交付收件人自由处置之日起二十一天内提出异议。"1999 年《蒙特利尔公约》对损坏没有进行明确规定。

造成托运行李损失的事件。按照 1999 年《蒙特利尔公约》的逻辑，这里的"事故"或"事件"分别与公约中第 17 条所描述的"事故"或"事件"含义相同，不仅包括意外的、不可预料的偶发情况，还包括可以预料的、非偶然性的、非意外的情况，如承运人或者其受雇人、代理人的不适当行为。

2. 货物的损失

《华沙公约》和《海牙议定书》中对货物的损失等同于托运行李，称为"登记行李或货物的损失"。1999 年《蒙特利尔公约》中对货物的损失进行了规定，其第 18 条规定："对于因货物毁灭、遗失或者损坏而产生的损失，只要造成损失的事件是在航空运输期间发生的，承运人就应当承担责任。"

在华沙体制下，损害赔偿是指实际的损害数额，不包括惩罚性赔偿。所谓惩罚性赔偿是英美法中的一项制度，是由法院所做出的赔偿数额超出实际的损害数额的赔偿。在国际航空运输承运人赔偿责任问题上，惩罚性赔偿是禁止的，这一点得到了各国司法实践的遵守，即使是不断以判例变更《华沙公约》的美国，在这个问题上也一直严格遵守。从《华沙公约》的规定来看，其对旅客和托运人的赔偿是提供补偿，而不是惩罚性的赔偿。这在 1999 年《蒙特利尔公约》第 29 条中得到了明示，该条规定："在旅客、行李和货物运输中，有关损害赔偿的诉讼，不论其根据如何，是根据本公约、根据合同、根据侵权，还是根据其他任何理由，只能依照本公约规定的条件和责任限额提起，但是不妨碍确定谁有权提起诉讼以及他们各自的权利。在任何此类诉讼中，均不得判给惩罚性、惩戒性或者任何其他非补偿性的损害赔偿。"

9.3.2 承运人的责任期间

承运人对托运行李和货物承担责任的期间是在"航空运输期间"，虽然国际航空公约中对航空运输期间的规定有所差异[①]，但可概括为以下三个方面。

第一，“货物处于承运人掌管之下”是判断货物是否处于承运人责任期间的唯一要素。“掌管”是指承运人直接或者间接（如通过其代理人）对货物实施保管和控制。掌管货物并不要求承运人在物质上占据和控制货物，而只要求货物处于承运人的控制范围之内，以便承运人履行保管货物并防止货物遭受损失的义务。

承运人掌管货物的期间一般是自承运人接受货物时起，至其将货物交付给收货人时止的全部期间。航空货运单或者货物收据是接受货物的初步证据。在没有相反证明的情况下，承运人在航空货运单或者货物收据上签字、盖章并将该份航空货运单交给托运人的时间，就是承运人接受货物的时间。自该时间起，航空运输期间开始起算。例如，承运人在其机场外的货场内接受货物办妥航空货运单有关的手续，即开始起算航空运输期间。如果这些手续是货运销售代理人办理的，亦同。

一般认为，货物交付给收货人时，承运人就履行完其在航空运输合同中的义务，航空运输期间终止。但对如何判定货物是否交付给收货人，各国法院有着不同解释。法国法院认为，“如果说交货本身是一种法律行为，并据此将风险和货物掌管从承运人转移给收货人的话，它必然伴以具体行为，即由收货人具体占有货物”[②]。也就是说，承运人抽象地将货物交付给收货人，如存放于仓库以便收货人提取还不能算作交付，收货人提取货物并实际占据货物后才构成完全的交付，此时航空运输期间才终止。在相关判例中，货物在海关监管期间发生的损失，法院判决由承运人承担责任。普通法系法院虽未明确采用法国法院的观点，但从宽解释的趋势甚为明显。在一个案例中，25 万美钞包件实际存放于纽约机场的美国航空公司仓库中，法院仍判决处于承运人（日本航空公司）掌管之下。

第二，如果航空器因意外在机场外降落，货物仍然处于承运人掌管之下，应认为是在航空运输期间。航空运输期间，不包括机场外履行的任何陆路、海上或者内水运输过程。但是，此种运输是在履行航空运输合同时为了装载、交付或者转运而办理的，在没有相反证明的情况下，所发生的任何损失推定为在航空运输期间发生的事件造成的损失。这一规定主要是解决在多式联运的情况下如何确定航空运输期间的问题。根据 1999 年《蒙特利尔公约》第 38 条第 1 款规定，该公约仅适用于多式联运的航空运输部分，而不适用于其他运输方式。因此，航空运输期间理应排除机场外的地（水）面运输。陆路运输，是指公路、铁路及其他地面交通工具办理的运输。海上运输是指海运，

---

① 《华沙公约》第 18 条规定：“本法所指航空运输的意义，包括行李或货物在承运人保管下的期间，不论是在航空站内、在航空器上或在航空站外降落的任何地点。航空运输的期间不包括在航空站以外的任何陆运、海运或河运。但是如果这种运输是为了履行空运合同，是为了装货、交货或转运，任何损失应该被认为是在航空运输期间发生事故的结果，除非有相反证据。”《危地马拉议定书》和 1975 年《蒙特利尔第四号附加议定书》对以上的期间进行了修订，表述为“航空运输期间，系指在机场内、航空器上或者机场外降落的任何地点，托运行李或者货物处于承运人掌管之下的期间”。1999 年《蒙特利尔公约》第 18 条的规定更为清楚：“航空运输期间，不包括机场外履行的任何陆路、海上或者内水运输过程。但是，此种运输是在履行航空运输合同时为了装载、交付或者转运而办理的，在没有相反证明的情况下，所发生的任何损失推定为在航空运输期间发生的事件造成的损失。承运人未经托运人同意，以其他运输方式代替当事人各方在合同中约定采用航空运输方式的全部或者部分运输的，此项以其他方式履行的运输视为在航空运输期间。”

② 贺富永．航空法学．北京：国防工业出版社，2008：220.

包括远洋运输和领海港口之间的运输。内水运输，包括内河运输、国内湖泊运输。当掺杂有机场外的非航空运输因素时，原告（收货人）常常无法确定损失发生在哪段期间。为了给原告提供方便，先推定为发生在航空运输期间；但是承运人可以举出反证来推翻这种推定。同时，这种在机场外履行的运输，必须“是在履行航空运输合同时为了装载、交付或者转运而办理的”，即必须是附属或辅助于航空运输的运输，不是独立的运输，否则应由原告来证明。

“相反证明”，是指损失不是发生在这个过程中的证明。这个证明（反证）是由承运人来提供的。需注意的是，这一句针对的是“机场外”履行的辅助运输，在机场内用车辆将货物从仓库运往停机坪装机，不属于本款规定时情形，不适用本款规定，而应适用1999年《蒙特利尔公约》第38条第2款①的规定。

这里的装载，主要是指从机场外将货物运送到机场内适当地点以便装载。交付，是指从机场内或者别的地点将货物送到约定的交付地点。转运，是指需要两个航班来运输货物的情况，在航班衔接时所需要的从一个机场到另一机场的运输。

第三，对于替代运输而言，应推定是在航空运输期间。考虑到承运人可能以其他运输方式代替航空运输，1999年《蒙特利尔公约》在第18条第4款中增加了一句规定：承运人未经托运人同意，以其他运输方式代替当事人各方在合同中约定采用航空运输方式的全部或者部分运输的，此项以其他方式履行约运输视为在航空运输期间。使用航空器运送货物，是航空货物运输合同的基本内容之一。承运人未经托运人的同意，擅自改用公路、铁路或者水运等其他运输方式来办理运输，与托运人采用航空运输所要达到的快捷方便的愿望不符。在此种运输过程中造成的损失，应推定为是在航空运输期间发生的损失，承运人应按照本公约承担责任。

9.3.3 承运人的责任制度

《华沙公约》中规定，承运人对托运行李和货物的损失的归责原则是推定过失责任制，《海牙议定书》没有修正，1975年《蒙特利尔第四号附加议定书》中，将其规定为严格责任制，1999年《蒙特利尔公约》所规定的归责原则是严格责任制。详见《华沙公约》第19条、1975年《蒙特利尔第四号附加议定书》第4条和1999年《蒙特利尔公约》第17条第2款和第18条的规定。

总之，承运人对托运行李和货物的责任制度经历了推定过失责任制到严格责任制这样一个过程。

9.3.4 承运人的免责事由

1.《华沙公约》和《海牙议定书》的规定

1)《华沙公约》的规定

《华沙公约》通过第20条、第21条和第26条三个条文来论述承运人的免责事由。

---

① 1999年《蒙特利尔公约》第38条第2款规定：“在航空运输部分遵守本公约规定的条件下，本公约不妨碍联合运输的各方当事人在航空运输凭证上列入有关其他运输方式的条件。”

（1）承运人证明本人及其受雇人为了避免损失的发生，已经采取一切必要措施，或者不可能采取此种措施的，不承担责任。

（2）在货物和行李运输中，承运人证明损失的发生是由领航上、航空器的操作上或导航上的过失，而在其他一切方面本人及其受雇人已经采取一切必要措施以避免损失的，不承担责任。

（3）承运人证明损失是由受害人的过错造成或者促成的，法院可以按照它的法律规定，免除或者减轻承运人的责任。

（4）除承运人有欺诈行为外，未在规定期间内提出异议的，则不能向承运人提起诉讼。收件人在收受行李或货物时未提出异议。发生损失的，收件人应当在发现损失后立即向承运人提出异议。如果是行李，至迟应当在行李收到后 3 日内提出；如是货物，最迟应当在货物收到后 7 日内提出；如果有延误，最迟应当在行李或货物交付收件人自行处置之日起提出异议；任何异议均应当在规定期间内写在运输凭证上或者另以书面提出。

（5）除斥期间的终止。《华沙公约》第 29 条规定："诉讼应该在航空器到达目的地之日起，或应该到达之日起，或从运输停止之日起两年内提出，否则就丧失追诉权。诉讼期限的计算方法根据受理法院的法律决定。"

2）《海牙议定书》的规定

《海牙议定书》在此基础上，进行了修正，主要有：将 1929 年《华沙公约》第 23 条原文改为第 1 款，并增加第 2 款为"该条第一款的规定不适用关于所载货物由于其属性或本身缺陷而引起的灭失或损坏的条款"。其他未进行修正。

2.《危地马拉议定书》的规定

《危地马拉议定书》对此进行了修订，修订后的免责事由主要表现在其第 6 条、第 7 条中。《危地马拉议定书》第 6 条规定："在货物运输中造成毁灭、遗失、损坏或者延误的而造成的损失，承运人证明本人及其受雇人、代理人为了避免损失的发生，已经采取了一切必要措施或者不可能采取此种措施的，不承担责任。"

《危地马拉议定书》第 7 条规定："经承运人证明，损失是由索赔人的过失造成或者促成的，应当根据造成或者促成此种损失的过错的程度，相应全部或者部分免除承运人对索赔人的责任。旅客以外的其他人就旅客死亡或者伤害提出赔偿请求的，经承运人证明，死亡或者伤害是旅客本人的过错造成或者促成的，同样应当根据造成或者促成此种损失的过错程度，相应全部或者部分免除承运人的责任。"

3.1975 年《蒙特利尔第四号附加议定书》的规定

1975 年《蒙特利尔第四号附加议定书》对华沙体制修订后的免责事由主要有四个方面，凡承运人证明，该货物的毁灭、遗失或损坏，单独地由下列一个或几个原因引起的，就没有责任：①该货物的固有缺陷、品质或瑕疵；②不由承运人或者其受雇人或代理人包装时，包装上的缺陷；③战争或武装冲突行为；④公共当局对货物进出口或过境所实施的行为。另外，还规定，“经承运人证明，损失是由索赔人或者代行权利的人的过错造成或者促成的，应当根据造成或者促成此种损失的过错的程度，相应地免除或者减轻承运人的责任”。

4. 1999 年《蒙特利尔公约》的规定

1999 年《蒙特利尔公约》第 18 条规定，承运人证明货物的毁灭、遗失或者损坏是由于下列一个或者几个原因造成的，在此范围内承运人不承担责任：①货物的固有缺陷、质量或者瑕疵；②承运人或者其受雇人、代理人以外的人包装货物的，货物包装不良；③战争行为或者武装冲突；④公共当局实施的与货物入境、出境或者过境有关的行为；⑤经承运人证明，损失是由索赔人或者索赔人从其取得权利的人的过失或者其他不当作为、不作为造成或者促成的，应当根据造成或者促成此种损失的过失或者其他不当作为、不作为的程度，相应全部或者部分免除承运人对索赔人的责任。旅客以外的其他人就旅客死亡或者伤害提出赔偿请求的，经承运人证明，损失是旅客本人的过失或者其他不当作为、不作为造成或者促成的，同样应当根据造成或者促成此种损失的过失或者其他不当作为、不作为的程度，相应全部或者部分免除承运人的责任。此规定适用于 1999 年《蒙特利尔公约》所有责任条款。

9.3.5 赔偿数额和索赔期限

1. 赔偿数额

各国际航空公约对承运人赔偿数额的规定，见表 9.3。

表 9.3 国际航空运输中承运人赔偿数额的规定

公约名称	托运行李	货物
《华沙公约》	250 法郎/公斤	250 法郎/公斤
《海牙议定书》	250 法郎/公斤	250 法郎/公斤
《危地马拉议定书》	15 000 法郎/人	250 法郎/公斤
1975 年《蒙特利尔第一号附加议定书》	17 特别提款权/公斤	17 特别提款权/公斤
1975 年《蒙特利尔第二号附加议定书》	17 特别提款权/公斤	17 特别提款权/公斤
1975 年《蒙特利尔第三号附加议定书》	1 000 特别提款权/公斤	17 特别提款权/公斤
1999 年《蒙特利尔公约》	1 000 特别提款权/公斤	17 特别提款权/公斤

对图表的说明主要包括：①声明价值。如果旅客或托运人在交运包件时，特别声明在目的地点交付时的利益，并在必要时支付附加费。承运人应当偿付声明的金额，除非承运人证明声明的金额高于在目的地点交付时旅客或托运人的实际利益。②托运行李或货物重量的确定。增加了托运行李或者货物的一部分或者托运行李、货物中的任何物件灭失、损坏或者延误的，用以确定承运人赔偿责任限额的重量，仅为该一包件或者数包件的总重量。但是，因托运行李或者货物的一部分或者托运行李、货物中的任何物件的毁灭、遗失、损坏或者延误，影响同一份行李票或者同一份航空货运单所列其他包件的价值的，确定承运人的赔偿责任限额时，此种包件的总重量也应当考虑在内。③法院的

自由裁量权。不妨碍法院按照其法律另外加判全部或者一部分法院费用及原告所产生的其他诉讼费用，包括利息。判给的赔偿金额，不含法院费用及其他诉讼费用，不超过承运人在造成损失的事情发生后六个月内或者已过六个月而在起诉以前已书面向原告提出的金额的，不适用上述规定。

2. 索赔期限

国际航空货物运输中托运人、收货人及旅客对承运人的索赔期限的规定，见表 9.4。

表 9.4　国际航空货物运输中托运人、收货人及旅客对承运人的索赔期限 单位：日

公约名称	托运行李	货物	延误
《华沙公约》	3	7	14
《海牙议定书》	7	14	21
1999 年《蒙特利尔公约》	7	14	21

对图表说明主要包括：①单位“日”，是指日历日，而非工作日。②有权提取托运行李或者货物的人收受托运行李或者货物而未提出异议，为托运行李或者货物已经在良好状况下并在与运输凭证或者所指其他方法保存的记录相符的情况下交付的初步证据。③任何异议均必须在规定的期间内以书面形式提出或者发出。④除承运人一方有欺诈外，在规定的期间内未提出异议的，不得向承运人提起诉讼。

9.3.6　索赔根据和管辖法院

在华沙体制下的各公约和 1999 年《蒙特利尔公约》都规定，旅客、托运人或收货人的索赔根据是：“在旅客、行李和货物运输中，有关损害赔偿的诉讼，不论其根据如何，是根据本公约、根据合同、根据侵权，还是根据其他任何理由，只能依照本公约规定的条件和责任限额提起，但是不妨碍确定谁有权提起诉讼以及他们各自的权利。在任何此类诉讼中，均不得判给惩罚性、惩戒性或者任何其他非补偿性的损害赔偿。”

诉讼管辖法院有四个，即承运人住所地法院、承运人总管理处（总机构）所在地法院、签订契约的机构所在地法院和目的地法院，由原告选择。例如，1999 年《蒙特利尔公约》第 33 条第 1 款规定：“损害赔偿诉讼必须在一个当事国的领土内，由原告选择，向承运人住所地、主要营业地或者订立合同的营业地的法院，或者向目的地点的法院提起。”同时规定：“诉讼程序适用案件受理法院的法律。”《华沙公约》第 28 条也进行了相似的规定①。

9.3.7　仲裁

货物运输和旅客运输还有一个不同之处，即当消费者和承运人发生纠纷时，可以采用仲裁的方式来解决纠纷。例如，《华沙公约》第 32 条规定：“运输合同的任何条款和

① 《华沙公约》第 28 条规定：“（1）有关赔偿的诉讼，应该按原告的意愿，在一个缔约国的领土内，向承运人住所地或其总管理处所在地或签订契约的机构所在地法院提出，或向目的地法院提出。（2）诉讼期限的计算方法根据受理法院的法律决定。”

在损失发生以前的任何特别协议，如果运输合同各方借以违背本公约的规则，无论是选择所适用的法律或变更管辖权的规定，都不生效力。但在本公约的范围内，货物运输可以有仲裁条款，如果这种仲裁在第二十八条（1）款所规定的法院管辖地区进行。”

1999 年《蒙特利尔公约》的规定更为详细。该公约第 34 条规定：“一、在符合本条规定的条件下，货物运输合同的当事人讨以约定，有关本公约中的承运人责任所发生的任何争议应当通过仲裁解决。此协议应当以书面形式订立。二、仲裁程序应当按照索赔人的选择，在第三十三条所指的其中一个管辖区内进行。三、仲裁员或者仲裁庭应当适用本公约的规定。四、本条第二款和第三款的规定应当视为每一仲裁条款或者仲裁协议的一部分，此种条款或者协议中与上述规定不一致的任何条款均属无效。”

9.4 航空运输延误及法律责任

9.4.1 航空运输延误的概念

在华沙体制下的各公约及 1999 年《蒙特利尔公约》中，都规定了承运人如果导致航空运输延误，应当承担赔偿责任。但并没有对延误进行具体界定，因此引起了人们对航空运输延误概念的争议。目前，主要有三种对航空运输延误概念的典型界定。

第一，航空运输延误指仅限于飞机在空中飞行中未能按约定时间将旅客、行李或货物运抵目的地。

第二，航空运输延误指航空运输未能按约定时间将货物运抵目的地。

第三，航空运输延误指整个航空运输未能按约定时间将旅客、行李或货物运抵目的地①。

在这三种界定中，第一种关于延误的界定很明显可以排除，因为飞行中只包括门到门即航空器装载完毕后，其外部各门均已关闭时起到为卸载而打开任何一扇门时止的任何时间，排除了旅客下航空器到机场安全地带的时间，也排除了行李或货物从航空器卸载后至交付给旅客或收货人这一段时间，不能全部涵盖整个航空运输期间的延误。有人认为，第二种界定是合理的，即在航空运输中的延误应指在航空运输期间的延误②。有人认为应当是第三种界定，原因是第三种界定在时间上涵盖了承运人应该照料或掌管旅客、行李或货物的全部期间，同时在航空运输对象上涵盖了旅客、行李或货物等全部对象，所以航空运输上所指的延误应该是第三种③。

本书认为，在一般的司法实践中，法院判决是按第三种界定处理，同时在必要时兼用第二种部分论点，目的是排除在机场外的陆运、海运、水运引起的延误因素。

9.4.2 航空运输延误的判断标准

由于延误引起的责任，情况相当复杂，要根据具体情况做出合理的判断。

---

① 赵维田．国际航空法．北京：社会科学出版社，2000：349.

② 穆书芹．浅谈航空承运人延误之法律责任．武汉科技大学学报社会科学版，2002，(6)：64.

③ 贺元骅．论航空运输不合理延误及其责任．中国民航飞行学院学报，2002，(1)：17.

1. 延误不是指航班的具体始发或抵达目的地时间上的“误点”

航空法中的延误，不是指航班的具体始发或抵达目的地时间上的“误点”，而是指旅客或托运人选择空运这种快速运输方式所合理期望的期限。因为客票和托运单本身并不是合同，它所起到的只是一种初步证据作用。虽然有学者持不同的看法，但是用客票或托运单上的时间来作为合同本身所确定的期限来推断所谓的延误，是没有法律依据的。

2. 索赔根据是不合理延误

要想对延误引起的损失提出索赔，通常要证明它是一种不合理的延误。尽管普通法系和大陆法系对何谓“不合理延误”的理论根据与说法不同，但就其表现的标准而言，基本相同。普通法系国家认为，延误指未能在合理的时间内完成运输除此之外，都是不合理延误；大陆法系国家认为，只要未发现承运人有重大过失，稍有延误，也可认为是合理延误，除此之外，属于不合理延误。两个法系都认为，消费者要对承运人，因延误进行索赔，要证明该延误是不合理延误。

3. 合理延误和不合理延误的判断

界定合理延误和不合理延误的范围，对于航空公司提高服务质量，维护消费者的合法权益，具有非常重要的意义。合理延误和不合理延误的范围，本书认为应当进行以下界定。

第一，从时间上看，承运人完成该运输所花费的时间是否是合同约定的时间，在无约定时间的情况下，要看其所花费的时间是否超过一般情况下完成该运输所需要的合理时间。这种情况比较复杂，具体案例的适用，一般由国内法加以确认。虽然国际航协在1972年第2756号决议（《客票——合同条件》）第9条和1979年第6006号决议（《航空货运单——合同条件》）第5条中都有关于“合理时间”的论述，但是客票、航空货运单本身的性质只是证明合同的存在，本身并不是合同。因此，关于“合理时间内”的争论一直未停止过，各国的判决也不尽相同。例如，1962年海牙法院的“黑非尔诉荷兰皇家航空公司案”①，判决航空公司不承担责任。瑞典和美国法院也有过类似的判决。而1974年“热奥菲西基诉伊朗航空公司案”中②，法院却做出了相反的判决。

第二，承运人或者其受雇人、代理人已经采取了一切必要措施避免损失的发生，或者不可能采取此种措施。前文已经论述，此处不再赘述。

第三，延误是否是由于不可抗力造成的。各国学者、法院已经达成两点共识，一是

① 此案中，由于运输上的延误，托运人托运的货物（活水貂）运抵目的地时，动物已半死不活。荷兰最高法院引用了被告荷兰皇家航空公司货运单背面印的“合同条件”说，并未约定运抵时间，不发生《华沙公约》第19条意义上的延误。转引自：贺富永. 航空法学. 北京：国防工业出版社，2008：225.

② 此案中，被告伊朗航空公司知道原告热奥菲西基托运的是易腐食品，而从巴黎到德黑兰有几条直达或间接运抵的航班可供选择，却延误了7天之久，无视运输合同规定的义务，因此应当赔偿损失。转引自：贺富永. 航空法学. 北京：国防工业出版社，2008：225.

如果是不可抗力造成的，就属于合理延误；否则，就属于不合理延误。目前认为，这些原因包括天气条件、航空器的机械故障、机组人员和机械人员的罢工、航空器的操作等。天气原因、流量控制、自然灾难和军管等，是航空公司所决定不了的，如果出现此情况，应当认为是合理延误。二是机务原因、机场原因、联检原因、航行保障等造成的延误，不应当归纳到合理延误中。

9.4.3 航空运输延误承运人的归责原则

在国际航空运输中，对于承运人因延误给消费者造成损失的归责原则，国际航空法中的规定大同小异。

《华沙公约》第 19 条规定："承运人对旅客、行李或货物在航空运输过程中因延误而造成的损失应负责任。"《海牙议定书》对此没有修正。《危地马拉议定书》第 6 条规定："对旅客和行李在运输期间因延误而产生的损失，承运人如果证明他及其受雇人为避免损失的发生，已经采取一切必要的措施，或者不可能采取这种措施时，则不承担责任。"1975 年《蒙特利尔第四号附加议定书》第 4 条规定："在旅客和行李运输中，以及在货物运输中因延误造成损失时，承运人如果证明他及其受雇人为避免损失的发生，已经采取一切必要的措施，或者不可能采取这种措施时，则不承担责任。"1999 年《蒙特利尔公约》第 19 条规定："旅客、行李或者货物在航空运输中因延误引起的损失，承运人应当承担责任。但是，承运人证明本人及其受雇人和代理人为了避免损失的发生，已经采取一切可合理要求的措施或者不可能采取此种措施的，承运人不对因延误引起的损失承担责任。"从上述公约对延误的规定来看，《华沙公约》和《海牙议定书》中所规定的承运人承担责任的归责原则应是推定过失责任，而随后的公约中所规定的归责原则是严格责任。

9.4.4 航空运输延误承运人的赔偿责任

关于延误所造成的损失，承运人不能证明是合理延误，就应当承担赔偿责任。华沙体制下各航空公约和 1999 年《蒙特利尔公约》对承运人赔偿数额的规定，见表 9.5。

表 9.5 国际航空运输中承运人延误的赔偿责任

公约名称	旅客	非托运行李	托运行李	货物
《华沙公约》	125 000 法郎	5 000 法郎	250 法郎	250 法郎
《海牙议定书》	25 万法郎	5 000 法郎	250 法郎	250 法郎
《危地马拉议定书》	62 500 法郎	15 000 法郎	15 000 法郎	250 法郎
1975 年《蒙特利尔第一号附加议定书》	8 300 特别提款权	332 特别提款权	17 特别提款权	17 特别提款权
1975 年《蒙特利尔第二号附加议定书》	16 600 特别提款权	332 特别提款权	17 特别提款权	17 特别提款权
1975 年《蒙特利尔第三号附加议定书》	4 150 特别提款权	1 000 特别提款权	1 000 特别提款权	17 特别提款权
1999 年《蒙特利尔公约》	4 150 特别提款权	1 000 特别提款权	1 000 特别提款权	17 特别提款权

注：《华沙公约》到《蒙特利尔第二号附加议定书》所规定的延误造成的损失，包括在因旅客伤亡和行李损失和货物损失的总额之中

9.5　国际航空运输中实际承运人履行航空运输的特别规定

9.5.1　实际承运人的概念

《瓜达拉哈拉公约》第 1 条对实际承运人的定义是指，缔约承运人以外的，根据缔约承运人的授权，履行第 2 款全部或部分运输的人，但对该运输此人并非华沙公约规定的连续承运人。在没有相反证明的情况时，此种授权被推定是存在的。1999 年《蒙特利尔公约》第 39 条①对缔约承运人和实际承运人的界定沿袭了《瓜达拉哈拉公约》第 1 条的规定。

9.5.2　实际承运人与缔约承运人的界定

在法律中对实际承运人的定义和缔约承运人的定义紧密联系，两者就像一对孪生姊妹一样，没有缔约承运人也就无所谓实际承运人，反之亦然。因此，《瓜达拉哈拉公约》第 1 条对缔约承运人也做出了界定，缔约承运人是指本人与旅客、托运人，或者与以旅客或者托运人名义行事的人订立华沙公约调整的运输合同的人。1999 年《蒙特利尔公约》第 39 条对缔约承运人定义时一脉秉承了此规定。

1. 一般性规定

缔约承运人和实际承运人之间在法律上是怎样的一种关系，从《瓜达拉哈拉公约》的规定来看，公约所涉及的在很大程度上是“代理”关系问题。在制定条文的讨论中，瓜达拉哈拉会议上强调了缔约承运人与航空运输中各种代理人在法律地位上的不同，力求将之区别清楚。尤其是缔约承运人与客运中的旅行社，货运中的“航空货运代理人”之间的区分。一般认为：实际承运人是缔约承运人的代理人②。但是，也有学者认为，实际承运人虽然是根据缔约承运人的授权履行全部或部分运输，但他不同于代理人③。本书赞同实际承运人等同于缔约承运人代理人的观点，要根据具体情况分析两者之间的关系。

2. 几种具体情况下的界定

在航空运输中，如果承运人既出具运输凭证，自己又负责运输，这时法律关系非常简单。但事实情况并非如此，包机运输和旅行社介入的情况在现实的航空运输中已经非

① 1999 年《蒙特利尔公约》第 39 条规定：“一方当事人（以下简称缔约承运人）本人与旅客、托运人或者与以旅客或者托运人名义行事的人订立本公约调整的运输合同，而另一当事人（以下简称实际承运人）根据缔约承运人的授权，履行全部或者部分运输，但就该部分运输而言该另一当事人又不是本公约所指的连续承运人的，适用本章的规定。在没有相反证明时，此种授权应当被推定为是存在的。”

② 刘伟民．航空法教程．北京：中国法制出版社，2001：352.

③ 曹三明，夏兴华．民用航空法释义．沈阳：辽宁教育出版社，1996：320.

常普遍，准确界定航空承运人，需要具体情况具体分析。

1）包机运输

由于大陆法系和普通法系的传统差异，在确定包机者法律地位的时候比较困难。在早期的法国和瑞士等国的案例中，常常把包机人当成缔约承运人，而把实际承担包机运输的航空公司视为承运人的代理人。而普通法系的传统正好相反，把航空公司视为缔约承运人，而把包机人当成是旅客或托运人的代理人。

判断包机运输中的缔约承运人和实际承运人，关键要看谁出具运输凭证并交付或者承运人栏中写谁的名字。如果包机人以自己的名义向旅客或者托运人出具并签发运输凭证，那么包机人就是缔约承运人，航空公司就是实际承运人。如果运输凭证不是以包机人自己的名义出具并签发，而是由实际履行航空运输合同的航空公司出具并签发给旅客或者托运人，包机人只是航空公司的代理人①。如果包机人仅是为运输本单位的人员，无需签发客票，那么包机人仅仅是航空器的承租人，航空公司作为承运人对旅客负责。可见，包机人的身份是根据合同双方当事人的行为确定的，在特定条件下，包机人可以成为缔约承运人。

2）旅行社介入

在旅行社介入的航空运输中，判断旅行社是缔约承运人还是实际承运人，要根据旅行社扮演的角色进行界定。如果旅行社仅扮演发售并交给机票的角色时，其发售的机票上都载明承运人的名字。旅行社是航空公司的代理人，航空公司是承运人。当旅行社作为旅游组织者销售“一揽子旅游”或“包价旅游”时，其中就航空运输那一段而言，旅行社作为“中间人”。在这种情况下，承运人仍然是机票上载明的航空公司，旅行社不是缔约承运人。另外，还有一种情况，如果该旅行社以旅游组织者的面

---

① 在司法实践中，对于包机人的法律地位，法院判决不一。在一个法国著名案例“郎贝特诉居伊龙”案中，旅客乘坐的是一架到阿尔卑斯山旅游的包机，飞机票是包机人开具并印有自己的名字，旅客根本不知道飞机是包租来的。法院认定该包机人就是缔约承运人，而把实际承担包机运输的航空公司作为缔约承运人的代理人。在美国的一个案件“布洛克诉法航”中，对包机人的法律地位，以及关于包机是否适用《华沙公约》的问题，美国第五巡回上诉法院在“布洛克诉法航”案中的解释和结论，公认为具有权威性。1962 年 2 月，佐治亚州的亚特兰大市“美术协会”组织会员到巴黎进行“卢浮宫之游”。所乘包租的法航波音 707 客机于返程时失事，122 名会员全部遇难。此案中包机是按法航与包机人（亚特兰大市美术协会）协议进行的，法航对所有乘客都交给了飞机票，票上载明适用《华沙公约》。但是在诉讼中原告律师的主要论点是《华沙公约》不适用包机，认为：“即使华沙公约未用专门条款将包机排除出公约范围，公约仍不适用于法航和美术协会之间的包机，因为公约范围是以直接合同关系为前提的，而此次包机中并不存在这种直接合同关系。”第五巡回上诉法院判决指出，“承运人与旅客意见的关系，确实基于一种运输合同。这种合同关系只要求承运人承担将旅客从一个指定地点运到另一地点的国际运输，而旅客则同意这种承诺”，并反驳说，“公约虽多处提到合同，但表述合同时并未使用旅客与承运人的词句，这就是说，华沙公约并不反对第三者充当旅客的代理人，或者为旅客权益而与承运人订立合同”。判决接着批评了《华沙公约》英译本中将第 1 条第 2 款中“依当事各方约定”中的“约定”译成“合同”的错误，并得出结论说，“只要承运人与旅客之间有关于运输、出发地与抵达地的约定，那么关于约定是承运人与第三者即包机人之间所达成，对实现华沙公约目标来说，都无关紧要”。就该案情况而论，充当“包机人”的亚特兰大市美术协会，不过是旅客的代理人而已。这种情况在包机运输中相当普遍，具有代表性。此后，国际上似乎很少再发生《华沙公约》不适用于包机的争议。转引自：赵维田．国际航空法．北京：社会科学文献出版社，2000：247-249.

貌出售包价旅游。旅客在登机时才知道是哪家航空公司的飞机，在大陆法系各国一般将这种包价旅游合同视为一种运输合同，将旅行社当成“缔约承运人”，而将实际承运的航空公司当成该旅行社的“受雇人或代理人”，在《瓜达拉哈拉公约》的意义上为实际承运人。

3）航空货运代理人

航空货运代理人，是指以托运人的名义或者以自己的名义，为托运人办理与航空运输业务相关的业务的人，其身份也要根据不同情况进行确定。当货运代理人以自己名义从不同客户手中接受零散货物，并将这些零散货物集中起来以自己名义与航空公司签订运输合同时，相对于其客户而言，他是居间人，相对航空运输合同对方当事人而言，他是托运人，航空公司是承运人。同样在目的地点，他还可以以自己名义接收这些散货，他同样可以成为收货人。当货运代理人从不同托运人手中接受货物，以托运人的名义与航空公司签订运输合同时，货运代理人是托运人的代理人，航空公司是承运人。当货运代理人以自己的名义与托运人签订运输合同并向托运人签发航空货运单，然后再委托航空公司运送货物，货运代理人是缔约承运人，航空公司是实际承运人。

9.5.3　实际承运人不是连续承运人

在航空运输中，国际航空公约和国内法规定实际承运人不是连续承运人，如《瓜达拉哈拉公约》第 1 条规定，“实际承运人并非华沙公约规定的连续承运人”。1999 年《蒙特利尔公约》第 39 条也规定，实际承运人不是“本公约”/“本章”规定的连续承运人。对于连续承运人的定义，早在《华沙公约》第 1 条中就进行了规定，由几个连续航空承运人所办理的运输，凡符合合同当事各方当做单一运输过程者，则不论它以一个合同的方式或者几个合同的方式相互联系的方式订立的，为本公约的目的，都当做一项不可分割的运输，并不仅仅因为一个合同或几个相互联系的合同全都要在同一国家境内履行，和丧失其国际性质。《华沙公约》第 30 条又规定，由几个连续承运人承担的运输，接纳旅客、行李或货物的各个承运人，均受本公约所定规则的约束，并在合同约定归他办理的那段运输范围内，被视为运输合同的立约一方。1999 年《蒙特利尔公约》对此规定和《华沙公约》的规定一样。

可见，实际承运人不是连续承运人，连续承运人是航空运输合同的缔约一方，其履行航空运输的资格是基于本人的合同当事人身份，而不是基于他人的授权，是合同的独立主体；而实际承运人并不参与航空运输合同的订立，虽不是独立主体，但又类似于独立主体①。

9.5.4　实际承运人履行航空运输的法律规定

《瓜达拉哈拉公约》、1999 年《蒙特利尔公约》和我国《民航法》对实际承运人履行航空运输的责任、缔约承运人和实际承运人的法律关系，以及诉讼上的规定等内容进

① 贺富永．航空运输中承运人的界定及法律责任．江苏社会科学，2004，(1)：40.

行了详细的规定。

1. 实际承运人的责任

1）实际承运人只对其履行的运输负责

在航空运输合同中，缔约承运人是合同的一方当事人，其对合同的全部负责；而实际承运人并不是合同当事人，只对自己履行的那一部分运输负责。例如，《瓜达拉哈拉公约》第 2 条、1999 年《蒙特利尔公约》第 40 条和我国《民航法》第 138 条①都做出了这样的规定。

2）实际承运人与缔约承运人的相互责任

在航空运输中，实际承运人是由缔约承运人的授权从事全部或部分运输的，实际承运人只应当对自己履行的那一部分运输负责。但考虑到缔约承运人作为合同当事人，对全部运输负责。因此，在航空法中，将实际承运人的作为或者不作为也视为缔约承运人的作为或者不作为。另外，与旅客及托运人联系最密切的仍然是实际承运人，旅客和托运人也有理由相信缔约承运人的行为就是实际承运人的行为。实际承运人和缔约承运人的代理人、受雇人在代理权限范围内的行为视为实际承运人的行为和缔约承运人的行为。所以，实际承运人的代理人、受雇人在代理权限范围内的行为涉及实际承运人运输的部分，视为缔约承运人的行为。缔约承运人的代理人、受雇人在代理权限范围内的行为，关系到实际承运人运输的，也视为实际承运人的行为。

但为了保护实际承运人的利益，因其毕竟不是合同当事人，法律规定实际承运人承担的责任不因此种作为或者不作为而超过法律所规定的赔偿数额。任何有关缔约承运人承担法律未规定的义务或者放弃法律赋予的权利或者抗辩理由的特别协议，或者任何有关赔偿考虑到的在目的地点交付时利益的特别声明，除经过实际承运人同意外，均不得影响实际承运人。《瓜达拉哈拉公约公约》第 3 条、1999 年《蒙特利尔公约》第 41 条都有这样规定②。可见，在航空法中将两者的责任涉及实际承运人运输

① 《瓜达拉哈拉公约》第 2 条规定："如实际承运人办理第一条第（2）款所指合同规定适用华沙公约的运输的全部或部分，除本公约另有规定外，缔约承运人和实际承运人都应受华沙公约规则的约束，前者适用于合同规定运输的全部，后者只适用于其办理的运输。" 1999 年《蒙特利尔公约》第 40 条规定："除本章另有规定外，实际承运人履行全部或者部分运输，而根据第三十九条所指的合同，该运输是受本公约调整的，缔约承运人和实际承运人都应当受本公约规则的约束，缔约承运人对合同考虑到的全部运输负责，实际承运人只对其履行的运输负责。" 我国《民航法》第 138 条规定："除本节另有规定外，缔约承运人和实际承运人都应当受本章规定的约束。缔约承运人应当对合同约定的全部运输负责。实际承运人应当对其履行的运输负责。"

② 《瓜达拉哈拉公约》第 3 条规定："一、实际承运人的作为和不作为，实际承运人的受雇人、代理人在受雇、代理范围内的作为和不作为，关系到实际承运人履行的运输的，也应当视为缔约承运人的作为和不作为。二、缔约承运人的作为和不作为，缔约承运人的受雇人、代理人在受雇、代理范围内的作为和不作为，关系到实际承运人履行的运输的，应当视为实际承运人的作为和不作为。但是，实际承运人承担的责任不因此种作为或者不作为而超过华沙公约第二十二条所规定的责任数额。任何有关缔约承运人承担华沙公约未规定的义务或者放弃本公约赋予的权利或者抗辩理由的特别协议，或者任何有关依照该公约第二十二条考虑到的在目的地点交付时利益的特别声明，除经过实际承运人同意外，均不得影响实际承运人。" 1999 年《蒙特利尔公约》第 41 条和我国《民航法》第 139 条规定与此一致。

的部分时进行了相互归因，其主要目的是为了保护旅客和托运人的合法利益。

3）受雇人和代理人

在航空运输中，无论是实际承运人或缔约承运人的代理人、受雇人在代理权限范围内的行为，都应当视为实际承运人或缔约承运人的行为。如果按照代理或雇佣关系的一般规则，他们作为被诉主体是不适合的；但法律为了保护旅客和托运人的合法权益，在航空法中没有禁止实际承运人或缔约承运人的代理人、受雇人在代理权限范围内的行为，也可以成为被诉的对象。实际承运人或缔约承运人的代理人、受雇人的抗辩权利等同于实际承运人或缔约承运人。虽然他们有权援用法律规定的适用于雇佣他们的或者被代理的承运人的条件和责任限额，但是经证明其行为不能援用责任限额的除外。《瓜达拉哈拉公约》第 5 条、1999 年《蒙特利尔公约》第 43 条和我国《民航法》第 141 条、第 142 条对此做出了规定①。

2. 异议和指示的对象

缔约承运人和实际承运人在涉及实际承运人的运输部分，两者责任相互归因，因此，权利人无论是向缔约承运人表示异议和指示，还是向实际承运人表示，均具有同等的效力。但是，实际承运人毕竟不是合同的当事人，故在法律上为了缔约承运人的合法权利，规定了处置货物的权利，必须向缔约承运人发出。《瓜达拉哈拉公约》第 4 条、1999 年《蒙特利尔公约》对此做出了相同的规定。

3. 诉讼上的规定

1）诉讼主体资格

有权提起诉讼的人，本章第 2.3 节已经进行了论述，此处不再赘述。而被诉对象主要有三个：实际承运人、缔约承运人，以及他们的受雇人、代理人。法律规定，对实际承运人履行运输提起的诉讼，可以分别对实际承运人或者缔约承运人提起，也可以同时对实际承运人和缔约承运人提起；被提起诉讼的承运人有权要求另一承运人参加应诉。诉讼程序及其效力适用案件受理法院的法律。

---

① 《瓜达拉哈拉公约》第 5 条和 1999 年《蒙特利尔公约》第 43 条都规定："实际承运人的受雇人、代理人或者缔约承运人的受雇人、代理人，证明其是在受雇、代理范围内行事的，就实际承运人履行的运输而言，有权援用本公约规定的适用于雇用该人的或者被代理的承运人的条件和责任限额，但是经证明依照本公约其行为不能援用该责任限额的除外。"我国《民航法》第 141 条规定："实际承运人的受雇人、代理人或者缔约承运人的受雇人、代理人，证明他是在受雇、代理范围内行事的，就实际承运人履行的运输而言，有权援用本法第一百二十八条、第一百二十九条有关赔偿责任限制的规定，但是依照本法规定不得援用赔偿责任限制规定的除外。"我国《民航法》第 142 条规定："对于实际承运人履行的运输，实际承运人、缔约承运人以及他们的在受雇、代理范围内行事的受雇人、代理人的赔偿总额不得超过依照本法得以从缔约承运人或者实际承运人获得赔偿的最高数额；但是，其中任何人都不承担超过对他适用的赔偿责任限额。"

2）管辖法院

依《华沙公约》第 28 条的规定，损害赔偿诉讼必须在一个当事国的领土内，由原告选择，向承运人住所地、主要营业地或者订立合同的营业地法院，或者向目的地点法院提起。《瓜达拉哈拉公约》第 8 条规定："本公约第七条所指的赔偿诉讼，应由原告选择，按照华沙公约第二十八条的规定向可以对缔约承运人提起诉讼的法院提起，或者向实际承运人住所地或者其主要营业地有管辖权的法院提起。"也就是说，原告对缔约承运人提起诉讼，管辖法院是《华沙公约》第 28 条规定中的四个法院，如对实际承运人提起诉讼，管辖法院只有两个，即实际承运人的住所地或者其主要营业地法院。1999 年《蒙特利尔公约》第 46 条的规定与《瓜达拉哈拉公约》第 8 条的规定一样，只不过给该条文取了一个名称叫"附加管辖权"。因为实际承运人毕竟不是合同的订立人，不能适用 1999 年《蒙特利尔公约》第 33 条关于管辖权（相对于《华沙公约》关于管辖权的规定，1999 年《蒙特利尔公约》第 33 条增加了一个管辖法院，即符合该公约规定条件的旅客主要且永久居所地的法院依照公约具有管辖权）的规定；为了和 1999 年《蒙特利尔公约》第 33 条的第五管辖权以示区别，故称之为"附加管辖权"。我国《民航法》对此没有做出明确规定。

3）赔偿总额的限制

对于实际承运人履行的运输，实际承运人和缔约承运人，以及他们的在受雇、代理范围内行事的受雇人和代理人的赔偿总额不得超过依照法律得以从缔约承运人或者实际承运人获得赔偿的最高数额，但是上述任何人都不承担超过对其适用的责任限额。《瓜达拉哈拉公约》第 6 条、1999 年《蒙特利尔公约》第 44 条，以及我国《民航法》第 142 条的规定和上述论述一样。

4）追偿权和求偿权的行使

实际承运人与缔约承运人都可以单独或共同被旅客、托运人及收货人进行索赔，因此他们之间承担责任的方式是连带责任，而不是共同责任。但是，无论缔约承运人还是实际承运人同旅客或托运人、收货人之间的关系，不影响他们相互之间的权利、义务关系。例如，追偿权和求偿权的行使：所谓追偿权是指实际承运人或者缔约承运人依据法律规定，先行向原告支付赔偿金，然后再向有责任的一方追回相应的赔偿金；所谓求偿权是指实际承运人或者缔约承运人因对方或对方的受雇人、代理人在受雇、代理范围内的行为给其造成的损失，要求对方赔偿给其造成的损失。《瓜达拉哈拉公约》第 11 条规定："除第七条规定以外，本公约不影响两个承运人之间的权利和义务。"1999 年《蒙特利尔公约》第 48 条规定："除第四十五条规定外，本章的规定不影响承运人之间的权利和义务，包括任何追偿权或者求偿权。"我国《民航法》第 144 条规定："除本法第一百四十三条规定外，本节规定不影响实际承运人和缔约承运人之间的权利、义务。"

4. 其他规定

《瓜达拉哈拉公约》第 9 条第 1 款、1999 年《蒙特利尔公约》第 47 条对缔约承运人或者实际承运人合同条款的无效做出了规定，“任何旨在免除本公约中规定的缔约承运人或者实际承运人责任或者降低适用于本公约中规定的责任限额的合同条款，均属无效，但是，此种条款的无效，不影响整个合同的效力，该合同仍受航空法规定的约束”。

另外，《瓜达拉哈拉公约》第 9 条第 3 款还规定：“运输合同的任何条款和在损失发生以前达成的任何特别协议，如果当事人借以违背本公约的规则，无论是选择所适用的法律还是变更管辖权的规定，均属无效。但是，如果仲裁在第八条规定的法院管辖地区进行，货物运输可以在本公约范围内采用仲裁条款。”

第 10 章　国内航空运输中承运人责任制度

10.1　国内航空运输的概念和适用范围

10.1.1　国内航空运输的概念

国内航空运输是指根据当事人所订立的航空运输合同，运输的始发地、目的地或者约定的经停地全在一个国家境内的运输。例如，我国《民航法》第 107 条规定：“本法所称国内航空运输，是指根据当事人订立的航空运输合同，运输的出发地点、约定的经停地点和目的地点均在中华人民共和国境内的运输。”判断一次运输是否是国内航空运输，要根据以下三个方面加以判断。

第一，决定航空运输性质的标准，是运输的始发地点、目的地点和约定的经停地点是否均在一国境内，而不是旅客、托运人或承运人的国籍。如果上述三点均在一国境内，即为国内航空运输。

第二，确定出发地点、目的地点和约定的经停地点的依据是当事人双方订立的航空运输合同，即双方当事人的事先约定，一般不考虑在实际履行该运输合同过程中是否因故而实际地改变了航路。

第三，判断航空运输性质时，不考虑运输有无间断或有无转运。所谓运输间断是指旅客等因故中断运输，转运是指履行航空运输合同过程中承运人发生变换。例如，我国《民航法》第 108 条规定：“航空运输合同各方认为几个连续的航空运输承运人办理的运输是一项单一业务活动的，无论其形式是以一个合同订立或者数个合同订立，应当视为一项不可分割的运输。”

10.1.2　国内航空运输的适用范围

国内航空运输的适用范围主要有以下七个方面。

第一，它适用公共航空运输企业使用民用航空器所进行的运输活动，不适用于执行军事、海关和警察飞行任务的运输活动。

第二，它适用于公共航空运输企业经营的航空旅客（含行李）运输、航空货物运输，而不适用于公共航空运输企业以外的任何单位或个人办理的航空运输。

第三，它适用于公共航空运输企业办理的以取酬为目的的航空运输，即公共航空运输企业办理的商业性运输，不适用于公共航空运输企业所办理的非商业性运输。例如，公共航空运输企业为开辟定期航班的航线而进行的试飞性航空运输；公共航空运输企业在正常营业范围以外所进行的特殊情况下的航空运输，如某航空运输企业的一架飞机发生故障，该企业用另一架飞机为其运送零备件。

第四，它适用于公共航空运输企业办理的免费航空运输。航空运输企业签发免费机票通常是以此种条件吸引乘客，其目的是为了赢得更大的利益，其实质仍是商业性质。因此，仍要受国内航空法的约束。

第五，对于一部分使用航空运输方式，一部分使用陆路、水路等其他运输方式办理的多式联运，它仅适用于航空运输部分，不适用于以其他运输方式办理的部分。当然，这并不妨碍当事人各方在航空运输凭证上列入有关其他运输方式的条件。

第六，它不适用于在没有符合要求的合同情况下办理的运输，包括当事人根本没有签订航空运输合同或者所签订的合同无效。例如，偷渡人乘机、当事人双方有一方不具有行为能力或者当事人双方对合同有重大误解等情况均属于没有符合要求的合同。

第七，它不适用于使用民用航空器办理的邮件运输。因为邮件运输产生的合同关系，应受有关邮件运输的法律、法规所调整。

10.2　承运人的责任构成

各个国家的国内立法，都是调整航空运输合同的准据法。从大陆法系的欧洲国家看，法国、德国、瑞士等国家，对于《华沙公约》意义上的国际航空运输合同，除由华沙体制调整外，还由其国内航空法对华沙体制等未进行调整事宜做出调整，再由民法典与商法典分别对国内航空法未进行调整事宜做出调整。一般来说，民法典调整旅客及行李运输合同，商法典调整货物运输合同。对于非《华沙公约》意义上的国际航空运输合同与国内航空运输合同，则优先适用国内航空法，国内航空法没有规定的，再由民法典与商法典分别进行调整。此外，关于对“一般合同条款”进行限制的立法，如德国的《一般合同条款法》，也对航空运输合同进行调整。从英美法系看，英国对于《华沙公约》意义上的国际航空运输合同，除由华沙体制调整外，还由判例法对华沙体制等未进行调整事宜做出调整。对于非《华沙公约》意义上的国际运输合同与国内航空运输合同，则适用航空运输法、判例法，以及空中货物运输法等。美国对于《华沙公约》意义上的国际航空运输合同，除华沙体制调整外，航空法、判例法与有关消费者权益保护的立法也对其做出调整。对于非《华沙公约》意义上的国际航空运输合同与国内运输合同，则由各州的法律或判例法调整。应该指出的是，在决定国际航空运输合同的准据法时，还须分别适用各国的冲突规范。

我国是《华沙公约》《海牙议定书》和 1999 年《蒙特利尔公约》的加入国。对于《华沙公约》意义上的国际航空运输合同，由于国际航空公约的强制适用性，应分别适用他们的规定。对于非《华沙公约》意义上的国际航空运输合同适用于我国和相关国家签订的双边航空运输协定中的有关规定，对于国内航空运输合同，则应适用《民航法》、《民法》，以及其他关于航空运输的行政法。此外还有《中国民用航空旅客、行李国内运输规则》和《中国民用航空货物国内运输规则》等行政规章。

我国国内航空运输中承运人责任构成的内容包括承运人承担责任的法理基础、责任期间、赔偿责任限额，以及索赔时限、诉讼时效等。

10.2.1 承运人承担责任的法理基础

航空运输业是高度危险作业，是指在人类现有技术条件下，即使予以注意或谨慎经营仍有可能致人损害的危险性作业。承运人承担责任是一种典型的无过错责任。对高度危险作业致人损害适用无过错责任，主要是为了加强对受害人的法律保护，同时也是为了促使从事高度危险作业的组织和个人提高责任心和改进技术安全措施。我国《民法通则》第 123 条规定："从事高空、高压、易燃、易爆、剧毒、放射性、高速运输工具等对周围环境有高度危险的作业造成他人损害的，应承担民事责任；如果能够证明损害是由受害人故意造成的，不承担民事责任。"关于承运人责任的责任基础，我国《民航法》根据《民法通则》第 123 条对高速运输工具等高度危险作业所确立的责任制度和我国目前航空运输实践中所执行的承运人责任制度，在对现有的责任制度进行了综合比较研究的基础上，规定了承运人对旅客人身伤亡、行李或者货物的毁灭、遗失、损坏的严格责任制和承运人对旅客、行李或者货物延误造成损失的推定过失责任制。这样规定，不仅与国际通行的在航空运输及其他高风险作业领域实行严格责任制度的做法相一致，也有利于促进我国航空运输企业加强经营管理，提高服务质量。

10.2.2 承运人承担责任期间

我国《民航法》第 124 条规定："因发生在民用航空器上或者在旅客上、下民用航空器过程中的事件，造成旅客人身伤亡的，承运人应当承担责任。"我国《民航法》第 125 条规定："因发生在民用航空器上或者在旅客上、下民用航空器过程中的事件，造成旅客随身携带物品毁灭、遗失或者损坏的，承运人应当承担责任。因发生在航空运输期间的事件，造成旅客的托运行李毁灭、遗失或者损坏的，承运人应当承担责任。……因发生在航空运输期间的事件，造成货物毁灭、遗失或者损坏的，承运人应当承担责任。"我国《民航法》第 124 条对旅客责任期间的规定和《危地马拉议定书》第 4 条第 1 款的规定完全一样。我国《民航法》第 125 条对旅客随身携带物品、自理行李及货物责任期间的规定主要参照了《危地马拉议定书》第 4 条第 2 款和 1975 年《蒙特利尔第四号附加议定书》第 4 条的规定。

1. 承运人对旅客、随身携带物品及其自理行李的责任期间

承运人对旅客、随身携带物品及其自理行李的责任期间是"在民用航空器上或者旅客上、下民用航空器的过程中"。承运人仅对因发生在该期间的事件所造成的旅客人身伤亡、随身携带物品及其自理行李的毁灭、遗失或者损坏承担责任；因发生在该期间以外的事件所造成上述三个损害的，承运人不承担责任。

1）在民用航空器上是承运人责任的主要期间

旅客在民用航空器上的全部期间为承运人责任期间的主要构成部分。承运人责任期间是以是否存在航空风险为标准来确定的。旅客登机后直至其下了飞机，一般来说，该航空器即处于飞行中，旅客即面临着各种各样的与航空活动（或者称飞行活动）有关的

风险，如航空器与航空器相撞、航空器与地面障碍物相撞、航空器出现机械故障而导致坠毁，以及航空器在空中发生剧烈颠簸等，比较容易受伤或者死亡。因此，旅客在民用航空器上的全部期间为承运人的责任期间。航空器迫降，旅客也应当被认为是在航空器上。前面已经论述，此处不再加以赘述。

2）旅客上、下航空器的过程中也是承运人责任期间的组成部分

在国际航空运输中，对旅客上、下航空器的过程中的理解一般采用的是三重标准说，即活动性质、位置标准和控制因素。我国《民航法》中对此的规定比较模糊，同时尚缺乏相关的司法判例加以参照。对旅客上、下航空器过程中的理解，学者们普遍认为，由于我国《民航法》的制定是参照国际航空公约而进行的，因此三重标准说同样适用于“旅客上、下航空器过程中”的判断，同时又结合我国的实际情况，有学者采用了四要素说，即时间因素、活动性质、控制因素和位置因素①。

旅客上航空器的过程中，即是旅客的登机过程，是指旅客办理登机手续后至进入民用航空器之前因登机活动而处于承运人照管之下的期间。登机过程有四个要件：①时间因素。从时间上看，登机过程是旅客已经办理登机手续但尚未进入民用航空器的一段时间。②活动性质。从旅客所从事的活动看，旅客正在进行登机活动。③控制因素。从旅客与承运人的关系看，旅客正处于承运人的照管之下。④位置因素。从旅客所处的地点看，旅客正处于登机区域，即从候机地点到民用航空器的地段，一般包括运输区域（飞机运行区域）、停机坪和飞机的停放地点。判断旅客是否在“上民用航空器的过程中”，应同时着眼于上述四个要件。旅客办理登机手续后坐在候机楼候机的期间不是登机过程，因为旅客并未开始登机活动，也未处于承运人照管之下，其所处的地点也不是登机途中。相反，旅客走上舷梯至进入民用航空器的过程则是登机过程。因为，无论是从时间、地点看，还是从旅客所从事的活动，以及旅客与承运人的关系看，这个过程都符合登机过程的要件。

旅客下航空器的过程中，即旅客的下机过程，是指旅客走出民用航空器后到达民用机场建筑的安全地带前因下机活动而处于承运人照管之下的期间。下机过程也具有四个要件：①时间因素。从时间上看，下机过程是指旅客从飞机上下来走进机场建筑安全地带的一段时间。②活动性质。从旅客所从事的活动看，旅客正在进行下机活动。③控制因素。从旅客与承运人的关系看，旅客正处于承运人的照管之下。④位置因素。从旅客所处的地点看，旅客处于下机区域，即从民用航空器到机场建筑安全地带的地段。一般来讲，下机区域也是指飞机的运行区域、停机坪或飞机的停放地点。判断旅客是否处于“下民用航空器的过程中”，也必须同时着眼于上述四个要件。下列期间不属于“下民用航空器过程中”的阶段：旅客结束下机后发现将手提行李遗忘在民用航空器上而返回到民用航空器上寻取行李的过程；旅客自候机楼走廊走向中转手续办理点的途中；旅客办理海关、边防手续后等候提取行李的过程中；旅客到达机场建筑某一安全地带后，自该安全地带到托运行李提取处的途中。

---

① 曹三明，夏兴华．民用航空法释义．沈阳：辽宁教育出版社，1996：280.

2. 承运人对托运行李和货物的责任期间

我国《民航法》规定，承运人对托运行李和货物的责任期间是航空运输期间，航空运输期间“不包括机场外的任何陆路运输、海上运输、内河运输过程；但是，此种陆路运输、海上运输、内河运输是为了履行航空运输合同而装载、交付或者转运，在没有相反证据的情况下，所发生的损失视为在航空运输期间发生的损失”。其规定和华沙体制的规定没有多大区别，主要有两个方面：①货物或者托运行李处于承运人的掌管之下。②货物处于机场内、民用航空器上或者机场外民用航空器降落的任何地点。

10.2.3 承运人赔偿责任的范围

1. 旅客的人身伤亡所造成的损失

我国《民航法》第 124 条规定，承运人对旅客承担民事责任的范围仅限于旅客的人身伤亡所造成，即旅客的死亡或者肉体上的伤害，不包括旅客精神上的痛苦，也不包括因旅客的死亡或受伤给他人造成的精神痛苦。对于因旅客的人身伤亡所导致的精神损害是否应当赔偿的问题，从我国航空法的内容来看，没有采用华沙体制中的“死亡、受伤或身体上的任何其他损害”，立法本意是排除精神损害，但是我国《民航法》第 131 条又规定：“有关航空运输中发生的损失的诉讼，不论其根据如何，只能依照本法规定的条件和赔偿责任限额提出，但是不妨碍谁有权提起诉讼以及他们各自的权利。”并没有禁止旅客以侵权作为诉讼依据，既然可以以侵权作为诉讼依据，当然可以请求精神损害赔偿。但是国内航空运输中尚无关于精神损害赔偿的案例。

2. 旅客随身携带的行李损失

承运人承担民事责任的范围是因旅客随身携带物品的毁灭、遗失或者损坏所造成的损失，即旅客随身携带物品的直接损失，不包括间接损失。毁灭、遗失或者损坏是旅客随身携带物品蒙受损失的三种情况。旅客随身携带物品的毁灭、遗失或者损坏完全是由行李本身的自然属性、质量或者缺陷造成的，承运人不承担责任。行李本身自然属性是指行李的性质，即其本质特性。例如，荔枝具有易腐烂变质的属性，酒精具有易燃、易挥发的属性等。质量是指物品的内在品质，质量的好坏就是品质的优劣。缺陷是指物品本身的潜在瑕疵，某件物品可能是符合该物品的产品质量要求的，但也可能存在某种缺陷。因旅客随身携带物品本身的自然属性、质量或者缺陷造成的该物品的毁灭、遗失或者损失，一方面与航空器的航行活动无关，另一方面是无法预料、无法防范的，因此承运人可以不承担责任。对部分因旅客随身携带物品的自然属性、质量缺陷造成的该物品的毁灭、遗失或者损坏，承运人仍应承担责任。

3. 托运行李和货物的损失

因发生在航空运输期间的事件，造成托运行李或货物毁灭、遗失或者损坏的，承运人应当承担责任。托运行李的毁灭、遗失或者损坏完全是由托运行李本身的自然属性、质量或者缺陷造成的，承运人不承担责任。如果托运行李的毁灭、遗失或者损坏部分是由托运行李本身的自然属性、质量或者缺陷造成的，承运人仍要承担责任。完全是由下列原因造成的货物的毁灭、遗失或者损坏，承运人不承担责任：货物本身的自然属性、质量或者缺陷；承运人或者其受雇人、代理人以外的人包装货物的情况下，货物包装不良；战争或者武装冲突；政府有关部门，如海关、商检、卫生检疫等部门实施的货物入境、出境或者过境有关的行为。

10.2.4　承运人责任的归责原则及免责事由

1. 承运人责任的归责原则

根据我国《民航法》第 124 条和第 125 条[①]的规定，承运人对旅客损害的归责原则均为一元归责。对旅客人身伤害、自理行李和随身携带的物品，以及对托运行李和货物归责原则都是一元归责原则，即严格责任制。此外根据我国《民航法》第 126 条的规定，旅客、行李或者货物在航空运输中因延误造成的损失，承运人应当承担责任；但是，承运人证明本人或者其受雇人、代理人为了避免损失的发生，已经采取一切必要措施或者不可能采取此种措施的，不承担责任。在对延误的归责方面则采用的是推定过失责任制。

2. 承运人的免责事由

（1）承运人对旅客的免责事由主要包括：①旅客的人身伤亡完全是由旅客本人的健康状况造成的，承运人不承担责任。②旅客的人身伤亡不是与飞行有关的事件造成。如果承运人能够证明造成旅客人身伤亡的事件与飞行无关，即与航空运输操作或航空运输服务无关，承运人就不承担责任。一般来说，劫机和破坏民用航空器的行为都被认为是与航空运输操作无关的事件。③因延误造成的损失，承运人证明本人或者其受雇人、代理人为了避免损失的发生，已经采取一切必要措施或者不可能采取此种措施的，不承担责任。④经承运人证明，损失是由索赔人的过错造成或者促成的，应当根据造成或者促

---

① 我国《民航法》第 124 条规定："因发生在民用航空器上或者在旅客上、下民用航空器过程中的事件，造成旅客人身伤亡的，承运人应当承担责任；但是，旅客的人身伤亡完全是由于旅客本人的健康状况造成的，承运人不承担责任。"我国《民航法》第 125 条规定："因发生在民用航空器上或者在旅客上、下民用航空器过程中的事件，造成旅客随身携带物品毁灭、遗失或者损坏的，承运人应当承担责任。因发生在航空运输期间的事件，造成旅客的托运行李毁灭、遗失或者损坏的，承运人应当承担责任。旅客随身携带物品或者托运行李的毁灭、遗失或者损坏完全是由于行李本身的自然属性、质量或者缺陷造成的，承运人不承担责任。本章所称行李，包括托运行李和旅客随身携带的物品。因发生在航空运输期间的事件，造成货物毁灭、遗失或者损坏的，承运人应当承担责任；但是，承运人证明货物的毁灭、遗失或者损坏完全是由于下列原因之一造成的，不承担责任：（一）货物本身的自然属性、质量或者缺陷；（二）承运人或者其受雇人、代理人以外的人包装货物的，货物包装不良；（三）战争或者武装冲突；（四）政府有关部门实施的与货物入境、出境或者过境有关的行为。本条所称航空运输期间，是指在机场内、民用航空器上或者机场外降落的任何地点，托运行李、货物处于承运人掌管之下的全部期间。航空运输期间，不包括机场外的任何陆路运输、海上运输、内河运输过程；但是，此种陆路运输、海上运输、内河运输是为了履行航空运输合同而装载、交付或者转运，在没有相反证据的情况下，所发生的损失视为在航空运输期间发生的损失。"

成此种损失的过错的程度，相应免除或者减轻承运人的责任。旅客以外的其他人就旅客死亡或者受伤提出赔偿请求时，经承运人证明，死亡或者受伤是旅客本人的过错造成或者促成的，同样应当根据造成或者促成此种损失的过错的程度，相应免除或者减轻承运人的责任。

（2）承运人对旅客的自理行李和随身携带的物品免责事由主要包括：①旅客随身携带物品的毁灭、遗失或者损坏完全是由行李本身的自然属性、质量或者缺陷造成的，承运人不承担责任。②因延误造成的损失，承运人证明本人或者其受雇人、代理人为了避免损失的发生，已经采取一切必要措施或者不可能采取此种措施的，不承担责任。③损失是由索赔人的过错造成或者促成的，应当根据造成或者促成此种损失的过错的程度，相应免除或者减轻承运人的责任。

（3）承运人对旅客的托运行李免责事由主要包括：①托运行李的毁灭、遗失或者损坏完全是由行李本身的自然属性、质量或者缺陷造成的，承运人不承担责任。②因延误造成的损失，承运人证明本人或者其受雇人、代理人为了避免损失的发生，已经采取一切必要措施或者不可能采取此种措施的，不承担责任。③承运人证明，损失是由索赔人的过错造成或者促成的，应当根据造成或者促成此种损失的过错的程度，相应免除或者减轻承运人的责任。④未在法定期间提出异议。旅客收受托运行李而未提出异议，为托运行李已经完好交付并与运输凭证相符的初步证据。托运行李发生损失的，旅客应当在发现损失后向承运人提出异议。托运行李发生损失的，至迟应当自收到托运行李之日起7日内提出。托运行李发生延误的，至迟应当自托运行李交付旅客处置之日起21日内提出。任何异议均应当在前面规定的期间内写在运输凭证上或者另以书面提出。除承运人有欺诈行为外，旅客未在上述规定的期间内提出异议的，不能向承运人提出索赔诉讼。

（4）承运人对货物的免责事由主要包括：①承运人证明货物的毁灭、遗失或者损坏完全是由下列原因之一造成的，不承担责任。例如，货物本身的自然属性、质量或者缺陷；承运人或者其受雇人、代理人以外的人包装货物的，货物包装不良；战争或者武装冲突；政府有关部门实施的与货物入境、出境或者过境有关的行为。②因延误造成的损失，承运人证明本人或者其受雇人、代理人为了避免损失的发生，已经采取一切必要措施或者不可能采取此种措施的，不承担责任。③在货物运输中，经承运人证明，损失是由索赔人或者代行权利人的过错造成或者促成的，应当根据造成或者促成此种损失的过错的程度，相应免除或者减轻承运人的责任。④未在法定期间提出异议。收货人收受货物而未提出异议，为托运行李或者货物已经完好交付并与运输凭证相符的初步证据。货物发生损失的，收货人应当在发现损失后向承运人提出异议。货物发生损失的，至迟应当自收到货物之日起14日内提出。货物发生延误的，至迟应当自货物交付收货人处置之日起21日内提出。任何异议均应当在前述规定的期间内写在运输凭证上或者另以书面提出。除承运人有欺诈行为外，收货人未在上述规定的期间内提出异议的，不能向承运人提出索赔诉讼。

10.2.5　承运人的赔偿限额及例外

1. 承运人的赔偿限额

国内航空运输承运人的赔偿责任限额由国务院民用航空主管部门制定，报国务院批准后公布执行。《中国民用航空旅客、行李国内运输规则》规定，旅客的托运行李全部或部分损坏、丢失，赔偿金额每公斤不超过人民币50元。按此规定，如行李的价值每公斤低于50元时，按实际价值赔偿。已收逾重行李费退还。旅客丢失行李的重量按实际托运行李的重量计算，无法确定重量时，每一旅客的丢失行李最多只能按该旅客享受的免费行李额赔偿。旅客的丢失行李如已办理行李声明价值，应按声明的价值赔偿，声明价值附加费不退。行李的声明价值高于实际价值时，应按实际价值赔偿。旅客的托运行李，每公斤价值超过人民币50元时，可办理行李的声明价值。承运人应按旅客声明的价值中超过规定限额部分的价值的5‰收取声明价值附加费。托运行李的声明价值不能超过行李本身的实际价值。每一旅客的行李声明价值最高限额为人民币8000元。如果承运人对声明价值有异议而旅客又拒绝接受检查时，承运人有权拒绝收运。行李损坏时，按照行李降低的价值赔偿或负担修理费用。由于发生在上、下航空器期间或航空器上的事件造成旅客的自理行李和随身携带物品灭失，承运人承担的最高赔偿金额每位旅客不超过人民币2000元。《中国民用航空货物国内运输规则》第45条规定，货物没有办理声明价值的，承运人按照实际损失的价值进行赔偿，但赔偿最高限额为毛重每公斤人民币20元。

2006年3月28日起施行的《国内航空运输承运人赔偿责任限额规定》规定，国内航空运输旅客的人身伤亡赔偿标准最高限额是40万元人民币，如旅客自行向保险公司投保航空旅客人身意外保险的，此项保险金额的给付，不免除或者减少承运人应当承担的赔偿责任。对每名旅客随身携带物品的赔偿责任限额为人民币3000元；对旅客托运的行李和对运输的货物的赔偿责任限额，为每公斤人民币100元。

另外，我国《民航法》第130条还规定："任何旨在免除本法规定的承运人责任或者降低本法规定的赔偿责任限额的条款，均属无效，但是，此种条款的无效，不影响整个航空运输合同的效力。"

2. 承运人赔偿的例外

1）约定赔偿责任限额

旅客可以就旅客的人身伤亡及延误事先与承运人书面约定高于行政法规规定的赔偿责任限额。旅客如与承运人事先就旅客的人身伤亡及延误书面约定了高于法定责任限额的赔偿责任限额，发生旅客人身伤亡或延误时，承运人即应在约定的赔偿责任限额内承担责任。

2）声明价值

在托运行李和货物的运输中，旅客或者托运人如认为法定的责任限额过低，可以在交运托运行李或者货物时向承运人特别声明在目的地点交付时的利益（即行李或货物的价值与行李或货物到达目的地点的预期利益），即在行李票上和航空货运单上注明托运行李和货物的声明金额。

旅客或者托运人就托运行李或货物特别声明在目的地点交付时的利益的，发生行李或货物毁灭、遗失、损坏或因延误造成损失时，承运人也应在声明金额的范围内承担责任。但是，如果承运人能够证明旅客或者托运人声明的金额高于托运行李或者货物在目的地点交付时的实际利益，即旅客或托运人在声明特别利益时存在过失或欺诈，该声明金额无效。承运人仍在法定的赔偿责任限额范围内承担责任。

3）承运人未出具运输凭证或出具运输凭证不符合规定

承运人接受旅客而未出具客票、承运人载运托运行李而不出具行李票的，以及承运人同意未经填具航空货运单而载运货物的，承运人无权援引我国《民航法》中的责任限制。

3. 赔偿数额的确定

除旅客与承运人约定高于法定的赔偿责任限额，我国目前对于旅客的人身伤亡损害赔偿的计算更多考虑的是伤残或死亡补助、误工损失、医疗费、护理费、交通费等，且很难计算到很高的金额，虽然人们一直在呼吁国家应尽早出台，包括引入余生收入计算①内容在内的合理的损害赔偿方法，但由于各方面的原因，在航空运输领域中并未实行。

我国航空法对托运行李或货物的赔偿数额确定依据和华沙体制的规定相同，包括以下两个方面。

第一，托运行李或者货物的一部分毁灭、遗失、损坏或者延误的，或者托运行李、货物中的任何物件毁灭、遗失、损坏或者延误的，不影响同一份行李票或航空货运单所列其他包件行李或货物的价值时，用以确定承运人赔偿责任限额的重量，仅为发生毁灭、遗失、损坏或者延误的托运行李或者货物包件的总重量。

第二，托运行李或者货物的一部分毁灭、遗失、损坏或者延误，或者托运行李或者货物中的任何物件的毁灭、遗失、损坏或者延误，影响同一份行李票或者航空货运单所列其他包件行李或货物的价值的，确定承运人的赔偿责任限额的重量时，不仅要考虑发生毁灭、遗失、损坏或者延误的包件的重量，还要考虑同一份行李票或航空货运单中价值受到影响的包件的总重量。

10.2.6 异议期限、管辖法院和诉讼时效

1. 异议期限

我国航空法中对旅客或者收货人对托运行李或者货物的异议期间的规定和国际航空公约的规定相同。我国《民航法》第 134 条规定："旅客或者收货人收受托运行李或者

① 例如，美国、日本等国家，其空难赔偿一般都按余生收入法来计算。美国的空难赔偿是按受害者本人一生中可能挣到的收入来赔付。因此，不同申请者得到的赔偿非常悬殊，从几十万到几千万美元不等。而日本对赔偿金额的计算同时考虑受害者的损伤程度、年龄、职业、正常收入情况、家庭负担及余生收入上涨等综合因素。

货物而未提出异议，为托运行李或者货物已经完好交付并与运输凭证相符的初步证据。托运行李或者货物发生损失的，旅客或者收货人应当在发现损失后向承运人提出异议。托运行李发生损失的，至迟应当自收到托运行李之日起七日内提出；货物发生损失的，至迟应当自收到货物之日起十四日内提出。托运行李或者货物发生延误的，至迟应当自托运行李或者货物交付旅客或者收货人处置之日起二十一日内提出。任何异议均应当在前款规定的期间内写在运输凭证上或者另以书面提出。除承运人有欺诈行为外，旅客或者收货人未在该条第二款规定的期间内提出异议的，不能向承运人提出索赔诉讼。”

2. 管辖法院

1）索赔依据

我国《民航法》第 131 条规定，原告提起诉讼的根据可以是航空运输合同，也可以是侵权行为，还可以根据我国《民航法》本身及有关国际公约提起诉讼。从法律的规定来看，索赔根据的意义不大，因为“不论其根据如何，只能依照本法规定的条件和赔偿责任限额提出”。

2）诉讼当事人

在航空运输中，起诉根据的不同，有权提起诉讼的人也有所不同。在旅客运输中，主要有旅客，如果旅客死亡，旅客的继承人有权提起诉讼；在航空货物运输中，托运人和收货人有权提起诉讼；如果货物已经投保且保险公司已经赔付货主，根据有关保险方面的法律规定，保险公司取得代位追偿权而有权提起诉讼。

提起诉讼的人的权利包括实体法规定的各项实体权利和程序法规定的在诉讼过程中的各项诉讼权利。如果提起诉讼的人是托运人的代理人，其实体权利就是有关代理法律规定的代理人的权利，其程序权利就是有关民事诉讼方面的法律所规定的各项权利。

我国《民航法》规定，被诉主体主要有航空承运人及其受雇人、代理人。当航空承运人的受雇人、代理人作为被告的时候，该受雇人、代理人证明他是在受雇、代理范围内行事的，有权援引有关赔偿责任限制的规定。在前述情形下，航空承运人及其受雇人、代理人的赔偿总额不得超过法定赔偿责任限额。

举证责任的分担。原告承担的举证责任主要有：证明受到了损失及损失的数额，证明所受到的损失是航空运输中所发生的事件造成的。要想取得责任限额的突破，原告还需证明“航空运输中的损失是由于承运人或者其受雇人、代理人的故意或者明知可能造成损失而轻率地作为或者不作为造成的，……证明承运人的受雇人、代理人有此种作为或者不作为的，还应当证明该受雇人、代理人是在受雇、代理范围内行事”。被告主要举证证明其减轻或者免除责任的事由。

3）对管辖法院的规定

我国《民航法》并没有对国内航空运输纠纷的管辖法院进行具体规定，但我国《民事诉讼法》第 28 条规定：“因铁路、公路、水上、航空运输和联合运输合同纠纷提起的诉讼，由运输始发地、目的地或者被告住所地人民法院管辖。”

3. 诉讼时效

我国《民航法》第 135 条规定，航空运输的诉讼时效期间为两年，自民用航空器到达目的地点、应当到达目的地点或者运输终止之日起计算。

这里需要强调人身伤害的诉讼时效问题。我国《民法通则》第 136 条规定，身体受伤害要求赔偿的，诉讼时效为一年，这是对特别诉讼时效的规定。但我国《民航法》和《民法通则》的关系是特殊与一般的关系，因此，在航空运输中旅客人身伤害的诉讼时效应当为两年，适用我国《民航法》的规定。

第 11 章　对第三人损害的赔偿责任制度

11.1　概　　述

11.1.1　对第三人的界定

在不同的部门法中，第三人有着不同的含义，如我国民事诉讼法中的第三人是指对他人的诉讼标的有独立的请求权，或虽没有独立的请求权，但同案件处理结果有法律上的利害关系，而参加他人之间正在进行的诉讼的人。民法实体法上的第三人，指不参加当事人之间的法律关系，但与当事人之间的法律关系的结果有利害关系的人。第三人还可包括行政诉讼第三人、行政复议第三人等。所以，学者们在理论上将法律中的第三人分为实体法上的第三人和程序法上的第三人[①]。

在航空法中对第三人的界定非常复杂。一次航空运输活动，至少涉及两个以上法律关系，一是航空旅客或货物运输合同法律关系，二是航空器经营人所投第三人责任保险法律关系或担保法律关系。如果以航空运输合同法律关系作为界定基础，那么非航空运输合同当事人都是第三人，如果以第二个法律关系作为界定基础，那么除了该保险或担保法律关系以外的人都是第三人。本书认为，航空法中的第三人应符合以下四个方面的规定。

第一，航空法中的第三人不是航空运输合同的当事人。在航空运输合同中，基本当事人是托运人和消费者（旅客、托运人和收货人），除此以外，从理论上说都是航空法中的第三人。当航空器在空中碰撞时，因合同的相对性原则，不论航空器的经营人有无过错，一架航空器的乘客相对于另一架航空器的经营人而言，也是第三人。

第二，航空法中的第三人不是航空保险或担保法律关系的当事人。航空器在飞行中要投地面第三人责任险或提供相关担保，在该飞行活动中，如果航空器坠毁或从航空器落下的人或物给地（水）面或另一架飞行中的航空器或航空器上的人或物造成损害的，则相对于航空保险或担保法律关系而言，该受到损害的人就是第三人。

第三，航空法中的第三人不包括与经营人或发生损害时对民用航空器有使用权的人订立的合同所约束的人。例如，某农场雇佣经营人使用航空器喷洒农药，航空器坠毁或从该航空器上落下的人或物造成该农场主人身伤亡或财产损失，此种损害受双方所订立的雇佣合同所约束，因此该农场主就不是第三人。再如，某农场主雇佣民用航空器的承租人使用航空器喷洒农药，机组人员由出租人配备，航空器坠毁或从该航空器上落下的人或物造成该农场主人身伤亡或财产损失，此种损害受双方所订立的合同的约束，该农

---

① 余子新，甘玲，耿雅清．第三人分类研究．燕山大学学报（哲学社会科学版），2004，(5)：43.

场主也不是第三人。

第四，航空法中的第三人不包括与经营人或同损害发生时与对民用航空器有使用权的人所订立的受劳动合同约束的人，如航空器机组人员、航空公司职员等。

因此，航空法中的第三人，既不同于民法实体法上的第三人，也不同于民事程序法中的第三人。航空法中的第三人不参加当事人之间的法律关系，和当事人之间的结果也没有利害关系①，所以，他不同于民法实体法上的第三人。在民事程序法中，第三人参与诉讼有许多限制，如他人之间的诉讼正在进行；对他人之间争议的诉讼标的全部或部分享有独立的实体权利；第三人参加诉讼，须以诉讼的双方当事人为共同被告。而航空法中的第三人是直接的诉讼主体，可直接起诉航空器经营人，也可在法定条件下，即经营人破产情况下，直接起诉保险人；它不需要以航空器经营人和保险人之间的诉讼为前置程序，只要有保险合同的存在就足够了。

11.1.2　对第三人损害的法律性质

如前文所述，飞行中的航空器对第三人的损害不仅包括对地（水）面第三人的损害，还包括对空中第三人的损害。

1. 对地（水）面第三人损害的法律性质

航空器在空中航行，是高度危险作业。世界上很多国家对高度危险作业致人损害的法律性质，大多认为是一种特殊侵权，但在归责原则上略有不同。例如，1922年德国《空中交通法》(1959年1月10日修订）规定了航空器对地面第三人造成损害，适用无过失责任；法国民航法规定，当航空器上的装置或物体同航空器脱落而坠入地面时，航空器的经营者即应就这些装置或物体对地面第三人所造成的人身或财产损害承担侵权责任，即便他们在经营航空器时没有过错，也是如此。可见，法国民航法中所规定的飞行中的航空器对地面第三人造成损害的责任性质是无过错责任制，包括航空器因起降而产生的噪声损害。

还有一些国家虽未在航空法明确规定飞行中的航空器对地（水）面第三人造成损害赔偿责任的法律性质，但在其他法律中有相关规定。例如，苏联《苏俄民法典》第454条规定："其活动对周围的人有高度危险的组织和公民（交通运输组织，工业企业、建筑工程部门、汽车占有人等），如果不能证明高度危险来源所造成的损害是由于不可抗拒的力量或受害人的故意所致，应当赔偿所造成的损害。"捷克斯洛伐克、南斯拉夫、东德等国家，也都建立了类似制度。在美国，对于航空事故造成的地面第三人损害是否能适用基于异常危险行为的严格责任，虽一直存在争议；但航空飞行从一开始就被视为异常危险行为。因此，对因航空飞行对地（水）面第三人造成的损害，不论是人身伤害还是财产损害，受害人都可以基于异常危险行为的严格责任向加害人主张损害赔偿。

---

① 相对于第三人责任险双方当事人或担保关系双方当事人而言，第三人也在其中享有权益，即为受益人。但相对于航空运输合同而言，他不仅不参加当事人之间的法律关系，而且也与当事人之间的结果没有利害关系。

从上述规定来看，各国法律中基本上都将航空飞行活动当成是高度危险作业，并规定高度危险作业致人损害是特殊侵权行为，在归责原则要么采用无过错责任制，如德国、法国、俄罗斯；要么采用严格责任制，如美国。

我国《民法通则》和《侵权行为法》中，对民用航空器给地（水）面造成损害赔偿责任的性质界定为无过错责任①。例如，我国《民法通则》第 123 条规定："从事高空、高压、易燃、易爆、剧毒、放射性。高速运输工具等对周围环境有高度危险的作业造成他人损害的，应当承担民事责任，如果能够证明损害是由受害人故意造成的，不承担民事责任。"我国 2010 年 7 月 1 日实施的《侵权行为法》第 71 条规定："民用航空器造成他人损害的，民用航空器的经营者应当承担侵权责任，但能够证明损害是因受害人故意造成的，不承担责任。"这与我国《民航法》的规定有一定的差异，从我国《民航法》第 161 条②的规定来看，在航空运输中航空器给地（水）面第三人造成损害的责任归纳为严格责任更为贴切。因为受害人的过错也是经营人或应承担责任的人的免责事由，只要经营人和应承担责任的人证明，损害完全或部分是由受害人或者其受雇人、代理人的过错造成的，可免除或相应减轻其赔偿责任。

航空器在空中碰撞，往往呈现出复杂的情况，经常难以判明过错。有学者认为，在这种情况下，如果航空器空中碰撞给地（水）面第三人造成损害的，经营人应承担公平责任③。而我国《民航法》第 162 条规定："两个以上的民用航空器在飞行中相撞或者相扰，造成本法第一百五十七条规定的应当赔偿的损害，或者两个以上的民用航空器共同造成此种损害的，各有关民用航空器均应当被认为已经造成此种损害，各有关民用航空器的经营人均应当承担责任。"从这个规定来看，航空器在空中相撞，给地（水）面

---

① 但王利民教授认为，这是一种特殊侵权，应是实行严格责任制，不应称为无过错责任。他说："有些学者把严格责任称为无过失责任。我个人历来不太赞成用无过失责任这个概念。因为严格责任不完全等同于无过失责任，在严格责任中，尽管责任是严格的，但又不是绝对不考虑过错。严格责任实际上就是指对于一些特殊的侵权行为，比如高度危险、动物致人损害、建筑物倒塌等侵权行为，法律不再要求受害人就加害人有没有过错的问题进行举证，而是实行一种举证责任倒置，就过错的问题由行为人来反证证明他没有过错，但是行为人并不是说证明自己已经尽到了注意义务，就可以表明他没有过错并可以被免除责任，法律上对行为人反证证明的事由进一步作了限制，通常有二个方面的事由可以用来证明行为人是没有过错的。第一点是不可抗力，除非行为人能证明有不可抗力的事由发生；第二点是因为受害人的过错造成的，但有一些特殊侵权行为里面为了加重责任，还必须证明受害人是故意的，比如高度危险责任；第三点是由第三人的原因或第三人的行为造成的。我们说严格责任是严格的，首先是因为对这种特殊侵权行为实行了举证责任的倒置，倒置本身就加重了行为人的责任。其实举证责任倒置不是单纯的程序法问题，它更是一个实体法问题。在实体法上举证责任倒置和严格责任是密切地联系在一起的。严格责任就是通过举证责任倒置的方式来实现的。其次，责任是严格的，是因为对倒置的事由进一步做出了限制，除非行为人在证明出现了这三种情况下才能被免责，所以责任是非常严格的。由于行为人对这三种情况的证明常常非常困难，因此他被免除责任的机会是比较小的，从这个意义上说它是严格的。但是它又不是完全不考虑过错的，因为如果行为人能够证明出现了上述三种情况，仍然可以说他是没有过错的。所以，从这个意义上说严格责任也不是绝对不考虑过错。"具体内容参见：http://www.yfzs.gov.cn/.

② 我国《民航法》第 161 条规定："依照本章规定应当承担责任的人证明损害是完全由于受害人或者其受雇人、代理人的过错造成的，免除其赔偿责任；应当承担责任的人证明损害是部分由于受害人或者其受雇人、代理人的过错造成的，相应减轻其赔偿责任。但是，损害是由于受害人的受雇人、代理人的过错造成时，受害人证明其受雇人、代理人的行为超出其所授权的范围的，不免除或者不减轻应当承担责任的人的赔偿责任。一人对另一人的死亡或者伤害提起诉讼，请求赔偿时，损害是该另一人或者其受雇人、代理人的过错造成的，适用前款规定。"

③ 刘伟民．航空法教程．北京：中国法制出版社，2001：374.

第三人造成损害的，相撞航空器的经营人承担的是严格责任，且是连带责任。至于经营人之间相互追究责任时的归责原则，要根据具体情况进行具体分析。

2. 对空中第三人损害的法律性质

空中第三人在航空法中是指除了地（水）面第三人以外的人。航空器对空中第三造成损害，主要是由飞机碰撞所致，依合同的相对性原则，不论航空器的经营人有无过错，一架航空器的乘客相对于另一架航空器的经营人而言，也是第三人。《有关航空器对第三方造成损害的赔偿的公约》中，对旅客因航空器相撞，旅客起诉和自己没有运输合同关系的另一方经营人提供了诉因。本书将在以下章节进行具体论述。

11.1.3 对第三人侵权行为的构成要件

1. 损害事实的客观存在

在航空运输中，对第三人造成损害，既包括财产损害，又包括非财产的人身伤亡。损害事实并非仅指实际的财产损失，只要损害是造成地面第三人人身或财产利益受损的结果，同时损害本身又具有可补救性和确定性，再综合其他要件，即可追究经营人的责任。

2. 损害事实与侵权行为之间有因果关系

只要受害人能够证明，损害是由飞行中的航空器及航空器上落下的人或物造成的损害，即两者有因果关系，航空器的经营人就应当承担赔偿责任。此处的因果关系应当是近因而不是直接因果关系，直接因果关系只能有一个，而近因可能有多个；只要从民用航空器落下的人或物及该航空器坠毁是造成第三人的财产或人身伤害的近因，地面第三人就有权获得赔偿。

3. 不属于法定免责事由

对于特殊侵权的免责事由，法律中一般规定了不可抗力和受害人的故意行为。例如，我国《民法通则》第 123 条规定："从事高空、高压、易燃、易爆、剧毒、放射性、高速运输工具等对周围环境有高度危险的作业造成他人损害的，应当承担民事责任，如果能够证明损害是由受害人故意造成的，不承担民事责任。"我国《侵权责任法》第 71 条规定："民用航空器造成他人损害的，民用航空器的经营者应当承担侵权责任，但能够证明损害是因受害人故意造成的，不承担责任。"但在航空法对第三人应当承担责任的人除了法定免责事由以外，都应承担赔偿责任，这些情形主要在我国《民航法》第 157 条、第 160 条、第 161 条、第 164 条、第 167 条、第 171 条和第 172 条，1952 年《罗马公约》第 5 条和第 6 条，以及《有关航空器对第三方造成损害的赔偿的公约》第 10 条的规定中。本书将在本章第 2 节和第 3 节中进行详细论述。

11.1.4　对第三人损害责任赔偿的法律基础

飞行中的航空器对第三人造成损害的责任主要涉及两个方面：一是飞行中的航空器或者从飞行中的航空器上落下的人或物对第三人造成损害的责任；二是航空器碰撞所造成损害的责任。还可以分为两个方面：一是外国民用航空器飞入、飞经、飞离一国所造成的对第三人的损害；二是本国民用航空器造成的对本国第三人的损害。

在航空器空中航行或运输过程中，除航空承运人对消费者等作为运输合同当事方的赔偿责任外，还涉及其他方面当事人的民事责任问题，其赔偿对象既有旅客、托运人，也有非旅客或托运人而受损害的第三人。在航空运输中，对旅客和托运人的赔偿，有华沙体制、各国国内法，以及航空公司之间协议的规定进行保障。对第三人的赔偿问题，在国际上也形成了一套比较完备的法律制度，如 1952 年《罗马公约》、1978 年《蒙特利尔议定书》，以及被称为是对 1952 年《罗马公约》现代化的《有关航空器对第三人造成损害的赔偿的公约》。

当然，国际公约只对加入国具有法律效力，对于非参加国而言，外国民用航空器造成本国第三人人身和财产损害的赔偿主要适用的是国内法的规定或国际私法冲突的一般原则。另外，各国为了保护本国第三人的合法权益，对飞入本国的外国航空器做出了要求其投地面第三人责任险或提供相应的责任担保。例如，我国《民航法》第 175 条规定："外国民用航空器飞入中华人民共和国领空，其经营人应当提供有关证明书，证明其已经投保地面第三人责任险或者已经取得相应的责任担保；其经营人未提供有关证明书的，中华人民共和国国务院民用航空主管部门有权拒绝其飞入中华人民共和国领空"。

民用航空器在本国境内对第三人的侵权，法律适用的基础是各国的国内法。例如，我国《民航法》第 12 章"对地面第三人损害的赔偿责任"的规定。同时为了保障受害人能够得到充分的赔偿，我国《民航法》也规定民用航空器从事空中航行活动要投第三人责任险或取得责任担保①。

对于本国民用航空器在本国境外的侵权行为的法律基础要根据具体情况进行分析，按照国际私法冲突的一般规则进行法律适用上的确定。例如，我国《民航法》第 189 条规定："民用航空器对地面第三人的损害赔偿，适用侵权行为地法律。民用航空器在公海上空对水面第三人的损害赔偿，适用受理案件的法院所在地法律。"

另外，对民用航空器噪声、声震对第三人造成损害责任国际上并没有统一的条约加以适用。这主要结合航空器的适航管理所制定的相关文件②，缺乏相应的制裁措施。航空器的噪声、声震的损害是巨大的，但形成国际统一的规定，以及在国内法中增加相应

---

①　我国《民航法》第 105 条规定："公共航空运输企业应当投保地面第三人责任险。"我国《民航法》第 150 条规定："从事通用航空活动的，应当投保地面第三人责任险。"我国《民航法》第 166 条规定："民用航空器的经营人应当投保地面第三人责任险或者取得相应的责任担保。"

②　《芝加哥公约》附件 16《环境保护》(第Ⅰ卷——航空器噪声)；美国《联邦航空条例》第 36 部（FAR36）和欧洲联合适航标准第 36 部；我国《航空器型号和适航合格审定噪声规定》(CCAR—36—R1，2007 年 4 月 15 日起施行)。

制裁条款来保护第三人的权益还有很长的路要走①。

航空器空中碰撞的法律基础。空中碰撞是指两架以上航空器在飞行中的有形致害接触，常发生在拥挤繁忙的机场终端区内，大部分空中碰撞事故发生在进场和离场阶段。空中碰撞的隐患来自航空器之间的空中危险接近。危险接近是空中碰撞事故的征候。发生空中碰撞事故是严重违反空中交通规则，未遵守航空器飞行安全间隔的结果。究其原因，绝大多数是人为差错造成的，主要有空中交通管制指令的差错和航空器驾驶员执行管制指令的差错。空中碰撞的危害是巨大的②，但目前对航空器空中碰撞的法律适用却是不健全的，国际上缺乏对空中碰撞的统一法律。在现行的国际条约中，关于空中碰撞问题1952年《罗马公约》第7条和《有关航空器对第三人造成损害的赔偿的公约》第2章中也有规定。我国国内法中仅有《民航法》第162条涉及航空器空中碰撞的规定。

但是，在国际法统一航空器空中碰撞规则的努力没有停止过，早在1931年，制定关于空中碰撞公约的问题就列入了议事日程。国际航空法律专家技术委员会曾进行过讨论，但未能完成公约草案。国际民航组织法律委员会在制定《罗马公约》草案的同时，接替国际航空法律专家技术委员会继续进行研究工作。1949年，决定将空中碰撞公约草案与制定《罗马公约》分开进行，于是，国际民航组织大会于1953年决定成立法律小组委员会专门研究空中碰撞公约草案。1961年，法律小组委员会巴黎会议完成了公约草案。鉴于涉及航空器经营人的民事责任，因此该草案被划属国际航空私法之列，而将有关空中交通规则的内容并入《芝加哥公约》附件2“空中规则”之中。1964年9月11～19日，国际民航组织法律委员会在蒙特利尔召开第十五届会议，通过了空中碰撞公约草案。但是，自这以后这一工作再没有新的进展。1978年3月28日，国际民航组

---

① 航空器的噪声对人或物都会产生很大的损害，为了解决噪声污染问题。1968年，国际民航组织大会在布宜诺斯艾利斯举行第十六届会议，通过决议承认在机场邻近地区噪声的严重，并指示国际民航组织理事会制定控制航空器噪声的规范性和指导性材料。该项决议还指示国际民航组织在公约的附件中或在国际民航组织其他有关文件中，包括测算航空器噪声的说明和方法，并对航空器产生的噪声进行适当限制。1971年，国际民航组织大会在维也纳举行第十八届会议，通过了另一项决议以表明该组织对人类环境的立场。这项决议承认：对于环境的不利冲击可能与航空器的活动有关，应使国际民航组织负责指导国际民用航空以一定方式发展，以便有利于世界人民并在安全、有秩序的民用航空发展与人类环境的质量之间取得最大程度的兼容。经过1969年11～12月在蒙特利尔举行的关于机场邻近地区航空器噪声特别会议，国际民航组织理事会于1971年通过《芝加哥公约》附件16，就航空器噪声问题规定了：说明和测算航空器噪声的程序；人类对航空器噪声的容忍限度；航空器噪声证书；航空器降低噪声程序的制定准则；土地使用的控制；降低地面试车噪声的程序。在这之后，国际上纷纷采取措施，对噪声问题加强管理，有的国家并做出了相应的立法规定。在采取的措施中，主要有：制定航空器噪声限制标准，颁发航空器噪声证书；关于飞行的限制规定；关于机场选址和使用的限制规定；航空器起飞和降落时的离场和进场程序等。至于航空器噪声和声震引起的损害赔偿责任问题，在某些发达国家中有一些司法实践，但目前在国际上尚缺乏统一的法律规范。1952年《罗马公约》第1条第1款和我国《民航法》第157条第1款的规定，显然不涉及航空器噪声和声震引起损害的赔偿问题，因为“所受损害仅是航空器遵照现行的空中交通规则在空中通过的结果，则受害人无权要求赔偿”。

② 1977年3月27日，荷兰皇家航空公司一架波音747客机，载有234名乘客，14名机组人员，当该机在特纳里夫机场起飞时，与泛美航空公司一架载有380名乘客、16名机组人员波音747客机相撞，造成荷航机毁损，机上人员全部死亡，泛美机毁损，机上318名乘客和9名机组人员死亡，30名乘客和3名机组人员受重伤，其余32名乘客和4名机组人员受轻伤的严重事故。这是航空史上至今最惨重的两机相撞事故，两架宽体客机全损，共575人死亡，69人受伤，以及机场设施受损，运营中断，损失巨大。在我国，1983年9月14日，广州民航三叉戟型客机在桂林机场滑行中与空军飞机相撞，造成11人死亡、25人受伤，飞机受损的重大事故，教训也是深刻的。

织理事会又决定将空中碰撞问题列入法律工作计划，次序排列为第四位；1979 年 5 月，国际民航组织法律委员会将这个问题提升到第三位。由于航空器机长的法律地位是否需要制定国际公约达不成协议，空中碰撞问题又被搁置下来，拟在讨论空中交通管制责任时一并研究。关于空中交通管制服务的责任问题，国际民航组织法律委员会工作计划中曾列为第四项予以研究。直到 2009 年 5 月 2 日《有关航空器对第三人造成损害的赔偿的公约》的签订，将其适用范围扩大到航空器的空中碰撞。

11.2　国际航空法的规定

11.2.1　1952 年《罗马公约》

1. 适用范围

1）一般规定

1952 年《罗马公约》第 23 条规定：“一、本公约适用于在一缔约国领土内，由在另一缔约国登记的航空器在飞行中对地面或者水面第三人造成的损害。二、就本公约而言，在公海上的船舶或者航空器应被视为该船舶或者航空器登记国的领土的一部分。”

从《罗马公约》第 23 条规定上来看，可以看出，1952 年《罗马公约》所适用的范围是在另一缔约国登记的飞行中的航空器对在缔约国领土内对地面第三人造成的损害。

（1）航空器必须是在缔约国登记，否则 1952 年《罗马公约》将不予适用。在当时情况下，航空器包、租、换业务并不发达，航空器的经营人的国籍国往往就是航空器的登记国，在两者重合的时候，不会产生法律适用上的难题。但是，随着航空器包、租、换业务的不断发展，航空器的登记国和经营人的国籍国可能出现相分离的状况。而 1952 年《罗马公约》第 2 条第 1 款规定：“本公约规定的赔偿责任，由航空器的经营人承担。”这是《罗马公约》的核心内容，如果航空器的经营人所属国不是缔约国，在诸如责任的担保和保险的规定、对法院判决的执行等规定，都会遇到许多的障碍。再如，该航空器在 A 国登记，被 B 国经营人所租赁，从事 B 国到 C 国的航空运输。如果 A、B、C 三国都是 1952 年《罗马公约》的缔约国，那么这次运输如果在 C 国对地面第三人造成损害，适用 1952 年《罗马公约》，但如果航空器的登记国 A 国不是 1952 年《罗马公约》成员国，即便 B、C 国都是 1952 年《罗马公约》缔约国，1952 年《罗马公约》也不适用。显然单纯以航空器国籍，而忽视经营人国籍显然不太合理。所以，1978 年《蒙特利尔议定书》对适用范围做出了修改，修订后的范围是：“一、本公约适用于第一条所指的在一缔约国领土内由在另一缔约国登记的航空器造成的损害，或者由不论在何处登记的但经营人的主营业所或无主营业所而其永久居所是在另一缔约国的航空器所造成的损害。二、就本公约而言，在公海上的船舶或者航空器应被视为该船舶或者航空器登记国的领土的一部分。”这样就解决航空器在包、租、换业务中经营人所属国是 1952 年《罗马公约》缔约国而航空器在非缔约国登记而不适用 1952 年《罗马公约》的状况。1978 年《蒙特利尔议定书》在第 17 条中还对经营人所属国下了一个定义，“经营人所属国”指登记国以外的、经营人在其领土上有主营业所或无主营业所而有永久居所的任何缔约国。这样，就摆脱了航空器的国籍对公约适用的限制。

(2) 该损害是发生在另一缔约国的领土内，主要内容包括以下三个方面。

第一，损害。1952年《罗马公约》第1条第1款规定：“经证明，因飞行中的航空器或者从飞行中的航空器上落下的人或者物，造成地面（包括水面，下同）上的损害的，受害人有权获得本公约规定的赔偿；但是，所受损害并非造成损害的事故的直接后果，或者所受损害仅是依照现行的空中交通规则在空中通过造成的，受害人无权要求赔偿。”“所受损害仅是依照现行的空中交通规则在空中通过造成的，受害人无权要求赔偿”排除了航空器因噪声或声震而造成的损害；“所受损害并非造成损害的事故的直接后果”表明了所受损害是直接损害，而非间接的损害。在1952年《罗马公约》制定过程中，这是一个争论十分激烈的问题，不少代表认为：将损害局限于与航空器直接接触所造成的损害，似乎不大公平。例如，出席会议的美国代表卡尔金斯举例说，某人看到飞机在他身旁坠毁吓出了心脏病；飞机坠落物砸断了电线，致使电灯熄灭后引起的事故等。后来也的确发生过一些间接损害的事例。但是，后来司法判决和学者们的解释逐渐扩大化，认为只要从民用航空器落下的人或物，以及该航空器坠毁是造成第三人的财产或人身伤害的近因，地面第三人就有权获得赔偿①。

第二，一国领土。1952年《罗马公约》第30条对一国领土进行了规定，是指一国的本土及在对外关系上由该国负责的一切领土。但该国可以“声明其对公约的接受不适用于其在对外关系上负责的一部分或几部分领土”。另外，根据1952年《罗马公约》第23条第2款的规定，“就本公约而言，在公海上的船舶或者航空器应被视为该船舶或者航空器登记国的领土的一部分”。

第三，航空器在“飞行中”对地面第三人造成的损害。1952年《罗马公约》第1条第2款规定，航空器在“飞行中”是指，为本公约目的，航空器从为起飞而发动时起，到降落滑跑完毕时止，被认为是在飞行中。对于轻于空气的航空器，“在飞行中”一词指从与地（水）面脱离接触时起，到再接触地（水）面时止的期间。这是国际航空法中第一次对“飞行中”下的定义，后来为《东京公约》所仿效。

2) 不适用的几种情况

1952年《罗马公约》第24～26条，以及1978年《蒙特利尔议定书》第14条四个条文分别对应下列四项，被排除出公约的适用。

(1) 不适用于对飞行中的航空器或者对该航空器上的人或物造成的损害。排除了航空器空中碰撞相互之间的损害赔偿对公约的适用，以及机上人员伤亡或货物损害，这分别由华沙体制或相关国家国内法调整。但在《外国航空器对第三人造成损害的公约（草案）》第9条中试图给在航空器空中相撞时位于一架航空器上的人员向另一运行人请求赔偿提供一个诉因。

(2) 如果地（水）面上的损害责任由受害人与发生损害时有权使用该航空器的人之

① 赵维田．国际航空法．北京：社会科学文献出版社，2000：376.

间的合同来调整，或者由适用于上述人员之间签订的劳动合同关于职工赔偿的法律所调整，则本公约不适用。

（3）不适用军事、海关和警察用的航空器所造成的损害。1978 年《蒙特利尔议定书》第 13 条将 1952 年《罗马公约》第 26 条修订为“不适用供军事、海关和警察部门使用的航空器”。

（4）不适用于核损害。1978 年《蒙特利尔议定书》第 14 条所增加的新内容。

2.1952 年《罗马公约》责任原则和责任范围

1）责任原则和赔偿主体

（1）责任原则。1952 年《罗马公约》采取了责任原则，有人认为是完全责任原则，只要该损害是由航空器所引起，经营人就有进行赔偿的责任；有人认为是客观责任制或称为无过错责任制，认为无论经营人有无过错，只要发生了 1952 年《罗马公约》第 1 条上的损害，经营人就应当承担责任；本书认为从 1952 年《罗马公约》的整体着眼，严格责任更好。

（2）赔偿主体。航空器对地面第三人造成的损害，根据 1952 年《罗马公约》第 2 条第 1 款的规定，应当由该航空器的经营人承担责任。1952 年《罗马公约》采取或使用了“经营人”的概念，因为这类责任不限于航空运输中发生的情况，使用“承运人”显然是不适当的[①]。对于何谓经营人，1952 年《罗马公约》第 2 条、第 3 条、第 4 条和第 9 条分别对经营人的范围做出了界定，并且对被视为经营人及承担责任的情况进行了说明，其中第一、第二对应 1952 年《罗马公约》第 2 条第 2 款和第 3 款的规定，第三、第四、第五分别对应 1952 年《罗马公约》第 3 条、第 4 条和第 9 条的规定。

第一，经营人是指造成损害时使用航空器的人，航空器使用权已经直接或间接地授予他人，本人保留对该航空器的航行控制权的，本人仍被视为经营人。航空器的使用权直接授予他人有航空器被租用、包用或借用等情况，航空器的使用权间接地授予他人的有航空器被转租、转包、转借等情况。在判断经营人上应当注意以下两点：①当航空器的使用权直接或间接地授予他人时，被授予航空器使用权的人是航空器的经营人。②当航空器的使用权直接或间接地授予他人时，而本人仍然保留对该航空器的航行控制权时，本人是经营人。

在航空活动中，判断谁具有航行控制权。就要看谁能够真正控制飞行活动。在航空实践中，一般来说，谁配备机组，谁就提供燃料、投保航空保险，并负责航空器发动机的正常运行。以租赁航空器为例，承租人自出租人租赁不带机组的航空器（即干

---

① 1952 年罗马国际航空私法会议上讨论时，人们从各种不同角度提供的定义达 50 多个，莫衷一是。这在很大程度上是因包租（干租或湿租）与互换飞机引起的，同时经营人中除航空公司外，还有各种个人所有飞机、氢气球等所谓“通用航空”（general aviation）这类复杂情况。以美国而论，据 20 世纪 80 年代初的统计，各航空公司的飞机不超过 4000 架，军用飞机约 2 万架，而私人所有的飞机达 20 万架。转引自：赵维田．国际航空法．北京：社会科学文献出版社，2000：375.

租），自行配备机组时，承租人具有航行控制权；承租人自出租人租赁带机组的航空器（即湿租），出租人（一般是航空器的所有人）具有航行控制权；但在跨国湿租飞机的情况下，谁具有航行控制权，以合同约定为准。另外，经营人的受雇人或代理人在职务过程中使用航空器的，无论他们是否在其职务范围内行事，均被认为是经营人使用航空器。

第二，无法确定经营人时，推定航空器登记的所有人为经营人。无法确定经营人，应将航空器登记的所有人推定为经营人并由此承担责任，除非在决定其责任的诉讼中所有人证明经营人是其他人，并且在法律程序法定程序许可范围内采取适当措施使该其他人成为诉讼当事人之一。

第三，损害发生时，经营人自拥有使用权之日起对民用航空器没有完全使用权达到14日以上的，被授权使用该航空器的人应当与经营人承担连带责任，各受1952年《罗马公约》规定，以及公约规定的赔偿责任限额的约束。

第四，未经对航空器有航行控制权的人同意而使用航空器，对地面第三人造成损害的，有航行控制权的人除证明本人已经适当注意防止此种使用外，应当与该非法使用人承担连带责任，各受1952年《罗马公约》规定，以及公约规定的赔偿责任限额的约束。

第五，两个以上的航空器在飞行中相撞或者相扰，造成1952年《罗马公约》第1条规定的应当赔偿的损害，或者两个以上的航空器共同造成此种损害的，各有关航空器均应当被认为已经造成此种损害，各有关航空器的经营人均应当在1952年《罗马公约》规定的条件和责任限制范围内承担责任。

2）免责条款

根据1952年《罗马公约》第5条和第6条规定的应当承担责任人的免责事由，其中第（1）项是公约第5条的规定，其他各项是公约第6条的规定。

（1）损害是武装冲突或骚乱的直接结果，或者由于公共当局的行为剥夺了该人使用该航空器的权利，依照1952年《罗马公约》规定应当承担责任的人不承担责任。1952年《罗马公约》将战争或武装冲突，以及政府的行为剥夺了经营人的飞机使用权，都属于不可抗力的范围。

对第三人在航空器上放置炸弹或爆炸物引起航空器坠毁对地面第三人造成损害的情况，虽也属于经营人无能为力的不可抗力，但1952年《罗马公约》未列入免责范围。赵维田教授认为："《罗马公约》的完全责任制并不彻底，或许叫它严格责任制更为贴切。"①

（2）损害完全是由受害人或者其受雇人、代理人的过错造成。依照1952年《罗马公约》规定应当承担责任的人证明损害完全是由受害人或者其受雇人或代理人的过错造成的，不承担责任；但是，损害完全是由受害人的受雇人、代理人的过错造成时，受害人证明其受雇人、代理人的行为超出授权的范围的，不免除应当承担责任的人的赔偿责任。

（3）损害部分是由受害人或者其受雇人、代理人的过错造成。依照1952年《罗马

① 赵维田．国际航空法．北京：社会科学文献出版社，2000：378.

公约》规定应当承担责任的人证明损害部分是由受害人或者其受雇人或代理人的过错造成的，相应减轻其赔偿责任；但是，损害完全是由受害人的受雇人、代理人的过错造成时，受害人证明其受雇人、代理人的行为超出授权的范围的，不减轻应当承担责任的人的赔偿责任。

（4）一人对另一人的死亡或者伤害提起诉讼，请求赔偿时，损害是该另一人或者其受雇人、代理人的过错造成的，适用上述第（2）项和第（3）项的规定。

3）责任范围

由于航空事故所造成的损害巨大，经营人在一般情况下就是航空承运人，有时他们不仅要赔偿旅客或者托运人的损害，而且还要赔偿地面第三人的损害，其赔偿数额巨大，不限制经营人的责任，经营人是难以赔偿的。即使限制了经营人的责任，如果发生巨大航空事故，单纯依靠经营人的力量进行赔偿，对于经营人而言是难以想象的。1952 年《罗马公约》的制定者们似乎也看到了这以点，公约除了专门规定了“责任担保”制度外，还坚持了责任限制原则。虽然后来修订的 1978 年《蒙特利尔修订议定书》，分别将 1952 年的限额提高了 4～9 倍，但是仍然实行了责任限制。

（1）责任限制的标准。1952 年《罗马公约》实行了责任限额制，是按照其第 11 条中规定的航空器“重量”和人员生命伤亡两种标准来确定赔偿最高限额。

航空器“重量”作为标准的责任限额情况，见表 11.1。

表 11.1　1952 年《罗马公约》和 1978 年《蒙特利尔修订议定书》

1952 年《罗马公约》		1978 年《蒙特利尔修订议定书》	
航空器重量	责任限额	航空器重量	责任限额
1000 公斤或以下	50 万法郎	2000 公斤或以下	30 万特别提款权
1000 公斤以上 6000 公斤以下	除 50 万法郎外，超过 1000 公斤的每 1 公斤另加 400 法郎	2000 公斤以上 6000 公斤以下	除 30 万特别提款权外，其超过 2000 公斤的每 1 公斤另加 175 提款权
6000 公斤以上 2 万公斤以下	除 250 万法郎外，超过 6000 公斤的每 1 公斤另加 250 法郎	6000 公斤以上 3 万公斤以下	除 100 万特别提款权外，其超过 6000 公斤的每 1 公斤另加 62.5 提款权
2 万公斤以上 5 万公斤以下	除 600 万法郎外，超过 2 万公斤的每 1 公斤另加 150 法郎	超过 3 万公斤以上	除 250 万特别提款权外，其超过 3 万公斤的每 1 公斤另加 65 提款权
超过 5 万公斤以上	除 1050 万法郎外，超过 5 万公斤的每 1 公斤另加 100 法郎	—	—

注：①航空器“重量”是指航空器适航证上认可的航空器最大起飞重量，如用充气气体助升，则不包括助升气体的作用。②法郎，是指含有千分之九百成色的六十五点毫克黄金的货币单位。此法郎数额可以折算为各国货币，取其整数。在以此项法郎数额折算为非金本位国家的货币时，如进行法律诉讼，应按判决之日的黄金价格折算，或者按赔偿金分配之日的黄金价格折算。③特别提款权是指国际货币基金组织规定的特别提款权

（2）人身伤亡的责任限额。1952 年《罗马公约》第 11 条第 2 款中对人身伤亡的责任限额，原为 50 万普安卡雷法郎，1978 年《蒙特利尔议定书》提高到 187.5 万“货币单位”或 12.5 万特别提款权。如果与修订《华沙公约》的 1975 年《蒙特利尔第三号附

加议定书》相比，相差无几。

(3) 两个以上赔偿主体的赔偿限额。由两个或两个以上的人对损害，或者航空器登记的所有人虽非经营人而被视为经营人对损害负责的，受害人能够主张的赔偿总额不得超过按照公约规定的由一个应负责任的人给付的最高赔偿额。

当航空器空中相撞或者相扰时，给受害人造成损害的，受害人可以获得对有关的每一架航空器适用的赔偿限额的总数，但每一个经营人负责赔偿的数额除按照公约规定无限制外，应不超过适用于他的航空器的限额。

如果确定的各项赔偿总数超过了公约规定适用的责任限额时，1952 年《罗马公约》第 14 条规定了下列适用的规则："（一）如果赔偿仅涉及人身死亡或伤害，或者仅涉及到财产损失，则按照各项赔偿金额的比例给予减少。（二）如果赔偿既涉及人身死亡或伤害，又涉及财产损失时，则应以用来分摊的金额的总数的一半优先满足人身死亡或伤害的赔偿，若不足清偿，则按照各项赔偿金额的比例分摊。用来分摊的金额余数，按照各项财产损害的赔偿金额以及人身死亡或伤害赔偿金未清偿了结的部分比例分摊。"

1978 年《蒙特利尔议定书》将 1952 年《罗马公约》第 14 条适用的规则修改为："（一）如果赔偿仅涉及人身死亡或伤害，或者仅涉及到财产损失，则按照各项赔偿金额的比例给予减少。（二）如果赔偿既涉及人身死亡或伤害，又涉及财产损失时，则应从用来分摊的金额的总数优先赔偿人身死亡或伤害，并按比例给付赔偿金。如果用来分摊的金额留有余额，则将余额按比例分摊赔偿物质损失。"

《外国航空器对第三人造成损害的公约》中增加了先行拨付的条款，引入了与 1999 年《蒙特利尔公约》第 28 条相似的一条，以保证当出现涉及死亡或身体伤害或未保险的不动产受到损失时，经营人应当在其国内法有此种规定时，向索赔人先行赔偿。

(4) 不限制责任的情况。根据 1952 年《罗马公约》第 12 条的规定，下列两种情况经营人应承担无限制的责任：①受害人证明损害是由经营人或其受雇人、代理人故意造成损害的作为或者不作为所造成的，经营人的责任将无限制；对于受雇人、代理人的上述作为或不作为，受害人还需证明是在其在执行职务的过程中并在职权范围内的行为。②未经有使用权的人的同意而非法取得并使用航空器的人，应当承担无限制的责任。

3. 经营人责任的担保

1952 年《罗马公约》规定，任何缔约国可以要求在另一国登记的航空器经营人，就航空器可能在该缔约国领土内对地面或水面第三人造成损害应承担的责任进行保险或者提供其他方式的担保。在实践中，各国一般都要求外国航空器具有这种保险或提供其他方式的担保，否则不准许在其领土内飞行。

1952 年《罗马公约》从第 15～18 条对责任担保问题制定了相应的规则。

1) 保险

(1) 保险应当充分。1952 年《罗马公约》第 15 条规定："任何缔约国得要求：在另一缔约国登记的航空器经营人对其在该国境内蒙受损害而导致本公约第一条赔偿权的责任，进行保险，其数额达到第十一条适用限额。”

第一，按照 1952 年《罗马公约》规定的条件，向根据航空器登记国或者保险人住所地国或者其主要营业地国的法律被许可办理此项保险业务并由上述国家之一审核了清偿能力的保险人投保时，此项保险应被视为是充分的。

第二，如任何国家根据 1952 年《罗马公约》第 15 条第 1 款的规定要求保险，而依照在该国所作的终审判决给付的赔偿金未能按照所提出的要求以该国货币偿付时，则任何缔约国在该项赔款偿付以前，可以拒绝承认该保险人有清偿能力。

第三，尽管有上述两项的规定，但未经一缔约国许可办理此项保险业务的保险人所作的保险，航空器的飞经国仍然可以拒绝承认该保险是充分的。

(2) 证明文件。航空器飞越国可以要求航空器具备保险人出具的证明书，证明已按照 1952 年《罗马公约》的规定签订了保险，并列明被该项保险所担保责任的被保险人，以及附有航空器登记国或者保险人住所地国或其主营业所所在地国的适当机关所发的证明书或所作的签注，证明保险人具有清偿能力。

如果该证明书的一份经认证的副本已经送存航空器飞越国指定的适当机关，或者如经国际民航组织同意，已送存该组织，并由该组织复制副本分送各缔约国，则此项证明书无须在航空器内放置。

2) 担保

(1) 一般规定。担保应专门用于并优先支付本公约规定的赔偿金。

担保应当是充分的。担保在下列情况被视为是充分的，对于一架航空器的经营人而言，担保金额应等于公约规定的限额；对于拥有几架航空器的经营人而言，担保金额不少于限额最高的两架航空器的赔偿限额之和。

索赔要求一经通知经营人，担保金额的总数即应增加为下列两个数额之和：根据公约规定要求担保的金额，以及不超过适用的责任限度的索赔金额。此项增加的担保金额应保留至索赔要求处理完毕时止。

(2) 担保的方式。担保的方式主要有三种：①在航空器登记的缔约国的保管机构内或在经该国准许充当保管机构的银行内缴存现金；②由航空器登记的缔约国认可并审核了清偿能力的银行提供担保；③由航空器登记的缔约国提供担保，但该缔约国须承允对有关该项担保的诉讼将不援引司法豁免权。

(3) 担保证明书。如需按规定提供其他担保，则航空器须由航空器登记国适当机关签发的关于该项担保的证明书。如证明书的一份经认证的副本已送存航空器飞越国指定的适当机关，或者如经国际民航组织同意，已送存该组织，并由该组织复制副本分送各缔约国，则此项证明书无须在航空器内放置。

3) 补充证据

如航空器飞越国有合理根据对保险人或者对提供担保的银行的清偿能力有所怀疑，该国可以要求提供关于清偿能力的补充证据。如果对这些证据是否充分发生争议，涉及有关各国的争端应经其中一国的请求送交仲裁庭。此仲裁庭或是国际民航组织理事会，或是经各方同意组成的仲裁庭。在此仲裁庭做出裁决以前，保险或担保将被航空器飞越国认为暂时有效。1978 年《蒙特利尔议定书》将以上的规定进行了简化，简化后为两个方面。

第一，任何缔约国可以要求航空器的经营人，对于他可能在该缔约国领土内造成进行赔偿的损害责任，根据本公约规定的适用限额，通过一项保险或一项其他担保进行保证。如飞经国要求，经营人应提供上述担保的证据。

第二，如果航空器飞经的缔约国认为保险人或提供担保的其他人在财务上无能力清偿本公约规定的债务，该国可以随时要求航空器登记国、经营人所属国或提供担保的任何其他缔约国进行磋商。

4）担保人、保险人的权利

1952 年《罗马公约》第 16 条规定了担保人、保险人的抗辩权和追索权及其限制条件。

（1）抗辩权。对经营人的责任提供担保的保险人或任何其他人，对抗根据公约提出的赔偿要求，除可以援用经营人的抗辩理由和以伪造文件为抗辩理由外，仅能援引下列理由抗辩。

第一，损害发生在担保有效期终止以后。但是，如果担保有效期在飞行中届满，则该项担保的有效期应延长至飞行计划列明的下一次降落，但以不超过 24 小时为限；如果担保由于有效期届满或更换经营人以外的原因而终止有效，则在保险人或担保人将该项担保终止有效通知出具证书的国家适当机关后的 15 天内，或者在 15 天期限内撤回按照要求提供保险人的证明书或担保证明书，则至该证明书被实际撤回时止。该项担保继续有效。

当保险或其他担保因有效期届满以外的原因终止有效时，出具或签注证明书的国家，应尽速将此情况通知各有关缔约国。

如按照要求提供了保险或其他担保的证明书，而在担保的有效期内更换经营人，则该项担保将适用于负公约规定责任的新经营人除非新经营人的责任已有另外的担保，或者新经营人为航空器的非法使用人。但是，该担保适用于新经营人的期限将不超过自保险人或担保人将该担保的失效通知出具证明书的国家适当机关后的 15 天，或者在 15 天期限内撤回按照要求提供保险人的证明书，则至该证明书被实际撤回。

延长担保有效期的规定，仅在对受害人有利时适用。

第二，损害发生在担保规定的地区范围以外，除非飞越此种范围是由于不可抗力、必须援助他人或者领航、驾驶或导航上的错误而造成的。

（2）担保人的追索权。上述规定不妨碍保险人或担保人是否向他人追偿的权利。

（3）符合法定条件的免诉权。仅在下列情况下，受害人可以对保险人或担保人提起直接诉讼，但这并不妨碍受害人根据有关保险合同或担保合同适用的法律进行直接诉讼的权利：①延长担保有效期时；②经营人被宣告破产时。

在受害人适用公约提起直接诉讼的情况下，除上述所规定的抗辩理由外，对经营人责任提供担保的保险人或任何其他人不得援用任何担保无效的理由进行抗辩，也不得援引追溯撤销担保的权利。

4. 程序规则和诉讼期限

1) 管辖法院

1952 年《罗马公约》第 20 条规定，损害发生地国法院是依 1952 年《罗马公约》规定起诉的唯一法院。这就是单一管辖原则，其意义是指：只能向损害发生地的缔约国的法院提起诉讼。统一规则的适用意义重大，不仅有利于减轻诉讼参与人的负担，而且更有利于案件的及时审理和判决。但这一规定不是严格的，它留有一定灵活余地。如果原告和被告彼此同意，诉讼可以在任何其他缔约国的法院提起。但此种诉讼程序对于向损害发生地国的法院提起诉讼的人的权利无任何妨碍。各当事方如果同意，也可以在任何缔约国内将争议提交仲裁。同一事故引起的各项责任诉讼，由同一个法院一次综合审理原则。公约只要求各缔约国应尽可能地这样处理。

2) 索赔期限和诉讼时效

(1) 索赔期限。1952 年《罗马公约》第 19 条规定，航空器对地面第三人造成了损害，受害人应该自造成损害的事实发生之日起 6 个月内，向航空器的经营人提出索赔要求。如果受害人未对经营人提起索赔诉讼，或者未在造成损害的事件发生之日起 6 个月内将索赔通知书送交经营人，则索赔人只能在上述期限内提出的全部索赔要求得到充分清偿之后，从经营人留存待分摊的赔偿金余额中获得赔偿。

(2) 诉讼时效。1952 年《罗马公约》第 21 条第 1 款规定的诉讼时效，自事件发生之日算起，为期两年。1952 年《罗马公约》第 21 条第 2 款规定，时效中断或中止的理由由受理法院地法决定。但是，凡自造成损害的事件之日起满三年者，提起诉讼的权利一律消灭。

3) 对外国判决的承认和执行

对于本国法院的判决，不发生对判决的承认和执行问题。这里所说的是对外国法院判决的承认和执行问题。1952 年《罗马公约》规定的一般原则是，凡终审判决在任何缔约国都可以执行。当终审判决，甚至缺席判决，由公约规定有管辖权的法院做出后，在外国法院按照其法律规定可以提出执行请求，并在按照被请求执行地国家的法律履行了手续，这一终审判决即可以执行。一般是在败诉方的住所地或者他的主营业所所在地的缔约国内执行；如果在上述缔约国内，败诉方的财产不足支付判决的赔偿金，则在败诉方有财产的缔约国内执行。判决执行申请必须在终审判决做出之日起 5 年内提出。1978 年《蒙特利尔议定书》将此改为 2 年。

在申请执行的诉讼中不再讨论案件本身的是非问题。但对遇有下列情况之一的，受理法院对可以拒绝发布执行令。①此项判决是缺席判决，而被告未在有效期间内获知对他提起了诉讼，以至未能抗辩。②被告未获得公平和足够的机会为其利益辩护。③判决涉及的争讼是相同当事人另一诉讼的标的并已作了判决或裁决，而根据被申请执行的国家的法律，该项判决或裁决具有既判力。④此项判决是由当事人任何一方的欺诈行为所造成的。⑤执行申请人没有申请执行的资格。⑥如果判决违背被申请执行的国家的公共秩序时，被申请执行的法院也可以拒绝执行。⑦拒绝执行的理由或情况还有：只要损害发生地国所有的判决没有被全部执行完毕，被申请执行的法院可拒绝执行损害发生地国以外的国家的法院所作的任何判决；只要对受害人按照公约规定的时限在损害发生地国提起的各项诉讼未全部做出终审判决，而被告证明这些判决可能判给的赔偿金总额将超过本公约规定适用的责任限额，被申请执行的法院也可以拒绝执行；同样，当受害人按照公约规定的时限在损害发生地国提起诉讼，而判决的赔偿金总额超过适用的责任限额，上述被申请执行的法院将不予发布执行令，直至这些判决的赔偿金额按照规定予以减少后止。

如果被请求执行国的法院因上述的第①项、第②项、第④项、第⑥项的原因之一拒绝执行的，受害人可以在接到拒绝执行通知之日起一年内，向法院重新提出诉讼。一经开始重新诉讼，以前的诉讼即终结执行。

许多学者对 1952 年《罗马公约》上述关于判决执行条款给予较高评价。例如，英国著名法官韦伯福斯认为，这是第一次各国力图将判决执行纳入多边体制。起码它在该公约适用范围这个有限领域统一了国际私法中关于外国判决执行的规则，澄清了若干法律冲突引起的混乱。

5. 1952 年《罗马公约》的历史意义及现代化

1）1952 年《罗马公约》的历史意义

虽然对比起《华沙公约》和《芝加哥公约》为国际社会广泛而普遍接受来说，1952 年《罗马公约》及 1978 年《蒙特利尔议定书》似乎相形见绌，但 1952 年《罗马公约》对国际航空私法进行的伟大尝试，其本身的价值还是很大的。虽然该公约的某些规定还存在一些瑕疵，如对担保或者保险没有规定缔约国强制执行等，但是也不能抹杀其在国际航空法的地位。

国际民航组织的原法律局长米尔德的一段话是十分中肯的：“人们原希望，制定 1978 年蒙特利尔议定书多少会导致各国对 1952 年《罗马公约》较广泛的接受。要使修订后的公约得到或近乎普遍接受，几乎是不可能的，因为许多国家在立法中不同意对地（水）面第三方采取限制责任的原则。总之，从 1933 年第一个《罗马公约》以来，各国所以不愿意成为该公约的缔约国，是因为该公约处理的是一种极少发生的事件，而又无不可克服的法律冲突和管辖冲突，在这个领域实行统一法律。”

1952 年《罗马公约》本身在法律上的合理性，到 20 世纪 90 年代，才从一个事件中获得令人信服的证实。1992 年 10 月 4 日发生在荷兰阿姆斯特丹市郊的一架以色列 ELAL 航空公司波音 747 货机撞入一家工厂车间而坠毁。当场炸死、烧死 40 余人，伤 20 余人，财物损害难以数计。这本是一个相当典型地适用 1952 年《罗马公约》的案件，却因荷兰与以色列均非该公约缔约国，而只能适用荷兰法。荷兰民法对此并没有规定，因此只能按民法一般原则，适用过失责任，即受害人（或其家属）必须证明 ELAL 航空公司人员有过失，才能获得赔偿。让受害人（或其家属）来证明航空公司人员有过失，其难度可想而知。因此，从各方面来说都应该给予 1952 年《罗马公约》以积极的评价，尤其它关于责任担保和判决执行的条款，是世界上各国法律专家智慧的结晶，也是国际私法领域实行统一规则的可贵尝试。1952 年《罗马公约》的规则不仅为各国进行国内有关立法提供了重要参考，而且从法学价值，或者从国际航空法今后发展角度上说，也是一个宝贵的文件或资料①。

2）1952 年《罗马公约》的现代化

就 1952 年《罗马公约》本身的现代化问题的研究工作也没有停止，如何适用新的形势，加速 1952 年《罗马公约》的现代化也成为国际民航组织讨论的重点。2000 年 8 月 28 日～9 月 8 日，在蒙特利尔召开的国际民航组织法律委员会（简称法律委员会）第三十一届会议上，瑞典代表首先提出将 1952 年《罗马公约》现代化问题列入法律委员会工作计划的建议，该建议得到大会的同意。

国际民航组织秘书处（简称秘书处）于 2001 年年初开始，着手对 1952 年《罗马公约》现代化问题进行研究，2001 年 6 月 15 日，秘书处给各国发了一份国家级信件，为这项研究收集资料。2001 年美国发生"9・11 事件"后，民用航空保险市场出现了新的情况，恐怖主义行为使得航空保险市场的风险无法预测，保险商向航空公司提出了关于取消战争保险的 7 天通知。各国政府纷纷对超过 5000 万美元以上的战争保险为航空公司提供担保。

为了解决航空战争险的问题，国际民航组织成立了一个特别小组，研究如何稳定商业保险市场。该特别小组提出了短期、中期及长期解决方案，其中的长期方案就是尽快制定一个对地面第三人损害赔偿的新公约及其他相关机制，就战争和类似的危险或其他非法干扰行为对地面造成的损害为航空公司设定责任限额。2002 年 3 月 4 日，国际民航组织理事会决定将这一长期事项放在法律委员会工作方案中关于 1952 年《罗马公约》现代化问题的项目下处理。

在 2002～2003 年，秘书处关于 1952 年《罗马公约》现代化研究小组举行了 4 次会议，在现代化研究小组的协助下，秘书处编写了外国航空器对第三方造成损害的公约草案。2002 年 3 月 26 日，美国的 M. B. Jennison 先生被法律委员会主席任命为关于审议 1952 年《罗马公约》这一事项的报告员。2004 年 3 月召开的法律委员会第三十二届会议将这一项目作为会议审议的主要事项，会议审议了秘书处准备的公约草案、报告员的报告，以及由委员会成员及观察员提交的一系列工作文件和其他文件。在法律委员会审议了所有草案案文后，法律委员会主席表示，会议就 1952 年《罗马公约》现代化问题取得了一定进展，但公约草案还不成熟，尚不能提交给外交会议。在 2004 年 5 月举行的会议上，国际民航组织理事会决定建立一个关于 1952 年《罗马公约》现代化的特别小组，以推进此项工作。

1952 年《罗马公约》现代化特别小组由 17 个成员国和观察员组成，我国作为现代化特别小组的成员参与了此项工作。2005 年 1 月，现代化特别小组在蒙特利尔召开了

① 赵维田．国际航空法．北京：社会科学文献出版社，2000：387-388.

第一次小组会议，会议对第三十二届法律委员会修改的公约草案文本进行了深入讨论，既包括实体问题的讨论，也包括程序规则的讨论。此次会议就公约草案文本达成了12个方面的协议要点，同时提出了需要进一步讨论研究的11个“灰色点”目录。

2005年7月，现代化特别小组在蒙特利尔召开了第二次小组会议，会议重申了第一次小组会议的结论，对第一次会议提出的11个“灰色点”问题进行了广泛讨论，就建立与恐怖主义事件相关的补充性补偿机制的可能性、必要性和目标等达成了初步的统一意见，对补充性补偿机制的适用范围、资金来源、资金筹集方式等进行了深入的研究，进一步讨论了公约草案案文的修改完善问题。

2006年2月的第三次小组会议上，现代化特别小组重点审议了《有关航空器对第三方造成损害责任的赔偿的公约》的补充赔偿机制的议定书草案。该议定书草案是会议主席根据现代化特别小组第二次会议对补充赔偿机制达成的要点，以及2005年10月在比利时召开的“主席之友”会议讨论结果草拟的。此次讨论涉及的主要问题包括：补充赔偿机制的适用范围、参与方、理赔与财务问题、程序性问题等。此外，讨论还涉及了公约的整体框架方案这个一直未达成协议的问题。虽然各国法律差异的巨大，但为了保证国际规则的统一适用，2009年5月《有关航空器对第三方造成损害责任的赔偿的公约》顺利通过，实现了1952年《罗马公约》的现代化。

11.2.2 《有关航空器对第三方造成损害责任的赔偿的公约》中的规定

1. 制定的必要性

《有关航空器对第三方造成损害责任的赔偿的公约》在开篇就说明公约制定有四个方面的必要性。

第一，确保对因涉及飞行中航空器的事件而导致对第三方造成的损害给予足够赔偿的必要性。因1952年《罗马公约》中所规定的经营人对第三方造成损害赔偿责任的限额较低，1978年《蒙特利尔公约》虽提高了赔偿责任限额，但与各国国内法所规定的赔偿限额相比还是较低。因此，对第三方造成的损害并不能给予充分的赔偿，导致了这两个公约加入的国家较少。

第二，促进1952年《罗马公约》和1978年《蒙特利尔公约》的现代化，适应航空运输业飞速发展的需要。1952年《罗马公约》的规定存在着众多限制，并未被国际社会所广泛接受，而且在国际航空运输中起重要作用的一些国家没有加入公约，如美国。随着航空运输业的飞速发展，人们逐渐认识到必须对1952年《罗马公约》进行现代化，以适用航空运输业飞速发展的需要。

第三，确实保护第三方受害人利益的重要性和并给予公正赔偿。1952年《罗马公约》和1978年的《蒙特利尔议定书》，都涉及航空器运营过程中对第三方造成的损害赔偿问题，但公约中都规定，航空器对第三方造成损害赔偿事故发生地法院受理，受理法院并没有实际控制着经营人的财产，在事故发生地国的经营人的航空器，往往也只剩下一堆残骸，没有任何价值可言，从而可能使判决成为一纸空文，不利于对第三方受害人利益的保护。因此，事故发生地国法院的判决要获得执行，往往要通过司法协助方式要求经营人所属国首先承认该判决，然后再进行执行，而经营人所属国往往会寻找各种理由根本不承认判决，更谈不上对判决的执行了，从而使第三方受害人利益得不到保护，也更谈不上进行公正赔偿了。

第四，制定《有关航空器对第三方造成损害责任的赔偿的公约》不仅能保障国际航空运输业务有序地发展，旅客、行李和货物顺利地流通，而且也是达到公正利益平衡的最适当而有效的方法。随着航空运输全球化的进一步发展，规则的全球化也异常重要，只有这样，才能保证全球航空运输业有序地发展，同时促使国际交流，进而平衡各国在国际航空运输中的利益，使得受害人第三方和经营人之间的利益达到新的平衡。

2. 主要内容

《有关航空器对第三方造成损害责任的赔偿的公约》共分为 5 章，共 28 条，第 1 章，原则（第 1 条和第 2 条）；第 2 章，运营人的责任及相关事项（第 3～9 条）；第 3 章，免责和追偿（第 10 条和第 11 条）；第 4 章，救助的实施及相关规定（第 12～20 条）；第 5 章，最后条款（第 21～28 条）。

1）原则

《有关航空器对第三方造成损害责任的赔偿的公约》第 1 章原则中，第 1 条主要是关于公约中所出现的相关词语的界定，第 2 条是对适用范围的界定。

（1）相关词语的界定。《有关航空器对第三方造成损害责任的赔偿的公约》第 1 条规定：①“非法干扰行为”是指 1970 年 12 月 16 日在海牙签订的《关于制止非法劫持航空器的公约》或 1971 年 9 月 23 日在蒙特利尔签订的《关于制止危害民用航空安全的非法行为的公约》，以及在事件发生时任何有效的修正中被界定为罪行的行为。②“事件”是指不是由于非法干扰行为而导致飞行中的航空器造成的损害。③一架航空器在完成登机或装货后其所有外部舱门均已关闭时起，至其任何此种舱门为下机或卸货目的开启时止，其间的任何时间均被视为在“飞行中”。④“国际飞行”是指飞行出发地和拟前往目的地是处于两个国家的领土的任何飞行，不论飞行是否中断；或是指飞行出发地和拟前往目的地是处于一个国家领土之内，但在另一个国家领土内有一个拟停留地的任何飞行。⑤“最大质量”是指航空器的最大审定起飞质量，它不包括使用时助升气体的作用。⑥“运营人”是指使用航空器的人，但如果航空器的航行控制权仍直接或间接地保留在给予航空器使用权的人的手中，则该人应当被视为运营人。当一个人自己使用或其受雇人或代理人在受雇期间使用航空器时，不论其是否在授权范围内，该人应当被视为正在使用航空器。运营人不因另一人做出非法干扰行为而丧失其作为运营人的身份。⑦“人”是指任何自然人或法人，包括国家。⑧“当事国”是指本公约对其生效的国家。⑨“第三方”是指运营人、旅客或货物的托运人或收货人以外的人。

（2）公约的适用范围。《有关航空器对第三方造成损害责任的赔偿的公约》第 2 条规定：①本公约适用于不是因非法干扰行为而导致从事国际飞行的飞行中的航空器在一当事国领土内发生的对第三方造成的损害。②如果一个当事国向公约保存人做出声明，本公约亦适用于不是因非法干扰行为而导致从事国际飞行以外的飞行中的航空器在该国领土内造成的损害。③为本公约的目的，对在公海或专属经济区内的船舶或其上空的航空器造成的损害应当视为在其登记国领土发生的损害；但是，如果航空器运营人的主要营业地在登记国之外的国家领土，对航空器的损害应视为在其有主要营业地的国家领土内发生。④对被永久性地固定在专属经济区或大陆架底土上的钻井平台或其他装置造成的损害，按照包括 1982 年 12 月 10 日订于蒙特哥湾的《联合国海洋法公约》在内的国际法，应当被视为在对这类平台或装置享有管辖权的国家领土内发生。⑤本公约不适用于国家航空器造成的损害。用于军事、海关和警察服务的航空器应当视为国家航空器。

2）运营人的责任及相关事项

（1）运营人的责任。《有关航空器对第三方造成损害责任的赔偿的公约》第 3 条规定：①对第三方遭受的损害，只要是由一架飞行中的航空器造成的，运营人就应当承担责任。②如果所受损害并非造成损害的事件的直接后果，或者如果损害单纯因为航空器按现行空中交通规章通过空域所致，则无权根据本公约要求赔偿。③对属于死亡、身体伤害和精神伤害的损害，应当予以赔偿。对精神伤害所致的损害，只有当这种损害是某种可以辨认的精神疾病造成，且该精神疾病是因身体伤害或直接面临可能即将死亡或发生身体伤害的情况造成的，则应当予以赔偿。④对财产的损害应当予以赔偿。⑤只要在其领土内发生环境损害的当事国的法律规定了对此种损害的赔偿，则环境损害应当予以赔偿。⑥因《关于核能领域第三方责任的巴黎公约》（1960 年 7 月 29 日）界定的核事件造成的损害或者《关于核损害的民事责任的维也纳公约》（1963 年 5 月 21 日）界定的核损害，以及在事件发生时有效的对上述公约的任何修正或补充，均不产生本公约项下的任何责任。⑦对于惩罚性、惩戒性或者任何其他非补偿性的损害赔偿，一律不得予以追讨。⑧如果损害是武装冲突或国内动乱的直接后果，则根据本公约规定应负责任的运营人不应当承担责任。

（2）运营人责任的限额。《有关航空器对第三方造成损害责任的赔偿的公约》第 4 条第 1 款将经营人赔偿责任的限额分为 10 个级别[①]，相对于 1952 年《罗马公约》和 1978 年《蒙特利尔公约》所规定的赔偿限额而言，大幅度地提高了。如果事件涉及同一运营人运行的两架或多架航空器，则应适用最大质量最重的航空器的责任限额。《有关航空器对第三方造成损害责任的赔偿的公约》第 4 条第 3 款是公约的核心条文，采用 1999 年《蒙特利尔公约》所规定的双梯度责任制，即对于上述责任限额，运营人归责原则是严格责任制，而对于超出限额部分的，实行推定过失责任制，即“如果运营人证

① 这 10 个级别的责任限额是：第一，对最大质量为 500 公斤或以下的航空器，750 000 特别提款权；第二，对最大质量超过 500 公斤但不超过 1000 公斤的航空器，1 500 000 特别提款权；第三，对最大质量超过 1000 公斤但不超过 2700 公斤的航空器，3 000 000 特别提款权；第四，对最大质量超过 2700 公斤但不超过 6000 公斤的航空器，7 000 000 特别提款权；第五，对最大质量超过 6000 公斤但不超过 12 000 公斤的航空器，18 000 000 特别提款权；第六，对最大质量超过 12 000 公斤但不超过 25 000 公斤的航空器，80 000 000 特别提款权；第七，对最大质量超过 25 000 公斤但不超过 50 000 公斤的航空器，150 000 000 特别提款权；第八，对最大质量超过 50 000 公斤但不超过 200 000 公斤的航空器，300 000 000 特别提款权；第九，对最大质量超过 200 000 公斤但不超过 500 000 公斤的航空器，500 000 000 特别提款权；第十，对最大质量超过 500 000 公斤的航空器，700 000 000 特别提款权。

明此种损害：(一) 不是因其或其受雇人或代理人的过失或其他不当作为或不作为造成的；或 (二) 完全是因另一人的过失或其他不当作为或不作为造成的”，则承运人对超出限额部分不承担赔偿责任。

(3) 赔偿的优先次序。《有关航空器对第三方造成损害责任的赔偿的公约》第 5 条对赔偿的优先次序规定为：“如果应予赔偿的损害总额超过第四条第一款规定可用的金额，应当首先将总额优先按比例满足就死亡、身体受伤和精神伤害提出的赔偿要求。如应付总额尚有剩余，则应就其他损害的索赔要求按比例支付。”

(4) 涉及两个或两个以上运营人或其他人的事件。《有关航空器对第三方造成损害责任的赔偿的公约》第 6 条规定：①当一个造成本公约适用的损害的事件涉及两架或两架以上航空器，这些航空器的运营人应当对第三方所受的任何损害负连带责任（第 6 条第 1 款)。②如果两个或两个以上运营人有此责任，其相互间的追偿权应当根据其各自的责任限额和造成的损害加以确定（第 6 条第 2 款)。③运营人一概不需对超过对其适用的责任限额的数额负责（第 6 条第 3 款)。

(5) 法院费用和其他费用。《有关航空器对第三方造成损害责任的赔偿的公约》第 7 条规定：“一、法院可以按照其法律，判予索赔人产生的全部或部分法院费用及索赔人所产生的其他诉讼费用，包括利息。二、如果所判予的损害赔偿金额，不含法院费用及其他诉讼费用，不超过运营人在造成损害的事件发生之日起六个月内或在起诉之前，以后者为准，以书面向索赔人提出金额的，不适用第一款。”

(6) 先行付款。《有关航空器对第三方造成损害责任的赔偿的公约》第 8 条确立了先行付款的人道主义条款，主要是参照了 1999 年《蒙特利尔公约》的规定，体现了公约的人文价值。该条为：“如果损害发生地国的法律有此要求，运营人应当不迟延地向根据本公约可能有权索赔的自然人先行付款，以应其迫切的经济需要。此种先行付款不构成对责任的承认，并可从运营人随后作为损害赔偿金支付的任何数额中抵消。”

(7) 保险。《有关航空器对第三方造成损害责任的赔偿的公约》第 9 条规定，当事国应要求其运营人对公约中所规定的责任进行充分的保险或担保，当事国可以要求在该国运行或运行至该国的运营人提供其进行了充分的保险或担保的证据，并要实行不歧视原则，即“当事国应当对其他当事国的运营人采用与对其本国运营人相同的标准”。

3) 免责和追偿

(1) 免责。《有关航空器对第三方造成损害责任的赔偿的公约》第 10 条第 1 款规定，运营人免责为：“如果运营人证明损害是由索赔人或索赔人从其取得权利的人的过失或其他不当作为或不作为造成或促成的，则应当根据造成或促成损害的此种过失或其他不当作为或不作为的程度，相应全部或部分免除运营人对该索赔人的责任。”

(2) 追偿。《有关航空器对第三方造成损害责任的赔偿的公约》在第 13 条中，规定：“航空器的所有人、航空器的出租人或保留了航空器所有权或持有其担保权益的融资人，或其受雇人或代理人，凡不是运营人的，无论根据本公约或是任何当事国有关第三方损害的法律，一律不对损害承担赔偿责任。”在运营人赔偿后，“在符合第十三条的条件下，本公约任何条款均不妨碍按照本公约规定应对损害负赔偿责任的人对任何人有无追偿权的问题”。

4）救助的实施及相关规定

（1）排他性救助。对于排他性救助，《有关航空器对第三方造成损害责任的赔偿的公约》第 12 条规定为：“一、对运营人或其受雇人、代理人就飞行中的航空器对第三方造成损害所采取的任何要求赔偿的诉讼行为，不论理由如何，无论是根据本公约或是根据侵权或是根据其他理由，只能依照本公约规定的条件提起，但是不妨碍谁有权提起诉讼及其各自权利的问题。二、不论是根据本公约、根据侵权或是根据其他理由，对于根据其他理由向其追讨或要求赔偿第三条第六、七和八款所述损害的任何其他人，第三条第六、七和八款应当对其适用。”

（2）管辖法院。《有关航空器对第三方造成损害责任的赔偿的公约》第 16 条对案件的管辖法院规定为单一管辖，具体包括以下内容。

第一，当事故发生在一个当事国时，“根据本公约规定要求赔偿的诉讼只可以向损害发生领土的当事国法院提起”。

第二，当事故发生在一个以上当事国时，“如果损害发生在一个以上的当事国，根据本公约规定要求赔偿的诉讼，只可以向事件发生时航空器所在或即将离开其领土的当事国法院提起”。

第三，在不违反公约所规定的关于管辖的规定时，第三方“可以在任何当事国申请其法律允许的临时措施，包括保全措施”。

（3）判决的承认与执行。《有关航空器对第三方造成损害责任的赔偿的公约》第 17 条第 1 款规定：“有管辖权的法院在审判或缺席审判后做出的判决，凡在该法院所在地的当事国具有执行效力的，只要是履行了任何另一当事国要求的手续，在该另一当事国同样具有执行效力。”而且，《有关航空器对第三方造成损害责任的赔偿的公约》第 17 条第 2 款规定：“本条对承认或执行判决的任何申请，一律不得对案件事实重新进行审理。”

《有关航空器对第三方造成损害责任的赔偿的公约》第 17 条第 3 款中对“可以拒绝承认和执行判决”的情况规定包括以下内容。

第一，判决的承认或执行明显违背被申请承认或执行的当事国的公共政策。

第二，向被告送达诉讼通知的时间和方式使他或她无法准备和提出辩护。

第三，判决所涉及的诉讼事由在相同当事方之间已经有了判决或仲裁裁决，而且根据被申请承认或执行的当事国的法律，该判决或仲裁裁决是终局的和确定的。

第四，判决是由于任一当事方的欺诈行为而获得的。

第五，申请执行的人没有执行判决的权利。

第六，如果所判予的损害赔偿，包括惩戒性或惩罚性赔偿，不是对第三方实际遭受的损害的赔偿的，也可以在此范围内拒绝承认和执行判决。

在执行效力上，如果判决具有执行效力，根据判决可追讨的任何原告发生的法院费用和其他支出，包括利息的支付也具有执行效力。如果在责任人死亡的情况下，可向在法律上代表其遗产的人提起损害赔偿诉讼，但须以本公约的规定为限。

5）最后条款

在《有关航空器对第三方造成损害责任的赔偿的公约》的最后条款中，对签署、批准、接受、核准或加入（第 21 条），地区经济一体化组织（第 22 条），生效（第 23 条）和退出（第 24 条），有多种法律制度的国家（第 26 条），保留和声明（第 27 条），以及公约保存人的职能（第 28 条）进行了具体规定。特别在第 25 条对与其他公约的关系中规定，本公约的各项规则应当优先于对本公约所辖损害可能适用的下列文书中的任何规则：①1952 年 10 月 7 日在罗马签订的《关于外国航空器对地面（水面）上第三方造成损害的公约》；②1978 年 9 月 23 日在蒙特利尔签订的《关于修正 1952 年 10 月 7 日在罗马签订的〈关于外国航空器对地面（水面）上第三方造成损害的公约〉的议定书》。

11.3　我国航空法的规定

为保障我国第三人能因民用航空器所造成的损害获得充分赔偿，我国《民航法》主要参考 1952 年《罗马公约》及 1978 年《蒙特利尔议定书》的规定，在第 12 章“对地面第三人损害的赔偿责任”进行详细规定，核心内容：一是关于航空器经营人对地面第三人损害的赔偿责任制度的规定；二是关于担保和保险的规定。

11.3.1　适用范围

1. 一般规定

我国《民航法》第 157 条规定：“因飞行中的民用航空器或者从飞行中的民用航空器上落下的人或者物，造成地面（包括水面，下同）上的人身伤亡或者财产损害的，受害人有权获得赔偿；但是，所受损害并非造成损害的事故的直接后果，或者所受损害仅是民用航空器依照国家有关的空中交通规则在空中通过造成的，受害人无权要求赔偿。前款所称飞行中，是指自民用航空器为实际起飞而使用动力时起至着陆冲程终了时止；就轻于空气的民用航空器而言，飞行中是指自其离开地面时起至其重新着地时止。”这是参考 1952 年《罗马公约》第 1 条的规定制定的，基本上与该公约的规定相一致。

1）“飞行中”的含义

从上述条文可以看出，我国《民航法》中对航空器在“飞行中”的界定和 1952 年《罗马公约》的规定完全一样，即“飞行中”是指民用航空器为实际起飞而使用动力时起，至该航空器着陆冲程终了时止的期间。对于重于空气的航空器来说，“民用航空器为实际起飞而使用动力”是指民用航空器进入跑道后为实际从地面起飞而使用动力，而民用航空器从停机坪移往跑道而使用动力进行滑行的过程不是“飞行中”。该民用航空器“着陆冲程终了”是指该民用航空器在降落地面时其降落或着陆的惯性结束时，自着陆冲程终了时起使用动力从跑道向停机坪或廊桥滑行的过程也不是“飞行中”①。对轻于空气的民用航

① 曹三明，夏兴华．民用航空法释义．沈阳：辽宁教育出版社，1996：355.

空器来说，“飞行中”是指自其离开地面时起至其重新被附着在地面时止的期间。

2）损害

根据我国《民航法》第157条规定，第三人的损害范围包括人身伤亡和财产损失，除此以外的损害都不属于飞行中的民用航空器或者从飞行中的民用航空器上落下的人或物造成地面上的损害。

2. 不适用的几种情况

根据我国《民航法》第172条的规定和相关条文的规定，下列损害不属于飞行中的民用航空器或者从飞行中的民用航空器上落下的人或物造成地面上的损害，经营人不承担赔偿责任。

第一，对于没有处在“飞行中”状态的民用航空器，所造成的地面第三人的人身伤亡或财产损害不在航空法中的对地面第三人损害之列。

第二，不适用于对飞行中的民用航空器或者对该航空器上的人或者物造成的损害。这实际上是排除了对旅客、托运人和收货人所造成的损害。

第三，不适用于为受害人同经营人或者同发生损害时对民用航空器有使用权的人订立的合同所约束，或者为适用两方之间的劳动合同的法律有关职工赔偿的规定所约束的损害。

第四，不适用于核损害。

第五，不适用于飞行中的国家航空器所造成的损害。根据我国《民航法》第5条的规定：“本法是指的民用航空器，是指除执行军事、海关和警察飞行任务外的民用航空器。”因此我国《民航法》中对地面第三人的损害也不适用于执行军事、海关和警察飞行任务的航空器造成的损害。

第六，飞行中的民用航空器或者从飞行中的民用航空器上落下的人或物造成的非地面上的人身伤亡或财产损害，包括航空器之间碰撞引起的损害，航空器碰撞对旅客、机上人员和货物的损害不属于我国航空法规定的对地面第三人损害之列。

第七，不适用于民用航空器按照国家有关空中交通规则在空中通过时所造成的损害。例如，因民用航空器在规定的飞行高度通过时发生的噪声或声震引起的地面上人员耳聋等。

11.3.2 赔偿责任人

1. 一般规定

我国《民航法》第158条对赔偿主体的规定为“本法第一百五十七条规定的赔偿责任，由民用航空器的经营人承担。前款所称经营人，是指损害发生时使用民用航空器的人。民用航空器的使用权已经直接或者间接地授予他人，本人保留对该民用航空器的航行控制权的，本人仍被视为经营人。经营人的受雇人、代理人在受雇、代理过程中使用民用航空器，无论是否在其受雇、代理范围内行事，均视为经营人使用民用航空器。民用航空器登记的所有人应当被视为经营人，并承担经营人的责任；除非在判定其责任的诉讼中，所有人证明经营人是他人，并在法律程序许可的范围内采取适当措施使该人成为诉讼当事人之一”。可见，赔偿主体是航空器的经营人、所有人及非法使用人。

2. 经营人

航空器或者从航空器落下的人或物对地面第三人的赔偿的主体是民用航空器的经营人。下列人员被界定为经营人。

第一，经营人是指损害发生时使用民用航空器的人。即损害发生时，对民用航空器有完全使用权的人。

第二，民用航空器的使用权已经直接或者间接地授予他人，本人保留对该民用航空器的航行控制权的，本人仍被视为经营人。在 11.2 节中已经论述，此处不再赘述。

第三，经营人的受雇人、代理人在受雇、代理过程中使用民用航空器，无论是否在其受雇、代理范围内行事，均视为经营人使用民用航空器。经营人作为事主，其本人使用民用航空器，或者由其受雇人或代理人在受雇或代理的过程中使用民用航空器，无论该受雇人或代理人是不是在其受雇或代理权限范围内行事，均视为经营人使用民用航空器①。一旦受雇人、代理人在受雇、代理过程之中且超出受雇、代理权限范围行事，即构成非法使用，非法使用人也难辞其咎。

第四，在无法判定谁是经营人的情况下，推定民用航空器所有权登记证书上登记为所有人的人为经营人，并使其承担经营人的责任。但该所有人在判定其责任的诉讼中如果能够证明经营人是他人，并采取法律允许的措施使该人成为诉讼当事人之一时，所有人即可摆脱被推定为经营人的可能。被所有人证明为经营人并因所有人采取的措施而成为诉讼当事人的人，将承担经营人的责任。例如，所有人证明自己已将航空器出租给某家航空公司，并要求法院将该航空公司追加为当事人之一，该航空公司即为经营人，并承担经营人的责任。

对所有人来说，在事故发生后去证明他人是经营人往往是非常困难的。因此，所有人一般都采取事先在合同中明示经营人的办法使自己摆脱“经营人”的地位。然而，并不是所有的情况下，所有人都能摆脱责任。在经营人对民用航空器没有完全的使用权达法律规定期限的条件下发生对地面第三人损害时，所有人将与经营人承担连带责任。当然，法律规定期限是自经营人开始有权使用该民用航空器时起计算的。

第五，未经对民用航空器有航行控制权的人同意而使用民用航空器，对地面第三人造成损害的，有航行控制权的人除证明本人已经适当注意防止此种使用外，应当与该非法使用人承担连带责任。

---

① 这与民法中代理的一般规定有区别，根据民法代理关系的一般规定，被代理人仅对代理人在代理权限范围内的作为和不作为负责，代理人超越代理权限行事，被代理人不负责任。但在对地面第三人的侵权行为中，民用航空器经营人不仅要对受雇人、代理人在受雇和代理范围内的行为负责，还要对受雇、代理范围之外的行为负责。究其缘由，主要是保护遭受损害的地面第三人的利益。一方面，受雇人、代理人的经济偿付能力有限，不能保障受害人获得充分的赔偿；另一方面，受雇人或代理人超出受雇或代理范围行事，说明经营人在选择雇佣或委托对象方面存在缺陷，由经营人承担责任也是合理的。另外，从我国《民航法》第 159 条规定看，也不会造成代理人或受雇人肆意滥用经营人对他的信任和授权。因为经营人只对其受雇人、代理人在受雇、代理过程中的行为负责，而不对其受雇人、代理人在受雇、代理过程之外的行为负责。

第六，两个以上的民用航空器在飞行中相撞或者相扰，造成我国《民航法》第 157 条规定的应当赔偿的损害，或者两个以上的民用航空器共同造成此种损害的，各有关民用航空器均应被认为已经造成此种损害，各有关民用航空器的经营人均应当承担责任。

11.3.3 责任原则和责任范围

1. 责任原则

1）一般规定

前文中，本书对我国经营人的责任原则进行了论述，指出了我国《民法通则》和《侵权责任法》中对经营人责任原则是无过错责任，而根据我国《民航法》的规定是严格责任制。按照特别法优先普通法的原则，以及和国际航空公约保持一致的原则，我国运营人对第三方受害人承担责任的责任原则应是严格责任制。

2）免责事由

我国《民航法》第 160 条和 161 条对经营人的免责事由进行了规定，我国《民航法》第 160 条规定："损害是武装冲突或者骚乱的直接后果，依照本章规定应当承担责任的人不承担责任。依照本章规定应当承担责任的人对民用航空器的使用权业经国家机关依法剥夺的，不承担责任。"我国《民航法》第 161 条规定："依照本章规定应当承担责任的人证明损害是完全由于受害人或者其受雇人、代理人的过错造成的，免除其赔偿责任；应当承担责任的人证明损害是部分由于受害人或者其受雇人、代理人的过错造成的，相应减轻其赔偿责任。但是，损害是由于受害人的受雇人、代理人的过错造成时，受害人证明其受雇人、代理人的行为超出其所授权的范围的，不免除或者不减轻应当承担责任的人的赔偿责任。一人对另一人的死亡或者伤害提起诉讼，请求赔偿时，损害是该另一人或者其受雇人、代理人的过错造成的，适用前款规定。"

2. 责任范围

我国《民航法》中并没有对赔偿范围进行具体规定，实践中法院是根据民法的一般规定来确定赔偿的数额。

我国《民航法》中对不免除责任情况的规定是在《民航法》第 164 条中，只有一种情况，即应当承担责任的人的故意行为。该条规定："除本章有明确规定外，经营人、所有人和本法第一百五十九条规定的应当承担责任的人，以及他们的受雇人、代理人，对于飞行中的民用航空器或者从飞行中的民用航空器上落下的人或者物造成的地面上的损害不承担责任，但是故意造成此种损害的人除外"。

11.3.4 责任的保险或担保

1. 一般规定

我国《民航法》第 150 规定："从事通用航空活动的，应当投保地面第三人责任险。"我国《民航法》第 166 条规定："民用航空器经营人应当投保地面第三人责任险或者取得相应的责任担保。”我国《民航法》第 175 条规定：“外国民用航空器飞入中华人民共和国领空，其经营人应当提供有关证明书，证明其已经投保地面第三人责任险或者已经取得相应的责任担保；其经营人未提供有关证明书的，中华人民共和国国务院民用航空主管部门有权拒绝其飞入中华人民共和国领空。”

2. 保险人和担保人的抗辩权

我国《民航法》第 167 条规定保险人和担保人的享有抗辩权有：①享有与经营人相同的抗辩权。②享有对伪造证件进行抗辩的权利。③损害发生在保险或者担保终止有效后。如果保险或担保有效期在飞行中终止，则将有效期自动延长至在飞行计划中所载下一次降落时为止，但延长以 24 小时为限。④损害发生在保险或者担保所指定的地区范围外。但飞行超过规定范围是由于不可抗力、援助他人所必需，或者驾驶、航行或者领航上的差错造成的，不受此限。

上述延长有效期或扩大范围使保险或担保有效的规定，只有对受害人有利时适用。即是说，除非在上述情况下发生损害赔偿应使保险人或担保人承担责任外，不得解释为在任何情况下都可以延长有效期或者扩大保险或担保的地域范围。

受害人直接对保险人或者担保人提起诉讼的情况，主要有以下三个方面。

（1）在下列情形，受害人可以直接对保险人或担保人提起诉讼：①在上述延长有效期或者扩大保险或担保范围使保险或者担保继续有效的；②民用航空器经营人破产的。

（2）受害人可以根据有关保险合同或者担保合同的法律规定提起直接诉讼。

（3）在受害人提起直接诉讼的情况下，除保险人或担保人拥有上述抗辩权外，“不得以保险或者担保的无效或者追溯力终止为由进行抗辩”。

3. 受害人的优先受偿权

经营人投保的第三人责任险或取得的相应责任担保，应被专门指定优先支付对第三人造成损害的责任赔偿；保险人支付给经营人的款项，在被造成损害的第三人的赔偿请求未满足前，不受经营人的债权人的扣留和处理。

11.3.5　诉讼时效

我国《民航法》规定对第三人损害赔偿诉讼时效期为两年，自损害发生之日起计算；但是，在任何情况下，时效期间不得超过自损害发生之日起三年。简而言之，两年是诉讼时效，三年是除斥期间。这与相关国际航空公约的规定一致，但与我国《民法通则》所规定的诉讼时效有差异，《民法通则》中规定，人身受到伤害要求赔偿的，诉讼时效是一年，按照特别法优先于普通法的原则，当航空器对第三人侵权时，应适用我国《民航法》的规定。

11.3.6　对第三人损害赔偿金的计算

我国《民航法》对第三人损害赔偿金的计算没有具体规定，只规定了民用航空器对地面第三人的损害赔偿，适用侵权行为地法律；民用航空器在公海上空对水面第三人的损害赔偿，适用受理案件的法院所在地法律。实践中，对发生在我国的航空器对第三人造成损害的案件，法院一般适用我国《民用通则》中的具体规定，进行损害赔偿金的计算。例如，1999 年 4 月 15 日的大韩航空空难①。

我国《民法通则》规定，损坏国家的、集体的财产或者他人财产的，应当恢复原状或者折价赔偿。受害人因此遭受其他重大损失的，侵害人并应赔偿损失。侵害公民身体造成伤害的，应当赔偿医疗费、因误工减少的收入、残废者生活补助费等费用；造成死亡的，并应当支付丧葬费、死者生前扶养的人必要的生活费等费用。

因此，对第三人造成损害赔偿，应按照实际损害情况，合情合理个案理算。如当事人之间不能就赔偿金额达成协议，可由受理案件的法院裁决。本章中索赔期限和诉讼时效，见表 11.2。

表 11.2　索赔期限和诉讼时效表

名称	期限	起算日	逾期后果	性质
1952 年《罗马公约》	6 个月	从造成损害的事件发生之日起	从经营人留存待分摊的赔偿金余额中获得赔偿	索赔期限
	2 年	同上	胜诉权消灭	诉讼时效
	3 年	同上	诉权消灭	除斥期间
	1 年	自收到拒绝执行判决的通知之日起	重新提起诉讼的权利消灭	诉讼时效
	5 年	从造成损害的事件发生之日起	判决执行请求权消灭	除斥期间
1978 年《蒙特利尔议定书》	6 个月	从造成损害的事件发生之日起	从经营人留存待分摊的赔偿金余额中获得赔偿	索赔期限
	2 年	同上	胜诉权消灭	诉讼时效
	3 年	同上	诉权消灭	除斥期间
	1 年	自收到拒绝执行判决的通知之日起	重新提起诉讼的权利消灭	诉讼时效
	2 年	从造成损害的事件发生之日起	判决执行请求权消灭	除斥期间
我国《民航法》	2 年	自损害发生之日起	胜诉权消灭	诉讼时效
	3 年	同上	诉权消灭	除斥期间

① 1999 年 4 月 15 日，韩国大韩航空公司一架货机在上海莘庄一带坠毁，造成地面 5 名中国公民不幸遇难。这是对地面第三人造成的伤害，不是对乘客所造成的伤害。上海市高级人民法院根据我国《民航法》和《民法通则》的规定，判处大韩航空公司分别赔偿 4 位空难死难者家属 88 万、88 万、108 万和 111 万元人民币，另一名死难者家属和韩国大韩航空公司达成协议，接受了 52.5 万元的赔偿。

第 12 章　航空保险法律制度

12.1　航空保险基本理论

12.1.1　航空保险的概念

航空保险是指投保人根据合同约定，向保险人支付保险费，保险人对于合同约定的可能发生的航空事故因其发生所造成的财产损失承担赔偿保险金责任，或者当被保险人死亡、伤残、疾病或者达到合同约定的年龄、期限时承担给付保险金责任的商业保险行为，即承保与航空有关的各种空中与地面的损失。简单来说，航空保险是有关飞机各种危险和保险的总称。引起航空事故的原因很多，主要有天气不佳、飞机设计或制造瑕疵、维修保养不良引起的机械故障、航空器被恶意破坏、驾驶员的疏忽、机场缺陷、塔台指挥错误及其他因素。因此，航空保险对于转嫁航空事故所发生的风险，促进航空运输业的发展，以及保护被保险人的合法权益意义重大。

航空保险具有以下三个方面的含义。

第一，航空保险是商业保险行为，商业保险具有营利性，以追求经济效益为目的。

第二，航空保险是一种合同行为，即通过签订保险合同，明确双方当事人的权利与义务，被保险人以缴纳保费获取保险合同规定范围内的赔偿，保险人则有收受保费的权利和提供赔偿的义务。

第三，航空保险是经济补偿或保险给付以合同约定的保险事故发生为条件。

航空保险法是指以航空保险关系为调整对象的法律规范的总称。国际上没有统一的狭义上的国际航空保险法，国际航空运输的保险分散于相关其他国际条约之中。在各国国内法中，航空保险的相关规定也是散落于保险法中。狭义上几乎没有单独称为航空保险法。

12.1.2　航空保险的特征

和其他保险相比，航空保险具有以下三个方面的特征。

第一，航空保险保险金额高。航空运输业是一个高风险的行业，安全风险和经营风险都比较高。因此，不仅保险费用高，而且赔付的保险金额也很高。

第二，再保险和共保必不可少。航空保险虽然市场巨大，但其风险也同样是十分巨大的，因此，如果没有再保险的安排，单个保险公司是无法承受巨额和大面积灾害累积风险的。再保险客观上扩大直接承保公司的承保能力，使他们的经营更加稳定，直接承保公司承保能力往往有限，如果不安排分保的话，很多保费就不能收。共保是指两个或两个以上的保险人对航空运输保险业务各自承保一定份额的保险。共保保险人独立对被保险人承担保险责任。

第三，航空运输保险险种具有国际化。航空运输保险险种的国际化主要是由航空运输本身具有国际性导致的。国际上航空保险大体分为以下几种：承保飞机机体损失物的保险；对乘客及其行李等的损失赔偿责任保险；对飞机以外的第三者的损失赔偿责任保险；对空运货物的损失赔偿责任保险；有关机场设施及业务的损失赔偿责任保险；对飞机保管者的委托飞机的损失赔偿责任保险；飞机制造者、修理者的产品责任保险；承保驾驶员、乘务员、乘客等搭乘飞机中受伤害的伤害保险。这些保险险种我国均具有。

12.1.3 航空保险的险种

航空保险主要有机身险、责任险、战争险和其他四大类。机身险包括飞机机身（零备件）一切险、机身免赔额保险和飞机试飞保险等。责任险包括航空承运人综合责任险和其他相关责任险等。战争险包括飞机机身（零备件）战争险、航空承运人综合责任战争险和其他责任险等。其他包括机组人身意外伤害保险、机组人员执照丧失保险等。

1）航空器机身险

航空器机身保险指航空器在飞行或滑行及停放时，由于意外事故造成航空器及其附件的损失或损坏，以及因意外引起的航空器拆卸重装和运输的费用和清除残骸的费用，保险人负赔偿责任。保险金额由被保险人自行确定，通常按重置价值投保。保险期限为一年定期保险。

机身险分为国际航线机身险和国内航线机身险两种，前者需用外币投保，后者用人民币投保即可。用外币投保的机队，中国人民保险公司还将其拿到伦敦国际保险市场上进行分保险。

（1）机身险的除外责任是：①因战争、敌对行为或武装冲突，投保航空器被劫持或被第三者破坏。②航空器不符合适航条件而飞行。③被保险人的故意行为。④航空器任何部件的自然磨损、制造及机械本身缺陷，以及噪声、污染、放射性沾染造成的损失。除外责任意味着上列情况在保险赔偿范围之外，但有时航空企业又确实需要就某些除外责任的事故进行保险，这时可采取机身附加险的形式获得赔偿。

（2）附加险种如下：①机身战争险。其前提是被保险人必须首先或同时投保机身险。否则，保险人不单独承保该险种。机身战争险主要用于赔偿由于战争、劫持、敌对行为、武装冲突、罢工、民变、暴动、航空器被扣留、没收或第三者恶意破坏所造成的损失。其除外责任是：发生原子弹、氢弹袭击或其他核武器爆炸。②责任战争险。由于机身战争险的责任范围引起被保险人对第三者或旅客应负法律责任的费用由保险人负责赔偿。其他内容与机身战争险相同。③免赔额险。免赔额是指保险人对每次保险事故免赔一定的损失金额，一般以绝对数表示。由于保险人对每次事故的赔偿金额免赔一定比例的损失金额，所以也叫免赔率。航空器保险一般都规定免赔额，损失在免赔额之内，被保险人不得向保险人索赔，保险人只负责超过免赔额部分的损失赔偿。免赔额险是针对免赔额部分的保险，以此来降低被保险人对免赔额部分的风险，免赔额险作为机身险的附加险，通常以机型来决定免赔额，然后另行交纳保险费投保。

2）航空承运人责任险

航空承运人责任险是指航空承运人为旅客或者托运货物，以及由于航空器或航空器上的人、物坠落对第三人造成的人身伤亡或财物损失时，由被保险人（航空器经营人）承担的经济赔偿责任由保险人来负责赔偿的保险。

（1）航空旅客运输法定责任险。航空旅客运输法定责任险是保险人承保被保险人（承运人）因参加保险的航空器发生危险时，对所承运的旅客受到人身伤害及财物损失应负赔偿责任的保险。此类保险的范围与航空承运人的责任范围相同。

（2）航空货物运输法定责任险。航空货物运输法定责任险是指保险人负责赔偿所保航空器承运的货物，从承运时起至交付收货人时止的过程中，如发生损失或延迟交付，依法或合同规定应由被保险人承担的赔偿责任。

（3）航空器第三人责任险。航空器第三人责任险是指由于航空器或航空器上的人、物坠落对第三人造成的人身伤亡或财物损失时，应由被保险人（航空器经营人）承担的经济赔偿责任由保险人来负责赔偿的保险。

3）航空旅客意外伤害险

航空人身险是保险人对航空运输中由于意外事故遭受的人身伤亡给予一次性赔偿给付的保险。旅客可以自行决定向保险公司投保航空运输人身意外伤害险。此项保险金额的给付，不得免除或减少承运人应当承担的赔偿金额。现根据《航空旅客意外伤害保险条款》（行业指导性条款）的相关规定，进行简要分析。

（1）保险期间。《航空旅客意外伤害保险条款》第 5 条规定，本合同保险期间自被保险人持本合同约定航班班机的有效机票到达机场通过安全检查时始，至被保险人抵达目的港走出所乘航班班机的舱门时止。被保险人改乘等效航班，本合同继续有效，保险期间自被保险人乘等效航班班机通过安全检查时始，至被保险人抵达目的港走出所乘等效航班班机的舱门时止。

（2）保险责任。《航空旅客意外伤害保险条款》第 3 条规定，在本合同保险期间内，被保险人遭受意外伤害，本公司依下列约定给付保险金。

第一，被保险人自意外伤害发生之日起 180 日内因同一原因身故的，本公司按保险金额给付身故保险金。

第二，被保险人因意外事故下落不明，经人民法院宣告死亡的，本公司按保险金额给付身故保险金。

第三，被保险人自意外伤害发生之日起 180 日内因同一原因身体残疾的，本公司根据《人身保险残疾程度与保险金给付比例表》的规定，按保险金额及该项残疾所对应的给付比例给付残疾保险金。如治疗仍未结束的，按第 180 日的身体情况进行残疾鉴定，并据此给付残疾保险金。被保险人因同一意外伤害造成一项以上身体残疾时，本公司给付对应项残疾保险金之和。但不同残疾项目属于同一手或者同一足时，本公司仅给付其中一项残疾保险金；如残疾项目所对应的给付比例不同时，仅给付其中比例较高一项的残疾保险金。

第四，被保险人因遭受意外伤害在本公司指定或者认可的医院住院治疗所支出的、符合被保险人住所地社会医疗保险主管部门规定可报销的医疗费用，本公司在保险金额的10%的限额内，按其实际支出的医疗费用给付医疗保险金。

第五，本公司所负给付保险金的责任以保险金额为限，对被保险人一次或者累计给付的保险金达到其保险金额时，本合同对该被保险人的保险责任终止。

(3) 保险金额和保险费。《航空旅客意外伤害保险条款》第6条规定，保险金额按份计算，每份保险金额为人民币40万元。同一被保险人最高保险金额为人民币200万元。保险费由投保人在订立本合同时一次交清，每份保险费为人民币20元。

(4) 保险人责任免除。《航空旅客意外伤害保险条款》第4条规定，因下列情形之一，造成被保险人身故、残疾或支出医疗费用的，本公司不负给付保险金的责任：投保人、受益人对被保险人的故意杀害、伤害；被保险人故意犯罪或拒捕；被保险人殴斗、醉酒、自杀、故意自伤及服用、吸食、注射毒品；被保险人受酒精、毒品、管制药物的影响而导致的意外；战争、军事冲突、暴乱或武装叛乱；核爆炸、核辐射或核污染；被保险人乘坐非本合同约定的航班班机遭受意外伤害；被保险人通过安全检查后又离开机场遭受意外伤害。

4) 航空货物运输险

航空货物运输险是指保险人承保法人或自然人向民航企业托运的空运货物，对这些货物在运输过程中因遭受保险责任范围内的自然灾害或意外事故给予赔付的保险。航空货物运输险分为国际航空货物运输险和国内航空货物运输险。

(1) 国际航空货物运输险。根据中国人民保险公司制定的《航空运输货险条款》的规定，进行简要介绍。

第一，责任范围。《航空运输货险条款》规定，本保险分为航空运输险和航空运输一切险两种。被保险货物遭受损失时，本保险按保险单上订明承保险别的条款负赔偿责任。

航空运输险的责任范围。被保险货物在运输途中遭受雷电、火灾、爆炸或由于飞机遭受恶劣气候或其他危难事故而被抛弃，或由于飞机遭受碰撞、倾覆、坠落或失踪意外事故所造成的全部或部分损失。被保险人对遭受承保责任内危险的货物采取抢救，防止或减少货损的措施而支付的合理费用，但以不超过该批被救货物的保险金额为限。

航空运输一切险的责任范围。除包括上列航空运输险的责任外，本保险还负责被保险货物由外来原因造成的全部或部分损失。

第二，责任期间。《航空运输货险条款》规定，本保险负“仓至仓”责任，自被保险货物运离保险单所载明的起运地仓库或储存处所开始运输时生效，包括正常运输过程中的运输工具在内，直至该项货物运达保险单所载明目的地收货人的最后仓库或储存处所或被保险人用作分配、分派或非正常运输的其他储存处所为止。如未运抵上述仓库或储存处所，则以被保险货物在最后卸载地卸离飞机后满30天为止。如在上述30天内被保险的货物需转送到非保险单所载明的目的地时，则以该项货物开始转运时终止。

由于被保险人无法控制的运输延迟、绕道、被迫卸货、重行装载、转载或承运人运用运输契约赋予的权限所作的任何航行上的变更或终止运输契约，致使被保险货物运到非保险单所载目的地时，在被保险人及时将获知的情况通知保险人，并在必要时加缴保险费的情况下，本保险仍继续有效。保险责任按下述规定终止：被保险货物如在非保险单所载目的地出售，保险责任至交货时为止，但不论任何情况均以被保险的货物在卸载地离飞机后满 30 天为止。被保险货物在上述 30 天期限内继续运往保险单所载原目的地或其他目的地时，保险责任仍按上述规定终止。

第三，除外责任。《航空运输货险条款》规定，本保险对下列损失不负赔偿责任：①被保险人的故意行为或过失所造成的损失。②属于发货责任所引起的损失。③保险责任开始前，被保险货物已存在的品质不良或数量短差所造成的损失。④被保险货物的自然损耗、本质缺陷、特性及市价跌落，运输延迟所引起的损失或费用。⑤本公司航空运输货物战争险条款和货物及罢工险条款规定的责任范围和除外责任。

(2) 国内航空货物运输险。现对中国人民保险公司制定的《国内航空货物运输保险条款》进行简要介绍。

第一，保险标的范围。《国内航空货物运输保险条款》第 1～3 条对保险标的的范围进行了规定，即凡在国内经航空运输的货物均可为本保险之标的。下列货物非经投保人与保险人特别约定，并在保险单（凭证）上载明，不在保险标的范围以内：金银、珠宝、钻石、玉器、首饰、古币、古玩、古书、古画、邮票、艺术品、稀有金属等珍贵财物。下列货物不在保险标的范围以内：蔬菜、水果、活牲畜、禽鱼类和其他动物。

第二，保险责任。《国内航空货物运输保险条款》第 4 条和第 5 条对保险责任进行了规定。《国内航空货物运输保险条款》第 4 条规定，由于下列保险事故造成保险货物的损失，保险人负赔偿责任：①火灾、爆炸、雷电、冰雹、暴风、暴雨、洪水、海啸、地陷、崖崩；②因飞机遭受碰撞、倾覆、坠落、失踪（在 3 个月以上），在危难中发生卸载，以及遭受恶劣气候或其他危难事故发生抛弃行为所造成的损失；③因受震动、碰撞或压力而造成破碎、弯曲、凹瘪、折断、开裂的损失；④因包装破裂致使货物散失的损失；⑤凡属液体、半流体或者需要用液体保藏的保险货物，在运输途中因受震动、碰撞或压力致使所装容器（包括封口）损坏发生渗漏而造成的损失，或用液体保藏的货物因液体渗漏而致保藏货物腐烂的损失；⑥遭受盗窃或者提货不着的损失；⑦在装货、卸货时和港内地面运输过程中，因遭受不可抗力的意外事故及雨淋所造成的损失。

《国内航空货物运输保险条款》第 5 条规定，在发生责任范围内的灾害事故时，因施救或保护保险货物而支付的直接合理费用，这些“直接合理费用”也属于保险责任的范围。

第三，责任起讫。《国内航空货物运输保险条款》第 9 条规定，保险责任是自保险货物经承运人收讫并签发保险单（凭证）时起，至该保险单（凭证）上的目的地的收货人在当地的第一个仓库或储存处所时终止。但保险货物运抵目的地后，如果收货人未及时提货，则保险责任的终止期最多延长至以收货人接到《到货通知单》以后的 15 天为限（以邮戳日期为准）。

《国内航空货物运输保险条款》第 10 条规定，由于被保险人无法控制的运输延迟、绕道、被迫卸货、重行装载、转载或承运人运用运输契约赋予的权限所作的任何航行上的变更或终止运输契约，致使被保险货物运输到非保险单所载目的地时，在被保险人及时将获知的情况通知保险人，并在必要时加缴保险费的情况下，本保险仍继续有效。保险责任按下述规定终止：①保险货物如在非保险单所载目的地出售，保险责任至交货时为止。但不论任何情况，均以保险货物在卸载地卸离飞机后满 15 天为止。②保险货物在上述 15 天期限内继续运往保险单所载原目的地或其他目的地时，保险责任仍按上述第①款的规定终止。

第四，责任免除。《国内航空货物运输保险条款》第 6 条规定，由于下列原因造成保险货物的损失，保险人不负责赔偿：①战争、军事行动、扣押、罢工、哄抢和暴动；②核反应、核子辐射和放射性污染；③保险货物自然损耗，本质缺陷、特性所引起的污染、变质、损坏，以及货物包装不善；④在保险责任开始前，被保险货物已存在的品质不良或数量短差所造成的损失；⑤市价跌落、运输延迟所引起的损失；⑥属于发货人责任引起的损失；⑦被保险人或投保人的故意行为或违法犯罪行为。

由于行政行为或执法行为所致的损失保险人也不负责赔偿。其他不属于保险责任范围内的损失。

5）其他航空保险险种

其他航空保险险种主要有：航空器试飞保险、机场责任险、空中交通管制员责任险、航空产品责任险、飞行表演责任险、机组人员意外伤害险等。

航空器试飞保险是指保险人对被保险航空器在试飞行过程中，以及在地面上待试飞时因保险单除外责任以外的原因造成的损失，以及引起被保险人对第三者或旅客应负的法定责任。

机场责任险，全称是“机场所有人和经营人法定责任险”，指机场运营中产生的人身伤亡或财产损失应由机场所有人或经营人承担赔偿责任的保险。

空中交通管制员责任险，指由空中交通管制员的过失导致航空器事故造成人员伤亡或财产损失应承担赔偿责任的保险。

航空产品责任险，指由航空产品的原因导致航空事故应由制造厂商承担赔偿责任的保险。

飞行表演责任险，指飞行表演因意外事故造成人员伤亡或财产损失应承担赔偿责任的保险。

机组人员意外伤害险，指机组人员由于飞行事故遭受人身伤亡时，由保险公司按照保险合同的约定给付保险金的保险。

12.1.4 航空保险的形式

快捷的航空运输，给市场经济的参与者带来竞争上的优势，同时，也存在着发生保险事故的风险。为适应航空运输的特点和航空保险层次的多样化，航空保险的实施也分为不同的形式。

1. 自愿保险

自愿保险是保险人和投保人在自愿的基础上，双方一致同意订立保险合同，建立保险法律关系的行为。投保人有自行选择投保与否的权利。保险人对不符合保险条例的投保条件也享有拒绝承保的权利。例如，国内航空运输货物险、旅客人身意外伤害险等都属于此范畴。

2. 强制保险

强制保险也叫法定保险，是国家法律规定强制实施的保险。强制保险是国家干预国民经济活动的一种方式，为维护经济秩序而设定。鉴于某些行业或某些经济活动存在一定风险，可能对经济秩序产生破坏，为了使从事这些行业或活动的法人、自然人或非法人组织能够减少经营风险，有能力承担赔偿责任，同时也为了保证保险事故受害人能及时得到补偿，国家法律明确规定这些法人、自然人或非法人组织必须投保。否则，将不得从事某种经营或招致行政处罚。我国《民航法》规定“公共航空运输企业应当投保地面第三人责任险”（第 105 条），“从事通用航空的，应当投保地面第三人责任险”（第 150 条），这些都属于强制性法律规定。这些强制保险属于责任保险范畴，它与客观和有限额赔偿共同构成了我国的航空损害赔偿制度。所以，强制保险在我国民用航空事业中的地位不容忽视。

关于强制保险的国内法规定，同样适用于外国人经营的外国民用航空器在我国境内从事的民用航空活动。我国《民航法》第 175 条规定：“外国民用航空器飞入中华人民共和国领空，其经营人应当提供有关证明书，证明其已经投保地面第三人责任险或者已经取得相应的责任担保，其经营人未提供有关证明书的，中华人民共和国国务院民用航空主管部门有权拒绝其飞入中华人民共和国领空。”

我国立法关于强制投保第三人责任险的规定，与世界各国的立法和航空惯例相一致。也与 1952 年《罗马公约》中关于任何缔约国可以要求在另一缔约国登记的航空器经营人，就航空器可能在该缔约国领土内对地面或水面上第三人造成损害应承担的责任进行保险，或提供其他方式的担保的精神相一致。

12.2　航空保险赔偿与保险争议的解决

12.2.1　索赔

索赔指投保人、被保险人或受益人在发生保险事故、遭受财产损失或人身伤亡以后，要求保险人履行赔偿或给付保险金义务的行为。保险索赔是被保险人获得实际的保险保障和实现其保险权益的具体体现。大多数保险单对有关索赔手续，以及需要具备哪些单证等进行了明文规定。需要注意的是，索赔作为被保险人一项权利是有时效限制的，保险种类不同，其时效也有所不同。

1. 索赔条件

不同保险的索赔条件有所不同，一般而言，索赔的条件主要有：保险标的遭受保险事故发生；保险标的遭受损失的原因必须是保险责任范围内的保险事故造成；不属于保险人的除外责任；法定的索赔期限时效内。被保险人从获悉遭受损失的次日起，如果经过两年不向保险人申请赔偿，不提供必要的单证，或者不领取应得的赔款，则视为自愿放弃权益。

2. 索赔程序

1）通知保险人

在保险事故发生后，被保险人和受益人应在积极抢救的同时，以最快最有效的方式通知保险人，提出索赔要求。这一通知叫出险通知或损失通知，如发生航空器损失、人员伤亡等，被保险人（承运人）的航务、机务、运输、飞行安全、技术等部门，有义务在规定时间内将发生事故的时间、地点、机型、机号、航班号、人员伤亡和财产损失的情况通知民航财务部门。再由财务部门立即报告中国民航局财务司和通知当地保险公司，以便中国民航局财务司和中国人民保险总公司联系，决定要否进行现场勘查。

2）被保险人必须提供必要的索赔单证

索赔单证包括保险单、账册、收据、发票、装箱单、出险证明书、出险调查报告、损失鉴定证明、损失清单、抢救整理的原始单据等。

12.2.2 理赔

保险人在保险事故发生后，对被保险人的索赔案件核实情况，根据出险情况确定保险责任程序和具体实现经济补偿的工作称为理赔。

1. 理赔原则

理赔的原则主要有三个方面。

第一，按保险合同办事原则。严格遵守保险条款，承担经济补偿义务。赔偿金额确定后，保险人必须在法定期限内支付。否则视为违反合同，应承担违约金。

第二，主动、迅速、准确、合理的原则。即主动开展理赔工作，按法定时间及时赔偿，明确保险责任，不错赔、不滥赔，具体情况具体分析，符合法律标准和道德标准。主动、迅速、准确、合理是互相制约和互相联系的统一体。

第三，坚持实事求是原则。深入实际调查研究，实事求是地处理保险赔偿。

2. 理赔程序

（1）登记立案。保险人得到被保险人的损失通知后，应在赔款案件登记簿上将有关内容登记立案。

（2）查勘案情。保险人的理赔人员必须对出险案件的保险单是否有效、保险利益是否存在、投保条件和特约事项情况如何、是否有重复保险等进行审查。查勘现场时要按顺序和要求做好记录，必要时写好查勘报告。

（3）责任审定。凡在核赔权以内的各类案件，理赔部门要认真研究联系记录或查勘报告，通过专人审定对案件责任得出初步结论，然后报上级审批。凡涉及追偿第三人责任的案件，应先由被保险人填写“权益转让书”，再履行赔付义务。

（4）损余物资处理。在适当照顾被保险人利益的同时，应使受损财产得到充分利用。必须由保险人收回的损余物资，可经过规定手续冲减赔款支出。

（5）赔款计算。属保险责任范围内的损失，应先审查被保险人提供的损失清单，然后按标的损失、施救费用、查勘费用、损余收回、免赔额等各项公式计算，填制赔款计算书。凡以外汇投保的，保险人以外汇赔付；凡以人民币投保的，保险人以人民币赔付。

（6）结案。保险人的财会部门接到赔款计算书后，必须在法定期限内将赔偿款支付给被保险人。理赔人员将全案文件和单证归档结案。

12.2.3　保险争议的解决

被保险人与保险人发生争议时，应协商解决，双方不能达成协议时，可以提交仲裁机关或法院处理。

第 13 章 航空刑事法律制度

13.1 国际航空刑事法律制度

航空运输是一种高度危险作业，航空事故一旦发生不仅会危及航空器内的乘客和机组人员的生命财产安全，而且还会危及地面人员的生命财产安全。造成航空运输事故的因素很多，其中比较重要的是航空犯罪行为，所以预防和打击航空犯罪行为，对保障航空安全，防止航空事故的发生意义重大。航空运输具有国际性的特点，预防和打击航空犯罪只靠一个国家及其国内立法是很难完全奏效的。因此，必须加强国际合作，进行国际统一立法，才能真正地预防和打击航空犯罪行为，确保航空运输安全和有序地运行。

在《芝加哥公约》签订前，航空犯罪行为已经出现。例如，1932 年第一次劫持飞机的事件发生在秘鲁，几名秘鲁失败的革命者劫持飞机逃跑，但当时并没有引起人们足够的重视。在随后签订的《芝加哥公约》并没有对预防和打击航空犯罪进行具体规定，只是在序言中指出，“下列签字各国议定了若干原则和方法，使国际民用航空按照安全和有秩序的进行……”，“每一缔约国应采取适当措施，禁止将在该国登记的、或在该国有主要营业地或永久居所的经营人所经营的任何民用航空器蓄意用于与本公约的宗旨不相符的任何目的”，“各缔约国同意不将民用航空用于和本公约的宗旨不相符的任何目的”。但为确保航空活动安全和有秩序地运行，国际民航组织还制定了一个附件，即附件 17《安全保卫——防止非法干扰国际民用航空的行为》。

《芝加哥公约》生效后不久，从 20 世纪 40 年代末开始，危及航空安全的犯罪行为不断增多。以劫持航空器为例，1947～1952 年，这一阶段共发生劫机事件 22 起，平均每年 3.7 起，成功 21 起，成功率高达 95%。从 1954～1967 年，这一阶段共发生劫机事件 58 起，平均每年 4.1 起，成功 39 起，成功率为 67.2%。这时国际社会重新审视《芝加哥公约》及附件 17 的规定，发现并没有实质性的能够预防和打击航空犯罪行为的条款，签订一个新的国际公约，成为了国际社会的共识。1963 年《东京公约》应运而生。但从 1968～1972 年，国际劫机事件达到了最高峰，5 年内共发生劫机事件 325 起，平均每年 65 起，成功 201 起，成功率占 61.8%。其中，1968 年发生 30 起，1969 年发生 87 起，平均每 4 天一起，成功 70 起，成功率高达 80.5%。这促使那些先前没有批准或参加《东京公约》的国家纷纷批准或参加《东京公约》，但同时人们还发现《东京公约》第 11 条所规定的劫机条款，对打击和预防航空犯罪没有太大作用。为此，国际社会通过了 1970 年 12 月的《海牙公约》，专门打击劫机犯罪行为。随后，国际社会又相继制定了 1971 年《蒙特利尔公约》、1988 年《蒙特利尔议定书》和 1991 年《关于注标塑性炸药以便探测的公约》，同时国际民航组织不断修订《芝加哥公约》附件 17 来加强保护国际航空运输的安全。另外，一些地区性的航空立法也为加强对航空犯罪行为的打击起到了重要作用。目前，对预防和打击航空犯罪行为，国际社会已经形成了一整套以国际航空公约为主体的国际法律体系。

13.1.1　《东京公约》

1. 制定原因

1）航空器内的犯罪行为出现了无人管辖的状况

20 世纪 50 年代初，英美两国发生了几起著名的、在飞机上犯罪却无人管的案件。本书仅举其中两起就可见一斑。一起是美国的"美国诉科多瓦"案，案情是：有一对美国好朋友科多瓦与桑塔诺从纽约到波多黎各（加勒比海上岛屿，美国属地）去看足球赛。赛后，亲友设宴为他们送行，两人喝了许多酒，并带了几瓶上飞机，飞行途中他们继续酗酒。酒醉后两人发生争吵与斗殴，许多乘客拥至机舱尾部围观，造成机身因前轻后重而倾斜。当女乘务员出面干预时，被科多瓦拳打脚踢殴打成重伤。当两人所乘泛美航班在纽约降落后，警察将科多瓦逮捕，提交法院审理。结果，受理的纽约东区联邦法院的法官们查遍美国所有相关法律，却找不到对此案管辖的根据，做出美国法院对此案无管辖权的裁决，将案犯释放。因为对于英美法系国家来说，航空器在性质上具有拟人性，在本国登记的航空器仅仅是本国的一个人，而他们只主张属地管辖，所以对不在本国领空内飞行的航空器的犯罪和行为，他们不行使管辖权。英国的"英王诉马丁"案更可以说明这个问题。该案案情是：1955 年，在英国登记的一架民航飞机在从波斯湾的巴林飞往新加坡的途中，发现机组人员马丁携带贩运鸦片。当该飞机返回英国本土后，检察官将马丁逮捕并起诉，其罪名是贩运鸦片违犯了英国《危险毒品条例》所规定的贩运毒品罪，并根据 1949 年英国《民用航空法》第 62 条第 1 款规定："在英国飞机上发生的任何犯罪，为赋予管辖权的目的，均应视为发生的犯罪人当时所在地的犯罪。"于是，将其提交英国法院。被告律师抗辩称，马丁没有在英国犯罪，应该由其在飞行中被发现贩运鸦片的当地法院来判断贩运鸦片是否构成犯罪。英国公诉人依据的英国《危害毒品条约》只能对英国本土有效，没有域外效力。经过反复辩论，主审法官德弗林的裁决是：案犯虽在英国被逮捕，但犯罪地在新加坡，英国法院对此案无管辖权。法院不得不驳回起诉，因为英国法中的成文法规定的犯罪，不适用于在英国境外的在英国登记的飞机上。而 1949 年的英国《民用航空法》第 62 条，并没有规定犯罪，仅对普通法或成文法规所定犯罪申明英国的管辖权。

2）航空器内的犯罪行为出现了双重或多重管辖的局面

在大陆法系国家，传统上是将在本国登记的航空器当成是本国的领土对待，称之为"浮动的领土"，认为发生在具有本国国籍的航空器内的犯罪和行为，本国法院实行属地管辖权。因此，对一桩航空犯罪或行为，很可能出现有数国主张管辖，从而引起"管辖冲突"。例如，在甲国登记的飞机，飞经乙国领空时，机上两国旅客对丁国（乃至戊国）旅客犯罪。如果依大陆法系各国国内法，甲国、乙国（领土管辖原则）、丙国（犯罪人所属国）、丁国（受害人所属国）都可以主张管辖，可能引起冲突。对这类情况，由哪国优先实施管辖呢？传统国际法也没有相应的解决问题的规则。从 20 世纪 20 年代起，欧洲各国学者在“航空器的法律地位”题目下对这个问题进行过反复多次的讨论，提出过各种主张①。例如，发生在 1928 年的“劳文斯廷案”，虽然该案并未涉及航空犯罪，但涉及管辖权的冲突问题。案情是：1928 年，比利时银行家劳文斯廷乘坐自己的私人飞机（在比利时登记），从英国的克罗伊登机场起飞，到法国巴黎附近的勒波尔热机场降落。在飞行中，他忽然失踪了。经调查，最后在英吉利海峡发现了他的尸体，证明他是在英国领空坠机的。作为发生在英国领水上空的事件，按照属地管辖原则，英国当局有权审理此案。作为飞机降落地国法国，也支持这一观点。但比利时当局也提出了管辖权利，比利时当局宣称，死者为比利时公民，只有比利时才有权审理此案，反对英国的裁决。围绕此案的管辖权问题，出现了争议。

3）对机长法律地位认识的进一步深化

航空器升空以后，在这个封闭的空间里面，机长有义务对航空器及其内的人员和财产的安全负责任，而传统理论上机长只对飞机上的相关民事行为享有相应的权利，如 1947 年 2 月的《航空器机长的法律地位公约草案》第 7 条规定：“机长应将发生于航空器上的出生与死亡记录仔航行日志上，并将摘录发给有关各方。”但随着航空犯罪和严重危及航空安全的行为的出现，人们普遍认为，应赋予航空器内的机长相关治安权力和职责，这对预防和打击航空犯罪和行为具有重要作用。人们对机长法律地位认识的进一步深化，导致《东京公约》中用大量篇幅赋予机长的权力和职责。

2. 制定过程

正是由于上述原因，国际民航组织法律委员会从 1950 年起就把“航空器的法律地位”问题列入研究课题。国际社会也普遍认识到，为保障航空安全，必须制定统一的国际公约，1956 年该委员会专门法律小组要制定的公约应达到三个方面的目标：其一，鉴于飞机飞行速度快，在较短时间内就可飞越几国领土，必须为机上犯罪规定相应的刑事管辖权。其二，要避免管辖冲突与双重起诉。其三，为机长规定适当权力以便对机上危害航行安全或纪律行为采取必要措施。

从 1956～1962 年，国际民航组织法律委员会草拟的公约草案共有 1959 年慕尼黑稿、1962 年 3 月蒙特利尔稿与 1962 年 9 月罗马稿三个案文，几经修改，《东京公约》终于在 1969 年 9 月 14 日东京外交会议上被正式签订，于 1969 年 12 月 14 日生效。

我国于 1978 年 11 月 14 日存交批准书、加入书，《东京公约》于 1979 年 2 月 12 日对我国生效，但申明中国政府不受该公约第 24 条第 1 款的约束。另外，中国政府 1997 年 6 月 5 日通知，该公约自 1997 年 7 月 1 日起适用于我国香港特别行政区，同时声明，该公约第 24 条第 1 款所做的保留也适用于我国香港特别行政区。中国政府 1999 年 12 月 6 日通知，该公约自 1999 年 12 月 20 日起适用于我国澳门特别行政区，并声明该公约第 24 条第 1 款所做的保留也适用于我国澳门特别行政区。

---

① 赵维田．论三个反劫机公约．北京：群众出版社，1985：52-61.

3. 适用范围

《东京公约》第1章用两个条文对其适用范围进行了规定，主要包括以下五个方面内容。

第一，本公约适用于：违犯刑法的犯罪；不论是否犯罪，凡可能或确已危害航空器或者机上人员或财产安全，或者危害机上正常秩序与纪律的行为（第1条第1款）。

第二，除第3章另有规定外，本公约适用于在任何缔约国登记的航空器上的人在机上的犯罪或行为，无论该航空器处于飞行中，还是在公海海面或不属于任何国家领土的任何其他区域（第1条第2款）。

第三，在本公约中，航空器从其开动马力起飞到着陆冲程完毕这一时间，都应被认为是在飞行中（第1条第3款）。

第四，本公约不适用于供军事、海关或警察用的航空器（第1条第4款）。

第五，在不妨害第4条规定的条件下，以及除非出于航空器及其所载人员或财产的安全需要外，本公约的任何规定均不得被解释为准许或要求对政治性刑法或对以种族或宗教歧视为基础的刑法的犯罪，采取某种措施（第2条）。

4　管辖权

《东京公约》第3条规定："一、航空器登记国有权对航空器上的犯罪与行为行使管辖权。二、各缔约国都应采取必要措施，以确立其作为登记国对在该国登记的航空器上犯罪的管辖权。三、本公约不排除依本国法行使的任何刑事管辖权。"

1）航空器登记国有权对航空器上的犯罪与行为行使管辖权

正如本书在上文所论述的那样，普通法系国家对在本国的航空器上的犯罪和行为没有管辖权，出现了管辖缺口。《东京公约》弥补了这个缺口，统一了国际规则，推动了传统国际刑法的发展。《东京公约》要求各缔约国都应采取必要措施，以确立其作为登记国对在该国登记的航空器上犯罪的管辖权。在航空运输中，飞机一旦升空，作为一个临时单位，与机上的旅客和财物关系最密切的是飞机登记国，因此登记国管辖是合理的。确立了这种管辖就可以保证在任何情况下，即不论飞机飞越公海或不属任何国家管辖区域时，对机上临时单位的事情不至于出现无管辖的缺口。

有人认为在《东京公约》第3条中，第1款所规定的义务是任意性的义务，第2款规定的义务是强制性义务，他们认为，"采取必要措施"的表述方式，是因为各国将国际条约转化为国内法的宪法程序不同。有些国家如奥地利，只要将本国批准的国际条约在政府公报上公布，就使之具有国内法的效力；而另一些国家如英国，必须经过国会对该国际条约通过专门立法，才对英国法院有约束力。"采取必要措施"不过是对各种各样的这类程序的一种概括性表述。因此，《东京公约》第3条第2款表达的意思是，各缔约国必须通过立法以确立其作为飞机登记国的管辖权，这是一项强制性义务。而《东京公约》第3条第1款规定的则是"司法管辖"，其表述方式是"有权……行使管辖"。它的意思是说，各缔约国"有权其所管辖的犯罪作出明确规定，并有权决定［本国法院］是否行使其管辖权”。这是因为各国刑法规定的犯罪种类很多，不一定所有犯罪都适合于航空犯罪；各国法院对本国立法的管辖权有酌情裁量实施的权力。因此，《东京公约》第 3 条第 1 款规定是一种任意性义务①。

本书认为，既然是义务，就没有放弃的权利，《东京公约》第 3 条第 1 款所针对的对象应是普通法系的国家，因为他们认为对航空器上的犯罪和行为没有管辖权，《东京公约》规定这些国家有管辖权，从而弥补了航空器在不属于任何国家领土或公海上空无人管辖的局面。《东京公约》第 3 条第 2 款是第 1 款的逻辑延续，因为公约的最终实施靠的是国内法，才有可能是第 3 条第 2 款的“缔约各国都应采取必要措施，以确立其作为登记国对在该国登记的航空器上犯罪的管辖权”的规定。按照有些学者的解释，既然《东京公约》第 3 条第 1 款是一种“任意性的义务”，国家可以放弃，那又有何必要采取“必要措施，以确立其作为登记国对在该国登记的航空器上犯罪的管辖权”呢？因此，本书认为从《东京公约》的法律规范的逻辑上看，第 3 条第 1 款是弥补管辖的缺口，第 3 条第 2 款是对第 1 款的理论逻辑的延续，都应当是强制性的条款，因为国家无论确定对什么样的罪行和行为行使管辖权，是国内法的事情，而确立管辖权则是其义务。

2）确立其作为登记国对在该国登记的航空器上犯罪的管辖权

在传统理论中，不仅英美普遍法系各国有一贯恪守刑法域内原则的传统，即使在大陆法系的德国与法国也持谨慎态度，只有在例外情况下才承认外国刑法的域外效力。在国际法上的典型案例是著名的“荷花号”案，在此案中，法国反对土耳其法院有管辖权的主张，不承认土耳其刑法域外效力的意思。但国际常设法院在裁决中一方面承认管辖权的域内性，说“一国不能对其域外行使管辖权，除非依国际习惯或公约所形成的允许性规则”；但又说，“刑法的域内性不是国际法的绝对原则，它与领土主权也并不完全一致”。常设法院的美籍法官穆尔对后一句话持反对意见，他坚持认为，刑法域内性是一个绝对原则。穆尔的这种意见在学术界有相当市场，并一度占了上风，这反应在 1958 年日内瓦《公海公约》第 11 条第 1 款的条文中。该款规定，对公海上船舶碰撞或航行事故引起的船长或船员刑事责任，只能向船旗国或本人国籍国法院起诉。因此，在《东京公约》签订前的讨论中，对一国刑法是否具有域外效力的问题，分歧较大。但最后还是通过了该条款，因为该条款是“为了适应人类航空活动的特殊需要才设立的”。《东京公约》第 3 条规定了这种管辖权，就意味着给予各国刑法以域外效力，并使之获得国际承认，成为一条国际法规则。目前，对本国刑法的域外效力，各国在其国内法中基本上都确立了对在本国登记的航空器内的犯罪享有管辖权。例如，我国 1997 年《刑法》第 6 条第 2 款规定：“凡在中华人民共和国船舶或者飞机内犯罪的，也适用本法。”我国法院对在我国登记的飞机内的犯罪具有刑事管辖权。

3）不排除依本国法行使的任何刑事管辖权

所谓并行管辖体制是指一个国家的数个法院对同一案件具有管辖权，或者数个国家

① 赵维田．国际航空法．北京：社会科学文献出版社，2000：424.

的法院对统一案件具有管辖权。《东京公约》第 3 条第 3 款“本公约不排除依本国法行使的任何刑事管辖权”的规定，就属于并行管辖之列。

在传统国际法中，一国对发生在航空器的案件的管辖权一般有四种情况：属地管辖、属人管辖、保护管辖与普遍管辖。在航空法中，属地管辖包括两种形式，一是发生在本国领空内的航空器上的犯罪和行为，本国享有属地管辖权；二是在传统国际法理论上，特别是大陆法系国家中，一般把在本国登记的航空器当成是本国的浮动领土，或虚拟领土。例如，《奥本海国际法》中就坚持虚拟“浮动领土”说，目的就是对本国航空器内的犯罪和行为行使属地管辖权。属人管辖是指一国对本国域内外的所有国民具有的管辖权，在航空法中，英美法系一般将航空器当成是一个人，他们行使管辖权的依据就是属人管辖权。目前，各国都将具有本国国籍的航空器当成是本国的一个人，也行使属人管辖权。保护管辖是指为保护本国重大利益如安全、经济权益等，而对外国人在本国域外对本国犯罪，而行使的管辖权。在航空法领域，表现为本国航空器在域外被犯罪，本国可行使保护管辖权。普遍管辖权或称普遍原则（universal principle)，是指一国法院对外国人在外国对另外的外国人的犯罪所具有的管辖权。最早起源于地中海沿岸国家的意大利与土耳其，其理由是：不论罪犯是哪国人，也不论在哪里犯罪，对人类总是一种罪恶，应加惩治。在航空法领域，一般认为航空犯罪具有对人类犯罪的一种行为，各国可行使普遍管辖权。《东京公约》第 3 条第 3 款关于“本公约不排除依本国法行使的任何刑事管辖权”，从表面含义上说，任何国家都可按本国国内法规定实施上述四种管辖原则，若联系人类航空活动的国际性特点，飞机能迅速飞经数国领土，对机上犯罪拥有管辖权的国家可能多达四五个甚至更多。这种可能出现的并行管辖的情况是前所未有的。并行管辖常会引起管辖冲突，而《东京公约》预定三个目标之一，正是寻求解决管辖冲突问题。这也是《东京公约》第 3 条第 3 款产生的背景，更是其真谛所在。

当然，对一个航空犯罪案件，依《东京条约》第 3 条第 3 款，可能有许多国家宣称拥有管辖权，但就实际引起冲突的情况说，最经常或最容易出现的冲突是在飞机登记国与飞经国之间。因此，从《东京公约》第一草案开始就试图通过一个条款（《东京公约》第 4 条）来调整这种冲突。不过，《东京公约》对航空器飞经国行使刑事管辖权有一定的限制，规定非登记国的缔约国除五种情况之外，不得为对航空器内的犯罪行使刑事管辖权而干预飞行中的航空器。所谓“干预飞行中的航空器”，是指要求、勒令或拦截飞行中的航空器使其降落，以便行使刑事管辖权。《东京公约》第 4 条规定的这五种例外情况是：“一、犯罪在该国领土上具有后果；二、犯罪人或受害人为该国国民或在该国有常住地者；三、犯罪危及该国安全；四、犯罪违犯了该国现行有关航空器飞行规则或规章；五、为了确保该国遵守其在多边国际协定中所承担的任何义务，有必要行使管辖权。”在并行管辖制度下，不可避免地会产生管辖权冲突问题。正如克洛德·隆布瓦所说：“国际刑法公约引人注目的是，其目的不是解决并行管辖的无政府状况，而是让每个管辖权都能得到实现”。①

① 刘伟民．航空法教程．北京：中国法制出版社，2001：458.

但《东京公约》第 4 条是一个本身自相矛盾的条款。从其立法旨意上说，想将别国“对航行的干预减少到最低限度”，但从条款具体规则的实际效果上说，反而为非登记国干预航行提供了几乎所有合法根据。按“除外”情况的五个款目，各国可依国际国内法的几乎任何管辖原则，即领土原则（第 1 款、第 4 款）、主动与被动国籍原则（第 2 款）、保护原则（第 3 款）和普遍原则（第 5 款），为干预飞行中航空器。更有甚者，后来因 1983 年苏联拦截击落韩国航空公司 KEOO7 号客机而引起的，修改《芝加哥公约》第 3 条的讨论中，《东京公约》第 4 条更成了航空法前进道路上的绊脚石。在 1963 年东京会议上，为寻求解决管辖冲突的其他方案再次做出努力。不少国家代表提出一个排定优先管辖次序的方案，即首先是第一降落地国，其次是飞经国，再次是登记国。但经过讨论，这个方案未获通过，其理由很简单：①任何优先制都必须有一套保证措施，主要是保证引渡的规则，否则就是一句空话。但依传统国际法的引渡规则，要有双边（或多边）引渡协定才有引渡义务。要突破这种规则，绝非一朝一夕之功。②简单排列一个固定不变的优先次序不一定合理，究竟何国有第一优先管辖权常要视具体案情而定。何况，国际法中并行管辖状况众多，过去几百年都没有解决，航空法要打这个头阵是不现实的①。

因此，《东京公约》第 3 条第 3 款关于不排除各国依其国内法行使的任何管辖权的表述所宣布的，是一种没有任何先后次序之分的完全并行管辖。

5. 机长的权力

1）机长的权力行使范围

《东京公约》第 5 条规定：“一、凡在登记国领空或公海或不属任何国家领土区域的上空飞行的航空器上的人，已犯或将犯的犯罪与行为，本章规定不予适用；但凡上一起飞地点或下一想要降落地点不在登记国境内，或者该航空器接着飞往非登记国领空而该人仍在机上者，仍予适用。二、尽管第一条第三款已有规定，但为本章目的，航空器从装载完毕、机舱外部各门均已关闭时起，到打开任何一扇机舱门以卸载时止，均被认为是在飞行中。航空器被迫降落时，本章规定对机上犯罪与行为继续适用，直到国家主管当局接管对航空器与机上人员及财产的责任为止。”

（1）时间范围，指航空器在飞行中。所谓“航空器在飞行中”是“航空器从装载完毕、机舱外部各门均已关闭时起，到打开任何一扇机舱门以卸载时止，均被认为是在飞行中。航空器被迫降落时，本章规定对机上犯罪与行为继续适用，直到国家主管当局接管对航空器与机上人员及财产的责任为止”。

（2）空间范围，指“凡在登记国领空或公海或不属任何国家领土区域的上空飞行的航空器上的人，已犯或将犯的犯罪与行为，本章规定不予适用；但凡上一起飞地点或下一想要降落地点不在登记国境内，或者该航空器接着飞往非登记国领空而该人仍在机上者，仍予适用”。

---

① 赵维田．国际航空法．北京：社会科学文献出版社，2000：427.

2）机长的权力

根据《东京公约》第 6～9 条对机长的权力进行了论述，主要内容包括以下四个方面。

第一，凡机长有正当理由认为某人在航空器上有或将有第 1 条第 1 款所指犯罪或行为者，可以对此人采取包括看管在内的，正当而又必要的措施（第 6 条第 1 款）。这里的“看管”含有强行管制的意思，因为治安权限内最严厉的措施是拘留，而飞机的机舱容积有限，不可能专设禁闭室。再者，条文措词中含有对机长此项权力的限制，即“正当而又必要的措施”，即从客观上说合理合法。另一重限制是由《东京公约》第 7 条规定的：“依第六条对某人采取的看管措施，只应持续到航空器在任何地点降落为止。”关于具体由谁来具体实施这种“包括看管在内的正当而又必要的措施”，机长可命令或授权其他机组人员协助，并可请求或授权（而不是命令）旅客协助，以看管他要看管的人。不仅如此，任何机组人员或旅客如有正当理由认为，必须马上采取正当预防措施以保护航空器或者机上人员或财产的安全，无需经过上述授权，亦可采取此种行动（第 6 条第 2 款）。机组人员或旅客采取的这类正当预防行动，随时都可能出现。

第二，对于有危害航行安全、违反机上正常秩序与纪律行为的人，机长有权在任何降落地点令其下机（第 8 条）。此种权力主要针对有轻罪或即使构不成犯罪但让其留在飞机上危及他人安全的人。

第三，对机上发生的严重犯罪行为，需追究其刑事责任者，机长有将其押送降落地国治安当局的权力。凡机长有正当理由认为，某人在机上的行为，在他看来依航空器登记国刑法已构成严重犯罪者，可将该人送交任一降落地缔约国主管当局（第 9 条第 1 款）。应当注意“在他看来依登记国刑法已构成严重犯罪”这个表述，明文确定了一条由机长判断是否“构成严重犯罪”的标准。如前所述，机长不是法律专家，不可能通晓各国刑法关于何种行为才构成严重犯罪的规则，只能依靠他对本国（登记国）刑法的一般了解，进行主观判断。假若与《东京公约》第 6 条的“正当而又必要”这个客观标准相比较，便可看出“在他看来依登记国刑法”是个比较宽松的主观标准。条文表述上进行这样的规定，主要目的在于鼓励机长勇于负责，果断行动，以免贻误时机，酿成大祸。当然，这里也有容易造成失误，冤枉好人的风险。但权衡利弊，经过反复讨论，各国代表依然进行了上述明文规定。

第四，机长有权依登记国法律，合法掌握证据的权力。这种权力是《东京公约》第 9 条第 3 款暗示赋予的，该款规定：“机长在……将嫌疑犯送交某国当局时，应向该当局提供他依航空器登记国法律合法掌握的证据与材料。”

3）对机长行使权力的保护

《东京公约》第 10 条规定：“凡依本公约采取的行动，不论机长、机组任何其他人员、任何旅客、航空器所有人与经营人，还是为其利益而进行此次飞行的人，在因被采取行动的人所受待遇而提出的任何诉讼中，都不被认为负有责任。”

4）机长的义务

为促使降落地国行使依公约规定的权力，航空器机长有下列义务：及早向该国打招呼，机长应在实际可能的条件下，尽快地将机上载有依第6条规定予以看管的人的案由与情况，于航空器在一国降落前，通知该国当局（第7条第2款），尽快地在降落前将送交该人的意思与案由通知该国主管当局（第9条第2款），则令其下机者亦复如此（第8条第2款）。对严重犯罪者，机长应向降落地国当局“提供他依航空器登记国法律合法掌握的证据与材料”。

6. 降落地国的权力和职责

《东京公约》用了5条（第5章第12～15条，第6章第17条）规定了降落地国的权力与责任。

1）背景

就管辖权来说，如果降落地国是飞机登记国或发生犯罪时飞机飞经国，或犯罪人或受害人为该国国民或该国为其常住地者，降落地国自然可依《东京公约》的登记国原则、领土管辖原则、主动国籍原则、被动国籍原则（如果该国国内法有此规定的话）实施管辖。如果罪犯犯的是贩运毒品罪，而该国又是1961年《麻醉品单一公约》缔约国的话，按照普遍管辖的原则，则可依该公约规则实施处理。但是，也常常会遇到降落地国无管辖权的情况。例如，犯罪人或受害人虽为本国居民，但降落地国是普通法系坚持刑法域内原则的国度。又如，对降落地国来说，机长押送给他认为的罪犯，是一个外国人在外国登记的飞机上于飞经外国领空时对另外的外国人或其财物的犯罪，要实施的就属于像对“国际法上海盗”那样的普遍管辖权。除意大利等个别国家外，一般国家国内法中是没有这种管辖权的。另外，航空犯罪一般具有政治动机，而且这类犯罪与降落地国没有任何法律联系因素，而依各国移民法或入境法，一般也是不许入境的，所以降落地国缺乏处理此等案件的积极性。但如果不赋予降落地国的相关权力和职责，又对预防和打击航空犯罪不利，从而阻碍国际航空运输安全和有秩序地运行。后经多次讨论，《东京公约》还是赋予了降落地国的权力和职责。

2）基本规定

《东京公约》在第12条和第13条第1款规定了降落地国有义务接受机长令其下机者或押送给它的罪犯，同时赋予降落地国一项重要权力，即对机上有严重犯罪行为的人，“凡判明情况有此需要者”，有权加以拘留或采取保证随传随到的其他措施。

《东京公约》赋予降落地国的此项拘留与保证随传随到的权力，和赋予机长的权力一样，是一种“国际警察权力”。之所以这样做，是因为依许多国家的国内法，该国治安当局并无此种权力，所以《东京公约》才在国际上赋予降落地国的这种国际警察权力。但这项权力的行使是有限制的，包括以下四个方面。

第一，降落地国行使拘留或其他措施时，“不得超过提起刑事诉讼或引渡所合理需要的期限”（第 13 条第 2 款）。

第二，降落地国应协助被拘留者“立即与距离最近的其本国适当代表取得联系”（第 13 条第 3 款）。

第三，降落地国“在保护与安全方面需给予不低于本国（该降落地国）国民在同类情况下的待遇”（第 15 条第 2 款）。

第四，降落地国将拘留应立即“通知航空器登记国与被拘留人国籍国”（第 13 条第 5款），并“立即对案情进行初步调查”，“迅速将调查结果报告上述国家，并说明它是否打算行使管辖权”（第 13 条第 4 款、第 5 款）。

3）降落地国依照本国法律对机长移交的人的处理结果

降落地国对令其下机者与有严重犯罪者进行初步调查后，视本人是否有罪，本国是否有或愿意行使管辖权，依据本国引渡法、入境法与驱逐出境法三个方面的具体情况，做出处理。一般情况下，有三种处理办法可供选择。

第一，如调查后认定该人有罪，该国有并愿意行使管辖权，则可依本国法对之提起刑事诉讼。

第二，如调查后认定该人有罪，而该国没有或不愿行使管辖权，则有两种处理办法：凡符合该国引渡法或有关引渡协定者，可以将他引渡；或者将他驱逐出境。

第三，如调查后认定该人无罪，或属可不予起诉的轻罪，则可释放，令其自选出路。

在表述上述规则时，《东京公约》第 14 条的规定因自相矛盾，后来受到批评。《东京公约》第 14 条第 2 款规定，无论是对令其下机者、因犯罪被押送者采取的拘留措施，“都不得认作是该缔约国关于人员入境法所指的准予入境，本公约也不影响缔约国的驱逐人员出境法”。但该条第 1 款又规定，“该（降落地缔约）国可以将他遣返到其国籍国或住所地国或他开始旅行的出发地国”，这实际上相当于一种变相引渡条款。就各国的实践情况来说，降落地国没有或不愿行使管辖权时，一般都会采取驱逐出境的做法。

7. 其他规定

《东京公约》还对劫机、引渡和争端的解决等进行了规定。

1）劫机

《东京公约》还有一个重要的“劫机条款”，即第 11 条，该条规定：“一、凡机上有人使用武力或武力威胁，非法干预、劫夺或以其他不正当方式控制飞行中的航空器，或将采取此类行为者，缔约国应采取一切适当措施，恢复与保持合法机长对航空器的控制。二、凡遇有前款所指情形，航空器降落地缔约国应允许机上旅客与机组人员尽快继续其旅程，并将航空器及所载货物归还给其合法所有人。”

2）引渡

《东京公约》第 15 条和 16 条含有一些关于引渡的条款。

第一，在不影响本公约第 14 条的条件下，按照第 8 条第 1 款的规定离开航空器，或按照第 9 条第 1 款的规定被移交，或在犯了第 11 条第 1 款所指的行为后离开航空器的任何人，在他意欲继续其旅行时，得尽速前往其选择的目的地，除非航空器降落国法律为了刑事追诉或引渡而需要他留在境内（第 15 条第 1 款）。

第二，在不影响缔约国关于入境、许可入境、引渡或驱逐人的法律的条件下，缔约国对于按照本公约第 8 条第 1 款的规定在其领土内离开航空器的人，或按照第 9 条第 1 款的规定所移交的人，或离开航空器而被怀疑为曾犯了第 11 条第 1 款所指的行为的人，在对他的保护和安全方面，应予以不低于在类似情况下给予其本国国民的待遇（第 15 条第 2 款）。

第三，在一缔约国登记的航空器内的犯罪，在引渡问题上，应被认为不仅是发生在发生地点，而且也是发生在航空器登记国领土上。在不影响前款规定的情况下，本公约中的任何规定不应当被解释为规定引渡的义务（第 16 条）。

3）争端的解决

《东京公约》第 24 条对公约争端的解决提供了方法，包括以下三个方面。

第一，如缔约国之间对本公约的解释或引用发生争端而不能以谈判解决时，经其中一方的要求，应交付仲裁。如果在要求仲裁之日起六个月内，当事国对仲裁的组织不能达成协议时，任何一方可按照国际法院的法规提出申请书，将争端提交国际法院（第 24 条第 1 款）。

第二，每个国家在签字、批准或加入本公约时，可以声明该国不受前款规定的约束，其他缔约国对任何做出这种保留的缔约国，不受前款规定的约束（第 24 条第 2 款）。

第三，按照前款规定做出保留的任何缔约国，可以在任何时候通知国际民航组织撤销这一保留（第 24 条第 3 款）。

13.1.2 《海牙公约》

1. 历史背景

《东京公约》第 11 条对劫持航空器罪进行了规定，《东京公约》制定不久，全球性劫机浪潮迭起，当国际舆论纷纷谴责劫机恐怖活动，要求绳之以法时，才发现《东京公约》的这个反劫机条款软弱无力。人们指责它既没有把劫机行为宣布为犯罪，又没有规定惩治规则。对 20 世纪 60 年代末的劫机恶浪，联合国大会两次通过决议，联合国安理会、国际民航组织等国际组织大声疾呼，要求保卫国际民用航空，制定新的国际法规则，惩治劫机犯。1970 年 3 月国际民航组织法律委员会第 17 次蒙特利尔会议迅速拟出了新公约的草案。此后，1970 年 12 月 9 日，又发生了震惊全球的同一天劫持四架从欧洲飞纽约的大型客机并扣押几百名无辜旅客做人质的事件，这个事件的出现为《海牙公约》的制定提供了直接的推动力。在一片声讨劫机恐怖主义浪潮中，1970 年 12 月，召开了制定新公约的海牙外交会议，《海牙公约》应运而生。一年后，该公约生效。在近现代国际法历史上，一个如此重要的文件能这样迅速生效，是罕见的。这也充分反映了国际社会对此项国际立法的紧迫需要。正如《海牙公约》在前言中对制定此公约的目的表述那样，“考虑到非法劫持或控制飞行中的航空器的行为危及人身和财产的安全，严重影响航班的经营，并损害世界人民对民用航空安全的信任；考虑到发生这些行为是令人严重关切的事情；考虑到为了防止这类行为，迫切需要规定适当的措施以惩罚罪犯”。

2. 适用范围

《海牙公约》第3条对其适用范围进行了规定，具体而言，包括以下五个方面。

第一，适用于飞行中的航空器。航空器在飞行中是指，为本公约目的，航空器从装载完毕、机舱外部各门均已关闭时起，到打开任何一扇机舱门以卸载时止，均被视为在飞行中。航空器被迫降落时，在主管当局接管该航空器及机上人员与财产的责任以前，均被视为仍在飞行中（第3条第1款）。

第二，本公约不适用于供军事、海关或警察用的航空器（第3条第2款）。

第三，本公约仅适用于机上发生犯罪的航空器其起飞地点或实际降落地点在该航空器登记国境外者，而其从事国际还是国内飞行则无关紧要（第3条第3款）。

第四，遇有《海牙公约》第5条①所指情况，凡机上发生犯罪的航空器其起飞地点与实际降落地点都在同一国境内，而该国又是该条所指国家之一者，则本公约不适用。

第五，《海牙公约》第3条第3款、第4款虽有规定，但是凡案犯或所称案犯在该航空器登记国以外的国家境内发现者，则不论该航空器起飞地点或实际降落地点在何处，本公约第6～8条、第10条②应予以适用。

3. 劫机犯罪的定义

《海牙公约》对劫持航空器的犯罪进行了规定，包括以下三个方面。

第一，在飞行中航空器上的任何人，凡以武力或武力威胁，或者以任何其他精神胁迫方式，非法劫持或控制该航空器，或者这类行为的任何未遂行为（第1条第1款）。

第二，在飞行中航空器上的任何人，是从事这类行为或其任何未遂行为的共犯，均构成犯罪（第1条第2款）。

第三，各缔约国承允使之成为应予严刑惩治的犯罪（第2条）。

4. “或引渡或起诉”原则

《海牙公约》第6～8条对“或引渡或起诉”的原则进行规定，具体包括以下五个方面。

---

① 《东京公约》第5条规定：“凡几个缔约国建立联营航空器运输组织或国际联营机构，而其所使用的航空器需进行联合登记或国登记者，应以适当方式在它们之间为每架航空器指定一国对该航空器行使管辖权，使之具有本公约所指的登记国性质；并应将此情况通知国际民航组织，以便该组织将通知转告本公约全体缔约国。”

② 《海牙公约》第6～8条主要规定引渡或庇护的原则，下文中有详细论述，第10条规定为：“一、缔约各国对第四条所指罪行和其他行为提出的刑事诉讼，应相互给予最大程度的协助。在任何情况下，都应适用被要求国的法律。二、本条第一款的规定，不应影响因任何其他双边或多边条约在刑事问题上全部地或部分地规定或将规定的相互协助而承担的义务。”

第一，缔约国为引渡或起诉可对罪犯或被指称的罪犯采取拘留或其他措施。《海牙公约》第 6 条第 1 款规定：“罪犯或被指称的罪犯所在的任一缔约国在判明情况有此需要时，应将该人拘留或采取其他措施以保证该人留在境内。这种拘留和其他措施应符合该国的法律规定，但是只有在为了提出刑事诉讼或引渡程序所必要的期间内，才可继续保持这些措施。”

第二，对罪犯或被指称的罪犯采取拘留或其他措施后，“该国应立即对事实进行初步调查”（第 6 条第 2 款）。初步调查的国家应尽速将调查结果通知相关国家，并说明它是否意欲行使管辖权。

第三，应对被采取拘留的人“提供协助，以便其立即与其本国最近的合格代表联系”（第 6 条第 3 款）。同时，“当一国根据本条规定将某人拘留时，它应将拘留该人和应予拘留的情况立即通知航空器登记国、第四条第一款（丙）项所指国家和被拘留人的国籍所属国，如果认为适当，并通知其他有关国家”。

第四，缔约国如不引渡所称的罪犯，则不论罪行是否在其境内发生，应无例外地将此案件提交其主管当局以便起诉。该当局应按照本国法律以对待任何严重性质的普通罪行案件的同样方式做出决定（第 7 条）。

第五，缔约国应在随后签订或现有引渡条约中，应将劫持航空器的犯罪当成是可以引渡的罪行，包括：①劫持航空器罪应看成是包括在缔约各国间现有引渡条约中的一种可引渡的罪行。缔约各国承允将此种罪行作为一种可引渡的罪行列入它们之间将要缔结的每一项引渡条约中（第 8 条第 1 款）。②如一缔约国规定只有在订有引渡条约的条件下才可以引渡，而当该缔约国接到未与其订有引渡条约的另一缔约国的引渡要求时，可以自行决定认为本公约是对该罪行进行引渡的法律根据。引渡应遵照被要求国法律规定的其他条件（第 8 条第 2款）。③缔约各国如没有规定只有在订有引渡条约时才可引渡，则在遵照被要求国法律规定的条件下，承认上述罪行是它们之间可引渡的罪行（第 8 条第 3 款）。④为在缔约各国间的引渡的目的，罪行应看作不仅是发生在所发生的地点，而且也是发生在根据第 4 条第 1 款要求实施其管辖权的国家领土上（第 8 条第 4 款）。

5. 管辖权

《海牙公约》第 4 条对管辖权问题进行规定，包括以下三个方面。

第一，凡属下列情况，各缔约国应采取必要措施以确立其对犯罪，以及与犯罪有联系的所称罪犯以暴力侵害旅客与机组人员的任何其他行为的管辖权。这些情况主要有：在该国登记的航空器上发生犯罪；机上发生犯罪的航空器在该国降落，而所称罪犯仍在机上；在不带机组人员租用航空器上发生犯罪，而承租人的主要营业地在该国，或者承租人无这类营业地而其常住地在该国（第 4 条第 1 款）。

第二，在其境内发现所称罪犯的缔约国，凡不按第 8 条将该人引渡给第 1 款所列的任一国家者，同样应采取必要措施以确立其对犯罪的管辖权（第 4 条第 2 款）。

第三，《海牙公约》第 4 条第 3 款规定，本公约不排除依本国法行使的任何刑事管辖权。

6. 争端的解决

《海牙公约》第 12 条规定缔约国之间对公约解释发生争端时的解决方法，即：“一、如两个或几个缔约国之间对本公约的解释或应用发生争端而不能以谈判解决时，经其中一方的要求，应交付仲裁。如果在要求仲裁之日起六个月内，当事国对仲裁的组成不能达成协议，任何一方可按照国际法院规约，要求将争端提交国际法院。二、每个国家在签字、批准或加入本公约时，可以声明该国不受前款规定的约束。其他缔约国对于任何作出这种保留的缔约国，也不受前款规定的约束。三、按照前款规定作出保留的任何缔约国，可以在任何时候通知保存国政府撤销这一保留。”

7. 其他规定

《海牙公约》第 9 条要求缔约各国应负有采取适当措施来恢复或维护合法机长对航空器的控制，同时，航空器或其旅客或机组所在的任何缔约国应对旅客和机组继续其旅行尽速提供方便，并应将航空器和所载货物不迟延地交还给合法的所有人。

《海牙公约》第 10 条规定了国家之间应给予相互协助：①缔约各国对第 4 条所指罪行和其他行为提出的刑事诉讼，应相互给予最大程度的协助。在任何情况下，都应适用被要求国的法律。②本条第 1 款的规定，不应影响因任何其他双边或多边条约在刑事问题上全部地或部分地规定或将规定的相互协助而承担的义务。

《海牙公约》第 11 条规定了缔约国的报告义务。各缔约国应遵照其本国法尽快地向国际民航组织理事会就下列各项报告它所掌握的任何有关情况：犯罪的情况；根据本公约第 9 条采取的行动；对罪犯或被指称的罪犯所采取的措施，特别是任何引渡程序或其他法律程序的结果。

尽管《海牙公约》进行了某些改进，但仍存不足。不足之处有两个方面：一是没有将或引渡或起诉原则进行更新，没有规定相关国家起诉的义务；二是没有规定劫持飞机引起损害的赔偿主体。

13.1.3　1971 年《蒙特利尔公约》

1971 年《蒙特利尔公约》是《海牙公约》的姊妹篇。当 1970 年初国际民航组织法律委员会讨论起草新公约时，就有意先后拟定两个文件，一是专门针对劫机的，即后来的《海牙公约》；另一个是专门针对毁机，如在飞机上预置定时炸弹或其他爆炸物等，这就是后来产生的 1971 年《蒙特利尔公约》。1971 年《蒙特利尔公约》的主要条款即“或引渡或起诉”原则，管辖条款方面，基本上原文照抄了《海牙公约》的有关条款；而它的主要内容集中在犯罪定义与适用范围两个方面，而这两个方面在制定规则过程中遇到了巨大困难。

1. 航空犯罪定义

1971 年《蒙特利尔公约》第 1 条中对具体犯罪行为进行了规定，包括以下两个方面。

第一，对犯罪的罪名进行了规定。1971 年《蒙特利尔公约》第 1 条第 1 款规定："任何人凡非法地故意地做出下列行为者，均为犯罪：（甲）对飞行中航空器上的人实施暴力行为，凡其具有危害该航空器安全的性质；（乙）毁坏使用中的航空器，或者致使该航空器损坏，使之无法飞行或具有危害其飞行安全的性质；（丙）不论以何种办法，凡在使用中的航空器上放置或由别人放置一种装置或物质，该装置或物质具有毁坏该航空器性质，或者具有造成其损坏使之无法飞行的性质，或者具有造成其损坏足以危及飞行安全的性质；（丁）损坏航行设施，或扰乱其工作，凡任何此种行为具有危及航空器安全的性质；（戊）传送他知道是假的消息，由此危及飞行中航空器的安全。"

第二，无论犯罪是既遂还是未遂，包括共犯都是犯罪。1971 年《蒙特利尔公约》第 1 条第 1 款规定："任何人有下列行为者，亦为犯罪：（甲）该条第一款所指犯罪的未遂行为；（乙）是此类犯罪或其未遂行为者的共犯。"

2. 适用范围

1971 年《蒙特利尔公约》第 2 条和第 4 条对公约的适用范围进行了规定，具体包括以下七个方面。

第一，延长了 1971 年《蒙特利尔公约》适用的时间范围。该公约所规定的时间范围不仅包括航空器在飞行中，即"航空器从装载完毕、机舱外部各门均已关闭时起，直至打开任一机舱门以便卸载时为止，应被认为是在飞行中；航空器强迫降落时，在主当局接管对该航空器及其所载人员和财产的责任前，应被认为仍在飞行中"。还包括航空器在使用中，即从地面人员或机组为某一特定飞行而对航空器进行飞行前的准备时起，直到降落后二十四小时止，该航空器应被认为是在使用中；在任何情况下，使用的期间应包括本条甲款所规定的航空器是在飞行中的整个时间。

第二，1971 年《蒙特利尔公约》不适用于供军事、海关或警察用的航空器（第 4 条第 1 款）。

第三，1971 年《蒙特利尔公约》既适用于国际飞行，也适用于国内飞行。只要航空器的实际或预定起飞或降落地点是在该航空器登记国领土以外；或罪行是在该航空器登记国以外的一国领土内发生的（第 4 条第 2 款）。

第四，尽管有本条第 2 款的规定，在第 1 条第 1 款所指情况下，如罪犯或被指称的罪犯是在该航空器登记国以外的一国领土内被发现，则本公约也应适用（第 4 条第 3 款）。

第五，关于本公约第 9 条所指的各国，在第 1 条第 1 款所指的情况下，如本条第 2 款第 1 项所指地点处于同一国家的领土内，而这一国家又是第 9 条所指国家之一，则本公约不应适用，除非罪行是在该国以外的一国领土内发生或罪犯或被指称的罪犯是在该国以外的一国领土内被发现（第 4 条第 4 款）。

第六，在第 1 条第 1 款第 4 项所指的情况下，只有在航行设备是用于国际航行时，本公约才适用（第 4 条第 5 款）。

第七，第 4 条第 2～5 款的规定，也适用于第 1 条第 2 款所指的情况（第 4 条第

6 款)。

3. 管辖权

1971 年《蒙特利尔公约》第 5 条对管辖权进行了详细规定，主要包括以下三个方面。

第一，在下列情况下，各缔约国应采取必要措施，对罪行实施管辖权：罪行是在该国领土内发生的；罪行是针对在该国登记的航空器，或在该航空器内发生的；在其内发生犯罪行为的航空器在该国降落时被指称的罪犯仍在航空器内；罪行是针对租来时不带机组的航空器，或是在该航空器内发生的，而承租人的主要营业地，或如承租人没有这种营业地，则其永久居所，是在该国（第 5 条第 1 款)。

第二，当被指称的罪犯在缔约国领土内，而该国未按第 8 条的规定将此人引渡给本条第 1 款所指的任一国家时，该缔约国应同样采取必要措施，对第 1 条第 1 款第 1～3 项所指的罪行，以及对第 1 条第 2 款所列与这些款项有关的罪行实施管辖权（第 5 条第 2 款)。

第三，本公约不排斥根据本国法行使任何刑事管辖权（第 5 条第 3 款)。

4. “或引渡或起诉”原则

1971 年《蒙特利尔公约》第 7 条和第 8 条对“或引渡或起诉”原则进行了规定，主要包括以下五个方面。

第一，缔约国如不引渡罪犯，就应对其进行起诉。在其境内发现被指称的罪犯的缔约国，如不将此人引渡，则不论罪行是否在其境内发生，应无例外地将此案件提交其主管当局以便起诉。该当局应按照本国法律，以对待任何严重性质的普通罪行案件的同样方式做出决定（第 7 条)。

第二，前述罪行应看做是包括在缔约各国间现有引渡条约中的一种可引渡的罪行。缔约各国承允将此种罪行作为一种可引渡的罪行列入它们之间将要缔结的每一项引渡条约中（第 8 条第 1 款)。

第三，如一缔约国规定只有在订有引渡条约的条件下才可以引渡，而当该缔约国接到未与其订有引渡条约的另一缔约国的引渡要求时，可以自行决定认为本公约是对该罪行进行引渡的法律根据。引渡应遵照被要求国法律规定的其他条件（第 8 条第 2 款)。

第四，缔约各国如没有规定只有在订有引渡条约下才可引渡，则在遵照被要求国法律规定的条件下，应承认上述罪行是它们之间可引渡的罪行（第 8 条第 3 款)。

第五，为在缔约各国之间引渡的目的，每一罪行应看成不仅是发生在所发生的地点、而且也是发生在根据第 5 条第 1 款第 2～4 项要求实施其管辖权的国家领土上（第 8 条第 4 款)。

5. 争端的解决

1971 年《蒙特利尔公约》第 14 条关于缔约国对公约解释发生争端的解决方法和

《海牙公约》第 12 条的规定完全相同。

6. 其他规定

1971 年《蒙特利尔公约》第 10 条、第 11 条和第 13 条的规定和《海牙公约》第 9 条、第 10 条和第 11 条的规定完全相同。

13.1.4 《芝加哥公约》附件 17 的规定

《芝加哥公约》附件 17《航空保安——防止对国际民用航空进行非法干扰行为》包括 5 章，第 1 章，定义；第 2 章，总则；第 3 章，组织；第 4 章，保安预防措施；第 5 章，对非法干扰行为的管理。

1）定义

在第 1 章定义中，主要对《芝加哥公约》附件 17 中的一些词语进行界定，目的是使附件所规定的现行标准和建议措施的措辞更清晰，令各缔约国对规定有一致的诠释，并能更有效地根据全球保安审计计划进行审计工作。核心定义主要有以下八个方面。

（1）非法干扰行为。非法干扰行为是指危及民航和航空运输安全的行为或预谋行为，包括：非法劫持飞行中的航空器；非法劫持地面上的航空器；在航空器或机场内劫持人质；强行闯入航空器、机场或航空设施场所；企图犯罪而将武器或危险装置或器材引入航空器或机场；发出虚假信息，危及飞行中或者地面上的航空器、机场或民航设施场所的旅客、机组人员、地面人员或大众的安全。

（2）干扰性旅客。干扰性旅客是指旅客违反机场或航空器上的秩序规则，或没有遵守机场工作人员或机组人员的要求，因此扰乱了机场或航空器内的秩序与运作。

（3）保安。为保卫民航安全不受非法干扰行为的影响而采取的措施和使用的人力物力资源的总和。

（4）保安审计。深入检查国家民用航空安全保卫规划的所有实施情况是否合乎标准。

（5）保安管制。防止可能使用武器、炸药或其他危险装置、物品或物质进行非法干扰行为的手段。

（6）保安监察。检查航空公司、机场及其他与保安有关的团体对国家民用航空安全保卫规划相关要求的实施情况。

（7）保安限制区。机场空侧区域当中被认为是高风险的区域，进入该区域时须受保安管制。这些区域通常包括从安全检查站到航空器之间的全部商业旅客离港区域、引桥、行李装箱区、航空器服务等待区域，以及存放已经经过安全检查的行李和货物的区域、货棚、邮件中心、空侧配餐和航空器清洁场地。

（8）保安考察。对保安需求的评估，包括指出可能成为非法干扰行为的薄弱环节，并且推荐使用的改善措施。

2）总则

在总则中，主要对航空保安——防止对国际民用航空进行非法干扰行为的目标、适用性、保安和简化手续、国际合作，以及设备、研究和开发进行了规定。

（1）目标。《芝加哥公约》附件 17 规定，航空保安——防止对国际民用航空进行非法干扰行为的目标主要有以下三个方面。

第一，每一缔约国必须将保护旅客、机组、地面人员和一般公众的安全作为防止对民用航空进行非法干扰行为的一切事物中的首要目的（第 2.1.1 条）。

第二，每一缔约国必须建立一个机构，并制定和实施规章、措施和程序以防止对民用航空进行非法干扰行为，同时需考虑到飞行的安全、正常和效率（第 2.1.2 条）。

第三，缔约国必须确保其航空组织、规章、措施和程序满足以下条件：在所有与非法干扰行为有关的事件中保护乘客、机组人员、地面工作人员以及公众的安全；能够在保安威胁等级增加时迅速应对（第 2.1.3 条）。

（2）适用性。《芝加哥公约》附件 17 要求，每一缔约国的国际民航业务都必须符合附件 17 的标准，同时考虑要尽力符合附件 17 中的各项建议措施（第 2.2.1 条）。还要求，每一缔约国必须根据有关国家当局建立的风险评估机制，确保用于防止非法干扰行为的措施在切实可行的范围内适用于国内航运（第 2.2.2 条）。

（3）保安和简化手续。《芝加哥公约》附件 17 建议，每一缔约国应尽可能安排保安管制和程序，使其对民航活动的干扰或延误保持在最低程度，条件是这些管制和措施的有效性不受影响（第 2.3 条）。

（4）国际合作。《芝加哥公约》附件 17 所规定的国际合作主要包括缔约国在安全措施标准、信息等方面进行国际合作，共同防止非法干扰行为的发生，以维护民用航空安全，主要包括以下四个方面。

第一，每一缔约国必须保证尽量满足其他缔约国为特定飞行而提出的附加的安全措施。提出要求一方应考虑对方所提供的其他安全措施。这些措施的标准与原先提出的措施标准相若（第 2.4.1 条）。

第二，如有需要，每一缔约国必须在制定和交换有关国家民用航空安全保卫规划、培训计划和质量控制计划的信息方面，与其他缔约国进行合作（第 2.4.2 条）。

第三，每一缔约国必须建立以及实施具体程序以保证在切实可行的范围内与其他缔约国分享适用于其他缔约国航空保安利益的威胁信息（第 2.4.3 条）。

第四，每一缔约国必须就与其他缔约国分享的保安信息或会影响其他缔约国保安利益的保安信息，建立和实施适当的保护和处理程序，以确保避免不恰当地使用和泄露这些信息（第 2.4.4 条）。

另外，《芝加哥公约》附件 17 还建议，当一个缔约国被其他缔约国要求分享国际民航组织保安审计的结果以及改善措施时，在不影响其主权的情况下，缔约国应满足其要求（第 2.4.5 条），并将该共享信息通知国际民航组织。每一缔约国应在所有双边航空运输协议中写入关于航空保安的条款。条款可以参考国际民航组织制定的样本（第 2.4.6 条）。每一缔约国就另一个缔约国的要求，向其提供书面的国家民用航空安全保卫规划的有关部分（第 2.4.7 条）。

（5）设备、研究和开发。《芝加哥公约》附件 17 建议，每一缔约国应鼓励研制能更好地实现民航保安的新保安设备及程序，并应在这方面与其他缔约国合作（第 2.5.1 条）。每个缔约国应保证新的保安设备的开发要考虑到人的因素原则（第 2.5.2 条）。

3）组织

附件 17 对航空保安——防止对国际民用航空进行非法干扰行为的国家组织和有关当局、机场运营、航空器经营人及质量控制进行了相关规定。

4）保安预防措施

（1）目标。《芝加哥公约》附件 17 规定保安预防措施的目标是每一缔约国必须制定措施，防止以任何方式在民用航空器上运载或携带未经授权运载的武器、炸药或其他可能用于非法干扰行为的危险装置、物品和物质（第 4.1 条）。

（2）通行管制的措施，包括以下六个方面。

第一，每一缔约国必须对民航机场的空侧区域实施进入管制，防止未经许可的进入（第 4.2.1 条）。

第二，每一缔约国必须保证按照国家有关当局建立的保安风险评估机制，在每一个民航机场建立保安限制区（第 4.2.2 条）。

第三，每一缔约国必须确保建立对车辆和人员的身份识别系统，防止未经授权者进入空侧区域和保安限制区。车辆和人员在指定的安检点执行身份验证程序后，方可被允许进入空侧区域和保安限制区（第 4.2.3 条）。

第四，每一缔约国必须保证在授权无人陪伴进入保安限制区之前，对有关人员（不包括旅客）进行背景调查（第 4.2.4 条）。

第五，每一缔约国必须确保对保安限制区内活动的所有人员和车辆的活动都实行监控，防止未经授权者接触航空器（第 4.2.5 条）。

第六，每一缔约国必须保证，旅客以外被批准追入保安限制区的人员连同所携带的物品会按比例接受检查。这个比例是根据有关国家当局实施的风险评估而定（第 4.2.6 条）。

另外，《芝加哥公约》附件 17 还建议，按照 Doc 9303《机读旅行文件》中规定的相关规格，每一缔约国必须向机组成员颁发批准其进入空侧区域和保安限制区的身份证明文件。该文件须列载一致可靠的国际性基本数据以确保该证件有效和能够被辨识（第 4.2.7 条）。并建议，每一缔约国应当保证对经批准无人陪伴进入保安限制区的所有人员定重复进行第 4.2.4 条规定的审查（第 4.2.8 条）。

（3）关于航空器的措施。《芝加哥公约》附件 17 对关于航空器的措施，主要包括以下五个方面。

第一，每一缔约国必须保证对从事商业航空运输的始发航空器进行航空保安检查或搜查。是否对航空器进行保安检查或搜查视乎国家有关当局制定的保安风险评估机制而定（第 4.3.1 条）。

第二，每一缔约国必须采取措施，确保商务飞行的旅客在离开航空器时不会将物品留在航空器上（第 4.3.2 条）。

第三，每一缔约国必须要求其商业航空运输经营人采取措施以确保未经批准人员在飞行中不得进入飞行机组舱（第 4.3.3 条）。

第四，每一缔约国必须确保航空器遵从第 4.3.1 条的要求，从开始检查或搜查航空器到航空器起飞的这段时间内，不会受到任何未经授权的干扰（第 4.3.4 条）。

第五，建议每一缔约国应该确保设立管制以保证航空器在保安限制区以外时也不会受到任何非法干扰（第 4.3.5 条）。

（4）关于旅客及其客舱行李的措施，主要包括以下四个方面。

第一，每一缔约国必须制定保安措施，确保商业航空运输的始发旅客和他们的客舱行李从保安限制区到登上航空器之前要经过安全检查（第 4.4.1 条）。

第二，每一缔约国必须确保商业航空运输的中转旅客和他们的客舱行李在登上飞机前接受安全检查，除非缔约国与其他缔约国已合作建立一系列的确认手续和操作程序，确保旅客和客舱行李在始发地已经通过适当程度的安全检查，并且在从始发机场筛查点到中转机场离港前的整个过程中都受到保护，不会受到任何未经授权的干扰（第 4.4.2 条）。

第三，每一缔约国必须确保通过安全检查的旅客及其客舱行李从筛查点到登机前的整个过程中不受到任何未经授权的干扰。如果出现混合或接触，有关旅客及其客舱行李必须在登机前重新检查（第 4.4.3 条）。

第四，每一缔约国必须在机场建立中转程序的安全措施，确保旅客及其客舱行李从筛查点到登机前的整个过程中不会受到任何未经授权的干扰，保持整个中转过程运作顺利（第 4.4.4 条）。

（5）关于货舱行李的措施，主要包括以下六个方面。

第一，每一缔约国必须制定措施，以确保始发的货舱行李，通过安全检查程序后才可以离开保安限制区，装上商业航空运输航空器（第 4.5.1 条）。

第二，每一缔约国必须确保所有等待商业运输航空器运载的货舱行李，自接受安全检查或交由承运人接管的地点起（以较早者为准），直到载运该行李的航空器离港为止都会受到保护，不会受到未经授权的干扰。如果货舱行李受到干扰，则必须在装上航空器前重新检查（第 4.5.2 条）。

第三，每一缔约国必须确保经营商业航空运输经营人不会运载未登机旅客的行李，除非该行李已经被标明为［无人伴运行李］，而且已经通过额外的安全检查（第 4.5.3 条）。

第四，每一缔约国必须确隙机的隙舱行李在被装上从事商业航空运输的航空器之前通过安全检查，除非缔约国与其他缔约国已合作建立一系列的确认手续和操作程序，确保货舱行李在始发站已经通过适当程度的安全检查，并且在从始发机场到中转机场离港前的整个过程中受到保护，不会受到任何未经授权的干扰（第 4.5.4 条）。

第五，每一缔约国必须确保从事商业航空运输的航空器经营人只会运载标注有［伴运］或已经过适当标准安全检查并由航空公司同意随航班运载的［无人伴运］货舱行李

(第 4.5.5 条)。

第六，每一缔约国应依据有关国家当局实施的保安风险评估机制制定不明行李的处理程序（第 4.5.6 条)。

(6) 关于货物、邮件和其他物品的措施，主要包括以下六个方面。

第一，每一缔约国必须确保在将货物和邮件装上客运航空器之前都受到保安管制(第 4.6.1 条)。

第二，每一缔约国必须确保由客运航空器运载的货物和邮件，自实施保安管制开始直到该航空器离港为止，始终得到保护，不会受到未经授权的干扰（第 4.6.2 条)。

第三，如果管制代理人参与实施保安管制，每一缔约国必须制定管制代理人的资格审批程序（第 4.6.3 条)。

第四，每一缔约国必须确保经营人不会用客运航空器运载货物或邮件，除非管制代理人证明已施保安管制或该货物已受到适当的保安管制（第 4.6.4 条)。

第五，每一缔约国必须确保在客运航空器上载运的配餐品、储存晶和供应晶受到适当的保安管制，并在其后直到装上航空器为止的整个程序中始终受到保护(第 4.6.5 条)。

第六，每一缔约国应该确保全货运航空器上载运的配餐品、储存品和供应品受到适当的保安管制，并在其后直到装上航空器为止的整个过程中始终受到保护（第 4.6.6 条)。

(7) 关于特殊旅客的措施，主要包括以下八个方面。

第一，每一缔约国必须就航空公司运载因司法或行政起诉被强制乘机而具有潜在扰乱性的旅客制定相关规定（第 4.7.1 条)。

第二，每一缔约国必须要求经营飞出该国航班的经营人在他们的安全保卫规划中包括措施和程序，以保证在运载作为司法或行政起诉的对象而被迫乘机的旅客时其航空器上的安全（第 4.7.2 条)。

第三，每一缔约国必须确保当旅客由于司法或行政起诉的对象而被迫乘机时，通知航空器经营人和机长，以便采取适当的保安管制（第 4.7.3 条)。

第四，每一缔约国必须保证，当执法官员或其他授权人员为履行其职责而携带武器乘坐航空器时，需要根据有关国家的法律获得特别的授权（第 4.7.4 条)。

第五，每一缔约国必须考虑其他缔约国申请允许携带武器的人员（包括机上安全员）搭乘申请国经营的航空器的要求。只有所有有关国家同意以后才能允许此类携带武器上机的要求（第 4.7.5 条)。

第六，每一缔约国必须确保只有获授权和合乎资格的人员才获准携带武器，而该等人员须保证武器并未装上子弹（如适用)，以及放置于任何人士于飞行期间都不能接近的位置（第 4.7.6 条)。

第七，凡是在机上部署保安员的缔约国，必须确保这类人员是兼顾了航空器的机上安全和保安两个方面的政府工作人员，经过特别挑选和培训，并根据有关当局的威胁评估机制进行部署。该类保安员的部署必须由有关国家协定并严格保密（第 4.7.7 条)。

第八，每一缔约国必须确保机长会被通知航空器上携带武器的人员数目以及其位置

（第 4.7.8 条）。

5）对非法干扰行为的管理

《芝加哥公约》附件 17 主要从预防、应对和交换情报和报告三个方面进行了规定。

（1）预防，主要包括以下五个方面。

第一，当有可靠情报表明一架航空器可能受到非法干扰时，如果它仍在地面，每一缔约国必须采取措施保护该航空器；如果它已经离港，则必须将该航空器的到达时间尽早提前通知相关的机场当局和空中交通服务部门（第 5.1.1 条）。

第二，当有足够的情报表明一架飞机可能遭受非法干扰时，每一缔约国必须对航空器进行搜查，以查出隐藏的武器、炸药或者其他危险装置、物品和物质。在此之前必须向有关的经营人发出搜查通知（第 5.1.2 条）。

第三，每一缔约国必须确保做出安排，调查、排除和/或在必要时处置机场内可疑的危险装置或其他潜在危险（第 5.1.3 条）。

第四，每一缔约国必须确保制订应急计划并提供资源保护民用航空不会受到非法干扰行为的影响，并定期练习和演练应危计划（第 5.1.4 条）。

第五，每一缔约国必须确保民航机场内可以随时部署经过授权和受到适当训练的人员，以协助处理可疑的和已发生的非法干扰民航安全的案件（第 5.1.5 条）。

（2）应对，主要包括以下七个方面。

第一，每一缔约国必须采取适当措施，保证在其领土内地面上受到非法干扰的航空器上的旅客和机组人员的安全，直到他们可以继续旅行为止（第 5.2.1 条）。

第二，负责向受到非法干扰的航空器提供空中交通服务的每一缔约国，必须收集有关该航空器的所有飞行情报，并把这些情报传送给所有其他负责空中交通服务有关单位的国家，包括已知或预计的目的地机场国家，以便能够及时在飞行时或在已知航空器要去或可能要去的目的地采取适当保护行动（第 5.2.2 条）。

第三，每一缔约国必须向遭受非法劫持的航空器提供援助，包括提供导航设施、空中交通服务以及在情况需要时允许降落（第 5.2.3 条）。

第四，每一缔约国必须采取其认为可行的措施，以确保将降落在其领土上遭受非法劫持的航空器扣留在地面，除非因保护人的生命而必须放行。但是这些措施必须认识到下一步飞行所伴随的严重危险。各国还必须认识到在可行的情况下航空器降落国和航空器经营人所属国之间进行磋商的重要性，并由航空器降落国通知推测的或申明的目的地国（第 5.2.4 条）。

第五，受到非法干扰的航空器降落在一缔约国后，该国必须用最快的方法将降落的消息通知航空器的登记国和经营人所属国，同样用最快的方法将所有其他有关情况发给：上述两个国家；其公民遭受伤亡的每一个国家；其公民被扣作人质的每一个国家：已知其公民在该航空器上的每一个国家；国际民航组织（第 5.2.5 条）。

第六，每一缔约国应该确保根据第 5.2.2 条的规定采取行动后收到的情报尽快发给当地有关的空中交通服务部门、适当的机场管理机构、经营人和其他有关部门（第 5.2.6 条）。

第七，每一缔约国应该本着联合对抗非法干扰行为的目的与其他国家合作。每一缔约国在其领土内采取措施解救遭受非法干扰行为的航空器上的旅客和机组人员，必要时应当使用经营人所属国、生产厂商所属国和航空器登记国的经验和能力（第5.2.7条）。

（3）交换情报和报告，主要包括以下两个方面。

第一，与非法干扰行为有关的每一缔约国在事件解决后，必须尽快将所有关于非法干扰行为的保安方面的有关信息提供给国际民航组织（第5.3.1条）。

第二，每一缔约国应当与其认为适当的其他缔约国交换关于处置非法干扰民航安全行为管理方面的情报，同时把这些信息提供给国际民航组织（第5.3.2条）。

13.2 我国航空刑事法律制度

13.2.1 作用及渊源

1. 作用

保障民用航空安全，是组织实施民用航空活动的首要任务。我国刑法通过惩罚犯罪和预防犯罪，对保障民用航空安全具有极其重要的作用。刑法对保障民用航空安全的作用，主要体现在以下两个方面。

第一，用刑罚同一切非法干扰民用航空的犯罪行为作斗争，坚决制止劫持航空器、破坏航空器或航行设施、干扰空中航行正常工作等行为的发生，以维护空中航行正常秩序，切实保障民用航空安全。

第二，用刑罚同一切玩忽职守，严重违反空中航行法规或操作规程的犯罪行为作斗争，以防止空中交通重大责任事故的发生，切实保障民用航空的安全。前者是指针对航空器、航行设施或航空人员的故意犯罪，对民用航空安全危害极大，必须采取一切行之有效的措施，严密防范、绳之以法、严厉打击、坚决制止；后者是指从事民用航空职业的航空人员的过失犯罪，即航空人员玩忽职守，违反空中航行法规或操作规程，酿成重大责任事故，致人伤亡或者公私财产遭受重大损失。后果严重构成犯罪的，应追究其刑事责任，予以惩罚，避免类似事故再次发生。实践表明，预防措施得力、立法完善、执法严格，是做好民用航空安全工作的可靠保证。

2. 渊源

目前，我国航空刑法的渊源主要有以下三个方面。

（1）1997年《刑法》，分总则与分则两部分。总则篇是关于刑法的任务、基本原则和适用范围，以及犯罪总论、刑罚总论；分则篇中涉及民用航空安全的有第116条、第117条、第119条、第121条、第123条、第131条。

（2）1995年我国《民航法》第191～199条，以及第212条就追究有关刑事责任进行了规定。

（3）程序规则。主要适用《中华人民共和国刑事诉讼法》中的规定。

13.2.2　危害航空安全的犯罪和刑罚

我国已加入了《东京公约》《海牙公约》和 1971 年《蒙特利尔公约》，按照条约必须恪守的原则，我国航空法、《刑法》（本节中没有特殊说明，均指 1997 年《刑法》）中关于危害航空安全的犯罪罪名，基本上与三大公约保持一致。

1. 劫持航空器罪

1）概念

我国《民航法》[①] 第 159 条规定："以暴力、胁迫或者其他方法劫持航空器的，依照关于惩治劫持航空器犯罪分子的决定追究刑事责任。" 1997 年《刑法》第 121 条规定："以暴力、胁迫或者其他方法劫持航空器的，处十年以上有期徒刑或者无期徒刑；致人重伤、死亡或者使航空器遭受严重破坏的，处死刑。"

劫持航空器罪名的发展。1979 年《刑法》第 100 条规定："以反革命为目的，进行下列破坏行为之一的，处无期徒刑或者十年以上有期徒刑；情节较轻的，处三年以上十年以下有期徒刑：（一）爆炸、放火、决水、利用技术或者以其他方法破坏军事设备、生产设施、通信交通设备、建筑工程、防险设备或者其他公共建设、公共财物的；（二）抢劫国家档案、军事物资、工矿企业、银行、商店、仓库或者其他公共财物的；（三）劫持船舰、飞机、火车、电车、汽车的；（四）为敌人指示轰击目标的；（五）制造、抢夺、盗窃枪支、弹药的。" 根据该条规定，法院判决的罪名是反革命劫机罪，如卓长仁劫机案等。我国于 1980 年 9 月 10 日加入了《海牙公约》（公约于 1970 年 10 月 10 日对中国生效），按照条约必须恪守的原则，我国按照条约规定，主要采取了以下的立法措施来履行条约义务：①确立管辖权。《海牙公约》第 4 条第 2 款规定："当被指称的罪犯在缔约国领土内，而该国未按第八条的规定将此人引渡给该条第一款所指的任一国家时，该缔约国应……采取必要措施，对这种罪行实施管辖权。" 全国人大常委会于 1987 年 6 月 23 日通过《关于对中华人民共和国缔结或者参加的国际条约所规定的罪行行使刑事管辖权的决定》，规定："对于中华人民共和国缔结或者参加的国际条约所规定的罪行，中华人民共和国在所承担条约义务的范围内，行使刑事管辖权。" 这一决定覆盖了中国缔结的或将要缔结的一切含有类似条款的国际条约，当然首先是达到了 1970 年本条约对采取措施实施管辖权的要求。②修改法律，补充相应条文，中国 1979 年通过的《刑法》中原来并无关于劫持航空器罪的专门规定（当时被作为反革命破坏罪的行为之一）。1992 年，全国人大常委会颁布《关于惩治劫持航空器犯罪分子的决定》，确立了劫持航空器罪这个罪名，我国《民航法》和 1997 年《刑法》中沿用这个罪名。

2）犯罪构成

（1）犯罪主体。本罪的主体为一般主体。已满 16 周岁具有刑事责任能力的自然人，

---

① 我国《民航法》中所称《刑法》均指 1979 年《刑法》。

无论是中国人，还是外国人或无国籍人，都符合本罪的主体要件。此罪的犯罪主体可以两人或两人以上构成共同犯罪，对于机长是否可以成为此罪的犯罪主体，有人认为机长由于其身份的特殊性，不能成为劫持航空器罪的犯罪主体；但在实践中，出现过机长劫持航空器的行为，而且在判决中，其罪名就是劫持航空器罪。所以机长完全可以成为本罪的主体。

（2）犯罪的主观方面。本罪的主观上只能是故意，即明知劫持航空器的行为会发生危害航空安全的严重后果，并且希望或者放任这种结果的发生。从实践上看，劫持者总是为了达到特定目的，但犯罪目的与动机的内容不影响本罪的成立。

（3）犯罪客体。本罪客体是侵害了航空器上不特定多数人的人身、财产和航空器的安全。本罪侵害的行为对象是正在使用中或者飞行中的航空器。刑法虽没有明文限定为使用中或者飞行中的航空器，但从劫持的含义及有关国际公约来看，应当做出这种限定。根据有关国际公约规定，当地面人员或机组为某一特定飞行而对航空器进行飞行前的准备时起，直到降落后 24 小时为止，该航空器被认为是正在使用中。航空器从装载完毕，机舱外部各门均已关闭时起，直至打开任一机舱门以便卸载时止，视为在飞行中；航空器被迫降落时，在主管当局接管该航空器及机上人员与财产的责任以前，视为仍在飞行中。关于航空器的范围，有人认为只能是民用航空器，有人认为这里的航空器既可以是民用的，也可以是供军事、海关、警察使用的。本书认为是民用航空器，因为我国《民航法》第 5 条明确规定："本法所称民用航空器，是指除用于执行军事、海关、警察飞行任务外的民用航空器。"《东京公约》第 1 条第 4 项也明确地将供军事、海关、警察飞行任务外的航空器排除出去。《海牙公约》第 3 条也明确规定了不适用于供军事、海关、警察用的航空器。1971 年《蒙特利尔公约》第 4 条第 1 款也明确规定，不适用于供军事、海关、警察用的航空器。但有学者在论述劫持航空器罪的时候，对航空器的界定为：空间飞行的各种器工具，如人造卫星、航天飞机、宇宙飞船、运载火箭、飞机或其他航空器具，本书不赞成此种界定。因此，本书认为劫持航空器罪的犯罪对象是民用航空器。

（4）犯罪的客观方面。主要有以下三个方面。

第一，以暴力、胁迫或者其他方法劫持航空器。这里所指的"暴力"，是指对驾驶员等机组人员、旅客或其他相关人员的身体实施打击或者强制，使其不能反抗的行为，如殴打、伤害、禁闭、捆绑等。"胁迫"是指对机上人员进行精神恐吓和强制，使其不敢反抗的行为，如以炸毁飞机、杀害人质相威胁等。"其他方法"，是指除使用上述暴力、胁迫方法以外的其他方法，使被害人不能抗拒或者不知抗拒，在此情况下劫持航空器的行为，如以药物麻醉机上工作人员等。这些方法的共同点是使航空器内的机组人员或其他人员不能反抗、不敢反抗或者不知反抗。"劫持"主要表现为两种情况：一是劫夺航空器，二是强行控制航空器的航行，如强迫航空器改变飞行路线、强迫航空器改变着陆地点等。

第二，劫持航空器罪是行为犯，只要出现了"以暴力、胁迫或者其他方法劫持航空器"的行为，就构成此罪。至于行为人实际上是否劫夺了航空器、实际上是否控制了航空器的航行，则不影响本罪的成立。

第三，劫持航空器的犯罪的时间、地点影响本罪的成立。被劫持的航空器在时间上必须是在使用中或者在飞行中。否则，不构成本罪。

3）处罚

根据 1997 年《刑法》第 121 条的规定，犯劫持航空器罪的，处 10 年以上有期徒刑或者无期徒刑；致人重伤、死亡或者使航空器遭受严重破坏的，处死刑。

2. 暴力危及飞行安全罪

1）概念

我国《民航法》第 192 条规定："对飞行中的民用航空器上的人员使用暴力，危及飞行安全的，依照刑法有关规定追究刑事责任。"[①] 我国 1997 年《刑法》123 条规定："对飞行中的民用航空器上的人员，危及飞行安全，尚未造成严重后果的，处 5 年以下有期徒刑或者拘役；造成严重后果的，处 5 年以上有期徒刑。"

2）犯罪构成

（1）犯罪主体。本罪的主体为一般主体，即达到刑事责任年龄、具有刑事责任能力的自然人。中国公民、外国公民、无国籍人均可构成，主体范围宽泛。

（2）主观方面。本罪主观方面表现为故意（而 1979 年《刑法》第 106 条的规定，此罪可以是过失犯罪。）。故意的内容表现为，行为人明知自己对飞行中的航空器上的人员使用暴力，会危及飞行安全，并且希望或者放任这种结果的发生。

（3）犯罪客体。本罪的犯罪客体是航空安全。对飞行中的航空器上的人员使用暴力，不仅危及被害人的人身安全，更主要的是危及航空器飞行安全，可能造成航空器本身及机组人员和所载乘客的生命、健康、财产的重大损失。航空安全关系到不特定多人的生命及重大财产的安全，因而，这种危害航空安全的行为具有严重的社会危害性。1997 年《刑法》将它列入危害公共安全罪中。

此罪中，其侵害的对象是飞行中的航空器上的人员，但可能危及飞行安全。这里的航空器指的是飞行中的航空器。即该航空器从装载完毕，机舱外部各门均已关闭时起，直至打开任一机舱门以便卸载时止，视为在飞行中；航空器被迫降落时，在主管当局接管该航空器及机上人员与财产的责任以前，视为仍在飞行中。

（4）犯罪的客观方面。主要有以下两个方面。

第一，有对飞行中航空器的人员使用暴力，危及飞行安全的行为。首先，必须使用了暴力，这里的"暴力"，是指直接对航空器上的人员实施杀害、伤害、殴打、捆绑、监禁等危害人身安全或人身自由的手段，是针对人身的危害行为，不包括故意重

---

① 2009 年 8 月 27 日《全国人民代表大会常务委员会关于修改部分法律的决定》中，将《民航法》第 192 条进行了修订，这是修订后的条文。《民航法》原 192 条为"对飞行中的民用航空器上的人员使用暴力，危及飞行安全，尚未造成严重后果的，依照刑法第一百零五条的规定追究刑事责任；造成严重后果的，依照刑法第一百零六条的规定追究刑事责任。"

伤与故意杀人。其次，必须是对航空器上的人员使用暴力，其中的人员既包括机组人员，也包括乘客等航空器上的所有人员。再次，必须是对飞行中的航空器上的人员使用暴力，否则不成立本罪。例如，在航空器还没有装载完毕时，或者在航空器降落后打开机舱门以便卸载时，对航空器中的人员使用暴力的，就不成立本罪。最后，行为在客观上必须危及飞行安全，即对飞行安全构成了威胁。如果使用暴力的行为并不危及飞行安全，就不成立本罪。

第二，本罪不要求暴力行为造成严重后果，只要“危及了飞行安全”。到底怎样才算“危及飞行安全”，要根据具体情况进行分析。

3）处罚

根据 1997 年《刑法》第 123 条的规定，对航空器上的人员使用暴力的，处 5 年以下有期徒刑或者拘役；造成严重后果的，处 5 年以上有期徒刑（如果此罪是在 1997 年的《刑法》生效前所犯之罪，要看法院在条件相同的情况下法院按照新旧刑法对此罪的判决，按照从旧兼从轻的原则决定适用新旧刑法。）。

3. 航空人员重大飞行事故罪

1）概念

我国《民航法》第 199 条规定：“航空人员玩忽职守，或者违反规章制度，导致发生重大飞行事故，造成严重后果的，分别依照、比照刑法第一百八十七条或者第一百一十四条的规定追究刑事责任。”我国 1997 年《刑法》第 131 条规定：“航空人员违反规章制度，致使发生重大飞行事故，造成严重后果的，处 3 年以下有期徒刑或者拘役；造成飞机坠毁或者人员死亡的，处 3 年以上 7 年以下有期徒刑。”

从我国《民航法》第 199 条规定来看，航空人员构成了两种罪行，一种是玩忽职守罪，一种是重大飞行事故罪。而从 1997 年《刑法》的规定来看，则是重大飞行事故罪。

2）犯罪构成

（1）犯罪主体。本罪主体是特殊主体，即航空人员，是指从事下列航空活动的空勤人员与地面人员，空勤人员包括驾驶员、领航员、飞行机械人员、飞行通信员与乘务员；地面人员包括航空器维修人员、空中交通管制员、飞行签派员与航空电台通信员；航空人员以外的人不能成为本罪主体。

（2）犯罪的主观方面。本罪主观方面只能是过失，即应当预见自己违反规章制度的行为可能发生重大飞行事故、造成严重后果，因为疏忽大意而没有预见或者已经预见而轻信能够避免。故意不可能构成本罪。

（3）犯罪客体。本罪侵犯的客体是航空活动的安全和公共安全。

（4）犯罪的客观方面。主要有以下三个方面。

第一，航空人员有在工作中玩忽职守，或者违反规章制度的行为。这里的违反航空规章制度，是指违反我国《民航法》及其他相关制度的行为，具体是指违反了对航空器的维修、操作管理、空域管理、运输管理及安全飞行管理的规章制度。

第二，这种行为导致了重大飞行事故。这也是构成本罪的一个必要条件。如果没有造成上述严重后果，即使行为人违反了规章制度，也不构成本罪。

第三，违反规章制度与严重后果之间存在因果关系。即严重后果是由违反规章制度的行为引起的。违反规章制度的行为与严重后果之间没有因果关系，则不构成本罪。

4. 非法携带或托运违禁物品罪

1）概念

我国《民航法》第193条规定："违反本法规定，隐匿携带炸药、雷管或者其他危险品乘坐民用航空器，或者以非危险品品名托运危险品的，依照刑法有关规定追究刑事责任。企业事业单位犯前款罪的，判处罚金，并对直接负责的主管人员和其他直接责任人员依照前款规定追究刑事责任。隐匿携带枪支子弹、管制刀具乘坐民用航空器的，依照刑法有关规定追究刑事责任。"① 我国1997年《刑法》130条规定："非法携带枪支、弹药、管制刀具或者爆炸性、易燃性、放射性、毒害性、腐蚀性物品，进入公共场所或者公共交通工具，危及公共交通安全，情节严重的，处三年以下有期徒刑、拘役或者管制。"

2）犯罪构成

（1）犯罪主体。犯罪主体是一般主体，即达到刑事责任年龄且具有刑事责任能力的自然人、法人或其他组织。

（2）犯罪的主观方面。主观方面只能是故意。"隐匿"是指犯罪分子明知违法仍隐藏携带，企图逃避安全检查人员监管的心理状态。犯罪动机可能多种多样，但只要有上述故意违法行为，即构成犯罪。

（3）犯罪客体。本罪侵犯的客体是公共安全，即不特定多数人的生命、健康和重大公私财产的安全。其犯罪对象：一是枪支、弹药；二是管制刀具，包括匕首、三棱刀、带有自锁装置的弹簧刀，以及其他相类似的单刃、双刃、三棱尖刀；三是爆炸性物品，如雷管、炸药、鞭炮等；四是易燃性物品，包括汽油、酒精、胶片、液化气、煤气、氢气，以及其他易燃液体、易燃固体、自燃物品等；五是放射性物品，如铀、镭、钴、钚等；六是毒害性物品，如氰化钾、氰化钠、砒霜，以及各种剧毒农药等；七是腐蚀性物品，如硝酸、硫酸、盐酸等。

---

① 2009年8月27日《全国人民代表大会常务委员会关于修改部分法律的决定》中，将《民航法》第193条进行了修订，这是修订后的条文。《民航法》原193条为"违反本法规定，隐匿携带炸药、雷管或者其他危险品乘坐民用航空器，或者以非危险品品名托运危险品，尚未造成严重后果的，比照刑法第一百六十三条的规定追究刑事责任；造成严重后果的，依照刑法第一百一十条的规定追究刑事责任。企业事业单位犯前款罪的，判处罚金，并对直接负责的主管人员和其他直接责任人员依照前款规定追究刑事责任。隐匿携带枪支子弹、管制刀具乘坐民用航空器的，比照刑法第一百六十三条的规定追究刑事责任。"

(4) 犯罪的客观方面。主要有以下三个方面。

第一，有非法携带或运输违禁物品，危及公共安全的行为。所谓非法，是指违反有关枪支、弹药、管制刀具或危险物品管理的规定。我国《民航法》第 100 条规定，禁止旅客随身携带法律、行政法规规定的禁运物品乘坐民用航空器；第 101 条规定，禁止以非危险品品名托运危险品；禁止旅客随身携带危险品乘坐民用航空器。除因执行公务并按照国家规定经过批准外，禁止旅客携带枪支、管制刀具乘坐民用航空器；禁止违反国务院民用航空主管部门的规定将危险品作为行李托运。危险品品名由国务院民用航空主管部门规定并公布。国务院 1982 年 12 月 1 日发布的《关于保障民用航空安全的通知》也规定，严禁旅客携带枪支、弹药、凶器和易爆、易燃、剧毒、放射性物品，以及其他危害民用航空的危险品进入机场和乘坐飞机。

第二，其行为已经危及公共安全，也就是说，只有携带上述物品进入航空器或托运上述物品，足以危及公共安全，对不特定的多数人的生命、健康和重大公私财产构成了严重的威胁。不需要一定要造成危害结果。

第三，必须是情节严重的行为，只有情节严重的行为，才能构成犯罪，情节轻微则不构成犯罪。

5. 违反危险品航空运输管理规定罪

1) 概念

我国《民航法》第 194 条规定："公共航空运输企业违反本法第一百零一条的规定运输危险品的，由国务院民用航空主管部门没收违法所得，可以并处违法所得一倍以下的罚款。公共航空运输企业有前款行为，导致发生重大事故的，没收违法所得，判处罚金；并对直接负责的主管人员和其他直接责任人员依照刑法第一百一十五条的规定追究刑事责任。"

2) 犯罪构成

(1) 犯罪主体。犯罪主体为特殊主体，仅是公共航空运输企业。按照我国《民航法》第 91 条规定，公共航空运输企业是企业法人。

(2) 主观方面。主观方面表现为过失。如果是故意犯罪，则不构成本罪。过失是指应当预见自己的行为可能发生危害社会的结果，因为疏忽大意而没有预见；或者已经预见而轻信能够避免，以致发生这种结果的犯罪。

(3) 犯罪的客体。侵犯是航空运输的安全和公共安全。

(4) 犯罪的客观方面。主要有以下两个方面。

第一，客观方面是违反了我国《民航法》第 101 条的规定，在运输危险品时，未能遵守国家的有关规定。该法第 101 条规定，公共航空运输企业运输危险品，应当遵守国家有关规定。对此，中国民航局发布有航空运输危险品管理规定。

第二，没有造成危害结果的，由国务院民用航空主管部门没收违法所得，可以并处违法所得 1 倍以下的罚款。导致发生重大事故的，没收违法所得，判处罚金；并对直接负责的主管人员和其他直接责任人员依照 1997 年《刑法》第 115 条的规定追究刑事责任①。

6. 在航空器上放置危险品罪

1）概念

我国《民航法》第 195 条规定："故意在使用中的民用航空器上放置危险品或者唆使他人放置危险品，足以毁坏该民用航空器，危及飞行安全的，依照刑法有关规定追究刑事责任。"②

2）犯罪构成

（1）犯罪主体。犯罪主体为一般主体，即达到刑事责任年龄且具有刑事责任能力的任何人均可成为本罪主体，没有任何身份限制。任何放置危险品的人，都可成为本罪主体。在唆使他人放置的情况下，唆使人是主犯，被唆使人是从犯。

（2）犯罪的主观方面。《民航法》第 195 条规定此罪为故意犯罪，与我国 1997 年《刑法》第 119 条的规定相冲突。1997 年《刑法》第 119 条规定，在破坏交通工具罪中，既有故意犯罪，也存在过失犯罪。依 1997 年《刑法》规定此罪主观方面既可以是故意也可以是过失。

（3）犯罪客体。侵犯了航空运输的安全和公共安全。

（4）犯罪的客观方面。主要有以下两个方面。

第一，在正在使用中的航空器上放置或者唆使他人放置危险品的行为。在已经不再使用的航空器上放置危险品的，不构成本罪。

刘伟民教授认为，航空器"在使用中"，是指根据我国加入的 1971 年《蒙特利尔公约》第 2 条第 2 款的规定，即从地面人员或机组人员为一确定的飞行而对航空器进行飞行前的准备时起，直到降落后 24 小时止，该航空器应被认为是在使用中；在任何情况下，使用的期间包括航空器在飞行中的整个时间③。

本书认为，此处的使用中，应当做扩大的解释。根据我国 1997 年《刑法》第 116 条的规定和第 119 条的规定，此航空器必须正在使用期间。只有破坏正在使用中的航空器才可能危害到公共安全。"正在使用"的航空器，既包括正在行使或航行中的航空器，也包括停放在机场上的飞机等已经交付使用，随时都可开动执行运输任务的航空器。如果破坏的是尚未检验出厂或待修、待售之中的航空器不构成本罪。

第二，放置的危险品，足以毁坏民用航空器，危及飞行安全。如果行为人放置的危险品危险性较小，不足以毁坏航空器，危及航空安全，也不构成本罪。

---

① 此罪在我国 1997 年《刑法》中已经找不到对应的罪名，故以上规定是从我国《民航法》中加以说明的。

② 2009 年 8 月 27 日《全国人民代表大会常务委员会关于修改部分法律的决定》中，将《民航法》第 195 条进行了修订，这是修订后的条文。《民航法》原 195 条为"故意在使用中的民用航空器上放置危险品或者唆使他人放置危险品，足以毁坏该民用航空器，危及飞行安全，尚未造成严重后果的，依照刑法第一百零七条的规定追究刑事责任；造成严重后果的，依照刑法第一百一十条的规定追究刑事责任。"

③ 刘伟民．航空法教程．北京：法制出版社，1996：445.

3）处罚

我国1997年《刑法》第116条规定："破坏火车、汽车、电车、船只、航空器，足以使火车、汽车、电车、船只、航空器发生倾覆、毁坏危险，尚未造成严重火锅的，处三年以上十年以下有期徒刑。"1997年《刑法》第119条规定："破坏交通工具、交通设施、电力设备、燃气设备、易燃易爆设备，造成严重后果的，处十年以上有期徒刑、无期徒刑或者死刑。过失犯前款罪的，处三年以上七年以下有期徒刑；情节较轻的，处三年以下有期徒刑或者拘役。"

7. 破坏航行设施罪

1）概念

我国《民航法》第197条规定："盗窃或者故意损毁、移动使用中的航行设施，危及飞行安全，足以使民用航空器发生坠落、毁坏危险的，依照刑法有关规定追究刑事责任。"① 我国1997年《刑法》第117条规定："破坏轨道、桥梁、隧道、公路、机场、航道、灯塔、标志或者进行其他破坏活动，足以使火车、汽车、电车、船只、航空器发生倾覆、毁坏危险，尚未决成严重后果的，处三年以上十年以下有期徒刑。"

2）犯罪构成

（1）犯罪主体。犯罪主体为一般主体，具有刑事责任年龄且具有刑事责任能力的人。

（2）犯罪的主观方面。主观方面是故意。过失损毁、移动航行设施不构成本罪。如果行为人盗窃时不知此是航空设施，实际上这一行为触犯了两罪，即盗窃罪和破坏航行设施罪。

（3）犯罪的客体。犯罪的客体是侵犯了国家财产和航空运输的安全及公共安全。

（4）犯罪的客观方面。主要有以下三个方面。

第一，行为人具有盗窃或者故意损毁、移动航行设施的行为。从实践情况看，犯罪分子一般对航行设施的破坏手段有盗窃、损坏、移动三种，只要具备其中一种行为，即可构成本罪。

第二，行为人以盗窃、损坏、移动等手段破坏的交通设备必须是使用中的航行设施。如果行为人盗窃、损坏、移动的是已经不再使用的航行设施或者尚未使用的航行设施，如库存的航行设施，不构成本罪。

第三，这种行为危及了飞行安全，足以使民用航空器发生坠毁、毁坏危险。这是对行为的后果及危害而言的。如果行为人盗窃、损坏、移动了虽在使用中但不重要的航行

---

① 2009年8月27日《全国人民代表大会常务委员会关于修改部分法律的决定》中，将《民航法》第197条进行了修订，这是修订后的条文。《民航法》原197条为"盗窃或者故意损毁、移动使用中的航行设施，危及飞行安全，足以使民用航空器发生坠落、毁坏危险，尚未造成严重后果的，依照刑法第一百零八条的规定追究事责任；造成严重后果的，依照刑法第一百一十条的规定追究刑事责任。"

设施，不足以使航空器发生坠毁、毁坏危险的，不构成本罪。

8. 传递虚假情报扰乱正常飞行秩序罪[①]

1）概念

我国《民航法》第 196 条规定："故意传递虚假情报，扰乱正常飞行秩序，使公私财产遭受重大损失的，依照刑法第一百五十八条的规定追究刑事责任。"[②]

2）犯罪构成

（1）犯罪主体。犯罪主体为一般主体，具有刑事责任年龄且具有刑事责任能力的人。

（2）犯罪的主观方面。主观方面是故意，即行为人明知情报是虚假的，而出于各种目的传递的。如果行为人不知情报是虚假的，以为是真实情况而传递的，不构成本罪。犯罪动机可能多种多样的，不影响犯罪成立。

（3）犯罪客体。干扰了正常的民用航空运输秩序，威胁到了飞行安全，也造成了大量人力、物力的浪费。

（4）犯罪的客观方面。客观方面是实施了传递虚假情报的行为，结果扰乱了正常飞行秩序，使公私财产遭受了重大损失。例如，飞机刚起飞正处在爬升阶段，某人明知是虚假情报，却向航行管制部门报告称该架飞机装运的行李或货物中安装了定时炸弹。管制员紧急通知该架飞机返航，驾驶员只好放油后紧急降落，整个机场处于紧急状况，实施应急计划，旅客下机紧急疏散，安全检查专家倒舱逐件检查行李、货物。某人的行为造成本次及其他航班延误，众多人力、物力虚耗，损失重大。某人的上述行为即构成犯罪。

9. 聚众扰乱民用机场秩序罪

1）概念

我国《民航法》第 198 条规定："聚众扰乱民用机场秩序的，依照刑法第一百五十九条的规定追究刑事责任。"我国 1997 年《刑法》第 291 条规定："聚众扰乱车站、码头、民用航空站、商场、公园、影剧院、展览会、运动场或者其他公共场所秩序，聚众

① 我国刑法中找不到相对应的罪名及处罚措施。根据 2001 年 12 月 29 日全国人大常委会通过的《中华人民共和国刑法修正案（三）》第 8 条的规定，编造爆炸威胁、生化威胁、放射威胁等恐怖信息，或者明知是编造的恐怖信息而故意传播，严重扰乱社会秩序的，应当立案。中广网 2013 年 6 月 3 日报道，最高人民检察院发出通知，要求各级检察院充分发挥检察职能作用，坚决依法从重、从快严厉打击编造、故意传播虚假恐怖信息威胁民航飞行安全犯罪，维护民航运营秩序，保障民航飞行安全，保护人民群众生命财产安全。明确编造虚假恐怖信息以后向不特定对象散布，严重扰乱社会秩序的，构成编造、故意传播虚假恐怖信息罪。对于编造、故意传播虚假恐怖信息，引起公众恐慌，或者致使航班无法正常起降，破坏民航正常运输秩序的，应当认定为"严重扰乱社会秩序"。因此，该罪目前已被并入编造、故意传播虚假恐怖信息罪之中。

② 1979 年《刑法》第 158 条的处罚是：处 5 年以下有期徒刑、拘役、管制。

堵塞交通和破坏交通秩序，抗拒、阻碍国家治安管理工作人员依法执行职务，情节严重的，对首要分子，处 5 年以下有期徒刑、拘役或者管制。”

2）犯罪构成

（1）犯罪主体。本罪的主体是一般主体，但是却必须是为首组织指挥闹事或积极参与闹事的首要分子。

（2）犯罪的主观方面。本罪在主观上是故意行为人往往是为了实现某种无理要求而进行，企图给有关的机关施加压力，以实现不合理要求。

（3）犯罪的客体。犯罪的客体是侵犯了民用机场的交通管理秩序。

（4）犯罪的客观方面。主要有以下两个方面。

第一，行为人实施了聚众扰乱机场的秩序的行为。扰乱的手段是多种多样的。例如，在机场候机楼大肆喧嚣哄闹；捣毁公共服务设施；不服管理强行登机或阻止别人登机；围攻、谩骂，甚至侮辱、殴打有关负责人和工作人员等。聚众，即在首要分子的组织、煽动、指挥下，纠集多人共同进行扰乱活动。一人闹事引起多人围观不应视为聚众。

第二，使机场运营活动无法进行。聚众扰乱机场秩序情况比较复杂，只有情节严重时才构成本罪。在处理时，应限于对首要分子追究刑事责任，对于其他一般参与者应当予以批评教育或者按照《治安管理处罚条例》处理。

10. 民航主管机关工作人员渎职罪

1）概念

我国《民航法》第 199 条规定：“航空人员玩忽职守，或者违反规章制度，导致发生重大飞行事故，造成严重后果的，分别依照、比照刑法第一百八十七条或者第一百一十四条的规定追究刑事责任。”我国 1997 年《刑法》第 397 条规定：“国家机关工作人员滥用职权或者玩忽职守，致使公共财产、国家和人民利益遭受重大损失的，处三年以下有期徒刑或者拘役；情节特别严重的，处三年以上七年以下有期徒刑。本法另有规定的，依照规定。国家机关工作人员徇私舞弊，犯前款罪的，处五年以下有期徒刑或者拘役；情节特别严重的，处五年以上十年以下有期徒刑。本法另有规定的，依照规定。”

2）犯罪构成

（1）犯罪主体。犯罪主体为特殊主体，是民航主管部门和地区民航管理机构的工作人员。

（2）犯罪的主观方面。主观方面多数为故意，有的情况也可能是过失犯罪。

（3）犯罪的客体。侵犯的客体是国家行政机关的正常活动及民用航空安全。

（4）犯罪的客观方面。主要有以下两个方面。

第一，客观方面表现为实施玩忽职守、滥用职权、徇私舞弊的行为。玩忽职守，是指国家机关工作人员因过失而未尽职守，致使公共财产、国家和人民利益遭受重大损失的行为。滥用职权，是指国家机关工作人员故意不履行职责或者超越职权，致使公共财产、国家和人民利益遭受重大损失的行为。徇私舞弊，是指国家机关工作人员屈从私情，不履行职责或者超越职权，使国家和人民利益遭受重大损失的行为。例如，不该颁发的证件（经营许可证、人员执照等）却颁发了，该吊销的证件却不处理，因而导致发生重大飞行安全事故，给国家和人民造成重大损失。因渎职造成重大损失的，才构成犯罪；情节显著轻微的，则是一般违反行政纪律的行为，不构成渎职罪。

第二，导致发生重大飞行事故，造成严重后果的，才构成本罪。以上是我国关于航空犯罪相关罪名及其犯罪构成的规定，不能光靠打击，预防措施也不能忽视。

第 14 章　国际航空组织法律制度

14.1　国际民航组织

14.1.1　成立过程

国际民航组织成立于 1947 年，其前身是根据《巴黎公约》成立的“空中航行国际委员会”。由于第二次世界大战对航空器的技术发展起到了巨大的推动作用，世界上已形成了一个包括客货运输在内的航线网络，但随之也引起了一系列急需国际社会协商解决的政治上和技术上的问题。第二次世界大战胜利前夕，在美国政府的邀请下，52 个国家参加了在芝加哥召开的国际会议，签订了《芝加哥公约》，根据公约设立了国际民航组织，于 1947 年 4 月 4 日成立。大会第一次会议于 1947 年 5 月 6 日召开，选出的国际民航组织理事会于 5 月 28 日举行第一次会议。1947 年 10 月 3 日，国际民航组织理事会主席和联合国秘书长签署了一项议定书，国际民航组织成为了联合国专门机构。“空中航行国际委员会”于 1947 年 12 月 31 日宣布结束，并把其资产转移给国际民航组织。根据《芝加哥公约》第 45 条的规定，该组织的所在地设在蒙特利尔。加拿大和国际民航组织于 1951 年 4 月 14 日缔结了关于总部的协议。1954 年 6 月 1 日，国际民航组织大会第八届会议通过一项章程修正案，该组织的地址可以根据该组织至少 3/5 成员的赞成票或由大会规定的更多数票迁移到别处去。

14.1.2　宗旨和目的

《芝加哥公约》第 44 条中规定，国际民航组织的宗旨和目的在于发展国际航行的原则和技术，并促进国际航空运输的规划和发展，以：①保证全世界国际民航安全地和有秩序地发展；②鼓励发展用于和平用途的航空器的设计和操作技术；③鼓励发展用于国际民航的航路、机场和航行设施；④满足世界人民对安全、正常、有效和经济的航空运输的需要；⑤防止因不合理的竞争而造成经济上的浪费；⑥保证缔约各国的权利充分受到尊重，每一缔约国均有经营国际航空公司的公平机会；⑦避免缔约各国之间的差别待遇；⑧促进国际航行的飞行安全；⑨普遍促进国际民航在各方面的发展。

14.1.3　法律能力、特权和豁免

1）法律能力

《芝加哥公约》第 47 条规定，国际民航组织在缔约各国领土内，应享有为履行其职能所必需的法律能力。凡与有关国家的宪法和法律不相抵触时，都应承认其完全的法人资格。

与 1945 年的《联合国宪章》一样，《芝加哥公约》并没有明确提到该组织的国际法

人资格。但是，除了与加拿大的总部协议和与联合国的关系协议外，《芝加哥公约》授权该组织同联合国就“在其权限范围之内直接影响世界安全的航空事宜”缔结协议，“同其他国际机构缔结关于合用服务和有关人事的共同安排的协议”，“其他为便利本组织工作的协议”，以及通过国际民航组织理事会，同缔约各国缔结关于提供机场和航行设施技术或财政援助的协议。

1948 年 12 月 3 日，联合国大会形成决议向国际法院就执行联合国职务时所受损害的赔偿，要求国际法院发表咨询意见。主要有两个方面：①联合国能否以自己的名义对联合国所受损害提出赔偿请求？②联合国能否以自己的名义提出对其受害人或其继承人的赔偿？国际法院于 1949 年 4 月 11 日就此问题发表了咨询意见，肯定了联合国国际法人资格及其提起国际诉讼能力的咨询意见。对于第一个问题，国际法院在咨询意见中声名，《联合国宪章》赋予了联合国组织与其会员国所具有的不相同的权利和义务。国际法院进一步强调了联合国组织的重要政治任务：维护国际和平与安全。因此，国际法的结论是：尽管联合国组织肯定不是一个超国家，但它具有权利和义务，同时也具有很大程度的国际人格和在国际上行动的行为能力。所以，国际法院一致得出结论：联合国组织有就一国因违反其对联合国组织承担的义务而造成的损害对该国（无论是联合国会员国或不是联合国会员国）提出国际要求的行为能力。对于第二个问题，国际法院指出，《联合国宪章》的条款中与联合国组织的职能有关的部分含有后者被授权确保对其人员的有限保护的意思，这些权力似乎是履行联合国组织职能所必不可少的，必须认为这些权力是《联合国宪章》中必然具有的含义。只有这样，该人员才能圆满地执行职务。因此，国际法院得出了联合国组织具有对其人员行使职能上保护的行为能力的结论①。这些咨询意见同样适用于国际民航组织。

2）特权与豁免

《联合国宪章》第 105 条第 1 款中规定，国际民航组织应在其每一个成员国领土内，享受为履行其宗旨所需要的特权和豁免。《芝加哥公约》并没有这样的关于国际民航组织豁免权的规定。《芝加哥公约》第 60 条规定，缔约各国承允在其宪法程序允许的范围内，对本组织理事会主席、秘书长和其他人员，给以其他国际公共组织相当人员所享受的特权和豁免。例如，对国际公务人员的特权和豁免达成普遍性国际协定时，则给予本组织理事会主席、秘书长及其他职员的特权和豁免，应为该项普遍性国际协定所给予的特权和豁免。

联合国大会在第 123 次会议上，通过了一项关于专门机构特权和豁免权的公约，即 1947 年《专门机构特权和豁免公约》，供联合国所有成员国及专门机构的任何其他成员国加入。大会同时宣布：希望今后根据《联合国宪章》第 63 条规定与联合国建立关系的任何专门机构，应全部从上述总公约获得其特权和豁免权，并可由一项附件列入需要满足该专门机构特别需求的修改。

《专门机构特权和豁免公约》已由国际民航组织大会第二届会议批准，这次大会建

① 《执行联合国职务时所受损害的赔偿》和《国际法院判决、咨询意见和命令摘要》（1948—1991 年），具体内容参见：http://www.icj-cij.org/homepage/ch/files/sum_1948-1991.pdf.

议各成员国立即给予该公约中所规定的特权和豁免权。《专门机构特权和豁免公约》第2条规定，各专门机构应具有法律人格。它们应具有：①订立合同的能力；②获得和处分不动产和动产的能力；③提起诉讼程序的能力。还进一步给专门机构的财产和资金以若干豁免权，如诉讼程序、搜寻、货币限制和纳税（第3条），以及某些通信设施（第4条）。《专门机构特权和豁免公约》第6条、第8条和附件3还授予国际民航组织关于其官员在该公约缔约国领土内享有各种特权和豁免权。例如，对他们以官方身份所作行为或者发表的口头或书面言论予以诉讼豁免，移民限制和外国人登记豁免，国民兵役免除、纳税和关税的某些减免，以及使用联合国护照作为旅行证件的权利。然而，并不是国际民航组织所有成员国都接受《专门机构特权和豁免公约》对国际民航组织的效力。

实践中，在有国际民航组织技术援助代表团工作的地方，有关国家尽管不是《专门机构特权和豁免公约》的缔约国，也都同国际民航组织签订专门协议，拥有该公约保证的特权和豁免权。

14.1.4 机构和权力

1）大会

大会是国际民航组织的全体机构，所有成员国都派有代表。根据1954年6月14日的一项对《芝加哥公约》的修正案，大会至少每三年召开一次。大会会议必须由过半数的缔约国构成法定人数（第48条第3款）。除《芝加哥公约》另有规定外，大会决议应由所投票数的过半数票通过（第48条第3款）。每一缔约国应有一票的表决权（第48条第2款），在两种情况下必须有特定的多数。一是第二次世界大战的敌国进入国际民航组织，需经大会4/5的票数通过。二是对《芝加哥公约》所建议的任何修正案，必须首先经大会2/3的票数通过，然后提交成员国批准（第94条第1款）。现在增加了第三种情况，即1954年6月14日对《芝加哥公约》的修正案，修改了该公约第45条。国际民航组织的永久地址可经大会决议迁移他处，通过这一决议所需票数由大会规定。这项规定的票数不得少于缔约国总数的3/5。对《芝加哥公约》的这一修正案于1958年5月16日起，对批准该公约的成员国生效。

任何缔约国如在合理期限内，不向国际民航组织履行其财务上的义务时，大会可以中止其在大会的表决权，但如果发现该成员国不履行《芝加哥公约》第18章规定的关于解决争端的程序，大会应同样中止这项权利。最后，凡大会和理事会成员国未接受《国际航班过境协定》或《国际航空运输协定》的，对根据这些协定提交大会或理事会的任何问题，没有表决权（第66条第2款）。然而，在每一情况下，参加讨论的权利并不受影响。

大会选举参加理事会的成员国（第49条第2款），并设置它认为必要的或适宜的各种附属委员会（第49条第4款）。大会有权处理国际民航组织职权范围内未经明确指定归理事会处理的任何事项（第49条第11款），并可根据自己的决定，将其职权范围内的任何事项交给理事会、附属委员会或任何其他机构处理（第49条第7款）。大会可以制定管理该组织人员任命的规则（第58条）。财政权归于大会。大会根据《芝加哥公约》第 12 章的规定确定该组织的财政安排。各年度预算和全部收支概算由理事会提交大会，大会应对各项预算连同其认为应做的修改进行表决。除了根据航行设施的经济和技术援助由各国同意缴纳的款项外，大会将该组织的开支按照随时决定的分摊办法在各缔约国间分摊。此外，理事会将组织的一切收支年度决算提交大会，由后者审查开支费用并批准账目。

此外，大会为国际民航组织关于提供机场和其他国际航行设施的技术和财政援助计划提供经费（第 73 条）。例如，理事会与收到这种援助的成员国之间就后者从理事会接收机场和其他航行设施所付款额产生争端，大会应确认理事会的估价或予以修改（第 75 条）。

大会对于在其权限范围内直接影响世界安全的航空事宜代表国际民航组织与联合国缔结任何协议。理事会同其他国际机构缔结为便利国际民航组织工作的协议前还需要经大会批准，但理事会可以代表国际民航组织同其他国际机构缔结关于合用服务和有关人事的共同安排的协议。

《芝加哥公约》第 49 条所述大会的权力和职责中，列有审议“有关变更或修正本公约条款的提案”。大会按照第 21 章的规定，向各成员国建议它通过的提案。《芝加哥公约》第 94 条特别规定，大会通过这种提案需要 2/3 票数。

根据临时国际民航组织的建议，国际民航组织大会第一届会议，授权设立一个关于《芝加哥公约》的委员会，作为国际民航组织理事会的下属机构。该委员会的职能是“就各成员国或委员会或本组织秘书处向理事会提交的修正案提案，向理事会动议并提出建议”。在理事会第五届会议上，这个委员会被认为“没有用处”。经大会同意，该委员会被理事会撤销。

2）理事会

（1）理事会的组成及表决机制。理事会是向大会负责的常设机构，由大会选出的 33 个缔约国组成，任期三年。大会在选举理事国时，有责任保证在航空运输方面占主要地位的国家，对提供国际民航航行设施最大贡献的国家，以及世界各主要地理区域都有充分的代表（第 50 条第 1 款和第 2 款）。缔约国担任理事的代表不得同时参与国际航班的经营，或与这项航班有财务上的利害关系（第 50 条第 3 款）。理事会成员国的构成，分三个类别，第一类是在航空运输领域居支配地位的成员国；第二类是对世界航空发展有突出贡献的国家；第三类是区域代表成员国，比例分配为 10∶11∶12。我国目前已是第一类国家。

理事会选举其本身的主席及副主席一人或数人（第 51 条）。理事会选举其本身的主席（连选可以连任），任期三年。主席不一定从理事会成员国代表中选出，但如有一名代表当选，其席位即应被认为出缺，应由其代表的国家另派代表。主席无表决权。理事会还从其理事中选举副主席一人或数人，副主席即使在代理主席时，仍保留其表决权（第 51 条）。

理事会主席除召集理事会、航空运输委员会和航行委员会的会议，以及以理事会的名义执行理事会委派给他的任务外，还充任理事会的代表（第 51 条）。《芝加哥公约》明确规定他对于执行自己的职务，不得征求或接受本组织以外任何当局的指示，缔约各国承允充分尊重他的职务的国际性。他所属国家不应谋求在他执行他的职务时对他施加影响（第 59 条）。各成员国还同意给予他某些特权或豁免权（第 60 条）。

理事会的决议应有过半数理事的同意（第 52 条）。理事会成员国在理事会审议一项争端时，如其本身为争端的一方，则不得参加表决（第 53 条）。凡理事会成员国未接受《国际航班过境协定》或《国际航空运输协定》的，对根据这些协定的条款提交理事会的任何问题，没有表决权（第 66 条第 2 款）。任何缔约国如在合理期限内，不向本组织履行其财务上的义务时，大会可以中止其在理事会的表决权，如大会发现一成员国违反《芝加哥公约》第 18 章关于解决争端的规定，也应这样做。

（2）理事会的职权。包括行政权力、立法权力、监督权力、司法权力等。

第一，行政权力。理事会执行大会的指示并向大会提出年度报告（第 54 条第 1 款和第 2 款）。理事会对任一特定事项可以授权由其理事组成的一个委员会处理；理事会任何委员会的决议，在有关成员国提出申诉时，理事会可予以否决或确认（第 52 条）。

理事会在成员国提名的人员中任命 19 人组成航行委员会。他们拥有丰富的航空知识和实践经验。理事会任命该委员会的主席。理事会还在理事会各成员国代表中选择任命一个对理事会负责的航空运输委员会，并规定其职责。在适当情况下，理事会可在地区或其他基础上，任命附属的航空运输委员会，并划分国家或航空公司的组别，理事会可与它们一起或通过它们促进实现本公约的宗旨（第 55 条第 1 款）。在不违反大会制定的任何规则和《芝加哥公约》条款的情况下，理事会也任命本组织的秘书长并规定对其他必要工作人员的任用办法。理事会可以代表国际民航组织同其他国际机构缔结关于合用服务和有关人事的共同安排的协议。经大会核准后，理事会还可以缔结其他为便利本组织工作的协议。另外，理事会还有按《芝加哥公约》第 12 章和第 15 章的规定管理国际民航组织财务的权力。

第二，立法权力。理事会也是国际民航组织的立法机构，它通过并修正关于国际民航的国际标准和建议措施，称为《芝加哥公约》的附件。理事会还有权决定《芝加哥公约》关于航空器国籍的规定以何种方式适用于国际航空运输联营机构。

第三，监督权力。理事会还行使一些监督职能。《芝加哥公约》生效时，各成员国必须将一个缔约国和任何其他国家间，或一个缔约国航空公司和任何其他国家或其他国家航空公司间的一切现存的航空协定，向理事会登记（第 81 条）。此外，各成员国必须将他们以后订立的一切航空协议予以登记。这些协议必须与《芝加哥公约》各项规定不相抵触，理事会应于登记后尽速予以公布。

理事会应“征求、搜集、审查并出版关于空中航行的发展和国际航班经营的资料，包括经营的成本，以及公共资金给予航空公司补贴等详细情形的资料”。缔约各国承允，各国的国际航空公司按照理事会规定的要求，向理事会送交运输报告、成本统计，以及包括说明一切收入及其来源的财务报告。

《芝加哥公约》第 54 条规定，理事会应：“（十）向缔约各国报告关于违反本公约及不执行理事会建议或决定的任何情况；（十一）向大会报告关于缔约国违反本公约而经通知后在合理的期限内仍未采取适当行动的任何情况。”

然而，《芝加哥公约》没有专门条款授权理事会主动调查关于违反公约的情形，断定此等违反公约确已发生或将该违反公约事项通知违约国。

但案例可由成员国提交理事会。为此，《芝加哥公约》第 54 条第 4 款规定，理事会应："审议任何缔约国向理事会提出的关于本公约的任何事项。"这一规定赋予理事会一种额外的管辖权，与《芝加哥公约》第 18 章（第 84～88 条）规定的司法职能不同。此外，《芝加哥公约》第 15 条规定，各成员国应相互按同等待遇的标准享用对方国境内的机场和航行设施，在使用付费上应享受国民待遇。《芝加哥公约》第 15 条还规定："如一有关缔约国提出意见，此项使用机场及其他设施的收费率应由理事会审查。理事会应就此提出报告和建议，供有关的一国或几国考虑。"

可以推定，根据这一规定，理事会不仅有权提出建议，而且还有权就各成员国不履行《芝加哥公约》第 15 条规定的义务提出报告。根据《芝加哥公约》第 69 条的规定，理事会还有权对国际航行设施的改进，向各成员国提出"建议"，但有关成员国不实施这些建议，不存在违反本公约的问题。《芝加哥公约》第 69 条受下列明文条款的约束："缔约国如不履行此项建议时，不应作违反本公约论。"

因而，《芝加哥公约》第 54 条第 10 款和第 11 款适用的案例并不很多，也不很重要。即使理事会要确定存在违反公约事宜并向大会报告；根据第 49 条第 3 款，大会也确实有权甚至有责任"审查理事会各项报告，对报告采取适当行动，并就理事会向大会提出的任何事项做出决定"，但总的来说，大会有权做的事情并不多。根据《芝加哥公约》第 88 条的规定，大会暂停成员国在大会和理事会的表决权只限于发现一个成员国违反《芝加哥公约》第 18 章的情况。鉴于《芝加哥公约》第 88 条的明确规定，似乎难以将它扩大适用于理事会根据《芝加哥公约》第 54 条第 10 款和第 11 款发现违反公约的任何事实。

看来这是由于下列情况产生的。理事会根据《芝加哥公约》第 54 条第 10 款和第 11 款规定的职能涉及公约的另一条规定，该条规定由于 1944 年芝加哥会议上存在的意见分歧，现在只在两种自由和五种自由协定中含有。这两项协定都有以下规定："缔约国如认为另一缔约国根据本协定所采取的行动对其造成不公允或损害时，可以请求理事会审查此项情况。理事会对此事应作调查，并召集有关国家进行磋商。此项磋商如不能解决争执时，理事会可向有关缔约各国做出其认为适当的决定和建议。在此以后，如理事会认为有关缔约国无正当理由不采取适当的纠正措施，则可向上述组织的大会提出建议，在该缔约国采取此项措施以前，暂停本协定赋予该国的权利和特权。大会经 2/3 多数表决可在其认为适宜的期限内，或在理事会认为该缔约国已采取纠正措施以前，暂停该缔约国的权利和特权。"

由于上述条款已不再在《芝加哥公约》中出现，第 54 条第 10 款和第 11 款事实上在很大程度上被剥夺了它们的意义。因为《芝加哥公约》第 54 条第 10 款和第 11 款只涉及对公约的违反，而不是对两种自由或五种自由协定的违反。理事会现在根据两种自由或五种自由协定做出结论或提出建议时，不再是根据《芝加哥公约》第 54 条第 10 款或第 11 款行事，而是从《芝加哥公约》第 66 条第 1 款获得权力，该条款授权国际民航组织履行两种自由和五种自由协定为该组织规定的职责，并从各该协定的条款获得权力。

理事会就《芝加哥公约》可以行使的职能中，根据《芝加哥公约》第 55 条第 5 款，理事会可以："根据任何一个缔约国的要求，调查对国际空中航行的发展可能出现本可避免的障碍的任何情况，并在调查后发布其认为适宜的报告。”

理事会根据《芝加哥公约》第 55 条第 5 款可以行使的职能与两种自由和五种自由协定的上述条款赋予的职能有共同之处，它不受各当事方严格的法律权利和义务所约束，但其建议可以基于它认为是否合适和满意，如必要，包括修改有关成员国现有的权利和义务。理事会管辖权如此延伸是公允及善良的。

第四，司法权力。根据《芝加哥公约》第 18 章（第 84～88 条）的规定，理事会行使一种真正的司法职能。《芝加哥公约》第 84 条规定：“如两个或两个以上缔约国对本公约及其附件的解释或适用发生争议，而不能协商解决时，经任何与争议有关的一国申请，应由理事会裁决。理事会成员国如为争端的一方，在理事会审议时，不得参加表决。任何缔约国可以按照第 85 条，对理事会的裁决向争端他方同意的特设仲裁庭或向常设国际法院上诉。任何此项上诉应在接获理事会裁决通知后 60 天内通知理事会。”

一旦做出裁决，理事会的司法职能并非到此为止。根据《芝加哥公约》第 85 条，理事会保存“一份合格的并可供使用的人员名单”，可以指定此等人员担任《芝加哥公约》第 84 条所指的上诉仲裁庭的成员。上诉庭的组成如有困难或延迟，理事会主席应从该名单中指定一名仲裁员，并在必要时也从该名单中指定仲裁长。

此外，根据《芝加哥公约》第 84 条或第 85 条的规定，成立的上诉庭在原则上应决定其自己的议事程序。《芝加哥公约》第 85 条规定：“……理事会如认为有任何过分延迟的情形，可以对程序问题做出决定。”

理事会必须把自己看成是国际司法机关，按照关于司法程序的国际法规则行事。这样，特别是理事会各成员，尽管他们是政府任命的国家代表，在根据《芝加哥公约》第 18 章的规定进行活动时，必须以公正无私和司法的身份行事[①]。

---

① 1952 年 4 月 21 日，印度向国际民航组织理事会控告巴基斯坦，声称后者无视双方都参加的《芝加哥公约》第 5 条（不定期飞行权利）、第 6 条（定期航班）和第 9 条（禁区）对它规定的义务，以及《国际航班过境协定》的规定。印度强调，巴基斯坦把沿阿富汗边境的地区划为禁区，不让印度飞机飞越，这妨碍了印度在德里和阿富汗首都喀布尔之间建立直达航班。印度控告的一个因素是，这一禁航是歧视性的，因为一家伊朗航空公司正在经营越过该禁区的定期航班。巴基斯坦答复说，该禁区早于分治前的 1935 年设立，主要为了安全原因，而这些原因从那时起变得更加重要。印度的投诉随后由阿这富汗予以支持。1952 年 5 月理事会通过了它履行《芝加哥公约》第 18 章规定职能的临时程序规则。根据这些程序，1952 年 6 月理事会建立了一个工作小组对此争端提出报告。工作组召集了各方特别代表会议。巴基斯坦代表通告，他的政府愿意同印度政府讨论一项解决办法的条件，理事会批准了工作组的一项建议，邀请双方进行进一步的直接谈判。双方达成的一项友好的解决办法于 1953 年 1 月 19 日提交国际民航组织理事会，其规定包括：巴基斯坦政府尽管认为自己不能开辟印度所要求的白沙瓦—喀布尔和奎塔—坎大哈直接航路，但同意开辟两条 20 英里（1 英里≈1609 米）宽穿过禁区的走廊，一条是在拉合尔和坎大哈之间的直线上，供德里和喀布尔之间飞行的航空器使用；另一条是在卡拉奇和坎大哈之间的直线上，供孟买、阿默达巴德和喀布尔之间飞行的航空器使用。印度政府接受这一提议，但它指出从德里经拉合尔到喀布尔的航路及走廊比经过白沙瓦的直接航路长 143 法定英里。巴基斯坦政府将向阿富汗提供印度航空公司飞入该国所需的一定数量的航空燃料（估计每月不超过 2500 加仑）。这将避免使印度航空器为了回程飞行必须携带更多燃料，从而增加可用载量。通过国际民航组织斡旋解决这一争端，应有理由予以赞扬。然而，可以责问所遵循的程序是否可以认为严格地实施了 1944 年《芝加哥公约》的管辖权条款，即第 85 条。可以想象地认为，在该项争端中，理事会选用公约第 84 条而不是第 85 条，因为按照它的意见，由直接谈判解决争端的可能性依然存在，它采取的途径的智慧已由事实充分证明。但在其他情况下，这样随意性解释会使当事各方之一采用程序上的阻挠策略，以抵制国际民航组织理事会的管辖权。转引自：贺富永．航空法学．北京：国际工业出版社，2008：307.

第五，研究和计划。理事会行使某些可以行使的研究和计划职能。根据《芝加哥公约》第 55 条的规定，理事会可以："三、对具有国际意义的航空运输和空中航行的一切方面进行研究，将研究结果通知各缔约国，并促进缔约国之间交换有关航空运输和空中航行的资料；四、研究有关国际航空运输的组织和经营的任何问题，包括干线上国际航班的国际所有和国际经营的问题，并将有关计划提交大会。"

3）其他机构

秘书处是国际民航组织的工作机构，设空中航行局、航空运输局、法律局、技术合作局和行政事务局，由秘书长领导。秘书长经理事会同意由理事会主席任命。在全世界，设有 7 个地区办事处：亚洲和太平洋地区办事处（曼谷）、欧洲和北大西洋地区办事处（巴黎）、中东地区办事处（开罗）、西非和中非地区办事处（达卡）、东非和南非地区办事处（内罗毕）、北美和加勒比地区办事处（墨西哥城）、南美地区办事处（利马），负责协调区域内航空问题。

此外，国际民航组织理事会还设立了一些专门委员会，包括空中航行委员会、航空运输委员会、（常设）法律委员会、空中航行服务联合保障委员会、财务委员会和非法干扰委员会，由理事会成员或专家组成，对有关问题进行讨论和研究。

14.1.5　国际民航组织的成员

1）加入

就国际民航组织的成员资格来说，《芝加哥公约》将各国划分为两个主要类别：战时联合国成员国，与联合国有联系的国家，或在第二次世界大战期间保持中立的国家，以及不属于这些范围的国家。在第一类国家中，凡签署了《芝加哥公约》的国家，在将批准书送存美国政府后第 30 天起，成为这个组织的成员国。凡属于第一类，但没有签署《芝加哥公约》的国家，可以加入公约成为这个组织的成员国。加入在美国政府收到通知书后第 30 天起生效。第二类国家要遵守若干条件。首先，在每一情况下，必须经在第二次世界大战中受到该请求加入的国家入侵或攻击过的国家同意。第二，需要联合国组织的许可。第三，这种国家的加入必须经国际民航组织 4/5 的票数通过。第四，国际民航组织大会规定的大会认为适当的条件。

2）重新加入

1947 年 5 月 27 日国际民航组织大会第一届会议通过了一项章程修正案，在《芝加哥公约》中插入一条新的第 93 条分条，制定了重新加入的特别程序。根据《芝加哥公约》第 93 条分条第 2 款，一国由于第 93 条分条第 1 款的规定而丧失国际民航组织成员资格，在"经过申请，由理事会多数通过，并得到联合国大会批准后，可以重新加入国际民航组织。"

3）中止

（1）中止表决权。《芝加哥公约》第 62 条规定："任何缔约国如在合理期限内，不向本组织履行其财务上的义务时，大会可以中止其在大会和理事会的表决权。”此外，根据《芝加哥公约》第 88 条的规定，大会对违反《芝加哥公约》第 18 章关于解决争端规定的任何缔约别无选择，只好中止其大会和理事会的表决权。

（2）中止服务。国际民航组织大会第六届会议，依据《芝加哥公约》第 62 条对某些成员国采取措施时，授权理事会中止那些国家向缔约各国提供理事会认为合理的那部分一般服务。这一步骤的合宪性受到质疑，因为《芝加哥公约》第 62 条是专门针对成员国不履行财务义务的后果设立的。

（3）中止权利和特权。《芝加哥公约》第 93 条分条第 3 款规定：“本组织的成员，如被中止行使联合国成员的权利和特权，根据联合国的要求，应中止其本组织成员的权利和特权。”一旦这种要求来自联合国，国际民航组织有关成员国的权利和特权即自动中止，不需国际民航组织任何机构投票表决。国际民航组织所有机构及这个组织所有其他成员，具有执行联合国这一要求的法律责任，并拒绝给予该被中止权利的成员享有《芝加哥公约》的一切权利和特权。

4）开除

《芝加哥公约》原来没有规定从国际民航组织开除成员，除了关于公约修正案的第 94 条第 2 款。《芝加哥公约》第 94 条规定：“一、对本公约所建议的任何修正案，必须经大会 2/3 票数通过，并在大会规定数目的缔约国批准后，对已经批准的国家开始生效。规定的国家数目，应不少于缔约国总数的 2/3。二、如大会认为，由于修正案的性质而有必要时，可以在其建议通过该修正案的决议中规定，任何国家在该修正案生效后规定的时期内未予批准，即丧失其为本组织成员国及公约参加国的资格。”如果所有成员国的 2/3 多数决定这样做，就能够迫使对所有成员国有约束力的这个组织章程的任何修正案得以通过，包括开除少数中的任何成员。

5）退出

《芝加哥公约》第 95 条规定如下：“一、任何缔约国在公约生效后三年，可以用通知书通知美利坚合众国政府退出本公约，美利坚合众国政府应立即通识各缔约国。二、退出公约从收到通知书之日起一年后生效，并仅对宣告退出的国家生效。”

中国是国际民航组织的创始成员国。当时的中国政府代表于 1944 年 11 月 9 日在《芝加哥公约》上签字，并与 1946 年 2 月 20 日交存了批准书。中华人民共和国政府于 1974 年 2 月 15 日致函国际民航组织承认了该公约。1950 年 5 月，我国政府致电联合国秘书长和国际民航组织，要求驱逐台湾当局的代表。1971 年 11 月 19 日，国际民航组织秘书长通知我国政府，国际民航组织第七十四届理事会通过决议，“承认中华人民共和国政府的代表为中国驻国际民用航空组织的唯一合法代表”。我国于 1974 年 2 月 15 日通知国际民航组织承认《芝加哥公约》，并从即日起恢复参加该组织的活动，同时声明，1949 年 10 月 1 日以后，台湾当局盗用中国政府名义在《芝加哥公约》的其他议定书上的签字和批准都是非法的、无效的。同时，对不定期飞行，我国声明需事先向我国政府申请，在得到答复接受后方能进入；对《芝加哥公约》第 18 章“争端和违约”的执行，以不损害我国主权为原则。1974 年 9 月 24 日～10 月 15 日中国代表团出席了国际民航组织大会第二十一届会议并被选为理事国。1974 年 12 月，中国政府派出了驻该组织理事会的代表。自那时起，中国一直连选连任理事会，在该组织发挥了重要的作用。目前，我国已经成为在航空运输领域居支配地位的成员国，即一类成员国。

14.2　国际航协

国际航协是航空公司之间的非政府性国际组织。国际航协的前身是国际航空业务协会，该组织于 1919 年 8 月 28 日成立于荷兰海牙，处理航空公司之间的业务及航空公司与其他方面的关系问题。1944 年，当各国政府筹建国际民航组织之时，航空公司也开始建立它们新的组织——国际航协。1944 年 4 月，在哈瓦那审议通过了该协会的章程，58 家航空公司签署了文件，1945 年 12 月，加拿大议会通过的关于建立国际航协的特别法案获皇室批准，国际航空运输建立的法律程序最后结束。1945 年 10 月，国际航协第一届年会在加拿大蒙特利尔召开。蒙特利尔也成了国际航协的总部所在地。

14.2.1　宗旨和目的

国际航协，成立的宗旨和目的是：为全世界人民的利益，促进安全、正常和经济的航空运输的发展，扶持航空商业并研究与之相关的问题；为直接或间接从事国际航空运输服务的各航空运输企业提供协作的途径；与国际民航组织和其他国际组织合作。

14.2.2　成员

国际航协的会员分为正式会员和准会员两类。

1）加入

申请加入国际航协的航空公司如果想成为正式会员，必须符合下列条件：批准它的申请的政府是有资格成为国际民航组织成员的国家政府；在两个或两个以上国家间从事航空服务。其他航空公司可以申请成为准会员。国际航协的执行委员会负责审议航空公司的申请并有权决定接纳该航空公司为哪一类的会员。

2）会员权利的限制

为制止会员拖欠会费，国际航协章程明文规定：如果一个会员在 180 天之内未缴纳会费、罚金或其他财政义务，也没有能够在此期限内做出履行此类义务的安排，那么该会员的权利将受到限制，主要是它不再具有表决权，其代表也不可以成为国际航协任何机构的成员，直至它履行了其义务为止。但是，它的会员资格并未中止，它仍享有根据国际航协章程所应享有的其他权利和义务。

3）终止

任何会员可以自行通知国际航协理事长退出该组织，退出自通知发出 30 天生效；被国际航协执行委员会终止其会员资格。根据以下理由，国际航协执行委员会可以或应该剥夺某一会员的资格：会员违反了该协会的有关章程或规定；国际航空公司所代表的国家被国际民航组织除名；会员宣告破产。

14.2.3　机构

1）全体会议

全体会议是国际航协的最高权力机构。每年举行一次，经执行委员会召集，也可随时召开特别会议。每一正式会员拥有一票表决权，如它不能参加，它也可以授权另一正式会员代表它出席并表决。全体会议的决定以多数票通过。在全体会议上，审议的问题只限于那些涉及国际航协本身的重大问题，如选举协会的主席和执行委员会委员、成立有关的委员会，以及审议本组织的财政问题等。

2）执行委员会

执行委员会是全体会议的代表机构，对外全权代表国际航协。它的成员，必须是正式会员的代表，任期分别为一年、两年和三年。执行委员会的职责，包括管理协会的财产、设置分支机构、制定协会的政策等。执行委员会的理事长是国际航协的最高行政和执行官员，在执行委员会的监督和授权之下行使职责并对执行委员会负责。在一般情况下，执行委员会应在年会即全体会议之前召开，其他会议时间由执行委员会规定。执行委员会下设秘书长、司库及一些专门委员会和内部办事机构，维持协会的日常工作。目前执行委员会有 30 名成员。

3）专门委员会

专门委员会分为运输、财务、法律和技术委员会。每一委员会由专家、地域代表及其他人员组成并报执行委员会和大会批准。目前，运输委员会有 30 名成员，财务委员会有 25 名成员，技术委员会有 30 名成员，法律委员会有 30 名成员。

4）分支机构

国际航协的总部设在加拿大蒙特利尔，但主要机构除设在蒙特利尔以外，还设在日内瓦、伦敦和新加坡。国际航协还在安曼、雅典、曼谷、达卡、中国香港、雅加达、吉达、吉隆坡、迈阿密、内罗毕、纽约、波多黎各、里约热内卢、圣地亚哥、华沙和华盛顿设有地区办事处，处理有关事宜。

14.2.4　主要工作

根据 1978 年《国际航空运输特别大会》决定，国际航协的活动主要分为两大类，即行业协会活动和运价协调活动。1988年又增加了行业服务。

1）运价协调

国际航协通过召开运输会议确定运价，经有关国家批准后即可生效。第二次世界大战以后，确立了通过双边航空运输协定经营国际航空运输业务的框架。在此框架内，由哪一家航空公司经营哪一条航线及运量的大小，由政府通过谈判确定。同时，在旅客票价和货物运费方面也采用一致的标准，而这个标准的运价规则是由国际航协制定的。在遇到争议的情况下，有关国家政府有最后决定的权利。为便于工作，国际航协将全球划分为三个区域，一区包括北美洲、中美洲和南美洲；二区包括欧洲、中东地区和非洲；三区包括亚洲、澳大利亚和太平洋地区。

2）运输服务

国际航协制定了一整套完整的标准和措施以便在客票、货运单和其他有关凭证，以及对旅客、行李和货物的管理方面建立统一的程序，这也就是所谓的“运输服务”。它主要包括旅客、货运、机场服务三个方面，也包括多边联运协议。

3）代理人事务

国际航协在1952年就制定了代理标准协议，为航空公司与代理人之间的关系设置了模式。国际航协举行一系列培训代理人的课程，为航空销售业造就合格人员。国际航协近年来随自动化技术的应用发展制定了适用客、货销售的航空公司与代理人结算的“开账与结算系统”和“货运账目结算系统”。

4）法律

国际航协的法律工作首要表现在为世界航空的平稳运作而设立出文件和程序的标准，如合同。其次，是为会员提供民用航空法律方面的咨询和诉讼服务。再次，在国际航空立法中，表达航空运输承运人的观点。

5）技术

国际航协对《芝加哥公约》技术附件的制定起到了重要的作用。国际航协目前在技术领域仍然进行着大量的工作，主要包括：航空电子和电信、工程环境、机场、航行、医学、简化手续和航空保安工作。

1993年，我国国际航空公司、东方航空公司和南方航空公司正式加入了国际航协。之后，我国其他一些主要的航空公司也相继加入国际航协。

国际航协在权威方面是仅次于国际民航组织的民间团体，是各国定期航班航空公司之间的行业组织。该协会的会员在国际航空运输中直接承担民事责任，它所制定的客、货“运输共同条件”，为各国航空公司普遍采用。在制定国际公约的国际民航组织法律委员会和外交会议上，该协会虽然仅以“观察员”的身份出席，但它所发表的意见和建议具有重要的影响。

14.3 其他国际航空组织

14.3.1 国际机场理事会

国际机场理事会（Airports Council International，ACI），前身是国际机场联合协会（Airports Association Council International，AACI），于1991年1月成立，1993年1月1日改称国际机场理事会，是由三个机场方面的国际性组织①合并而来。截止到2008年9月30日，国际机场理事会拥有177个国家和地区的597名正式会员，运行1679个机场。国际机场理事会由6个地区分会组成：非洲地区分会、亚洲地区分会、欧洲地区分会、拉丁美洲/加勒比海地区分会、北美地区分会和太平洋地区分会。在亚洲、太平洋地区约有42个国家和地区的57名正式会员，包括我国台湾省的机场。北京首都国际机场于1996年11月17日被国际机场理事会正式批准成为该组织的会员②。国际机场理事会总部设于瑞士日内瓦，于2011年迁至加拿大蒙特利尔。国际机场理事会是民航领域很重要的非政府性组织，其宗旨和目的在于：发展并保持世界各地民用机场之间的合作；就机场关注的问题确定立场，建立民航业内所有主要方面加强合作的政策和惯例，以形成安全、高效和正常的航空交通系统；交换与提高机场管理有关的信息；向各成员提供帮助。

国际机场理事会下设五个常务委员会，即技术/安全委员会、环境委员会、经济委员会、安全委员会和设备委员会。国际机场理事会的组织机构，分为大会、监事会、执行委员会和地区分支机构。大会选出主席作为本理事会的最高领导，即监事会总干事，负责本理事会的行政事务和管理。国际机场理事会分永久会员和联系会员两种会员资格。

14.3.2 航空公司驾驶员协会国际联合会

航空公司驾驶员协会国际联合会，最初由英国和美国驾驶员团体于1948年在伦敦组成。国际民航组织于1952年承认该联合会是代表驾驶员意见的非政府性国际组织。该联合会总部设在伦敦，并在蒙特利尔设有办事处。目前有近70个国家或地区的驾驶员参加了该联合会。

该联合会的宗旨是：协助建立安全、有秩序的航空运输体系，以及保护航空公司驾驶员的利益。它下设12个研究组，对航空器事故、机场设备、航空器适航性、全天候飞行、航空运输企业、法律、医学、气象、人员执照、超音速运输机、空中规则、空中交通管制和通信等方面进行研究，发表意见。

---

① 国际机场理事会成立以前，世界机场机场行业有三个国际性组织：国际机场经营者协会（Airport Operators Council International，AOCI）、国际民航机场协会（International Civil Airports Association，ICAA）和西欧机场协会（Western European Airports Association，WEAA）。为协调这三个机场协会之间的关系，建立与各政府机构、航空公司、生产商和其他有关方面的正式联系，1970年，机场协会协调委员会（Airport Association Coordinating Council，AACC）成立。1985年，西欧机场协会解散。1991年1月，机场协会协调委员会、国际机场经营者协会和国际民航机场协会合并为国际机场联合协会，1993年1月正式更名为国际机场理事会。

② 具体内容参见：http://www.caac.gov.cn/L1/L5/L5_7/.

14.3.3 欧洲民用航空会议

欧洲是除北美以外，国际民用航空最发达的区域，1955 年在欧洲理事会范围，19 个欧洲国家成立了欧洲民用航空会议（European Civil Aviation Conference，ECAC），旨在与国际民航组织合作，促进欧洲航空运输的统一。开始时，这个地区性组织起的协调作用是咨询性的，它所提出的建议需经有关国家政府的批准。

从 20 世纪 70 年代起，对该会议结构重新进行了调整，1976 年 6 月设立了由各成员国民航局局长组成的常设机构。该会议的主要成就是缔结了三个地区性多边协定：1956 年巴黎《欧洲不定期航班商业权利的多边协定》、1960 年巴黎《关于进口航空器的适航证多边协定》、1967 年《关于确定定期航班营运规则程序的国际协定》。

20 世纪 70 年代末到 20 世纪 80 年代初，欧洲民用航空会议作为欧洲各国的集体代表与美国进行了关于航空运费体制的交涉和艰苦谈判，最终于 1982 年 5 月 2 日缔结了“谅解备忘录”，这个备忘录对国际航空运费体制的发展，具有重要影响。

在欧洲民用航空会议范围内，1960 年在罗马还缔结了一个《关于为空中航行安全而合作的公约》，并据此公约设立了欧洲空中航行安全组织。这是一个对上层空气空间（6000 米以上）的交通管制提供服务的机构。由于欧洲中小国家密集，对上层空中交通进行统一管理，好处很大。值得注意的是，该组织负责交通管制的，不限于民用飞机，还包括军事、海关与警察航空器在内。1981 年 2 月，在积累实践经验的基础上，又在布鲁塞尔签署了一个“欧洲空中航行安全公约”的议定书，使得欧洲空中航行安全组织日益发挥更大的作用，特别是对欧洲范围内的航空运输一体化发挥着重要的作用。

与欧洲民用航空会议相似的组织还有：①阿拉伯国家民航理事会，1967 年 10 月成立，现有成员国 20 个。该理事会把主要的航空法的条约译成阿拉伯文，并制定了《阿拉伯航班过境协定》等。②非洲民航委员会，1969 年 1 月成立，它是非洲统一组织的一个下属机构，凡非洲统一组织成员国均可参加，现有 39 个成员国。③拉丁美洲民航委员会，于 1973 年在墨西哥城设立，现有 20 个成员国。

国际民航组织很重视上述地区性政府间组织，先后于 1956 年、1969 年和 1974 年通过决议表示欢迎和支持，并把这些区域组织当成国际民航组织的臂膀。

参考文献

刁伟民．2012．论国际航空保安公约在中国的适用．北京航空航天大学学报（社会科学版），（2）：37-43.

董杜骄．2008．航空法教程．北京：对外经济贸易大学出版社.

董杜骄．2009．航空法案例评析．北京：对外经济贸易大学出版社.

董念清．2004．1999年《蒙特利尔公约》对中国的影响．中国民用航空，（1）：56-58.

董念清．2005．《蒙特利尔公约》适用条件的分析．中国民用航空，（8）：30-31.

董念清．2007a．民航运输面临的新威胁与国际航空保安法律的完善．中国民用航空，（8）：71-72.

董念清．2007b．中国航空法：判例与问题研究．北京：法律出版社.

董念清．2008．论国际航空私法中的管辖权——兼论“第五管辖权”．兰州大学学报（社会科学版），（4）：109-114.

董念清．2009．论航空承运人的告知义务．北京航空航天大学学报（社会科学版），22（2）：35-41.

董玉鹏．2012a．当代国际航空运输管辖权制度发展中的新问题．上海政法学院学报（法治论丛），27（1）：37-44.

董玉鹏．2012b．国际航空运输法律适用研究．杭州：浙江大学出版社.

付强．2011．论危害国际航空安全犯罪．华东政法大学学报，76（3）：146-150.

公丕祥．2002．法理学．上海：复旦大学出版社.

郭俭．2013．国际航空货运代理纠纷疑难案例评析．北京：法律出版社.

郭莉．2008．由飞行员集体返航事件引发的法律问题思考．企业经济，339（11）：174-176.

郝秀辉．2007．航空器权利变动公示的研究——兼论特殊动产的权利公示问题．烟台大学学报（哲学社会科学版），20（4）：36-42.

郝秀辉．2008．航空器对地（水）面第三人侵权责任归责原则论．北方法学，7（1）：119-125.

郝秀辉．2009a．国际航空承运人责任演变基础之探究——以空运业发展史为视角．中国民航大学学报，27（1）：42-47.

郝秀辉．2009b．事实自证规则适用的考察与分析——以美国航空侵权法的视角．社会科学战线，（7）：195-201.

郝秀辉．2010a．航空器致第三人损害的侵权责任研究．北京：中国政法大学出版社.

郝秀辉．2010b．中国航空刑法问题研究述评——中国航空法学30年研究综述（二）．北京航空航天大学学报（社会科学版），23（3）：27-35.

郝秀辉．2011．论航空旅客的精神损害赔偿．北京航空航天大学学报（社会科学版），24（3）：39-49.

郝秀辉．2012．航空保险法．北京：法律出版社.

郝秀辉．2013．海峡两岸航空法之比较研究．北京：法律出版社.

郝秀辉，王大海．2010．航运融资中的航空器抵押权研究．法学杂志，（1）：77-80.

何祥菊．2004．国际航空法中的旅客精神损害赔偿问题探讨．华东政法大学学报，36（5）：63-71.

贺富永．2002．关于航空承运人的国际法规定——华沙/海牙制度与危地马拉/蒙特利尔制度之比较．

江苏航空，(3)：37-38.
贺富永. 2004a. 论航空运输延误及其法律责任. 南京航空航天大学学报（社会科学版），6（1）：34-37.
贺富永. 2004b. 论新《蒙特利尔公约》对我国航空运输业的影响. 西南民族大学学报（人文社会科学版），25（10）：104-107.
贺富永. 2005. 我国航空运输业发展战略研究. 理论探讨，123（1）：70-72.
贺富永. 2008a. 国际航空旅客运输中的精神损害赔偿探讨. 郑州航空工业管理学院学报（社会科学版），27（2）：128-130.
贺富永. 2008b. 航空自由化背景下我国航空运输中的政府参与研究. 理论探讨，142（3）：73-76.
贺富永. 2008c. 论航空运输中对旅客的损害赔偿责任. 山西省政法管理干部学院学报，21（1）：8-12.
贺元骅. 2003. 不可抗力与航空承运人延误责任——“全日空”两起延误案为例. 社会科学研究，(6)：82-84.
贺元骅. 2004. 我国航空刑法制度评析. 天府新论，115（1）：71-73.
贺元骅，许凌洁，魏中许. 2005. 完善我国航空旅客人身损害赔偿机制的构想. 社会科学研究，(6)：95-98.
胡超容. 2006. 试论民航法的基本价值结构. 河北法学，24（12）：118-120.
黄卉. 2010. 航空法律前沿问题研究. 北京：法律出版社.
黄涧秋. 2007. 国际航空法研究. 北京：中国法制出版社.
黄力华. 2002. 民用航空法. 成都：四川大学出版社.
黄力华. 2007. 国际航空运输法律制度研究. 北京：法律出版社.
李斌，萨楚拉. 2012. 论国际航空保安法制的新发展——评2010年《北京公约》及《北京议定书》. 北京航空航天大学学报（社会科学版），25（1）：40-44.
李昊. 2010. 航空运输与服务法律问题研究. 北京：法律出版社.
李浩培. 1987. 条约法概论. 北京：法律出版社.
李乾贵，黄炳蓉. 2012. 航空公司合并的反垄断法研究. 北京航空航天大学学报（社会科学版），25（1）：36-39.
林泉. 2002. 航空犯罪与预防. 北京：中国民航出版社.
林泉. 2009. 机长在防范和打击航空器内犯罪中的法律地位. 河南社会科学，17（5）：55-59.
龙卫球. 2011. 航空法律与管理专刊（第1卷）. 北京：中国法制出版社.
莫世健. 2011. WTO、《开普敦公约》和中国飞机租赁市场法律的完善. 北京理工大学学报（社会科学版），13（6）：79-85.
穆书芹. 2002. 浅谈航空承运人航运延误之法律责任. 武汉科技大学学报（社会科学版），4（2）：63-66.
盛勇强. 2004. 国际航空货运纠纷法律适用与案例精析. 北京：法律出版社.
宋亦松. 1987. 试论创立中国的航空法. 政治与法律，(4)：39-41.
孙仕柱. 2008.《开普敦公约》相关问题研究. 中国民用航空，85（1）：63-65.
覃华平. 2013. 航空器致第三方损害赔偿责任公约研究. 北京：中国政法大学出版社.
唐明毅. 1999. 现代国际航空运输法. 北京：法律出版社.
唐明毅. 2003. 新国际航空旅客运输责任制度及其影响. 政治与法律，(2)：66-74.

唐明毅. 2008. 论贯穿国际航空运输法发展过程的矛盾与挑战. 北京航空航天大学学报（社会科学版），21（1）：48-53.

王瀚. 2006. 航空运输承运人责任制度的发展与创新. 上海政法学院学报（法治论丛），21（1）：84-92.

王瀚. 2011a. 21世纪国际航空私法的新发展（上）——关于1999年《蒙特利尔公约》航空责任运输立法的评论与分析. 北京理工大学学报（社会科学版），(4)：76-84.

王瀚. 2011b. 21世纪国际航空私法的新发展（下）——关于1999年《蒙特利尔公约》航空责任运输立法的评论与分析. 北京理工大学学报（社会科学版），(5)：84-90.

王翰. 2012. 国际航空运输责任法研究. 北京：法律出版社.

王瀚，孙玉超. 2006. 航空器上法律事实与行为法律适用问题比较研究. 河北法学，24（1）：39-43.

王利民. 2000a. 民法学. 北京：法律出版社.

王利民. 2000b. 违约责任论（修订版）. 北京：中国政法大学出版社.

王立志. 2013. 航空旅客权益保护：问题与规制. 北京：法律出版社.

王立志，杨惠. 2010. 略论航空器与船舶物权登记的几个问题. 法学杂志，(4)：77-80.

王卫国. 2000. 过错责任原则——第三次勃兴. 北京：中国法制出版社.

王小卫. 2007. 民用航空法概论. 北京：航空工业出版社.

王新. 2007. 劫持航空器罪研究：以现象和概念为视野. 中外法学，19（1）：71-86.

吴焕宁. 1996. 海商法学. 北京：法律出版社.

肖永平，孙玉超. 2008. 论国际航空货物运输承运人责任期间. 现代法学，30（4）：148-156.

解兴权. 2005. 国际航空运输规则和责任制度的现代化. 中国民用航空，51（3）：15-17.

解兴权，卢敏. 2010. 机场扣留拖欠机场费用的航空器的权利分析. 中国民用航空，117（9）：73-75.

杨惠. 2009. 航空法通论. 北京：中国政法大学出版社.

杨惠. 2011. 航空法学原理与实例. 北京：法律出版社.

杨惠. 2013. 国际航空犯罪之威胁罪研究——兼论与我国刑法的衔接. 河北法学，31（1）：156-164.

杨惠，郝秀辉. 2011. 航空法评论（第1辑）. 北京：法律出版社.

杨惠，郝秀辉. 2012. 航空法评论（第2辑）. 北京：法律出版社.

杨惠，吴桐水. 2005. 关于国内客运航班延误的几个法律问题——兼及相关法律的完善. 河北法学，23（8）：65-69.

叶乃锋. 2007. 论损害赔偿限额的非正当性——以国际航空运输承运人责任为例的研究. 暨南学报（哲学社会科学版），128（3）：90-97.

张军周. 2012. 国际航空安保公约中的非法干扰行为研究. 北京：中国检察出版社.

张千帆，龙卫球，董杜骄，等. 2008. 建立统一的中国航空法体系——理论初探与立法建议. 北京航空航天大学学报（社会科学版），21（3）：43-49.

张世良. 2007. 1999年蒙特利尔公约对航空货运凭证的新发展——兼论航空货运凭证的法律价值. 天府新论，(1)：86-88.

张世良，贺元骅，胡超容. 2006. 旅游法与航空法. 成都：四川大学出版社.

赵秉志，陈弘毅. 2003. 国际刑法与国际犯罪专题探索. 北京：中国人民公安大学出版社.

郑斌. 1996. 国际航空运输法. 徐克继译. 北京：中国民航出版社.

中国民航局. 2012. 恐怖主义行为的国际法律控制. 北京：中国政法大学出版社.

朱子勤. 2008a. 国际空难赔偿案件管辖权问题探究. 北京航空航天大学学报（社会科学版），21

(3)：45-90.

朱子勤. 2008b. 试析我国有关航班延误的法律规定. 行政与法，(11)：84-88.

B. G. 杰维斯. 1989. 当代保险译丛：航空法. 徐立达译. 北京：中国金融出版社.

Abeyratne R. 1999. Air carrier liability and state responsibility for the carriage of inadmissible persons and refugees. Air and Space Law，24 (1)：3-16.

Abeyratne R. 2012. Air Navigation Law. Berlin：Springer.

Fahy J，Richard J. 2002. Regulation and deregulation after twenty years：what actually changed? Air and Space Law，27 (1)：85-87.

Hornik J. 2002. Article 3 of the Chicago convention. Air and Space Law，27 (3)：161-195.

Sorensen F，van Weert W，Cheng-Jui Lu A. 2003. ECJ ruling on open skies agreements v. future international air transport. Air and Space Law，28 (1)：3-18.